権力と平和の模索

国際関係史の理論と現実

Harry Hinsley
ハリー・ヒンズリー 著
佐藤恭三 訳

Power and the Pursuit of Peace:
Theory and Practice in the History of Relations between States

勁草書房

CONIUGI
DILECTISSIMAE

最愛の妻へ

'*Monboddo.* The history of manners is the the most valuable. I never set a high value on any other history. *Johnson.* Nor I, and therefore I esteem biography, as giving us what comes near to ourselves, what we can turn to use. *Boswell.* But in the course of general history, we find manners. In wars we see the disposition of people, their degrees of humanity and other particulars. *Johnson.* Yes, but then you must take all the facts to get this, and it is but a little you get. *Monboddo.* And it is that little which makes history valuable.'

James Boswell, *Journal of a Tour to the Hebrides,*
entry for 21 August 1773

モンボドー卿：嗜《たしな》みの歴史こそが最も価値のあるものだね。その他の歴史に僕は大きな価値を置かないのだがね。ジョンソン博士：同感だね。だからこそ，われわれ人間そのものをそれなりに表象するものとして，つまり，われわれにとって利用価値のあるものとして，僕は伝記物を買っているんだ。ボズウェル：しかしですね，一般的な通史をたどっていけば，そこに嗜みのあり様を見出すことはできますよ。たとえば，戦争状態の中に人間のさまざまの性癖を見出すことも，人間性のレベルもその他人間のもろもろの特性を見出せますけれど。ジョンソン博士：それはそうだが，ただ，そのためには歴史上の事実をすべて取り込まなければならなくなるし，そうしたところで，得られるものはごくわずかに過ぎないよ。モンボドー卿：しかも，そのごくわずかのものこそが，歴史をかけがえのないものにしているわけなんだ。

ジェームズ・ボズウェル『ヘブリディーズ諸島旅行記』
1773年8月21日付

目次

※原則として［　］は訳者による補足である。また、〔　〕は著者ヒンズリーによる補足である。なお、人名には訳者により原則として生没年をつけた。

序論

永遠の平和を目指した構想を最初に唱えたのが誰だったのか、われわれには知るよしもない。しかし、永遠平和の模索が地上における戦争行為の出現とほぼときを同じくしただろうことは疑いない。人間の平和への関心、たとえば、平和が損なわれたときに示す関心や平和を維持するために払う関心は、歴史とともに変化してきた。この関心は、とくに一度ならず広汎かつ破壊的な戦争が生じる時期とその直後に最も先鋭な形をとって現れる。これはいずれの時代にもみられる現象であり、たとえば紀元前五世紀にも、今世紀の過去五十年に何ら劣ることのない関心が恒久平和の模索に向けられた。平和の構想という課題と取り組む場合、これに理性的に対処するための第一歩は、平和構想の試みが決して新しいものではないと知っておくことだろう。とはいえ、十六世紀以降、頻度の点では戦争が減少したといっても、その規模と破壊力の面では拡大してきた事実から、平和への関心が、ときとして変動があったにしても、近代を通じ一貫して真剣で広汎かつ不断なものとなってきたことは否定できない。

近代ヨーロッパの歴史の中で、国家間の問題を解決するための諸提案がほかのすべてに優先して、平和の維持そのものに向けられるようになるのは、ようやく十八世紀になってからである。さらに、相対的平和が維持された十九世紀には、戦争が頻発した十八世紀と比べて、平和そのものに対する広汎かつ不断の関心が払われた。この意味で、十九世紀末葉は、平和の構想に一大変化をもたらしたといえる。世界の諸文明すべてを含めるのは無理だとしても、少なくともヨーロッパに起源を持つ今日の文明史においては、この時期に初めて、戦争勃発の結果としてではなく、戦争勃発への危惧の結果として、平和のための諸提案が広く提議されるようになったからである。その後今日に至るまで、戦争はいっそう広汎かつ破壊的になり、また時代とともにさらなる空間と破壊をともなってきた。仮に、より大規模な戦争を回避する事態が今後ありうるとしても、平和への関心が人々の心から消え去ることはないだろう。将来の戦争がもたらす惨禍は途方もないものであり、したがって、平和の維持が政治の最優先課題として成り立たなくなるのは、大国間の戦争がもはや絶対避けられない場合に限られるだろう。

近代を通じて、人々は平和という問題を種々のルートから解決しようとしてきた。人間の本性の改善によって、武力の行使を含めた紛争の根源そのものを除去しうると考える者もいた。また、多くの場合には、人間相互の対立自体は不可避と認めたうえで、その対立を制限すること、たとえば、国際機関の創設、政治的支配、国際法の発展、国際政治と外交の賢明な運用などの方法・手段などによって、武力を行使せずに対立を抑止することを期待してきた。いうまでもなく、こうした方法・手段にはおのおの平和の探求と同様の長い歴史がある。

人間の道徳的再生への願望の一表現としてのパシフィズム（平和主義）は、エウリピデス（Euripides, ca. 480BC–406BC）やアリストファネス（Aristophanes, ca. 446BC–ca. 386BC）らによって、古代ギリシア人に語られもし、また初期キリスト教徒に信奉されもした。中世の教会にとっての「道徳再武装」（moral rearmament）も同一願望の別表現である。こうした主義主張にはそれぞれ信奉者がいる。十七世紀に入り、シュリ（Maximilien de Béthune, Duc de Sully, 1560–1641）が国際的機構を構想したとき、彼がモデルとしたのは、古代ギリシアにおける都市国家間の「隣保同盟」だった。それから一二〇年後、ルソー（Jean-Jacques Rousseau, 1712–1788）がシュリ同様の構想を思い描いたとき、彼はつぎのように述べている。「この構想は新しいようにみえるかもしれないが、また近代人によってのみ真に理解されうるのだが、古代の人々がこの構想をまったく知らなかったわけではない」。第一次世界大戦後の国際連盟の構想者たちも、ルソーやシュリ——その他この二人よりずっと以前の著述家たちも当然——を参考にしていたのである。「隣保同盟」とは別のルート、つまり政治の優位による国家間機構の設立が関心の的だったダンテ（Dante Alighieri, 1265–1321）、ライプニッツ（Gottfried Wilhelm Leibnitz, 1646–1716）、ナポレオン一世（Napoléon Bonaparte, 1769–1821）らは、シャルルマーニュ（Charlemagne, 742–814［カール大帝とも呼ばれる］）やローマ帝国にその範を求めている。政治による世界支配という彼らの考え方がしだいに廃《すた》れたのが事実だとしても、世界支配の夢そのものが放擲《ほうてき》されたとはとてもいえない。ローマ帝国や中世ヨーロッパに諸帝国が存在した時期は、国際法の必要性もなく、国際法が成立する余地もなかったとされてきた。しかし、国際法が平等な主権国家間の法であって、十五、十六世紀における近代独立国家群の出現による不可避的産物だと主張する人々でも、近代国際法に関しては、古代ローマ、さらにはユダヤ、古代ギリシアにその起源を求めざるをえないのである。国際政治を考察の対象とする限り、この時代にまでさかのぼる必要があるのはいうまでもない。単に戦争に勝利するための付随的手段としての外交のみならず、戦争の回避手段としての外交の運用や「勢力均衡」という考え方は、人間の歴史とともにあり、また実際に行使されてきた。二十世紀の歴史学、人類学、社会学、心理学等の進歩は、人間が自己実現の追求に走るのではなく、自己の真の姿を理解することによって、対立そのものの除去は無理だとしても、戦争行為の除去は可能だという見方を生み出させてきた。このこと以外の点では、手段の点でも、目的の点でも、現代は平和のために何ら新たな貢献をしていないといえる。

これは驚くに当たらない。人間は根源的な課題に対しては単純かつ明快な答えを求めがちだが、戦争と平和という根源的課題への解答がたやすくみつかるものではないからである。歴史上の各文明は、時間的余裕さえ与えられたならば、おのおの別個にたとえば車輪を発明しただろうが、それと同じように、各時代は戦争と平和という課題に対して、相互に関連のない答えをバラバラに提示するだろう。真に驚くべきことは、現代という時代のこの課題へのアプローチに何ら進歩と努力の跡がみられないことである。現代文明は一方では、ほとんどすべての分野で不可能とされてきたことを可能にし、この点では先人を凌駕してきたにもかかわらず、文明が未発達の時代に抱かれ、追い求められた国際政治観と国際秩序構想にいまだに固執している。まさに、このことが現代という時代の際立った過誤なのである。

さらに驚くべきことは、われわれ自身がこの過誤を認識していないことである。女性の権利や国王の支配権について、十七世紀の人々と同一線上で考える人がわれわれの中にいるとしたら、われわれはその人を時代錯誤の変わり者とみなすに違いない。しかし、われわれは人類の平和への希望を過去の古めかしい国際関係理論に託す愚を行っているのであり、事実、一九一七年以降唱道されてきた戦争撲滅の構想は、ことごとく十七世紀の平和構想の焼き直し、模倣に過ぎない。これでは、われわれもまた、十七世紀の平和構想がそれ以前の構想の模倣に過ぎなかったのと同じ道をたどることになる。こうした焼き直し、模倣に劣らぬわれわれの過誤が、過去の平和構想をその構想が初めて打ち出されたとき以上に、優れた見識として受け入れていることである。しかし、われわれの愚かしさはこれに尽きない。

十七世紀の平和構想がそれ以前の構想と同様、現代世界とは似て非なる世界において唱道されたにもかかわらず、われわれはそれぞれの時代の歴史的背景を考慮に入れて考察するのではなく、過去の平和構想が現代世界においても有効であるかのようにいい続けているのである。この消極的怠慢という過誤に加えて、積極的な罪（sin of commission）をもわれわれは犯している。十七世紀の平和構想は、十八、十九世紀の優れた知性の持ち主たちによって検証され、徹底的に批判された。彼らの批判的論稿が、彼ら自身の平和構想とともに、時事評論的小冊子の体裁で現在復刻されているが、その際、彼らの批判が支持あるいは称賛と誤解された形で紹介されているのである。学問研究を誤って適用してきたわれわれの長い歴史の中でも、また学問的事実をわれわれの無知から歪曲してきた無数の事例の中でも、現代の歴史家たちのルソー、カント（Immanuel Kant, 1724-1804）、ベンサム（Jeremy Bentham,

1748–1832）らに対する評価ほど不当な誤解の例は見当たらない。彼らがルソーやカント、ベンサムの打ち出した平和構想そのものを誤って解釈しているのだとしたら、これはもう何をかいわんやである。

本書の第I部は、近代の平和構想を歴史的文脈の中で分析し、おのおのの平和構想を綿密な分析を通じて考察するものであり、とくに当時の国家間の問題を現代的装いに変えてその中で構想の欠陥に焦点を当てることを目指すものである。第I部は必然的に第II部を必要とする。われわれは過去の平和構想の歴史的文脈を無視したり、そうした構想の批判者の見解を歪曲することを是としてきたのではないが、近代の国家間関係システムの中での平和構想検討作業を明らかに怠ってきた。時代遅れの平和構想がもてはやされるのは、このシステムの危険性や欠陥に遭遇するときである。われわれは危険性や欠陥の実態を究明しようとせず鵜呑みにする一方で、過去の平和構想が実効のあるものかどうかを性懲りもなく議論しているのである。

この状況は、公共性を有する問題を考える場合、知識の点では最も有利な立場にある歴史家の言葉にめったに耳を貸そうとしないことに基因する。しかし同時に、歴史家側の怠慢に帰すべき点もある。外交史家は、かなり以前から、研究水準を高度な専門的レベルに高めてきたし、とりわけこの半世紀の間に、膨大な量の知識が蓄積されてきた。こうした知識の集積があって、初めて外交史の新たな展開が可能になったと言えよう。しなしながら、今日までのところ、外交史家の懸命な努力は、歴史的事実の膨大な集積という足場作り以上のことには向けられていない。歴史的事実の理解と説明という点では、一三〇年前、フォン・ランケ（Leopold von Ranke, 1795–1886）［ドイツの歴史家。実証主義的・史料批判的歴史学を提唱し、学問としての歴史学の祖といわれる］が著した論稿「列強論」（'The Great Powers'）以降、大して進歩していないのである。たしかに、国際関係の本質と発展に関する理論が各種提起され、有益な洞察がなされてはいるが、こうした試み――たとえば、レーニン（Vladimir Ilyich Lenin, 1870–1924）と彼の信奉者たちが、すべての分野と同様に国際政治にも適用しようとした経済決定論しかり、ドイツの歴史家が国家間関係における権力への人間の態度に現れる不変の要素を考察したことしかり——のどれ一つをとってみても、外交史家の月並みな外交史同様、近代の継続的な現象としての国家間システムの起源、本質、発展を再構築し、説明することからはほど遠い。

真の意味での探究がランケ以降なされていないのである。たとえば、アルベール・ソレル(Albert Sorel, 1842-1906)の著作に代表されるランケ以降の優れた分析の多くは、国家間の関係が大きく変容し、近代的国家間システムがいまだ揺籃《ようらん》期にあった十八世紀の国際政治を分析したものである。ランケが「列強論」の中で取り上げた諸大国は、十八世紀に勃興してナポレオンを打倒した国々であるとともに、一八六一年にようやく列強の仲間入りを果たしたイタリアは例外として、第一次大戦に参戦した国々でもあった。さらに、没落過程にあったオーストリアを除くと、同じ国々が第二次世界大戦をも戦ったのである。しかしながら、第二次大戦の時期になると、国家間システムの中にきわめて重大な変化と複雑な要素が入り込んでくることになる。こうした変化と錯綜性がいつ生じたのか、またそもそもいかなる変化と錯綜性なのか、これらの問いをめぐって多くの論争とときとして早まった憶断がなされている。これはある種自然な状況といえよう。というのは、対象となる時代に関する何らかの理解と見解の一致が得られるまでは、論争も憶断も避けえないからである。だからこそなおのこと、理解が必要なのであり、また理解することによってのみ、現代の国家間関係を明らかにする手がかりが得られるのである。しかし現実には、この当然の問いに答えようとしてこなかった。前述の時代が、国家間関係の視点から見て単一的かつ連続的だったのか、あるいは十八世紀に見られたような決定的変動があったのか。この時代は近代の国家間関係全体の一局面を構成するに過ぎないのか、あるいはいくつかの局面に分割されるべきなのか。また、それはなぜなのか。いかなる圧力のもとでそうなったのか。国家間関係における前提、目標、動機にいかなる決定的変動ないしはいかなる緩慢な改変が生じた結果なのか。具体的な例を挙げるならば、「会議体制(コングレス体制)」とは何だったのか。そもそも、「ヨーロッパの協調」とはいかに「会議体制」はいかにして「ヨーロッパの協調」に道を譲ったのか。そもそも、「ヨーロッパの協調」とはいかなるものなのか。また、もし「ヨーロッパの協調」が現に存在したとしたら、それはいつ消滅し、またなぜ消滅したのか。一八七一年から一八九〇年までの時期は、その前後の時代と国家間関係の枠組みと構造の点で、どのような違いがあるのか、またいかなる理由で異なっているのか。これら一連の問いに答えることができるならば、一八九〇年から第二次大戦までの半世紀間を近代史の中で最も長期にわたる混乱の時代にした、国際的無秩序に関する何らかの有益な理解の手がかりを得ることができるだろう。われわれ以上の無知から唱道された過去の理論に依拠することを止めることによってのみ、国際的無秩序に関する有効な矯正手段を発見できるのではなかろうか。

われわれがこうした問いに答えられるようになるまでは、学問としての国際関係論は、ダーウィン（Charles Darwin, 1809–1882）以前の生物学、あるいはケインズ（John Maynard Keynes, 1883–1946）以前の経済学と同じ段階にあることを銘記すべきである。国家間関係という主題自体が、生物学や経済学のような一般理論の水準にまで引き上げることを不可能にしているといえるかもしれない。経済学は起こるべき大恐慌を予知できず、また防止できなかったとしても、それ自体の有効性を立証してきた。「人為的な」科学といわれる社会科学に対して、自然科学は一歩一歩積み上げてきたデータを基礎に、辛抱強く仮説と命題を検討することによって進歩してきた。したがって、国際関係研究の成功はありえないという悲観論や、単に事実の集積にだけ気をとられて、国際関係論――ここにはあり余る仮説とわずかばかりの検証が顕在している――をより科学的なレベルに引き上げるための努力を怠ってはならない。

第Ⅱ部はこの方向を目指す初めての試みである――それ以上のものであることを願わずにはいられないのだが。ここでは、思想史、科学史、外交史、社会史、法制史、その他いまや急速に専門分野化されつつある世界史などの歴史研究諸分野に関する私自身の研究成果を踏まえて、近代における国際関係システムがどのように変容してきたのかを理解するための総合の試みがなされている。国家間関係システムに関する知識と理解が増すことによって、われわれは現在および将来の国家間の問題により理性的に対処することができるようになろう。ただし、歴史研究だけがそのための唯一絶対的な方法だと強弁しているのでは断じてない。

第Ⅱ部は、第Ⅰ部と同様、国家間の問題の解決や平和への願望が個別国家の廃絶や超克に向けられた時点、すなわち個別国家の権力、統治能力、統治機構などが歴史上際立った政治的発展を見せ始めた時点をもって終わる。今世紀の戦争廃絶構想がすべて過去の理論の焼き直しであるとするならば、これらの構想は個別国家を何らかの国際機構に組み込むことを目指したものにほかならない。このことは、近代個別国家の興隆が国家間関係の不安定性の増大と戦争の激化過程——両要素とも近代国家の形成過程における必然的な産物であるが——と同時期の現象だったために、前者［＝近代国家の興隆］が後者［＝国際関係の不安定性の増大と戦争の激化過程］を現出させた決定的要因だという意見を生み出させたことに原因がある。

われわれより前の時代の人々は、われわれとは逆に、国家の脆弱性あるいは国家の不在が国際的無秩序や戦争を引き起こすと信じたのだが、近代国家の興隆こそが国家間関係の不安定性を増大させ、戦争を激化させてきたと現代に生きるわれわれが考えている現状を、理解できないわけでも共鳴できないわけでもない。また、こうした考えから導き出される解決策にわれわれがなぜあれほど大きな期待を寄せてきたのかも理解できないわけではない。近代国家の興隆は、行政上、技術上の発達がもろもろの障害を克服し、時間的、空間的距離を短縮させた結果、世界を中世以降かつてないほど同質的にしていく過程とも時期を同じくしていた。現代の政治的分立が、実は現代世界と同じ程度に同質的だった中世世界にその起源があることを、現代に生きるわれわれがつねに胸に刻んでおくことはとても期待しがたい。同時に、単一の行政的、技術的枠組みが必ずしも単一の政治システム、すなわち単一の国家間機構とか世界国家を生じさせるのではないと理解することもまた期待しがたい。仮にこのことに思い至ったとしても、それによってわれわれが賢明になるとも思われないし、ましてや、国家間関係の組織化におけるさまざまな失敗を、われわれ自身の経験と照らし合わせて再検討していない現状のままでよいというわけにはいかない。ルソーやカントは、自己の政治理論に依拠して自らの平和構想の是非を判断するしかなかったのだが、われわれは彼らの理論を誤解し、われわれ自身の平和構想を国際関係史的視座から検討しないだけでなく、あろうことか、国家間関係の組織化に関する実験を通じて積み上げてきた現実的成果をも無視し続けているのである。

これは理由のないことではない。科学者の任務は、たとえばある物体をそれ自体の力で上昇させることではなく、その物体の落下の原因を解明することであろう。他方、政治の場合には、自然科学と異なり、つねに人間の行動の結果である事後考察（post mortem）をも支配する。政治と自然科学の間には、さらにつぎのような違いがある。政治におけるすべての実験は、たとえそれが当初予期しなかった結果になろうと、良くも悪しくも何らかの影響を与える。国際連盟（以下、連盟と略記）の成立は、その崩壊後の何らかの再建を設立当初から予想していたのだが、この再建の必然性そのものが連盟の基本原理の正当性を立証するものとされ、ここから国家間の問題の解決手段としての国際連合（以下、国連と略記）が、連盟と比べて、実は副次的、抹消的機能しか果たしていない事実を見事に見過ごす事態が生じるのである。ヨーロッパの政治統合は、いずれ成功するだろう。この政治統合が成功するのならば、国家間の問題の解決におよそ向いていない国際環境の中で初めて成功するという事実、またそうであるからこそ成功するという事実にもかかわらず、政治統合の道こそが国家間の問題解決への答えであるかのような信念をいやがうえにも高めることだろう。このように考えるならば、連盟の挫折と国連の性格、発展に関するわれわれの分析、研究が依然として低いレベルに低迷している現状をよりよく理解できるだろう。とはいえ、この状態を放置してよいというのではない。国家間システムの歴史を理論的に究明する努力とは別に、何か差し迫った課題があるとするならば、それは国家間システムの歴史の中でも、とくに現代に近接した時代と現代へのアプローチにいままで以上の革新性と緻密さを付与することである。

第Ⅲ部はこのことを目指したものである。ここでは連盟に関する章と国連に関する章が、近年の国家間関係全般の特質と近い将来起こるだろう展開に関する多少仮説的な数章とともに並べられている。

これら仮説的な数章は、科学者を納得させるために書かれたものではない。科学者は往々にして、科学的アプローチの試金石は正確に予知する力にあると主張するが、この点に関して、筆者は科学者が必ずしもつねに正しいとは思わない。たとえば、ダーウィンは恐らくこの考えに同意しないだろうし、第一にそれは個人的な好みに属する問題である。いずれにせよ、筆者には世界の運命を予言するつもりは毛頭ない。また、筆者は「すべての過ちの中で、最も好意に満ちた過ちが予言である」というジョージ・エリオット（George Eliot, 1819-1880［本名は Mary Anne Evans, イギリスの小説家でジャーナリスト］）の格言を無視しているわけでもない。筆者がこの格言を忘れていないとしても、強く心にとどめていないとしたら、それは主としてつぎの二つの理由からである。

現在までの研究を概観する限り、現存する国家間機構の形態によっては、国際政治の分野における将来の進歩は望めないということがはっきりする。同時に、現在の国家間機構の形態が存続でき、かつ有効でありうるのは、国際政治以外の分野で進歩が見られる場合に限られることも自明である。これが第一の理由である。第二の理由は、国際政治以外の分野の中で最も進歩が求められ、しかも問題全体の解決に最も効果的な分野が、国家間機構の形態の一部を構成する政府と国民の対応に関する分野だということである。国家間関係の歴史は、人間の支配を超えた力によって形成されてきたとともに、実際的な機能面では、人間の国家間機構の形態への対応によっても決定されてきた。さらに、これだけにとどまらず、各国の政府が互いに協力することに何らかの確信を抱き、またそうすることに価値を見出すときには、国家間機構の形態に対する人間の対応も健全で、国家間関係の不安定要因である前記の力をも容易に吸収できるのである。この意味で本書の最終章は、今世紀末までの国家間関係を予言するものではなく、むしろ起こりうる展開の大筋を示唆するとともに、現在叡知としてまかり通っている非現実的な仮定を批判するために、国際関係史から学び取れることを駆使して、国家間関係の理論と政策によりいっそうの明晰さと健全さを注入しようとするものである。

今日の状況をわれわれはつぎのように指摘することができるだろう。今日の大国は、十九世紀の大国以上に物理的抑止力と世論の制約を受けている。しかし、この状態が永遠に続くとは思われない。十九世紀の大国は、一様に自らの属する国際秩序に共同責任を負う長く苦しい経験から生まれた観念に支配されていた。今世紀のさらに苦い経験を通して、現在再び、この観念が現れてきている。それは国連の制度化に具現化されていると言えよう。しかしながら、世論や国連代表などこの観念を最も強く支持するところでさえ、この崇高な理念は無知と馬鹿げた考えによって大いにその有効性が損なわれている。さらに不幸なことは、世論や国連代表の考え方と、大国相互がしのぎを削って対峙する猜疑心に満ちた世界との間にはギャップが存在する。したがって、問題はこうした無知と猜疑心を減少させることによって、このギャップを埋めることである。しかも、それは物理的、政治的抑制が効果を発揮しうる間になされなければならない。そうすることによって初めて、たとえ力関係が変化し、国家間関係が暗雲で覆われようとも、大国の国際秩序に対する共同責任という観念がその力を充分に発揮し、いかなる困難をも克服させるだろう。これ以外にわれわれが救われる道はない。

最終章がかなりの程度正確であるならば、以上述べたことを実行に移すことも可能になるかもしれない。問題は結局、われわれがコモン・センスを持ちうるかどうかにかかっている。

第Ⅰ部

国際主義思想の歴史

われわれには充分時間があるのだから、パンタグリュエルが現れ出る泉の精、その源泉に、自分自身を投げ込んでみるのは、報われない無駄な仕事ではあるまい。なぜなら、すべてのよき歴史家は、そのようにして年代記を取り扱うのであるから。

——フランソワ・ラブレー

『第二之書』第一章

第1章　十七世紀末まで

人はしばしば、何かを学びとるためにではなく、何かを立証するために歴史を研究する。これが、中世末以降あれほど多くの事柄が、国際主義の思想（internationalist theory）について知られるようになった理由の一つである。とてつもない努力が払われ、数えきれないほどの書物が、デュボワ（Pierre Dubois, ca. 1255- after 1321）やダンテ、クリュセ（Émeric Crucé, 1590-1648）やシュリを、国際連盟や国際連合の試みの思想的先駆者として引用してみたいという気持ちから出版されてきた。あるいはまた、この二十世紀の事業を創造し、革新し、救済するときの指針として、これらの古い著作を研究する必要があろうという不可思議な憶断から、多くの試みがなされてきた。

もっとも、この過去の経験を評価しようという信念は、それほど不当なものではなかったのである。戦争を防止しようとする理論は、近代を通じて時代が下るにつれて、主権国家間の関係を律する何らかの国家間機構を創造することがきわめて重要だという議論にますます強く基礎を置くようになってきた。こうした議論による最初の平和構想は、当然のことながら、近代国家間システムの初期段階で現れている。しかし、車輪を考えつくことはすばらしい知性の働きだったかもしれないが、しばしば証明抜きで主張されているように、いったん分立する諸国家が存在するようになった後、それらの国家を包摂する組織を考えつくことは、さほどすばらしい発見とはいえないのではないか。*しかし、このような近代初期の平和構想は、当時の世界においてはいくばくかの実現可能性があったとしても――実はそうではなかったのだが――現代の状況においては、ほとんど適用しえないものである。それらの構想は、現代とはまったく異なる世界において唱えられたものだからである。何らかの連続性が保たれていた十三世紀末から少なくとも十七世紀末まで、すなわち、ダンテからライプニッツにいたるまでのもろもろの構想は、一見したところでは永遠の平和を目的にしているようにみえるが、実は、戦争よりも当時においてもっと差し迫った諸問題の解決を試みたものだった。こうした課題の一つが、中世の観念や制度が近代的なものにとって代わる、緩慢だがとてつもなく大きな変化の過渡期にあったヨーロッパの政治的組織化である。もう一つの課題は、ヨーロッパと外部世界との関係だった。すなわち、中世において挫折した十字軍の再編強化の願望が具現化されたものであり、時代が下ると、トルコの、また程度の差はあるが、ロシアのヨーロッパに対する脅威の問題だった。

『帝政論』（*De Monarchia*, 1310–1313?）を著したダンテにとっての関心は、平和の問題ではなく、前述の第一の課題だった。そして、彼はこの課題を過去の政治的統合の復活によって解決しようとした。たしかに、彼は普遍的平和を「あらゆるもののうちで最善のもの」としていたが、彼のより本質的な関心は、中世的帝国の再興と拡大にあった。彼は人間にとって世俗的権威と宗教的権威の双方が必要だという中世的理念を再確認する。そして、教皇の世俗的権力を教会という形式に本質的に背くとして攻撃し、世俗的世界においては「多数の王公の存在は悪である」から、神聖ローマ皇帝が唯一の君主となるべきであり、神聖ローマ帝国のみが唯一の王国として、現に生きているすべての人間を支配すべきだと主張する。これが彼の言わんとする王国だった。彼のこの主張は、戦争がもたらすもろもろの不正や害悪から導き出されたのではない。彼は前述のような確信から、すべての王公は対等であって、他者に対する支配権を持たない以上、論理的に彼らすべてに超越する至上の元首がいなければならないという主張を導き出すのである。平和は秩序から生まれる。しかし同時に、平和は正義に従属すべきである。ダンテは、自ら範とするローマ帝国が合法的手段によって普遍的支配権を奪取したことを証明するときも、平和的手段が尽きた後、純粋な精神によって戦われる戦争は正義であり、それゆえに、理にかなった解決をもたらすという中世的な観念を依然として保持することを示した(1)。

ダンテ自らは、ローマ帝国の復活によって中世の帝国的秩序を再び完璧にすることを願ったが、ほかの人々は、すでにこの構想が実現不可能だと主張していた。ピエール・デュボワは一三〇六年につぎのように論じている。「まともな頭脳の持ち主なら誰しも、いまや一個人が世界を支配できるなどということを信じはしない。もしそのような方向を目指す動きが現れたなら、果てしない戦争と革命が続くだろう。そして、誰一人この混乱を終わらせられないだろう。なぜならば、ありあまる人間の数、広大な土地、雑多な国々、そして争いごとを好む人間本来の

＊　一九六一年五月十日、私がこの章を書いていたとき、当時十一歳の息子、ヒュー・ヒンズリーがつぎのようなコメントを与えてくれた。彼が私に第二次大戦のことを話してくれというので、私は話して聞かせたのだが、彼は「なぜすべての国は永久に続く平和条約を結ばないの?」と聞いてきた。私は、かつて試みられたこともあったが、各国にその約束を守らせるのはとても難しいのだよと説明した。彼は「それなら世界全体の司令官（governor）をつくったらどうだろう?　もし僕がその司令官だったら、すべての国に約束を守らせてやるよ」といった。私がこれに対して、世界政府というものは少しばかり難しいもので、たとえば、イギリスとイタリアの二国が一個の政府をつくるのでも、それほどやさしくはないよと説明すると、「イギリスとイタリアはお互い離れ過ぎているよ。でも、もし僕が世界の司令官になったら、その中間のところに、イタリア、フランス、ドイツ、イギリスの中間のところ、そうスイスに住んでみよう」と息子は答えた。そこで私が、もしたとえば、ドイツがヒューに従わなかったらどうする?と尋ねると、「ほかの国みんなに命令して、ドイツをやっつけるさ」と答えた。それなら世界の司令官が自分から戦争を始めることになるよ、と私は言った。「あっ、そうだね。それはよくないや。でも、もし地球が火星人に攻撃されたら、どの国もみんな一つにまとまるんじゃないかなあ」と息子は最後にいった。私は、直ちにこの会話をできる限り正確にメモした。こうしたことをヒューと話し合ったのは、このときが初めてだったが、現代の子供たちはほとんど皆、彼と同じように答えるだろう。十四歳になる長男のチャールズがこのことを証明してくれた。七歳の娘、クラリッサはよくわからないわといったが、仲間外れにされたと感じたらいけないので、とにかく彼女のことも書いておく。

性癖のゆえに、それは不可能なのである」。それから二十年後、パドゥアのマルシリウス（Marsilius of Padua, ca. 1275-ca.1342）もその著書『平和の擁護者』（*Defensor Pacis*）の中でほぼ同様の考えを披瀝している。「すべての国々に超越する唯一の政府をつくることが、すべての文明人にとって望ましいのか、あるいは、世界の各地に分住し、地域的特性に応じて生活する人々にとって、とりわけ異なる言語、異なる慣習と生活様式を持つ人々にとって、それぞれが主権を有する個別の政府を持つことが望ましいのかは、理性的に探究されなければならない(2)」。彼らは二人とも、帝国にではなく、それにとって代わるべき新たな政治的秩序により大きな関心を抱いていた。したがって、彼らの考えは、ダンテの場合よりも明瞭に、平和への関心よりもほかの問題を優先して考える当時の傾向をいっそうはっきりと示している。たとえば、デュボワにあっては、平和は十字軍復活への願望と比べて、はるかに下位に位置する目標だった。

『平和の擁護者』は、個別国家における主権の問題を、のちに使用される「リヴァイアサン」あるいは「一般意思」（general will）という意味合いで取り上げた初めての著作であり、当時の主権国家の形成と発展を反映していた。しかしこの作品は、その題名にもかかわらず、国際問題については「理性的な探求」に価すると述べている以上は何も論じておらず、戦争の問題に関しては付随的な関心さえ示していない。マルシリウスは、戦争は疫病のような災難の一つで、人口を抑制し、人間を養うのに充分な土地を保つための自然の摂理のようなものとみなした。デュボワは『聖地の回復について』（*De Recuperatione Terrae Sanctae*, 1306）の中で、キリスト教徒同士の戦争についてその厳粛なる放棄を説き、平和を「われらの追求すべき目標」だと述べた。そのための手段として、ヨーロッパのカトリックの君主たちは自主的に「コモン・カウンシル」に加わり、彼らの間に起こるすべての紛争について仲裁者を任命し、コモン・カウンシルの決定に服さない君主に対しては連合して制裁を加え、武力の行使を約するよう提案する。しかしながら、彼の第一の目的は、そしてこのカウンシルの主目的は、聖地の回復であり、中世的帝国の完成というダンテ的方策以外の方法によってキリスト教世界の統一を保持することだった。

デュボワは、教皇の世俗的権力は消滅すべきとしたが、他方、教皇を聖地回復の十字軍の精神的リーダーとも考えていた。彼の聖地再征服の提案の中には、ヨーロッパ人による近東への植民、地中海のヨーロッパ化、トルコとの開戦が含まれていた。また、教皇はコモン・カウンシルの裁定に対する道義的控訴院の役割を担うものとみなされていた。しかし、教皇の世界的リーダーシップが強調される一方で、デュボワのコモン・カウンシルはフランス国王の政治的支配下にあるべきものだった。当時の教皇はいわば「バビロンの捕囚」［ここでは、ローマ教皇の座がローマからフランスのアヴィニョンに移されていたこと］の時期にあり、フランスの影響下にあっただけではない。デュボワの包括的なヨーロッパの平和案の中には、東方帝国だけでなく、ドイツ、イタリア、スペイン、さらには教皇領の犠牲において、フランスの力の増大を目指した秘密条項が含まれているのである。たとえば、共同の決定に服さないヨーロッパの君主には制裁を加えるべきだとする提案の中には、この不服従の王家の東方への追放によって、フランスの膨張を容易にするとともに、正当化しようとする意図がみられる。彼のもう一つの論稿「戦争削減方法論」（'On the Way to Shorten Wars'）の中で、デュボワは、フランス人がすべての民族の中で他民族を統治するのに最もふさわしい民族であると論じて、フランスのリーダーシップと支配を正当化している。[3] ダンテのような帝国の再建、伸張を求めていないとしても、彼はより強大なヘゲモニーを担う者が出現して帝国にとって代わることを望んだのである。しかしまた、彼を政治思想家として創造力のないつまらない著述家とみなすとしたら、それはおそらく当たっていない。なぜならば、彼は、近代国際システムがキリスト教世界にとって代わる過渡期の初期段階において、フランス国王の優越すべきことを強調し、フランスの国力の膨張について考えていたからである。しかし、彼を近代的な平和思想の先駆者とみるとしたら、それはいかなる点からしても正しくない。むしろ、彼は近代の主権国家思想の擁護者だったのである。

その後の四百年間、ますます多くの人々が国際問題の解決策をさまざまに唱え出したが、その大半の者を鼓舞した動機は平和にあったのではなく、デュボワが目的としたもの、あるいはそれに修正を施したものにあった。このことを示す例証として――事実、この例証の一原因でもあるのだが――この期間に広く一般に受け入れられていた戦争への態度を挙げることができる。十六世紀初頭のエラスムス（Desiderius Erasmus, 1466-1536）や十七世紀のクエーカー教徒などの絶対平和主義者は、すべての戦争は理性や道徳と相容れないという理由から、戦争には正当な戦争とそうでない戦争があるとする中世的二分法を否認したが、これが同時代の考えを代弁していたとはとても言えない(4)。全体的には、この二分法は徐々に使われなくなったが、しかし一五八三年になってもまだ、イエズス会士たちによって、フェリペ二世（Felipe II, 1527-1598）によるスペインの中国征服の合法性と道義的正当性を理解させるための手段として用いられていた(5)。戦争の二分法的捉え方は、一六二五年に出版されたグロティウス（Hugo Grotius, 1583-1645）の国際法に関する著作『戦争と平和の法』（*De Jure Belli ac Pacis*）においてもその基礎を成している。というのは、ここでは、戦争もときとして道義的に正当化されうるという原理が、戦争はつねに政治的に正当であるという原理に道を譲りつつあったからである。こうした変化が実際にはどの程度だったのかは、ヨーロッパの歴史から、また十六世紀前半の戦争と帝国主義を揶揄したフランスの物語作家フランソワ・ラブレー（François Rabelais, 1483?-1553?）の作品などから知りうる。マキアヴェリ（Niccolo Machiavelli, 1469-1527）の『君主論』（*Il Principe*, 1532）はさておき、それほど悪名の高くないほかの多くの書物――というのも、それらはマキアヴェリほど首尾一貫していないからだが――を一読すれば、この変化が当時の人間に与えた影響の大きさを理解できる。

エラスムスやマキアヴェリと同時代に属するトーマス・モア（Sir Thomas More, 1478-1535）は、戦争を「野蛮な汚らわしい行為」とする点でエラスムスと一致していたが、他方、いったん戦争が始まったならば、戦いに勝利するためにとられるいかなる手段も正当化されると考える点でマキアヴェリと同意見だった。ヨーロッパにおけるフランスの勢力増大を見て、モアは、のちにラブレーが用いるのと同様の言葉で、戦争をあざけった。しかし他方、新世界獲得のための植民地戦争に関しては、彼のユートピアンたちをして、「それを最も正当な戦争事由だとみなす。なぜならば、何ら有益な用途も見出しえない無主の空虚な土地を自然の摂理に従って耕作し再生することになるからである」と語らせている。ただし、慎重居士のモアは、そうした戦争には傭兵が用いられるべきだとつけ加えるのを忘れていない。自ら戦争行為を行えば、それによって自ら公序良俗に反することになるからである。(6)一八五〇年代、マキアヴェリに対して誠実だが混乱した反対論を唱えたジョバンニ・ボテロ（Giovanni Botero, ca. 1544–1617）は、旧来からの伝統に則って、「自衛のための戦争には絶対的な正当性があり、したがって、攻撃的な戦争は自衛によってのみ正当化される」と主張した。また、彼は同じ伝統的な立場から、「われわれの眼前および周辺にトルコ人が存在している限り」自国を正義の戦争によって拡大する機会に事欠かない、「これ以上に正義にかなった名誉ある戦争擁護論がありえようか」と論じた。他方、彼は「軍事的冒険は国民の心を捕らえるのに最も効果的な手段である。賢明な君主は憤激する国民を外敵に対する戦争によってなだめるものである」とも書いている。(7)

以上のことからも、またほかの論者たちが明らかにしていることからも、しばしばいわれるようにこの時代になって初めて戦争が当然のこととして受け入れられるようになったのではなく、(8)ずっと以前からそのように考えられていたことがわかる。より重要なことは、実際的にも思想的にも、従来から一貫して支配的だった正義の戦争と不正義の戦争を区分けするという伝統が、近代国家成長の影響のもとで、「国家存立事由」（reason of state）という添加物をますます取り込んでいったことである。

変化しつつも前時代からの継承物であるこの伝統の強さは、この時代のいわゆる「平和構想」のほとんどすべての中に現れている。これらの構想も戦争を当然のこととみなしているからである。だからといって、戦争の当然視は、この時代の平和構想が平和をその第一の目的としていない事実の主たる理由ではない。主たる理由は、これらの構想の中心的課題が急速に発展しつつある国際システムを一定の鋳型《いがた》、一定の秩序の中にはめ込もうとする点にあったからである。さらに、戦争当然視のほかの理由としては、当時深刻化しつつあったトルコの脅威に対する防衛問題が、十字軍の復興という旧来からの課題にとって代わる状況を迎えていたことを挙げることができる。(9)こうした状況の進展、すなわちこれら二つの最も強力な時代の力が一体となって、いまや戦争の回避を課題としてまったく意識していない構想者たちに、平和ではなくヨーロッパの統一こそが差し迫った緊急事だと認識させることになった。彼らはヨーロッパ人相互の内輪もめがトルコ人進出の原因であり、異教徒が勢力を増大しているときにキリスト教徒が互いに争う事態を嘆かざるをえなかったのである。しかし、もう一つの強力な要因が同じ方向に働いていた。ドイツの歴史法学者オットー・ギールケ（Otto Friedrich von Gierke, 1841-1921）は、マキアヴェリの教義が偉大なヨーロッパ帝国という中世的夢から醒めきっていない時代に大きな衝撃を与えたと指摘している。勢力を増大させつつあった主権国家と前時代からの政治的・宗教的システムの遺産である前提や習慣との対立は、当初、主権国家の中に自ら旧来からの前提と習慣を担い、自国の支配下にあの偉大な夢を再生させようとする者を生み出した。[*]いずれにしても、単一の国家がほかのすべてを支配するという発想は、諸国家の分立がもたらす対立と抗争からの最も単純かつ粗野な逃避以外の何物でもない。

　以上のような理由から、十五世紀から十七世紀にかけての国家間構想は、いずれもダンテが志向したヨーロッパの統一と同一延長線上にあった。ただし、独立した諸国家の分立状態がこの統一をますます実現不可能にしており、したがってこれらの構想もダンテ流のローマ帝国回帰的な方法に頼るのではなく、デュボワ的輪郭に沿ったより新しい帝国的手段によって統一を求めようとした。だからこそ、戦争を明白に否定したのがパシフィストとクェーカー教徒にほぼ限られていたのである。しかし同時に、平和を達成する手段としての国家間機構に無関心だった、あるいはさして重要視しなかったのが彼らだけだったのも理由のないことではない。エラスムスは、国家間機構について多少考えたが、その際には征服権に対する批判や十字軍再編計画への揶揄嘲笑と同様の激しさで、国家間機構を提唱する人々の意図そのものを問題にした。彼はトルコとの戦争に関する小論の中で、「一部の人々が求めているあの世界帝国（*universalis Monarchiae vocabulum*）という名称にわれわれの多くは恐怖を覚える。もしわれわれが神のイメージを与えられた帝王を戴くことができるのなら、単一の統一的な世界帝国は最善のものだろう。しかし人間の本性から考えて、ほどほどの力を持つ複数の王国がキリスト教的同盟によって連合することの方がよほど安全である」と論じている。(10)

当時の国家間機構の諸構想に関する現存する記録やその写しを少しでもひもといてみれば、エラスムスのそれらに対する不信の念がもっともなことがわかる。一四五八年、コンスタンティノープル〔現トルコ共和国の主要都市イスタンブルの旧称〕陥落の五年後、ボヘミア王のイジー・ス・ポジェブラト（George of Poděbrady, 1420-1471）は、フランス国王にこうした構想の一つとして、皇帝と教皇を除外したキリスト教国君主間の同盟あるいは永遠の連合を提唱した。この提案は、諸国の君主から成る連邦議会と、対トルコ戦争のためだけでなくヨーロッパ内における平和擾乱の動きに対処するための統一的軍隊と中央の執行機関を含んでいた。たしかに、トルコのヨーロッパに対する脅威の除去とヨーロッパ内部における戦争の根絶がこの提案の明示的な目的だったが、しかし本当の目的は、皇帝と教皇の一元的な支配から逃れるために、ドイツやフランスさらにはヴェニスから自国を保護することだった。フス派であり、またボヘミアの小君主に過ぎなかったポジェブラトは、このような構想を提案することによって、自らの地歩を教皇や皇帝から守ろうとしただけではない。彼は、西ヨーロッパにおいてはフランス王ルイ十一世（Louis XI, 1423-1483）が皇帝の座につき、彼自身はフランクフルトにおけるドイツ皇帝およびコンスタンティノープルにおける東ローマ皇帝になることをルイ十一世に提案している。これら二つの提案は、ポジェブラトの政治顧問アントニウス・マリウス（またはマリーニ）（Antonius Marius or Marini, 生没年不詳）の手で起草され、『トルコに対するキリスト教徒の連合について』（*De Unione Christianorum Contra Turcas*）と『同盟および連邦論』（*Traité des Alliances et Confédérations*）と題され上梓された。(11) ちなみに、同じように教皇を攻撃し、中世帝国の再活性化を目指したダンテの『帝政論』は、そのほぼ一世紀後の一五五四年になってようやく出版されている。† ヨーロッパ諸

＊　この点に関する詳細な議論については、本書第8章二二九～三三頁、二四八～六〇頁参照。
†　ケンブリッジ大学の同僚の書誌学者A・N・L・マンビー准教授（A. N. L. Munby）の情報による。

国の対トルコ同盟に関しては、十六世紀末から十七世紀初頭にかけて種々の構想が発表されており、代表的なものとしては、フランス王アンリ四世（Henri IV, 1553-1610）に仕えたフランソワ・ド・ラ・ヌー（François de la Noue, 1531-1591）の提案（一五八七年）、ギリシア人ミノット（Minotto, 生没年不詳）の提案（一六〇九年）などがある。[12] 十七世紀初頭、カンパネッラ（Tommaso Campanella, 1568-1639）は、『イタリア君主に関する政治論』（*Dicorsi politici ai principi d'Italia*）および『スペイン王国』（*Monarchia hispanica*）と題して一六二〇年代に出版された著作の中で、スペインの直接的あるいは半自治国を通じた世界支配が精神的に革新され政治的に強化された教皇庁と協力して行われるならば、諸民族に救済をもたらすことになり、それが神の意志に沿うと主張した。しかしその後、スペインを追われてフランスに亡命した彼は、一六三五年の『諸民族の王国』（*Le Monarchie delle Nationi*, 1635）を始めとする一連の著作を著したが、これらは新しい保護者のリシュリュー公爵（Duc de Richellieu, 1585-1642）のもとで興隆するフランスへの感謝と賛美の念を表わしたものだった。つまり、スペインに代わってフランスの世界支配を説き、のちにルイ十四世（Louis XIV, 1638-1715）となるフランス皇太子がキリスト教世界を単一国家にまとめる日を待望するという点を除いては、以前の主張の焼き直しに過ぎない。

カンパネッラは通常、ほかの考察に値しない多くの論者たちのように、平和構想者とはみなされていない。しかし、彼の著作すべてには、教皇の指導のもと多数決で運営され、単一の軍隊によってキリスト教ヨーロッパ全域を統治する元老院をローマに持つカトリック諸国連合という構想が取り入れられていた。[13] つまり、彼の著作は、世界国家を「ユートピア的太陽の王国」（Utopian Sun state）への一過程に過ぎないと見ていた点と、ヨーロッパの単一王国を目指すと明言していた点を除けば、そこにみられる考え方は前時代のもろもろの平和構想案と異なる特質をいささかなりとも有するものではない。

ところで、三十年戦争中の同時期に著された二つの代表的な構想、すなわち、エメリック・クリュセの『ヌボー・シィネ』（*Nouveau Cynée*）とシュリ公爵の「グランド・デザイン」（'Grand Design'）は、カンパネッラの著作とは大きな違いがあった。クリュセの『ヌボー・シィネ』は、初版と第二版がそれぞれ一六二三年と翌二四年に刊行されており、平和の維持を目的とした国家間機構を提唱した近代史上最初の提案である。また、シュリ公爵の「グランド・デザイン」は、前半部が一六三八年に彼自身の回想録の中で明らかにされ、一六六二年には後半部が上梓されており、新しい考えと伝統的な考えとを独創的な形で折衷したものである。

クリュセは、諸国家の連合体を目指した点では、彼の前後の時代の多くの論者と変わるところはない。参加国の大使からなる常設の議会をヴェニスに設け、そこでは多数決原理によって運営され、違反する国に対しては各国が共同してこれに対処し、必要とあれば参加各国が軍隊をプールしてこれに当たることなどが提案されていた(14)。ただし、彼の場合、この連合体にはヨーロッパの王国や共和国だけではなく、既知の世界の地域、すなわち、ペルシャ、中国、エチオピア、東インド［インド、マレー半島、インドシナ半島を含む地域］、西インド諸島、さらにはトルコが参加すべきとされていた。そのうえ、純粋に名目的な議長としての教皇のもと、コンスタンティノープルがローマに対して持つ歴史的な立場を考慮してトルコに第二位の序列を与え、神聖ローマ皇帝にも、同じく歴史的な考慮から、単なるドイツの支配者以上の地位として第三位の序列を与えるのである。国家の分立状態を容認するクリュセだったが、主権国家間の平等の観念はいまだ彼の中には存在していない。こうした序列の決め方にも、中世の伝統からの影響が色濃く反映している。これに対して、構成国の地理的拡大、とりわけトルコへの拡大は斬新な点ではあったが、これが彼の構想の唯一のあるいは最も刮目《かつもく》すべき特徴だったわけではない。というのは、この点はたしかに過去の平和構想にみられる十字軍的伝統からの決別ではあったが、トルコはすでに長い間繰り返しフランスと同盟関係を結んでいたという歴史的現実があるからである。彼の構想を真に特異なものたらしめているのは、その全体の調子と言葉遣いが意識的に前時代と同時代の考え方を拒絶している点にある。

それはつぎの言葉で始まる。「中途半端な平和が求められているに過ぎない。共通の敵に対抗するための手段として、キリスト教君主諸公に平和を勧める者もいれば、また中には平和を唱えながら、四年内外でトルコを絶滅する方策を説く者さえいる。つまり、彼らは自分たちの利益のことだけしか頭になく、隣国に不和の種を蒔きながら、あくまでも自分たちだけの平和を求めているのである。私の考えは、彼らとはまったく異なる。私が思うに、隣人の家が燃えたり、倒れかかっていたら、われわれは同情の念と恐れを抱くと思う。なぜなら、人間の社会というものは一体をなしているからである。(15)『ヌボー・シィネ』の中には、ローマ帝国やコンスタンティノープルや神聖ローマ帝国の伝統に訴える箇所が散見できるにもかかわらず、彼は旧態依然として唱道される全ヨーロッパの政治的支配を目指す諸構想を手厳しく批判する。「仮に全世界を自らの足下に置くことができたとしても、……最終的には立ち止まることを余儀なくされる。なぜなら、戦争は平和を手に入れるために遂行されるのだから。世界的規模の王国において人が何をなすにせよ、自らの手の内にある範囲を逸脱してはならない(16)」。「全体的な平和が存在しない帝国には救いがない。そして、この平和は各君主を現有の領土内にとどめ、口実を設けて領土外に出て行かないように諸国を制限することによって達成される(17)」。最後に、クリュセには国家の平等という認識はなかったとしても、独立した主権国家群からなる共同体が生まれつつあることをある程度認識していただけでなく、平和の達成を説くにあたって、主権国家に固有の利害や障害にも注意を喚起した。すなわち、彼は君主諸公に「あなたの国の存続を保証する手段」としての全般的平和を説くのである。(18)

「すべての君主の間に平和が打ち立てられるならば、彼らは臣民を服従させるのにそれほどの困難を感じる必要がなくなる。……君主が自らの臣民に対して寛大になれないのは、自分の臣民との不和や対立が領土外の者によって利用されるのではないかと恐れるからである。しかし、いまやこの恐れは不要となろう。なぜならすべての君主は反徒を罰する点で共通の関心を持ち、反徒の取締まりのために互いに協力するだろうから。かくして、全般的平和から生じる恩恵の第一の受託者が君主自身なのである(19)」。「外からの脅威を防ぐだけでは充分ではない。内からの脅威の方がより恐ろしいかもしれない。……すべての君主がいったん合意に達するならば、臣民のけしからぬ振る

ることによって、君主諸公の連合体が崩れることがないよう、自らの国の統治に意を用いるであろう。……そうすることによって、君主は全般的平和の維持に努めるよう臣民を誘導し、彼自身の国自体も安泰にしうるだろう。……そうする主の偉大さは、支配する領土の広さにあると考えるべきではない。……真の偉大さは臣民が自発的に君主に服従することと、さらに、君主が自らの王国を確固として統率することにある。しかも、それは君主が戦争に従事する限り、決して手にすることができないものなのである」[21]。帝国の再建ではなく、平和の達成がクリュセの主要な目的だったから、彼はそのための手段を個別国家の入れ替えにではなく、その強化に見出したのである。

国際主義者はここからさらに一歩進めて、諸民族が最後のより所とすべき国際的な仲裁制度を最初に提唱したのがクリュセであると称揚してきたが[22]、これは仲裁制度の起源を十二世紀に求める者、あるいはエラスムスに求める者、さらには古代ギリシアにまでさかのぼるべきとする者がいる現状では、説得力を持ちえない[23]。ここでは、おそらくつぎのことをはっきりさせておく必要があるだろう。十八世紀以前の論者たちは、古代ギリシアでいかに仲裁制度が発達していたとしても、仲裁制度に対しては、ヨーロッパ諸国の連合体やヨーロッパの枠を越えたより広域の国際的な連合体という重要な課題に対するほどの関心を払わなかった事実である。ヨーロッパ共和国構想あるいは国際的連合体構想の底流にある原理と、国家間の仲裁制度の基礎をなす原理とは異なるものであり、実のところ両者は両立しない。前者においては、加盟国間の戦争は内戦を意味し、したがって連合体の絶対的な権威によって鎮圧され、かくして統一が維持されねばならないことが前提とされる。これに対して、後者においては、ある特定の紛争の解決に関して、独立した主権国家が自らの自由意志でそのためだけに設立された臨時の仲裁者に紛争解決の裁決を委ねることを約した手続きに過ぎない。たとえ常設の仲裁裁判所がこの臨時法廷にとって代わったとしても、その本質的な原理はいささかも変わらない。十七世紀末までに仲裁制度に近い考え方を打ち出したのは、国際的連合構想の真の目的に不信の念を抱いていたエラスムスと、諸国家を単一の政治システムに統合すること以上に、国家間の法とその法的手続きにより大きな関心を示していたグロティウスぐらいである。その他圧倒的多数の論者たちにとって、仲裁制度は興味関心を引く対象ではなかった。それは主権国家が充分に発達していなかったからではなく、むしろ主権国家の急速な発達が生み出す国家間の諸問題の解決手段として、単一の政治的組織の創出だけがあまりに強く意識されていたためである。

この点では、クリュセも例外ではない。彼は主権国家間の平等原則を認めていたわけではないが、しかし主権国家の存在そのものには注目していた。彼の提唱する「ワールド・カウンシル」は諸国家間の平和のみならず、諸国家の統合をも達成すべき機能を有するものとされ、この限りでは、ヨーロッパ帝国復活の最も熱心な支持者たちの唱えるところと何ら変わらない。さらに、ワールド・カウンシルへの道筋に関しても、帝国復活論者たちと同様、体系性と明確性をともに欠いていた。しかしながら、彼の主権国家同盟構想には、加盟国の範囲の拡大以外に何ら新たなものが見当たらず、実際、それ以外の点ではデュボワの時代以前から一貫して提唱されてきた旧来の提案と似たり寄ったりではあったが、デュボワ以降の提案に色濃くみられる平和の追求を政治目的に従属させるやり方はとっていない。『ヌボー・シィネ』の際立った特徴は、平和を何らかの政治的課題、たとえば、十字軍の派遣、トルコの脅威に対するヨーロッパの防衛、衰退しつつある中世ヨーロッパ的秩序の再建、新たなローマ帝国の樹立などの解決によって生み出される副産物とみなし、もっぱらあるいは主としてこの見地から平和を唱えたのではないことである。むしろ逆に、クリュセは平和の達成の結果として得られる政治的恩恵を考察した。彼が思い描いた平和によってもたらされる政治的恩恵の中には、君主権力の強化はいうまでもなく、その他宗教的寛容の助長、自由な世界貿易とその拡大、貧困の除去、租税の軽減などが含まれていた(24)。つまり、彼にとって平和とは、普遍的平和を意味したのである。「われわれは一時しのぎの取り繕いではない平和を求める。三日ともたない平和ではなく、自発的で公正かつ永続的な平和を希求する。それは本来各人に帰属するものを各人に与え、……すべての人々に等しく移動と商業の自由を与えるものでなければならない(25)」。

クリュセには旧来の思想の壁を乗り越えていた点がたしかにある。しかし他方、それは、強まりつつある時代精神の影響によるものでもあった。彼が『ヌボー・シィネ』を執筆していた三十年戦争の時期は、ほかの論者たちにも彼に近い考えや発想を生み出させた。一六一〇年以降、数多くの小冊子に普遍的平和という考え方が現れるようになったのである。(26) グロティウスの『戦争と平和の法』は一六二五年に世に出されたが、この本は必ずしも恒久的な平和を構想したものではない。彼には戦争を廃絶するという発想はまったくなく、むしろ逆にある種の戦争は正義であるとし、また戦争は正義のためにのみ行使されるべきであって、そのような戦争だけが神によって認められるという観念を保持していた。それにもかかわらず、グロティウスはもはや複数の主権国家からなる共同体の内部における社会的流動性が、現実離れした中世的世界の一体性にとって代わるべきと理解していた。そこでは、必ずしも平和を保証するわけではないが、少なくとも、戦争の勃発を制御する契約と正義に基づいた「国家間の法」(law of nations) の中ですべての国が行動することが想定されていた。さらに、シュリ公爵もまた、たとえクリュセやグロティウスの著作の存在を直接知らなかったとしても――おそらく知っていたと思われるが――グロティウスと同様、当時の時代精神に影響されていた。彼の回想録の成り立ち、すなわち「グランド・デザイン」の生成過程がこのことを示している。

シュリがアンリ四世下のフランス王国の大臣職を辞した後、一六一一年から一六一七年にかけて書かれた回想録の第一草稿では、アンリ四世の領土的野心について六、七箇所で断片的に触れているに過ぎない。これら断片的言及が、変形されたり完全に捏造された文書類に依拠している疑いは否定できないが、それでもフランス国王アンリ四世の、少なくとも国王の足下にいたシュリ自身と顧問官たちの長期的な目標と願望をかなり忠実に反映しているといえる。そしてそこでは、「帝国をオーストリアからフランスに移し換えること」、オーストリアの力を削減すること、ヨーロッパにおけるスペインの勢力をイベリア半島に封じ込めること、オーストリアとスペイン両国の領土を再配分することなどが謳われていた。また、「よりキリスト教的な連合体」(une association trés chrétienne) についても触れているが、この連合体の実態はスペインの勢力伸張に反対する国々の連合体に過ぎない。さらに、フランスの公平無私さにも、同様に言及している。しかし、「よりキリスト教的な共和国」（une république trés chrétienne）についても、ヨーロッパ諸国間の勢力均衡についても、トルコのヨーロッパからの放逐についても、紛争の裁定と平和の維持にあたる主権国家の連邦会議についても、ヨーロッパの宗教的和解についても、まったく触れられていない。これら「グランド・デザイン」に特徴的に見られる上記の諸項目は、一六二〇年から一六三五年の間に書き加えられたものであり、その数年後に回想録という体裁で出版されることになる。

シュリの回想録が刊行されたのは一六三八年だが、この際の出版に関しても、第一草稿と同様、さまざまな形で手が加えられた証拠に事欠かない。そうしたこともあって、前記の諸項目はアンリ四世の指示に基づくものとされてきたが、実際にはシュリ自身の創造力から生み出されたものである。これら諸項目が書き加えられた際、もともと第一草稿に謳われた目的と矛盾していたにもかかわらず、修正を施すことなくそのままの形で残された。*さらに、新たに書き加えられた諸項目相互間にも、仔細に検討してみると多数の食い違いがみられる。†「グランド・デザイン」に関する言及は、古い草稿でも新しい草稿でも、何の脈絡もなく断片的に現れているに過ぎず、一七四五年以降に出版されたいくつかの十八世紀版において初めて、「グランド・デザイン」関係箇所が一括して「アンリ四世のグランド・デザインと呼称される政治的構想に関する議論」という標題で末尾の一章にまとめられたのである。したがって、今日にいたるまで数知れぬ混乱が生み出されてきたのも驚くには当たらない。(27)

しかし、これにさらにもう一つ混乱が加わることになる。一六三八年に出版される草稿の書き換えをシュリが行っていたとき、彼は二つの相異なる影響力の間に引き裂かれていた。一方では、三十年戦争の影響とクリュセやグロティウスに代表される見解の影響が彼をある方向へと引き寄せていた。他方、大臣や外交官としての彼自身のキャリア、最初の草稿の中に書き記していた以前からの彼自身の発想、さらに当時権力の絶頂にあったリシュリュー公爵の政治的手腕からの影響などが、彼をまったく異なる方向へと導いていた。この葛藤こそが、『回想録』の刊行に終始つきまとうもろもろの予盾点である以上に、刊行版「グランド・デザイン」理解の重要な鍵である。

「グランド・デザイン」構想の本質は当初と変わらず、対トルコ開戦、対ロシア開戦の可能性を一方で追い求めながらも、あくまでもハプスブルク家の弱体化とヨーロッパにおけるフランスの主導権の確立を目指すことにあった。ヴィットリオ・シリ（Vittorio Siri, 1608–1685）、ライプニッツ、ルソーなど早くも十七、十八世紀の論者の中には、この構想の出所がアンリ四世だと何の疑念もなく信じ、構想の本質についてもかなり正確に見抜いていた者もいる。ライプニッツは、この点に関して、「アンリ四世はもしかすると……主権君主間にある種の共同体を打ち立てることよりも、むしろオーストリア王家の打倒を目論んでいたのではないだろうか」と書いているし、ルソーも、アンリ四世は「手強い敵をおとしめるという密かな願望に衝き動かされていたのではないだろうか」とか「ヨーロッパ第一の君主を打倒するために、多くの人を狩り出し……自らがその地位に就くことを企てていた」と評している。現代のわれわれも同じような結論を持たざるをえない。ブルボン家の利害が前面に出るのを何とか覆い隠しつつ、ヨーロッパにおけるハプスブルク家の立場を破壊することが第一の目的だったのである。そのために、ヨーロッパ連盟の参加国にはオーストリアの犠牲における領土の再配分という餌が用意されていた。ところで、フランスの利益に奉仕するという点を除くと、「グランド・デザイン」には同時代の多くの構想との共通点が少なくない。ハプスブルク家打倒の重要な帰結とは、「帝国が再びすべての君主にとって自らの目標とすべき最高の権威となることである」とされ、そこでは、同一の王家から二代にわたって皇帝を出さない方式で皇帝が選出されるのだが、

(28)(29)(30)(31)

＊　たとえば、第一草稿では低地地方［現在のベルギー、オランダ、ルクセンブルクを含む地域］は、フランス、イギリス両国の諸侯間で分割されるとなっていたが、初版本ではオランダ共和国［United Provinces, 1581–1795］にもその一部が与えられるものとするとなっている。

†　たとえば、ハンガリー王を選出する君主の数について、六人としていたり、七人としていたり、八人としていたり統一がない。また、「ヨーロッパ協議会」（European Council）の参加国についても、ある箇所では六六カ国とし、ほかの箇所では四十カ国としている。

いったん皇帝の座に就いた者は、「全キリスト教共和国の第一かつ最高の行政官と称される」とされていた。＊ハプスブルク家の打倒後については、トルコを、必要ならばロシアも、ヨーロッパから放逐するために共和国の軍事力を用い、さらに、ヨーロッパ以外の地に共和国構成各国の領土を獲得するためにもその軍事力を使用すべきだとする。特徴的には、「ヨーロッパ全体を制御し統治する単一の政治体制」を樹立し、「すべての個別国家の結集」を図り、「時の経過にも揺るぐことのない堅固な基礎を持つ連合」を打ち立てることが、アンリ四世の最終目的だとされていた。(32) このように、シュリの「グランド・デザイン」は、ヨーロッパあるいはキリスト教世界のための統一的機構と単一的統合を追求する手段として、旧来からの帝国制度を、その担い手を旧来とは別の諸国に移すことによって保持ないし再建しようとするものだった。恒久的平和にも触れてはいたが、その場合でも結局、それはヨーロッパ内部の秩序問題と十字軍再編という伝統に従属させられた。この点において、シュリの構想は彼自身がおそらく耳にしたことのない十四世紀以来の平和構想の範疇に入れられるべきものといって間違いない。

この点で、「グランド・デザイン」ではつぎのような言説が圧倒的に支配的である。たとえば、「オーストリア王家の打倒が絶対必要である」。ハプスブルク家の支配権を「スペイン王国に限定する」。ヨーロッパ連盟参加国が「加盟国以外を排除する形で、……ハプスブルク家の全ヨーロッパ領土を征服し、……これら既得領土と通商上最も有益なアジアの一部、さらにはアフリカの海岸部全体を結合させる」ためにヨーロッパ連盟軍が必要である。トルコはいうまでもなくモスクワ大公国やロシアに対抗し、彼らが「キリスト教信仰［カトリック、ルター派あるいはカルヴィン派］に従うことを拒み、……ヨーロッパとの連携を拒むならば」彼らをヨーロッパから力ずくで追い出す必要があるなどという言説である。しかし他方では、シュリ自身が最近出会った著作や言説から学んだ新たな精神の息吹が感じられる箇所もなくはない。たとえば、「グランド・デザイン」の中には、「人類の幸福は決して戦争からは生まれない」という戦争の悲劇性と不道徳性に関する記述がある。また、一国の繁栄と幸福は国の大きさと力に反比例する傾向があること、すなわち侵略の無益性に関する発言がある。さらに、征服の愚かさにはフランスも含めすべての国が耳を傾けるべきだとする言辞がある。そのうえ、ヨーロッパがさまざまのレベルで狭められている現状のもとでは、現存する諸国家および諸宗教がとるべき賢明な道は、これ以上争うことなく共存することだとするアピールも熱烈に説かれている。[34] さらに、彼のヨーロッパ共同体構想の基本の一つは、クリュセの場合と同様、通商の完全な自由化だった。[35] たしかに、こうした新たな精神によって生み出された考えにしても、彼が長々と論じた国家間機構とその運営上の手続きと同じように、何か目新しいものがあるわけではない。しかし、シュリがこうした新たな息吹に共鳴していたことを疑う必要はなかろう。というのは、時代の新しい息吹をアンリ四世の勢威に仮託して、意図的に王の考えとして打ち出していること自体——この点は、「グランド・デザイン」のほかの部分も同様だが——シュリがいかに新たな時代精神を重要視していたかを物語っているからである。

さらにまた、二つの異なる考えがシュリのうちで葛藤していた事実が、かえって彼の構想をして一つの斬新な貢献を行わせることになった。「グランド・デザイン」の中にみられる、国家には法的、道義的抑制を加えるべきだとするグロティウス的関心と、平和は政治目的に優先すべきだとするクリュセ的主張は、相異なる二つの発想が単に妥協的取捨選択の問題として並列的に提示されているのではない。この点は、シュリが到達すべき目標として掲げた提案の中において、国家間システムに対する関心が比較的低いのに比べて、政治的方策への比重が際立って高い事実に如実に示されている。目標実現のための手段として彼が思い描いたものの中には、すべての国家の代表——大国は四人、その他の国は二人の代表——からなり、ヨーロッパの中央部に本部を置く「全体評議会」構想がある。この評議会は、まず最初に征服されるべきハプスブルク家の領土の再配分を決定し、ついで「そのような大事業に求められる」統一軍への各国の拠出割合を決する。その後、すべての紛争はこの全体評議会に付託されねば

＊　シュリによれば、アンリ四世は当時フランスの最も忠実な同盟者であったバイエルン選帝侯を最初の皇帝として選出すべきだと考えていたようである。[33]

ならず、またその裁定は絶対的だとされる。しかし、「グランド・デザイン」の実現にとっては、こうした国家間機構の仕組みよりも、ヨーロッパの政治地図を塗り替えようとする彼の構想の方がはるかに重要だった。法律家でも道徳家でもなく、老練な外交官であり政治家だったシュリの貢献は、「ヨーロッパ各国がいずれも他国の領土や力に嫉妬や警戒心を抱くことがないやり方で、ヨーロッパをいくつかの国家間に平等に分割する」ことを提案したことにある。シュリは「唯一の正しい道は、ある種の均衡によってこの体制を支えることであり」、これが「グランド・デザインの主目的」だという(36)。すなわち、彼のヨーロッパ連盟における全体評議会の機能は、第一に、ヨーロッパ地域にほぼ同規模の十五の「支配領域」をつくりだすために、オーストリアの領土を「公平に」再配分することであり、第二に、それが実現した暁には、「最も賢明かつ有用な制度がしばしば陥りがちなあの新機軸(37)」を排除することだった。ヨーロッパ連盟が将来獲得する新たな領土は、既存の君主諸公にではなく、新たに即位した君主諸公に与えられねばならないと主張するほど、シュリは均衡原理を重んじた。同様に、唯一スペイン王国を除くすべてのヨーロッパの領土と皇帝位をオーストリア王家から没収すべきだとしながらも、彼は「オーストリアがほかのヨーロッパ諸国と同等の力を保持できるように、地中海の島々とヨーロッパ以外の既得領土については、オーストリアの手に残されるべき(38)」ことを強調して、彼にとって均衡原理がきわめて重要な指針であることを示した。

　こうした均衡論的な考えは、彼の唱える「全ヨーロッパを一つの大家族として統制し統治する政治体制」、あるいは「あらゆる個別国家の連合」という願望と矛盾するものではないとしても、今後もヨーロッパには大国と小国が存在し続けるだろうというシュリがほかの箇所で明らかにしている見方とは相容れない(39)。たとえ彼の均衡論が各国間の完全な平等を意味しないとしても、やはりこの考え方に対しては、彼自身の均衡論との齟齬《そご》を感じざるをえない。また、それはシュリが抱いていた神聖ローマ皇帝を主席行政官として復活させるというヨーロッパ連合についての旧来からのアプローチとはさらに鋭く対立する。さらに問題なのは、ほとんど隠そうともしないシュリ自身の意図、つまり皇帝権力をフランスの支配下に置くことによって、フランスの絶対的優位を確立させようとする意図が、彼の均衡論的見解とまったく両立しないことである。しかしながら、シュリがこうしたことを構想していた時代は、国家間の関係についての考え方や現実の世界が緩慢な変化を見せる初期段階に当たっており、上記の矛盾点はこの変化のいわば必然的な結果といえる。国家間の勢力均衡を「キリスト教世界を安定させ、これまで追求され志向されてきた状態に落ち着かせる手段」(40)になるとして歓迎したが、しかし他方、独立した諸国家間に平等な関係を築くことと、個別国家群を単一の統治主体のもとに統合することの間に矛盾があることをシュリは認識していなかったのである。このことは、歴史的な変化によってもたらされる思想上の混乱ぶりを示す好例といえる。旧来の伝統的思考と新たな潮流がともに同程度の力を有する現実があったために、国家間の均衡こそが各国家の単一統治体への統合の最良の手段だとシュリは考えざるをえなかったのだろう。こうした混乱の原因は、単に彼がフランスの帝国的野望への親和感を抑制できなかったことだけにあるのではない。クリュセにしても、彼の構想する国家間機構への参加を渋る国に対しては、大国の力によって参加を強制すべきだと主張してはばからなかった(41)。こうした主張は、あらゆる国家間機構が必然的に内包するディレンマを覆い隠すことになる。そしてこの国家間機構につきまとうディレンマこそ、クリュセやシュリらが解決しえなかったものであり、また、二十世紀においてもいまだ答えが見出されていないものなのである。

これまで、シュリの構想はさまざまな角度から検討されてきたが、唯一残されているのは、彼がこのディレンマ、すなわち二つの相容れない考え方を調和させようと努力していたこと、さらに、均衡原理が彼の努力の主要な成果だったという事実である。依然としてキリスト教世界的枠組みで考えている部分が濃厚にみられるとしても、他方では、ヨーロッパという新たな枠組みでとらえ始めていた。依然として旧来からのヨーロッパ秩序に愛着を抱いていたとしても、他方では、独立した主権国家の生命力とそれに支えられた新たなヨーロッパ秩序の強靭さを認識していた。つまり、シュリにとって、帝国とはもはや委任された権力に過ぎず、ヨーロッパの単一支配はいまや少なくとも間接的にしか現実化されえないものだったのである。

この均衡という概念は、単に「グランド・デザイン」の主目的だったにとどまらない。それは、シュリが自らの構想を、おそらく彼自身見聞したことがあったに違いないほかの平和構想とは異なり、「一見もっともらしいが、実のところまったく実現可能性がない……馬鹿げた妄想や思い込み」[42]とは別物だと自負する根拠でもあった。彼がここで槍玉に挙げているのが、クリュセ的構想なのか、あるいはカンパネッラ的構想なのかは定かではない。しかし、つぎのことだけはたしかにいえよう。十七世紀末葉までは、旧来からの理念と伝統的な思考様式に支えられたカンパネッラ的構想が、クリュセやグロティウスが打ち出した新たな考え方といまだ充分な力強さを持って競い合っていたという事実である。「グランド・デザイン」が何らかの影響力を持ちうることができ、かつまた大きな注目を浴びたのは、この構想がそうした旧来からの特徴的性格、つまり全ヨーロッパにおける政治秩序への濃厚な関心を持ち合わせていたからであって、平和への希求とか均衡原理といった斬新性を有していたからではないのである。

英雄詩『クローヴィス』（*Clovis*, 1657）の作者として知られるデマレ・ド・サン＝ソルラン（Desmarets de Saint-Sorlin, 1595–1676）には、一六四二年頃、リシュリュー公の求めに応じて書き下ろしたとされる戯曲があるが、これは旧来からの平和構想の一種だったとともに、リシュリューの政治目標を代弁したものでもあった。つまり、この戯曲が描き出すのは、平和の希求と権力への渇望の抜きがたい相関関係である。たしかに、この作品はヨーロッパの平和を構想したものだが、その平和は敏捷《びんしょう》で強力かつ慈悲深いフランスの手で維持されるべき平和だった。「ヨーロッパ」を王女に見立てるこの戯曲は、イベール（*Ibère*＝スペイン）からの危害が自分の子供たち（＝ヨーロッパの諸民族）に及ぶのを恐れた王女が、フランシォン（*Francion*＝フランス）の庇護のもとに入ることを決断するという筋立てであった[43]。ライプニッツが伝えるところによれば、一六六六年、ヘッセ＝ラインフェルス大公エルンスト（Ernst, Landgrave of Hesse-Rheinfels, 1623–1693）が君主諸公の連合体（Society of Sovereigns）の設立を提唱したということである。この連合体にはカトリック君主だけが加入を認められ、フランスとオーストリアからほぼ等距離に位置するルツェルンに本部が置かれるとされていたが、この構想の要は、神聖ローマ皇帝を権力の座へ復帰させることと全ヨーロッパにおける至上の統治者兼最高司令官としての役割を皇帝に与えることだった。(44)ライプニッツ自らが、一六七二年、マインツ選帝侯インゲルハイム（Anselm Franz von Ingelheim, 1634-1695）の命を受け、彼自身の平和構想「エジプト会議」（'Consilium Aegypticum'）をフランス政府に伝えるためにパリに赴いている。この構想は、恒久的平和がヨーロッパに実現されるのに先立ち、キリスト教諸国を率いてエジプト征服に乗り出すとともに、イスラム世界に対する最後の十字軍遠征を敢行するようルイ十四世に勧めるものだった。しかし、インゲルハイムの真意がルイ十四世の企図するオランダ侵攻の鋒先を逸らせることにあったのは、ほとんど疑いの余地がない。オランダ侵攻によって、「マインツ選帝侯の生命線である」オランダを基盤とする中継地貿易が測りしれない打撃を受けることになるからである。(45)ライプニッツがこうした構想を抱いた理由をうかがい知るには、彼が当時の国家間の問題に関してその後に書き遺した数多くの著作をみてみるべきだろう。

　一六七七年、ライプニッツは「コエサリウス・フルステナリウス」（Coesarius Furstenarius）という筆名で、別の平和構想を著している。このときも彼はまだマインツ選帝侯に仕えており、今回の構想も前回同様、ドイツ諸公の主権擁護の願望を代弁したものだった。他方それはまた、中世キリスト教世界の再興を訴え、全ヨーロッパを神聖ローマ皇帝の至上の世俗的支配と、ローマ法王の精神的支配のもとに服さしめようと企図するものでもあった。神聖ローマ帝国の理念上、これが制度上の合理的な発展であり、この発展の成果のうえに、神聖ローマ皇帝にヨーロッパの主導権を持たせることが彼の目指すものだったのである。「すべてのキリスト教君主および諸公は、神聖ローマ皇帝が指導し、世俗的な首長である普遍教会（Universal Church）の命に服すべきである。……すべての君主は、かつて神聖ローマ皇帝ジキスムント（Sigismund, 1368-1437）を通じてコンスタンツ公会議［一四一四〜一八年］の開催を求めたとき、彼らを代表するものとしての神聖ローマ皇帝と帝国の法的権限、および審判会議（Tribunals）の管轄権を承認していた。しかし、全キリスト教徒による全体会議の審判に服そうとしない頑迷固陋《がんめいころう》な君主に対しては、共通の敵として制裁を加えることが必要となろう。こうした帝国構成員に対して下された法的決定を実行するためには、ほかの構成員を武力で当たらせるほかはない。普遍教会の権利が行使されるような事態は、現実にはおよそ考えられない。だからといって、そのことによって、状況に何らかの変化が呼び起こされるわけではない。さらに、もしキリスト教世界がよりよく統治されるならば、その象徴である神聖ローマ皇帝の権限も、普遍教会の権限と同様、ほとんど行使されることはなかろう」。こうした見解は、彼の初期の著作に見られるだけではない。ライプニッツは後半生においても、『内的安全と外的安全』(*Securitas Interna et Externa*, 1670-1671)や『サン＝ピェール師の著作に関する考察』(*Observations sur les Écrits de l'Abbé de Saint-Pierre*, 1706?)の中で、神聖ローマ皇帝の至上権のもとにキリスト教世界を再構築する考えを表明している。このことによって、ヨーロッパは「平和を取り戻し、内部的混乱に終止符を打ち、偉大な名誉と勝利、さらには良心と神の意志に背くことのない無数の利益を享受する方向へと進む」ことができる。さらに、こうした状況を受けて初めて、ヨーロッパの君主相互間の領土を始めとする他者の所有物の奪い合いという事態が回避され、「宿敵である野蛮人と異教徒」に対する一糸乱れぬ協力態勢が可能となろうと彼は説くのである。(46)

ライプニッツのこうした意見は、一七一五年のサン＝ピェール(Abbé de Saint-Pierre, 1658-1743)宛私信の中でも繰り返し披瀝される。永遠平和の達成は最も困難な道だが、「トルコ人をヨーロッパから放逐するために、神聖ローマ皇帝を支援することがおそらくこの問題を解決する最良の手段だろう」と彼は書き送っている。(47)また、同じ書簡の中で、サン＝ピェールの平和構想を批判して、この構想は統一ヨーロッパの組織化という点では、中世的帝国［神聖ローマ帝国］より見劣りするとも述べている。(48)さらに、同時期に書かれた別のサン＝ピェール宛書簡においても、ライプニッツは仲裁法廷を教皇の主宰のもとでローマに設置し、法王庁の宗教的権威を回復し、宗教的断罪としての破門を復活すべきことを提唱するとともに、「こうした提案はサン＝ピェール氏の構想と同程度の成功の確率がある」と述べて、(49)再度サン＝ピェールを批判する。

この言葉は、サン＝ピエールの構想がまったく実現不可能なことを示すために、ライプニッツが皮肉を込めて書いたものに違いないといわれている[50]。事実、彼はこれ以前、サン＝ピエールの構想について、「教会墓地の周囲でよく見かける「久遠の安寧」（*Pax Perpetua*）という墓碑銘を思い起こさせる。たしかに、死者はもはや戦うことはない。しかし、生きている者の心は違う。しかも、生者の中の最強の者は法廷による審判などにはおよそ頓着しない」と発言していた。ライプニッツは、シュリの「グランド・デザイン」についても、同様の懐疑を表明している。「アンリ四世の権威がほかのいかなる者の権威をも凌駕していることは疑いようがない。……［アンリ四世のよう な］強力な君主が何らかの提案を行った場合、ほかの諸公は否応なしにそれを受け入れざるをえないだろう。他方、弱小の君主諸公が果たしてそのような提案を大国の君主に対して行うかどうかはきわめて疑わしい[51]」。しかし、ライプニッツが永遠平和の実効性についても、「グランド・デザイン」の実効性についても、それほど深く考察の対象としなかったのは、彼がその著作を通じて中心的な課題としたものが別のものだったからだということを忘れてはならない。彼にとっては、平和は、ダンテやデュボワの場合と同様、ヨーロッパにおける正義とあるべき秩序、さらには非キリスト教世界との闘争と比べると、はるかに重要度の低い目標だったのである。さらには、こうした目標の達成を目指すいかなる提案も、中世的帝国の再興という絶対的目標に比べると、一段低位に位置するものに過ぎなかったのである。

こうした考え方に立っていたのは、一人ライプニッツだけではなかった。一六八八年頃、ロレーヌ公シャルル（Charles V, Duc de Lorraine, 1643-1690）は、フランスではなくオーストリアの優越的支配によって、ヨーロッパの平和を達成するという同種の見解をすでに打ち出していた。彼はオーストリアに対して、イギリスの名誉革命を最大限利用すべきであり、ドイツ諸公を使嗾《しそう》してフランスを混乱させ、その間にイタリアにおける自国勢力の伸長を促すとともに、広大な通商ネットワークの中心としての地位を獲得すべきこと、またその論理的帰結として、ヨーロッパ的枠組みからフランスを排除すべきだと提言する。「この提言と私が政治遺言書の中に記した教えをあわせて実行するならば、オーストリアは必ずや繁栄のときを迎え、全ヨーロッパが嬉々としてその支配のもとに参集し、反対勢力が徐々に排除されていくに違いない」[52]。一七三五年になっても、アルベローニ枢機卿（Cardinal Alberoni, 1664–1752）は、ヨーロッパの「静謐さの確立を目指す常設議会構想」の一部として、「トルコ帝国をキリスト教君主諸公に服属せしめ、その征服地を分割すること」を目的としたヨーロッパ同盟を提唱した。彼の真意は、いうまでもなく、スペインの地位の復活にあった[53]。

十七世紀半ば以降のこうした構想は、それ以前一世紀間の諸構想と比較してみると、いずれも平和への関心が薄れ、それとは対照的に権力への関心が増した状態を反映したものと言えよう。さらに、対トルコ攻撃の呼びかけにしても、いまやそれ自体が目的なのではなく、むしろ自国の勢力拡大の方便として扱われるようになっていた。しかしこのような変化は、いずれも驚くに当たらない。というのは、トルコの脅威は以前ほど感じられなくなり、またヨーロッパ各国、とりわけフランスの勢力と組織化が、かつてないほど急速に伸長しつつあったからである。クリュセやシュリらによって三十年戦争の期間中に指し示された新たな方向が十七世紀末までほとんど顧みられなかったのは、以上のような理由からである。しかし、いまやフランスの指導的立場の濫用によって引き起こされたもろもろの戦争に対する反発が、ウィリアム・ペン（William Penn, 1644–1718）、ジョン・ベラーズ（John Bellers, 1654–1725）、サン＝ピエールらを再度この方向へと導くことになるのである。

注

（1）Dante, *Monarchy*, ed. D. Nichol（1954）. 引用は同書、Book Ⅰより。さらに、F. M. Stawell, *The Growth of International Thought*（1929）, 53–57 を参照。

（2）C. W. Previté-Orton, 'Marsilius of Padua', *Proceedings of the British Academy*（1935）, 149–50. さらに、*The 'Defensor Pacis' of Marsilius of Padua*, ed. C. W. Previté-Orton（1928）を参照。

（3）P. Dubois, *De Recuperatione Terrae Sanctae*（1306）, ed. W. I. Brandt（1956）. R. Barroux, 'Pierre Dubois et la Paix

Perpetuélle', *Revue d'histoire diplomatique,* Vol. 47 (1933), 232-43; Eileen Power, 'Pierre Dubois and the Domination of France', in F. J. C. Hearnshaw, *The Social and Political Ideas of Some Great Thinkers* (1923); F. M. Stawell, *op. cit.* 63-68.

(4) Erasumus, *Institutio Principis Christiani,* ed. P. E. Corbett ('The Grotius Society Publications', No. 1, 1921); *Quakers and Peace,* ed. G. W. Knowles (same series, No. 4, 1927); Sir George Clark, *War and Society in the 17th Century* (1958), 13-15.

(5) H. de la Costa, S. J., *The Jesuits in the Philippines, 1581-1768* (1961), 50-52.

(6) Stawell, *op. cit.* 82-86.

(7) Giovanni Botero, *Ragion di Stato,* ed. P. J. and D. P. Waley (1956), 76-77, 112, 220-22.

(8) Sir George Clark, *op. cit.* 15.

(9) この状況の進展については、A. S. Atiya, *The Crusade in the Late Middle Ages* (1938) を参照。

(10) Stawell, *op. cit.* 89-90.

(11) W. Evans Darby, 'Some European Schemes of Peace', *Grotius Society Transactions,* IV, 175; E. York, *League of Nations* (1919), 103; J. Hodé, *L'Idée de Fédération Internationale dans histoire* (1921), 64-66.

(12) E. York, *op. cit.* 103 (n.); A. S. Atiya, *op. cit.*

(13) F. Meinecke, *Machiavellism* (1957), 91-116.

(14) *Le Nouveau Cynée ou Discours d'Estat représentantles occasions et moyens d'establir une Paix générale, et la Liberté du Commerce par tout le monde. Aux monarques et princes souverains de ce temps.* Edited and translated by T. W. Balch, Philadelphia (1909), 122-24.

(15) *Idid.* 8.

(16) *Idid.* 134-40.

(17) *Idid.* 126-30.

(18) *Idid.* 16-18.

(19) *Idid.* 122-24.

(20) *Idid.* 140-42.

(21) *Idid.* 50.

(22) York, *op. cit.* 113 (n.); Lord (David) Davis, *The Problem of the Twentieth Century* (1930), 714.

(23) W. Evans Darby, *International Tribunals* (4th edn., 1904), 22; Stawell, *op. cit.* 89.

(24) *Nouveau Cynée*, 60, 84-96, 142-48, 248-64, 342.
(25) *Idid.* 302.
(26) Ch. Pfister, in the *Revue Historique*, LVI (1894), 329-30; Hodé, *op. cit.* 85-86 は Guez de Balzac, *Le Prince* (1631)を例としてあげている。しかしバルザック（Honoré de Balzac, 1799-1850）の場合、クリュセと同様の平和主義的、反帝国主義的感情を吐露しながらも、ヨーロッパを平和へと導く役割はフランスにあると主張していた。
(27) この点の詳細な分析については、Ch. Pfister, *Revue Historique*, LIV (1894), 300-24; LV (1894), 67-82; LVI (1894), 39-48, 304-36; *Sully's Grand Design of Henry IV*, introdn. by David Ogg (Grotius Society Publications. No. 2, 1921), introdn. 3-9 を参照。
(28) *Mémorie Récondite* (1677), I, 29. *Sully's Grand Design of Henry IV*, Introdn. 9 における引用。
(29) *Observations sur le Projet... de Saint-Pierre.* W. Evans Darby, *International Tribunals*, 34-36 における引用。
(30) *Rousseau's Projects of Perpetual Peace*, translated by Edith M. Nuttall (1927), 117-25.
(31) *Sully's Grand Design of Henry IV*, ed. by David Ogg ('The Grotius Society Publications', no. 2, 1921), 9-12, 27-31, 33-39, 43-56.
(32) *Ibid.* 9-12, 25-32, 33-39, 43-56.
(33) *Ibid.* 38.
(34) *Ibid.* 10-13, 22-24, 32-33, 35, 40-41.
(35) *Ibid.* 34, 42-43.
(36) *Ibid.* 23-24, 41.
(37) *Ibid.* 40, 42.
(38) *Ibid.* 35-36.
(39) *Ibid.* 42-43.
(40) *Ibid.* 29-30
(41) *Nouveau Cynée*, 342-44.
(42) *Sully's Grand Design of Henry IV*, 25.
(43) Denys Hay, *Europe, The Emergence of an Idea* (1957), 116-17; E. J. Najam, 'Europe. Richelieu's blueprint for unity and peace', in *Studies in Philology* (1956), 25-34.

(44) W. Evans Darby, *International Tribunals* (4th edn.) (1904), 34-38. Ernst の著作 *The Discreet Catholic* (1660) は、この構想にはいっさい触れていない。

(45) Sir George Clark in *English Historical Review* (1933), 334.

(46) J. Hodé, *op. cit.* 93-97.

(47) Sir George Clark, *War and Society in the 17th Century* (1958), 16 における引用。

(48) S. J. Hemleben, *Plans for World Peace through Six Centuries* (1943), 66.

(49) Leibniz, *Opera* (ed. Dutens, 1768), Vol. V, 65-66. M. Campbell-Smith, introduction to *Kant's Perpetual Peace* (1903), 37 における引用。

(50) M. Campbell-Smith, *loc. cit.*

(51) Evans Darby, *op. cit.* 34-36.

(52) *Ibid.* 40-54.

(53) York, *op. cit.* 178; 'Cardinal Alberoni's proposed alliance for the subjugation of Turkey', *Grotius Society Transactions*, vol. V; M. R. Vesnitch in *American Journal of International Law*, VII (1913), 51-83; T. Henckels in *ibid.* 83-107.

第2章　ペン、ベラーズ、サン＝ピエール

ウィリアム・ペンは、一六九三年、『現在および将来のヨーロッパ平和論』（*Essay towards the Present and Future Peace of Europe*）を著し[1]、ジョン・ベラーズの『ヨーロッパ国家論』（*Some Reasons for an European State*）は、一七一〇年に刊行された[2]。さらに、サン＝ピエールは、『永遠平和の提案』（*Projet de la paix perpétuelle*）を一七一二年に初めて出版し、その後二五年にわたって、自らの平和構想をより洗練されたものにするため、あるいはそれを要約するための思索活動に没頭し、その成果を数冊の著作という形で世に送り出した[3]。クリュセは例外的存在としても、彼ら三人は、近代において平和の維持を主目的とする国家間機構の設立を提唱した最初の人たちだった。この三人の著作に何か新たなものがあるかと問われたら、本質的には何もないと答えざるをえない。彼らはいずれもクリュセについての知識は皆無だったに違いなく、また、彼らの長々とした著書名やその本文からもうかがい知れるように、彼らの思想がシュリの直接的影響下にあったことは明らかである。さらに、彼らの著書はいずれも[*]

＊　著書名については、本章末尾の注1、2、3を参照のこと。

「グランド・デザイン」の中でも、シュリがクリュセの影響を受け、平和の確立に真摯な関心を寄せつつ書き表した部分を模倣したに過ぎないことも明らかである。しかし彼らは、シュリが旧来からの伝統的な政治目的に触発されて書きつづった部分までをも取り入れようとはしなかった。実は、この点には彼ら自身、まったく気づいていなかったというのが正確なところなのだが、その後数年が経過してから、彼らがクリュセ的発想に回帰するという状況に立ちいたって、ようやく平和の維持を主目的とする国家間機構の設立という新しい方向が確立することになるのである。十八世紀以降になっても、国家間機構以外の手段で平和を達成しようと考えることは皆無ではなかったが、きわめて例外的なことだった。他方、国家間機構の唱道者たちが、平和の維持以外のことをその目的として掲げることは、いまやおよそ不可能になっていた。

ペン、ベラーズ、サン＝ピエールらの目的とするところが、クリュセと同程度にあるいはシュリ以上に平和の維持にあったことは、彼らが著作につけたタイトルをみれば明らかである。そこでは、「聖地の回復」という時代がかったお題目はいうまでもなく、「王国」とか「グランド・デザイン」などという表現にとって代わって、平和という目標が前面に押し出てくる。この点は、彼らの著作の内容を仔細に検討してみるといっそうはっきりする。クリュセの場合と同様、彼らの構想の中では、平和それ自体が異教徒に対するキリスト教世界の大義やヨーロッパの覇権よりもはるかに重要なものとして追求される。実際、こうした平和以外の目標は、彼らの思想の中ではほとんど意味を持ちえず、したがって、彼らはクリュセのようにそれらを非難する必要すら感じずにすんだのである。

一方、彼らは異教徒をも含めた平和については、クリュセほどの包括的な考えを持っていなかった。むしろ、シュリと同様に、平和維持のための国家間機構は純粋な意味でのヨーロッパに限定されるべきものと考えていた。ペンにしても、ロシアの加盟についてはシュリと同じためらいを感じていたし、トルコについては加盟させるべきではないと考えていた。ロシアやトルコの加盟を認めざるをえなくなった場合、両国におのおの十名の代表枠を持たせなければならないと語ってはいたが、この場合でも、彼がトルコの加盟を真剣な考慮に値することだと考えていたようにはみえない。ペンにとって、彼自身の構想の利点は、「異教徒の眼前にキリスト教の優位性を一定程度みせつける」ことであり、また「トルコの進出に対抗可能となるキリスト教徒の」安全保障をより確実なものにする点にあった。(4) 一方、ベラーズの構想は、オランダの対仏宣戦布告という状況の中で、フランスの法外な要求を抑え込むことと、対トルコ防衛を目的とした神聖ローマ皇帝とヴェニス共和国との間の近時の連合関係に類似したヨーロッパ連盟をオランダ議会が提案したことにかなり触発され、またそこからヒントを得たものだった。(5) 他方、ペンとベラーズはともに、シュリが構想したような異教徒の駆逐やヨーロッパ外への領土征服計画にはまったく言及しておらず、この点では両者とも明らかにシュリの思想を乗り越えていたといえる。彼ら両名が国家間機構にトルコの参入を認めようとしなかったのは、純粋にトルコに対する防衛上の必要性からだった。そして、さらにサン＝ピエールになると、こうした防衛上の必要性という自己保身的な考え方もすでに乗り越えられ、クリュセ的発想にきわめて近いものになっている。

サン＝ピエールは、『永遠平和の提案』の初版（一七一二年）では、モスクワ大公国［ロシア帝国の基礎］とトルコの参入を認めている。この後の一七一三年と一七一七年の改訂版においても、ロシアの参入については何のためらいもみせていない。このことは、ペンの時代と比べても、いまやヨーロッパとロシアの関係がいっそう緊密度を増しつつあることの証左でもあった。他方、トルコの加盟については、たしかにこれら改訂版では否定的になっているが、その理由は、世界全体を包摂する形の国家間機構を打ち出すことが、かえって「この構想全体に実現の可能性がないという外観を与えてしまう」ことを恐れたからだった。さらに改訂版の注目すべき点は、彼の場合、トルコに対する防衛的な軍事力をヨーロッパ連盟が保持すべきとしながらも、他方、トルコの参入を排除する代案として、「アジアにおいてもヨーロッパと同様の恒久的な共同体が成立し、その結果として、アジアにおける平和が維持され、とりわけアジアを脅威とみなすヨーロッパ諸国の傾向が除去されるようヨーロッパ連盟は働きかけねばならない」と論じている点である。(6) クリュセ以上に実現可能性についての感覚、そしておそらくはヨーロッパの独自性についての感覚についても鋭かったサン＝ピェールにとって、世界全体を包摂する国家間機構というクリュセ的立場はとりえなかった。しかし、サン＝ピェールが全世界を包摂する国家間機構によって平和を達成しようと考えなかったとしても、クリュセやペン、ベラーズと同様に、ヨーロッパと外部世界との関係については、平和の維持をきわめて重要視していたことは疑問の余地がない。こうした彼の思想上の変化には、別のある歴史的なファクターが影響を与えていたことはいうまでもない。サン＝ピェールは、一七二九年と一七三七年に彼の平和構想の要約版を世に出しているが、そこにはアジアにおける「恒久的な共同体」の必要性についての言及がいっさいない。つまり、ヨーロッパはもはやアジアからのいかなる脅威も脅威と感ずる理由がなくなっていたのである。

かくして、いまや平和は、ヨーロッパにおける各国の優位性の追求とか十字軍の派遣とか非ヨーロッパ世界の征服などという旧来の発想以上の重要性を与えられたのである。このことは、ペン、ベラーズ、サン＝ピェールらの提案の中には、シュリが隠そうとしてかえって馬脚を現す結果となったハプスブルク家・ブルボン家間の権力抗争への飽くなき関心など露ほどもみられないことからも明らかである。さらに、このことは、外交上の序列や席次に関する旧来の伝統に対して、クリュセ的妥協をいっさい排している事実にも如実に示されている。この点に関しては、ペンからベラーズへ、さらにサン＝ピェールへとたどるにつれて、進歩の跡がはっきりと認められる。

ペンの場合、自己の構想には「一見してわかるように……君主間および国家間の力と規模の不均衡に照らして、各国相互間の表決権の配分をいかにすべきかという困難な問題が解決されずに残っている」ことを認め、この困難を各構成国の総会への代表者数をその国の富に応じて割り振ることで解決しようとし、またその結果生ずる不測の事態に対しては、つぎのような予防的措置を提案する。*「席次をめぐる争いを回避するために、総会の議場は円形の部屋とし、またその議場にはいくつもの出入口を設けること」、さらに投票に際し、大国が小国に不当な影響力を行使することのないよう秘密投票を旨とすることなどである。この秘密投票方式は、(7)ペン自身によれば、「巧妙な戦略であり、かつまた反道義的行為に対する実験的な改善策」だということになる。ベラーズは、ペンの考えをさらに一歩進める。彼は「ヨーロッパを百のほぼ等しい州あるいは県に分割し」、それを基礎単位として総会への各国の代表権を算出し、ヨーロッパ連盟が各国合同の軍事力を必要とするとき、これを各国の供出兵力算出の基礎とするよう提案する。ベラーズによれば、各州／県は、千名程度の兵員を供出し、また各国は一州／県につき一名の代表を連盟本部に派遣することができるとされる。かくして、各国間に存在する力の不均衡は、百の州／県に分割されることによって是正されることになると主張する。サン＝ピェールは、ベラーズの議論をさらに進める。彼の場合、各加盟国に、その規模や力に関係なく、一名の代表権と一票の投票権を与える。また、特定の国が強大になり過ぎることのないように、「ヨーロッパの五大王国［神聖ローマ帝国、フランス、スペイン、イギリスおよびイタリア］は、現有領土の拡大を企図してはならず」、さらに、いかなる王国も、神聖ローマ帝国の選帝侯が皇帝に選出される場合を除いて、二カ国以上の主権を保持してはならないと定めている。(8) サン＝ピェールの提案では、この例外規定自体も、ペンの構想とは異なり、神聖ローマ皇帝自らが中央執行機関に代表権を持つことはできないと規定されたことによって、その有効性が実質的に相殺されることになる。†

サン＝ピェールが各国に平等な代表権を与えたこと、神聖ローマ皇帝を代表権者から除外したこと、さらには「ヨーロッパの五大王国」に言及したことなどに示される傾向は、疑いもなく、当時のヨーロッパに起きつつあっ

＊　ペンは代表権の配分について、ドイツ帝国十二、フランスとスペイン各十、イタリアとイギリス各六、スウェーデン、ポーランド、七地方連合国［オランダ］各四、ポルトガル、デンマーク、ヴェネチア各三、十三州連合［スイス］、ホルシュタイン公国とクールラント公国各一としている。

†　サン＝ピェールがその平和構想案の第九条で挙げている構成国は、つぎの二四カ国である。フランス、スペイン、イギリス、オランダ、サヴォイ、ポルトガル、バイエルン、ヴェネチア、ジェノヴァ、フィレンツェ、スイス、ロレーヌ、スウェーデン、デンマーク、ポーランド、ローマ教皇庁、モスクワ公国、オーストリア、クールラント、プロイセン、ザクセン、プファルツ［ライン公国］、ハンノーファー、［神聖ローマ帝国の］皇帝選定侯領。

た政治的状況の現実的な変化を反映していた。こうした変化の性格については、さらに別の事実によっても確認できる。サン゠ピエールによって唱道されたこれらの規定は、ペン、ベラーズ、サン゠ピエールら平和構想者がシュリの抱いていたヨーロッパの政治地図の塗り変え構想に接近したのと同じ程度に、時代を先取りしたものだった。ベラーズの場合は、来たるべき講和条約後にみえてくる各国の姿をそのまま彼の構想の基礎として受け入れるにとどまっている。すなわち、ヨーロッパ連盟傘下の全君主および全国家が「来たるべき平和によって、加盟各国が享受するもの［＝領土の拡大］の保全のために必要となるあらゆる力を持つようになる」というのである(9)。ペン、サン゠ピエール両名とも、彼らの構想を実施するにあたって、各国の領土と権力の何らかの再配分を起点として、その永続的な維持が図られるべきだと考えていたので、ベラーズと同様に、この点においては、シュリと袂を分かつのだが、近時の現状をその出発点として受け入れざるをえないと考えていた。ペンは「各国の主張する諸権利が発生したのはいつの時点なのか、またどの時点にまでさかのぼって検討されるべきなのか」に決着をつけねばならず、この種の問題は、結局「偉大な王位僭称者や征服者の決定に委ねられねばならないだろう」とする。彼自身は「最近年の全般的な講和条約であるナイメーヘン講和［オランダ東部の当地で締結されたフランスとスペイン・オランダとの間の戦後処理講和（一八六八年）］または現下の戦争が勃発した時点、あるいはまた［戦争終息後の来たるべき］講和の発効時点とする」のが適当だろうと述べる(10)。サン゠ピエールの場合は、彼の提唱する恒久的ヨーロッパ連盟の基礎として、「最近年の条約体系であるユトレヒト講和［スペイン継承戦争終結にともなう一連の講和条約（一七一三〜一四年）］のもとで、各締約国が新たに手にした領土と権利が今後も保証されるべきである」と論じる(11)。

これら三人の平和構想者は、シュリの著作を通して、ペンの言葉を借りるならば、アンリ四世が「ある種の政治的均衡状態を強制的につくりあげようとしていた」ことに気づいていた(12)。さらにまた、シュリ自ら「キリスト教世界を安定させ、ここしばらくの間に次第に固まりつつある政治的状況を安定的に保つ方策」として、ほぼ等しい力を有する諸国から成る勢力均衡状態の樹立を強調していたにもかかわらず、彼らはシュリ的平和構想とは一線を画し、それに代わるものとして、平和を構想する際の起点を眼前の政治的現状に求めるのである。そこには、かつて目指した単一国家によるヨーロッパ支配がもはや不可能だという現実と、複数の国家間に徐々にではあるが確実にほぼ等しい力関係が成立しつつある国際環境の変化が、大きな要因として働いていた。ヨーロッパの独自性への認識が強まり、同時にトルコの脅威が減じるにつれて、トルコをヨーロッパ外の存在として考慮の対象から外す理由それ自体が一変し、また、こうした国際環境の変化にともなって、ペン、ベラーズ、サン＝ピェールらは、旧来の平和構想に色濃く反映していたヨーロッパ世界全体の階層的秩序を保持し再建しようとする考えに関心を寄せることもなくなったのである。*

彼ら三人が平和の確立をほかのすべてに優先する最大の課題としたのは、こうした国際環境の漸進的変化の結果だった。彼らは、ヨーロッパ周辺への膨張的進出やヨーロッパ内部での政治的覇権確立の手段としての連盟とか連合という国家間機構に対して示した無関心さに反比例するように、ヨーロッパ内部における紛争回避手段としての国家間機構の樹立には大きな関心を寄せた。さらには、国家間機構の平和維持的役割にもっぱらその関心を向けたことからもわかるように、彼らはそこで遵守されるべき手続きに関しては、先人たちの誰よりも具体的かつ詳細にわたる提案を行っている。しかし同時に、またそれゆえにこそ、彼ら三人は、平和は武力の究極的な裏づけを必要とするというあのディレンマに近づきつつあったのである。

それは個別国家群からなる国家間機構によって平和を達成しようとする試みが宿命的に持つディレンマである。しかも、このディレンマこそは、平和の確保が国家間機構の主要な課題とされるにいたった途端に現れてくるディレンマなのである。ダンテやデュボワにとって、さらにはシュリを初めとする十七世紀の構想者たちにとっては、

＊　この時期の国際環境の変化の詳細については、本書第8章二六〇頁以下参照。

こうしたディレンマは存在しない。なぜならば、彼らが追い求めた帝国とか正義とか秩序という概念は、平和という概念とは異なり、武力の行使と必ずしも矛盾しないからである。クリュセの場合は、平和を目標としながらも、武力行使の問題を問題として提示せず避けて通ることによって、このディレンマに直面することを逃れえた。他方、ペン、ベラーズ、サン＝ピエールらにとって武力は、たとえ周到に用意される場合でも、必ずしも行使されないと考えることによってのみ、このディレンマからの出口を見出しえたのである。

　この武力不行使という考え方は、国家間機構設立後の平和維持のための手続きについてだけではなく、国家間機構の設立そのものにも適用された。彼らは、ヨーロッパの政治地図を塗り変えることには興味を示さなかったが、それは決して、彼らが国家間機構を創設するうえで、武力の行使を忌み嫌ったからではない。彼ら三人は、シュリが求めたような領土再配分のための戦争という考え方には与しなかったが、国家間機構設立のために必要とあれば武力の行使を躊躇せず、この点では、シュリともクリュセとも意見を異にしていない。しかし、武力行使は必要となるだろうか。「最強の王国が国家間機構の設立に同意するはずがない」という反論に対して、ペンは「その最強国ですら、残りの諸国全体よりも強いわけではない。われわれは、その国が強大になり過ぎる前に、この機構に参入するよう最大限意を用いなければならない。そのときを逃せば、強大になり過ぎた相手を従わせる手立てがいっさい失われてしまうから」と応じる[13]。ベラーズのヨーロッパ連盟構想は、フランスに対抗した同盟関係にある諸国の連合体を出発点とし、その後、すべての中立国に連盟への参加を促し、結果として、フランスが自ら連盟への参加を申し出るよう「仕向ける」というものだった[14]。サン＝ピエールは、「大国数カ国が基本五条項に合意し調印するようになれば、五、六カ月の間にすべての国が調印する状態を迎えるだろう。なぜならば、調印を拒絶しようとする国があったとしても、ヨーロッパ連盟全体の敵とみなされるのを恐れて調印せざるをえなくなるからである」と語る[15]。つまり、彼ら三人にとって、すべてのヨーロッパ諸国が彼らの提唱する国家間機構に参加することが不可欠であり、また、それを実現するためには、武力の行使もやむをえないと考えていた。しかし同時に、彼らは心底では、武力の行使が必要となる事態は起こりえないと確信していたのである。

その一方で、彼らはヨーロッパ連盟成立後においても、武力の裏づけが必要なことを強調する。クリュセとシュリの場合は、連盟構成国間の紛争解決上、何らかの手続きが必要となることを認め、いったんその手続きが用意されるならば、平和がほぼ自動的に招来し、構成国間の内輪揉めの余地がなくなると考えていた。したがって、こうした見通しが外れた場合に、いかに対処すべきかについてはいっさい触れていない。この点は、シュリが「ヨーロッパ統一連盟」域外で達成すべきことを実に詳しく論じていたこと、またクリュセが国内における革命的状況を鎮圧するために、各国君主間の協力態勢がいかにあるべきかを微に入り細に入り述べていたこととは実に対照的である。ペンの場合は、「王国総会、帝国総会、ヨーロッパ議会、あるいはヨーロッパ国家」は主権を有する機構でなければならず、「個々の使節間の交渉で解決にいたらない」紛争はこれに付託されねばならず、その場合、総会／議会は全投票の少なくとも四分の三の多数をもって決定を下すべきと明確に論じている。さらに、彼はつぎのように続ける。ある構成国が「単独行動に出たり、あるいは総会／議会の裁決を受け入れない場合には、すべての構成国は一致結束して裁決の受諾をその国に迫り、当事国がこうむった損害と強制行動をとらざるをえなかった国々の出費を当該国に補償させせなければならない」[16]。ベラーズの主張は、「すべての州／県は、公的要請があった場合、それぞれ千名の兵員、あるいはそれに相当する金銭か船舶を供出しなければならない。……このことによって、ヨーロッパの全君主、全国家は参加国相互間の紛争を解決することが可能となり、……総会／議会の決議事項の背後には、総会代表一人ひとりにつき千名、二千名、時には三千名もの兵員がついていることを認め合うことによって、戦争などという陰惨で愚かな企てに走る熱病を食い止めることが可能となる」というものである[17]。この点に関しては、サン＝ピェールも負けず劣らず具体的である。彼の提唱する連盟の各構成国は、戦争に訴えることを放棄し、まず手始めにほかの構成国の調停によって、紛争を解決するよう努めなければならない。仮に調停が不調に終わった場合には、総会／議会の裁決を待たねばならず、その際には、第一段階として総会／議会の過半数の議決、ついで四分の三の票決によって裁決が最終的に確認されなければならない。その裁決の受諾を拒否したり、総会／議会の規定に違反したり、上述の手続きを無視して戦争に訴える加盟国に対しては、連盟は武力を発動することになる。この場合、加盟各国はこうした緊急事態のために任命される総司令官に対して、おのおの兵員を供出しなければならず、このように組織された国際的軍隊が事態打開の責任を負う。[18]

上述のように、彼ら三人ともども、強制手段について細かく規定していた事実をみるならば、たとえば、「ある国が総会／議会の決定に服さない場合、いかに対処すべきかという問題に、ペンは答えていない」[19]とか、たとえば、サン＝ピェールは「絶対平和主義思想」の持ち主であり、しかも「過激な絶対平和主義」の代表的人物であるという見解が、いかに的外れであるかがわかるだろう。ペンとベラーズが両人ともクェーカー教徒だったことを想起するならばなおのこと、彼らが強制手段に言及していた事実が注目される。国家間機構による平和の樹立計画にはいっさい関わらないというクェーカー的伝統を彼ら二人が放擲《ほうてき》したのは、この時代の最も興味ある現象の一つである。[20]そこには、連合的機構がヨーロッパに成立しさえすれば、平和が自動的に招来するというクリュセ・シュリ的発想から、彼らはいまだ解放されておらず、逆にそれに強く惹かれていた背景がある。彼らが平和を維持するためには、必要とあれば武力を行使する考え方に矛盾を見出せなかったのも、さらに進んでペンやサン＝ピェールの場合のように、ヨーロッパ連盟からの離脱を目論む者に対して、あるいは連盟内の討議を忌避したり、中立的立場に終始する者に対しても、武力の行使を拡大適用すべきとしたのも、[21]ある程度このことが背景にあったからである。彼らはいずれも、加盟国が連盟の取り極めを遵守しようとしない場合、それにいかに対処するかという問いに答えようとする。そして、彼らは一様に、武力行使の威嚇だけで充分であり、それ以上のことはどこまでも仮定上の問題だと答える。つまり、「どの国も……連盟の下した結論に対抗する力を持ちえず、したがって、その意志も持ちえない」とペンが答えれば、サン＝ピェールも、永続的な平和は基本条項の厳密な遵守にかかっているとしながら、「すべての加盟国は、自国の安全保障上、この基本条項の遵守に大いなる関心を持つだろうし、……強国も弱小国ともどもに、仲裁手続きからの離脱行為の防止に不断の、しかも共通の関心を持つだろう」と答える。(22) 彼らは明らかに、準備された武力が現実に行使される事態を想定していないのである。

ペンは自らの構想に対する四つの異論のうち、二つについてはそれなりのスペースを割いているが、その二つとは、第一に「軍務の消失」によって、第二にはその直接的帰結としての若年層と貧民層の失業によって、人々の間に堕弱さが瀰漫《びまん》するという異論である。(23) これに対して、彼は「現にあるものを保持し、失ったものを取戻し、新たなものを追加しようとする」願望が戦争の原因であるとし、「帝国的国家においては、この最後の追加願望の余地は微塵もない。と言うのは、帝国的国家を乗り越えて、その願望を成就させることは不可能だからである」と語る。さらに、「残る二つの願望もつねに人々の心に生起するものだが、至上の権限を有する法廷が正義という尺度に則ってその正否を決することになろう」と結論する。(24) サン＝ピェールも、ひとたび連盟が実現されるならば、征服への試みは起こりえないと確信していた。「将来あるいは近い将来における各国の主権相続問題を除き、各国間において調停を必要とするような重大問題は、今後いっさい存在しなくなる」。起こりうる紛争といえば、たとえば、「二、三の小村間のいざこざ」や「個人間のいさかい、境界線や商売上の揉めごと」など、「実にとるに足りないものだろう。「いかなる征服も不可能である以上」、征服の野心を抱くような者は一人たりともいなくなるとサン＝ピェールは答える。(25)

彼らの解決策には、たしかに、近代的な響きがある。この時代以降、人々は武力に訴えてでも平和を維持することの必要性を認めてきたのだが、その主たる理由は、ひとたび国家間機構が設立されるならば、現実には武力に頼る必要性がなくなるという確信を抱いたからである。そして、皮相的オプティミズムという意味での合理主義が、この時代以降一貫して、こうした楽観的結論——逃避といった方が正確なのだが——を導いてきた大きな理由である。しかしながら、皮相的オプティミズムが、ペン、ベラーズ、サン＝ピェールらをして、こうした確信を抱かせた唯一の、あるいは主たる理由だと理解するとしたら、それは正しくない。この点に関してより重要なことは、彼らの国家間機構設立の目的が平和の確立にあったことは間違いないとしても、彼らはその機構が個別国家間において設立される機構として、必ずしも明確には認識していないということである。先にも指摘したように、彼らの関心は、むしろヨーロッパ概念を「制度化する」ことにあり[26]、このことは彼らの著作の表題のつけ方にも表れている。しかし、彼らのヨーロッパ概念が本質的な点において、クリュセ、シュリら先代からの継承物だった事実は否定できない。

この時代に、クェーカー教徒でさえ絶対平和主義的伝統を放擲《ほうてき》したのはこうした合理主義のゆえである。おそらく、この点では、クェーカー教徒ほどこの楽観的結論を抵抗なく受け入れた者はいなかったといった方が真実に近い。つまり、クェーカー教徒として、ペンとベラーズの平和に対する想いが深かった分だけ、理性による統治が行われるようになれば戦争そのものがなくなるという考えに抗うことが、いよいよ困難になったのである。サン＝ピエールのこの点に関する態度も、合理主義によってその多くが説明できる。彼は、人間の行動は外からの規制を何らかの形で受けなければ、きわめて独善的になると強く確信しており、「ヨーロッパの君主国すべてが基本五条項を受け入れるまでは、国際条約が遵守されることも、内戦や対外戦争が絶えることもないだろう」と主張する。つまり、こうした問題は基本五条項の受諾という前提条件がクリアされることによってのみ解決できるという確信を抱いていたのであって、まさに、サン＝ピエール的発想のこの点が、合理主義的アプローチにつねにつきまとう歴史的弱点なのである。そこでは、人間本性の低劣さと頼りなさを知りつつ、こうした解決策が唱えられ、それゆえ、いかなる解決策も現世においては何ら効果を持ちえないのではないかという懐疑が生み出される。つまり、極端なペシミズムから、一転して皮相的オプティミズムが生み出されるのである。しかし、以上のことがすべて正鵠を射ているとしても、この皮相的オプティミズムによってこれら三人の立場が遺漏なく説明されているとはとてもいえない。

第一に、彼らの考え方の中には、非合理的な感情が多分に横溢《おういつ》しているからである。この点は、とりわけペンについて当てはまる。彼が皮相的オプティミズムにおよそ毒されていなかったことは、つぎのような現実主義的な叙述でその論述を書き始めていることからも理解できる。「適切かつ正確に言うならば、人間は平和によってではなく、戦争によって自らの意志を実現させようとする。……人間はその意志の実現のために平和を破壊するのであり、こうした欲望が何らかの形で満たされない限り、人間というものは平和について考えようとはしない」。「平和が失われたときにのみ、平和のすばらしさを見出し、平和のうちにあっては、飽食した胃袋が甘い蜂蜜を与えられてもげんなりするだけのように、平和に嘔吐感を催す。これは、まさに人間の不幸といわなければならない」。人間の本性に付きもののこの欠陥のゆえに、「神はしばしば戦争という惨禍によって、人間を懲らしめたまう」のである(27)。サン＝ピエールが、彼の提唱するヨーロッパ連合機構においては征服の意志が雲散霧消するという考えを打ち出しているのも、そこでは征服の意志がつねに抵抗にさらされるという見通しからであって、人間が征服それ自体に興味を抱かなくなると考えたからではない。これだけではなく、ペン、ベラーズ、サン＝ピエールらが、ひとたび連合組織がつくりあげられたならば武力の必要性が解消すると確信した理由として、合理主義よりもはるかに重要で、なおかつ彼ら三人に共通する第二の点がある。

彼らが等しく、平和はヨーロッパの統合的機構によって実現される、しかも、その平和的状況は自ら必要と認めた武力を行使せずに実現されると考えたのは、個別国家を拘束するものとしての統合的機構という認識が決定的に欠如していたためである。彼らの著作の中で幾度となく説かれている国際主義的な提言は、旧来の類似の提案が目指したものを最終的に乗り越えていた。なぜならば、ヨーロッパにおける平和の確立を、至上かつほとんど唯一の目的として設定したのだから。しかし、視点をずらしてみてみると、彼らが旧来の伝統的な枠組みから完全には脱却していないことがわかる。彼らにとって重要なことが、果たして古い紐帯を失いつつあるヨーロッパという単一の共同体をよりよく組織し直すことなのか、あるいは各個人や相争っている各国家に新たな国家間機構を課すことなのか、この点が漠として判然としない。

この点に関する彼らの態度の分裂が、彼ら三人の思想の中で最も興味ある矛盾を生み出す結果となっている。それは、平和維持のための武力の必要性を説く矛盾よりもはるかに興味深く、またこの時代に固有の矛盾でもある。彼らはクリュセ同様、ヨーロッパに連合体が形成されたならば、各君主の主権と権限が増大するという議論を展開して、提案の採用を君主諸公に執拗に訴え続けた。しかし、彼らは、つくりあげられる連合体が同盟形態なのか、単一の国家形態なのかという問題に対して無関心だったから、この議論の中に必然的に内在する矛盾にまったく気づいていない。つまり、平和の問題を連邦的に解決するのか、それとも「各国の主権が保持される」国家連合的に解決するのかについて彼らは思い悩んでいたのではないのである。彼らの主張はあくまでも個別国家に向けられており、国家はそれら個別国家によって構成される単一共同体内で、共存的に棲み分けをすると捉えられていた。つまり、彼らにとって、個別国家の存在は自明のことではあったが、しかし同時に、国家の実在性がいまだ連邦的形態か国家連合的形態かという選択を迫るほど、個別化され分散化されたものとして映ってはいなかったのである。

主権を有する君主や国家は、「連合体に加入することによって主権を喪失するような事態には、決して耐えられない」という反論に対して、彼らはつぎのような主張を展開する。まず、主権を喪失するような事態には決してならないことを君主諸公に繰り返し確約するとともに、ペンの場合は、「君主は国内的にはかつてと同じように主権者であり続け」、国家間の関係においては、行動の自由を失う代償として安全が保証されるとする。[28]サン＝ピエールの答えも似たり寄ったりだったがより詳細にわたっている。戦争による紛争の解決権を放棄したとしても、国家間の関係において国家が「従属状態に陥る」と理解すべきではない。なぜならば、紛争の解決を仲裁的手段に従属させる方が、武力行使に従属させるよりも負担が軽くてすむことだから。君主の国内的地位に関しては、「君主の力が総体として弱体化したときでも、主権の保持についてより確実な保証が得られる」。というのは、君主相互間の関係だけでなく、「半共和主義的な」国民とそれを統治する君主との間の関係においても、ヨーロッパの国家連合が君主権の実質的保持を保証することになるからである。つまり、「連合体に加わる見返りとして、各君主は連合が保持する武力を通して、国内反徒の鎮圧について全面的支援を受け、その結果、……反徒をつねに従わせておくことが可能となる」。したがって、ひとたび連合が成立するならば、「そこには、いっさい内乱状態は起こりえない」。なぜならば、「反乱を引き起こせば、全ヨーロッパの武力の脅威にさらされることを承知したうえで、それでも成功の望みのまったくない内乱状態を引き起こそうと企てる者などいなくなるだろうから」(29)。

こうした主張は、クリュセやシュリとの類似を感じさせる。しかし、そこには本質的な違いがある。シュリの「グランド・デザイン」は、ヨーロッパ各国間の和解にとどまらず、諸宗教間の和解をも提唱するものだった。各国は主要三大宗教のどれか一つを国教に定めるとともに、「新たな宗派の出現」を未然に防ぎ、「そうした動きに対しては、どんな小さな徴候でも萌芽のうちに摘みとる」ために、互いに協力を惜しむべきではないというのが彼の論点だった(30)。他方、サン＝ピェールの場合には、宗教が内戦の原因になりうるとはもはや理解されていない。彼は、たとえばイギリスのような「半共和主義的な」国民の国家については、おそらく反逆的な議会に対する王権の擁護を訴えただろう。しかし同時に、議会の権威に関しては、「国家に属する否定しえない一機関として、その権威は保持される」と主張したに違いない(31)。そのうえ、サン＝ピェールの発想には、内戦と国際紛争の区別はまったく存在せず、各国の国内政治体制の現状維持を目的とする連盟構成国相互間の協力関係が強調される。この点は彼の思想の中において、国際平和への関心とほぼ同等の地位さえ与えられており、彼はこの考えをさらに進めて、個別国家の並存という観念とは明らかに矛盾する一つの政治体制を導き出し、それが個別国家の元首にとって利益になると訴え続けるのである。

サン＝ピェールがこの矛盾に盲目だったのは、さらにもう一つの矛盾に陥っていたからである。ペンやベラーズと同様、彼もまた、つくりあげられるべき連合体の政治的性格について深く考えてはいなかった。この点は、ペン、ベラーズ、サン＝ピェールら三人が使用する用語の混乱ぶりからみると、それは彼らが生きた時代的制約の中でまだ気づくことのできない問題だったのである。ペンは君主諸公に向けて、彼らの主権が侵されるようなことは絶対ないと請け合い、二、三の君主国を例証として頻繁に引き合いに出しながら、自らの提唱する議会を「王国総会、ヨーロッパ議会、ヨーロッパ国家」(32)さらには、「帝国議会」(33)とさえ名づけ、連合そのものを「かくなる帝国」(34)と称するのである。ベラーズの場合も、『ヨーロッパ国家論』の中で、すべての国家は単一の政府のもとに単一国家を形成すべく統治されねばならないと説きながら、他方で、各個別国家が連合体に供給すべき分遣隊のことを論ずるのである。(35)サン＝ピエールについても、同じことがいえる。しばしば「同盟国」とか「国家連合」について語る一方で、「ヨーロッパの枠組みが根本的に変わらない限り」、戦争は不可避だと論じたり、(36)自らの提唱する連合のことを「全能かつ不朽の共同体」と定義する。(37)また、統一部隊への各国の供出兵力に関しては、各国の収入に応じて月ごとに決められるべきと論ずる一方で、新たなヨーロッパ暦をローマ歴にならって制定するよう提唱するなど、(38)矛盾に満ちた言説が散見できる。結局のところ、彼の平和構想は「神聖ローマ帝国という壮麗な幻影」を振り払ったものだとしても、依然として神聖ローマ帝国を雛型としていたのである。

統一部隊の問題は、同一方向へのさらなる一貫性の欠如を露呈している。この点に関して先行する時代以上に精緻な見解を抱く二十世紀のわれわれからみるならば、ペンの場合には、統一部隊などという発想をもともと持ち合わせていなかったといわざるをえない。彼の主張は、単にヨーロッパ議会に忠誠を誓う構成国が互いに協力して、反抗的な国に議会の裁定を受け入れさせるべく努力するよう勧めたに過ぎない。仮にある国が他国に攻撃を仕掛ける事態が予想されるとしても、「君主国すべてがおのおの供出する小規模の部隊によって、こうした事態を未然に予防できる」としていた。(39)他方、サン＝ピエールになると、総司令官の任命を提案している事実からもわかるように、統一部隊については彼なりに考えていたことが明らかである。しかし、ペンにしてもサン＝ピエールにしても、この点について彼ら相互の間の不一致に気づいていたようには思えないだけでなく、仮にこの不一致を彼らに指摘したとしても、おそらくこの点に多少の注意を向けることが起こりえたかもしれないという程度だろう。いずれにしても、両名とも、連邦的枠組みと国家連合的枠組みのそれぞれの利点に関して、一歩退いて詳細に検討してみようとはしなかったのである。

彼らが連邦と国家連合とを明確に識別しえなかった主たる理由は、ヨーロッパ内の現有勢力の統一を前提条件として物事を考えていたからであり、あるいはまた当時起こりつつあった歴史的諸力によりヨーロッパの共同体が危機に直面していると理解していたからである。この点に関する最も明示的な例証として、自らの平和構想に対する予想される反対論へのサン＝ピエールの対応を挙げることができる。彼はつぎのように述べる。「包括的な機構というものは、漸進的にしか生み出されない」のであって、「各国の支配者がすべて、恒久的な仲裁制度を欠いたいかなる連盟形態も同盟も存続しえないと悟るまでには、われわれはさらに百年間ヨーロッパ内で発生する戦争に耐え忍ばなければならず、したがってまた、さらに二百年間にわたる国家主権の存続に耐え忍ばなければならない」(40)。サン＝ピエール自身のこの言説の中に、主権についての彼の矛盾した捉え方が再び露呈している。すなわち、彼自身が君主諸公に対して決して失われることはないと保証した、まさに国家主権こそが戦争の原因だと認めている点である。さらに、ペンやベラーズにも共通するのだが、彼の唱える共同体の性格が曖昧模糊としている理由がここには潜んでいる。個別化された国家主権という害毒がヨーロッパに持ち込まれるようになったのは、たかだか百年前に過ぎないととらえていたのである。

そもそも、個別国家主権という害毒を根こそぎ除去することが、ペンやベラーズと同様、サン＝ピエールの目的だった。また、これこそが彼らの平和構想以降綿々と打ち出されてきたもろもろの平和構想の一貫した目的でもあった。並存する主権国家の根絶が可能だと彼らが信じたのは、彼らの時代が後世の平和構想者と比べて中世に近接していたこともあって、無理からぬ対応だったといえよう。しかしそうであっても、彼らもまたこの害毒が現に存在する事実には直面せざるをえず、それゆえに害毒根絶の手段として、皮肉にもこの害毒によって生み出されてきた領土の再編の必要性や政治的諸権利の保証の必要性を認めつつ、主権国家相互間の協力を訴えるほかなかったのである。そして、まさにこのことが、彼らの構想が内包するすべての矛盾と曖昧さの源なのである。

さらに、この点こそが彼らに対する批判の依拠するところでもあった。ペンやベラーズを措くとしても、サン＝ピエールには賛同者がいた。既述のアルベローニ枢機卿の構想は、ある程度彼の著作の影響を受けたものだったし、一七四五年の匿名の平和案、一七四七年のフォン・ロエン（Johann Michael von Loën, 1694-1776）の手になるヨーロッパ議会構想、少し後代になって書かれたピエール＝アンドレ・ガルガス（Pierre-André Gargaz, 1728-1801）の『普遍的恒久平和のための構想』（*Project of Universal and Perpetual Peace*, 1782?）、さらにはサンタール（Sainthard）、グダール（Goudar, 1708-1791）、フォン・パルテン（Johann Franz von Palthen, 1724-1804）、フォン・リリエンフェルト（Jacob Heinrich von Lilienfeld, 1716-1785）らが著した各種の平和構想も、何らかの形でサン＝ピエールの影響を受けていた。[41] しかしながら、サン＝ピエールの思想に対する十八世紀の最も一般的な反応は、彼が近代国際体系の現実を無視しているという批判だった。たとえば、フルーリー枢機卿（Cardinal Fleury, 1653-1743）は、サン＝ピエールに「貴殿は貴殿の五条項の成立がよって立つべき前提条件を忘れておられる。つまり、まず手始めに参加が見込まれる君主諸公の感情と思考を変えさせるべく、一群の伝道者を各国に送り込まなければならない」と語ったと伝えられている。[42] 十八世紀後半のプロイセン王フリードリヒ二世（Friedrich II, 1712-1786）も、ヴォルテール（Voltaire, 本名は François Marie Arouet, 1694-1778）への書簡の中で同じ趣旨を皮肉を込めて述べている。「この構想は真に実際的である。その成功に欠けているものがあるとするならば、それはヨーロッパの同意であり、またこれと同様の二、三の些細な事柄に過ぎない」。[43] ヴォルテールが「サン＝ピエール師の実現不可能な平和案」を見捨てた理由は、まさにこの点にあった。[44] その代案としてヴォルテールが勧めたのが、「勢力均衡」という概念であり、あるいは、多分に皮肉を込めてではあったが、ジャンセニストのピエール・ニコル（Pierre Nicole, 1625-1695）が『平和維持の方策について』（*On the Way to Preserving Peace*, 1671）の中で掲げている言葉、すなわち、平和への道を達成するには、祈りという行為か個人間の慈善の心しかないという主張だった。[45] ヴォルテールはこのサン＝ピエールの論稿を一度として自らの指針とすることはなかったが、それにもかかわらず、これを古典文学にすら比類なき傑作として称賛していた。さらに、前述の矛盾こそがルソーをして、彼が国際問題に関する近代的な分析を行った際、ヴォルテール以上の慙愧《ざんき》の念を抱きつつ、サン＝ピェールの構想を「不合理極まりない夢想」といわざるをえなくさせた理由だったのである。

注

（1）William Penn, *An Essay towards the Present and Future Peace of Europe by the Establishment of an European Dyet, Parliament or Estates.* 初版はLondon, 1693-94版。Penn's *Collected Works*, 2 vols., London, 1726に再録。全集とは別にThe Peace Committee of the Society of Friendsが一九三六年にロンドンでこの論説を刊行している。本書はアンリ四世に関するシュリの説明に触発されたものであり、「偉大な王［アンリ四世］の存在が、本書の執筆が時宜にかなったことであることを告げている」と述べている（p. 32 of 1936 edition）。以下の典拠は一九三六年版による。

（2）John Bellers, *Some Reasons for an European State, proposed to the Powers of Europe by a Universal Guarantee and an Annual Congress, Senate, Dyet or Parliament, to settle any difficulties about the bounds and rights of Princes and States hereafter. With an abstract of a Scheme formed by Henry IV of France, upon the same subject. And also a proposal for a General Council or Convocation of all the different religious persuasions in Christendom* (not to dispute what they differ about, but) *to settle the General Principles they agree in, by which it will appear that they may be good subjects and neighbours, though of different apprehensions of the way to Heaven. In order to prevent broils and wars at home, when foreign wars are ended.* 初版は一七一〇年。A Ruth Fry, *John Bellers, 1654-1725... His Writings reprinted, with a memoir* (1935) に再録。*Quakers and Peace*, with an introduction and notes by G. W. Knowles (The Grotius Society Publications, Texts for Students of International Relations, no. 4, London, 1927), 30-31を参照。

（3）C. I. Castel de Saint-Pierre, *Mémoires pour rendre la Paix perpétuelle en Europe.* 初版はケルンで一七一二年に刊行。翌一三年には、ユトレヒトで二巻本として再版。これらはいずれも匿名で出版。一七一七年には本名を記してパリで出版されたが、書名

＊　上記、四〇頁を参照。

からも明らかなように *Projet de traité de la Paix perpétuelle entre les souverains chrétiens, pour maintenir toujours le commerce libre entre les nations, pour affermir bueaucoup davantage les maisons souverains sur le tréne. Proposé autrefois par Henri le Grand, roi de France, agréé par la reine Elizabeth, par Jacques Ier, son successeur, et par la plupart des autres potentats d'Europe. Eclairci par M. l'Abbé de Saint-Pierre*、この版は単にアンリ四世の構想を説明しているに過ぎない。全体の要約版（*Abrégé*）は、書名をほとんど変更せずに一七二九年に刊行され、一七三八年には新版が出されている。サン＝ピエールがそもそも本構想に着手したのは、一七〇七年のことである。*Selections from the second edition of the Abrégé du Projet de Paix Perpétuelle by C. I. Castel de Saint-Pierre*, translated by H. Hale Bellot, with an introduction by Paul Collinet（The Grotius Society of Publications, Texts for Students of International Relations, no. 5, London, 1927）, 4, 8, 11-12 を参照。以下の典拠はこの版による。

（4）Penn, *Essay*, 23, 27. S. J. Hemleben, *Plans for World Peace through Six Centuries*（1943）, 50, 52-53 を参照。

（5）Hemleben, *op. cit.* 54.

（6）*Ibid.* 58 における the Utrecht edition（1713）, preface, xix-xx の引用、及び M. Campbell-Smith, introduction to *Kant's Perpetual Peace*（1903）, 92 における the English edition of Saint-Pierre's *Projet* の引用。

（7）Penn, *Essay*, 11-12, 15, 17-18.

（8）Saint-Pierre, *Abrégé*, 24-30, 44. Hemleben, *op. cit.* 60 における Article V of the Fundemental Articles of the 1713 edition の引用。

（9）Hemleben, *op. cit.* 55.

（10）Penn, *Essay*, 13-15.

（11）Saint-Pierre, *Abrégé*, 18, 25, 30, 33.

（12）Penn, *Essay*, 32.

（13）*Ibid.* 16.

（14）Hemleben, *op. cit.* 54-55.

（15）Saint-Pierre, *Abrégé*, 31.

（16）Penn, *Essay*, 11-12, 15-18.

（17）G. W. Knowles, ed., *Quakers and Peace*（1927）, 137 における引用。

（18）Saint-Pierre, *Abrégé*, 24-30, 44.

（19）F. M. Stawell, *The Growth of International Thought*（1929）, 137.

(20) F. Meinecke, *Machiavellism* (1957), 261, 274.
(21) Penn, *Essay*, 18–9; Saint-Pierre, *Abrégé*, 33.
(22) Saint-Pierre, *Abrégé*, 49–51.
(23) Penn, *Essay*, 20–22.
(24) *Ibid.* 13.
(25) Saint-Pierre, *Abrégé*, 28, 31–33, 39–40.
(26) Denys Hay, *Europe* (1957), 119.
(27) Penn, *Essay*, 6–7.
(28) *Ibid.* 22.
(29) Sain-Pierre, *Abrégé*, 18, 25, 30, 32, 36, 38–39.
(30) Sully, *op. cit.* 32–33.
(31) Saint-Pierre, *Abrégé*, 36.
(32) Penn, *Essay*, 11–12.
(33) *Ibid.* 12–13.
(34) *Ibid.* 20–21.
(35) Hemleben, *op. cit.* 55.
(36) Saint-Pierre, *Abrégé*, 21.
(37) *Ibid.* 30.
(38) *Ibid.* 26–27.
(39) Penn, *Essay*, 20–21.
(40) Saint-Pierre, *Abrégé*, 48–49.
(41) Hemleben, *op. cit.* 71, n. 118; E. York, *League of Nations* (1919), 178.
(42) *Rousseau's Project of Perpetual Peace*, introduction by G. Lowes Dickinson (1927), xl; A. F. Pollard, *The League of Nations in History* (1918), 6.
(43) *Letters of Voltaire and Frederick the Great* (ed. R. Aldington), 160–61 (12 Abril 1742).
(44) J. Hodé, *L'Idée de Fédération Internationale dans l'histoire* (1921), 136.

(45) *Discourses, translated from Nicole's Essays by John Locke*, edited by Thomas Hancock (London, 1828), essay III.

第3章　ルソー

ジャン・ジャック・ルソーの政治思想は長い間誤解にさらされてきた。政治社会と聞くと、人生の中で抹香臭《まっこう》い教訓を聞かされたり貧賤の身に甘んじることを連想させる、彼の若年時の著作を除いて終生変わらなかった主張もあって、ルソーは「高潔な野人」（noble savage）〔ロマン主義文学の中での理想化された原始人像〕を褒めそやし、政治社会の到来を嘆いていたとわれわれは思い込んできた。彼の個人主義は実は神話化されたものに過ぎないという理解が一般化している現代にあってもなお、恒久的平和に関する彼の考え方については誤った解釈が広く行きわたっている。恒久的平和に関しては、ルソーが同じ年に二つの異なる論稿を著したことは衆知の事実だが、われわれは両方に含まれる明々白々な矛盾点を解き明かそうとしてこなかっただけでなく、その矛盾点解明の手助けとなる多くの事柄についても両論稿が呈示する事実に気づかぬまま時を重ねてきた。

一七五六年に執筆、一七六一年に刊行された第一論稿『サン＝ピエール師の永遠平和構想抄録』（*Extrait du Projet de Paix Perpétuelle de Monsieur l'Abbé de Saint-Pierre*）〔以後、『抄録』と略記〕は、ルソーのサン＝ピエールに対する崇敬の念が書かせたものである。それはごく短い一小論を除いて、もっぱらその声望を聞き知ったルソーがサン＝ピエールの厖大な著作物を編纂、再版する気持ちから生み出されたものだった。同じ一七五六年に執筆されたにもかかわらず、一七八二年まで出版されなかった第二論稿が『永遠平和批判論』(*Jugement sur le Projet de Paix Perpétuelle*)〔以後、『批判論』と略記〕である。(1)『抄録』には、歴史的序論と彼自身のコメントが付され、その他細かい点についてはサン＝ピエール的発想に変更を加えた箇所も少なくない。たとえば、ヨーロッパ連盟構成員に関して、ルソーはロシア皇帝とローマ教皇を認め、トルコの参入を除外する点ではサン＝ピエールの見解を踏襲するが、神聖ローマ皇帝の再参入を求める点では彼とは立場を異にする。＊いずれにしても、『抄録』の基本的な目的は、ヨーロッパの再建を目指すサン＝ピエール構想を広く世間に周知させることだった。ルソーの個人的な見解は『批判論』の中に展開されており、そこでは、サン＝ピエールとは著しく異なる見解が表明される。『抄録』と『批判論』を読み通し、そこから出てくるルソーの結論を二つ挙げるならば、第一に、サン＝ピエールが求めた平和への問題の解決には、およそどこまでも強固な国家連盟以外ありえないということであり、第二に、それほどの国家連盟の実現を望むこと自体、夢想以外の何物でもないということである。

歴史的にも注目を引いてきた第一の結論の検証には、それほど手間どらない。ルソーは『抄録』の中で、ヨーロッパの政治状況を分析し、統一への諸要素、すなわちヨーロッパ各国に共通する歴史と文化、およびほぼ均一に平準化された勢力均衡状態が戦争を誘発するストレスには抗しきれないと判断した後、その隘路《あいろ》からの脱出の方途は一つしか残されていないと主張する。「こうした戦争を誘発する害毒の存在を認識することによってはじめて、その処方箋――処方箋があるとするならば――が明らかになる。……共通利害と相互誓約という概念に、加盟国相互間ではどうにも生み出されてこない同志的結集力を与えるためには、どうしても加盟各国の動きを制御し組織する制裁的権威を持った力が必要になる」。「こうした危険な矛盾状態から逃れる道があるとするならば、それは唯一国家連盟的統治形態以外ではありえない。この統治形態が個人間の結びつきに似た結びつきによって諸国家を統一し、加盟各国を等しく法の権威に従わせることになる」。「その国家連盟は主要列強をすべて包摂するものでなければならず、全加盟国を拘束する法令の制定権が与えられた立法機関を有するものでなければならず、命令によるか禁令によるかを問わず、全会一致で合意に達した議決に従うことを各国に義務づける強制力を持つものでなければならず、さらには、全体の利害に頓着することなく自国の利害のみを優先させる態度に出ることを抑止するほど強力かつ堅固なものでなければならない」(3)。これらの言葉は、サン＝ピエール的言辞の単なる模倣ではなく、額面通り受け取られるべきである。というのは、『批判論』の冒頭で、ルソーは「仮にも道徳的真理がこの世にあまねく開示されることがあるとするならば、これこそが師［サン・ピエール］の構想の一般的かつ特殊的有用性だとみなさざるをえない。……師のヨーロッパ共和国構想に一日でもよいから日の目を当てさせてみたまえ。それが未来永劫にわたって変わらず続いていくだろうことは、われわれ人間の歴史的経験が枚挙にいとまなく示すところである」と指摘しているからである(4)。

ところで、ルソーがサン＝ピエール的ヨーロッパ共和国の実現性にいっさい幻想を抱いていなかったことは、『抄録』にも明らかである。上記の引用に含まれる限定的条件は別にしても、そこにはサン＝ピエールに対する祈りにも似た献身性がある。「師の構想が諸国間にあまねく行きわたる日の一日も早からんことを！　平和主義者たちの間で話題になったこともないほどまったく知られず、いまとなると、それを期待することすらおぼつかないのだが」。ルソーはほかの著作の中でも同じ立場を表明している。「私は、あらゆる物事を可能にする熱意の源泉である人間的心情の方が、公共善を推し勧めようとする努力への主要な阻害要因となる件《くだん》の底意地の悪い投げやりな理

＊おのおの一票の票決権を有するルソーの十九の構成員とは、神聖ローマ皇帝、ロシア皇帝、フランス国王、スペイン国王、イングランド国王、オランダ共和国、デンマーク国王、スウェーデン国王、ポーランド国王、ポルトガル国王、ローマ法王、プロイセン国王、バイエルン選帝侯及びその連合諸侯、プファルツ選帝侯及びその連合諸侯、スイス連邦、神聖ローマ皇帝選帝侯及びその同僚諸兄、ヴェネチア共和国及びその連合諸国、ナポリ国王、サルデーニャ国王である(2)。

性よりも好ましいと考える」(5)*。仮に統一ドイツ国家、スイス連邦およびオランダ共和国の三カ国間で――これら三カ国以外でもなく、規模的にもこれ以上の広がりを持たせずに――サン＝ピェール構想が試されることがあったとしても、それが実現されることがなかったのは、「最善の構想がそのままの形で実現されることがありえないからであり、また道徳面と同じように政治の場においても、知識のさらなる獲得によって得られたものといえば、われわれ自身のいや増す苦悩の大きさだけだからである」(7)。連邦的組織体の成立が生み出す利点を種々列挙した後、「こうした利点にもかかわらず、連邦構想実現へと事態が進行しないのは、構想自体の奇想天外性にあるのではない。それは、人々が正気を逸しているからであり、また正気を逸した連中の只中にあって思慮分別を持つことは、いわば狂気だからである」(8)。

『批判論』の中では、こうした疑念に対してよりはっきりとした結論が与えられている。ルソーは、この結論を『抄録』執筆の際と同様、恒久的平和を目指す国家連盟によって実現される「真の利益」(9)と各国の完全な独立の継続を保証する「見かけの利益」というサン＝ピェール的二項対立をもって始めるのだが、ただし、ルソーの場合には、連邦的組織体を実現可能とするならば、その実現を強力に擁護するまさにその統治者たちこそが「最終的には、その導入にどこまでも反対の態度をとる」とつけ加えることも忘れない(10)。「この組織体はこうした統治者たちの手で設立されざるをえないという一点を除いて、その実現を阻むものは何もない」(11)。対外的利益のみならず、国内的利益に対する彼らの態度がこの状況を生み出させるのである。「ヨーロッパ議会の設立によって、自国の国境線と同じように、各国政府の立場が強固になるのは誰の目にも明らかであり、他方、臣民が統治者の暴虐からの自由を保証されていない状態では、統治者の側にも、臣民からの反政府抵抗運動を受けない自由が保証されていないことも自明である。諸外国に対してばかりでなく、自国民に対しても、公正であることを求められる状況に自らが追い込まれると考えるたびごとに、怒りを覚えず心静かに耐え忍ぶような主権者が一人としてこの世にいるだろうか」(12)。国家間における利害の相剋《そうこく》に関しても、ルソーは「全ヨーロッパを包摂する恒久的平和が生み出す利害の大きさには疑いを差し挟む余地がないにもかかわらず、その利害が万人に享有されるものであるがゆえに、誰一人にとっても現実とはならないだろう。というのは、こうした利益は他者との比較の中での差異によって、さらには……その独占的専有によって……はじめて自己の利益になると感じられるものだからである」と主張する[13]。

ついで、ルソーの言説はこの段階から一歩進んで、さらに辛辣なサン＝ピエール批判へと向かっていく。「統治者にしても、また重臣連にしても、善意などというものを持ち合わせることは金輪際ないのだが、たとえ善意があると仮定しても、平和構想の具体化に好都合の時機が簡単にみつけられるなどと、師のように考えるべきではない。つまり、そのためには、一人ひとりの利益の総和が万人に共通の利益を超えるものにならない……ということが前提として必要になる。……ところで、これには多くの人々の持ち合わせる思慮分別が合致することが要請されるだけではなく、多数の錯綜した利害が偶然にも合致する状況が要請されるのだが、そんな僥倖《ぎょうこう》を当てにしてはならない。一致点が見出せない限り、残された道はただ一つ武力の行使であり……本など書き著してあれこれ論ずるのではなく、軍を動員せざるをえないのだ[14]」。

この最後の言葉の中にこそ、『抄録』と『批判論』の明らかな矛盾、さらには『批判論』の書き出しの言葉、すなわち、サン＝ピエール構想の「全般的・個別的効用」が道徳的真理にかなうものであるという主張と、その同じ構想を『批判論』の最終部分で「不条理な夢想[15]」として一蹴することとの間にみられる明らかな矛盾の本質が横たわっているというべきである。『批判論』が持つ深刻な弱点の一つは、国家間における「真の利益」と「見かけの

＊　この記述は、サン＝ピエールに関する以下の発言を想起させるが、それとは相容れない。「個性をあれほど妄信することがなければ、師ははるかに賢明な人になれたに違いない。君主諸公もほかの連中と同じように、自分たちの情念だけによって導かれ、その情念が生み出す愚行を正当化するためにしか理性を用いないということを、師は理解していなかったようだ[6]」。

利益」の対立を過大に強調し、同時に、統治者や重臣という権力を担う者の邪悪さを事細かに述べることによって、各国政府の愚かしさと貪欲さが連邦構想を実現するうえでの最大の障害である、とルソーが考えていたかのような印象を少なからず与えていることである。彼の本意は、そこにあるのではなく、自ら『批判論』の中で述べているように、「統治者にしても、また重臣連にしても、善意などというものを持ち合わせることは金輪際ないのだが、たとえ善意があると仮定しても」連邦的結びつきに基づく平和構想が非現実的な夢想に過ぎないという点にある。この点に関して疑問のある向きには、ルソーの著作の中から、分析の鋭さという点では『批判論』をはるかに上回る同時期の著作を数点参照してみることによって、疑問の余地なく明らかになるだろう。

ルソーの主張する平和構想の飽くなき非現実性という焦眉の問題を検証するに際して、最も重要な彼の論稿は、一七五五年前後に著したとされる『戦争状態は社会状態から生まれるということ』（*Que l'État de Guerre naît de l'État Social*）〔以後、『戦争状態』と略記〕である。彼はここで、原初段階の人間の本性を、国民国家段階における人間の本性から演繹する過ちを犯しているとしてホッブス（Thomas Hobbes, 1588-1679）を批判し、ついで国家の起源や戦争行使の権利を、自分の命を守るためなら自由をも売り渡すという事実に依拠して説明しているとしてグロティウスを攻撃する。彼の主張は、第一に、人間は本性的に臆病であり、孤独であり、穏やかさを好む存在だということであり、第二に、自己の生命を守るために自由をも売り渡す点については、戦争行使の権利という問題とこの事実とは、何ら関連性を有するものではないということである。ルソーの思索の少なくない部分を占めたこれら二つの立場が(16)、戦争の起源と戦争行使の権利に関するルソー的分析理解の鍵である。人間が社会的な存在になるとともに弱き存在であるという悟性を見失い、かくして平等が失われ、そして最終的には戦争状態が生み出されるというモンテスキュー（Baron de la Brède et de Montesquieu, 1689-1655）(17)の主張をルソーはさらに一歩進める。「自然状態」〔国家成立以前の人間が社会化されていない状態〕のもとであれ、「社会状態」〔国家という組織の中で、その領土内の構成員が社会化されている状態〕のもとであれ、個人と個人の間に戦争はありえず、個人が何らかの形で結びついた集団と集団の間にさえ戦争はありえない。そこにあるものは、暴力と殺し合いに過ぎない。戦争は、人為的に組織化された社会的共同体の存在を前提とする。「戦争がもたらすおよそあらゆる惨禍や悲劇は」、国家の誕生以来、皮肉にも、「戦争防止のために講じられる予防措置から生み出されている」。したがって、国家は生命の徹底的な破壊を目指したり、領土や奴隷の飽くなき獲得を目的として戦うのでは断じてなく、ひたすら他国に対して自国の権利の正当性を立証するために戦うのであり、またそうせざるをえないのである。戦争の目的とするところはただ一つ、自国の存立を保全することであり、他国に対して自国の平等を主張することであり、またそうでなければならないのである。これ以外の目的を持って戦争を行う国家は、国家存立の基盤ともいうべき他国の権利を侵害している。戦争の中で野蛮な手法を用いる国家は、戦闘行為の唯一の正当な主体である「組織体としての国家」（body politic）と、その国家の構成員たる「個人」とを混同しているのである。上記したいずれの場合も、国家が拠って立つ基本原理の侵害、すなわち、前者の場合には国家の自治権に対する侵害、後者については国家の法人格組織体に対する侵害に当たる(18)。

以上のことと戦争廃絶の可能性という問題とは一義的には関連がないとの反論が出てくるかもしれない。ルソーが『戦争状態』で考察したのは、戦争行動とその権利、つまり、何が戦争を正当化させるのかであって、戦争行動に打って出る国家にとって、その権利行使の利害損失が何かではないことは、彼自らはっきりと述べているのだから(19)、ルソーが戦争を必然視していたことは明らかだとの反論である。しかしながら、ルソーは戦争廃絶をともなうより広範な恒久平和問題の検討に際しても、同じ論拠を用いているのである。彼はつぎのように問う。「各国の基盤が等しく強固になっている状況下において、国家間の衝突が起こるなどという事態を考えうるだろうか。各国の最高法規によって、恒久的平和状態の保持へと各国が駆り立てられるはずではないのか(20)」。この問いに対する彼の答えは、「まさしく戦争が国家の存在を前提とするごとく、国家の存在も戦争状態の存在をあらかじめ措定《そてい》する」というものである。

ルソーのこの主張は、その多くをモンテスキューに負っているのだが、国家間関係を彼が見事に分析する際の基礎ともなっている。彼は、つぎのように議論を展開する。「国家というものは、人為的・人工的な組織体であるから、いかなる意味でも制約を受けることはない。……力の増大を求めるのは国家にとって常態であり、したがって、自国よりも強大な国家が存在する場合には、自国の弱小さをつねづね意識せざるをえない。自国の保全と安全保障の必要性が、近隣諸国すべてを凌駕する強大さを追い求めさせるのである。国家は、他国の犠牲において初めて強大化し、繁栄し、その力を遺憾なく発揮できる存在である。……人間相互間の不平等には自然の摂理によって導かれた限界というものがあるのに対して、国家相互間の不平等は、ただ一つの国家がその他すべての国家を併合し尽くすまで、ひたすら拡大し続ける」。こうした行動はいうまでもなく、他国からの反作用行動を惹起する。「最初の国家の形成は必然的に、すべての国家にその形成を促す。国家は、ある国家に属するか、あるいはその国家に対抗すべく他国と手を結ぶか、二者択一を迫られる。さらに、国家はある国家をモデルとして生存の道を模索するか、あるいはその国家に飲み込まれてしまうかの選択を迫られる」。それだけではない。国家間にはつねに権力をめぐる争奪戦がある。「国家の力はどこまでも相対的なものであり、したがって、他国との比較の上で自国の力を認識せざるをえない。……自国のことだけにかまけていたいと願っても、そうはさせてくれない。国家は、隣国が拡大するか縮小するか、強大化するか弱体化するかによって、拡大も縮小もし、強大化も弱体化もする」。「組織体としての国家には情念がないとか、理性以外に国家の存在事由はないなどと、著述家を僭称する無数の連中がもっともらしく書き著してきたが、これでは、国家の本質がその構成員の活動そのものにあり、そうした動きのない国家は生ける屍に過ぎないという自明のことを、誰一人として理解していなかったとしかいいようがないではないか」。

ルソーが導き出す結論は明らかである。「人類の現況に照らして、私がまず気づかされることは、そこに内在する明々白々な矛盾である。……個人としてのわれわれは、市民国家という所与条件のもとで、法律に従い生きざるをえないのだが、他方、国民としてのわれわれ全体にも、ほかの国民との間で自然権的自由が与えられ、それをわれわれは享受している。この結果、人間の現状はかつてないほど悲惨なのである。「社会状態」と「自然状態」をともに生きているわれわれは、どちらにも安住できず、双方の欠陥を否応なく甘受せざるをえないからである」。「いまやわれわれは、実体をともなわない人為的な絆によって結びつけられている人間が、相互に殺戮しあうべく結束している姿を目にする。戦争がもたらすおよそあらゆる惨禍が、皮肉にも、それらを防止すべくとられる予防的措置そのものによって生み出される現状を、目の当たりにする」。「戦争は平和によって生み出される産物であり、少なくとも、恒久的平和の達成のために人間がとるさまざまな予防的措置によって生み出される産物なのである」。「正当な戦争」とは、敵国を滅ぼしたいという国家が逃れようとしても逃れられない性癖のごく自然な意思の現れなのではなく、法的に正しく宣言され、正しく戦われる場合に限ってのものである。他方、敵国を殲滅したいという欲求が発現している状態を、恒常的な「戦争状態」と言う。この「戦争状態」は戦争の中にだけ現れるとは限らない。というのは、他国への不信が敵対関係を醸成する充分条件だからである。したがって、「列強間では、「戦争状態」が当たり前の状態なのである」[22]。ルソーは、この点に関する限り、「諸国家の現状は「自然状態」、すなわち相互敵対的状態にある」というホッブスの見解を踏襲している[23]。

この見解のもとでは、各国政府の身勝手で錯誤に満ちた策謀などというものが検討の対象となる余地はないに等しい。良い国家であれ悪い国家であれ、すべての国家に通底する行動をあますところなく説明すると主張する。ルソーが別の著作の中で、「統治形態の整備されている共和国が、不当な戦争を仕掛ける事態がありえないわけではない」とか、それ自体としてはどこからみても立派としかいいようのない国家の意図が、それにもかかわらず、他国からの思いがけない抵抗を誘発する可能性がないわけではない[24]と述べているのもうなずける。つまり、すべての国家が例外なく立派な国家だったとしても、国家間の諸問題は依然として残り続けるのである。ルソーは、人間の場合の分析手続きと同じように、実態としての国家とありうべき姿としての国家とを峻別して考察する。ある国家の国益と当該政府の行動が必ずしも完全に一致するとは限らないというのが彼の主張であり、その延長線上で、

『批判論』にもみられるように、彼は当時の各国政府の行動がいかに虚栄心と欲望に支配されているかについて長々と論ずることがよくある。いずれにしても、仮に立派な国家だけで世界ができあがっていたとしても、その世界は「戦争状態」にあるというのが彼の基本的な立場だった。個別国家の一つひとつの意図が国家間システムの必要性を打ち消すほど純化されない限りは、「戦争状態」が人間に固有の非論理性と不完全性の必然的な結果だという事実は、事実でありながらも、ことの本質においてはおよそ見当違いである。気まぐれな行為が戦争の直接的な原因ではあるが、国家間システムにおいては、こうした場当たり的な行為は偶発的なものではなく、必要に迫られて生み出されてくる必然なのである(25)。

上と同様の分析に基づく限り、連邦的組織体が場当たり的な行為を防止し、恒久的平和を保証する手段だということは、それが事実だとしても、およそ的外れなのである。ルソーの『不平等起源論』(*Discours sur l'origine et les fondemens de l'inégalité parmi les homes*, 1775) については、行動への呼びかけである以上に、預言者兼道学者の絶望的な雄叫びであり、政治的権利に関する擁護論である以上に、市民社会に付きもののもろもろの悪徳の宿命論的な告発だと広く理解されてきた。ヴォルテールは、かつて「自然状態」への回帰がここから導き出される唯一の論理的帰結にほかならないとして、『不平等起源論』を批判の俎上に乗せた(26)。国家間関係に関しても、ルソーが『戦争状態』で発展させ、然るべき説明もなしに『批判論』の中で当てはめた論証に対して、同様の批判を向けることが可能である。ただし、国家はすでに「自然状態」の中にどっぷりと浸かっているのだから、国家が「自然状態」に回帰することなどありえない。したがって、そこから導き出される唯一の論理的帰結は、ルソーが導き出した帰結以外にはない。国家同士の争いが国家間システムから必然的に生み出される限り、すべての国家が参加する連邦的組織体に戦争の廃絶を期待するしかない。同時に、この連邦的組織体を設立させられるのが国家間システム以外にはないことも自明である。

一方で連邦的組織体を称揚し、他方ではそれを否定するというルソーの論理矛盾を理解する鍵がここにあるのであって、統治者や政府に対するルソーのきわめて消極的な態度にあるのではない。この矛盾は、国家間の問題に関するルソー自らの考えから導き出されたのであって、しばしば考えられているように、彼が連邦的解決の効果を考察した際に、その解決策を執拗に追い求めたことから出てきたのではない(27)。ましてや、仮にルソーがその効果を考えていたとしたならば、彼は連邦的解決に固執したに違いないなどと考えるべきではない。恒久的平和に関するルソーの著述の中には、たしかに第二の矛盾というべきものが散見できる。すなわち、国際的無秩序への唯一無二の解決策などおよそありえないという主張の基礎となった彼の「国家間の自然状態」概念との関連で、連邦体こそが唯一の解決策だと述べている箇所がみられるのである。これは彼の「国家の自然状態」観とはまったく相容れない。ルソーがそれほど慙愧《ざんき》の念も持たず、連邦的組織体という考えを捨て去った理由はここにある。彼自身、『批判論』をつぎの言葉で結んでいる。「革命という手段による以外に、連邦的盟約が成立する見込みはまったくない。そうだとするならば、われわれのうちいったい誰が、このヨーロッパ同盟は恐怖心を呼び起こす以上の価値のあるものだとあえて主張できるだろうか。この同盟はおそらく、本来であれば防ぐことができたかもしれないのに、それを上回る害悪を今後数世紀の間に晴天の霹靂《へきれき》のごとくもたらすに違いない(28)」。

「自然状態」への回帰擁護を意味する「個人権」説を打ち出した『人間不平等起源論』執筆から一年数カ月後、ルソーは、『政治経済論』(*Discours sur l'économie politique*, 1755) を著し、個人主義を否定する中で、「国家の自然状態」を政治的に考察する端緒を真の意味で得たといえよう(29)〔両論稿の執筆時期については諸説がある。詳しくは、『ルソー全集』第四巻、五一一～一一三頁及び第五巻、四八六頁（白水社、一九七九年）を参照〕。彼は、国家間関係の理論面においては、『批判論』的考え方の発展あるいは純化と称すべき『政治経済論』に匹敵する著作を一つものにしていない。しかし、そこでの「国家連合」あるいは「連邦」に関する数章の草稿については、書かれはしたが議論の組み立て方に問題があるといわざるをえない。より広い視点から構想された『社会契約論』(*Du contrat social*,

1762）は、つぎの言葉で結ばれている。「政治的権利の真の諸原則を設定し、この基礎の上に国家を築こうと務めた後に残されているのは、国家をその対外的諸関係によって固めることだろう。……しかし、これらすべては、近視の私にとっては、あまりに広大無辺な新しい対象である。私は、もっと身近なことに眼を注ぐべきなのだろう」。にもかかわらず、彼が議論をその先へと進めたとしたら、どんな意見を持つことになったのかについては推測の域を出ない。しかし、一七五六年以降の全著作に現れるルソーは、『抄録』の中でその輪郭を描き、『批判論』でそれを全面的に否定した国家間の問題解決策としての考えうる最も拘束力のある連邦的解決には、およそ拘泥《こうでい》していないのである。

本章では一貫して連邦的解決策としているが、ルソーは、この問題を議論する際には、通常、「コンフェデレーション」という言葉を使用している。彼の時代には、「コンフェデラル」的形態と「フェデラル」的形態の相違がまだ明確に認識されていなかったこともあり、彼自身、どちらが適切な用語なのか判断がつかなかったと思われる。『抄録』の中で、戦争に対する最低限の予防措置としてルソーが構想した組織は、まぎれもなく「フェデレーション」である。ルソーが構想した連邦体は、実はサン＝ピエールの平和構想を単に簡略化したものに過ぎないのだが、第一次大戦後のコンフェデラルな連盟や、合衆国成立以前のアメリカ規約連合（America of the Articles of Confederation）［一七八一～八九年の十三州の連合体］とは異なり、むしろアメリカ合衆国（United States of America）と同じように、連邦からの離脱権を認めず、他方、加盟各国の国内問題への介入権を有するものとされていた。さらに、加盟各国の既存の領土を保証するとともに、主権者自身には「無責任で邪悪な王権僭称者の野望や臣民の反乱への抵抗権」を保証することとした。加盟各国に対しては、各国間の相互関係においては正義にかない平和的であることを要求するとともに、それを保証するために一元的な軍隊を創設することとした[30]。ルソーが『抄録』の中で、サン＝ピエールの平和構想の一部（とりわけ現状維持に関する提案）に触れていないのは、サン＝ピエール構想をより理解しやすいものにしようとしたからというよりも、むしろ、サン＝ピエール構想そのものに対する親和感が彼になかったからではないのかといわれてきたが、それもあながちありえないことではない[31]。この点に関する事実がどこにあろうとも、彼が『抄録』で考察し是認する平和構想は、『批判論』の中のつぎの言葉とは相容れない。「各主権者の共同の裁判機構への従属関係については、そのことが主権者の諸権利を弱めることにならないどころか、かえって諸権利を強化することに帰着するのは自明である。……したがって、君主は、依然として絶対的な存在として君臨し、その王冠は以前にもまして安泰である[32]」。

ましてや『抄録』の平和機構は、『エミール』(*Émile ou de l'Éducation*, 1762) の以下の言説とも相容れないといわざるをえない。ここでのルソーは、『戦争状態』の中での国家間の問題に関する分析を要約して見せた後、彼が提示する連邦的組織体への道をさらに推し進めたとしたら、その行き着くところが奈辺にあるのかを概略暗示している。「われわれは、各国に自国内での支配権を残したまま、外部からのあらゆる不当な侵略に対抗すべく各国を武装するとした同盟体や連邦体がもたらす弊害に対する治療薬として、何が考えうるのかを検討することになろう。さらに、われわれは、連邦的連携の理想的形態を樹立する手段としては何があるのか、それを恒久化するためには何が必要なのか、各国の主権を踏みにじらずに連邦体の諸権限をどこまで拡大することが可能なのかなどについても検討することになろう[33]」。『エミール』の中のこうした指摘にとどまらず、仮に彼がこうした問題を検討した事実があるとしたら、サン＝ピエール的立場から間違いなく彼が手を引いただろうことをおよそすべてのルソーの著作は示している。

ルソーは、国家の成立にともなって必然的に生じる社会契約が個人に対して果たした役割と同等の役割を、連邦的組織体がすべての国家から成る国家共同体に対して果たすことを期待した[34]。しかし、それを期待すればするほど、彼の道徳的、政治的著作すべての思想的拠り所だと自認する小国家の優越性および小国家の保全と強化、さらには小国家の増加に対するあれほどの情熱的な確信とは、真っ向から対立する。ヨーロッパ思想史における自然法の受容から国民国家の理想化へという時代的変遷の中で、『社会契約論』がきわめて重要な位置を占めているのは、この確信があったからである。また、この確信こそが、『社会契約論』をしてプラトン（Plato, ca.427BC-ca.347BC）の『国家』の近代的理想化版にならしめているゆえんなのである。「『自然への回帰』ではなく、この確信がルソーの真の「回帰」なのである」[35]。ルソーをして、彼の祖国ジュネーヴが降伏か、調停による和睦かの選択を迫られていたとき、後者の道は祖国の生得的な権利である主権の放棄を意味するとして、祖国に調停の受諾を拒否するように勧めさせたのも、この確信だった[36]。さらにルソーをして、「いまやフランス人も、ドイツ人も、スペイン人も、イギリス人も存在しない。……存在するのは、ヨーロッパ人だけである」と慨嘆させるほど[37]、サブナショナルな利害やトランスナショナルな利害のごった煮的混乱の中で愛国心が失われつつあると嘆かせたのも[38]、この確信なのである。ルソーは、小さな国家の伝導者だっただけではなく、近代ナショナリズムの伝導者でもあった。国際主義者でありながら、それ以上に熱烈なナショナリストだった人物は、ルソーをおいてほかにない。

「大国の対外的な力と、小国の開放的な統治や健全な秩序」の統合化、全一化と彼自ら定義した問題を、ルソーが解決策を求めて熟考したとしても、何らかの解決方法を見出しえたかどうか疑わしい。したがって、「この問題はいままで取り上げられることのなかったまったく新たな問題であって、その原理、原則の明確化については、今後の課題といわざるをえない」と彼がいうのもうなずける[39]。仮に何らかの解決策をみつけていたとしても、その解決策は『抄録』で提示されている連邦的平和提案ではなく、『ポーランド統治論』（*Considérations sur le gouvernement de Pologne*, 1771）の中で論じられているように、スイスをモデルとした小国家のコンフェデラルな組織体への再編成を実行する前に、現存するヨーロッパ諸国をフェデラルな小国家に分割することだっただろう[40]。ルソーは、大多数を占める市民の主権に基づいた理想的な国家が実現されることがあるとしたら、それは移動可能な首都を持ち、連邦形態を内部的に保持する大きな国家に限られるだろうと『社会契約論』の中で指摘している[41]。

『抄録』においても『批判論』においても、ルソーが上記の解決策に触れつつ考察しようとした形跡は微塵もない。そこにあるのは、サン＝ピェールの平和構想を唯一の解決策として提示した後、何らそれに代わる代替案を示すことなく、サン＝ピェール構想を一蹴してしまうルソーの姿である。彼は、それを人間がどのように抗《あらが》っても到達できず、天国だけにしか築きえない理想郷——その理想郷に向けては、少しの進歩も人は望みえず、しかし他方、それに向けて人は懸命なる努力を払わねばならない——として、そのままそこに残しているのである。彼にとってそれは、種々検討した後、賛同できる構想でなかった事実にもかかわらず、また、これら初期の作品においても、人間が歴史上果たしてきた進歩に対する彼の認識がかなり高いレベルに達していた事実があるにもかかわらず、彼はそれをそのままの状態で残しているのである。ルソーのどっちつかず的対応と敗北主義的悲観論は何よりも、彼が当初から持ち合わせていた道徳律と政治哲学を、自らの歴史認識に調和させられずに終わった結果というべきである。

この不調和は、彼の著作すべてに通底する。『社会契約論』の中における歴史認識は、国家の社会化が歴史的進化の結果であり、契約の結果ではないという認識をルソーにもたらした。しかしながら、この認識がルソーをして、契約に基づき成立すると考えられる「国家」と、そうしたものとは考えられない「社会」とを峻別するさらなる認識の深さへと導きはしなかった。かくして、『社会契約論』の中に散見される「国家」と「社会」の混同に基因する混乱状態は、ときには「契約」の結果として、換言するならば、技術と工夫を恣意的に使用する結果として「社会」が成立するとし、またときには長期にわたる「歴史的発展」の結果として「社会」が成立するという相互に矛盾する議論を生み出している[42]。そして、ルソーは『社会契約論』を書き進めていくにつれて、国家における社会契約の源泉として、それが正しいものかどうかの判断をひとまず脇に追いやり、状況とか便宜性とか固有の国民性とか民族的伝統といういわば歴史に基づく判断が、行政府のあり方を決定し規制するという議論を展開する。さらに、ロック（John Locke, 1632-1704）的「自然法」あるいは「理性」に代わって、緩やかな発展とか、法と行政府の規制への長期にわたる従属などといった歴史認識が全面に押し出されてくるのである。さらに、彼の政治に関する後期の作品がプラトンやロックからの影響に比べて、はるかにその多くをモンテスキューから受けていたといえるのも、こうした歴史認識のなせるわざであった。ルソーは、プラトンとロックの直系の弟子ともいうべき存在であり、したがって彼の著作には、いずれ克服せざるをえなかったとはいえ、プラトン的・ロック的嗜好が色濃く反映していた。また、モンテスキューへの蔑視や歴史的アプローチへの偏見という当時の全般的雰囲気を、彼は共有していた。それにもかかわらず、『社会契約論』以降の彼の政治理論関係の著作、代表的なものとしては『山からの手紙』(*Lettres écrites de la montague*, 1764)、『コルシカ憲法草案』(*Projet de constitution pour la Corse*, 1765)、『ポーランド統治論』などは、すべてモンテスキューの歴史的方法論を全面的に受容し、それを適用したものにほかならない。

自然法的アプローチと歴史的アプローチ双方の調和を図ることが一度としてなく、「かってあったもの」(what has been) や「現にあるもの」(what is) は、「今後かくあるべきもの」(what ought to be) の試金石ではないという主張を、ルソーは終生変えなかった。この事実のうえに、彼が政治思想家だったと同時にモラリストでもあり続けたこともあって、むしろ双方が入り乱れて混在する状態が生み出される。『社会契約論』でのルソーは、「契約」と「歴史的進化」の狭間で逡巡しており、「ナチュラル」という言葉をかたや初期の野蛮な状態を表わすため、かたや究極の目標が達成される最終段階を示すため、つまり、二つの異なるレベルで使用している。『社会契約論』以降の作品においてもルソーは、一方で人民主権の絶対的妥当性を主張し、他方で個別共同体内での人民主権実現の絶対的不可能性を訴える矛盾を犯しているのだが、彼自身はその矛盾にまったく気づいていない[43]。

後期の著作に当てはまることは、初期に書かれた『抄録』にも『批判論』にも当てはまる。国家間関係が国民国家に先立つ「自然状態」と両立可能であるというルソーの当初からの考え方が、国家間関係にあっても「自然状態」にあっても、問題解決の方途に関してはまったく異なるところがないという結論へと彼を導く。社会契約が個人にとって果たした役割と同等なものは、国家にとっては国際的な統治機構、すなわち連邦的結びつき以外にはないというのである。この点に関する限り、ルソーの信念は一度も揺るがなかった。しかし、その同じ彼がそれを主に以下の二つの方向から論難し、最終的には、解決の方途があるとしてもその解決策は非現実的な夢想に過ぎないと主張するのである。第一に、個人の行動はその個人の任意の自由意志に基づくが、「自然状態」における国家の行動については、個人の場合と同様には語れないという方向である。国家はすでに人為的な被造物になっており、その結果、国家間関係も、市民国家の自然状態とは乖離していると主張する。第二に、「国家間の自然状態」に対する解決策として初期の著作において思い描いたことを保持し続ける方向である。このことは、後期の著作において、国家とは契約に基づく人為的な被造物であり、歴史的進化の必然的な所産であると主張していたルソーが、初期の著作においては、国家間関係に関する考え方が、国家間関係のシステムは歴史的所産であって、人為的な手段や契約に基づく手続きの影響を受けない——ましてや、こうした手段によって完成されるべくもない——ととらえ、後期の考え方と齟齬《そご》をきたすことになろうとも、当初の考え方に固執する方向である。

このことに基因する混乱は、『抄録』と『批判論』双方の歴史的議論の進め方の首尾一貫しない不整合性に如実に示されている。サン゠ピエール構想の詳細を要約する『抄録』の序論部は、鋭い洞察力に裏打ちされた歴史的議論が横溢している。そこでのルソーには、ヨーロッパの国家間関係の進化に対する認識、つまり、モンテスキューやヴォルテールやヒューム（David Hume, 1711-1776）を凌駕するとはいえないまでも、彼らに比肩しうる程度に、単に地理的概念を表現するものとしてのヨーロッパではなく、歴史的所産としてのヨーロッパに対する思い入れがあった。ここから、「すべてのヨーロッパの強国は、同一の宗教、同一の国際法、同種の風俗習慣、同種の文学、同種の通商、さらにはこれらの必然的な所産ともいうべきある種の均衡によって、相互に結びつけられている。……ところでこの均衡は、実際誰一人として保持しようなどと夢にも思っていないにもかかわらず、それでも多くの人々が考えているほど簡単に掻き乱すことができない代物」であり、「その均衡の構成員たる国家が、誰であれ均衡状態から抜け出そうとすると、必ずや悶着を引き起こすことになる」というルソーの発言が出てくる。(44) さらに、彼は、「このような諸国家の並立・並存する社会が、つねにヨーロッパに存在していたのではない」と認識していただけではなく、「世界のこの部分［ヨーロッパ］の政治的秩序は、全面的にとはいわないが、自然［歴史過程］のなせるわざである」とも認識していた。この点で、ルソーのつぎの発言は象徴的である。「自慢げに語られるこの勢力均衡状態が、誰かの手で人為的に造り出されたなどと考えるべきではない。……この均衡状態は疑いもなく存在しており……外部からの手出しなど必要とするまでもなく、おのずから均衡状態を充分に維持できるのである。この均衡状態があるところで暫時崩れることがあるとしても、まもなくすると別のところでおのずから均衡状態が回復されることになろう。したがって、普遍的王制を渇望しているとして非難される統治者たちが、もしも現実にそのような世界帝国を夢みることがあるとするならば、彼らは正気の沙汰どころではない野心を誇示してみせようとしているに過ぎない。……ヨーロッパの伝統は、こうした政策を空疎で意味のないものにしている。……やがて時間の経過とともに、偶発的な武力をともなう事件も、個々の統治者に沿う形にではなくとも、全般的な勢力均衡に奉仕する形で現状に復することになる(45)」。

しかしながら、『抄録』の残余の部分においては、歴史的分析が完全に彼のモラリスト的思考に従属させられる。前者においては、それ自体の規範を有する現存の国家間システムが、歴史的進化の所産であるという認識にほぼ達しているのに対して、後者の道徳的評価においては、国際的システムは多少の均衡状態を保証するとしても、依然として平和状態を保証するものではないという自覚をルソーに強く迫る結果になっている。「国家間における見かけの友好関係は……嘲笑の的となる以外になかろう」。「仮に現在のシステムが堅固な基盤の上に築かれているとしても、それ以上に、いやそれだからこそ、さまざまな障害にさらされるのであって……このシステムを土台から突き崩す事態には至らないまでも、つねにヨーロッパの諸国を果てしなく不安定な状態へと駆り立てる(46)」。そこでルソーは、歴史的分析を試みた導入部を、サン＝ピエール構想を正当化する手立てとして利用する。彼は、「包括的な連邦体機構の創設構想にとってきわめて重要な結論を導き出す」ために、「軍事力の平等な配分」を過大評価していた。この点でのルソーの議論の進め方は、サン＝ピエールの論証と瓜二つである。連邦体の成功には、その安定性と侵略行為の無意味性に関する合意が前提となる。したがって、現存する勢力的均衡状態とヨーロッパの現段階での「原始的結びつき」の双方が、一方では「社会に悪影響を与える」としても、しかし他方では、戦争状態を恒久的な平和へと転換し、「完璧な社会の誕生を容易にしてもいるのである」(47)。あまりにもこの点を強調し過ぎたと感じたルソーは、反論を予期してつぎのように述べる。「もし事態が私の思い描く通りであって、統治者一人ひとりが戦争状態を惹起しないことに真の利益を見出すならば……連邦的組織などなくても、平和が自動的に招来し、また永遠に持続するととらえて、私が余計なことまで証明しようとしているなどと、私に反論の言葉を投げかけてほしくない。これは、事の実際に即して判断する限り、とんでもなく悪意に満ちた臆断である」(48)。しかし、ルソーの弁明にもかかわらず、彼が『抄録』の歴史的分析を重視した序論部で指し示したことに忠実であろうとするならば、このように考えざるをえないのである。

ルソーは、『批判論』の前半部より長い後半部をシュリの「グランド・デザイン」の分析に費やしているが、当初、サン＝ピエール構想を正当化する際に用いたのと同じやり方を踏襲して、アンリ四世の声望を「グランド・デザイン」を正当化するために用いようとした。しかし、ルソーは、すぐに理論的立場を転換し、すでに『戦争状態』の中で展開していた理論から導き出した連邦的解決策の無効性を確認するために、アンリ四世が普遍的王制を構想する動機の歴史的意味づけを全面に押し出してくる。『抄録』の中での献辞の言葉からも明らかなのだが、シュリの「グランド・デザイン」構想がアンリ四世の考えの複製コピーであることを理解しつつ、ルソーはそれを是認した。この是認に基づいて、『批判論』の中で、彼は「この構想……が妄想の産物ではないことを証明しようとした」。以下の発言がそのことを示している。「アンリ四世は愚か者ではなかったし、シュリも誇大妄想狂ではなかった」。「この善王の死によって、ヨーロッパは再び果てしなき戦争へと投げ込まれ、もはや二度と戦乱の終結の到来を期待しえない」。「別のアンリ四世、別のシュリのような秀でた人が登場してくれれば、理性にかなった構想として恒久的平和は再び脚光を浴びることになるだろう」(49)。ところが、彼は後半部になると、つぎのように論理を転換する。両人の平和構想が広範な支持を得たのは、この構想が「あの強大な敵［ハプスブルク家］をくじくという密かな期待に動機づけられていたからであり……単に共通の利害からだけではとても引き出せなかったに違いない力を、この切実な動機を背景に獲得できたからである」。「この全般的な協力体制を推し進めたのは、いったい何だったのだろうか。……恒久的平和だったのだろうか。……公共の利益だったのだろうか。師［サン＝ピエール］なら、そのように考えた可能性がなくもない。しかし、現実には、各国の主権者たちは例外なく、ヨーロッパの完全支配を目論むあの高慢なハプスブルク家に屈辱を与えたいという積年の私的な思惑から動いていたのである」。『批判論』の中でのルソーの結論は、偉大な指導者の登場によって、平和構想の現実可能性が生み出されるというのではなくなっている。いまや、「これほど見事な構想に賛辞を惜しむつもりはないけれど、よく考えてみると、人類を震撼させるほどの暴力的手段によって初めて可能となる構想なのだから、実施に移されなくてよかったのだと自らを慰めようではないか」(50)と彼は主張するのである。

『批判論』を終えるにあたってルソーが残したつぎの諦観と自慰の言葉は、歴史的分析を上記のように偏向させた結果である。「革命という手段による以外に、連邦体盟約が成立する見込みはまったくない。そうだとするならば、われわれのうちいったい誰が、このヨーロッパ同盟は恐怖心を呼び起こす以上の価値のあるものだとあえて主張できるだろうか」(51)。しかし、彼が自らの歴史認識を『批判論』の中でより賢明に用いていたならば、彼が当初理想としていたことを撤回するほどのことはなかったはずである。

国家間関係に関するルソーの立脚点は、『抄録』と『批判論』の中で詳述されており、彼が後期になって抱く国家観の立脚点と同じである。『社会契約論』では、モラリストとしてのルソーと、社会は基本的に状況と歴史の産物であると認識するルソーの間に分裂があり、したがって理想的な国家、すなわち彼の社会契約解釈から導き出した基本的な諸原理を充足する社会は、天国に築かれるべき空理空論に過ぎないとされている(52)。一方、『批判論』では恒久的平和の手段となるべきヨーロッパ共和国構想を、ほぼ同様の理由から、達成不能なものとして天国に下駄を預けている。彼が連邦体構想を希求したのは、モラリストとして何らかの解決策を見出したいと強く願ったからである。彼がその連邦体構想を夢想の産物として見限ったのは、彼自身の国家間関係理論が、国家間問題に対するサン＝ピエール的解決方法とは異なり、「自然状態のもとの個人」と「人為的な国家」とを峻別することに基礎を置いていたからだけではない。彼が――この点においても、サン＝ピエールとは異なるのであるが――国家間システムは歴史と状況の産物であり、したがって人為的な手段によって変えられるような性格のものではないと考えていたからでもある。彼が『社会契約論』の中に「契約」という発想を持ち込まず、国家の緩慢な歴史的進化という側面を中心に据えて議論を展開していたならば、個人主義原理のうえに、理想とする国家の集団共生的機構を基礎づけようとした矛盾を回避することができたに違いない。国家間の平和を扱った『抄録』、『批判論』、『戦争状態』、その他の論稿においても、仮にルソーがサン＝ピエールからの借り物であり、彼自身の考え方とは本来どうしても合致しえない国家間関係における「契約」的発想を捨て去る覚悟があったならば、連邦的解決策を擁護してみたり退けてみたりという明白な論理的矛盾を犯し、さらには、彼自身のおよそすべての原理、原則と真っ向から対立する連邦体的統治機構を支持するなどという矛盾を犯さずにすんだに違いない。しかしながら、モラリストとしてのルソーは、『社会契約論』の中から「契約」概念を取り除くことができなかったのと同じように、現実の世界において実現される見込みがないと告白しながら、捨て去った連邦的解決策についてもその代替案としての解決策を何ら提示することができなかったのである。

およそ「進歩」という考え方すべてに対してルソーの眼を閉じさせたのは、彼の道徳的立脚点そのものにあったというよりも、その道徳的立脚点と彼の歴史観との衝突にあったというべきである。このことの結末は、つぎの事実にはっきりと示されている。すなわち、ルソーは道徳的立脚点と歴史的アプローチの双方を、彼の思考過程の中に調和的に統合するのではなく、相互に排除しあい相殺しあう地点まで極端に推し進めたのである。たしかに、モラリストが自らの道徳的立脚点が歴史的発展に対する信仰、つまり「進歩史観」と相容れないことを認識しながらも、なお改革と進歩を探究する姿勢を崩さない場合も往々にしてみられる。また、その逆に、進歩を強調し歴史を過大に重視する連中が、進歩と名のつくあらゆる進歩に反対することもめずらしいことではない(53)。ただし、このことはルソーには当てはまらない。彼の場合、道徳的立脚点と歴史観の衝突が、折り合いのつかないほど激しいのである。次章で論ずるカントの場合は、この二つを整合させようとする。カントも、ルソーと同様、彼自身の道徳的立脚点を崩すことはなかった。しかしカントの場合は、道徳的立脚点を保持しつつも、他方で、個人の行動と国家はおのおの本質的な性格から判断して、決して同一視できないという態度を取り続けるのである。彼は、個人にとって一つの人為的国家を必要とするのが自然だとしたら、二つの人為的国家に属することは不自然であるとみなす。したがって、彼は「個人の自然状態」に適用されてきた解決策こそが国家間で起こる問題に対する唯一の解決策であるという前提の整合性を疑問視し、さらに、「自然の作為」(work of nature)である国家間システムは、自然の作用によって永続的に進化し続けると主張するとともに、「恒常的な動揺」の中に内在する混沌とした状態は、仮に改善されることがありうるとしたら、さらなる動揺によってのみ緩和され改善されうると理解するのである。

注

(1) C. E. Vaughan, *The Political Writings of Rousseau* (1915), I, 1-6.
(2) S. J. Hembledon, *Plans for World Peace through Six Centuries* (1943), 76.
(3) *Rousseau's Project of Perpetual Peace*, trans. Edith M. Nuttall (1927), 7, 25-27, 43-51. 同書には、『抄録』と『批判論』双方のフランス語原文とその英語訳が収録されている。
(4) *Ibid.* 97.
(5) *Ibid.* 3.
(6) Vaughan, *op. cit.* I, 60, n. 4.
(7) *Rousseau's Project of Perpetual Peace* (ed. Nuttall), 9.
(8) *Ibid.* 95.

(9) *Ibid.* 97, 101.
(10) *Ibid.* 97.
(11) *Ibid.* 111.
(12) *Ibid.* 102.
(13) *Ibid.* 111-13.
(14) *Ibid.* 111-13.
(15) *Ibid.* 129.
(16) Cf. *Discours sur l'Inégalité* (1755), *Vaughan, op. cit.* I. 1867; *Contrat Social* (1762), book I, chs. II and IV. and Vanghan, *op. cit.* II, 24-31.
(17) Montesquieu, *De l'Esprit des Lois*, book I, ch. III.
(18) Vaughan, *op. cit.* I. 284-94.
(19) *Ibid.* 300.
(20) *Ibid.* 296.
(21) 自衛のための戦争行使権については、Montesquieu, *op. cit.* book X, ch. IIを、また国家の存立と戦争との関係については、*ibid.* book X, ch. IIIを参照。
(22) Vaughan, *op. cit.* I. 294-307.
(23) Hobbes, *On Dominion*, ch. XIII.
(24) *Economie Politique* (1755), K. N. Waltz, *Man, the State and War* (New York, 1959), 181-83における引用。
(25) *Ibid.* 181-83.
(26) Vaughan, *op. cit.* I. 12-14.
(27) E. g. Waltz, *op. cit.* 185; F. M. Stawell, *The Growth of International Thought* (1929), ch. VII.
(28) *Rousseau's Project of Perpetual Peace* (ed. Nuttall), 131.
(29) Vaughan, *op. cit.* I. 14-15.
(30) *Rousseau's Project of Perpetual Peace* (ed. Nuttall), 44-49.
(31) C. J. Friedrich, *Inevitable Peace* (1948), 167-67. しかし、フリードリヒが主張するように、連邦には反乱から主権者を守る責任があるとする条項を、ルソーが排除していたわけではない。

(32) *Rousseau's Project of Perpetual Peace* (ed. Nuttall), 75.
(33) Vaughan, *op. cit.* I. 6. II, 135, 157–58.
(34) *Dialogues*, III. Vaughan, *op. cit.* I, 99 における引用。
(35) Sir Ernest Barker, *The Social Contract* (World's Classics edn., 1946), xlii.
(36) *Lettres de la Montagne*, IX. Vaughan, *op. cit.* II. 99. II, 291 における引用。
(37) *Considérations sur le Gouvernement de Pologne*, in Vaughan, *op. cit.* II, 432, Waltz, *op. cit.* 174–75 における引用。Stawell, *op. cit.* 149–50, 152–53 も参照。
(38) Vaughan, *op. cit.* I, 95–100. Waltz, *op. cit.* 174–77.
(39) *Contrat Social*, book III, ch. 15. Vaughan, *op. cit.* I, 100 における引用。
(40) *Gouvernement de Pologne*, V. Vaughan, *op. cit.* I, 10. II, 443 における引用。
(41) Barker, *op. cit.* lii.
(42) *Ibid.* xliii–xliv, xlvii.
(43) Vaughan, *op. cit.* 1, 2–6, 14–17, 31, 71–81.
(44) *Rousseau's Project of Perpetual Peace* (ed. Nuttall), 9, 19.
(45) *Ibid.* 27–31.
(46) *Ibid.* 19, 35–37.
(47) *Ibid.* 39–41.
(48) *Ibid.* 73.
(49) *Ibid.* 113–15, 129.
(50) *Ibid.* 117–29.
(51) *Ibid.* 131.
(52) Vaughan, *op. cit.* I, 30–31, 83–85, 115.
(53) Barker, *op. cit.* lix–lxi.

[訳者注記]　第3章の翻訳上、『ルソー全集』(白水社) を適宜、参照した。

第4章　カント

イマヌエル・カントは、『世界市民的意図における普遍史のための理念』（*Idee zu einer allgemeinen Geschichte in weltbügerlicher Absicht*, 1784）［以後、『普遍史のための理念』と略記］において、さらに詳しくは『永遠平和のために』（*Zumeuigen Frieden Ein philosophisher Entwurf*, 1795）において、自らの平和に関する見解を披瀝している。彼は、ルソーの「国家間の自然状態」概念を踏襲し、「そこでの自然状態は、「戦争状態」である。換言するならば、たとえつねに敵対行為が現実化されていない場合でも、絶えず戦争の脅威にさらされている状態であり」、また、そこでの国家の真の名誉は、「いかなる手段を用いてなされるにせよ、権力の不断の増大にある」という立場をとっている。したがって、「平和状態が確立されなければならない」と考えていた点では、ルソーやルソーに先行する平和構想者と同一線上にあった。(1) しかしながら、カントの場合、「国家間の自然状態」と「平和状態」の統合というおよそ解決の見出しがたい苦境からの脱却の方途が、諸国家の統一的合体にあるとは考えなかった。それとは反対に、「市民的自然状態」によって提起される問題と「国家間の自然状態」によって提起される問題は異質であり、また異質でなければならないと主張する。彼にとっては、一世紀前のスピノザ（Baruch Spinoza, 1632-1677）にとってと同じように、[2]個人は生存を維持するために集団化せざるをえない存在だが、しかし、国家はその本質からいって、集団化できるような被造物ではない。つまり、個人の存在の無化によって「市民的自然状態」を終焉させようとするのが論理的ではないのと同様に、個別国家の抑圧によって国家間の問題解決を期待することも論理的ではないのである。

『永遠平和のために』の中心的なテーマがここにある。この点は、「『国家間の法』は自由な諸国家の連邦化（*federalism*）の上に基礎づけられるべきである」と謳った「永遠平和のための第二確定条項」が収録されている『永遠平和のために』第二章にはっきりと述べられている。彼は、「各国民はそれぞれ個人のごとくみなされてよいのであり、これら個人は「自然状態」のもとにあるために、相互に傷つけあう状況にある。……したがって、彼らはそれぞれ各人に市民的体制に類似した体制にともに入るように他に対して要求することができ、また要求すべきである。……この市民的体制は「諸国民連盟」（*Völkerbund*）とも称すべき体制だが、それは必ずしも「諸国民の連邦国家」（*Völkerstaat*）である必要はない」という言葉で始める。実際上、「『諸国民の連邦国家』には矛盾が内包されている。……統合された単一国家のもとでは、多数の諸国民がただ一つの国民に統合されることを意味するのだが、このこと自体が矛盾である。というのは、われわれがここで検討しているのは、各国民がおのおの国家を形成し、単一の国家に統合されるべきではないという前提における国家間相互の権利についてであるからである」。つぎのように考える向きもあろう。すなわち、「(単一の国家のもとに結びつけられ) 文明的に開化した諸国民は」統合することによって、「国家間の自然状態」から「一刻も早く抜け出そうとするに違いない」と。しかし、事実はそうではない。「国家（*state*）は、国家主権の根本をこの点、つまり、いかなる外的な強制にも従属されないことに置くとともに、それを強く主張するのである」。にもかかわらず、国家への統合を強制すべきだという向きもあろう。しかし、これについても、カントはつぎのように述べる。「『国家間の法』のもとにある国家に対しては、「法なき自然状態」にある個人と同じ規準が妥当せず、したがって、個人にとって「法なき自然状態」からの脱出が妥当するとしても、同じことが国家に妥当するわけではない。なぜならば、おのおのの国家には、自国の法概念に則《のっと》った法的体制がすでに備わっており、他国が……その国の法概念に従わせるべく強制しようとしても、その強制に応ずる必要のないほどに成長しているからである」。

カントはさらに続けて述べる。「ある国民がつぎのように語ることは可能である。つまり、「われわれの間に戦争があってはならない。なぜならば、われわれは一つの国家の形成を、すなわち、われわれ自身のための至高の立法権と行政権と司法権を有する組織体を欲するからである……」と。しかし、このようにして形成された国家が、「わが国とほかの諸国の間に戦争があってはならない。ただし、わが国は、わが国に対してわが国の権利を保証している至高の立法権を認めないけれど」と語るとするならば、その国家が市民的社会の契約に代わるもの、すなわち、自由意志に基づく連邦的国家でない限り、自国の権利に対する信頼を何を根拠に持つべきなのかがきわめて曖昧になる。さらに、国家とは連邦体的国家であると想定するならば、この連邦は必然的に「国家間の法」と関連づけられなければならないというのが理性の命ずるところである(3)」。

上記の立場に立つカントが、つぎのような世界的統治機構の非現実性を訴える言葉をもって、この第二確定条項の論述を閉じているのも驚くに当たらない。「相互関係のうちにある諸国家にとって、必然的に戦争を内包せざるをえない「法なき自然状態」を回避するためには、理性に従う限り、つぎの方法しかありえない。すなわち、未開状態の法なき自由を（個々人の場合と同じように）放擲《ほうてき》し、公共的に強制力をともなう法を受容し、かくしてすべての国民を包摂する「諸国民世界国家」を形成することによってである。……しかし、諸国家は「国家間の法」に準拠して行動することを欲していないように、「諸国民世界国家」を欲しているのではない、つまり、一般的命題としては正しいものであっても、それを事実上拒絶しているのである。したがって、すべてが無に帰してもかまわないのでない限り、この「世界共和国」とも称すべき積極的理念は、自ら持続可能であり、戦争の回避を可能にし、さらに持続的に拡大可能な「諸国民連盟」という消極的代替物にとって代わられざるをえないのである(4)」。

カントがこうした結論に達したのは、ルソーの場合とは異なり、およそ国家の行動に対する慙愧《ざんき》の念からでも絶望感からでもなく、ましてや国家の自立志向強化の方向の避けがたい状況をただ単に受け入れたからでもない。道徳的に正しいものとして、この結論を強く主張するのである。彼は、個人の自由権を道徳律の一般的命題から演繹するのだが、それと同じように、個人の自由の橋渡しともなり、個人の自由を保証するものともなる国家の自由権を、同じ道徳律から導き出す。この点については、『永遠平和のために』の第一章、「国家間における永遠平和のための予備条項」をひもとくならば一目瞭然である。「予備条項」は、国家の自立を前提としているにとどまらず、国家の自立を強化させようとさえしている。「予備条項」はつぎの六項目から成る。「一、将来の戦争のための素材を密かに留保してなされた平和条約は、決してかかる条約とみなされるべきではない。……二、独立して存続する国家は、その大小にかかわらず、いずれも継承、交換、買収、あるいは贈与によってほかの国家に取得せられるべきではない。……三、常備軍はときとともに全廃されるべきである。……四、国家の対外的問題に関連して……国内からであれ国外からであれ……国債の発行はいっさいなされるべきではない。……五、いかなる国家も他国の体制と統治に武力を行使して干渉すべきではない。……六、いかなる国家も他国との戦争において、来たるべき平和の際に相互の信頼を不可能にするような敵対行為を決して容認すべきではない。たとえば、暗殺者の任命……反逆の扇動……等々。……」(5)

以上のことは、「予備条項」の個別的論述におけるカントの主張をみてみるならば、さらに明らかになる。「第二予備条項」では、つぎのような議論が展開される。「国家とは、土地のような所有物ではない。……それは人間の社会であり、この社会に対しては国家自身以外の何人も命令し、また処理することはできない。国家は、樹木がそうであるように、それ自身の根を持っているのだから、国家を接ぎ枝としてほかの国家に接ぎ合わせることは、道徳的人格としての国家の存在を否定し、国家を物件とみなすことを意味する」。このことは「根源的契約」の理念と真っ向から対立するとともに、「この理念なくして国民の権利はおよそ考えられない」。いかなる国家も他国の国内的問題に武力を行使して干渉すべきではないとする理由は、カントにとって、武力をともなう干渉は「自立した国民の権利の毀損《きそん》」であり、「あらゆる国家の自立的存在を危殆《きたい》に陥らせる……事実上の犯罪」だからである。同様に、カントは「第三予備条項」において、常備軍が「他国を間断なく戦争の脅威にさらす」だけではなく、「侵略戦争の原因」ともなるという理由を挙げて、その全廃を要求する。しかし同時に、「市民が外からの攻撃に対する自衛措置として自発的に軍事訓練を行うことについては、上記のこととは事情をまったく異にする」と彼は述べる。カントにとって、自衛措置としての自発的な軍事訓練は、国家の手によって人間を機械の一部のごとく兵士として傭い入れるのとは異なり、戦争へと直線的につながるものでも、人間に本来的に付与されている権利に違背《いはい》するものでもないのである(6)。

それだけではなく、「予備条項」を結ぶにあたり、カントは自立的存立を喪失した国家に対して、その存立を回復させることの正当性を主張しさえする。かくして、六項目の「予備条項」が二種類に大別される。一つは第一項、第五項および第六項であり、これらは「状況のいかんを問わず正当な」ものであって、直ちに実現されるべき条項〔強制条項〕である。もう一つは、「もとより法規則の例外として扱うことができるわけではないが、その執行に際しては、行為者の主観的自由裁量の権限が大幅に認められる条項〔任意条項〕」、つまり、「条項の本旨を見失わない限りにおいて執行の延期が認められる」条項である。後者の条項には、「独立して存続する国家は……ほかの国家に取得せられるべきではない」ことを謳った「第二予備条項」が含まれるのだが、この点について、カントはさらにつぎのように解説を加える。「第二予備条項に違背《いはい》してある国家から奪い取った自由の……返還は、無期限に延期されてはならない。返還の延期は決して返還しないことを意味するのではなく、性急な返還によって、かえって本来の目的に反する事態が生じないようにするための猶予なのである。したがって、本項で定める禁止は、将来にわたって継続されることの許されない取得形態にのみ関わるのであって、現に存在する占有状態に関わるものではない。なぜならば、この占有状態は本来必要とされる名義を備えているわけではないが、にもかかわらず、占有時の一般的な世論に鑑みて、正当なものとみなされて然るべきだからである」[7]。以上のことが意味するのは、つぎの一点である。第二条項を執行する過程においては、現に存在する占有状態と、国家理念との関連における公正さとの間に葛藤が起こらざるをえないということである。ここにも、占有状態の固定化を容認するサン＝ピエールと容認しないカントの違いが見られる。他方、カントがルソーから継承した国家理念に従うならば、国家とは歴史的被造物であると同時に諸権利の主体でもある。したがって、第二条項執行にともなって、事を性急に運ぶことは、公正さに基づく平和の達成という本来の目的にもとることになる。

国家の自立的存立を重視するカントの姿勢をさらに余すところなく示しているのが、「世界市民法」あるいは「世界法」という概念を掲げた「第三確定条項」である。何世代にもわたってカント研究者は、この条項の命題を「「世界市民法」あるいは「世界法」は、普遍的な「善隣友好」の諸条件に制限されるべきである」としたカントの真意を測りかねてきた。彼らは、諸国家の統合を支持するカントと個別国家の存立を強調するカントをいかに調和させるべきか思いあぐねてきたのである。ここでのカントは、すべての人間には、自然条件の許す限りにおいて、可能な限り国家としての存立が未発達の地域を含め、多数の国家を訪れ、そこでの自由を求める権利があると主張する。「善隣友好とは、ある外国人が他国の土地に到着する際に、他国から敵対的な処遇を受けない権利である」。しかし同時に、「現地人は、外国人を死に追いやらない限りにおいて、その外国人の入国を拒否することができ」、「善隣友好の権利とは、外国人から永続的な居住権の請求がなされた場合、その請求を保証するものではなく」、さらに「外国人訪問者の善隣友好の権利は、現地人との交流の促進を可能にする範囲を超えるものではない」。こうした制限に対する無理解が、ヨーロッパの列強諸国をして、海外における征服権を主張させてきたのである。これに対して、「世界法」に準拠する制限を遵守することは、「遠隔にある地域をして、平和的な関係に入ることを可能にさせるとともに、こうした関係を公的かつ法的なものにし、その結果、人類をして世界盟約体制とも称すべき体制にかつてないほど近づくことを可能にさせるのである」[8]。

われわれは、こうしたカントの所見に基づいて、彼の思い描く世界盟約体制を言い表すために用いられた「自由国家連邦制」（federalism of free states）、「諸国民連盟」（union of nations）、「自由連邦」（free federation）あるいは「連邦的国家同盟」（federal union）というさまざまな表現が、カントにとっていかなる意味を持ち、また、カントのいかなる考えを反映したものなのかを検証しなければならない。彼が世界的統治機構の設立や完全なる国家統合という構想を支持していないことは衆目の認めるところであり、彼自身、こうした解決策をはっきり否定している。それにもかかわらず、カントがこうした表現を用いていることもあって、彼は、現代的な意味における国際的な国家連盟を唯一とりうる代替案として、ただし、それが自由意志に基づいて設立される限りにおいて支持していたという確信を多くの人が抱き続けているのである(9)。しかし、この理解は正しくない。彼のこうした表現の源泉はラテン語の *foedus* であり、彼はそれを「誓約」ないしは「盟約」という意味合いで使用した。アメリカ合衆国憲法を制定した「建国の父祖たち」がそうだったように、カントは、既存の不完全かつ慣習的な国家間の法を、自立した国家間の条約関係に基づいた国際的な社会体制に転換しようと考えたのである。

武力行使に反対するカントの立場を根拠に挙げて、彼は自由意志に基づく連邦的組織体を世界的統治機構に代わる唯一の代替案と考えていたとみなすのが一般的な理解だが、しかし、この理解は真実からほど遠い。彼は、世界的統治機構に否定的であるのと同様に、連邦的組織体にも否定的なのであって、その根拠は、国家は個人と同じように自由と切り離すことのできない実在であるという彼の確信に基づいている。個人は自由であり続けるために、国家という重荷を自分自身で背負わなければならないのだが、それとまったく同じように、国家も自由であり続けようとする限り、国家自らがその重荷を背負わなければならない［強調は引用者］。『永遠平和のために』が提起している将来の国家間関係は、以下のことに尽きる。すなわち、国家間にいかなる同盟関係あるいは国際的組織体がありうるにしろ、その同盟なり国際的組織体なりは、平和の保全を中心とするものではなく、その国際的組織体を後ろ楯にしたり武力の脅威を背景としたりしない「法の支配」のもとでの自立した諸国家の永続的存立を、各国が自由意志に基づいて認めるものでなければならない。かつてルソーは、国家の自由を尊重する彼の思想的立場とはどうしても両立しない国家間関係の解決策を追い求めた結果、出口なしの状態に陥ったのだった。これに対してカントの場合は、国家の主権と自立を尊重する立場を論理的に追い求めていく限り、ほかの解決策、しかも、あくまでも国家の自由を基礎にすえ、そのことによってのみ得られる国家間の平和を実現する解決策があるはずだという立場を堅持するのである。

　このことは、『普遍史のための理念』の中にも、『永遠平和のために』に劣らぬ明瞭さで記述されている。『永遠平和のために』に先立つこの論稿でのカントが、サン＝ピエールの構想を空理空論として笑い物にする当時の風潮を遺憾としていた事実がたしかに認められる。「この理念〔「アンフィクチオン同盟」に範を得た国家間同盟だが、これについては後出の訳注参照〕は、どれほど空想的なものにみえようとも、またサン＝ピエール師やルソーの構想と同じように、どれほど一笑に付されようとも（おそらく、彼らの場合には、構想の実現がすぐ間近に迫っているという確信を強く持っていたためだと思われるが）、人間相互の関わりの中から必然的にもたらされる人類の窮状からの不可避の脱出策なのである。したがって、いまや国家は、かつて未開状態にあった人間が嫌々ながらも決断せざるをえなかった状況、つまり、合法的〔国際〕体制下に入ることを条件に個人〔国家〕の粗野な自由を放擲《ほうてき》するという決断とまさに同じ状況を（それが国家にとって、どれほど苦痛をともなうものだろうとも）受け入れざるをえないのである」。しかし同時に、カントは、「ほかの諸国の自由と共存できる」程度に自由が制限された国家を理想的な国家であると定義する。また、「極少の国家を含むすべての国家が自国の安全保障と権利を自国の権力や自国の法規準に求めてはならない。かつての「アンフィクチオン同盟」（*Foedus Amphictyonum*）〔古代ギリシアにいくつか存在した神殿擁護や相互親善を目的とした都市間の隣保同盟。相互間の平和維持を目指すも、強国によってギリシア統一計画の手段として利用された〕を拡大化した「諸国民連盟」体制、すなわち、合一した権力と全加盟国の合一した意志に基づく決定を遵守する」体制を、理想的な合法的国際体制であると定義する。この「諸国民連盟」と「合一した権力」については、『普遍史のための理念』において、さらに検討が加えられる。「国家の自由に由来するそれ自体としては健全な各国の抵抗権との均衡を図る」何かが必要である以上、「この均衡状態の背骨となりうる「合一した権力」を持ち込まざるをえない」。ただし、これには「危険がないわけではない。というのは、人間の本来的な活力が眠りこけてしまわないようにする必要があるとともに、諸国家間の平等の原理に基づく均衡が崩れ、その結果としての相互の作用と反作用の中で、国家同士が破壊しあうような事態を防止する手立てが必要になるからである［強調は引用者］」[10]。カントは、サン＝ピエールやルソーを肯定的に捉えようとする一方で、上記の指摘からもわかるように、彼らの平和構想から完全に訣別していくのである。この点については、『永遠平和のために』の中でさらに詳しく検討される。

『永遠平和のために』の第二確定条項は、「市民的自然状態」と「国家間の自然状態」との違いを明確にした後、（既述したところだが）国家間の合一的権威が存在しえない状況においても、なおかつ合一的権威を考え出さなければならないとするならば、「このような「連邦的組織体」は、必然的に「国家間の法」という考え方と関連づけられなければならないというのが理性の命ずるところである」と述べる。カントの意味するところは、国家間の合一的権威の不在が避けられない「諸国民連盟」体制の場合には、既存の「国家間の法」を改善するという形をとらざるをえないということに尽きる。『永遠平和のために』の「附録」の中で、カントは、「第二確定条項」に敷衍して、完全な自立を保持し続ける独立国家相互間の「法の支配」の基本的要件を明示するために、「連邦的組織体」とか「諸国民連盟」という表現を用いたことを確認している。「「真の」「国家間の法」の成立には、法的適正国家（lawful state）の存在が基本的な前提条件である。なぜならば、法的適正国家の存在しない条件下においては、公法と称すべきものがいっさい存在しえないからである。……上述したように、戦争の廃絶を唯一の目的とした諸国家間の連邦的国家とは、参加諸国の自由を取り込んだ上で、それを政治的必要性と融合させた法的適正国家だけである。したがって、道徳と政治の調和的和解は、ただ一連邦的同盟関係においてのみ可能となるのである。……

ったく同一のものだった。すなわち、国家間の公法が不在の状況においては、法的に適正な国際秩序はありえない。しかし同時に、国家間の公法の実現をいかに図るかは、国際的政治システムが不在の状況のもとでは、容易に解答の出せる問題ではなく、そのうえ、通常の意味での政治システムのもとにおいては、国家間の公法が成立する可能性はおよそないというディレンマである。ルソーの場合は、この問題のさらなる追求をこの段階で放棄したのに対して、カントは、国際的政治システム存立の可能性の僅少《きんしょう》さについてルソーと同じ見解を抱いていたにもかかわらず、本来的に「あるべき」国家間の公法の姿を、さらには国際的政治システムの機能を果たしえないとはいえない国家間の公法の姿を、どこまでも描こうとするのである。

この点は、「第二確定条項」の残余の解説部分において、さらに詳しく論じられる。前述したように、カントは「市民的自然状態」と「国家間の自然状態」とを峻別した後、さらに議論を進めて、既存の「国家間の法」と本来あるべき「法の支配」とを峻別する。そのうえで、彼は、本来あるべき「法の支配」があまねく流布したとしても、有効に作用する国際的権威が生み出され、その結果、自己処罰以外の何らかの有効な制裁処置が加えられるような状況を迎えることにはならないとする。「なぜならば、われわれがここで検討しているのは、諸国民がおのおの国家を形成するという前提における諸国民相互間の権利についてだからである」。現行の「国家間の法」のもとにおいては、国家は戦争という手段によってのみ、自国の権利を追い求めることができる。ところが、「理性は……正当性を追求する手段としての戦争を忌避する」。かくして、「国家間の法」はその改変を免《まぬが》れられないのだが、しかし、国家相互間に国家間の盟約が不在の状況のもとでは、「国家間の法」の改変などおぼつかない。したがって、「平和連盟（*foedus pacificum*）［強調は被引用者］とも称すべき特種な盟約［以下、強調は引用者］を成立させなければならない。この盟約は、すべての戦争を永久に廃棄することを目指す点において、単に一つの戦争の終結を目的とする［現実世界における］平和条約（*pactum pacis*）とは異なるのだが、他方において、国家のさらなる権力の獲得を志向するのではなく、自国の存立の自由および自国と盟約関係にある諸国の存立の自由を維持し、保証することに限定されるものでもある。しかし同時に「この盟約下においても」これらの国家は、(「自然状態」における人間のように）法や法の強制に従うとは限らない」。カントはこの点をさらに敷衍して、つぎのように述べる。「現段階において、人間に内在する法網忌避的、好戦的性向――不幸にして、われわれは、この性向が突然噴出する危険に絶えずさらされているのだが――をよく阻止しうるのは、この種の連盟だけなのである」[12]。

以上のようなカントの主張を客観的に判断する限り、「国家間における永遠平和のための予備条項」は、将来あるべき「国家間の法」、したがって、国家間の諸問題に対するカントの解決策の内容を具体的に提示したものであって、しばしば考えられているように、平和樹立の実際的な作業が開始される前段階においてなされるべき予備的前提条件を列挙したものでは決してないとみなすべきであろう。これらの条項が「予備的」とされている理由は、ひとえにこの論稿『永遠平和のために』が予備条項、確定条項、追加［秘密］条項をともなった「条約」の体裁で組み立てられているからであって、それ以外に理由はない。この結論のさらなる補強材料が必要だと感じる向きには、つぎの点を指摘しておきたい。六項目にわたる「予備条項」がすべての国家に受け入れられると仮定すると、そこに平和が樹立されるだろうことは疑問の余地がない。カントがこのことに気づいていなかったとはとても考えられないだけでなく、われわれとしてもこの点を見過ごすわけにはいかない。カント自ら、すでに検討してきたところだが、「確定条項」の第三条項に描かれる「世界市民法あるいは世界法」という発想によって、「予備条項」の具体的内容を補強しているのである。第三確定条項の解説の最後に、カントは「世界市民法［世界法］の理念は、法に関する空想的表象様式あるいは誇張した表象様式ではなく、この法を人類にとっての公法、すなわち、国内法と国際法双方の不文法典とするためには、不可欠な理念なのである」と述べる[13]。

国家間の「法の支配」を表わす言葉として、カントが「連邦的組織体」や「諸国民連盟」という用語を使用していることが、国家間問題に対するカント的解決の解釈に関して、多くのカント研究者を混乱に陥れている。彼らは、カントが実際に考えていた以上のことを思い描いているのである。つまり彼らは、カントが「連邦的組織体」ないしは「諸国民連盟」を政治的観点からとらえていたとみるのである。こうした錯誤を回避しようとする一部の研究者は、その回避努力にもかかわらず、完成された国家間の法制度というカント的解決へと至るプロセスに関して、カントの主張する道筋を読み違えている。国家というレベルにおいては、国家の構成員としての個人は、政治システムの中で倫理的に行動することが可能である。ところが、国家間においては、政治システムは望ましいものでも達成可能なものでもない。それにもかかわらず、国家間の平和が期待されざるをえない。ここまでは、彼らのカント理解に誤りがあるわけではないのだが、ここから先で彼らはつまずく。すなわち、カントの論理に矛盾があるとか、あるいは各国が善き市民的体制を達成し終わるまでは「法の支配」が君臨することはないという、いかにも説得力を欠く言葉をもてあそぶことによって、カントは辛うじて論理の矛盾を回避していると彼らはとらえるのである。[14] このような彼らの理解は、カントのいわんとすることを見誤る結果を招いている。カントは、国家間に存在するディレンマの解決策として「法の支配」を置くことで満足しているのだが、それは、この問題をほかの手段で解決することはできないと考えていたからである。つまり、国家間問題の解決には「法の支配」的解決以外に道はないと彼が確信していたからなのである。

『永遠平和のために』そのものが、いわばこの第二の混乱を招く原因となっているといえよう。三項目にわたる確定条項の一つ――第一確定条項――には、「各国家における市民的体制は共和的であるべきである」と述べられているのであるが、「共和的」(republican)とはカントにとって、今日のわれわれにとっての「立憲的」(constitutional)という意味合いである。ルソーがそうだったように、彼は支配の形態と統治の形態を明確に分けて考えていた。共和的体制とはつぎの三つの原則、すなわち、「第一に、社会の成員たる人間としての自由の原則、第二に、社会の成員すべての臣民としての単一の立法への従属の原則、第三に、社会の成員すべての国家市民としての平等の原則に基づく体制である。この体制こそが根源的契約の理念から生じ、そのうえにすべての正当な立法の基礎が置かれなければならない体制なのである〔強調は引用者〕」。「共和主義は、（専制主義とは異なり）執行権（統治権）を立法権から分離する国家原理であり」、「共和的統治方式は代表制においてのみ可能となる」。この共和的体制に達することは、君主制の方が貴族制の場合より容易だが、しかし民衆制においては暴力革命による以外には不可能である。君主制も貴族制も民衆制も、いずれも支配の形態に応じた国家体制だが、民衆制に基づく支配形態は必然的に専制主義的国家体制を招来させる。「なぜならば、民衆制のもとでは、全員が一人の人間に関して決議できる、また場合によっては賛同しない一人の人間の意向に反して決議できるような執行権が付与されるからである。しかし、このことは一般意志そのものに対する自己矛盾を意味するだけではなく、一般意志に内包される自由に対する矛盾をも意味する」(15)。

永遠平和の「第一確定条項」としてこうした条件を挙げるだけで満足しないカントが、永遠平和の現実的可能性を『永遠平和のために』の中で初めて問題として取り上げる箇所がここなのである。彼はつぎのように問題を提起する。共和的体制が唯一の正当な立法的体制だとするならば、「そこで問題となるのは、この体制が永遠平和へと導くことのできる唯一の体制でもあるのかどうかということである」。この問題提起に対して、彼は、「共和的体制は望ましい成果、つまり永遠平和への展望を切り開く体制である。その理由は以下の点にある。果たして戦争をすべきかどうかを決定するために、国家市民の賛同が求められる場合、彼らは自分たちの身の上に降りかかる戦争にともなうあらゆる災禍を引き受ける決意をしなければならないから、こうした割に合わない博打（つまり戦争）を始めることに対して、彼らがきわめて慎重にならざるをえなくなるのは至極当然である。……これに反して、臣民が国家市民の資格を持たないような、したがって共和的でないような体制のもとでは、戦争はまったくためらいを必要としない世間事であり……戦争を一種の遊戯でもあるかのように、取るに足りない理由から開始する……」と答える(16)。

この説明の不充分さ、説得力のなさを看過するわけにはいかない。なぜならば、民衆制のもとでは多数者が専制的である場合、その専制にともなうおよそあらゆる災厄を甘んじて受けるのも多数者だという弁法を立てて、共和的体制と民衆的統治形態の間に豁然《かつぜん》とした違いを見出してきたその力を、カント自らが打ち壊しているのに等しいからである。それだけではなく、この議論にはさらに重大な欠陥がある。共和制国家の行動はつねに法的に正しいはずだという前提に立つことによって、一方で、戦争は君主の気晴らしだというルソー的言辞を繰り返しつつ、他方では、かつて「不条理な夢想」だとしてルソーに永遠平和を捨てさせる結果を招いた（ルソーは、強固な国家間機構は現実的でも望ましいものでも本来ないが、そうした機構が不在の状況下においては、善良な国家間においてさえ紛争や戦争から逃れられないと結論づけた）ルソーのディレンマに直面することなく、うまくすり抜けている印象を与えるからである。カントのいわんとすることがこれだけのことであるならば、国家間問題の本質に関する説得力のある議論展開にもかかわらず、その解決策に関してカントは何ら貢献するところがないと結論づけざるをえない。

しかし、すでに指摘したところだが、カントは、この国家間関係に固有のディレンマを本論稿の後半部で触れることを忘れていない。「諸国民連盟という消極的代替物が世界政府とも称すべき積極的理念にとって代わるべきこと」を強く主張するカントは、その際——彼の国家観からいっても、また「現段階において、人間に内在する法網忌避的、好戦的性向をよく阻止しうるのは、この種の連盟だけなのである」という点からいっても——、この諸国民連盟は、個別国家がおのおの自由意志に基づいて「法の支配」を受容するその範囲に限定されるべきだとする。しかし同時に、カントはこの種の国家間連盟が「不幸にして、われわれは、この性向が突然噴出する危険に絶えずさらされている」とも指摘する。さらにいうならば、カントの国家間関係への真の貢献は、ルソーのこの点での貢献が終わりを告げるこの段階から始まるのである。永遠平和達成への道筋を示すカントの分析は、「第一確定条項」ではなく、「永遠平和の保証について」と題された「第一補説」で行われる。ここでは、共和的国家体制が国際平和の必要条件とされてはいるが、国際平和を保証するもの、あるいはその充分条件とされているわけではない。

「第一補説」の主眼点はつぎのところにある。国家間機構の樹立によって個別独立国家の行動を抑制することは不可能だと結論づけ、その結果、国家間関係の解決への希望を捨て去ったルソーに対して、カントの場合は、永遠平和の実現可能性、さらには永遠平和の必要条件である各国における立憲制的統治の実現可能性を、個別独立国家の行動抑制は不可能だというまさにその事実から導き出すのである。ルソーの希望喪失に永遠平和の実現可能性を代置させるカントの真意は、かつてルソーが彼なりの歴史認識を持ちながらも最後まで固執した従前からの機械的・機構的平和構想に代わって、漸進性を有する歴史的プロセスを前面に打ち出すことにある。それと同時に、カントの確信は、彼の分析手続きもそうなのだが、ルソー以前の平和構想者を駆り立たせたものとは性質を異にしていた。政治における道徳的側面の重要性を重視するルソー的倫理観を共有するカントは、それを共有するからこそ、まさにルソー的敗北主義の克服の際にみせたのと同じように、たとえばホッブスやスピノザといった思想家たちが陥った宿命論を見事に克服できたのである。さらに、彼自身の歴史認識に加えて、政治における非理性的要素に着目したルソーへの共感もあって、カントはウィリアム・ペンやサン＝ピエールらが示した深みのない人間への過信を避けえた。事実、彼の永遠平和に対する考え方は、彼自身の歴史観、政治における道徳的要素、人間が人間である限り逃れられない非理性的側面、これら三要素を新たにしかも強力に束ね合わせた政治哲学から生み出されている。

カントの哲学は、彼の国家間関係に関する見方を理解するうえで枢要な点に限ってみてみるならば、歴史における機械的プロセスと目的論的プロセスを峻別する。諸現象の創造主である「自然」（*natura daedala rerum*）は、まぎれもなく機械的なシステムであり、その流れを理解するためには、［人間の側で］ある意図、あるいはある目的を設定する必要がある。この目的自体は歴史過程から求められるものでも、集積した経験則データから求められるものでも、自然そのものから求められるものでもなく、人間に内在する理性と道徳性から求められるものである。しかも、この二つのプロセス、すなわち、かたや「自然」という機械的プロセス、かたや好むと好まざるとにかかわらず、人間に正しきものを追い求めるよう指示する道徳的義務という領域に属するプロセスの関係は、相互排他的関係ではなく、本来的に合一すべき関係なのである。人間の側の目的は、それ自身の機械的設計図を持つ「自然」から自動的に演繹できるのではなく、「自然」の設計図が、人間の営為である歴史への働きかけを通じて、その目的に働きかけることができるに過ぎない。他方、「自然」の人間的目的への働きかけは、人間が歴史過程の中で、その目的のための指針として理性を誠心誠意用いるところにあるのではない。それは、「自然」の機械的プロセスによって誘発される道徳的［目的論的］定言命令への対抗力が、生来理性的ではない人間をして理性を使わしめることにあるのである。

一方での「自然」の設計と他方での人間の道徳的義務という定言命令の合一化は、両者の対立的拮抗関係から生み出されるものであり、したがって、歴史を一つの合目的に向かっての継続的な進歩ととらえる斬新な単線的歴史認識のエッセンスである。カントは『普遍史のための理念』の中で、この点を詳述してつぎのように議論を展開する(17)。人間は単に本能に従って行動するのではなく、また他方、合意に基づく自覚的な計画に従って理性的な世界市民として行動するのでもない。かくして、人間の歴史の中の何らかの計画性なり合目的性を見出すのが、一見して不可能に思えるに違いない。しかし、人間の自由意志に基づくものであり、明らかに規則に支配されているものではない婚姻やそれにともなう出産が不変の自然法則に従って生じているのと同様に、「個々の主体にとっては複雑で不規則で偶発的であるようにみえるものも、実は全人類的な視野に立つと、人間の根源的資質の緩慢ではあるが着実な、しかも継続的な進歩を示すものであると理解できる」。それは「自然の意図」に沿ったものであって、「人間がそのことを自覚しているかいないかは大した問題ではなく」、結果として、「自然の意図の促進に従事している」のである。さらにいうならば、かつて惑星の偏心性軌道が一定の法則下にあることをだれ一人予想もしなかった方法で発見したケプラー（Johannes Kepler, 1571-1630）や、このケプラーの法則を自然界における万有引力の法則から説明したニュートン（Issac Newton, 1642-1727）がいたのと同じように、われわれはいつの日にか、表層的には「無分別な人間的事象の行列と映る現象界を、根源的なところで支配する自然の法則、自然の意図を見出すことになろう」。

カントの主張によると、人間は逃れることのできない一定の原理に委ねられている存在である。「自然界のあらゆる被造物の自然資質は、すべて完全な形でしかも自然の意図に沿った形で解きほどかれるべく定められている」。「（地上における唯一の理性的な被造物としての）人間においては、理性の使用を目的とする自然資質があますところなく開花しうるのは、人類という「類」においてであって、人間一人ひとりの個体においてではない」。理性というものは、本能的に開花されるのではない。理性がある段階からつぎの段階へと漸進的に進歩するためには、試みること、経験すること、情報を得ることが必要とされる。人間の寿命をきわめて短く設定した「自然」は、「人類を自然の意図に完全に合致する発展段階へと導くためには……人類をしてその子孫を果てしなく生み続けさせることを必要とする」。さらにそこから、人間に理性と理性に基づく意志の自由を与えたのが「自然」なのであるから、「人間があくまでも自らの力によって……つまり本能から解き放たれた自分自身の理性によって、自己の動物的存在としての機械的態様を乗り越えるべくあらゆる点で進化するよう意図したのも自然である」。成し遂げたことに対して「誇りを持てるのは人間だけ」なのだが、それも「自然」の計画の一部なのである。こうした前提に立たなければ、利用価値のない身体器官、目的を見失った法規、法の欠如した自然など自己撞着的概念に行き着かざるをえない。仮にそうなれば、人間以外のあらゆる現象の配置において合目的的に働きかけている「自然」が、「こと人間に関してだけは、子供っぽい悪戯をしている嫌疑をかけざるをえない」、つまり、個別的にはあたかも意図があるかのように感じさせるが、全体的には何ら意図を有するものではないと考えざるをえないのである。

理性が本能的に開花されるものではないとしたら、「自然」は自らを駆って人間と対峙し、「自然」が人間に付与した理性を人間が開花せざるをえない状況——理性をその可能性の限りにおいて開花させつつ、そこから果実を生み出させるという状況、ただし、理性自体はこのプロセスを意識下に置いているのではないが——を現出させていると考えることができる。この目的のために「自然」が用いる手段は、「社会における人間的資質の敵対関係」であり、「社会の合法則的秩序の原因」となるこの敵対関係は、ひるがえって、非社会的社交性（asocial sociability）［あるいは反社会的（unsocial）社交性］、すなわち、一方での人間に固有の「社会の中に入っていこうとする性癖」、他方での「この社会の分断化を招きかねない恒常的な相互反発を内包する性癖」に基づくものである。国家は、人間の好ましからざる諸特性、たとえば、功名心、支配欲、所有欲などの産物である。しかし同時に、人間のすぐれた能力が開化されうるのも国家においてなのである。国家は、不断に人間の好ましからざる諸特性の脅威にさらされている。しかし同時に、「自然」に対するこの不断の脅威こそが、人間のすぐれた特性のさらなる研鑽と理性のさらなる研摩のための手段として、人間を国家の保全と発展へと駆り立てているものなのである。「われわれは、仲違い、嫉妬心と競争心で満たされた虚栄心、飽くことのない所有欲や支配欲を、自然がわれわれに与えてくれたことに感謝しなければならない。これらのものがなければ、人類が具有するすぐれた資質は、すべて永久に開花されずにまどろんだ状態のままであろう。人間は調和を欲するが、自然は人類にとって何が善なのかをもっとよく知っている。……自然は不和を欲しているのである。人間はのんきに楽しく暮らしたがるが、自然が人間に求めているのは」、「自然」が人間に課した最大の任務を自らの手で達成するために、「怠惰な寡欲の状態から脱出し、仕事と労苦に身を投ずることなのである」。

このプロセスは、国家の発展におけるのと同様、国家間関係においても通底するプロセスである。国家間の相互関係においても、個別社会内における人間相互の関係と同じように、「自然は再度、この世の被造物の非調和性を、この場合には人間よりもはるかに大きな社会や国家が持つ非調和性を、彼らの避けることのできない敵対関係の中に平和と安全保障の条件を探し出す手段として用いる」。「戦争も、戦争に向けての過度のしかも果てしない軍備も、平和状態にあっても感じざるをえない国家相互の欠乏感や疑心暗鬼も、すべて自然の使嗾《しそう》に基づく試みなのであり……幾度にもわたる国土の荒廃や国家の転覆を経て、さらには国力をことごとく費消させた後に、自然はこれほど多くの悲惨な経験をしなくても理性が人間に告げること、すなわち、人間をして野蛮人の無法状態から抜け出し、諸国民連盟結成への道を模索するよう仕向けるのである」。「すべての戦争は、国家間の新たな関係を実現し、古い国家群の解体によって新たな国家群を形成しようとする試みである。ただし、この試みは人間が意図したのではなく、自然が意図したのではあるが。しかし、この新たな国家群も相互の関係において自らを維持できなくなると、革命の波を甘受せざるをえない。そして最終的には、市民的体制にほぼ匹敵する状態が、国内的には可能な限り最良の市民的体制を整えることによって、また対外的には共通の取り極めや立法を制定することによって、自己維持されうる自動機械のように現れ出てくる」。これこそが「公的な安全保障に裏打ちされた世界市民的政治状態」であり、あるべき「諸国家の結合」なのである。

「自然」がこうした手段を用いて人間に達成させようとする最終目的は、どこまでも公正な市民社会を建設することであり、また人間の自然資質が完全な形で開花されうるのは、この公正な市民社会以外にはない。公正な市民社会をいま一度定義するならば、「個人の自由が最大限保証され、その結果として構成員相互間の敵対関係が存在する」社会でありながら、他方で「ほかの社会との共存を可能にするために、その自由を制限しようと固く決意するとともに、それを実行に移す」社会だといえよう。実際に則して言うならば、「完全なる市民的体制の創設は、国家間の合法的な対外関係に依存するのであって、これなしにはとても実現など及びもつかない」。国家間における行動の自由が野放し状態である限り、一方で個別国家内部に合法的な市民的体制をつくりあげ、他方で国家の自由を制限することにはおよそ何らの意味もなく、またそうする気持ちにもならないだろう。「人類の歴史は、全体としては……国家内部において市民的体制を完全に実現し、さらにこの目的のために対外的にも完全な体制を実現しようとする自然の隠された計画の遂行だとみなすことができる」。

カントは、『普遍史のための理念』の中で、この点に関する多少の論理的矛盾を内包する後年の著作『永遠平和のために』の主張をそれに先立って明らかにしている。その際、彼はこのことを、国家間問題の解決を完全なる市民的体制の前提条件とみなすことを通じて、言い換えるならば、第一に、完全なる市民的体制を「人類の発展における道半ばの目標」であり、「国家がその持てる国力すべてを破壊的で何も生み出さない無意味な計画に費消しようとし、国民の緩慢ではあっても着実な精神形成への努力を阻害する結果をもたらす限り」、その目標すら達成できないと主張することを通じて、さらに第二には、「人類が国家間関係の混沌とした状態からもがき苦しみながらも抜け出す条件が整うまでは」、その目標達成の可能性がどこまでも閉じられていると論じることを通じて明らかにする。彼にとって、国家の国内的発展は国際平和の保証となるものではなく、せいぜい国際平和の条件の一つ、あるいはおそらくは国際平和によって生じる結果の一つに過ぎないのである。『普遍史のための理念』の中心的テーマは、国家間関係に関する限り、平和が仮にも確立されるべきだとするならば、その平和は諸国家間の権力をめぐる争奪状況を「自然」が恣意的に利用する結果として到来するというところにある。つまり、国家間の途切れることのない権力闘争、より正確に言うならば、永遠の権力闘争を経過した後に初めて認識されうる諸国家における共通の必要性と共通の利害の産物が平和なのである。

　上記の点は、『永遠平和のために』の中心的テーマでもある。ここには、歴史過程に関するカントの考え方が幾度となく提示されているのだが、彼の歴史過程論は、彼の国家観を直接的に反映したものであると同時に、彼の歴史認識を直接的に反映したものでもある。『永遠平和のために』の「第一補説」にはつぎのようにある。「永遠平和を保証するのは、偉大な芸術家である自然（*natura daedala rerum*）以外の何物でもない。自然の機械的な流れからは、人間の不調和を通じて、人間の意志に反してもなお、調和そのものを生み出させようとする合目的性が輝き出ている。……［自然の］深い知恵は人類のより高い目的を指し示すとともに……進化のプロセスをあらかじめ定めている。われわれはこの摂理を、自然の芸達者振りの中に認識するのでも、芸達者振りから演繹するのでもない。そうではなくて、われわれは自然の摂理というものの可能性を概念的に理解するために……摂理という概念を付け加えて考えることができるだけであり、またそうしなければならないのである［強調は引用者］」(18)。

「永遠平和の保証がどのような働きをするのかをより明確に跡づけてみる前に、自然がつくりあげた状況と……平和の保証を結局のところ必然的にしている状況を調べておく必要がある。なぜならば、このことがあって初めて、自然がこの保証をいかに行うかが理解できるからである」。この状況とは、人間の非調和性そのものであり、とくに異なる地域や国家への人類の離合集散性である。「自然は人間が地球上のいたるところでも生活できるように配慮したが、それと同時に、人間がその傾向性に反してもなお、地球上のいたるところで生活すべきことを専横的に望んだのである［強調は引用者］」。

「人間自身の理性が人間に義務として課す目的に関して、自然は何をなすのだろうか。……言い換えるならば、人間が自由の法則に従ってなすべきだが実際にはなそうとしない事柄を、この自由を傷つけることなく……自然の強制によって人間が確実になすようにするということを、自然はどのように保証するのだろうか」。その答えは、自然が非調和性と離合集散性を人間に与えたことであり、その目的はそれらの危険を克服するために、人間をして彼らが生来持ちあわせているすぐれた資質を用いるよう駆り立てることにある。このプロセスについては、「国法［憲法］、国際法、世界市民法［世界法］という三つの公法の相互関係」を検証することによって明らかになる。

三種類の公法のうち最初に国法を取り上げるカントは、つぎのように説明する。たとえ人民内部での抗争が国家形成へと連動しないとしても、国外で起きている戦争の結果として、その人民が国家を形成せざるをえない場合がある。さらに重要なことは、利己的な傾向性のある人間には、人間の権利に完全に適合している唯一の体制である共和的体制に基づく国家を樹立する能力がないというよくある主張にもかかわらず、ある国民の利己的な傾向性をほかの国民の利己的な傾向性と対峙させることによって、つまり、利己的な傾向性という共通項を相互に対抗させることによって、自然は人間を共和的体制に入らざるをえなくするのである。「尊敬に値するとはいえ、実際には無力な理性に基づく人間の普遍的意志に対して、自然が救いの手を差し伸べるのである」。「かくして人間は、たとえ道徳的にすぐれた人間ではなくても、よい市民であるべく強制されている。……なぜならば、人類の道徳上の完全性が求められているのではなく、単純に自然のメカニズムの問題なのであって……自然はある人民の内部に不和に基づく衝突を引き起こさせることによって、衝突しあう当事者が相互に強制法としての国法のもとに入らざるをえない状況をつくりだし、その結果、国法がその効力を充分に発揮する平和状態を招来させるからである」。「このように、［国法に基づく］国家の樹立というのは、悪魔的な国民にとってすら、彼らに悟性がある限り、可能なのである」。

カントはついで、「現存する諸国家は、組織体としては不完全ではあるが、こうしたプロセスを現実に経験している」と述べ、この状況を明示的に描くために、彼は国法分野から国際法分野へと議論を進める。「これら諸国家は対外的行動の点で、法の理念が命ずる段階に相当近づいているのだが、（人間の道徳性からすぐれた市民的体制が期待されるのではなく、むしろすぐれた市民的体制があって初めて国民の道徳的発展が期待されるのと同じように）その理由が国民の内面的な道徳性に基因するものでないことは自明である。これらの国家が明らかにしているのは、国家の利己的な傾向性が対外的関係においても相互対立的に作用することはいうまでもなく、その利己的な傾向性をも内包する自然のメカニズムを、理性が手段として利用するということである。自然のメカニズムを通して、法の原則が活動する余地が開かれるとともに、そのことによって、国家が可能な限り国内的平和と対外的平和を確実なものにするという、理性本来の目的が実現される可能性が出てくる」。カントはこの点を強調して、「第二確定条項」の中でつぎのように述べる。「国家間の関係においても人間の邪悪な本性が立ち現れる現実を前にして、むしろ驚くべきことは、法という言葉が戦争の政治学において完全には排除されていないことである。……すべての国家が法という概念に対して示す（少なくとも言葉の上であっても）敬意は、人間の中にはより大きな道徳的資質があり、（いまのところ眠りこけているにしても）やがては人間の邪悪な要素に打ち克てることを証明しているように思われる……［強調は引用者］」[19]。

しかし「自然」が、個々の人間の利己的な傾向性とともに国家の利己的な傾向性を、法の下の平和という同一の目的を達成するために利用するとしても、国家間の関係においては、国内的な発展の成果が共和的体制であるのとは異なり、諸国家の合体・融合が求められているのではない。「国家間の法の理念は、相互に独立して隣り合う多数の国家の分立を前提としている。このような状態は、それ自体戦争状態にあることを意味するのだが……それにもかかわらず、理性という観点からみる限り、諸国家が単一の国家に完全に溶融してしまうよりも好ましいのである。なぜならば、既存の法は統治範囲が拡大するにつれてその効力を失い、その結果としての魂をなくした専制政治が、人間の善的なものを根絶やしにしたうえで、最終的には無政府状態に陥るのがおちだからである」。国家間関係における「自然」の目的は、むしろ個別国家の存立を保持し、個別国家相互間の対立と抗争を利用することにある。「できうるならば全世界を支配することによって、恒久的な平和状態に至ろうとするのがすべての国家の望むところである。しかし、自然が命じているのはそれとは異なる。自然は諸民族の混合を防ぎ、諸民族を分離させておくために、二つの手段、すなわち異なる言語と異なる宗教という手段を用いるのである。言語と宗教の相違は、相互憎悪の性癖と戦争への口実を必然的にともなうものだが、にもかかわらず、文化が向上し、人間が共存する方向へと徐々に進むにつれて、平和と相互理解の諸原則に関する合意へと導くものでもある。この平和と相互理解は、（前述の専制政治下でのように、言い換えるならば、自由の墓場の上でのように）あらゆる力の弱体化によってもたらされるのではなく……あらゆる力の躍動的な競争の中での均衡状態によってもたらされるのである〔強調は引用者〕」。

こうした諸原則に関する合意、さらには競争を通じての均衡状態の最終的表現が世界市民法〔世界法〕に見出される。「策略を弄するにしろ力ずくにしろ、国家間の法との整合性を根拠づけにしてまでも、自己の支配のもとで他民族を統一したいという意志を有する諸国民を、自然が個別の実在として分離させているのと同じように、国民相互間の自己利益を通じて〔諸国民を〕結合させているのも自然なのである。……その表れが商業精神であって、この商業精神は戦争と両立しえないばかりか、遅かれ早かれすべての国民をとらえて放さなくなるだろう。それゆえ、諸国家は自ら進んで（道徳的動機に基づくものでないことは確かだが）高貴なる平和を追い求めようとする自己の姿を見出すだろう。……その光景は、あたかも諸国家が高貴なる平和という目的達成のために、恒常的な同盟関係を結んででもいるかのように映るはずである」。カントは「第三確定条項」の結びの節で、「地球上のすべての民族からなる共同体は、地球上のある場所で生じた法と権利の侵害が、あらゆる場所での法と権利の侵害のように感じられる段階にまですでに進歩している。したがって、世界市民法［世界法］の理念は、法的観点に立つ限り、現実から遊離した夢想的な考え方なのではなく、国法と国際法にいまだ記されていない規則を人類にとっての公法とするための仕上げとして必要なのである」(20)。こうしたプロセスを連続的に経過することによって、世界市民法［世界法］の理念が、「それ自体としては諸民族を暴力と戦争から守ってくれるものではありえないが」、民族間の飽くことのない権力争奪に対する矯正剤として、浸透していくことは間違いない。「かくして自然は、人間の傾向性のメカニズムを通して、永遠平和を保証するのである」。

カントが平和というときには、文字通り平和を意味しているのであって、それ以外の意味はない。国家間における「法の支配」の進展が、最終的には国際的な平和へとつながるという彼の確信は、「法の支配」の進展が国際的な平和を生み出す唯一の手段であり、そのためには長い時間的経過が必要だという確信に劣らず強固な確信だった。しかし、カントにとって永遠の平和とは、ルソーの場合と同じように、手の届かない天上にしか築き上げられない理想郷に過ぎず、人間が追い求めるべき対象ではあっても、決して達成できない対象であるという主張が一般的だった(21)。他方、カントの平和論に関して、「抽象的思弁によってわかりづらくなってはいるが、その本質的な意味は、国家による国家に対する戦争が際限なく続けられることによってのみ、平和が維持されるという考え方である」と主張する者もいる(22)。いずれの主張も、カントの理論を正しく理解しているとはいえない。

前者の主張は、カントが政治的連邦制度を非現実的であり、望ましいものでもなく、さらには国家間の平和という問題にとって的はずれでもあるとして、排除したことに引きずられた主張である。この立場は、政治的連邦制度が国際的な平和への唯一の道だと自ら信じ、なおかつカントも実はそのように考えていたという前提に立っているのだが、それにしても永遠平和の理想についてカントが投げかけた数多くの疑念を完全には無視できないために出てきた立場である。後者の立場は、カントが国家の自立性を強調したことを重視する立場であり、カントにとって連邦制度は「カント的定式の中で暗示的に対象とされているに過ぎない」(23)という立場である。この立場をとる者は、カントの連邦制度否定には全面的な賛意を表しつつも、カントの原典を解釈するに際して、その意味するところを曲解している。彼らの場合には、平和を確立するには長い時間的経過が必要になるというカントの確信についてはともかく、最終的な平和の実現に関して、カントがそれに劣らぬ確信をもって縷々《るる》語ることについてはいっさい顧慮しようとしないのである。

われわれの当面の関心事は、カントが何をいったかであって、彼の主張が正しいかどうかではない。したがって、最後に彼の論述の一部を取り上げ、この言葉自体に語らせることでこの章を終わりにしたい。『普遍史のための理念』の中で、彼は市民的体制の樹立と「法にかなった対外関係」の確立こそが、「最も困難な問題であると同時に、人類が最後に解決すべき問題である」と主張するとともに、「完全な解決は不可能だろう。なぜならば、人間というねじ曲がった樹木がまっすぐに伸びていくことを、誰も期待しえないからである」と述べる。彼の真意は、「そうした理念への接近が、自然によってわれわれに課せられている課題」だということである。しかし同時に、どれほど大きな問題であろうとも、またどれほどどきを必要としようとも、解決に向けての歩みが――その歩みが「緩慢でよたよたした数歩に過ぎないとしても」――すでに始まっている兆しを否定できないと彼は主張する。古代ギリシア以降の歴史を概観してみると、そこにわれわれは「世界のこの地域［ヨーロッパ］における立憲的統治機構の一連の規則正しい進歩の流れ」をみないわけにはいかない。また、「この進歩の流れは、必ずやその他の地域の諸国にもあまねく法を与えることになろう」。国家間関係を律する法にかなったシステムに向けての進歩は、「現状では大まかな輪郭がかすかにうかがえる程度に過ぎないが、それに向けて前進しようとする気持ちが［ヨーロッパの」すべての国家で高まりつつある」。こうしたことがカントをして、つぎのような確信を抱かせる根拠となっているのである。すなわち、「世界が一つのシステムとして成立しているという前提条件を肝に銘じ、そのうえでわれわれが［自然の摂理について］いかにわずかしか理解していないかに思いをいたすと、われわれ人間の進歩への気概には、［社会の］革命的転換を可能にするだけの信頼性が充分に備わっているといっても過言ではない」[24]。

この立論は、『永遠平和のために』でも繰り返されるカントの立論である。ここでのカントは、「自然が永遠平和を保証する」と主張した直後に、「この保証が永遠平和の将来の（理論的な）予言に充分でないことは明らかだが、しかしながら実践的な見地からは充分であり、この単に夢想的（chimerical）ではない目的に向かって努力することを、人間の義務として課している［強調は引用者］」と述べる[25]。そして、つぎの言葉をもって『永遠平和のために』を閉じるのである。「公法の実現が人間の義務であると仮定すると同時に、たとえそれが未来永劫にわたって漸進的に近づいていくことによってしか可能でないとしても、公法実現への希望が充分に根拠のあるものだと仮定すると、単に休戦状態を示すに過ぎないにもかかわらず、平和条約と誤って名づけられてきた平和状態にとって代わる真の永遠平和は、決して空理空論なのではない。それは、徐々に解決されるべくわれわれに課せられた課題であり、最終的な目標に向けてわれわれが一歩一歩着実に近づいていくべき課題である。それが可能だといえるのは、その過程において、同等の進歩の達成に要する時間的間隔がますます短縮されていくと期待できるからである［強調は引用者］」[26]。

注

（1）C. J. Friedrich, *Inevitable Peace* (1948), appendix, 246, 249–50.

（2）スピノザの考え方に関しては、Friedrich, *op. cit.* 144–49; K. N. Waltz, *Man, The State and War,* 162を参照。ここでスピノザについて詳しく論じていないのは、彼の見解がそれほどのものではないというのではなく、彼が国家間の問題の分析に終始し、問題解決のための提案をいっさいしていないからである。

（3） *Perpetual Peace*, 254–57.
（4） *Ibid.* 257.
（5） *Ibid.* 245–49.
（6） *Ibid.* 245–49.
（7） *Ibid.* 249.
（8） *Ibid.* 257–59.
（9） たとえば、「カントは、世界的統治機構の擁護者ではなかったにしても、国際的フェデレーションの擁護者ではあった」（Introduction to *Perpetual Peace*, ed. Jessie Buckland, Grotius Society Texts, 1927, 15）。あるいは、「このように、カントは、自立した国家間における永遠平和達成の試みがすべて希望の持てないことを示している。唯一残された道は、国家がその自立性を放棄することである」（M. Campbell, *Kant's Perpetual Peace*, 1903, Preface by R. Latta, vi–viii）を参照。世界連邦共和国による普遍的平和達成へのカントの訴えについては、Friedrich, *op. cit. passim*, and E. J. Hobsbawm. *The Age of Revolution*（1962）, 250–52を参照。
（10） *The Idea for a Universal History*, reprinted in C. J. Friedrich（ed.）*The Philosophy of Kant: Kant's Moral and Political Writings*（1949）, ü 121–22, 124, 126.
（11） *Perpetual Peace*, 280.
（12） *Ibid.* 256–57.
（13） *Ibid.* 259.
（14） E. g. K. N. Waltz, *Man, the State and War*（1959）, 162–65, 182–83; F. L. Schuman, *The Commonwealth of Man*（1954）, 349.
（15） *Perpetual Peace*, 250, 252–54.
（16） *Ibid.* 251–52.
（17） *Idea for a Universal History*, 116–31.
（18） *Perpetual Peace*（'The First Addition'）, 259–65.
（19） *Ibid.* 255.
（20） *Ibid.* 259.
（21） M. Campbell Smithが*introduction to Perpetual Peace*で述べていることが、この種の見解の代表例である。とくに、四四頁を参照。
（22） F. L. Schuman, *op. cit.* 350.

(23) *Ibid.* 350.
(24) *Idea for a Universal History,* 122–23, 127, 129–30.
(25) *Perpetual Peace,* 265.
(26) *Ibid.* 281.

［訳者注記］　本章後半部分の翻訳につき、一九九九年十二月から順次刊行された岩波書店刊『カント全集』の第一四巻『歴史哲学論集』（二〇〇〇年四月）所収の「永遠平和のために」（遠山義孝訳）と「世界市民的見地による普遍史の理念」（福田喜一郎訳）を適宜参照した。

第5章　ジェレミー・ベンサムとジェイムズ・ミル

ジェレミー・ベンサムは、ルソーやカントと同じように、ペンとサン＝ピエールの所説で頂点に達した伝統的な国際平和理論とは袂を分かつのだが、その分かれ方はルソーやカントの場合よりもはるかに決定的である。ルソーの場合は、十七世紀初頭のシュリの時代以降――さらに平和主義者やキリスト教関係の宗教家を除外するならば、早くも十三世紀末葉のダンテの時代以降――の圧倒的多数の著述家たちと同様、国家間に何らかの政治的統合が実現されない限り、国家は真の国益を追い求めることも、戦争を回避することもできないという前提に立って議論を展開した。彼の悟性に基づく認識はこの前提と矛盾するものだったにもかかわらず、ルソーはその前提を捨て去ろうとはしなかった。そこで彼は、あきらめの境地からつぎのように結論づけたのである。すなわち、唯一の解決策である国家間の政治的同盟にしても、国家間に国益をめぐる争いが存在する限り達成不可能であり、仮に達成できたとしても望ましいものではない。他方、カントはこうした前提に立たず、したがってルソーのように諦観の中に逃げ込むこともなかった。彼の場合には、国際的国家統合という目標が達成不能であり、望ましくもなく、したがって到達すべき目標たりえないとするのだが、しかし同時にその根拠づけには苦心惨憺の体だった。これら二人とは異なり、ベンサムにとって、国際的国家統合は達成不能だとか望ましいものではないという問題以前に、まったく不必要なものであり、不必要な理由を明らかにすることすら問題にならなかったのである。ベンサムが生前、彼自身の手で永遠平和に関する彼の考えを世に問わなかった理由は、おそらくここにあるのではないかと思われる。彼の『普遍的永遠平和構想』（*Plan for an* [sic] *Universal and Perpetual Peace*、以後『平和構想』と略記）は、一七八六年から一七八九年の間に書かれた四篇の未発表論文の一つであり、彼の死後一つにまとめられ、『国際法原理』（*Principles of International Law*）として、しかも『ベンサム選集』の一部として出版されるのだが、それには一八四三年まで待たなければならなかった(1)。

ベンサムがルソーやカントのような見解をとらなかったのは、彼自身が先代の平和構想者ほど戦争の回避に関心を持っていなかったか、あるいは戦争と平和という問題に関する認識が彼らほどなかったかのいずれかに原因があるだろう。実際、彼は一定の条件下においては、いくつかある悪の一つの選択肢として戦争が正当化されうる、とくに侵略に対しては国防上および安全保障上、戦争は必要だと信じていた。「国防は戦争の立派な理由である。この点で、クェーカー教徒の戦争反対論を支持するわけにはいかない。ナポレオン一世の相手がクェーカー的平和愛好国家だけだったとしたら、彼にとってこれほど気楽なことはなかっただろう(2)」。しかし同時に、彼は道徳的見地からはルソー同様、あるいは先代の平和主義者以上に、激しく戦争に反対した。その際、彼は戦争にもその他いっさいのものと同じように、功利主義原理を当てはめる。たとえば、戦争は自由貿易を通じてのみ生み出される経済的繁栄と両立しないとして、戦争の非合理性、またその愚かしさを訴えるのである(3)。国際法という概念をつくりあげたのがベンサムでないことは確かだが、旧来の国家間の法に代わって国際法という用語を定着させた功績は彼のものといってよいだろう(4)。さらに、彼は国際法と市民法の違いが、後者には法を執行する「上位の」権威が存在するのに対して、前者にはその種の権威が存在しないことにあると彼の先達たちの誰にも劣らず明確に認識していた。つまり、彼は国家間には彼が国際的な政治機構に関心を寄せなかったのには、もっと興味深い解釈が可能である。つまり、彼は国家間には事実上、戦争の原因となるものがすでになくなっていると考えており、カントが人類の遠い将来にようやくたどり着くと考えたその日が、日の出をすでに迎えているというのである。行動が求められる分野があるとするならば、それは個別国家内部の政府機能を削減することであって、国家間関係における統治機能の拡大に向けての行動ではないのである。

こうした見解を抱くベンサムは、ルソーの著作についでカントの著作が出版される十八世紀後半の国際関係に関する支配的な意見を代表する人物である。すでに十八世紀の中期には、サン＝ピエール平和構想の模倣や焼き直しが注目を集めることもなく、したがって世に出されることもなくなっていた。ルソーが注目に値するただ一人の思想家だったのである。ルソーを始めとするフィロゾフ［十八世紀フランスのヴォルテール、ラ・メトリー（Julien Offrov de la Mettrie, 1709–1751）、ディドロ（Denis Diderot, 1713–1784）、ダランベール（Jean le Rond d'Alembert, 1717–1783）ら、一群の啓蒙専制主義者。啓蒙主義の集大成である「百科全書」の編纂に従事した思想家たちとオーバーラップする］は、当代の政治家と彼らの手法を手厳しく批判した。彼らは、自由貿易と国家間の利益共同体を絶対視する立場から「真実の政策」あるいは「経済政策」と、欲望の不充足感さらには戦争へと連なる「虚偽の政策」あるいは「権力政治」を対比的に取り上げ、「政治学という学問の真の目的は、個別国家の内政の完成にある」のであり、「内政は外交に奉仕するために存在するなどと君主に保証するのはおべっかを弄する追従家だけである」と主張する。彼らは征服行為を犯罪的行為として断罪する。彼らはとくに、勢力均衡という概念が国際的な抑制機能の源泉であり、平和の保証でもあるという考え方を攻撃する。勢力均衡概念は、「サロンにたむろする政治家連中……のお気に入りの発想」であり、「混乱状態、激動状態、そして最終的には激発状態」の作り手であり、戦争の原因であるとして斥けられる。彼らは、外交にともなうあらゆる機構、とくに条約体制を激しく非難する。条約とは、「一次的な休戦状態」に過ぎず、「背信行為の準備」に過ぎず、「つねに好戦的性格」をあわせ持つ。条約に固有の秘密性は、条約が「計略」と「陰謀」から生み出されたものであること、つまり「憎悪」の表現であり、「君主の盲《めく》ら滅法《めっぽう》の欲望の道具」になっていることを示しているとする。(5) 彼らフィロゾフに共通する特徴は、十八世紀中葉までの間盛んに唱道された国際主義に基づくさまざまな平和提案にはおよそ関心を示していないことである。当時の啓蒙化された諸国家はすでに「一つの社会」あるいは「家族国家」に属しているのであって、既存の政府に干渉するつもりがなければ、つまり、政府間関係が啓蒙化された世論の批判のもとで正しい方向へ進みさえするならば、またその結果、政府間関係が可能な限り個人間の関係に置き代わりさえするならば、諸国家は何の手助けも要せずどこまでも平和的な関係を維持していけるというのが彼らフィロゾフの国際問題に関する信仰箇条の要点だった。(6) ベンサムが植民地や条約に対して嫌悪感を抱き、自由貿易の熱烈な支持者になったのは、間違いなくフィロゾフの直接的な影響によるものだが、フィロゾフの影響はそれだけにとどまらない。以前からつねにそうだったとはいえないが、いまや「国家間の利害には本当の意味での対立はどこにもないのであって、仮に利害が対立するようにみえたとしても、誤解の度合いに応じて対立するようにみえるに過ぎない」(7) という彼の主張も、そして、平和が一般化されていない状況下であっても、また平和が確立した状況後において万が一にも戦争に訴える正当な理由があるような場合であっても、こうした問題を解決するには、政府の策謀に乗ることなくすぐ手近にある理性、すなわち法と世論に拠り所を見出すことで事足れりとする考え方も、フィロゾフからの影響なのである。

ベンサムが一七八六年から八九年にかけての四年間で書き著わした論稿四篇のうちの一篇で、彼は戦争を三種類の戦争に分類している。第一に、宗教的憎悪のように感情の激発から起きる戦争であり、第二に、権力への飽くなき欲求から、すなわち野望と傲岸不遜《ごうがんふそん》さから起きる戦争であり、最後に、合法的な（*bona fide*）原因に基づく戦争、たとえばある国家の市民に対する他国からの非礼行為——その非礼行為が現実になされたのか想像上のものに過ぎないのかにかかわりなく——に基づく戦争である。(8) 彼は『平和構想』の中で、感情の激発や野望による戦争の時代は、少なくともヨーロッパにおいては過去の遺物になりつつあると主張する。「ヨーロッパには……封建制度、宗教的反目、征服熱、王位継承のごたごた以外に戦争の原因となるものは考えられない。これらの原因のうち、最初の封建制度はヨーロッパのいたるところですでに崩壊しており、第二と第三の原因もフランスやイギリスに劣らず、ヨーロッパ全域でほぼなきに等しく、最後の王位継承のごたごたについては、完全に払拭されていないとしても、その解決は時間の問題である」(9)。

彼の立論には自信のなさがみえ隠れしている。「フランスやイギリスに劣らず」という限定的言辞は、ここに出てくるだけではない。たとえば、「この種の気違いじみた行動はわれわれの時代とはまったく無縁なものであり……誰一人として征服を夢みる者などいない」といい(10)、いまや条約や軍備の必要性が雲散霧消し、国家はいずれも侵略の恐怖を覚えることなく、植民地はいうまでもなく条約も軍備も棄て去るようになるとベンサムがいうとき、彼のこの発言は英仏関係という限定的なコンテクストにおいての発言なのである。彼の発言をもう一つ例示する。「ニュージーランド人による［マオリ族の］征服には、それなりの意味がある。……［中世から近代初頭にかけての］エドワード諸王やヘンリー諸王の時代のフランスのイングランド侵攻には、理にかなった共通の目的があった。……［ヨーロッパ］大陸の近代的専制君主が行う征服にも、その果実が……君主の懐に入ってくるという点で、それなりの意味がある。ただし、イギリス国家が征服を行う場合、そこにあるのはコモン・センスの侵犯だけである……」(11)。しかし、たとえベンサムが、かつて世界のいたるところがそうだったように、一部の地域においては戦争が「理にかなった目的」となりうる状況が依然として存在すると考えていたとしても、彼の考えの基本にあるのは、ヨーロッパ全土がイギリスとフランス両国の達成した状況にかなり近づきつつあるという認識である。彼が「イギリスとフランスの両国が完全なる合意に達したと仮定すると、［彼の構想する］全ヨーロッパの普遍的恒久平和へ向けての主だった障害が取り除かれる」(12)と主張する根拠は、この認識に基づいている。「ドイツ議会［統一ドイツを志向するプロイセンの主導下で、ドイツ各領邦の代表が参集した合議体］やスイス誓約同盟［十三世紀末にハプスブルク家の支配に抗して、農民を中核に結成されたのが端緒。その後、十九世紀初頭のナポレオン侵攻のときまで維持される］と同じように、ヨーロッパの同胞的結束が存続できないことがあろうか。前者二つの組織体には、野心的な見解などいっさいない。そうだとするならば、ヨーロッパの同胞的結束にも同じことがいえないわけはないではないか」[13]。

英仏間の和解の道には、二つの障害が立ちはだかっていた。一つは植民地の領有とそれをめぐる争いであり、もう一つは両国外務省の政策である。これがベンサムの不安をさらに駆り立てた。国家間の道徳律が彼の考えている通り低い水準にあるとするならば、政府や政策の欠陥に現状の責任を負わせるのと同様の責任を人間性にも負わせるべきだと考えざるをえないからである。「国民的道徳性という観点での人間の道徳心は、本来あるべき道徳性とはあまりにもかけ離れており……正義が武力に対して優越権を握るにいたっていない。……私自身の体験からこのようにいえるのだが……人間のこうした遅々とした歩みからいったい何を期待したらよいのだろうか」[14]。植民地の放棄に関しても、つぎのような自虐的な発言が出てくる。「この非現実的な計画の最も非現実的な部分は、はるか遠方の保護領の解放を求めた部分であることは間違いない」[15]。しかしながら、ベンサムのこうした不安と疑念は、「遠方の保護領」をめぐる争奪戦と「外務省の政策遂行上の秘密主義」こそが、少なくとも文明化された諸国間においては戦争の二大原因だという彼の確信と、同時に国民を教育することによって世論が事の真実を知るようになるという彼の確信を強めこそすれ、弱めることはなかった。彼の『平和構想』は、永遠平和を目指した計画書というよりも、むしろこの二つの悪に対する論難の書である。彼は英仏両国間における平和が全般的な平和へと連続的につながることを「証明」したと主張するのだが、しかしこれは証明でも何でもなく、もともとの自己の主張をただ繰り返し述べているに過ぎない[16]。彼は全文三十頁の『平和構想』の初めの三分の一ほどを植民地の領有批判に充て[17]、秘密外交とその産物である同盟関係に対する批判に最も多くの紙幅を割いている[18]。植民地の放棄と秘密外交の廃止が恒久的平和実現への直線的な道であるのに対して、こうした障害が除去されない限りその他の施策には何らの効力もないとするものだと結論づけても、ベンサムの考えを間違って解釈することにはならないだろう。彼がその他の施策には副次的な役割しか与えていないのは確かなのである。

軍備の削減がその一つである。ベンサムはこの問題をかなり詳細に扱い、軍縮に随伴する困難な点を列挙するとともに、一方的な軍縮キャンペーンが早晩起こることへの期待を表明する。つまり、どこかの国が「可能な限り公的な立場から」先陣を切るべきであり、イギリスがそれを拒む場合には、フランスが自国の植民地と海軍を放棄すべきであって、このことによって、全面的な軍縮が実現されると主張する[19]。しかし彼は、軍縮を植民地の放棄にともなって自動的に生じるとみなしていたと同時に、普遍的恒久平和が政治的手段によって確立された後の各国間の軍縮協定をその平和の維持に役立つともみなしていた。彼の平和構想の「提案十二」[20]には、「この平和の維持という目的のために、軍事力の削減を目指す全般的かつ恒久的条約を締結すること」とある。

軍備の削減以外ではベンサムの唯一の手続き上の提案である「司法共同法廷」(Common Court of Judicature) あるいは「平和法廷」(Tribunal of Peace) についても、補足的な役割しか与えられていない。この法廷は全般的な平和が確立された後に、すなわち、征服行為、植民地の領有、さらに秘密外交が停止された後に設置されるものとされていた。その役割は、全般的恒久平和の条件下においても個別国家間に依然として残りうる合法的な理由に基づく征服行為、植民地の領有、秘密外交の除去に資することである。この法廷は、国家が抱く不平不満――それが現実のものであれ、思いすごしに過ぎないものであれ――の処理と解決に対して、法的な手続きを提供する機関である。彼が以下のように論述を展開するとき、全般的平和がすでに達成され、現実に機能している状態を前提としていたことは疑いない。「平和法廷が存在しない限り、戦争を求める発言が公然か非公然かを問わず出てくる危険性がつねにつきまとう。平和法廷を設置してみたまえ、意見が異なるからといって戦争に走るようなことには決してならない。正義にかなっているかいないかはともかく、仲裁機関の最終裁定が係争当事者の名誉を救ってくれるからである[21]」。

ベンサムの場合、全般的平和の達成が平和法廷の設置の前提条件とされていることもあり、またヨーロッパがほぼそれを可能にする段階に達していると理解されていることもあって、彼は平和法廷以外の国家間機構の必要性をいっさい認めていない。ただし彼にしても、そうした国家間機構を「議会」(Congress or Diet) と称しているのだが。(22)彼自身が多くの言葉を費やしているわけではないが、彼が国際的な議会に対して抱いていた思いは、彼の思想の後継者や研究者の国家間機構に対する不信感を示すつぎの記述と何ら変わらないものだったに違いない。「相互の政治的法体系に援助の手を差し伸べることを義務づける諸国家の連合形態は、それがいかなるものであれ、最悪の同盟形態にならざるをえない。専制主義体制を支持する君主諸公の集合体へといとも簡単に変質するからである(23)」。後年の彼にとっては、「諸国からの代表を召集して(24)」なされる調停あるいは仲裁が、戦争回避に向けての最も抜本的な行政手続き上の改革案だったが、『平和構想』の中においても、平和法廷は「強制的な武力をともなう形で組織されてはならない」とされていた。(25)平和法廷の裁定手続きは、法廷の意見を作成し、それを各国に配布し、一定期間が経過した後、「それでも裁定に従わない国をヨーロッパから除名に処する」というものだった。ベンサムも、侵略に対する戦争は道義的に正当な行為だと考えていたと同じように、手に負えない国家に対しては時に武力をもって当たらざるをえない場合があることを認めていた。しかし、その際に使用されるべき武力は個別国家が所有する武力であって、国家間機構の統一的な武力であってはならないのである。しかも、出版・報道の自由が参加各国において保証されているならば、武力はまったく必要のないものになるというのが彼の基本的な立場だった。「法廷の裁定を速やかに実行に移すために、最後にとるべき手段として数カ国からなる特別分遣隊を組織したとしても、とくに害があるとは考えにくい。しかし、このような手段に訴える必要性も、人間の本性的な能力を考慮に入れるならば……各国における出版・報道の自由……というはるかに単純で問題の少ない健全な手段に、早晩とって代わられることになるだろう(26)」。

したがって、しばしばなされることだが、ベンサムに「国際連盟の先駆者」という栄誉を与えるのが間違いであるだけではなく、(27)頻度は少ないが彼の構想を「サン＝ピェール構想の凝縮版」と決めてかかるのはさらに大きな間違いである。(28)ベンサムは、国家に公約を遵守させる手段として、さらに遵守しない国家に対しては公約の遵守を迫る手段として、世論の絶対性を唱道する最初の国際主義者だった。同様に、彼にとって、彼の提唱する平和法廷が、その本来の役割を充分に発揮できる全般的平和実現への阻害要因となる植民地の領有や秘密外交を禁止するために必要なものは、理性と世論なのだった。彼が『平和構想』の冒頭において、「目指すべき目標は……普遍的かつ恒久的平和である。筆者が展望しようとする地域的広がりは地球全体である。その際、筆者は出版と報道、内燃機関、そして理性を重視する……」[29]と言明する理由もそこにあるのである。

ベンサムにとって、理性と世論は政府に抗するための必要充分条件である。「まさしく国家の首脳ほどの犯罪者は存在しない。臣民はつねに実直である」とベンサムは初期草稿四篇の一つで政府を断罪する[30]。彼の政府に対する不信感を、国家主権に対する不信感と同一視してはならない。彼の主権観は、彼が政府を妥協の余地なく徹底的に信用しなかったのと対照的に、どこまでも主権絶対主義的発想に基づいていた。彼にとって、合理的な原理に合致し、国家の最も聡明な市民層によって考案された法にこそ国家主権が存するのであって、この法権力および立法権に対する制限は、それがいかなる制限であれ認められないのである。政府の主権的機能についての彼の立場は、国家の成員である市民相互の利害を特定し、調整するために必要とされる最小限の機能に限定されるというものである。一部のベンサム研究者は、国家間関係の解決という観点に立つ限り、国内における市民と政府の関係と同様に、国家間の利害の特定と調整を主たる業務とする単一の世界政府の樹立が、ベンサムの主張の論理的帰結であるという立場をとっている。ついで彼らは、それにもかかわらず、ベンサムが単一の世界政府を提唱しなかった理由について、彼自身が世界政府なるものを夢想に過ぎないとみなしていたからだとする[31]。この二つの推論のうち、前者についてては正しいとも正しくないともいえない。しかし、後者は明らかに間違った推論である。

ベンサムが世界政府を提唱しなかった主な理由は、世界政府という国家間機構が国家間関係の解決に資するものではないと考えていたからであり、またなぜそのように考えていたといえるかというと、世界政府が彼の所論の論理的な帰結だという意見に彼自身が賛意を示すことなど考えられないからである。一国の政府を可能な限り小さな政府にすべきだと考えていた彼にとって、そこから導き出されるべき論理的帰結は、第一に、世界政府も可能な限り小さなものにすべきだということであり、第二に、国家の主権が国内の公法に存するのだから、国際的主権も国際法に存すると理解すべきであり、第三に、市民が国内の公法の遵守を迫られているのと同様、国家は国際法に従うことを義務づけられているのだが、国内の場合の世論がそうであるように、啓蒙化された国家の場合には、国際世論がより効果的な抑止力となるべきだという三点に要約することができる。

これら三点についてのベンサムの確信は強く、したがって自己の構想が「非現実的」だと認めつつも、世界政府を議論の対象にすることもなく、ましてや的外れなものとして排除するまでもなかったのである。この点では、国際的統治機構の不適切さを示すことに苦心惨憺したカントとベンサムとは大いに異なる。しかし、人間の非理性的側面に対するカント的洞察力と、政治における歴史的要素の重要性に対するカント的理解力がベンサムに欠けていたのは事実ではあるが——われわれが多くの苦い経験をし、その結果として、われわれに求められるのが賢明さだと認識しうる遠い将来に解決を先送りしたカントに対して、ベンサムはわれわれが分別を発揮しさえすれば、解決はすでに手近に用意されているととらえていた——この相違点はともかく、個別国家の自立性を重視する点に関しては、両者の見解は合致する。

ベンサムの愛弟子であり、ベンサム功利主義の第一の後継者であるジェイムズ・ミル（James Mill, 1773-1836）の著作を検討すると、この両者の類似性がより鮮明な形で現れていることに気づかされる。『国際法』（*Law of Nations*）と題されたミルの論文は、ベンサムの『平和構想』の要点を忠実に再現したものであり、『大英百科事典』第五版［第六版の誤り。山下重一『ジェイムズ・ミル』（研究社出版、一九九七年）一六八〜六九頁、および Terence Ball. ed., *James Mill: Political Writings* (C.U.P., 1992)、xxxvii を参照］の補巻（一八二〇年［前掲『ジェイムズ・ミル』によると、一八二三年］）に寄稿されたものである。[32] この論文は平和構想を提示したものとはいえず、当時国際法の基礎とみなされていた諸国家の権利を定義することに二章を費やしており、そのうちの一章では、戦争における諸国家の権利を「正義の戦争を開始する際に必要とされるべきこと」という観点と「戦争遂行の形態に関して、正当あるいは不当とみなされるべきこと」という観点から論じている。(33) しかし同時に、驚くべき力強さと明断さで、言い換えるならば、ベンサム自身の『平和構想』以上の力強さと明晰さで、世論と合理的実体としての国際法の後ろ楯え得られるならば、啓蒙化を達成した自立的諸国家の力で戦争を回避することができるというベンサムの中心的議論を再現している。

ミルの第一の論点は、法のもとにあって統治権と賞罰権を行使する統治主体が、国家間にあってはいまだかつて存在したこともなければ、今後も存在しえないということである。国家間における統治主体という発想は、彼にとっては、「度しがたい仮説」であり、「非常識の極み」なのである。

ある国家がほかの国家に対して統治権を持っているなどと理解すべきではない。ある国家がほかの国家の統治権下にあるとするならば、その国家は統治権を握る国家に従属しているのである。従属関係の法は、われわれがいまここで検討しようとしている法とは別ものである。自立した国家は……ほかの国家からの統治権行使を拒絶する。……諸国が一丸となって……法を相互にしかも個別に制定することが正しいわけはない。なぜならば、諸国がかつて一度として法の制定のためにまとまったことも、法の侵害を罰するためにまとまったこともないからであり、また諸国がこうしたことを期待しうる状況はいつまでたっても来ないからである。国際法を効果あらしめようとする運動から派生する……不都合は途方もない。戦争というやっかいがやむことなくしかも間違いなく引き起こされるだろう。……したがって、こうした不都合は忌避されるのが普通である。国家というものは、自国がこうむる不利益には悲憤慷慨《ひふんこうがい》して、いとも簡単に戦争へと突き進んでいくことが往々にしてある一方で、他国がこうむる不利益にはきわめて冷淡で、彼らの救済のための機会をつくろうなどとは考えもしない。そのうえ……諸国の団結というのはきわめて困難であって、何かを一緒にやろうとすると、ほとんど例外なく揉めごとが起きる。……すべての国家にとって、いかなる企図においてであれ、団結はありえないのである。(34)

かくして、「国際法に公的な裁可を与える、言い換えるならば、いずれの国家に対してであれ、ある行為に報いたり罰したりする唯一の権力は……人類的規模の「承認」あるいは「不承認」にある」。そして、このことが充分な効果を発揮できるようになるならば、「国家間の健全な交流に対する強力な保証を獲得したことになる」。なぜならば、「他国からの好意的な感情を了としない国はない」からである。同時に、この点に関しては、国家内部における民主的統治が重要な前提条件となる。

［世論の］抑制力は……統治者が……人類的規模の「承認」あるいは「不承認」を基礎にして築き上げた凝集力によって決まる。統治者が快適さを志向する強い凝集力を「承認」を得て形成し、不快さを忌避する強い凝集力を「不承認」とともにつくりあげた場合には、抑制力が大きくなり、そうでない場合には、意味がないほどの弱々しい抑制力しか発揮しえない。……統治形態が王制だったり貴族制だったりする国の統治者は、ごくわずかの凝集力しか持ちえない。これに対して、統治者が他者という巨大な集合体と対等の立場にある場合においてのみ、大きな凝集力を生み出す状況を迎えることができる。したがって、人民大衆の総意から選出された統治者が存在する国家、すなわち民主的国家においてのみ、国際法に基づく制裁と褒賞という賞罰権が然るべき効果を発揮しつつ、行使されることが期待できるのである。(35)

国家間においても、国内の場合と同じように、この賞罰権の効果を「最大限に」高めるためには、言い換えるならば、法の運用に明確性と確実性を与えるためには、その他二つのことが要請される。

第一には、［国際］法の厳密な規定であり、第二には、その法をすばやくしかも正しく執行できるように組織された特別法廷の存在である。……この二つの現実的な措置は、この目標の最終的な達成にとってきわめて重要であるだけではなく、目標をそれなりに達成するためにも、絶対なくてはならない措置なのである。つまり、［国際］法典の制定と特別法廷の設置が要請されている。遵守すべき整備された法典が存在するならば、各国がすべての国家にとって最善の国家間交流の形態を規定した原則に従う可能性がはるかに高くなることは自明である。……過ちを犯す余地が少なくなり、……もっともらしい口実を弄する余地も少なくなる。そしてついには、世界的規模の「承認」と「不承認」が十倍の重みを持ってその力を発揮し、かくして啓蒙化を達成した諸国ではごく当然のものとして受け入れられている厳密な規則が、その夜明けを迎えるとともに、すべての諸国の崇敬の的となるに違いない(36)。

「啓蒙化された世界の諸国が諸国民を律する法典編纂の合意をいかに形成するのか」という問題は、それほど解決困難な問題ではない。各国は代表団を結成して、原案の合意形成のために一定の場所で会合を持ち、その結果を各国政府に持ち帰る。各国での批准の前に、原案はつぎの二点を担保する目的で、すべての主要な言語で成文化されるとともに、あまねく公表されなければならない。「第一は、全世界の知性を総動員して原案に反映させることであり……そうすることによって原案を限りなく完全なものに近づかせること。第二は、法典編纂に関する各国の決定に全世界の目を向けさせること。そうすることによって、法典内の条項に反対の意向がある場合でも、体面上反対できないようにすることである」。批准された後の法典に対しては、各国において「可能な限りの厳粛な敬意と最大限の広報活動」が与えられるべきである。なぜならば、「世界的規模の世論の承認こそが、法典が効力を発揮しつつ適用されるための主たる源泉だからである(37)」。

世論の重要性という観点からの〔国際〕法典の制定とともに、特別法廷の設置も忘れてはならない重要な点である。一国の内部においても、「法は、それがどれほど慎重かつ厳密に規定されようとも……個々の成員の行動が法を遵守したものであるか、あるいは法に違背《いはい》したものであるかの決定を下す何らかの機関が存在しない限り、ほとんど意味がない」。それとの関連でいうならば、国家間の場合には、その必要性が一国内に比べてはるかに大きいといわなければならない。「裁定を下す機関が存在しない状態のまま国際法典を放置すると、本来ならば国際法典を拠り所に生み出されるさまざまな恩恵が失われてしまう恐れがある」。理想的には、各国が特別法廷に一名の代表あるいは判事を派遣することである。しかし、「派遣が容易でなかったり、派遣を厭《いと》う国も出てくるだろうから、この点の詳細については、先進的な主要国間の合意が得られるならばそれで充分だろう……」。特別法廷の議長に関しては、各国代表の輪番制とする。ただし、係争中の事案と関係を有する国の代表が当該事案の判事となることはできない。特別法廷の開廷地については、「交通の便宜を考慮し、広報が充分に行きわたる点を斟酌して」決定すべきであり、「とくに、後者の点は最優先されるべき事柄である」。特別法廷は国際法典に抵触するすべての侵犯行為――それが当該国双方からの訴えに基づくものであれ、当該国の一方からの訴えに基づくものであれ、あるいは当該国双方が訴え出なかったものであれ――を裁決に付さなければならない。係争事案当該国の特別法廷への出廷拒否は、国際法に対する違反行為とみなされる。たとえ当該国が特別法廷の管轄権を尊重するつもりがないとか尊重したくないという場合であっても、「法廷によって厳粛に下された裁定は、例外なく人間の創造力に大いなる影響力を行使するものである。つまり、そのことが人類的規模の「不承認」という状況を定着させるだけでなく、強化することにもなるのである」(38)。

以上のような議論にもかかわらず、「国際法廷の裁定の実施にあたり、武力による強制という事態を想定することは決して許されない」(39)。この点に関する限り、ミルはベンサム以上に確固とした意見の持ち主だった。すでに述べたところではあるが、つぎの二つの理由で武力行使は不可なのである。第一に、世界政府を志向する過程での武力行使という手段は、失敗に終わるか戦争を招来させるかのいずれかであり、おそらくはその両方をもたらさざるをえない。第二に、大衆の世論教育のために必要な措置がとられるならば、すなわち、「国際法の書籍や国際法廷の審議録の抜粋がすべての教育機関において必修の教科対象となり、そうした知識がすべての人の教育の欠かせない一部となるならば」、「人間の道徳心が向上し、さらに時間の経過とともに、国家の正義にもとる行為に対する強力な抑制力として機能することになろう。また同時に、国際的管轄権という考え方にも絶大なる効力を付与することになろう」。そして、「国際法が与えてくれる恩恵を最大限享受するために、われわれは全力を尽くしてなすべきことを行うことになるのである」[40]。

注

（1）Jeremy Bentham, *Plan for an Universal and Perpetual Peace*, with an introduction by C. John Colombos（The Grotius Society Publications, no. 6, 1927）; D. Baumgardt, *Bentham and the Ethics of Today*（1952）, 158–62.

（2）Bentham, *Collected Works*（11 vols., 1843）, x, 581. *Collected Works*, ii, 538–39, 544; J. H. Burton, *Benthamiana*（1843）, 398 も参照。

（3）*Plan for an Universal and Pertual Peace*（ed. Colombos）, 38–39. ベンサムの『平和構想』の引用はすべてこの版による。

（4）M. Campbell Smith（ed.）, *Kant's Perpetual Peace*, introduction, 26 による Bentham's *Principles of Morals and Legislation*, ch. xix, sec. xxv への言及。

（5）Felix Gilbert, *To the Farewell Address*（1961）, 57–65. 本文の引用は以上の著書からのものであり、ギルバートは以下を再録している。Mirabeau, *L'Ami des Hommes, ou Traité de la Population*（1759）; D'Argenson, *Considérations sur le Gouvernement... de la France*（1764）; Mercier de la Rivière, *L'Ordre Natural et Essential des Sociétés Politiques*（1767）; Baudeau, *Première Intoroduction à la Philosophie Économique*（1767）; Gaillard, *Les Avantages de la Paix*（1767）; Condillac, *Le Commerce et le Gouvernement*（1766）; Le Trosne, *De l'Ordre Social*（1777）; Raynal, *Histoire Philosophique et Politique des... Européenns dans les deux Indes*（1781）; Mably, *Principes des Négociations*（1784）.

（6）Gilbert, *op. cit.* 64–65 のとくに以下の要約。Condorcet, *Oeuvres*, vol. ix, 41–46, and Le Trosne, *op. cit.*

（7）Bentham, *Plan for an Universal and Perpetual Peace*, 43–44.

（8）*Ibid.* 5–6.

（9）*Ibid.* 25.

（10）*Ibid.* 12–13, 24.

（11）*Ibid.* 37–38.

（12）*Ibid.* 13.

（13）*Ibid.* 26.

(14) *Ibid*. 26.
(15) *Ibid*. 25.
(16) *Ibid*. 21.
(17) *Ibid*. 11-21.
(18) *Ibid*. 31-44.
(19) *Ibid*. 24.
(20) *Ibid*. 13.
(21) *Ibid*. 26.
(22) *Ibid*. 30.
(23) Burton, *op. cit.* 397. ここでバートンは、ベンサムの見解及び『エンサイクロペディア・ブリタリカ』掲載の国家間の法に関するジェイムズ・ミルの論文で表明された見解を要約したと公言している。
(24) Baumgardt, *op. cit.* 397. ベンサムの *Emancipate Your Colonies*（1830）を引用。
(25) *Plan for an Universal and Perpetual Peace*, 13.
(26) *Ibid*. 26, 30-31.
(27) *Ibid*.（editorial introduction）, 8; Baumgardt, *op. cit.* 159（n. 689）.
(28) C. J. Friedrich, *Inevitable Peace*（1948）, 303.
(29) *Plan for an Universal and Perpetual Peace*, 11.
(30) Baumgardt, *op. cit.* 161, 422, 473-75.
(31) C. J. Friedrich, *op. cit.* 205-06.
(32) James Mill, *Essays on Government, Jurisprudence, Liberty of the Press and the Law of Nations*（privately printed., n. d. but 1828）.
(33) *Ibid*. 18-26.
(34) *Ibid*. 4-5.
(35) *Ibid*. 8-9, 32.
(36) *Ibid*. 10, 27.
(37) *Ibid*. 27-28.

（38）*Ibid*. 28-31.
（39）*Ibid*. 32.
（40）*Ibid*. 32-33.

第6章　十九世紀前半

国家間の諸問題に対する十九世紀前半の支配的な態度は、前章で検討したベンサムそしてジェイムズ・ミルの所説に沿ったものだった。この両人の基本的な見解は、国家間問題解決への歩みが国家間の紛争によって阻まれるという手段によってのみ進歩が達成されるというカント的理解とも異なり、いうルソー的立場とも、国家間の紛争という手段によってのみ進歩が達成されるというカント的理解とも異なり、「各国の国益には、真の意味での利害の衝突はどこにもなく」、いますぐにでも国際法を制定することが可能であり、しかもその国際法が十全の効果を発揮できるという確信に裏打ちされていた。十九世紀前半の一般的で特徴的な信念は、かつてカントによって国際平和の必要条件とされていた立憲制的国家をもって、国際平和の充分条件であるという結論を打ち出したベンサムのつぎの四点にわたる信念にその基礎を置いていた。第一に、啓蒙化された諸国間においては、戦争に訴える理由がすでにないに等しい状態にあること。第二に、それにもかかわらず戦争が取りざたされるのは、既存の政府の愚かさと犯罪性にその原因があること。第三に、戦争防止のための国家間機構は、政府が信用に値しない存在である限り望むべくもないこと。最後に、それだけではなく、政府改革を断行することによって理性が解き放たれ、世論と国際法の健全な影響力が助長され、その結果として国家間の平和が自動的に保証されることになる。したがって、国家間機構の必要性自体が雲散霧消すること。

以上の点は当初、フランス革命を支持する思想家すべてにとってバイブル的信仰箇条だった。トーマス・ペイン（Thomas Paine, 1737-1809）は『人間の権利』（*The Right of Man*, 1791）の中で、「人類の敵であり、人類の悲惨さの源だった王権が廃絶され、いまや主権はそれが本来帰属すべき場所である国民の手に戻ってきた。ヨーロッパ全土がこのような状況を迎えることができるならば、戦争を引き起こす種子はすべて除去されるだろう」(1)と述べたが、そのとき彼はフランス革命の支持者全員を代弁していたのである。彼ら革命支持者はそれぞれ異なる状況下にありながらも、種々異なる理由から、革命後の共和国政府下における打ち続く混乱状態とその後のナポレオン戦争の勃発が生み出したフランス革命への幻滅感を乗り越え、革命支持を保持しえた。この状況は、とくにイギリスとアメリカにおいて顕著だったが、［ヨーロッパの］大陸諸国における革命に対する強い幻滅感の中にあっても、革命支持の灯が完全に消え去ったわけではない。彼らが最終的にしかも否応なしにその信仰箇条を捨てざるをえなくなったのは、一八四八年革命の挫折、さらにはクリミア戦争を端緒とする戦争の頻発がさらなる革命への幻滅感を生み出させた後だった。

こうした革命支持を背景として、イギリスとアメリカ両国で前記四点のベンサム的信仰箇条が広まった理由には二つある。英米両国は当時の国益重視の民族主義的潮流にどっぷりと浸かり、相互に巨大な物質的拡大への道を追い求め、ヨーロッパ大陸の問題に背を向けても、自国の安全保障が確保されると確信していたため、国家間問題にはおよそ関心を示さなかった。イギリスの場合は史上例を見ない規模で物質面での世界の主導権を目指し、アメリカの場合は「マニフェスト・デスティニー」（Manifest Destiny）［十九世紀中葉以降、北米大陸全土を支配開発すべき神与の使命をアメリカが担っているとした説］の旗印のもとで領土的野心を満たそうとした。かたや北米大陸周辺における孤立主義、かたや世界的規模の軍事力と経済力を背景として、英米両国は伝統的な外交によって解決できない問題が何一つ存在しないかのように振る舞ったのである。かくして、これが第一の理由なのだが、ナポレオン戦争の泥沼化・長期化にともなって戦争と平和への関心が高まったとはいえ、この関心はあくまでも英米両国のクェーカー教徒を中心とした「平和協会」（Peace Societies）に限定的にみられた現象だった。そもそも平和協会は、ウィリアム・ペンの国際的平和機構擁護の主張に長い間背を向けてきたクェーカー教徒が、いまや宗教と道徳と反戦論を基盤にして、人間性の長所に訴えかけることによって社会の進歩を図ろうとする方向への方針転換に基づく反戦平和運動だった。その当時平和に関心を寄せた人は、例外なしに平和協会と何らかのつながりを持っており、また平和協会とのつながりを持った人は、クェーカー教徒であるか反戦主義にごく近しい人かのいずれかだった。こうした理由から、彼らは一様にベンサムやジェイムズ・ミルの見解にきわめて近い立場をとるようになったのである。

イギリスの「普遍的恒久平和推進協会」（Society for the Promotion of Permanent and Universal Peace）は、一八一六年にクェーカー教徒によって設立された。この協会は、設立当初からその歴史の幕を閉じるまで一貫して、あらゆる形態の戦争に断固反対の姿勢を堅持した。ただし、クェーカー教徒の信仰の核心部分である完全な非暴力無抵抗主義を受け入れられない反戦主義者に対しては、比較的穏当な立場から同一の恒久平和を追求する賛助協会を組織するよう指導した。イギリス平和協会は一八一九年、機関誌『平和の告知』（*Herald of Peace*）創刊号において、目的達成のプログラムとして、「これほどの重要性を持つテーマに関して……そこに含まれる要求事項を広く知らしめ、なおかつその成功を保証するために求められるのは、本協会の天賦の同盟者で強力な後援者である出版・報道関係団体からの支援であり、それこそが重要なのである」(2)と謳うことで満足した。その後、アメリカ平和協会の圧力のもと、渋々ながらもより具体的な項目をプログラムに追加したことはしたが、(3)それとても上記の創刊の辞と齟齬《そご》をきたすものでも、ベンサム的外見と著しく異なるものでもなかった。むしろ、イギリス平和協会のプログラムは、ジェイムズ・ミルを経由したベンサムの主張を、ほとんど加工せずにそのまま提示しているとみるのが妥当だろう。

英米両国の平和主義運動の中で、ベンサムの所説が他を圧して受容された第二の理由は、彼の影響が直接的だったことにある。一八二八年、ウィリアム・ラッド（William Ladd, 1778-1841）が中心となって起草されたアメリカ平和協会（The American Peace Society）の憲章は、ジェイムズ・ミルの論文『国際法』のいわば孫引きである。そこに高らかに謳われているのは、ひとたび「健全な世論」が形成されるならば、「世界をあまねく統率する世論を後ろ楯に裁定を下す諸国民会議(4)」を通じて、国家間の意見の相違が「友好的な議論と仲裁」にかけられることになり、したがって戦争はこの世からなくなる」ということである。「諸国民会議」主導による国家間の仲裁という考え方は、当初ラッドが発想し、イギリス平和協会も取りあげたのだが、英米の平和協会が「自由貿易運動」との協力関係を深める一八四〇年代までは、クェーカー的平和運動の主たる綱領であり続けた。ラッドのいう「諸国民会議」は、かつてベンサムやミルが思い描いていた国際的機関、すなわち文明国間においてもごくわずかに存在し続ける紛争を解決するための国際法廷のいわば焼き直しだった。彼の『諸国民会議論』（*Dissertation on a Congress of Nations*, 1832）と『諸国民会議試論』（*Essay on a Congress of Nations*, 1840）をみてみると、いかにミルの所説に負うところが大なのかが一目瞭然である。

「すべての文明国は仲裁法廷とともに各国が集う大使会議を設置すべきである」とラッドは主張する。各国の大使からなる「諸国民会議」の役割は、「協約や協定によって国際法の原則を定めること、相互条約の性格を明確化すること、平和維持のための綱領を策定し推進すること……」となっていた。「諸国民会議」とは別個の組織である「諸国民法廷」については、各国政府の公式な代表によって構成されるのではなく、世界の叡知を集約する各国の有能な個人によって構成されるべきものとされていた。「諸国民会議」と「諸国民法廷」を別組織とするこの考え方は、かつてベンサムとミルが独立国家間に全般的平和を招来させ、国際法を抜本的に改定するために必要となる政治的合意形成機関と、平和が達成された後にも生じうる紛争を仲裁によって解決し、平和状態の継続的維持を図る国際法廷とを別のものとしたことに通ずる考え方である。ラッドにはベンサムやミルと同様、もともと各国間の政治的統合という発想はないのだが、それ以上に国家間機構からの力による強制という発想は皆無だった。実際彼の場合、「諸国民法廷」が仲裁という手続きに入ることができるのは、「当事国二カ国あるいはそれ以上の合意に基づいて法廷に提出される事案」に限られるとするなど、この点ではベンサムやミルよりも徹底している。彼にとって、「諸国民会議」が立法府であり、「諸国民法廷」が司法府だとするならば、行政府の権能はすべて「世界の女王」（Queen of the World）である世論に託されていた。そのうえ彼は、「諸国民法廷」には仲裁を強要する権能もその裁定を強制する権能もなく、世論こそが仲裁、その裁定の実行、さらには平和の維持を充分に保証すると主張するだけでは満足しなかった。彼にはもう一つ重要な主張があった。かつて提示されたすべての平和構想が一つ残らず挫折していった理由は、例外なく剣の力による秩序の強制をあらかじめ想定していたからであり、ひるがえって彼の構想は「物理的な力や攻守同盟などとはいっさい関わりを持たず……ひたすら人類を善へと導く道徳の力に信を置くものである……」(5)という主張である。

しかし、たとえ平和協会運動への批判者がラッドの目標を「諸国民会議」の設置と理解していたとしても、彼の提案には真の意味での諸国民会議構想があるわけではない、つまり、ラッドとアメリカ平和協会は「［諸国家の］連邦的な結合を目指した」(6)という見解には根拠がないのである。そこにあるのはベンサム的解釈、すなわち、世界は平和をほぼ手中に入れただけでなく、すでに単一の共同体といえる状況にある。したがって外交的手段によって平和を達成するとともに、世論を後ろ楯にした国際的法廷によって平和を継続的に維持していくことができるという考え方である。「アレクサンドロス大王（Alexandros Ⅲ, 356BC–323BC）やシーザー（Gaius Iulius Caesar, 100BC–44BC）やナポレオンのような傑出した人物が世論に屈したとしよう。世論がさらに啓発され洗練されると、彼らよりすぐれた人々によって生み出される果実を期待していけないことがあろうか。この世界には、すでに世論の反対のうねりに耐えうる国は一つとして存在しない。したがって、いま必要なのは、世論の啓発をさらに進めることだけである」。これは一八四〇年のラッドの発言だが、彼は一八二五年の段階で、すでにつぎのように述べていた。「世界革命がすでに始まっており、それを押しとどめることはできない。世界の諸国が友好的な話し合いと調停によって紛争を解決する日が、遠からずやってくる……」(7)。ラッドと同世代のアメリカ人ウィリアム・ジェイ（William Jay, 1789-1858）も『戦争と平和』（*War and Peace*, 1842）の中で、彼とほぼ同じ立場をとっていたが、ただし彼の場合には、世論の啓発には時間が必要であること、また世界の叡知を結集した「諸国民法廷」が時間の経過とともに平和の防御装置となるのは間違いないにしても、こうした状況は段階を経て、つまり国家間の条約関係における個別の仲裁合意の積み重ねによって初めて達成されることになるとしている点で(8)、ラッドとのニュアンスの違いがみられる。

第一回万国平和会議（Universal Peace Congress）が英米両国の平和協会主導のもと、一八四三年ロンドンで開催されたが、その際の行動綱領がこの考えを踏襲していた。しかも、その文言は万国平和会議にさかのぼる一八三九年に出されたアメリカ平和協会の宣言文そのものだった。「［本協会の］目的は……独立国家間における……戦争という社会化された習慣の廃絶を達成することにある。……この廃絶計画は、平和維持の名のもとに自国の権利を他国に移譲させることを目的とするのではなく、国家間において友好裡に処理できない紛争に関しては、仲裁裁定を求めるという良識にかなった原則を各国に遵守させることを目的とする。……本協会はその裁定に関して強制力を有する国際的な仲裁裁判所を提唱するものではなく、裁定そのものが正義と国家の名誉を十全に重んじ、そのことによって裁定の有効性が充分に発揮されうる国際仲裁裁判所を提唱するものである」(9)。一八四〇年代、英米両国とヨーロッパ大陸諸国の国際協調主義者が平和協会を支持・支援するようになり、平和協会側もそうした大陸諸国の国際協調主義者を協会に迎え入れようと努めた結果、両国における平和運動が当初からの反戦・平和主義的性格を失いつつあったにもかかわらず、万国平和会議の行動綱領が状況の変化に応じて大きく変更されることはなかった。第二回万国平和会議が一八四八年にブリュッセルで開催されたが、そこでは軍備の撤廃に関して英米両国が主導的役割を果たすべきという勧告がつけ加えられた[10]。一八四八年以降になると、行動綱領には当初からの要求項目と軍備撤廃のほかに自由貿易の推進という項目が入り込んでくるのだが、これに対して、国際協調主義者との緊密な協力関係の結果として、ラッドがアメリカ平和協会設立当初から一貫して提唱してきた「諸国民会議」の設置という行動目標がますます後景に追いやられる状況を迎えた。

クェーカー的反戦平和主義者と自由貿易論者との合従連衡の理由は、一つには、平和への無関心と民族主義の興隆というこの時期の支配的な潮流を克服しえたごく限られた英米両国の知識人が、クェーカー的世界観と実質的には変わらぬ世界観を共有していたからである。英米両国の著名な国際協調主義者だったリチャード・コブデン(Richard Cobbden, 1804-1865)、ウィリアム・E・チャニング(William Ellery Channing, 1780-1842)、チャールズ・サムナー(Charles Sumner, 1811-1874)らは、自由貿易論者となり国際協調主義者になる前には、いずれも反戦平和主義者であるか反戦平和主義にきわめて近い立場をとっていた。チャニングはのちにアメリカ平和協会に合流したマサチューセッツ平和協会の共同設立者の一人だが、生粋の反戦平和主義者であって、平和という目的を達成するための手段として自由貿易論者になったユニテリアン派の牧師である[11]。自由貿易の強力な推進者であり、国際的な慣習としての戦争を非合法化する内容を含んでいるという理解からアメリカ合衆国憲法を擁護するサムナーは、戦争は「愚かで、非キリスト教的で、不正義な[12]」ものだという確信に基づいてその活動を始めた政治家である。こうした論調の際立った例証として、コブデンの場合をみてみよう。彼の最初期の著作はいずれも国家間関係に関するものであり、また彼の経済問題に関する所説は、あくまでも反戦平和主義的立論に近い国家間関係解釈に立脚していた。彼は自由貿易のために平和を必要としたのではなく、平和のために自由貿易を必要とした。だから彼は自由貿易を称揚したのである。一八四二年、彼が自由貿易運動を平和協会と提携させようとしたのは、平和協会側を自由貿易推進派に改宗させることが目的だったのではなく、自由貿易論者を反戦平和主義者に改宗させることが目的だった。仮に自由貿易が平和を阻害するような事態になった場合、たとえば、政府への軍備調達ローン創設の動きがあれば、自由貿易に対して反対の姿勢をとった。「自己破滅的な自由貿易はやめよう」[13]というのが彼の基本的な態度であって、自由貿易は平和のための手段であるとする彼の確信がどこから生み出されてきたかというならば、それは彼の活動の出発点にあったのである。したがって当然のことながら、彼の平和提案に対しては、自由貿易擁護ほどの支援を実業界から受けたことは一度としてなかった。

コブデンのこの平和重視という出発点から自ずから出てくる彼の対応の一つとして、平和協会との戦術論上の違いがどれほどあったにしても、啓発された政策を後ろ楯にした世論によって平和の達成は可能であるとした。国家間の政治的統合とか国際的な強制手続きなど国家存立の根幹を揺るがす施策が求められるのではないという確信については、最終的にはつねに平和協会と同一歩調を保ち、この点ではベンサムやミルの見解とも一致していた。一八三〇年代の彼は、自由貿易と政治的不介入、言い換えるならば、すべての主権国家による他国の完全な独自性の尊重が平和を維持する充分条件だと考えていた。自由貿易によって人間の平和への関心が大きく高められ、その結果、政府の戦争への欲求が抑制される。かくして、「国家相互の敵対という旧弊で過ちに満ちた考え方に支配された政府の行動がもたらす物資の費消と衝突の危険から、国家が解き放たれることによって」、国家間の関係が安全かつ安定したものになる。自由貿易と政治的不介入がともに推進されるならば、「政府間関係は可能な限り制限されたものになり、それとは対照的に世界の国家間関係が大きく前進する」。これが平和への唯一の確かな道である。コブデンが一八四二年に著した『普遍的恒久平和達成のための最善の手段としての自由貿易』(*Free Trade as the Best Human Means for Securing Universal and Permanent Peace*) の主張は、このことに尽きる。[14]彼が平和運動の中心的役割を担うようになる一八四〇年代になってから、その綱領に主要課題として軍備の撤廃と仲裁をつけ加えるようになったのも、彼にとってはきわめて自然なことだったのである。

コブデンに平和協会の行動綱領を拡大させる気持ちがとくに強かったわけではなかったが、自由貿易運動との連携強化の必要性が、彼をして行動綱領の見直しそして縮小への道をとらせた。一八四三年以降の一連の平和会議開催は、この自由貿易運動との合従連衡の賜物だった。他方、平和協会系の運動は、その反戦平和主義のゆえに大いなる不信の目で見られ、国家間の協力についてもごく初歩的な協力関係に限っての主張だったにもかかわらず、協会の行動綱領は当時の支配的な民族主義的潮流とは相容れなかった。

往時のマスメディアが平和協会に対して示した敵意の中に、そうした状況をはっきりとみてとれる。この敵意は平和運動が具体的な目標を掲げる以前から存在していた。すでに一八一九年という平和運動の初期段階で、『ノーサンバランド・マンスリー・マガジン』(*Northumberland Monthly Magazine*)は、「宗教的な動機から戦争忌避の姿勢を打ち出しているが、このような動機は文明化を達成した諸国以外にその影響力を及ぼすことは期待できず」、「すべてのキリスト教国がトルコを始めとする異教徒の国々によって殲滅の憂き目に遭わされる」状況を生み出すことに結果として手を貸すことになるとして、平和運動を厳しく批判した。(15) その後、国際的仲裁制度と諸国民会議を二大目標に掲げた平和運動の行動綱領が公表されたときにも、自由貿易主義者との連携が平和運動の知名度をあげたときにも、出版・新聞界の平和運動に対する風当たりはいっこうに改善されなかった。一八四八年の第二回万国平和会議の開催に際して、『ロンドン・タイムズ』(*The Times*)はつぎのような結論を下したのだが、それもあながち間違いとは言えない。平和運動の行動綱領から平和という言葉を取り除いてみると、そこに残るのは「調和と相互憐憫と法への敬意に尽きる」、しかもこのこと自体には何らかの新味があるわけではなく、過去何世紀にもわたって各国政府が追い求めてきたものでもある。さらに、万国平和会議の提唱する諸国民会議と国際法典に関しては、「こうしたものはすでにわれわれの手近かにある。最初のものは大使館相互設置制度の中に……二番目のものは権威ある専門書と先例の中に……」。(16)『ロンドン・タイムズ』は、それ以前に開催された一八四三年の第一回万国平和会議に対してもつぎのような痛烈な批判を浴びせていたが、この態度は終始一貫変わらなかった。「現代の際立った特徴の一つとして、われわれはこの団体の狂信性について何度となく論じてきた。こうした社会的疾病と向き会わざるをえないのがわれわれの宿命ではあるが、その疾病から生み出されてくるもろもろの症状の中でも、この地球上全域での戦争の全面的撤廃……［さらには］あらゆる市民的権力あるいは権威による物理的強制の全面的禁止を公然と唱える、あの不幸な人々の途方もない発想と思い過ごしとの比較に耐えられるほどの悪性の症状は一つとしてない」[17]。そのうえ、出版・新聞界が当時の一般的な世論動向を忠実に反映していたことも疑いない。自由主義者も、平和運動が異教諸国との関係改善の可能性を狭めるばかりではなく、キリスト教諸国間の協力関係をも阻害する危険性があると認識していた点では、民族主義者と同一線上にあった。英米両国では、神聖同盟に対する不信感とジョージ・カニング（George Canning, 1770–1827）［イギリスの外相、首相。「ヨーロッパの協調」体制追随外交を自由貿易に基づく自由主義外交に転換させた］のウィーン会議体制崩壊に際しての安堵の声――「各国は自国のために、神はわれわれすべてのために！」――が、この時代を特徴づけていたのである。

コブデンが平和協会活動に参加する以前から、平和協会の指導層にはこうした時代の雰囲気がわかっていた。したがって、ラッドはつねに、諸国民会議は各国の国内問題にはいっさい介入せず、現状の国家間関係システムにはいっさい変化をもたらさないこと、つまり、諸国民会議が目指すのは、すべての国家が力によってではなく、仲裁によって意見の相違を解決できるようにする全般的な取り極めに過ぎないと力説したのである[18]。その後、二度にわたる万国平和会議の開催によって、平和協会の存在がクローズアップされたときにも、世論の反平和協会的対応を鎮静化させる必要に迫られた。ラッドの腹心エライユ・バリット（Elihu Burritt, 1810–1879）は、諸国民会議の提案説明に際して、国家の自立性を確保するために諸国民会議への各国代表が加盟諸国の議会で選出されるとともに、その決定が議会で批准される必要があると指摘することを忘れなかった[19]。さらに、平和運動に対する支援を自由貿易主義者やイギリス議会から得ようとしたコブデンは、さらに一歩踏み越えた。一八四八年、コブデンの強い指導力のもとで平和会議委員会は英米両国内におのおの国内委員会を組織したが、その目的は明らかに、平和協会にとって受容可能であるばかりではなく、反戦平和主義といっても防衛のための戦争まで否定することにはついていけない平和主義者にも受け入れられる共通の綱領を見つけ出すことだった。翌四九年、彼はイギリス下院において決議案を提出し、その際平和運動の主要な綱領の一つである諸国民会議の設置を意図的に外した。この決議案の骨子は、要するに、国際的仲裁制度の確立のために各国政府との協議を行うようイギリス政府に要求するとともに、その機が充分に熟していると主張することだった。彼が決議案に盛り込む内容を仲裁に限定したのも、反戦平和主義的色彩・キリスト教的色彩を極力避けようとしたのも、ともに意図的なことだった。彼にとって、それが現実的な対応だったのである。「この決議は諸国民会議構想を包含するものでも、千年紀（millenium）［至福千年、千年王国とも言う。キリストが再臨してこの地を統治するという神聖な千年間を待望する信仰］を意味するものでも、無抵抗主義原理への誓いを求めるものでもない」という発言に彼の気持ちが表れている。(20)

この時期以降、万国平和会議が数度にわたって開催され、英米両国政府への決議文が幾度となく提出されるにつれて、諸国民会議設置要求は平和運動内部における反戦平和派と国際協調派との抗争の結果、ますます後景へと追いやられていった。一八四九年の第三回パリ万国平和会議では、平和会議が自由貿易主義者をも取り込もうとすると、ヨーロッパ大陸諸国参加者の大義名文を失わせるというラマルティーヌ（Alponse Lamartine, 1790–1869）やトクヴィル（Alexis de Tocqueville, 1805–1899）からの事前の警告もあって、コブデンの反対にもかかわらず、自由貿易が会議での議論の対象になることはなかった。コブデンや自由貿易論者は、戦争の完全廃棄を打ち出そうとする平和協会主流派の意図を、いわばその代償としてくじいたのだが、このような状況は翌五〇年のフランクフルト平和会議の場でも再現された。パリ会議では、領土的野心と侵略の意図から行われる戦争への政府間融資に反対する世論教育と、諸国民会議創設に向けての世論教育を謳うことで平和協会側は鉾《ほこ》を収め、フランクフルト会議では、さらに後退して、仲裁機関の創設と「自国民の安全保持に必要となる施策の障害とならない」限りでの軍備の削減を各国政府に要請するにとどまったのである。(21)

時代の支配的潮流に合わせるこうした努力は、英米両国の平和運動組織を四分五裂させただけで、ほとんど何も得るところがなかった。自由貿易主義者との共闘を図った一八四三年以降、平和運動の宗教的・反戦平和的色合いが後退し、自由貿易主義者と国際協調主義者が訴える軍縮と仲裁が前面に打ち出されてきた。とはいえ、宗教的熱意の痕跡が平和運動から跡形もなく消え去ったのではないと付言しておく必要があろう。いずれにしても、平和運動側のこうした努力は、英米というアングロサクソン世界以上に、ヨーロッパ大陸諸国においてその実効性のなさが如実に示された。大陸への平和運動の伝播を主目的として開催された一八四三年から五三年にかけての数次にわたる万国平和会議は、結果として、ナポレオン戦争以降における戦争と平和の問題に関してヨーロッパ大陸諸国とアングロサクソン世界の間に横たわる溝の深さをあらためて明らかにしただけだった。この時代における平和運動の特筆すべき点は、国際的な連絡・通信のあり方に起こりつつあった大きな進展の初期的現象を示していたことであり、また平和への訴えが著作物を通してのみ可能だった状況に風穴を開けるかのように、平和協会や平和会議の組織づくりが社会と世論のあり方に起こりつつあった変化を先どりする形で表れていたことである。

こうした状況の進展にもかかわらず、平和運動のヨーロッパ大陸諸国への伝播において主導的な働きをしたのは、相変わらず英米両国の平和協会関係者に限られていた。ロシアに移り住み、一八一八年にその地に平和協会を設立したのは、イギリス平和協会バーミンガム支部のジョーゼフ・スタージ（Joseph Sturge, 1793-1859）を中心とするクェーカー教徒だった。一八六七年以前にヨーロッパ大陸諸国に設置された全国レベルの二つの平和協会——一つは一八二一年設立のフランス平和協会（La Société des Amis de la Morale Chrétienne）であり、もう一つは一八三〇年、セロン（Jean-Jacques Comte de Sellon, 1782-1839）を会長として設置されたジュネーヴ平和協会である——の設立発起人には、多数の英米両国の平和協会指導者が名を連ねていた。こうした状況は、一八四〇年代にフランス各地に設立される平和協会地方支部についても同様だった(22)。四〇年代前半から五〇年代前半のほぼ十年間、数度にわたり開催された万国平和会議はすべて英米の平和協会によって組織され、かつその場で議論に付されたのはつねに両協会が提案する行動綱領、すなわち、軍備の削減、仲裁制度の導入、諸国民会議の設置だった。一八四三年の第一回ロンドン平和会議では、イギリスから二九二名、アメリカから二六名の参加者があったのに対して、ヨーロッパ大陸諸国の参加者は六名に過ぎなかった[23]。その後の十年間をみても、状況が大きく改善されたとはいえない。一八四九年の第三回パリ平和会議には、イギリス代表団が六七〇名もの大所帯で会議の国際性が失われるのではないかと会議の組織運営関係者が危惧するほどだったが、アメリカ二〇名、フランスとベルギー両国一三〇名、その他のヨーロッパ諸国からは三〇名の参加者がいたに過ぎない[24]。一八五一年の第五回ロンドン平和会議をみてみると、全参加者一二〇〇名のうち一〇〇〇名以上がイギリス人で、アメリカからは六〇名である。ただし、この会議には英米両国以外にもヨーロッパ十カ国の公式代表が参加したほか、パリの労働者一二名が大会三日目に会議場に入場し、参加者一同に深い感銘を与えた[25]。翌五二年になると、国際的な平和会議を開催することが早くも不可能な状況に陥り、次回の開催を一八七一年まで待たなければならなかった一八五三年のマンチェスター平和会議とエディンバラ平和会議は、ともにイギリス平和協会単独の催物に過ぎなくなっていた[26]。そのうえ、ヨーロッパ大陸諸国は、英米両国の大方の意見がそうであったように、平和運動に対してただ単に無関心だっただけではなく、むしろ多くの場合、表には出さない敵意を抱きつつ彼らの活動を眺めていたのである。

戦争と平和の問題に対するヨーロッパ大陸諸国の発想とアングロサクソン的発想は、二つの点で異なっていただけではなく、相互対立的だった。ヨーロッパ大陸的発想に立つ知識人の多くにとって、彼らの最終目標に関する限り、アングロサクソン中心の平和運動の行動綱領はあまりに限定的に映った。彼らが求めたのは、平和以上とはいえないとしても、それと同じ程度にヨーロッパの連盟的結合だった。平和問題に関しては、ヨーロッパが直面する政治状況下にあっては、英米の平和運動が先を急ぎ過ぎているというのが大陸側の支配的な意見であり、英米両国のような幸運に恵まれている世界ではともかく、ヨーロッパでは平和を樹立するために限定的であれ各国が協力する機が熟しているとはとてもいえないと考えていたのである。

ヨーロッパ大陸諸国とアングロサクソン世界の最終目標の違いがどこにあるのかを説明するのは、それほど難しいことではない。十九世紀初頭以降になって近代史上初めて、平和の問題がヨーロッパという地政的枠組みを越えた問題となり、そのこともあって、英米両国はヨーロッパ的視点を越えたより広範な視点から平和を考えるようになっていた。平和運動に果たしたアメリカ人の主導的な役割、大西洋国家である英米両国の協力関係の急速な深化、さらにはイギリスのグローバルパワーとしての地位の確立、こうした新たな状況から生み出されるものとして、ヨーロッパ的枠組みを越えた視点以外のものが考えられえただろうか。コブデンがヨーロッパのパワー・バランスについて語ったつぎの言葉は、そっくりそのままヨーロッパの連邦構想にも当てはまるというべきだろう。「ヨーロッパの勢力均衡という言葉は、ヨーロッパがすなわち世界そのものだったときにはそれなりの意味もあったが、いまやすでにその意味は失われた」[27]。一八四四年、滞英中のアメリカ平和協会会長E・C・ベックウィズ（E. C. Beckwith、生没年不詳）は、全世界を対象とした万国平和協会の設立を提唱した[28]。しかしながら、ヨーロッパにおける国家間関係の歴史とヨーロッパの現況は、引き続きヨーロッパ的視点が戦争と平和の問題以上に、ヨーロッパをいかに組織するかという問題を重視していたことを明らかにしている。あるいは少なくとも、この二つの問題は同一の問題に帰着すると思い込もうとしていたことを示している。このことは、現在においてもなお、当時と変わらぬ影響をアングロサクソン世界とヨーロッパ大陸諸国双方に与え続けている。ましてや、ジュゼッペ・マッツィーニ（Giuseppe Mazzini, 1804–1872）がイタリアの民族主義的統一運動に没頭していたこの時期、ヨーロッパがその組織化を平和に優先して考えていたとしても驚くにあたらない。

この違いは、ナポレオン一世のセント・ヘレナ島への流刑そして権力の最終的失墜の瞬間から明らかだった。英米両国では、ナポレオン戦争（一八〇〇～一四年）後の宗教的・道徳的反動のすべてが、政治的動機をほとんどあるいはまったく持たない平和協会に集中的に現れていた。他方、当時のヨーロッパ的対応の代表的な例証としては、最も早い時期にそしておそらくは最も影響力を持った記念碑的な作品であるサン＝シモン（Claude Henri de Rouvroy, Comte de Saint-Simon, 1760–1852）の『ヨーロッパ社会再構築論、あるいは各国の独立を保持しつつヨーロッパの諸国民を単一の政治的実体に再結集する必要性とそのための手段について』（*De la Réorganisation de la Société Européenne, ou de la nécessité et des moyens de rassembler les peuples de l'Europe en un seul corps politique en conservant à chacun son indépendence nationale*, 1814）を挙げることができる。この論文は、ヨーロッパの連邦的組織を目指す構想としては、その広範さにおいて歴史上類をみない。サン＝シモンはこの中で、一つの議会、一人の王を提唱し、議会と王が共同でヨーロッパ諸国による植民地争奪を含む共通の利害を調整するだけではなく、構成国すべての経済・社会問題の解決をも担うものとした。ヨーロッパの歴史とヨーロッパの統一へのかつての努力に訴えることによって、この構想の正当性が図られている。

> かつてヨーロッパは、共通の組織体のもとに団結し、個々人にとって各国政府が意味するのと同様、諸国民全体にとっては単一の包括的な政府が存在し、そのもとで連盟的社会を形成していた。この種の取り組みこそが現状を正す唯一の方策である。……われわれは中世と名づけられた数世紀を毛嫌いしているが……ヨーロッパの政治システムが真にあるべき単一の機関のもとで成立していた唯一の時期が……十六世紀以前のものであることに異論を挟む者はいない。……それ以降の歴史をみてみると、勢力均衡の最終目標である平和がもっぱら戦争だけしかもたらさなかった事実に鑑みて、勢力均衡的秩序が考えられうる最悪の組み合わせであることは明らかである。そこに潜む病巣を剔出《てきしゅつ》し、処方箋を提示したのが、アンリ四世であり、サン＝ピェールだった。……ヨーロッパ諸国民を単一の政治的機構に繋ぎとめようとした両人の試みは、決して現実味のない夢物語だったのではない。なぜならば、六百年という長期にわたって、このようなシステムのもとでヨーロッパが存在し続けた歴史があるからであり、さらに現在と比較しても、中世の方が戦争の頻度においても、その規模においても格段に小さなものだったからである。……[29]

こうした訴えとともにこのような構想を打ち出したのは、一人サン＝シモンだけではない。ナポレオン一世ですら、反ナポレオン的時代状況の只中にいることを自覚しながらも、流刑地セント・ヘレナ島で息子のフランソワ・シャルル・ナポレオン（François Charles Joseph Napoléon Bonaparte, 1811–1832）［後のナポレオン二世。ナポレオン帝国の再建を夢見るボナパルト派の期待を一身に集めたが、病気のため早逝］が、いずれ遠からず平和的手段によって「ヨーロッパを二度と解体することのない強固な連邦的紐帯のもとに統一し」、アメリカ合衆国連邦議会体制と同種のものが「偉大なヨーロッパ世界」に現出する日を待望していたのである。彼いわく、これこそが彼自らが目指したものだったのであって、イギリスの反対があったからこそ、サン＝ピエールやルソーが提唱した構想を武力をもって実現させようとせざるをえなかった。「私が権力の座から失墜し、私が目指した体制が消え失せて以来、ヨーロッパの主要な国家の凝集化と連邦化以外に、いかなる体制もヨーロッパに平和と安定をもたらすことはない。ヨーロッパ諸国民の大義を体現した最初の主権者が、全ヨーロッパの指導者となり、自己の望み通りの政策を遂行できるだろう」[30]。ロシア皇帝アレクサンドル一世（Aleksandr Pavlovich, 1777–1825）が主導的役割を果たした神聖同盟も、そこまでのことは考えていなかった。アメリカ合衆国はともかく、オスマン・トルコ帝国皇帝を除外したヨーロッパ各国の君主諸公によるキリスト教原理遵守の誓いが、ヨーロッパの平和を保証する必要充分条件だというのが神聖同盟の発想だった。神聖同盟はヨーロッパ各国の政治的統合を目指すものではなかったにしても――ロシア皇帝がだれであれヨーロッパの政治的統合を提議することなどおよそ考えられないのだが――、神によって選ばれた主要な独立国家群を「キリスト教的単一国家の構成員」とみなしていたことは否定できない。アレクサンドル一世がこの種の同盟を提案した動機としては、彼がシュリ、サン＝ピエール、ルソーらの平和構想を多少なりとも知っていたことが部分的にしろ関わっていたのである[31]。

ナポレオン一世やアレクサンドル一世に続く世代の手になる平和構想の精神的支柱となったのは、サン＝シモンだった。代表的な構想としては、ピエール・ラルー（Pierre Leroux, 1797–1871）の『完全平和のオルガノン』（*Organon des vollkommen Friedens*, 1837）、グスタフ・ディクタール（Gustav d'Eichthal, 1804–1880）の『ヨーロッパ統一論』（*De l'Unité Européenne*, 1840）、ヴィクトル・コンシデーラン（Victor Considérant, 1808–1893）の『ヨーロッパ政治とフランスの役割』（*De la Politique générale et du rôle de la France en Europe*, 1840）、コンスタンティン・ペケール（Constantin Pecqueur, 1801-1887）の『平和論』（*De la Paix*, 1842）がある。(32) これらの構想は、例外なく連邦国家、単一の中央政府の設立を求めている。マッツィーニを始めとするイタリア統一運動家たちも同じ目標を掲げていたが、マッツィーニはそれを一八三四年、「若きヨーロッパ」（*Giovene Europa*）の規約としてつぎのように定義した。「われわれは、諸国民がすべて完全なる平等のもとで同じ場所に参集し……諸国民がおのおの自国の国益追及と内政管掌の権利を有し、さらに各国の独自性を保持する連邦国家に体現される自由かつ自発的な統一を目指すものである」。(33) こうした方向性は、マッツィーニ主義者、サン＝シモン主義者、その他の急進主義者や社会主義者に限られたものではなかった。ヨーロッパ大陸諸国におけるこの方向への求心力の強さの一例として、ジュネーヴ平和協会を挙げることができる。ジュネーヴ平和協会は先にも指摘した通り、英米両国の平和協会との緊密な協力関係を明確に打ち出しつつ一八三〇年に設立された組織だったが、アンリ四世の「グランド・デザイン」実現に向けた現実的提案に関する論文を公募し、最優秀賞には純金のメダルを贈呈する企画を立案したのは、ほかならぬ設立者のセロンだった。(34) 同様に、フレデリック・バスティア（Frédéric Bastiat, 1801-1850）やヴェジネ（Vésinet、ファーストネームと生没年不詳）らフランスの経済学者が、コブデンの言説に刺激されて一八四七年に組織した自由貿易協会にしても、そこでの国家間関係の将来についての議論が、コブデンを始めとするイギリス側の自由貿易主義者が夢にも思っていなかった「ヨーロッパ合衆国」構想に終始するようになるのは時間の問題だった。(35) さらに、一八四九年の第三回パリ万国平和会議（*Congrés des Amis de Paix*）の開会の辞の中で、大会議長のヴィクトル・ユゴー（Victor Hugo, 1802-1885）は、「世界の二大共同体、すなわちアメリカ合衆国とヨーロッパ合衆国が大西洋を隔ててともに手を携える」日の到来が一日も早からんことを切望すると述べるとともに、つぎの言葉で開会の辞を締めくくった。「ヨーロッパ大陸の諸国民すべてが——君たちフランスも、君たちロシアも、君たちイタリアも、君たちイギリスも、君たちドイツも――各国民固有の独自性と輝ける個別性を失うことなく……諸国民共通の参政権と、イギリスにとっての連合王国議会（Parliament）、ドイツにとっての帝国議会（*Reichstag*）、フランスにとっての国民議会（*Assemblée*）と同様の機能を果たす単一の独立した議会のもとでの真に敬意を払うに値する仲裁制度によって、崇高なる統一体へと導かれ、その結果、ヨーロッパの同志的友誼がその実を挙げる日が遠からず訪れるだろう」[36]。ユゴーのこうした言葉は、当時のヨーロッパ大陸諸国民の意識に深く根差していたのであり、また広く一般に受け入れられていた認識を代弁したものでもあったのである。

連邦国家重視という考え方は、多少なりともヨーロッパとは何かを定義する必要性を喚起させたのだが、この点に関しては、ユゴーほどの奥行きと広がりを持った見解ばかりではなかったといわざるをえない。いずれにしても、連邦国家樹立の前提として民主的政治体制が重要視されていた結果、新生ヨーロッパへのイギリスの参加が当然のことのように考えられていた。かつてベンサムが、英仏両国の合意こそが包括的平和の前提だと考えていたのと同じように、サン＝シモンも統一ヨーロッパ議会の最初の一歩は、共通の議会を有する英仏両国の統一を端緒とすると主張した[37]。ポーランド貴族出身の民族主義的社会改良家チャートリスキ（Prince Adam Jerzy Czartoryski, 1770–1861）は、『外交に関するエッセイ』（*Essai sur la Diplomatie*, 1830）の中で、ヨーロッパ共同体を志向するシュリの構想を強く勧め、その際、サン＝シモンがそうだったように、英仏両国間の協約を目標達成の第一歩とみなしていた[38]。ヨーロッパという概念をして、アメリカをも取り込ませるほど地政的範囲を広げることにはどうしても無理があった。しかし、ユゴーの発言にみられるように、アメリカとヨーロッパの二大連邦国家間には緊密な協力関係と同胞的結びつきが存在するという認識が一般的だった。他方、ヨーロッパ連邦国家は、参加各国において国内的自由が保証されることが前提とされ、この点で、ロシアをヨーロッパ概念に包摂されえないとして除外する考えが支配的だった。

ラッドやバリットらアメリカ平和協会が構想した諸国民会議には、専制主義的国家であっても参入が認められる可能性を否定できない。また、諸国民会議がキリスト教的平和主義を基本理念にしていたこともあって、非キリスト教国家をも含めるのかどうかについては明確ではない。コブデンを初めとする自由貿易主義者や国際主義者が、宗教や政治体制の違いによる区別・差別を容認していなかったことは明らかである。アングロサクソン世界からヨーロッパ大陸に目を移すと、状況は一変する。ロシアが専制国家から脱する可能性は無に等しいというのがヨーロッパの大方の見方だった。一八四八年革命勃発以前のマッツィーニやサン＝シモン主義者であるペケールの連邦国家構想では、ロシアの参入拒否がはっきりと打ち出されていた。マッツィーニの場合、さらに一歩進めて、ロシアと西欧の間に緩衝地帯を設けるために、非ロシア系スラブ諸民族の「若きヨーロッパ」への下部組織的国家群としての参入を認めている。一八四八年革命以降においても、状況に変化はない。マイケル・シャバリエ（Michael Chevalier, 1806–1879）は、「ロシア帝国は徹頭徹尾、自らが主導する統一機構だけを志向した」ことを根拠にして、ロシアをヨーロッパ概念の枠外と規定したが、それは当時の対ロシア観をかなりの程度正確に言い当てたものといえよう。その他、政治的な動機からというよりも、むしろ歴史的・民族的等質性にヨーロッパ連邦国家の根拠を求め、そこからロシアの永久的な排除を主張するものもいた。たとえば、エミール・リトレ（Emile Littré, 1801–1881）の場合、彼の「全西欧」的連邦国家には、カトリック系ポーランド人を例外として、スラブ系民族にはいっさい参入の権利が与えられていなかった。(39)

このように連邦的発想に立ちつつも、その発想を西欧という枠組みに限定して考える傾向がヨーロッパにはあったのだが、それだけがヨーロッパ大陸諸国をして、平和よりもヨーロッパの統一的組織を優先させた原因ではなかった。さらに、そのことがヨーロッパ側の英米の平和協会との協力を頓挫させた直接的な原因となったのでもなかった。それ以上に重大かつ深刻なことは、ヨーロッパ大陸諸国民の大多数が現状のもとでの平和構築の動きに対して、ヨーロッパ統合への動きに対して以上に強い拒絶反応を示したことである。サン＝シモン主義者、社会主義経済学者、マッツィーニ主義者はすべて、数度にわたって開催された万国平和会議をその都度冷ややかな目で黙殺した。彼らにとって、平和運動内の国際主義派は信用するに足りず、ましてや平和主義派は相手にもならない存在だった。それと同時に、彼らは平和協会の提起する諸国民会議構想を、ヨーロッパの改革と共和制化が断行される前にヨーロッパの統一を画そうとする自由貿易主義者の陰謀だと誤解していた(40)。彼らのこうした見方は、政治的・社会的発展という観点に立つ限り、この歴史的時点においては西欧諸国ですらアングロサクソン世界に遅れをとっていた現実を直接的に反映していた。英米両国においては、自由主義と民族主義の充足度がますます高まっていたのに対して、ヨーロッパ大陸諸国においては、この時期に絶対主義への回帰があり、したがって民族主義や自由主義は脇に追いやられていた。平和志向がほぼ平和主義者と自由主義者の専有物と化していたこの時期、本来であれば平和への努力の先頭に立っていただろうヨーロッパの知識人が、平和を少なくとも当面の目標にすえることを忌避したのは、大陸諸国において自由主義と民族主義が広がりを持たなかったことにあった。彼らにとっては、平和の確立以上に、目の前にある政府の打倒こそが当面の重要課題だったのである。

オーギュスト・コント（Isidore Auguste Comte, 1798-1857）は、ヨーロッパ知識人のこうした思いを一八一八年のサン＝ピエール批判論文の中で吐露している。「尊敬すべき師の構想は、それ自体としてはすぐれていたとはいえ、その構想を実現する手段に関する限り、その組合せの点で間違いを犯していたのである。というのは、平和維持の手段として、今日の神聖同盟に類した国王諸公の連合体を提唱していたからである。これでは、狼が羊の番をすべきだといっているのに等しいではないか。……永続的な平和を確立することができるのは……諸王が永続的平和達成の独占的権利を失ったいまをおいてない。……いずれ遠からず、出版物を通じて啓蒙化された世論の力を背景に……人民による統治が行き渡るだろう」(41)。それ以前、一八一四年段階のサン＝シモンの発言も、その主旨においてはコントとの違いはなかった。最大限の緊密性を有するヨーロッパ連邦国家の設置を提唱したサン＝シモンだが、それが直ちに実現されるとは考えていなかった(42)。むしろ彼は、政府間の連盟ではなく、諸国民間に連盟的紐《ちゅう》帯《たい》が成立するまでは、連邦国家構想が現実化されることはありえないとし、つぎのように主張した。

国際会議が次々に開催され、条約も協定も取り極めも次から次へと締結されている。しかし、われわれが行っていることは結局、戦争を招き入れるだけである。……諸国民が再結集する際には……共通の組織体、すなわち共通の政治的機関を持たねばならない。そうでなければ、すべてが力ずくで決定されることになろう。……サン＝ピェールの提案は君主間の連携に過ぎず、結果として十八世紀の不完全極まりない体制を恒久化させようとするものだった。彼は［中世における］以下のような教皇体制に基づくすぐれた制度的原則を等閑に付していたのである。一、諸国民を結びつけるすべての組織は、各国の個別性を尊重しなければならない。二、中央政府は、各国政府とは別の組織でなければならない。三、中央政府は、それ自体の権能を有するのであって、各国政府が有する外的権力に依存してはならず、また世論のみをそれ自体の権能とすることができる。教皇体制下の制度はこれらの原則に則って組織されていたのであって、それゆえにこそ機能不全に陥らずにすんだのである。……封建的支配者に代わる議会主義的政府を、かつてあった教皇体制のすべての部分にすえることができるならば、教皇体制下の制度にまさる完璧な制度を実現させることができるだろう(43)。

ヨーロッパの統一を希求したサン＝シモンは、議会主義的政府が各国に成立することをも、統一に劣らず強く希求したのである。彼が著書のタイトルを『ヨーロッパ社会再構築論』としたのも充分うなずける。その後、自由主義的な希望が失速し、ヨーロッパでの自由主義と専制主義との主導権争いが苛烈になるにつれて、サン＝シモン的状況認識が広く受け入れられるようになり、その結果、平和への関心がいままで以上に後景へと追いやられることになった。平和達成の手段として、引き続き連邦国家形成推進の立場をとる知識人は、彼らのモデルとして一八一五年に成立したドイツ連邦（*DeutscherBund*）［ウィーン会議の結果成立したドイツの統一国家組織、一八六六年の普墺戦争で連邦は瓦解し、北ドイツ連邦ついでドイツ帝国創設にいたる］を引き合いに出すことが少なくなかった。しかし、彼らが例外なく指摘したのは英米両国であり、両国は彼らの構想が現実化される前段階にあって、ヨーロッパが改革されるべき道筋を示す指標だったのである。彼らは多くの場合、連邦国家成立という黎明《れいめい》の前には、長期にわたる戦争と革命の荒波をこうむらざるをえないと考えており、しかもこのように考えることだけで満足していたのではなかった。この点では、つぎのような見解を提示したペケールは例外的な存在だったといえる。国際的な統治機関の発展は、国民国家の発展と同様、「制度立案者や改革者が構想するような形で達成されるのではない。その発展はわれわれの選択の結果でも、全会一致の決定の結果でもなく、ましてや場所を問わずどこでも同一の方法論に則《のっと》って起こるのでもない。……古い社会は、ちょうど古木が年輪を重ねて成長するようにゆっくりと発展するのである」(44)。しかし、ヨーロッパの知識人の多くは、かつてヨーロッパに存在した統一的体制への復興を願い、その願望をつぎのようにいい表した。かつては君主諸公が、最近ではフランス革命とナポレオン一世がヨーロッパを支配し改革することを目指したとほぼ同じように、ヨーロッパのどこか一カ国が力ずくでもヨーロッパの改革を断行せざるをえない。

自由主義的改革の希望がいまだ失せていない時期に、サン゠シモンはつぎのようにフランス人同胞に呼びかけ、彼らを鼓舞した。「いまやわが祖国フランスは自由主義の原則擁護のためにイギリスと手を組むことができるのだから、残されているのはただ一つ、二カ国の力を統合しその力をヨーロッパの再構築のために使うことである。英仏連盟は……ヨーロッパの現状を変えることができる。なぜならば、両国の連盟体はこの二カ国を除くいかなるヨーロッパ諸国よりも強力だからである。諸君！　ヨーロッパにおけるこの革命を推し進めることは、諸君の双肩にかかっている」(45)。『ヨーロッパ政治とフランスの役割』を著したコンシデーランの場合は、サン゠シモン以上に過激である。ヨーロッパの統合に向け、必要があれば武力を用いてでもフランスが主導権を握るべきであるとする(46)。こうした立場は、一八四八年革命の際、パリの一部革命家たちが設定した目標の一つでもあった。革命家ベルナール・ド・サラン（Bernard de Sarrans, 1796–1894）が、フランスは共和制時代、帝政時代、さらにはそれ以前の絶対王政時代に友好関係にありいまは抑圧されている諸国民との同盟関係の復活を宣言すべきであるというとき、彼の真意は「ローマに対抗してキリスト教世界を守ったのは誰か。フランスである。ヴェネチアの専横主義からヨーロッパの海岸線を開放したのは誰か。フランスである。オーストリア・ハプスブルク家の恐怖に満ちた政治を打ち破ったのは誰か。フランスである。プロテスタンティズムと哲学的反乱に抗して勝利を収めたのは誰か。カトリック・フランスである。いついかなる時でもフランスなのである」[47]ということにあったのである。抑圧された諸国民のためには戦争を擁護せざるをえない現実こそ、世界の不健全さの一証明だと考えたルイ・ブラン（Louis Blanc, 1811–1882）は、フランスの中産階級を槍玉に挙げ、彼らが「あまりに平和志向的である」という点を彼自身の民族主義理解に基づいて激しく批判した。通商上の利益拡大という動機に満ちたイギリスは、他国の支配を目論んでいる。こうした現況下におけるフランスの果たすべき役割は、それら諸国をして自由の道へと前進させるべくフランスの力をもって援助し、またいうまでもなく、フランス自身をしてイギリスの支配から救い出すことである。「ここ十年間の平和は、一世紀間の戦争がもたらす以上の災厄をわれわれに浴びせかけてきた」[48]。さらに、ナポレオン三世に関していうならば、ヨーロッパの指導的権力を目指す彼の外交政策が、叔父ナポレオン一世の業績やサン＝シモンの著作に限らず、これらフランス中心主義的急進派の見解からの影響を受けていたことは否定できない。「私の目的は、以下の証明にある。すなわち、全能の神がシーザーや、シャルルマーニュや、ナポレオンのような傑出した人物を生み出すとき、人々には自ずから道が示されるということを。……偉大な人物につき従う者こそ幸いなれ」[49]。

この種の意見はフランスにだけ見られたのではなく、他国の軛《くびき》につながれていたヨーロッパ諸国民の指導者にも共通した意見だった。イタリアのカトリック僧ヴィンセンゾ・ジオベルティ（Vincenzo Gioberti, 1801–1852）は、マッツィーニの顔色を失わせるほどの極端な意見を『イタリア人の道徳的・市民的優越性』（*Del Primato Morale e Civile degli Italiani*, 1843）の中で打ち出している。彼の場合は、現世的な平和への関心は無に等しく、キリストの再臨による千年紀の到来までの戦争状態の不断の続行を呼びかける。それはあたかも、戦争を千年紀到来の手段としているかのようだが、そのうえで、連邦化したヨーロッパを指導するに値する国はイタリアだけであるとする[50]。マッツィーニは、「未来と敵対する」古いタイプの支配者による神聖同盟、すなわち「特権に基づいた各国政府の連盟関係」が解体されない限り「諸国民による神聖同盟」が成立することはありえないという立場であり[51]、一八三二年には、その解体の目指すところをつぎのように述べている。「戦争を忌避してはならない。イタリアの大地が解放されるときまでは、講和も休戦も論外になるほどの苛烈さをもって戦わなければならず[52]」、民族自決を達成するためには、「必要ならば剣をもって」、単に「ゲリラ戦法」によるのではなく「大衆的戦争」によって戦わなければならない[53]。一八四七年になると、彼は「ヨーロッパの四分の三をその掌中に収めている比類なき支配者の「力」(Force)をそのままにして、汚れきった邪悪な目的のために、ときも場所も方法もその支配者の恣意のままに干渉してくるのを傍観しながら、平和と不干渉を説法していれば、それで充分だとでもいうのだろうか」と挑戦的に問いかけた[54]。さらに一八五三年には、この問いかけに自ら答えるかのように、コブデンとは真っ向から対立する見解を提示した。イタリアが「いま果たすべき義務は戦争である。……この戦争は、「人」は自己の意志を奪われた奴隷状態のまま居続ける運命にあるのかという古くて新しい問題に決着をつける戦争であり……「真実」と「正義」を取り戻す崇高な理念を掲げて、専制政治の阻止を目指す戦争であり……諸国民に自由と幸福をもたらす戦争であり……政治的自由と宗教的自由を王冠のごとく戴《いただ》く戦争である[55]」。

これと同じ文脈において、マルクス（Karl Marx, 1818-1883）は『共産党宣言』（*Communist Manifesto*, 1848）の中で、戦争こそが平和へのただ一つの道であると説いた。「一個人によるほかの個人の搾取が廃止されるにつれて、同じように一国の他国に対する搾取も廃止される。国民の内部における階級の対立が消滅するとともに、国民相互の敵対的立場も消滅する」。彼は社会革命の手段として階級闘争を称揚したのだが、それと同時に自国ドイツに階級闘争を生起させる手段として、さらには階級闘争をほかの諸国にまで拡大させる手段としても、民族主義と世界的規模での戦争を正当化した。この点で、彼は一八四八年のデンマーク戦争［デンマーク王国と同君連合関係にあったシュレスウィヒ＝ホルシュタイン両公国の帰属をめぐるプロイセンとデンマークとの間の係争戦争。プロイセンの強大化を恐れた英仏露三カ国が干渉し、一八五二年のロンドン会議で同君連合を維持することで決着」を、プロイセンを東のロシア、西のイギリスと対峙させることによって、「眠りこけているドイツの民族運動を覚醒させるより進歩的な戦争」とみなしていた(56)。マルクスにとってのマッツィーニのように、またこの両人にとってのヘーゲル（Friedrich Hegel, 1770–1831）やクラウゼヴィッツ（Karl von Clausewitz, 1780–1831）のように、政治的・社会的体制が抜本的な改革をみるまでは、「戦争はほかの手段をもってする政治の継続である」というクラウゼヴィッツ的信念が彼らに共通する思いだったのである。

ヨーロッパ大陸諸国の知識人が目前の平和に関心を示さなかったのは、彼らの思考回路が強く連邦主義的方向、すなわち、ヨーロッパ連邦国家の創設に向けられていたからなのだが、そのほかに、ヨーロッパ大陸世界がベンサム、ジェイムズ・ミル、コブデンらが活動していたアングロサクソン世界の歴史的経緯や政治的環境とは非常に異なっていたという事実からも説明できる。このことからさらに、つぎの事実が浮かび上がってくる。すなわち、大陸諸国とアングロサクソン世界の思想界は、相異なる環境のもとでおのおのの共通認識に基づいて、国家間の諸問題に関する相互に異なる結論を導き出した。つまり、政治的状況と歴史的経験に関する限り、両世界は別々の方向へと袂《たもと》を分かつのである。ただし、知的営為と理解の点では、両世界とも同じ様相を示していたことを見逃してはならない。

ヨーロッパ大陸と類似した状況下においては、アングロサクソン系の知識人も大陸系知識人と同じような見解に立つことを示す例証を一つ挙げるとするならば、英米の自由主義的発想の底流にも刻印されている政府に対する強い不信感にそれをみることができる。英米の自由主義者は、英米的自由主義がヨーロッパ各国の反動的政権打倒には役立たないとしても、神聖同盟を唾棄すべきものとみなしていた点では、ヨーロッパの自由主義者と遜色はなかった。彼らの自国政府に対する態度は、ヨーロッパ大陸諸国政府に対する態度と比べるとはるかに穏やかだったが、それでも政府に対する不信感には事欠かなかった。この点では、自由貿易主義者ジョン・ブライト（John Bright, 1811-1883）は、平和主義者のラッドやコブデンよりも徹底している。一八五〇年代以降の彼は、政府が戦争を行う際の戦費は労働者階級によって賄われており、その戦争での最大の被害者もまた労働者階級だという論陣を張っていた。ラッドやコブデンに代表されるあらゆる形態の政府に対する侮蔑の念は、時間の経過にともなって自国政府に対する批判的な眼差しへと広がりを持たざるをえなかった。一八三〇年代、英米両国の平和協会がおのおの自国の議会で動議戦術を展開し、その他各国の議会に対しては請願書を提示するようになったのは、主としてラッドの影響によるものだったが、彼自身の政府全般に対する考え方は、彼のアメリカ連邦議会への動議提出にも等しく当てはまるつぎの言葉に表れている。「国王や女王に奏上することで、何か得るものがあるのかと疑問を差し挟む向きもあるだろう。われわれが彼らに期待するものはほとんど何もない。しかし、彼らの地位の高さを最大限利用し、われわれの主張を広く知らしめる広告塔として利用する価値がまったくないわけではない」(57)。コブデンの場合も、彼が平和運動の行動綱領の穏健化、つまりイギリスの議会や外務省にも受容可能な綱領にしようと力を尽くしたのは、すべて戦術的配慮のなせる業《わざ》である。「国家間の交渉は、全体としては個人間のつき合い以上のものであるはずはなく」、そこに政府が介入するのは要らぬ世話以外の何物でもない(58)、という彼の絶対的な確信からするならば、戦術的配慮は実にとるに足りないことだったのである。

同一方向に進みながらも、重要性という点では前記のこと以上に大きな意味を持っていることがある。英米両国の自由主義者が、この点では平和主義者も例外ではないが、大陸諸国の自由主義者が主張する戦争正当論をときとして取りあげていた事実である。たとえばディヴィド・ソロー（Henry David Thoreau, 1817-1862）は、政府の手になる戦争には反対だったが、アメリカ社会を搾取している階級、すなわち、南部の奴隷所有者を打倒するための戦争を容認する点では人後に落ちなかっただけでなく(59)、この点に関する限りマルクスと同じ立ち位置だった。さらに、アメリカの奴隷制度について、アメリカ平和協会の非暴力・不服従の不徹底さに抗議して、一八三八年に協会を分裂へと追い込んだウィリアム・ロイド・ギャリソン（William Lloyd Garrison, 1805–1879）は、一八五六年、「われわれが現在直面している危機的な諸問題から判断する限り、戦争か平和かという問題は二義的な問題である」と言明し、アメリカから奴隷制度を根絶する手段としての戦争を容認する立場を鮮明にした。南北戦争が刻一刻と近づきつつある状況は、アメリカ平和協会にとってきわめて由々しき事態だった。なぜならば、厳格なクェーカー教徒を除き、反戦平和の担い手である協会員は同時に全面的奴隷廃止論者の主力でもあったからである。こうした状況は、ディケンズ（Charles Dickens, 1812–1870）が歴史小説『バーナビー・ラッジ』（*Barnaby Rudge*, 1841）の中で描いた、ジョージ・ゴードン卿（Lord George Gordon, 1751–1793）［一七八〇年の反カトリック暴動を扇動した一風奇矯なイギリス人貴族］の支援募金運動に応じた人々のリストを呼びあげるつぎの情景を思い起こさせる。「理性の友、半ギニー。自由の友、半ギニー。平和の友、半ギニー。慈善の友、半ギニー。慈悲の友、半ギニー。……［ギニーは一八一三年まで流通していたイギリスの金貨］」。彼らアメリカ平和協会員は、南部が戦争という脅威ではなく、合衆国への反逆という脅威を与えていると主張することで、良心の呵責《かしゃく》をやわらげようとしたのである。アメリカの連邦制度維持を旗印にして戦争を正当化した彼らの態度は、戦争を連邦制度創設の手段として正当化したヨーロッパ大陸諸国の知識人の態度と、その本質においてそれほど違っていたとはいえない(60)。

こうした極端な考え方は、状況の緊迫化という異常事態の産物だったが、それだけに限られていたのではない。アメリカ平和協会をはじめとする平和主義者の中の穏健派についてもいえることだが、戦争を必要悪とする見解はアングロサクソン的自由主義の社会観・国家観からも演繹されうるとらえ方だった。それは一人ひとりの行動は利己的なのに対して、個々人相互間には天賦の調和が存在し、したがって政府の干渉の最小化と正しい方向づけが現実化される場合に限って、公正かつ進歩的な社会を生み出せうるという信念に基づいていた。この天賦の調和は、過度の干渉と悪しき政府を回避するための予防措置の軽重に応じて、進歩的な社会のあり様を決定する。ちなみに、ジョン・スチュワート・ミル（John Stuart Mill, 1806–1873）は『自由論』（*On Liberty*, 1859）の中で、過度の干渉と悪しき政府を「政府による過度の放縦、さらには……行政府の最も重大な過ち」として斥けていた。自然に反する特権やその他封建的な権力の濫用が行使されているとするならば、それは悪しき政府によって支えられているからであり、そうした政府は攻撃対象として最終的に打倒されなければならない。以上のようなアングロサクソン的自由主義の個人と国家に関する考え方が、国家間関係にもそのまま適用されるのである。ベンサムの時代以降、英米両国の戦争と平和の問題に対する態度の底流にあったのは、政治的目的の追求ではなく、物質的・経済的目的追求の重視だった。つまり、前代の政府と国家というとらえ方とは対照的に、国民と社会というとらえ方が前面に打ち出されるにつれて、政府間関係や国家間関係が不調和から逃れられない関係なのに対して、諸国民関係や社会間関係は天賦の調和に恵まれるという確信を高めたのである。さらに、こうした確信はつぎの確信へとつながっていく。社会間における啓蒙化された世論の自由な往来に基づく進歩が政府間関係を払い退け、そしてそのあかつきには、つまり、国家間関係が諸国民の関係あるいは諸民族の関係に代置されるときには、物質的にはばかばかしいほど無益であり道義的にも許せない戦争は、自由で平和な経済競争にとって代わる。さらに、それにもかかわらず紛争が発生する場合には、司法的手続きによってごく簡単に解決策が見出されるという確信を生み出したのである。

アングロサクソン世界の政府に対する不信感はともかく、予定調和的な千年紀に対する憧憬《しょうけい》は、ヨーロッパ大陸世界においてもみられた現象である。ヨーロッパ大陸の政治に対する不信感と千年紀に対する憧憬は、憎むべき政府の防御が非常に堅固で、待望久しき至福千年がますます遠ざかっていることもあって、その広がりの点においても強さの点においても、英米両国の場合を上回っていた。しかし、ヨーロッパ大陸の場合も、国家間関係とそこから生じる戦争と平和の問題を、アングロサクソン世界と同じ前提に立って認識していたのである。ヨーロッパ大陸の知識人が平和を先送りすべき対象とみなした理由は、平和は国家間の不断の闘争によってのみ得られる最終的成果であるというカント的確信からではなく、むしろ憎むべき政府を打倒するまでは、平和状態を当面先送りせざるをえないというベンサム的主張に与《くみ》していたからである。また彼らが平和の確立とヨーロッパ連邦の成立を同一視していたのは、ヨーロッパの歴史的伝統という力がその背景にあったからだけではない。それは同時に、平和は個別国家間の長期にわたる関係調整プロセスによってのみ生み出されるというカント的結論とは真っ向から対立する考えにとらわれていたからでもある。換言するならば、国家間関係を諸国民間の関係と多様な社会間の関係に置き換えることによって、つまり、旧秩序下の政府を打倒し、各国に公正な社会システムを樹立することによって、平和は自動的に生み出されると彼らが信じていたからである。政治的状況や歴史的状況が異なることを理由に、平和に対するアングロサクソン的関心を共有せず、連邦形態に対するアングロサクソン的無関心を理解しなかった彼らヨーロッパ大陸の知識人ではあったが、そこから導き出された異なる結論は、その相違にもかかわらず、アングロサクソン的結論が生み出されたのと同じ鋳型《いがた》で形作られていたのである。

サン＝シモンは、ベンサムとは異なり、単一のヨーロッパ議会を望み、単一のヨーロッパ国家を望んだ。しかしながら、英仏二カ国の統一議会が至福千年にわたるヨーロッパの究極的安定への第一歩であり、「ヨーロッパの諸国民がすべて単一の議会主義体制のもとに入るやいなや、単一のヨーロッパ連邦国家が難なく成立し機能しはじめる」とサン＝シモンがいうとき、彼は意識するかしないかにかかわらず、完全にベンサム的伝統の中で発言していたのである。彼にとってもコントにとっても、さらには彼らに続く十九世紀前半の大陸系知識人にとっても、連邦政府がその本来の不可侵かつ無誤謬の機能を全うできるのは、ヨーロッパ連邦構造の中での世論への絶対的信頼があってこそなのだが、こうしたとらえ方自体、ベンサム的伝統を色濃く映し出している(61)。マルクスもマッツィーニも例外ではない。マルクスについては、社会的条件が充足された後の恒久平和の実現方法に関して、彼は何一つ明らかにしていないと指摘されることが少なくない。マッツィーニに関しては、共和制的理念が各国の国内政治とヨーロッパの再配置に関する取り極めに充分に浸透した後のヨーロッパ連邦がとるべき連邦形態についても、またその実現へのプロセスについても、彼はいっさい言及していない。そのための前提条件が一度たりとも満たされたことがないという事実が、彼らの態度を部分的に説明していることは否定できないのだが、しかしそれは同時に、少なくともこの点に関する限り、両人ともベンサム的、コブデン的発想に立っていたからでもあった。

　マルクスは、恒久平和に対する揺るぎない信念の持ち主だった。彼は恒久平和について語ることが少なかったが、それは国家の消滅にともない恒久平和が自動的に招来すると確信していたからである。マッツィーニにとっては、来るべきヨーロッパ連邦は「すべての民族の完全なる平等性という原則のもとで……各民族が自民族の利益、自民族に固有の問題、自民族の個別的特性の主権者である」ことが保証される連邦体制、そのことがきわめて重要であった。しかし彼は、自ら列挙したこうした民族主義絶対視的条件とヨーロッパ連邦への過大な期待との狭間からいずれ生み出される矛盾に目を向けようとせず、彼をして民族の完全なる自決がヨーロッパ連邦の自動的な招来をもたらすと盲信させるほど、民族自決の可能性に期待を寄せていたのである。一八四九年段階でのマッツィーニは、将来のヨーロッパの組織について、ベンサムやコブデンとほとんど区別のつけがたいとらえ方、すなわち、連邦的つながりの必要性に代わる、同胞愛精神に裏打ちされた結びつきを重視するとらえ方をしていた。「労働の分業が工場の中においてみられるごとく、国民性は人間性に即応したものでなければならない」。「多様な国民的特性に配慮し、人口の点においても、地域的広がりの点においても、ほぼ等しい一定数の国家群からなるヨーロッパへの再編が時代の潮流であることは疑問の余地がない。かくして成立した国家群は、相互に民主的手続きを通じて緊密度を増すとともに……国家間関係に関する事項についても、共通の信条、共通の盟約のもとで、その連邦的統一性を時間の経過とともに増大させていく。来るべき将来のヨーロッパは、国家の絶対的自立性がもたらす混乱状態と国家による征服の集中化をともに排除した一つの統一体である」(62)。つまり、マッツィーニの主張は、民族に固有の国民性が満たされない限り、いかなる国家間機構も受け入れる対象とはなりえず、その反対に、国民性が充分に満たされる場合には、いかなる国家間機構かという問題ではなく、必要に応じた国家間機構が自然発生的に生み出されてくるということに帰着するのである。

注

（1）　T. Paine, *The Right of Man, in Complete Writings of Thomas Paine*, ed. P. Foner, I, 342. K. N. Waltz, *Man, the State and War* (1959), 101 も参照。

（2）　A. C. F. Beales, *The History of Peace* (1931), 49.

（3）　*Ibid.* ch. III.

（4）　*Ibid.* 53.

（5）　*Ibid.* 62–63; S. J. Hemleben, *Plans for World Peace through Six Centuries* (1943), 104–13.

（6）　P. Renouvin, *L'Idée de Fédération Européenne dans la Pensée Politique du XIXe Siècle* (Oxford, 1949), 4.

（7）　Hemleben, *op. cit.* 110–11.

（8）　Beales, *op. cit.* 63.

（9）　*Ibid.* 66.

（10）　*Ibid.* 76.

（11）　*Ibid.* 47, 56.

（12）　*Ibid.* 70–71.

（13）　W. D. Grampp, *The Manchester School of Economics* (1960), 2–3, 7, 24, 51, 100–02, 117–18, 127.

（14）　W. H. Dawson, *Richard Cobden and Foreign Policy* (1926), 13, 60; J. A. Hobson, *Richard Cobden, The International Man* (1918), 34–37.

（15）　Beales, *op. cit.* 50–51.

（16）　*Ibid.* 77.

（17）　*Ibid.* 68.

（18）　Hemleben, *op. cit.* 106–07, 109, 112–13.

（19）　Renouvin, *op. cit.* 17–18.

（20）　Beales, *op. cit.* 76–78; G. B. Henderson, 'The Pacifists of the 1850s' in *Crimean War Diplomacy* (1947), 128.

（21）　Beales, *op. cit.* 79–81.

（22）　*Ibid.* 51, 54–55, 58–59, 69.

（23）　*Ibid.* 67, 68.

(24) *Ibid*. 78-79.
(25) *Ibid*. 82-83.
(26) *Ibid*. 83-85.
(27) *Ibid*. 57.
(28) *Ibid*. 74.
(29) J. Hodé, *L'Idée de Fédération Internationale dans l'histoire* (1921), 188-91; Hemleben, *op. cit*. 96-97; Renouvin, *op. cit*. 16-17; A. Pereire (ed.), *De la Réorganisation de la Société Européenne* (Paris, 1925).
(30) Hodé, *op. cit*. 203-04; Renouvin, *op. cit*. 22; F. M. Stawell, *The Growth of International Thought* (1929), 213-15.
(31) Hemleben, *op. cit*. 97-102.
(32) Renouvin, *op. cit*. 5-7.
(33) *Ibid*. 7.
(34) Beales, *op. cit*. 55.
(35) Renouvin, *op. cit*. 8.
(36) *Ibid*. 3; Beales, *op. cit*. 79.
(37) Renouvin, *op. cit*. 16.
(38) *Ibid*. 16.
(39) *Ibid*. 15-16. Hodé, *op. cit*. 223-24.
(40) Renouvin, *op. cit*. 9; Beales, *op. cit*. 92.
(41) Auguste Comte, *Letters à M. Valat*, 73. E. York, *Leagues of Nations* (1919), 162-63における引用。
(42) Renouvin, *op. cit*. 6.
(43) Hodé, *op. cit*. 188-89, 190-92.
(44) *Ibid*. 212.
(45) *Ibid*. 188.
(46) *Ibid*. 213.
(47) *Ibid*. 221.
(48) Louis Blanc, *1848, Historical Revelations* (London, 1858), 211, 214, 216; *The History of Ten Years* (2 vols. London, 1844),

II, 653–54.
(49) Hodé, *op. cit.* 226–27.
(50) D. Mack Smith, *Italy* (1959), 10.
(51) Mazzini, *Life and Writings*, 6 vols. (London, 1864-70), I, 256; III, 7.
(52) *Ibid.* I, 129.
(53) *Ibid.* I, 277; *Essays of Mazzini* (ed. Bolton King, 1894), 292.
(54) *Selected Writings of Mazzini* (ed. N. Gangulee, 1945); 143. K. N. Waltz, *op. cit.* 107–08 における引用。
(55) *Ibid.* 109–10.
(56) L. Schwarzschild, *The Red Prussian* (1948), 190 における引用。
(57) Beales, *op. cit.* 89.
(58) Cobden, *Speeches*, ed. John Bright and J. E. Thorold Rogers (1870), II, 161.
(59) C. J. Friedrich, *Inevitable Peace*, 227–28.
(60) Beales, *op. cit.* 60, 91, 104–07.
(61) Renouvin, *op. cit.* 15; Hodé, *op. cit.* 191.
(62) Mazzini, *op.cit.* I. 275.

第7章　クリミア戦争から国際連盟へ

十九世紀中葉以降、前章で詳述したアングロサクソン世界とヨーロッパ大陸諸国の基本的な確信は、徐々に後退を余儀なくされていった。この確信が死に絶えたというのではない。また、部分的だったとはいえ、以前と何ら変わらぬ強い確信であり続けた事実を否定するものでもない。しかしながら、［国家間システムの］錯綜したプロセスがこの確信のベースとなっていたコンテクストを全面的に改変させたのである。戦争忌避への関心は、以前とは比較にならないくらい広がりを持つようになり、またその議論も、道徳的熱意と平和主義的信念に基づいて戦争反対に引き寄せられた人たちだけの専有物ではなくなっていた。それとともに、社会と国家の対抗関係、すなわち、政府とその構成員である国民との避けがたい対立に対する信仰に近い確信が、いまや多くの人にあっては、政府をはじめとする政治的共同体のそれまでとは異なる新たな理解へと道を譲っていたのである。

平和を維持することへの関心の広がりは、部分的には、平和運動の影響によるものである。一八五三年段階での『マンチェスター・エグザミナー』（*Manchester Examiner*）の論説をみてみよう。「平和協会の主張は、たしかに奇想天外ではあるが、われわれ一人ひとりの心の中に一定の地歩を占めてきたことは否定できない。いまや、政治家は戦争という手段に訴えるのを尻込みするようになっているのだが、それは単に戦争にともなうリスク、費用、国民からの不支持の声を考慮せざるをえないからだけではない。人間性そのものに計りしれない災厄をもたらしかねない輩《やから》の道義的責務という新たに生み出されてきた人間的感情のなせる業でもある」(1)。こうした制約があったにもかかわらず、十九世紀中葉からの四半世紀間、戦争の頻発を防ぎえなかったことも事実である。しかしながら他方、それ以前四十年間にわたり深刻な対立を回避してきた世界であり、それは同時に、戦争の破壊性という点では飛躍的な技術革新を遂げ、さらに国家間相互の関係についてもますます分離不能になりつつある世界を経験した中での戦争の頻発という状況が、皮肉にもこの時期に戦争への制約を際立たせることになった。

この分離不能への方向性、つまり統合化・融合化への方向性は、ヨーロッパ世界全体の国家間レベルに限ってみられる現象だったのではない。個別国家自体も、内部的に統合化・融合化への方向性を加速させていた。知識とテクノロジー両面の飛躍的増大と相まって、社会の工業化・複雑化が促進されるにつれて、社会の本質的変化が余儀なくされ、そのことが同時に、政府の国内各界各層の代表的性格の増進、政府の効率的運営の拡大、さらには政府の調整機能の強化が余儀なくされたのである。社会の本質的変化は、他方で、政府機関の効率的運営と参政権の漸進的拡大にともなって、世論の大勢を国家との調和的形成へと向かわせた。こうした統合化・融合化への方向と工業化・複雑化への方向がはっきりと示された一八六〇年代以降、ヨーロッパの先進諸国においては例外なく、政府と社会の重層関係がその緊密度・不分離性を増すという際立った変化を招来させた。この変化は、国民感情の性格の変化に最も特徴的に表れている。共同体への帰属意識が、国民感情とはまったく異なる別種の表出概念だったり、政府とは何ら接点を持たない反政府的な表出概念だった長い歴史的プロセスを経て、ようやく国家そのもの、さらには国家の諸機関と国家的シンボルがナショナリズムの受皿として中心的な機能を果たすようになるのである。近代的国家観に則していうならば、近代国家の到来を告げる証しはこのことにとどまらない。社会主義の高揚である。近代社会主義は、多くの大衆への訴えかけに成功したこととは別の理由において、自由主義の時代潮流的後継者だったばかりではなく、論理的後継者でもあった。このことは、所期の目的を達成した後の国家の漸進的消滅に信を置く社会主義だったにもかかわらず、その目的達成のためには、近代的統治組織のあらゆる力を能動的に利用する点に見事に示されている。社会の統合化・融合化の増進に関しては、平和運動組織に表れた変化がそのことを明示している。一八八九年までの平和運動は、国際的な連合組織を志向しながらもそれを充分に実現させえぬ個々人からなる個別集団的組織に過ぎなかった。一八八九年になると、こうした個別集団的組織が列国議員会議（Inter-Parliamentary Conference）の組織化と万国平和会議の再開催によって大きく統合化・融合化の方向へと前進したが、(2) そこには依然としてしっかりとした国内組織を決定的に欠いていた。各国内の各種の平和運動グループが国内において平和会議を開催し、そのための国内執行委員会を設け、その結果、毎年恒例の万国平和会議開催に先立って、各国共通の政策決定のための議論の場が持てるようになるのは、一九〇二年以降のことだった。(3)

上記の変化はいうまでもなく、当時の人々の国家間関係への理解、すなわち、戦争と平和の問題に対する彼らの考え方にも映し出されざるをえなかった。政府に対する批判的言辞や政府との対立的関係が、時代の流れの中で次第に後景へと追いやられていくにつれて、理想主義的傾向を最も濃厚に持ち合わせていた人々の手になる平和構想でさえ、いまや国家の権力が増大しつつある現実を無視できなくなっていた。国家間の諸問題に対する関心が、事実上、政府批判者たちの専有的関心事ではなくなり、政府を敵対視しない新たな国際公法学者や政治学者も国家間の諸問題に関心を向けはじめた。法学の徒、政治学の徒としての彼らが提示した平和構想の青写真は、経験主義的なものであり、現実に則したものであって、この時代、経験主義的であることは、何よりも国家の性格の変化と国家の権力の増大を最大限考慮することにほかならなかった。こうした状況の中で、きわめて緩慢かつ不本意ながらも、各国政府自らが戦争と平和の問題に思いをめぐらすとともに、少なくとも近代史上初めて平和構想の青写真を検討せざるをえなくなった。ただし、各国政府が平和構想の検討に着手しはじめる以前からすでに、時代の支配的な態度が国家中心主義的なナショナリズムの隆盛と一国内における統合化・融合化の推進によって醸成されていたこと、またこの変化に適応した形で、時代の支配的潮流が再度生み出されたことを見逃すわけにはいかない。

この進展こそが平和構想の歴史の中で、この時期を特徴づける最大のポイントである。ダンテの時代から十八世紀中葉までの平和構想史の最大のポイントは、秩序の名のもとにおける単一の絶対的権威によって護持される単一の政治システムという長期にわたって底流をなしてきた考え方から自らを解き放ち、さらにそれを乗り越えていこうとした個別国家が、平和状態をいかなる国家間機構によって達成・保持するかをめぐって相争う個別国家間の認識上のぶつかり合いにある。この認識上の衝突から生み出されたのが、まず最初に、個別国家相互間において最大限強固な連邦国家を創設しようとする構想であり、ついで、ルソー、カント、ベンサムらによる連邦国家創設構想に対する厳しい批判とその構想を積極的に遺棄する考え方である。十九世紀中葉以降第一次大戦にいたる期間における平和構想史上の最大のポイントは、種々の国家間の問題を平和裡にかつ個別具体的に解決するという限定的な目的のための国家間機構をめぐる認識上のぶつかり合いということになろう。しかもその際、かたやかつての国家を上回る力を有し、国内的にも統合化・融合化の点で格段の進展をみせていた個別国家が全面的な連邦的統合によって戦争を回避する発想と、かたや個別国家から成り立っている世界にあっては、平和状態の維持を目的とした国家間機構の必要性は皆無であるというベンサムおよびジェイムズ・ミル以降の世代が打ち出した対極的発想の狭間にあって、その呪縛から自らをいかに解き放ち、いかにそれを乗り越えるのかが問われることになるのである。

こうした両極に鋭く乖離した二つの考え方の中間的な道、つまり国家連合的発想［国家主権を保持する一方で、共通の対外政策遂行のための合議体を形成しようとする考え方］は、この時期に特有の現象だったわけではなく、近代史上、幾度となく生起してきた発想でもあった。すべての一般化にはつねに例外がともなうという格言が、この場合にも当てはまる。いずれにしても、たとえばナポレオン一世の時代、国家間の協力関係ないしは同盟関係が戦争防止の充分条件だと主張したのは、神聖同盟の首魁だったロシア皇帝アレクサンドル一世や「会議体制（コングレス体制）」に参集したヨーロッパの列強諸国だけではなかった。ドイツ連邦（*Deutscher Bund*）の成立を議論の出発点に据えた『ヨーロッパの連邦国家草案』（*Entwurf eines europäischen Staatenbundes*, 1814）の著者、ドイツ人哲学者カール・クラウゼ（Karl Christian Friedrich Krause, 1781–1832）も同様のとらえ方をしていた。また、たとえば、十九世紀前半のフランスの平和構想に関する著述は、エミール・ド・ジラルダン（Émile de Girardin, 1806–1881）やアンリ・フォガレー（Henri Feugueray, 1813–1854）に代表されるように、もっぱら政府代表間の合議体、換言するならば国家間の連盟的結束を提案するにとどまった。さらに、サン＝シモン派連邦主義者の中でも現実主義的感覚に秀でたコンスタンティン・ペケールの場合には、最終的な目標である完全な連邦国家樹立への経過的措置として、自立した政府間の連盟的合議体（confederal diet）形成という経過をたどる必要があるとみていた。[4] しかしながら、こうした例証も散発的な意見表明にとどまり、一貫した歴史的潮流にはなりえなかった。一八五〇年代までのヨーロッパの支配的意見は、国家主権の絶対的廃棄を直接的な目的としていたのであって、英米両国からなるアングロサクソン世界が国家間機構の必要性をいっさい認めなかったのと同様、政府間関係の形成を促すいかなる提案に対しても、考慮の余地なしという態度だったのである。

十九世紀後半の半世紀間における平和維持を志向する新たなアプローチへの動きは、実に緩慢だった。新たなアプローチにたどり着くためには、アングロサクソン世界においても、ヨーロッパの大陸諸国においても、一定の条件をクリアしなければならなかったのである。英米両国の場合は、強力かつ行動力に富む政府が国家の国内的進歩の要諦であるという確信を得られたにもかかわらず、国家間の関係を正常化し、戦争を回避するためには、政府の力の少なくとも一部が委譲された国家間機構が要請されるという認識に到達するまで待たなければならなかった。他方、ヨーロッパ大陸諸国については、個別国家の存在と国家権力の伸長という現実を国家間機構の前提とせざるをえない以上、国家間の自動的かつ完全な連邦的統合への期待と、さらには地域的に限定されたヨーロッパ連邦構想への期待さえも捨て去り、より制限的な国家間の取り極めで満足せざるをえないという認識に到達するまで待たなければならなかったのである。こうした英米両国と大陸諸国に現れた正反対の障害を乗り越えて新たなアプローチへと移行するプロセスは、二重の意味で緩慢だった。第一に、国家と国民との調和的結びつきをもたらしたのが国家自体の性格の変容だったのと同様、両地域がともに国家間関係に関して妥協を余儀なくされた主たる要因が、近代国家の勃興にあったということである。しかも、そのプロセスが目にみえる形で現れたのではなく、漫然としか意識されていなかった。つまり、人々はその変化に即応できなかったのである。第二に、連合的な結びつきによって国家間の諸問題を解決するには、政府間の協力関係が前提となるという理由が挙げられる。十九世紀後半の時期が、一方で各国政府が国際的合議体の可能性に注意を向けはじめた時期だったとしても、同時にこの時期は、政府の権力が飛躍的に増大するとともに、各国政府がかつてないほどその独自性と行動の自由を主張しはじめた時期でもあった。第一次大戦の勃発によって、各国政府自らが連盟的方向へと突き動かされるときまで、この状況に変化はみられないのである。

新たなアプローチへの移行プロセスが緩慢だったのは、こうした理由だけにどとまらない。新たなアプローチが、つねに戦争と平和に関する旧来の立場との闘いにさらされていたからでもある。旧来の考え方がこの時期に完膚なきまで葬り去られたといえないどころか、今日にいたるまで連綿と生き続けているといっても過言ではない。この考え方は、国家間の諸問題の理解に関して、さらに時代をさかのぼる洗練度の低い段階を反映したものに過ぎないという判断も可能ではあるが、見方を変えるならば、国家間関係を過度に単純化する傾向を濃厚に持っていた一部の知識人に代表される十九世紀前半期に特有の解釈だったということも可能である。すべての知識人が国家間関係の単純化に走ったわけではもちろんないが、少なくとも十七世紀以降——さらに付言するならば今日にいたってもなお——一部の知識人は単純化を逃れられていない。十八世紀イギリスの地方地主［貴族］層のハノーヴァー家に対する忠誠心を称揚したエドマンド・バーク（Edmund Burke, 1729-1797）がその一例である。地方地主たちは、彼らの忠誠の対象は変えても、忠誠心そのものは保持し続けた。十七世紀から十八世紀にかけて、バークを嚆矢《こうし》とする一部の知識人は、開明的専制政治がヨーロッパに一様に展開されるならば、国際的な規模での平和が保証されるという確信を抱き続けたのである。十九世紀前半の自由主義者や社会主義者の場合も、フランス大革命やナポレオン戦争など歴史的激動の時代を体験しながらも、国家間関係を単純化して理解する点では、単にその筋道を変えただけで、本質的な違いはない。彼らが専制君主の開明性に対していっさい幻想を持っていなかった事実は、しかしながら、自由主義的社会あるいは民主主義的社会における開明的世論が平和を保障するという彼らの確信を揺るがすものではなかった。それどころか、十九世紀五〇年代から四半世紀に及ぶ戦争頻発の時代を経てもなお、こうした確信に何ら迷いを感じない自由主義的な知識人は、戦争そのものの中にこそ十九世紀前半の楽観的平和観の正当性をさらに裏づける証拠があると主張した。他方、自由主義の対抗勢力としてこの時期にその力を目覚しく伸長させた社会主義的知識人の場合には、開明的社会の定義を若干変更し、自らの立場を自由主義的知識人と異なる地平に置くことを通じて、この時代の戦争を最大限利用したのである。つまり、旧弊な考え方に固執する政府や自由主義的なブルジョア国家の間においては戦争が不可避であるとする彼らは、労働者間や社会主義国家間にあっては戦争はありえないと主張するのである。

十九世紀の前半期に打ち出された前提条件をかたくなに墨守する知識人が、十九世紀後半以降その活動をさらに加速する結果を招いたのは、皮肉にも、十九世紀五〇年代から四半世紀間に続発した戦争であり、社会主義の拡大だった。イギリスではクリミア戦争の勃発が直接的な契機となって、ジョーゼフ・スタージ、リチャード・コブデン、さらには平和協会の共同参画によって『モーニング・スター』(*Morning Star*) 紙が一八五四年に創刊された。彼らの発刊目的は、クリミア戦争がその必要性を白日のごとく明らかにしたもの、すなわち、国家間の諸問題に関して国民世論を誘導・矯正することだった(5)。海を隔てたアメリカでも、戦争反対の条件ともなる階級的自覚に訴えかける社会主義の組織化に期待を寄せるエライユ・バリットは、一八五三年、かつてジョン・ブライトが思い描いた「キリスト教諸国の労働者による反戦を目的とした組織的ストライキ」を強く求めた(6)。その後、南北戦争が近づくにつれて、アメリカ平和協会はその低迷期を迎えるのだが、戦争が終結するといち早く、平和教会の非平和主義的性格に不満を抱いていたアメリカ人の一部が次々と新たな団体の組織化に乗り出した。「万国平和連盟」（Universal Peace Union）、「フレンズ平和の会」（Peace Organisation of the Friends）、「アメリカ聖書協会・平和の会」（Peace Organisation of the American Bible Study）など新興の平和主義団体は、しかしながら、相変わらず旧来の考え方を踏襲していた。この点では、国民の新たな層の獲得を目指して次々に誕生したイギリスの平和主義団体も同様である。たとえば、一八六四年創立の「英国改革連盟」（Reform League）の場合、全世界の労働者の利益擁護という観点から戦争を激しく非難し、またたとえば、翌六五年に「改革連盟」と同じ設立者の手になる「国際労働者協会」（International Working Men's Association）の設立趣旨は、「改革連盟」と寸分違わない。そして、それはつぎのようなアピールで始まる。「専制主義と権力の濫用は、それがいかなる形態で立ち現れようとも、排除されねばならない。……われわれが抱く関心はただ一つである。……われわれは同朋が互いに傷つけ合うことにいっさい関与しない。……戦争は人民の命と富をもてあそぶ皇帝や王の手になる気違いじみた邪悪なゲームである。したがって、戦争は全面的に禁止されなければならない。……諸君の拒絶によって、この血生臭いゲームを終わらせねばならない。……そうなった暁には、暴君や専制君主の権力がどれぐらい機能不全に陥ることか、また貿易や商取引が新鮮で自由な空気に触れて、どれほど活況を呈するようになることか。……これはすべて諸君次第なのである」(7)。

この決意表明は「全ヨーロッパ人民への呼びかけ」というタイトルで発せられたものである。ここにも現れているように、英米両国の新興組織はすべて例外なく、かつてと同じように大陸諸国の仲間たちとの接点作りに励んだ。この点では、以前よりも多くの成果を挙げたといえよう。こうした接触の成果ともいえるのだが、政府機関の効率性と責任能力に関するヨーロッパ大陸諸国のとらえ方に影響を与えた第一の点は、政府に対する反対運動と対決姿勢こそが平和をもたらす有効かつ優れた手段としていた時代を終わらせたことである。それだけではなく、世論の圧倒的部分が体制側についている事実も看過するわけにはいかなかった。言い換えるならば、政府を力ずくで転覆させることがもはや不可能な状況下にあるとしても、世論教化の余地は依然として残されていると理解したのである。かくして、大陸諸国の自由主義者、急進主義者、共和主義者らが、平和を目的としたプロパガンダや平和会議の開催を冷ややかな態度でみていた時代がその終わりを迎えたのである。こうした動きを先どりしたのがフランスの共和主義者エドモン・ポトニー＝ピエール（Edmond Potonié-Pierre, 1844-1898）である。彼は一八五八年から五九年にかけて、十九世紀前半に数度にわたり開催された国際的な平和会議の再開を盛んに呼びかけ、その後数年の間に次々と設立される大陸諸国の平和主義団体の嚆矢《こうし》ともいうべき「善き大衆の連盟」（*Ligue du Bien Public*）を設立した。

ヨーロッパ大陸諸国において平和運動に立ち直りのきっかけを与えたのは、英米両国の場合と同じように、ほかならぬ旧来の考え方であって、当初は広報活動と討論を目的とした団体という新たな衣をまとって広まった。彼らの主張の一例を挙げておこう。民主主義、少なくとも選挙権の拡大という形での民主主義もナショナリズムも、平和の代わりに戦争を生み出し続けている。専制的な政府、たとえば、ビスマルク（Otto von Bismarck, 1815-1898）やカヴール（Benso di Cavour, 1810-1861）〔十九世紀中葉、巧みな外交戦術で名を馳せたイタリア統一期の首相〕らが率いる政府の恣意的支配のもとにある限り、あるいは資産家階級の手によってその本質が歪められている限り、そうした民主主義やナショナリズムが戦争を生み出さないといえるだろうか。ポトニー＝ピエールは一八六六年、数カ国語の月刊誌『国際人』（*Le Cosmopolite*）を創刊した。「かつて征服者たちが武力をどれほど行使しても入手できず、かつて立法者たちが法の力をどれほど強制しても入手できず、さらにかつて宗教の創始者たちが教義の力をもってしても入手できなかったもの……すなわち、すべての人々、すべての民族が来たるべき日に確固たる一体感によって結びつけられる普遍的共和国の成立に向けて力を尽くす」というのが『国際人』創刊の辞である(8)。その後、一八六七年には、フェルディナン・サンタリエ（Ferdinand Santallier、生没年不詳）がル・アーヴルに「平和連合」（*Union de la Paix*）を、フレデリック・パシー（Frederic Passy, 1822-1912）がパリに「国際恒久平和連盟」（*Ligue*

International et Permanent de la Paix）を立ち上げた。この二つの組織はポトニー゠ピエールほど共和主義を前面に押し出さなかったが、相変わらず平和主義的な行動計画を掲げるなど、政府機構への不信感を払拭していたとはいいがたい。サンタリエの考えはつぎのように要約できる。十九世紀前半の平和団体は、政府との協力関係の構築に意を用い過ぎた。正しい方法論とは、圧倒的多数者の平和主義感情とはいわないまでも、強力な平和主義感情がヨーロッパのすみずみに浸透するまで、教会の説教壇からあるいは言論・出版を始めとするマスメディアを通じて、ひたすら自らの主張を訴えることに徹することである。そうして初めて、国際法編纂のための委員会を設置することも、国際法の実質的執行機関としての国際的な組織を設立することも可能になると考えていたのである。さらに、彼はすべての平和団体が政府機関への協力要請を個別の活動計画から削除することに合意するまでは、平和諸組織の統合化の動きに徹頭徹尾反対する姿勢を明らかにしただけではない。フランスの労働者から万国の労働者への呼びかけという形をとりながらも、パシーが主宰する「国際恒久平和連盟」にも統合化への反対姿勢に同調するよう求めた(9)。

パシーはいうまでもないが、サンタリエも同じ一八六七年に設立された第三の平和主義団体「平和と自由の国際連盟」（International League of Peace and Liberty）に対しては異を唱えた。この同盟はジュネーヴ在住の「平和の友」（Friends of Peace）の会合から生まれたものであり、機関誌『ヨーロッパの国家連合』（*Les États Unis de L'Europe*）を発行するとともに、ジュゼッペ・ガリバルディ（Giuseppe Garibaldi, 1807–1882）［「赤シャツ隊」を率いて両シチリア王国を制圧し、イタリア統一の実現に尽力した指導者］を会長に据えていた。この同盟を理念的にも実質的にも指導したのが古参のサン゠シモン主義者シャルル・ルモニエ（Charles Lemonnier, 1860–1930）である。表向きは平和への前提条件を検証し、国家間問題に関する議論を喚起し、平和の実現に向けてすべての階級の人々を教育することを活動計画に掲げていたが、実際にはこうした活動を通じて「旧弊な政府システム」を激しく非難・攻撃することに終始した。ルモニエにとって平和への前提条件とは、すべての国家に王制に代わる民主制が成立していることであり、すべての国家において政治と宗教が分離していることであり、さらにヨーロッパ連合国家（United States of Europe）が誕生していることだった。こうしたとらえ方に対して、平和主義の唯一の目的を「戦争への闘い」（war on war）と解釈するパシーは、ルモニエの「表に出さない隠された動機」を激しく論難し、またサンタリエは自らの「平和連合」もパシーの「国際恒久平和連盟」も、ともに平和なくして自由は達成されないという確信に支えられているのに対して、ルモニエの「平和と自由の国際連盟」は、平和の前提に自由をすえており、その自由のためには戦争も辞さないという極端な立場を保持していると批判した。(10)

こうした批判にもかかわらず、その後数年間、ヨーロッパ大陸諸国で最も関心を呼び、かつまた多くの同調者を集めたのは、ルモニエが主宰する組織だった。「英国改革連盟」の執行部が一八六七年に国際的な団体「国際改革連盟」を組織し、「改革連盟」自体はその支部となっているイギリスでも、似たような状況がみられた。十九世紀前半の平和協会がイギリスにおける平和主義の動向の決定的要因ではもはやなくなり、いまや「改革連盟」と「国際労働者協会」など新興の団体に重心が移っていた。両組織とも、ルモニエ流の国家連合的発想に全面的に賛同していたのではないが、ルモニエの「国際連盟」と酷似した目標を掲げていた。一八六八年に開催された第一回「国際改革連盟」の年次総会には、十三カ国の代表団が参集し、その場を借りて戦争が「正当な防衛においてのみ許される」ことを宣明にするとともに、常備軍の廃止と侵略に備える国際平和軍（international army of peace）の設置を求めた。他方、軍備の縮小・廃絶に関しては、「ヨーロッパ国家連合」が現実のものとなるまでは実現不可能だとして、いっさい議論の対象とはしなかった。翌六九年の年次総会においても、ヨーロッパ国家連合創設の要求が再確認されたのだが、ただし、前回の国際平和軍設置要求とは対照的に、自国の戦争と平和の問題に関する限り、おのおのの国にその決定権が帰属することを新たに謳いあげた。(11)

十九世紀前半の平和運動と接点を持たない新興の平和主義団体だけが、前代にもてはやされた要求項目や政府に対する不信感を受け入れたのではなかった。一八七〇年から七一年にかけての普仏戦争への対応の結果として、それまで平和協会組織がなかったベルギー、オランダ、イタリアなどの大陸諸国にも各種の平和団体が設立されるようになった。これら新興の平和団体は、たしかに一面では十九世紀後半からの新しい考え方にならって、たとえば、「オランダ平和連盟」(Netherlands Peace League)の主張のように、「説得、激励、論証」による平和の確立を目指したが、「オランダ平和連盟」の場合、少なくとも一部のメンバーは、それと同時に国王が国民の意見を徴することなく宣戦布告権を行使することを禁ずる憲法改正をも目指していた。またたとえば、イタリア統一運動の指導者であるジョヴァンニ・モレッリ(Giovanni Morelli, 1816-1891)の場合には、世界的規模の「隣保同盟」〔既出、第4章参照〕の形成に努力するようイタリア議会に要請した(12)。普仏戦争がもたらしたのは、こうした平和主義団体の広がりだけではない。それまで平和主義組織といっさい関係を持たなかった、たとえばフランスではエルネスト・ルナン(Ernest Renan, 1823-1892)やパルディユ(Pardieu, ファーストネームと生没年不詳)、またたとえばイギリスでは歴史家のシィーリー(J. R. Seeley, 1834-1895)のような人々が、普仏戦争を契機としてヨーロッパの連邦化構想に引き寄せられていった(13)。そのうえ、普仏戦争後の続発する戦争やその他の状況の変化が相まって、連邦化を希求する動きがいっそう加速された。マイケル・シャバリエが一八六六年に『二つの世界評論』(*Revue des Deux Mondes*)誌上で、大西洋の対岸に出現しつつあるアメリカという「政治的巨人」と互角に渡りあう対抗勢力としてヨーロッパの統一の必要性を訴えた(14)。これはおそらくこの種の主張としては最初のものだろう。一八八三年には、産業資本家アンドレ・ゴダン(Andre Godin, 1817-1888)が自著『政府論』(*Le Gouvernement*)の中で、常設の国際仲裁機関と国際軍を擁するヨーロッパ連邦の創設を提議した(15)。

このように、平和に対する積極的かつユートピア的姿勢と連邦主義的目標が完全に捨て去られたことは、一度としてなかったのである。国家間の関係と個人間の関係にはいかなる違いもない、あるいは、少なくともあってはならないという十九世紀前半のコブデンの主張が、一八九〇年代にいたっても平和運動の基本的姿勢を決定づけていたのである。一八九一年ローマで開催された「万国平和会議」は、「国家に帰属する権利と道徳の原則は、個人に帰属する権利と道徳の原則とまったく同一である。誰一人として自らの利益のために他人に正義を強要する権利がないのと同様、いかなる国家にも他国に対して宣戦布告を行う権利はない」と高らかに謳いあげた(16)。旧来の平和主義運動の活動目標、すなわち、第一にヨーロッパの連邦化、ついで外交政策の国民的かつ民主的コントロール、そして最後にすべての国家の社会主義化には、十九世紀後半においてもなお、おのおの強力な支持勢力を擁していたのである。

一八九一年の「万国平和会議」は、ヨーロッパ各国の平和主義団体に「ヨーロッパ国家連合の創設を活動の主目標にすえる」よう要請し(17)、翌九二年の「万国平和会議」においては、ルモニエ構想に沿ったヨーロッパの連合的組織の構築が呼びかけられた(18)。社会主義者エンゲルス（Friedrich Engels, 1820–1895）は、一八九一年、「社会主義国家フランスと社会主義国家ドイツの間には、アルザス・ロレーヌ帰属問題［この地域はカール大帝以来一千年以上にわたり、独仏両国の消長に従いその帰属が変転した(19)。普仏戦争の結果、両地域の大部分がドイツ領となる］にみられるような問題がいっさい存在しない」と明言した。同年、「労働者協会インターナショナル」（Working Men's International）の大会は、労働者協会のプロレタリア的目標が達成されてはじめて平和が現実になると宣言したが(20)、それをさかのぼる二年前にすでに、「労働者協会インターナショナル」は第二回大会の場で、「戦争はブルジョア的資本主義政権の一表現形態」と規定していた(21)。一九〇三年、ノーベル平和賞受賞者であり、「イギリス国際労働者協会」の創立者兼運動家であるランダル・クリーマー（Sir Randal Cremer, 1828–1908）は、ボーア戦争（Boer War）［ブール戦争、南ア戦争とも呼ばれ、一八九九年から一九〇二年にかけて、南アフリカの金鉱脈の専有的採掘権を目論むイギリスと現地のオランダ系移民ボーア（ブール）人との間で行われた帝国主義戦争。壮絶な戦いの結果、イギリスが勝利し南アフリカを植民地化した］の憂慮すべき結果が、平和は労働者とともにあってはじめて不動なものになるという確信をさらに深め、労働者協会の評議員総数のうち三分の二が「未来の世界の支配者である……労働者階級」からつねに選出されることを条件に、ノーベル平和賞の受賞賞金を労働者協会に寄贈した(22)。さらに、下院議員でもあったクリーマーは、一八八五年から死を迎える一九〇八年までの間、毎年のように下院で外交政策の議会による完全なコントロールを訴えるとともに、国王が議会の承認を得ずに条約締結権と宣戦布告権を行使することを禁ずる議会活動を展開した。この国王の条約締結権と宣戦布告権の行使制限は、イギリスによるトランスヴァール（Transvaal）［第一次ボーア戦争（一八八〇～八一年）の結果、現在の南アフリカの北東部に成立したボーア人共和国］の併合さらにはエジプト占領後の一八八二年に、イギリス平和協会が「反侵略連盟」を組織した際の行動計画で目指したものでもあった。一八九〇年に開催された「万国平和会議」においても、同様の決議が採択された。一方、海を隔てたアメリカでも、米西戦争（Spanish-American War）［一八九八年、西インド諸島とフィリピンの既得権確保に固執するスペインと両地域への進出を目論むアメリカとの帝国主義戦争］の勃発およびその結果としてのフィリピンとキューバのアメリカへの割譲という事態を受けて、アメリカ平和協会はイギリス平和協会と同一歩調をとり、政府による条約締結権と宣戦布告権の行使制限を強く要求した(23)。

さらに一八九〇年代以降になると、いずれ検討するように、こうした特効薬的妙案の数々が華やかな復興期を迎えるだけではなく、妙案の実現を迫る勢いも一段と加速されることになる。

ところで、こうした事実は、平和運動の前提条件や目的そのものを転換させなかったとしても、一八五〇年代以降の平和運動を指導した人々が採用した戦術上の転換を覆い隠すことにはならなかった。

創立時の十九世紀前半から平和主義的側面を墨守する英米両国の平和協会は、ともにこの時代になっても、軍備の撤廃・縮小と国際的仲裁機関の設置というベンサムやジェイムズ・ミルの時代の考え方に固執していた。しかも、それらの実現に向けて平和協会が採用した方法論には、変化らしい変化の痕跡がほとんど残されていない。両平和協会は、相変わらず両国の議会での決議戦術に意を用いるとともに、大陸諸国の議員に対して各国議会での決議戦術の採用を働きかけることに活動の重点を置いていた。しかし視点を変えると、平和協会はこうした戦術を図らずも採用せざるをえなかったともいえるのである。その理由は、第一に世論の動向を一定程度考慮する必要に迫られた政府を擁する諸国において、平和協会が世論への影響力の強化方針で臨んでいたからであり、第二に平和協会の活動目標そのものが政府との何らかの協力関係を前提としていたからである。[24] こうした事実にもかかわらず、十九世紀後半の平和協会の決議戦術には、政府に対する態度の変化がまぎれもなくみえ隠れしていた。十九世紀前半までの決議は、どちらかというならば、政府との協力関係を望んだというよりも、むしろ世論の圧力や議会の圧力によって政府の恣意的行動が制限され、その結果、政府がその行動を変えざるをえない状況が生み出されるという確信に裏づけられていた。この確信がいまや、平和協会の行動計画の優れた点を政府に受け入れさせることこそが進歩を促す最善の方法だという考え方にとって代わられつつあったのである。この平和協会の政府への対応の変化は、世論に対する平和協会の態度の変化に連動しており、それによってさらに変化への道筋が整えられていった。イギリス平和協会がナショナリズムを「貧弱で低劣、身勝手かつ反キリスト教的考え方であり……平和にとって致命的であるばかりではなく、自由とよい政府のあらゆる発展にとっても致命的である」と断罪したのは一八六四年のことだった。一八六〇年代のポーランド蜂起［十九世紀後半の三次にわたる露普墺三カ国によるポーランド分割に抗して、ポーランド全土で展開された武装反対運動］をめぐる論争の際のイギリス平和協会の態度は、コブデンやジョン・ブライトなど新進気鋭の平和主義運動家の反対の声にもかかわらず、時の首相パーマストン（Henry John Temple, 3rd Viscount Palmerston, 1784-1865）のロシアの宗主権をポーランドの独立に優先させる不干渉政策を支持するというものだった。[25]

ここにみられるような態度の変節的転換は、十九世紀前半の平和団体と一八六〇年代に次々と設立される新興の平和団体との協力関係をいとも簡単に壊しかねない危うさを持っていた。しかしながら、設立の経緯そのものに妥協的側面、すなわち政府打倒方針に代わる世論獲得作戦を内包していた新興の組織は、その活動の当初から政府に対する妥協的姿勢に関しては、前代の組織と比べて一歩先んじていた。前代の平和団体がナショナリズムを否定的にとらえ、ナショナリズムを持てはやす国民大衆を信頼しなかったのに対して、十九世紀後半の新興平和勢力は、まさにそうした国民大衆に自らの主張を訴えるために組織化されたのである。これら新興団体メンバーの多くが、十九世紀前半の好戦的反政府主義や連邦主義的発想を持っていなかったとはいえないが、しかし、平和主義という観点に立つ限り、彼らの平和主義は世俗的・反聖職者的平和主義であって、平和協会草創期の宗教的平和主義とは一線を画していた。彼らが平和協会系諸団体と行動をともにできた理由は、ひとえに彼らが自らの行動計画を当面平和協会の行動計画に従属させる方針で臨んだからである。一八七〇年には、多数の新興平和団体のメンバーが平和協会系団体にも加わったが、それは普仏戦争勃発の危機を回避するために、政府への働きかけを強めようとしてのことだった。[26]普仏戦争以降になってようやく、彼らの活動の重点が国際的仲裁機関の設置要求と軍備の縮小要求、さらには政府がこれら両要求を受け入れられる状況の素地作りに向けられるようになるのである。

一八七〇年、「英国改革連盟」は「労働者平和委員会」（Workmen's Peace Committee）を設立した。この委員会の組織が拡大し、名称を「国際労働者平和協会」（International Workmen's Peace Association）と変更した一八七一年に、「国際高等法院設立計画の概要」（'Outline of a Plan for the Establishment of High Court of Nations'）を公表した。この団体とルモニエの「平和と自由の国際連盟」との強い結びつきは否定しようもないが、それにしても、この「概要」は半世紀前にジェイムズ・ミルが提唱した国際法典の編纂とその執行機関としての国際法廷の設置と実質的にも名目的にも軌を一にしていた。ただし、この二つはともに、旧来の平和諸団体も要求し続けたことではある。さらに、国際法廷の決定事項の可及的速やかな履行を目的とした軍事的制裁に対しては、ミルと同様、反対の立場に立ち、かくして軍事的制裁を含むすべての軍事力の行使に平和主義的立場から異を唱える平和協会との協力関係の余地を残したのである。[27]平和協会との同一歩調に関しては、一八八〇年、「国際労働者平和協会」はさらに一歩踏み込んだ方向に進んだ。労働者階級の連帯を訴え続ける一方で、団体名を「国際仲裁連盟」（International Arbitration League）と再度変更したのである。[28]

同時期、英米両国と同様の変化がヨーロッパ大陸諸国ではさらに一歩先を行っていた。普仏戦争後に大陸諸国で組織された平和団体の綱領の中心的テーマは、設立当初から国際的仲裁機関の設置問題だった。こうした団体の一つ「スペイン平和協会」(*La Sociedad Pacífica de España*)は、一八七二年、「代議制のヨーロッパ仲裁議会を設立する最善の方策」(The Best Means of Establishing a Representative European Arbitral Assembly)という論題で懸賞論文を公募した。(29) 一八七四年にはベルリンで、一八七六年にはウィーンで結成された平和団体は、相前後して、ヨーロッパ各国の立法府メンバーで構成される「万国議会議員平和連盟」(Universal Parliamentary Peace Union)の結成こそが国際的仲裁機関の設立を推進させる最善の方途であると訴え、この議論をさらに一歩前に進めた。(30) 国際的な仲裁制度の確立という点については、それ以前の一八六〇年代に旗揚げした平和諸団体も一様にその重要性を訴えた。たとえば、ジュネーヴ在住のルモニエは、各国政府に恒久的仲裁条約の締結を求める論稿を『ヨーロッパの国家連合』誌上に掲載するなど、仲裁問題を自らの運動の中心的課題と位置づけた。(31) パシーの場合は、仲裁を運動のスローガンとして取りあげ、一八七二年に「国際恒久平和連盟」から「フランス平和の友」(French Society of the Friends of Peace)へと改称した組織を、さらに一八八三年には「フランス国家間仲裁協会」(*La Société Française de l'Arbitration entre les Nations*)へと一度ならず変更した。(32) 政府との協力関係を頭ごなしに断罪していたサンタリエでさえ、一八八四年段階では、仲裁法廷設立に関する合意を政府に求める請願をフランス議会に提出する際には、パシーと行動をともにした。(33)

しかしながら、国際的仲裁機関の設置要求に限定した平和運動は、ヨーロッパ大陸においては、英米両国の場合ほど容易に受け入れられたわけでもなく、その効果がはっきり表れたのでもなかった。一八七八年、「ロンドン労働者平和協会」(London Workmen's Peace Association)が主催し、パリに参集したヨーロッパ十三カ国の平和諸団体の大会は、戦争を略奪行為と断罪し、教会と出版・報道界を批判し、各国における良心の自由を要求し、労働組合が戦争反対の声を挙げることによって恒久的平和が保障されると主張するとともに、ヨーロッパ議会の設置を強く求めた。こうした強硬姿勢にもかかわらず、同時に、大会の主要メンバーのイニシアティブによって、以下三点にわたる決議が採択された。第一に、各国二名の代表からなる仲裁委員会と軍縮状況調査のための国際委員会の設置要求、第二に、仲裁と軍縮を行動綱領の柱とした平和団体すべてを包摂する連合体の創設、第三に、「万国平和会議」ベルリン大会への本大会からの代表団の派遣。その際には、仲裁手続きに関する議論を通して、普仏戦争後のパリ条約に調停条項を追加条項として盛り込むために、ベルリン大会参加者全員が最大限努力するという提案を行うべきことが併記されていた。さらにこの大会の場で、ルモニエは上記第二の連合体創設委員会のメンバーとなることが了承された(34)。

ヨーロッパ大陸諸国の平和団体にとって、こうした道をたどる以外の選択肢が実はなかったのである。支持者たちからの疑問、不満、批判といった問題は、これら平和団体にとっては、各国政府の威信の増大、国民感情の変容という現実を前にして、この所与の現実に適合しない方針を打ち出すことがもたらす問題に比べて、はるかに小さなものだったからである。一八八八年時点で、ルモニエに「諸国民の連合」はいまだ実現には程遠いと真情を吐露させたのも(35)、こうした現実の力だった。普仏戦争後になって、平和主義と共和主義をあわせ持つサンタリエやポトニー＝ピエールの運動が衰退の一途をたどり、ポトニー＝ピエールがパリではなくベルリンで活動を再開せざるをえなかった原因をつくったのも、この現実の力だった(36)。パシーの非政治的平和主義に支えられた「国際恒久平和連盟」の活動を一八七八年前後に風前の灯状態に追い込んだのも、またこの現実の力だった。つまり、この「平和連盟」は一八八三年に「フランス国家間仲裁協会」へと改称する以前すでに実質的な活動停止状態にあったのであり、団体名称の変更自体も、平和主義組織とは必ずしもいえない「仲裁と平和に関する国際連合パリ委員会」（*Comité de Paris de la Fédération International de l'Arbitrage et de la Paix*）による吸収合併の結果だった(37)。こうした現実の力を無視し続けた平和運動は、深刻かつ悲惨な状況に追い込まれていった。たとえば、「オランダ平和連盟」傘下の一部指導者が平和だけでなく国王の外交政策決定権の制限にあまりに固執した結果、組織そのものが徐々に解体しはじめ、設立から二〇年後の一八九一年には、三十近くあった支部のうち二支部だけが存続を許されるという状況を迎えていた[38]。またたとえば、「国際労働者平和協会」が一八八〇年以降、仲裁機関の設置要求と軍備の縮小要求に加えて、「オランダ平和連盟」と同様、外交に関する国王特権の制限を打ち出すと、強力な対抗勢力を多数出現させる素地を与えただけであり、自己の運動への支持者を激減させる結果に終わった[39]。

こうした状況の変化に対する対応策、すなわち、戦術の転換、活動計画の圧縮・修正・削減などにもかかわらず、平和団体は、旧来からの団体であるか一八六〇年代および七〇年代に組織された団体であるかを問わず、別方向からの状況の進展にさらにその存続の当否を問われることになる。十九世紀中葉以降、平和協会系団体のメンバーとは異なる社会層の人々、たとえば専門的な知識を有する法学者、政治学者、各国議会の議員などコブデンの時代とは比較にならないほど多数の人が、国家間関係、なかでも戦争の回避に関心を寄せるようになったからである。一八七〇年代になると、彼ら専門的知識人は政府機関との協働関係の点においても、到達目標を限定的にとらえそれに集中して当たる点においても、平和協会系諸団体を一歩も二歩も先んじていた。新たな状況に対する彼ら専門家集団の対応は、平和団体の場合と比べても、上からの強制度が少ない分自発的であり、またそれだけに、決断を迫られる状況下においても萎縮する必要がそれほどなかったのである。

彼らも当初は、前代からの平和協会運動に参加したのだが、なかには十九世紀後半からの新たな平和団体の設立発起人になる者もいた。一八六〇年、マンチェスターでの平和協会の会合で、アメリカ人法律家ダドリー・フィールド（Dudley Field, 1805–1894）が軍縮に関して講演を行った[40]。一八六八年から七一年にかけてのイタリアにおける平和運動創設の際の指導的役職は、イタリアの国会議員五名によって占められていたが、そのうちの一人は国際法学者でもあったマンチーニ（Pasquale Stanislao Mancini, 1817–1889）である[41]。スペインの元老院議員マルコアルツゥ（Arturo de Marcoartu, 1827–1904）は、同国の平和運動の創始者でもあった[42]。一八七三年には、アメリカ人法律家

J・B・マイルズ（J.B.Miles、生没年不詳）は、エライユ・バリットとの協力のもとで、フィールドやその他の法学者とともに起草した恒久的仲裁システム構想を携えて、ヨーロッパ各国への講演旅行を敢行するとともに、その構想をブリュッセルで開催されていた平和運動指導者会議の場に提案した(43)。こうした専門家集団の協力が平和運動側に柔軟な対応を促したことは否定できない。しかし、一八七三年という年は、別の意味においても重要な年だった。なぜならば、専門家集団が平和団体とは別個の組織体として登場しはじめた年でもあったからである。ブリュッセル会議では、専門家集団と平和主義諸団体との平和問題に関するアプローチには、後者の現実に即応させようとする努力にもかかわらず、埋められない溝が存在することが白日のもとにさらされた。それにともなって、専門家集団が平和団体とは別の独立した組織を形成する動きがみられるようになるのである。

専門家集団の国家間の諸問題に対する関心の増大を示す事例としては、一八七一年にロンドンで設立された「社会科学協会」（Social Science Association）を挙げることもできるし、一八七二年にヨークシャーとランカシャーの両地域に相次いで誕生した「仲裁協会」（Arbitration Societies）を挙げることもできる(44)。さらに、翌七三年には、アメリカに「国際法典委員会」（International Code Committee）が、ヨーロッパには「国際法学会」（*Institut de Droit International*）や後年（一八九五年）「国際法協会」（International Law Association）へと改組改編される「国際法改革編纂協会」（Association for the Reform and Codification of International Law）がおのおの創設されている。こうした専門団体は、その組織名称からも明らかなように、国際法の編纂と成文化を目的とし、その基礎の上に「世界の良心の結実」である国際法を戦争に訴えることなしに国家間の紛争を解決する有効な手段にしようとした点では、平和運動側の平和に対する関心を共有していた。ただし、これら専門家団体は、「国際法学会」を除き、必ずしも法律専門家に会員を限定していたのではなく、広く興味関心のある者に門戸を開いていたと同時に、こうした団体の設立の経緯そのものが、平和運動指導者たちの態度と方針の転換を疑問視あるいは不安視していたことの現れでもあった。

法律家を中心とする専門家集団の平和運動側に対するぎこちなさは、前者が平和運動ほど平和主義や理想主義を前面に押し出さずに、行動計画をより限定的に設定しようとする傾向がはっきりと示されたブリュッセル会議以来のことだった。マイルズとフィールド両名の手になる仲裁計画がブリュッセル会議に提案された際、軍事力の使用が許容されるか否かに関して大きな議論が巻き起こった。フィールドはその著書『国際法廷』（*International Tribunal*, 1872）では軍事力の使用を認めていなかったのだが、一八七三年のブリュッセル会議提案では、その使用を認める方向へと主張を転換させ、そのことが平和運動指導者層の不興を買ったのである。さらに、スイスの法学者で当時ハイデルブルク大学の法学教授だったブルンチュリー（Johann Kaspar Bluntschli, 1808-1881）の同会議での発言が、平和運動側の不信感をいっそう増大させた。彼は、国際仲裁問題に関する限り、各国の「死活的利害」にかかわる紛争を仲裁の対象から除外することによって、その運用がより確実かつ現実的になると主張した。これに対しては、「イギリス平和協会」の代表ヘンリー・リチャード（Henry Richard, 1812-1888）やパシーが強硬な反対論を展開した。[45] 専門家集団と平和運動側にはもう一つ、軍縮に関して最後まで意見の溝が埋められなかった。「国際法学会」や「国際法改革編纂協会」は、ともに規約綱領に軍縮問題を意識的に盛り込んでいないのだが、それはこの問題が国際法の守備範囲外の問題だからという判断からではなく、その機がいまだ熟していないと判断したからである。他方、平和団体は、なかでもイギリス平和協会と労働者平和協会は、仲裁制度の確立運動と勝るとも劣らない熱心さで軍縮問題に関する運動を展開していた。[46] 彼らの軍縮要求は、各国における軍備の増強や軍備費の増大という現実、さらにはベルタ・フォン・ズットナー（Bertha von Suttner, 1843-1914）［オーストリア生まれの女流作家、平和運動家。一九〇五年度ノーベル平和賞を受賞］の小説『武器を捨てよ！』（*Die Waffen nieder*, 1889）の刊行によって、いやが上にもその勢いを増したのである。

平和運動側は法律専門家中心の組織の運動論に当惑され続けた。しかし、だからといって、その運動論を頭ごなしに否定できない状況にあったことも事実である。後者の法律家集団の活動の力点は、一八七七年段階には、国家間で将来結ばれるすべての条約関係で起こるもろもろの紛争の一部に限定した仲裁斡旋の義務化要求へと狭められていた。すべての紛争に対する仲裁斡旋の義務化を要求しなかったのは、ブルンチュリーに代表される意見が支配的だったからである。(47) 一方、法律家集団には遠慮がちだった平和協会側は、一八八〇年にホジソン・プラット(Hodgson Pratt, 1824-1907)が中心となって設立した平和協会系団体には大いに衝撃を受けた。その団体「大ブリテン・アイルランド国際仲裁・平和協会」(International Arbitration and Peace Society of Great Britain and Ireland)がその活動計画の一部に国際法諸団体の目標を支持推進すること、そのために平和運動側がいままで独占的に利用してきた種々の広報宣伝手段を転用することを謳っていたからである。プラットの運動をアメリカで推進し、その支部作りに積極的に参画したのがアメリカの法律家フィールドである。(48) プラットのこうした動きは、イギリス平和協会や設立後まもなくして「国際仲裁連盟」と改称した国際労働者平和協会が、イギリスの南アフリカ・エジプト併合を非難し、外交政策および宣戦布告権に対する議会によるコントロールを要求するなど、一度放棄したはずの方針を蒸し返していることへの対抗措置だった。また、より直接的な動機としては、ヘンリー・リチャードが一八八二年に「反侵略連盟」を組織したことなどにみられる平和運動側の必死の攻勢に対する対抗措置でもあった。*

プラットはつぎのように主張した。精神論的な平和主義とキリスト教教義に彩られた平和協会はすでに時代に取り残された遺物である。時代は宗教から解放された世俗的な組織と行動計画を求めている。この点では、たとえば国際労働者平和協会のような一面では世俗的な団体ではあるが、他面ではかつての団体と同様の旧弊さを逃れえない組織をはるかに上回る魅力と洞察力を兼ね備えていなければならない。このようなとらえ方をするプラットの方法論は、しかしながら、平和運動側の方法論と大差なく、すべての国に「国際仲裁協会」を設置することを通じて広く世論に働きかけることであり、新たに広報誌『協調』を巷間に流布させることだった。さらに行動計画においても、平和運動側との相違はほとんどないに等しく、戦争に訴える代わりに仲裁制度の確立を求め、国家間の友好的な感情を増進するよう求め、国際問題に関して事実に基づかない議会発言や新聞論調をやめるよう要求する。武力の行使に関しては、自衛の場合を除き遺憾としており、その限りでは平和主義的な立場に立っているといえなくもない。しかし、軍備の削減・縮小、ましてや戦争の全面的な廃絶についてはまったく触れていない。社会の進歩が情報の広がりと民主主義の普及にあると主張する点では、平和運動と軌を一にする。しかし同時に、他国からの公正な処遇を受ける保証手段として、正当な軍備を保持することがその進歩を促す鍵になると主張するのである。(49)

イギリス平和協会はプラットのこうした姿勢を、パーマストン主義［イギリスの国益を優先させる手段として軍事力を背景とした自由貿易を推進する一方で、国内的には選挙権の拡大に反対する保守主義的施策に終始した］的発想だと強く批判した。しかし、各国の平和協会すべてがイギリス平和協会ほどその立場を鮮明にできたわけではなかった。パシーが創立した平和協会系団体「国際恒久平和連盟」を一八八三年に吸収合併した「仲裁と平和に関する国際連合パリ委員会」は、もともとプラットの意向で組織されたグループだった。このパリでの吸収合併劇以降、フランスの平和主義者にとって、違法な侵略行為に対する正当な防衛権と紛争の平和的解決を拒絶する政府に対する正当な抗議権が揺るぎない確信となったのである。(50)一八八〇年までは国際労働者平和協会が主流をなしていたイタリアの平和運動は、国際的仲裁制度の設立要求以外にも、軍備の撤廃・縮小要求と外交政策の民主的運営要求を前面に掲げていたのだが、この年（一八八〇年）、プラットの団体にほぼ完全に飲み込まれてしまい、「仲裁と平和のためのイタリア協会」（National Association for Arbitration and Peace）と改称して運動を再開した。その結果、十年後にはイタリア国内だけで七九の支部を有するほどの運動の盛りあがりをみせた。(51)もともと一八八〇年代以前には平和運動そのものが存在していなかったデンマーク、スウェーデン、ノルウェーなどスカンジナヴィア諸国に、一八八二年から翌八三年にかけてこの種の団体が組織されるようになったのは、何よりもプラットの運動が伝播していったことによる。(52)一八八九年までには、プラットの運動が英米両国はいうまでもなく、その他ヨーロッパ九カ国に全

＊　本書一八四頁以降を参照。

国的規模の組織をつくりあげたのに対して、イギリス平和協会の影響力拡大の努力は、日本や中国への進出計画の挫折にみられるように、ほぼ水泡に帰した。[53]「国際仲裁・平和協会」の一八八〇年代における華々しい成功は、一八六〇年代における平和諸団体の目覚しい活動、さらには一八七〇年代におけるルモニエの「平和と自由の国際連盟」やそれとは若干趣を異にする国際労働者協会の目を見張るばかりの躍進に勝るとも劣らないものだったといえよう。国家間問題に対するわれわれの態度がいかに変化したのか、またその変化を特徴づけるのは何かを示す一つの物差しとして、こうした市民および専門家レベルの運動組織の変遷をとらえることができる。

この時期の趨勢を如実に示すさらなる兆候として、仲裁制度確立運動を推し進める各国の議員から成る米欧横断的な国際協会の設立を挙げることができる。それ以前すでに、国際的な司法法廷の設立を待つ間、各国議員間において数度にわたる会議を開催し、その場を借りて仲裁制度の漸進的進展を注視し支援すべきという提案は、ベルリンの平和団体が同一の趣旨を謳って運動を展開していた一八七一年以降、幾度となく提起されてきた。スペインの元老議員マルコアルツゥが一八八五年に発表した仲裁構想がその一例である。その特徴は、国際司法裁判所の即時設置を求めるのではなく、既存の国際法に基礎を置いた仲裁制度の漸進的進展を称揚した点にあった。[54]マルコアルツゥの構想が最終的に日の目をみたのは、発表から四年後の一八八九年、パリで開催された第一回国際仲裁列国議員会議（Inter-Parliamentary Conference for International Arbitration）にフランス、イギリス、アメリカ、イタリア、スペイン、デンマーク、ベルギー、ハンガリー、リベリアの九カ国が代表団を送り込んだときである。*その後、一八九二年には、列国議員連盟（Inter-Parliamentary Union）と、その連絡調整機関として毎年開催される国際会議に向けての各国議員相互の連絡・調整・交流の恒常化を主たる目的とした列国議員事務局（Inter-Parliamentary Bureau）が組織された。

米欧の議員が仲裁の国際的合意を期して国際会議を開催する決定は、平和協会側をも刺激し、同年（一八八九年）、一八四〇年代と五〇年代に一世を風靡したがその後の開催が間遠《まどお》になっていた万国平和会議の再開催に漕ぎつけるとともに、一八九二年には、平和協会独自の事務局組織として国際平和事務局（International Peace Bureau）を立ちあげた。しかし、こうした動きは、結局のところ、平和協会側のさらなる後退を余儀なくさせるだけだった。というのは、列国議員会議と万国平和会議は相互不可分な関係にあったからである。列国議員会議の開催を呼びかけた中心人物の一人が自由党下院議員であり、平和運動の指導的存在でもあった国際労働者平和協会のランダル・クリーマーである。列国議員会議の構成メンバーが平和の実現に関心を抱く各国の議会議員に限定されていたこともあって、毎年開催都市を変えるとしても、各国の議員が列国議員会議と万国平和会議双方に参加可能な時期を選定し、同一都市で両会議を開催する計画が持ちあがった。しかし、万国平和会議自体の内部対立、さらには平和会議・議員会議間の主張・路線をめぐる抗争のため、ときの経過とともに平和運動内部の急進派の勢力が削がれ、現実主義的対応を是とするグループが大きく台頭するようになった。

一八九〇年代の万国平和会議には、十九世紀以降における平和運動発展の歴史的変遷の中で成立した四つの異なる平和運動グループが混在していた。第一に、宗教的信念に基づく平和主義を掲げる英米両国の平和協会グループ、第二に、宗教とは一線を画し、一八六〇年代に花開いた世俗的平和主義グループ、第三に、シャルル・ルモニエのジュネーヴにおける平和と自由の国際連盟の運動を踏襲し、連邦主義的理念とはいえないまでも民主主義的理念を前面に押し出すグループ、そして最後に、国際法学者を主体とする協会グループであり、ホジソン・プラットが提唱した運動に参集するグループである。これら四グループが同一歩調をとることは容易なことではなく、最終的には主張・路線の相違が露呈することになる。しかし、ともかくも長く休眠状態にあった万国平和会議の再開催を実現させたいという総意が、相互間の内部矛盾を一時期棚上げにしたことも事実である。そして、その総意に基づく運動上の合意形成の過程において、唯一合意可能な運動方針が国家間の仲裁制度の確立要求だったのである。これ

＊「国際仲裁」という言葉が会議名称から正式に削除されたのは、一八九九年のことである。

までの平和運動の理想主義的方針からの事実上の方針転換であり、さらにまた、この「仲裁」自体に対してグループ間に共通理解が必ずしもあったわけではないという状況にもかかわらず、「仲裁」を合意形成上前面に押し立てざるをえなかったのである。一八九三年の万国平和会議では、アメリカの法律家グループの手になる国際法廷設置案が討議に付され、翌一八九四年の同会議では、「国際紛争を解決する最も現実的かつ正当な方策は、平和志向への拘束力を明確に有する恒久的仲裁合意に基づくものでなければならない」という宣言が採択された。さらに、一八九六年の平和会議では、国際法法典編纂プロジェクトの採択が決まり、このプロジェクトの採択に対してはローマ法王からの祝福の授受という副産物がもたらされた。

平和会議内部の趨勢が旧平和運動グループの漸進的退潮を意味したことは否定しえなかったが、にもかかわらず、平和会議の急進的グループがつねに排除の対象になったのでもなければ、また多数を占める現実主義的グループ、つまりホジソン・プラット・グループがつねに中心的存在としてその勢力を誇示しえたのでもなかった。しかし、両陣営の意見の対立は、ほどなくして紛《まが》う方《かた》なく露呈されることになる。かたや、理想主義を掲げる平和運動グループ、かたや、現実的・打算的立場を優先し、一八九六年以降ロシアを初めとする議会制度に立脚していない国家の代表をも招請して開催するようになった列国議員会議派グループの対立である。万国平和会議は、先に指摘したように、ときとして外交政策の民主的な管理運営を突きつけたり、国家間問題における道義的配慮の優越性を主張したり、ヨーロッパ連邦の創設を要求するなど、当時としてはかなり先進的・先鋭的な決議を採択するという側面を持っていた。[*]また、「仲裁」に関しても、列国議員会議と比べてかなり急進的な立場を保持し続けていた。他方、列国議員会議に関する限り、参加議員内部の急進派にブレーキをかけつつ、自らの役割を仲裁制度の促進と各国政府への影響力の行使という戦術的役割に限定して活動を展開した。その成果が、一八八九年の列国議員会議の場において、各国の主権・独立を侵害しない仲裁条約の締結を公に各国政府に要請するとともに、今後締結されるすべての国家間条約に仲裁条項を盛り込むことを求めるという形で結実した。万国平和会議の動きはこれとは対照的だった。一八八九年の会議の劈頭《へきとう》、「仲裁」がすべての国家の憲法上の基本的構成要素たるべきこと、将来締結されるすべての条約に「仲裁」が具現化されるべきことが紛《まが》う方《かた》なき明瞭さで語られていた。さらに、一八九七年の万国平和会議では、いかなる政府も仲裁裁定に付託する紛争事項を前もって明示する必要はないというホジソン・プラットの主張が斥けられ、各国政府は自国の憲法にすべての紛争――紛争の種類・形態を問わず、例外なしに――の仲裁裁定への付託を謳った条項を取り入れ、そうした修正が等しくなされなければならないとした。万国平和会議と列国議員会議がともに一八九六年にブダペストで開催されて以降、一九一三年の同一都市開催は例外だが、当初の意図に反して同一都市での同時開催が実現できなくなった理由の一端は、両会議間に埋められることなく存在したこうした溝によるものである。(55)

両会議の間に存在した克服不能なこの溝は、列国議員会議に参加する少なからぬメンバーがいまや各国政府への直接的な影響力行使を目的として、定期的に会合を持つという事態の相乗作用もあって、平和協会側に自らの存立基盤に対する危機感を抱かせた。かくして、先細りの一途をたどってきた彼らの理想主義の起死回生を狙う新手の議論を展開する状況が生み出されたのである。イギリス平和協会の事務局長エヴァンス・ダービィ（Dr. W. Evans Darby, 1844-1922）は、一八九三年の万国平和会議開催に向けて「われわれの任務は、政府のために政策を提供することではなく、原理・原則を公に提起することである。……政府に対して政策を提起するなどということは、政府に本来的に付与されている専権への介入・干渉にほかならないのみならず、厚かましい越権行為の罪を自ら背負うことにも等しい」と高らかに謳った。(56)政権打倒というスローガンはいうまでもなく、政府に政策転換を強く迫る目標は、説得によって政府の態度転換を招来させるという軟化方針にかつて道を譲っていた。いままた、その説得による政策転換の実現というスローガンは、実現可能な方策の最善の審判者は各国の議会構成員である議員であり、

＊　本書一八三―八四頁を参照。

各国政府であるという「独創的な」考え方に道を譲ろうというのである。この時期、とりわけ一九〇〇年以降、各国政府の閣僚をはじめとする政府関係者は、万国平和会議、列国議員会議双方に賓客として定期的に招かれており、実際その招請に定期的に応じていたのであり、さらに両会議の決議はすべて各国政府に伝達される手はずになっていた(57)。

政府の専権事項の尊重を訴えるエヴァンス・ダービィの立場は、平和運動に身を投ずる国際法学者や各国の議会議員の支配的な意見に沿う形で、これまで半世紀以上にわたって平和運動がたどってきた道程の当然の帰結といえるものだった。ダービィが原理・原則に言及せざるをえなくなった時期は、戦術・組織の両面から方向転換が必要になった時期だったことも否定できないが、それに劣らず、理論面においても、彼ら専門家・議員集団が平和運動の中軸として運動を担っていた時期と符合する。事実、十九世紀の中葉以降、出版界や大学の講義・講演から紡ぎ出される多くの平和構想は、そのほとんどが専門家、とりわけ国際法学者の手になるものだった。それとほぼときを同じくして、これら専門家の中には、往時のベンサム的発想・ラッド的発想とは明確に一線を画す者、さらにはヨーロッパで一世を風靡したサン゠シモン主義者の提唱する「連邦的」(federal) 統合志向から「連合的」(confederal) 連携志向へとシフトする者も現れた。

こうした対応の萌芽と連合志向の方向性は、早くも一八五七年の段階で、ベルギー生まれの古典的自由主義者グスタヴ・デ・モリナーリ (Gustave de Molinari, 1819-1912) の著書に示されていた。彼の著書はクリミア戦争の直接的産物であり、とりわけクリミア戦争の際、中立的立場を保持した国家がこうむった不利益に触発されて上梓されたものであり、その長々しいタイトル――『サン゠ピェール師、フランス学士会員――その生涯と業績――永遠平和の理念の評価と歴史的概要を前置きにし、ルソーの見解に続き……アンリ四世作とされる私案及び普遍的平和を求めたエマニュエル・カントの構想をも扱う……』(*L'Abbé de Saint-Pierre, membre de L'Académie Française. sa vie et ses oeuvres, précédees d'une appréciation et d'un précis historique de l'idée de la paix perpétuelle, suivies du jugement de Rousseau... ainsi que du projet attribué à Henri IV, et du plan d'Emmanuel Kant pour rendre la paix universelle, etc., etc., avec des notes...*）――からも明らかなように、シュリ、サン゠ピェール、ルソー、カントなど往時のそうそうたる平和構想者たちを再登場させていた(58)。たしかに、これら平和構想の先達の諸見解を概説的に扱っているのだが、それに先立って書かれた彼自身の立場は、先達のものとはほとんど共通点を見出しえない。国家間を律する何らかの政治的統合組織が必要だとする点で、ベンサムともカントとも異なるのみならず、国家権力を受け入れ、国家権力の増大を考察の対象にしている点では、カントを除くすべての先達と見解を異にする。さらに、十九世紀後半五十年間の思潮傾向とは明確に一線を画し、多数の平和運動家のように国家間の連邦化を称揚することもなく、国際法に全幅の信頼を寄せていたのでもなかった。モリナーリが望むのは、各国政府間の「普遍的協調」（*concert universel*）であり、さらにいうならば「普遍的神聖同盟」（*Sainte Alliance Universelle*）である。一八一五年以降のヨーロッパの運命は、事実上、五大列強によってコントロールされてきたと理解していたからである。このことから、さらに、この列強体制がすべての国家を包摂する形で拡大していくならば――それには少なからぬ時間を必要とするだろうが――、平和状態を危うくする事態にはならないという議論が導き出されてくる。平和状態を掻き乱すような事態が偶発的に起こりうる可能性に対しては、彼はまるで無頓着を装う。さらに、列強によるヨーロッパの管理・運営という現実的理解は、「協調」を実現するための機関を国際法廷と国際警察力の創設に限定し、「協調」のなすべき任務をあくまでも二国間で生起した紛争の解決、しかも国際法廷の場での解決あるいは国際警察力を用いての解決に限定するという議論が導き出される。おそらく、彼は組織内の諸機関とその機能を極限まで制限し、それでもなおその組織体が国際的政治組織だとした最初の人物だろう。それまでの平和構想者は、はるかに包括的な権能と機能を有する国家間機構の創設を志向するか、あるいはベンサムやウィリアム・ラッドがそうだったように、国際法が体系化・成文化された暁には、国際法廷以外のいかなる国家間機構も必要としないという立場をとってい

た。モリナーリが構想する国家間機構の中核は国際法廷であり、その国際法廷とは、国家間の紛争――あくまでも二国間の紛争のみが対象――に関して、真の法廷として機能するために必要とされる権能を自由裁量的に与えられた法廷を意味するのであって、自由意志に基づく仲裁の単なる受け皿に堕した法廷を指すのではなかった(59)。

急進的平和主義と保守的自由主義双方への折衷的対応によって平和の実現を達成しようとするモリナーリの試みは、その十年後、「相対的平等原理あるいは比例代表的平等原理の国際組織への適用」（'The Application of the Principle of Relative or Proportional Equality to International Organisation'）と題する論文を発表したエディンバラ大学の法学教授ジェイムズ・ロリマー（James Lorimer, 1818-1890）に受け継がれた。彼はそれまでの国家間機構創設構想を、既存の国際的現状の固定化・恒久化を志向するものとして、さらには政治的に平等な国家からなるヨーロッパ連邦を志向するものとして激しく批判した。ついで、かつてシュリ公爵が「グランド・デザイン」の中で多用した「変更不能」（*irrévocable*）とか「改革不能」（*irréformable*）という言葉を「万人にとって意味のない空疎な言葉として一蹴した。論文のタイトルが示すように、彼は国家間機構における国家の代表権を国力に応じた按分比例型とすること、また国力の変化に応じた変数化を加味することを前面に打ち出すとともに、国家間機構の成功の鍵は可能な限りどこまでも緩やかな国家相互の結びつきであり、このことを原則としなければならないと主張した。彼にとっては、連邦化よりはるかに緩やかな連合化でも状況の変化に耐えられず、それは空中分解する危険と背中合わせの硬直した考え方だったのである。必要なのは、国際議会と国際法廷の管轄権が純粋に国家間紛争の仲裁にのみ及ぶとした国家間機構であって、その国家間機構のもとでは、しかし、必要ならば、国際軍の力を借りてでも国際法廷の裁決を遵守させせなければならない、とロリマーは考えたのである(60)。

一八七〇年代に出されたスイスの法学者ブルンチュリーの考え方には、モリナーリとロリマー両名の見解をさらに一歩進めた部分と、まったく骨抜きにした部分が混在している。ここで彼の言説が関心を引くのは、当時の平和構想の大きな流れに両名以上に敏感だったこととその流れを積極的に受容していたことである。普遍的王制の創設か普遍的共和体制の創設かという二者択一的発想に基づいたかつての国家間機構構想は、すべからく実現不可能だと考える点では両名と軌を一にする。世界はいうまでもなく、ヨーロッパに限定しても、そこに存在する歴史、文化さらには人権の大きな違いがいかなる普遍的体制であれ、その達成を不可能にする。達成不可能なだけではない。本来、「ヨーロッパ横断的組織を創設する際の基本的条件は、盟約を交わした諸国家におのおの独立と自由を保証することである」。こうした立場を鮮明にするブルンチュリーは、自分にとって現実的な構想をつぎのように提示する。第一に、ヨーロッパの列強六カ国に大きく比重を置いた代議員からなる国際立法院が、国際法典の立案・制定に当たること、第二に、係争問題に対する法の執行は、立法院の過半数の賛成を得てなされること、第三に、過半数決定に基づく法の執行が武力の行使を必要とする場合、その武力は立法院全体の代表資格を持つものとして、列強六カ国の軍事力に委ねること。(61)ここで注意を喚起したいのは、この構想には第一次大戦後の連盟規約、さらには第二次大戦後の国連憲章に近い発想が含まれていることである。もちろん、列強間に紛争が持ちあがった場合、どのように対処すべきかについては、現在のわれわれが語りうる以上のことをブルンチュリーが語っているわけではない。しかし、彼は、少なくとも自らの構想によってすべての戦争がなくなるのではないこと、またその構想によって軍備の削減と各国の軍隊の廃止へと自動的につながるのではないことを率直に認めている。この点では、モリナーリと立場を異にし、いかなる意味においても国際軍の組織化には反対であり、むしろ各国が軍隊を含む軍事力を保持することの必要性を強調した。

ブルンチュリーの列強重視構想に刺激を受けたロリマーは、一八六〇年代の構想の手直し作業に着手した。ブルンチュリー構想は、国家間に介在するファクターを捨て去る愚を犯すものであって、「恒久的な結びつきや連帯感のないまま一緒になり、事が起きた後になってようやく行動を起こすかつての「ヨーロッパの協調体制」への回帰を意味する」とロリマーは語る。(62)一八七七年に発表されたロリマーの新構想に関しては、後世、「ヨーロッパ連邦の法的側面を真正面から扱った最初の試みであり」(63)、「国際的に組織された政府には専門職員として働く専属のスタッフが必要だという見解を打ち出した最初の構想」(64)という評価が下されてきた。かつてウィリアム・ラッドが国際的立法院と国際的司法機関の創設に加えて、国際的財務機関の創設を主張していた点において、ロリマーに先んじていたことは否定できないが、彼のユニークな点は、ラッドの議論をさらに一歩進めて、専属の国際公務員と常設の軍隊組織を有する国際的執行機関の創設を提唱したところにある。彼は、各国政府は国内の警察活動及び治安維持に必要なレベルに軍隊を削減する合意を条約によって形成することが可能になるとしたのである。ただし、ロリマー構想にはおよそ連邦的発想は皆無に近い。むしろ、モリナーリやブルンチュリーがたどった連合的発想による問題解決とその処方箋に大きく傾斜した構想なのである。

国内問題と国家間問題の区分をモリナーリやブルンチュリーよりも明確に定義したロリマーの場合、国家間問題の守備範囲に関しては、彼ら両名に比べてより広く解釈していた。内戦、ヨーロッパ域内における領土変更、さらには国際的な負債などは国際的行政府の管轄権に属するものである。しかし、他方、国家間問題の管轄権の制限については、両名に負けず劣らず保守的立場を堅持した。彼にとって、すべての国内問題は、植民地問題やヨーロッパ諸国の戦争と平和に直接的な関わりを持たないヨーロッパ域外の国際紛争と同様、明確に国家間問題の管轄外にあるものだった。しかもロリマーは、国家に固有の国内分野と国際的分野が明確に区分されるべきこと、さらには国際行政府の領分が厳密に国際的分野に限定されるべきことを指摘した最初の人物であることを誇りにしていた。

ロリマーが構想する国際行政府は、加盟国に大きく依存する組織として立ちあげることになっていた。国際行政府の執行機関は、国際立法院の上院と下院によって選出された十五名からなる内閣府として組織されるが、ただし、その際ヨーロッパの列強六カ国の代表が少なくとも一名は選出されていなければならない。国際立法府の上院・下院両院は、加盟各国によって任命された代議員で構成されるが、ここでも代議員の数については、列強の力に応じて配分する、つまり列強重視型立法府とする。この点に関しては、多少例外的措置があって、上院の代議員については国家代表的性格を可能な限り薄めるために、国際上院議員として世襲貴族に列する。十五名の判事で構成される国際司法府は、そのうち少なくとも六名が列強諸国から選出され、全判事は国際判事として職責を世襲貴族として全うする。加盟各国の軍隊は、治安・警察目的のために最低限必要な水準にまで削減されるとともに、「各国の相対的力に変化を来たすことのないように保持される」。小規模の国際軍は、加盟各国からの派遣軍で構成される。緊急事態が生起し、国際軍の拡充が必要になった場合、その拡充分は加盟各国への派遣軍の追加補充要請によって充てる。加盟する国家の立場、とりわけ列強諸国の立場を重視する姿勢はこれに尽きない。[65] 行政府と司法府はともかく、立法府については、その開会を年に一回、列強各国の議会が休会中の秋口とする。全般的にみてみると、このロリマー構想は、ブルンチュリーの構想同様、連邦国家志向的構想からかなり大きく逸脱し、むしろ後の連盟構想あるいは現在の国連構想を想起させるといっても過言ではない。

こうした考え方は、大学や研究機関所属の法学者の多数意見を代弁していただけではない。各国の政府関係者の相当数の意見をも代弁していた。しかし、一八七〇年代当時には、かつて喧伝された「ヨーロッパの協調」は、まだ完全に死に絶えていなかった。実際、『ロンドン・タイムズ』紙がベルリンの万国平和会議を「ヨーロッパの列強が参集した事実上最初の真正な議会」と賞賛の辞を書き連ね、[66] 当時の英国首相グラッドストーン（William Ewart Gladstone, 1809–1898）も、「ヨーロッパの協調」再興への努力の一環として、『タイムズ』紙と同様のスタンスをとっていた。彼は、一八九三年時点でもまだ、「列強会議」（Council of the Great Powers）創設の方が英米両国間の恒久的仲裁条約よりも現実的な目標だと主張していたのである。[67] こうした現象が部分的にみられたにしろ、一八八〇年代さらには九〇年代になると、国家間関係に及ぼす主権国家の影響力の増大がもたらす衝撃の大きさに、「協調」路線は見事に消え去ってしまった。* 連合志向的構想はそれがいかなるものであれ、紛争解決のための仲裁という発想ですら、いまや各国政府にとって忌避の対象なのだった。この結果、平和構想が扱ってきた守備範囲を一時的に

＊　「協調」路線の消長については、第11章を参照。

しろ狭める事態を招来させた。平和構想者とりわけ国際法学者は、国際法の体系化・成文化を目的とした計画立案に勤しみ、制裁をともなわない仲裁手続きの検討に余念がなかった。言い換えるならば、かつてウィリアム・ラッドが提唱し、ラッドの提唱を支持し続けてきた英米両国の平和運動の路線が、いまや平和構想の主軸となったのである。

一八六五年にジョン・ノーブル（John Noble, 1831–1912）が発表した「列国最高法廷」（Supreme Court of Nations）案、(68) ロンドン大学の国際法教授レオーネ・レヴィ（Leone Levi, 1821–1888）が一八七一年に社会科学協会で素案を発表し、その後一八八六年に詳細にわたって論じた『列国議会・高等仲裁裁判所計画草案』（*Draft Project of a Council and High Court of Arbitration*）、(69) ダドリー・フィールドの一八七二年の著書『国際裁判所』（*International Tribunal*）、(70) 一八七五年に国際法律協会によって起草された『仲裁法廷手続き規則』（*Rules of Procedure for a Court of Arbitration*）、一八九四年と翌九五年の列国議員会議の場で討議に付された英国人判事フィリップ・スタンホープ卿（Philip Stanhope, 1847–1923）の恒久的な国際仲裁法廷に関する報告、(71) 一八九三年に国際法協会の委員会がまとめた「仲裁裁判所案」(72)――これらの構想はいずれも、その他当時の多くの構想とともに、ラッドの認識と共通する一つの特徴を持っていた。レヴィが語っているように、彼らが求めたのは、「物理的な力の行使」あるいは仲裁法廷による裁決の「遵守の強制」ではなかった。「列国議会と仲裁法廷の権威は、内面的・道徳的なものであって、外面的・物理的なものではない」のである。このことをスタンホープ卿は、言葉を変えてつぎのようにいい表している。仲裁に基づく裁決は、関係する「両当事者の名誉」が損なわれることのない形で執行されなければならない。

平和運動家とそれを支持する法学者は、ともにこの原則を認める点では同じ地平に立っていた。法学者側の多数は、国家の独立への想い入れから、あるいは独立によって生み出されるもろもろの問題を考慮に入れる現実的判断から、この原則の重要性を指摘した。他方、平和協会側は、当初からの平和主義の一環としてこの原則を受け入れたのである。このように原則を受容する際における力点の違いが、国際法学者の影響を強く受けた仲裁に関するもろもろの構想の中に、平和運動側が受け入れがたい別の特異な論点を生み出させる場合も出てきた。たとえば、スタンホープ卿は、政府が国際仲裁法廷の諸規則・決定に拘束されるか拘束されないかについては、当該政府の自由裁量だとしていたし、一八九三年の国際法協会の「仲裁裁判所案」は、仲裁によって解決可能な紛争と国家の名誉と独立にかかわる紛争とを峻別していた。この点は、かつて一八七三年の段階でブルンチュリーがすでに指摘していたことだが、仲裁に関する国際法学者と平和協会のこの点での齟齬《そご》が、一八九〇年代においても万国平和会議と列国議員会議との間の主たる争点だった。平和運動側としては、武力の行使を容認できないのと同様、この点での抜け穴的対応を容認するつもりはなかったのである。さらに追い討ちをかけるように、一八九〇年代にはもう一つ深刻な対立点が持ちあがってきた。

十九世紀が世紀末を迎えるにつれて、列強間の緊張状態が高まり、ここ二十年間ほどの相対的安穏さを掻き乱しはじめた。国際情勢の悪化に促された要素と仲裁に関する有効なシステム作りを模索してきた延長線上の発想という要素が相まって、国際法学者たちは連邦的システムの可能性を検討対象とはしないとともに、国家間機構には道義的な力と世論の力以外の拘束力があってはならないという原則をも反故にしはじめていた。ムージャン・デ・ロクフォー（C. de Mougins de Roquefort, 生没年不詳）は、『国際紛争解決論』（*De la Solution des Conflits Internationaux*, 1889）を著し、その中で彼は、仲裁にかかわる提案はいずれも曖昧模糊とした段階のままであって、仲裁の受諾にしろ、仲裁の対象とはならない紛争の場合の調停の受諾にしろ、国際的な義務というレベルに到達したとはとてもいえないと苦言を呈した。その意味するところは、各国政府は国家的領域を越える制裁システムに政府存立原則と国家主権原則を調和させねばならないというところにあった(73)。一八九二年、万国平和会議は制裁の議論をめぐって激しく対立した。最終的には、戦闘行為に結びつく制裁を正当化しえないとする決議を採択したのだが、いっさいの武力行使を忌避する旧来からの宗教的平和協会はこの決議に対しても反対票を投じた(74)。しかし、時代の大きな流れの中で、国際法学者たちだけが武力の行使をともなう制裁を求めたのではなく、平和協会の中にも同じような要求を掲げる者が現れてきた。

平和運動内部の厳格な平和主義者を除くすべての関係者が、仲裁の義務化・自動発動化システムにとって、武力行使をともなう制裁が不可欠だという点で、国際法学者と意見をともにするようになるのは時間の問題だった。平和運動の理念と理論がひそやかに連合的発想へと回帰しつつあったのである。なぜなら、このようなシステムを各国政府が受け入れ、それに拘束されるようになるとするならば、それはかつてモリナーリやロリマーやブルンチュリーが唱導していた連合的発想とそれほど異なるものではないからである。

この段階、すなわち、平和運動が戦術を転換し、多少なりとも政府に信を置くようになった段階、国際法学者と各国の議会議員がこうした道筋において平和運動よりも一歩も二歩も先んじた段階、平和運動が国家間紛争に関して仲裁制度の整備に要求を限定するようになった段階、さらに理論的には、かつての完全な連邦的発想からの訣別後、再度ベンサム的発想からの訣別を経て、いまや二つの異なる方向からの連合的発想へと収斂される姿をみせはじめるようになった段階に至って、ヨーロッパの協調体制崩壊後初めて、各国政府は共同行動の必要性に関して考えざるをえなくなったのである。しかし、その結果は現実の厳しさをいやおうなく知らしめるものだった。一八八九年の第一回ハーグ国際平和会議においても、またそれに先立って行われた南北アメリカ大陸諸国交渉においても、英米間交渉においても、さらには一九〇七年の第二回ハーグ国際平和会議においても、多少の成果はみられたものの、各国政府は仲裁制度の有効性に疑念を抱き続け、最終的には受け入れる姿勢をみせなかったのである。*

この経験は、二様に解釈することが可能であって、実際、当時の平和に対する二つの相反する理念上の潮流を映し出したものにほかならない。一つは、二度にわたるハーグ国際平和会議を「戦時において戦争終結のために開催されるのではなく、平時において平和の保全を目的として開催されたヨーロッパ史上初めての国際的な会議」であり――この点ではその通りだが――、しかも、その開催は各国政府と外交官の尽力によるものだと理解する立場である。したがって、その立場をとる者は、ハーグ国際平和会議は「国家間関係における画期的時代」の劈頭《へきとう》を飾るものであり、かつまた平和がついに「政治家の信条の有機的な一部」となった証明でもあるという見解に立ち、そこから国家間の合意形成による進歩の可能性をもう一度信じようとする気持ちが生み出された(75)。もう一方は否定的な立場で、そこには、ハーグ国際平和会議開催をもってしても国際的な進歩はありえないという悲観的結論を導き出すものと、あくまでも仲裁制度に固執しその不充分さを指弾するものの二つの考え方があった。この立場は、総じていうならば、つぎのような発想に立っていた。法律上の係争あるいは戦争を引き起こす可能性のほとんどない国家間の紛争に対しては、ハーグ国際平和会議の合意による処理の可能性を排除できないとしても、国家間の政治的紛争に対して有効に機能するわけでも、ましてや「戦争の代替物」にもなりえない。したがって、国家間における進歩は、より革新的な構想、すなわち連邦主義的な構想に立ち帰ることによってのみ可能となる。このように、二十世紀初頭における国家間関係理解の大きな流れの中に、連邦主義的発想の著しい復興があったのである。

連邦主義的発想の復権に関して興味深いことは、この点で主導的な役割を果たしたのが、ジョン・ベラーズやウィリアム・ペンの時代以降、ヨーロッパ大陸の統一という考えに対して消極的な姿勢に終始してきたイギリスの平和構想者たちであって、連邦主義的発想が完全には死に絶えることのなかったヨーロッパ大陸諸国の構想者たちではなかったことである。あるイギリスの平和構想者が、国際紛争における制裁の受容を拒み続けている点で平和協会を批判し、「国家の権利などという抽象的な文言を唯々諾々と受容している」点で国際法学者たちを論難し、「実現できそうにもない方法を弄してどこまでも不可能なことを行おうとしている」点で、言い換えるならば、正義のためにはときには武器を交えて戦わねばならないこともあるにもかかわらず、戦争を廃絶しようとし、また自立し

＊　後述の第11章参照。

た国家間の仲裁にかかわる合意形成によって平和か正義かの二者択一をせまる道をたどってきた点で、平和協会と国際法学者双方を批判したのは一九〇三年のことである。[76] 一九〇九年には、ドイツ生まれのイギリス人実業家マックス・ヴェークター（Sir Max Leonard Waechter, 1837–1924）が「ヨーロッパ国家連合」（United States of Europe）なる連邦主義的構想を打ち出し、一九一三年には、「ヨーロッパ統一連盟」（European Unity League）を創設した。[77] 批判を受けたイギリス平和協会側も、武力の行使に一貫して反対の立場から連邦主義的傾斜を示さざるをえなくなった。国家間の合意は相互に遵守されるべきであるとする限り、武力の行使は避けて通れないというのがハーグ国際平和会議から得られる教訓だと認めざるをえなかったイギリス平和協会は、ひるがえって、平和に対する危険を除去し、さらには戦争に訴えることによって平和を保持しようとする矛盾を解決するには、唯一諸国家の完全な統合という道が残されているだけだと主張しはじめるのである。エヴァンス・ダービィは、一九〇七年の中央アメリカ司法裁判所（Central American Court of Justice）の設立を「世界の連邦化へ向けての最初のステップ」であると絶賛し、一九一六年には、「連邦主義はまったく新しい未経験の政策でもないし、実現不可能な政策でもない」証明として、スイス、ドイツ、アメリカ三カ国の歴史を援用した。[78] イギリスのクェーカー団体も、同じ理由から同じ方向を模索した。同団体は、一九一〇年には、十八世紀初頭にベラーズやペンが平和構想を提唱して以降はじめて、国際的な組織に関心を示すようになり、ヨーロッパ国家連合構想の旗振り役を買って出た。翌一一年には、クェーカー団体の主導的な働きかけによって、イギリス全土の平和諸団体の連携を目的として設立された全国組織「全英平和連盟」（British National Peace League）が、ヨーロッパ国家連合構想を政策目標として正式に承認した。[79]

ヨーロッパの連邦化という同じ目標が、一九一〇年、万国平和会議の常設機関であるベルン平和事務局によっても採択された。[80] しかし、いまや、十九世紀に果たしたイギリスの平和運動の役割と、ヨーロッパ大陸諸国の平和運動の役割に逆転現象がみられるようになっていた。イギリスの平和協会はヨーロッパの統一を志向し、他方、ヨーロッパ大陸諸国の支配的意見は、連邦主義的方向には後ろ向きになっていた。一九〇〇年というかなり早い段階で、ヨー

「ヨーロッパ国家連合」が政治諸科学パリ会議（Paris Congress of Political Sciences）での正式議題となっていたにもかかわらず、この件に関する小委員会は国家統合的方策を明確に一蹴し、ロリマーによって描かれた線に沿いつつ国際軍を有する連合的結びつきを、唯一可能な解決策だとした。ところが、この小委員会の提案すら、パリ会議の議長は過激に過ぎるということで斥けた。彼にとっては、いかなる国家間の紐帯《ちゅうたい》も「参加国すべての国家としての個別性」を尊重したものであるべきであり、「ヨーロッパ諸国連盟」（League of European States）を越えるものであってはならないのだった[81]。一九〇一年に上梓されたノヴィショー（A. Nowichow, 生没年不詳）の『ヨーロッパ連邦』（*La Federation de l'Europe*）は、ヨーロッパの連邦化は国家間の連合にはじまり、その後段階を経て達成されるべきであり、しかもそのプロセスは緩慢かつ時間を必要とすると述べていた[82]。したがって、ベルン平和事務局が一九一〇年段階で連邦主義的構想を採択したのは、イギリスの圧力によるところが実に大きかったのである。

ヨーロッパ大陸諸国の方針転換には、ヨーロッパ諸国の一部に抜きがたく存在していた敵対感情の悪化という側面のほかに、二つの要因が介在していた。政治諸科学パリ会議のフランス人議長は、「その体制からいっても、またヨーロッパ諸国との共通の文化を欠いている点からいっても、ロシアが真のヨーロッパ国家連合に占めるべき場所などない」、仮にヨーロッパが連邦化されるとしたら、それはあくまでも「ロシアの支配」を回避するための連邦化であるべきと述べていた[83]。連邦構想を支持するイギリス人の中にも、ヨーロッパ連邦化の「最大の障害」として「ロシアをこの枠組みの信頼に足る一員として描くことがおよそできない」とし、「ヨーロッパにとって最善の道は、ロシアの存在を……すべての文明化された西側列国にとっての深刻な脅威とみなすことである。こうすることによって、われわれははじめてヨーロッパ国家連合へと一歩あゆみを進めることができる……」という見方を提示する者がいた[84]。ロシアを排除したいという願望と現実にロシアとの同盟を必要とするという背反する気持ちが大陸諸国、とくにフランスには強かった。しかも、これはより広範な地域性を有する問題、すなわち、世界の動きとは無関係に存在する地域としてヨーロッパを扱うことがますます困難になってきたという問題の一側面に過ぎなかった。ノーマン・エンジェル（Norman Angell, 1872-1967）の『大いなる幻想』（*Great Illusion*, 1909）やクロポトキン（Prince Pyotr Alexeyevich Kropotkin, 1842-1921）の『相互扶助』（*Mutual Aid*, 1902）に代表される作品の中に、戦争はもはやペイしないというメッセージ以上のものがあるとするならば、それはヨーロッパという地域を越えた諸国家がいまや相互依存関係から逃れられないというメッセージである。一八九九年の第一回ハーグ国際平和会議への参加国は二二カ国だったが、そのうちの六カ国は非ヨーロッパ諸国であり、また四四カ国が参加した一九〇七年の第二回ハーグ国際平和会議では、非ヨーロッパ諸国の参加が半数を上回る二四カ国だった。国際議会設立計画の検討を目的とする委員会が列国議員会議内に設置されたが、その検討のための世界的規模での組織作りが肝要だというのが委員会の結論だった。[85] 前述の政治諸科学パリ会議の議長は、すでに一九〇〇年段階で、イギリスが世界的帝国を形成している事実に鑑みて、はたしてイギリスが完全かつ強固な形でヨーロッパ大陸諸国と統合化・一体化することが可能かどうかについて少なからず疑念を抱いていた。[86] イギリスに限らず、ヨーロッパの列強諸国はヨーロッパ外におのおの権益を有しており、その権益の重要性を認識するならば、列強諸国がヨーロッパという地域に限定された連盟体制の樹立に向けて積極的な姿勢を示すとは考えられないとドイツの法学者シュッキング（Walther Schucking, 1875-1935）が一九一二年に指摘したが、[87] この発言はこの点を詳《つまび》らかにしたおそらくははじめての発言である。一九一四年の第一次大戦勃発後、英米両国およびヨーロッパ大陸諸国の主だった国際主義団体は、戦後創設されるだろう国家間機構の構成国に関して一致した意見を持つにはいたらなかったが、しかし、そこには少なくとも主要な非ヨーロッパ諸国を迎え入れなければならないということに関しては、すべての団体に不一致はみられなかった。

ヨーロッパ外の地域も視野に入れるべきだとする状況の展開が、英米両国の意見と無縁の潮流だったのではない。両国の平和構想が主として、アメリカを含めた統一ヨーロッパ志向だったことは否定できないとしても、それだけに限定されてはいなかった。たとえば、一九〇〇年には、イギリスのジャーナリスト兼改革主義者ウィリアム・

T・ステッド（William Thomas Stead, 1849–1912）が国際仲裁連盟（International Arbitration Union）を立ちあげ、制裁制度を加味した世界的規模での仲裁システムの立案またはその改善を図ろうとしていた。一九〇四年、全英平和連盟が設立された際にも、ステッドと同じ方向が志向された。この点に関して注意が必要なのは、イギリス平和協会の態度である。平和協会は、平和連盟傘下のほかのグループとは連邦化について一線を画していたが、その理由は平和連盟がそうした方向を既定の方針として採択し、公式の運動方針とするのではないかと危惧したからである。アメリカでは、全米平和運動が仲裁制度の効果的運用を目的とした国際立法機関の創設案をまとめ、一九〇三年と一九〇七年の二度にわたって議会に請願書として提出した。(88) アメリカ製鉄業界の重鎮アンドリュー・カーネギー（Andrew Carnegie, 1835–1919）は、一九〇四年、万国平和会議に書簡を託し、その中ですべての列強諸国が連署連名のうえ、今後いっさい戦争を起こさないことを宣言し、なおかつ各国がこの宣言を誠実に履行する決意を公式に表明することを求めた。(89)

一九〇八年開催の万国平和会議や列国議員会議では、たしかにヨーロッパの統一に対して一定の関心が払われたが、主として議論の対象になったのは、相変わらず、二度にわたるハーグ国際平和会議の成果を上回る国際的視野に立ったより効果的な仲裁制度の構築に関してだった。それをさかのぼる一九〇二年段階で、万国平和会議は、すべての国家が戦争を放棄し、国家間の紛争を例外なく仲裁にかけることを受け入れ、いったん下された仲裁裁定に従わない国については、その国を除く全加盟国の監視下に置かれると同時に、加盟諸国は「裁定の強制を可能とする手段を用いて」仲裁履行の担当者を援助する義務を負うものとするという内容の条約案を採択していた。ただし、その手段の具体的内容には、イギリス平和協会の強い反対姿勢のため、いっさい触れていない。この点に関して、仲裁裁定を堅持するためには戦争以外の実質的措置、すなわち経済制裁措置をとるべきだという提案を一九〇六年の万国平和会議の場で廃案に追い込んだのも、やはりイギリス平和協会だった。一九〇五年、列国議員会議は世界法廷にとどまらず世界立法院の創設構想を打ち上げ、国際議会の創設に関する小委員会は、ハーグ国際平和会議が国際法廷の役割を果たし、列国議員連盟を国際的な立法院へと改組する答申をまとめ上げた。一九〇八年開催の万国平和会議では、往時のロリマー構想にさらに一歩近づき、国際法規の監督権を持つ立法議会、国際法規の適用権を持つ司法法廷にとどまらず、単一の行政機関を有する「国家共同体」構想が採択され、さらに各国の軍隊を国内の治安維持確保に最低限必要な規模に縮小すべきであるとする提案も同時に採択された。このときの会議においても、制裁問題に関しては相変わらず成案は得られなかったものの、一九〇三年の万国平和会議はこの問題に関する専門委員会の設置を決定した(90)。

こうした平和構想をめぐる考え方の時代的潮流は、一九一四年の第一次大戦の勃発によってさらに加速された。この点での第一次大戦中の際立った特徴を挙げるとするならば、それは、ヨーロッパを越えたより広範な地域を包合する国家間機構の必要性が叫ばれるようになった状況を前にして、ヨーロッパの統合という発想が永遠の敗北とはいえないとしても、当面完全な敗北を喫したことである。さらに、国家間機構の地域的広がりという観点に立つならば、連合的発想、すなわち、限定された目的のために諸国家・諸政府を律する国家間機構を立ちあげるという発想が連邦的発想に対してはいうまでもなく、ベンサムやラッドが志向した平和構想に対しても最終的に勝利を収めたということである。この時期の特徴をはっきりと示す第二の点は、部分的ではあったが、上述の点の必然的な結果だといえよう。つまり、第一次大戦という未曾有の惨事を結果的に生み出した国家間システムに変更を加えず無修正のままでよしとする者は少数に過ぎなかったのだが、それを上回って、全世界を対象とした連邦国家の現実性を信じようとする者はさらに少数に過ぎなかったという事実である。

第一次大戦が当初、とくにイギリスにおいて、連邦的解決の復興を促した事実は否定できない。ウィリアム・ペンやサン＝ピェールの連邦的平和構想、さらにはルソーの連邦主義的発想に対する関心が一時的ではあったが盛り上がった(91)。事実、一九一五年には、経済学者で『帝国主義』(*Imperialism*, 1902) の著者ジョン・A・ホブソン (John A. Hobson, 1858–1940) は、国際的行政機関と国際的立法機関を有し、決定に従わない国家に対する過半数による武力の行使権を担保した「超国家」の創設を世に問うていた[92]。同年、批評家で平和主義者のロウズ・ディキンソン（G. Lowes Dickinson, 1862-1932）は、『国際連盟』（*League of Nations*）と題するパンフレットの中で、一元化した軍隊を機構内部の平和維持および機構外部からの侵略に対する防衛にのみ使用する恒久的な連盟体制創設の必須の前提条件として、ヨーロッパを「国家に基礎を置くのではなく、民族に基礎を置いた」姿に再編・改組することが必要だと訴えた[93]。こうした連邦主義的方向に同調する傾向は、イギリスに限られた現象ではなかった。スウェーデン人のオーギュスト・シュヴァン（Auguste Schvan, 生没年不詳）は、世界法、世界司法法廷、さらに「主権と独立を喪失し、人類の細分化単位へと再編成された」諸国家から成る世界国家の創設を世に問うた[94]。しかし、こうした熱意もほどなくして消えていくことになる。一九一八年に『中立対正義』（*Neutrality versus Justice*）を著したA・J・ジェイコブス（A. J. Jacobs, 生没年不詳）は、国家政策としての中立を否定するとともに、平和を擾乱するすべての行為を参加国が一致して対処すべき内部的問題とみなす世界国家の建設を提唱したが、他方で、国際法廷や国際的行政機関の設置は時期尚早であって、ときの推移に委ねるべきだと主張した[95]。ロウズ・ディキンソンは、前述のパンフレット『国際連盟』の中で、「ヨーロッパの連邦化が近い将来可能になるとは考えられない。今次の大戦の終結にともなって可能となるのは、ヨーロッパの平和維持に資する列国が参加する連盟体であると信じる」と述べるとともに、「一つの教会、一つの帝国」（one Church, one Empire）という中世的理想が完全に死に絶えたいまとなっては、「独立国家の主権こそが政治的真実と政治的智慧を表徴する決定的に重要な概念であると主張しない哲学者や歴史家はどこにも見当たらない」と指摘していた[96]。後年の著書『われらの選択』（*The Choice before Us*, 1917）の中でのディキンソンは、さらに一歩踏み込み、「ヨーロッパ国家が、ましてや世界国家が、仮にそれが国家の名に値するぎりぎりの線であるどこまでも緩やかな連邦体としての世界国家であっても、現段階においては真剣な考慮に値する政治的概念とはいえない」ということを根拠にして、国家間の条約に基づく連盟により所を見出したのである[97]。

この国家間条約に基礎を置く連盟体構想こそが、第一次大戦の勃発当初から、平和の実現に心を砕いてきた国際主義諸団体の一貫した実現目標だった。こうした団体としては、オックスフォード大学市民法欽定教授やワシントン駐在イギリス大使を歴任したジェイムズ・ブライス（James Bryce, 1st Viscount Bryce, 1838–1922）が開戦後の一九一四年に立ち上げたグループや、一九一五年創設のイギリス国際連盟協会（British League of Nations Society）、一九一六年に自らの構想を公表したフェビアン協会（Fabian Society）［イギリスの非マルクス主義的な社会主義団体、一八八四年創立。社会主義社会への漸進的改良を社会的政治的諸改革の実践を通して実現しようとした］、同年ハーグで創設され大戦の中立国のみならず連合国・枢軸国双方からの代表が参加した「永続的平和のための中央機構」（Organisation Centrale pour une Paix Durable）、一九一八年に統一組織「国際連盟ユニオン」（League of Nations Union）を立ち上げるためにイギリス国家連盟協会（British League of Nations Society）の傘下に入ったイギリス自由国際連盟協会（British League of Free Nations Association）、フランスの「法による平和協会」（Association de la Paix par le Droit）、既出の国際平和事務局などがある。これら最も活動的で発言力の強い諸団体はいずれも、司法上の係争は仲裁法廷に送致され、政治的紛争は調停審議会あるいは連盟評議会に送致され、武力の行使に優先してこうした平和的手段を尽くすことが義務づけられ、さらに何らかの立法機関あるいは会議運営手続きが整備された国家間システムの必要性を共有していた。外交政策の民主的管理、秘密外交の廃止、条約や同盟の締結の廃絶、世界の軍備削減におけるイギリスの主導的な役割など、かつてのベンサムの提案・提起と見紛《みまが》うばかりの主張を旗印に掲げてきた一九一四年創立の「民主的管理同盟」（Union of Democratic Control）でさえ、国際連盟の創設には賛成の意向を示さざるをえなかった(98)。平和に関心を抱くすべての者にとって、いまや連盟こそがすべてだったのである。細部にわたっては団体相互間に相違点があったことは否定できないのだが、すべての団体が等しく目指していたのは国家間の連盟体であって、決して国家間の統合体ではなかった。また、主権を有する国家の自由がどこまで制限されるべきかという点が、大戦中の議論の中心的問題となっていた。

この連盟体への加盟資格については、たとえば、非民主的国家の加盟を認めるべきではないと主張するなど、団体によってさまざまな意見が出され、合意をみるには至らなかったが、この加盟資格問題とは別の問題として、団体相互間の意見が大きく異なっていたことが二点ある。第一に、どの程度の相対的な権能を世界の列強諸国に与えるべきかという点であり、第二に、どのような状況・条件下において、加盟国と非加盟国に対して武力行使をともなう最終的な措置をとらざるをえないのかという点である。第一の点に関して、イギリス人ジャーナリストH・N・ブレイルズフォード（Henry N. Brailsford, 1873-1958）が著した『国際連盟』（*A League of Nations*, 1917）は、国際法廷と連盟議会においては列強諸国により多くの投票権を与え、さらに連盟理事会や連盟執行部の構成国を列強諸国に限定すべきとするなど、最も強い列強重視姿勢を打ち出した(99)。彼ほどではないとしても、多くの構想も程度の差こそあれ、列強重視の立場を逃れられていない(100)。ジェイムズ・ブライスが主宰する団体は、ヨーロッパの列強六カ国とアメリカ・日本両国を含めた八カ国によって、連盟の執行機関と立法機関が専有されるものとし(101)、フェビアン協会は、これら八カ国に対して立法機関の議事進行に関する拒否権を与えるという主張を展開した(102)。しかし、他方において、フェビアン協会は、いかなる国際法規もそれが現実に適用される前に、各加盟国において批准手続きがとられなければならないとした。この点では、小国の立場からの発言を続ける「永続的平和のための中央機構」も同様の主張だった。第一次大戦後の国家間機構に関する全十提案のうち八提案が、領土の現状変更については国民投票の判断を仰ぐという条件と、すべての国家に固有の権利である自決権に委ねるという条件がクリアされるべきだとした。「永続的平和のための中央機構」はさらに議論を進めて、つぎの要求をまとめた。仲裁法廷への付託は義務的であってはならないこと、仲裁法廷になじまない紛争については、連盟理事会は加盟国の名誉と死活的利害にかかわる係争を討議の対象としないこと、理事会の決定は過半数を越えなければならず、なおかつその投票には決定受諾の義務を負う双方の当該国が参加することの三点である(103)。

国家の自立性・自主性へのこだわりがより鮮明に表れていたのは、連盟内における列強の権能をどこまで許容すべきかという問題よりも、連盟が下した決定を実行に移す際、各加盟国が力の行使に出る権利と義務をどのように理解すべきかという問題においてであった。この点では、連盟理事会や司法法廷での仲裁決定に従わない国家に対する裁決の強制に関して何ら規定を設けていないジェイムズ・ブライスの一九一五年提案ほど、国家の裁量権を最大限に認めたものはほかには見当たらない。彼は、以下二つの条件下で戦争行使権を国家に認めている。すなわち、紛争が理事会あるいは司法法廷に提示された後十二カ月経過した時点にいたっても、理事会または司法法廷によって仲裁決定が下されない場合、および仲裁裁定の公表後六カ月経過した時点にいたっても、当該国の一方あるいは双方によって仲裁裁定が遵守されない場合である。このように、彼の場合、連盟理事会・司法法廷への係争付託以前あるいは上記した期限以前の戦闘行為の発動に対してのみ、加盟諸国による当該国への共同武力行使を容認する立場をとっており、武力行使を制限的に理解する代表的見解である。(104) これにはさらに、非協力的な加盟国が連盟の決定を無視し続ける場合、加盟諸国はいかなる集団的措置が現実的に実施可能なのかを新たに検討する義務を有するという付帯条件もつけられていた。(105) イギリスのその他の団体も、ほぼブライスの主張の線に沿った構想を打ち出していた。フェビアン協会は、司法法廷や連盟理事会への仲裁申請以前に戦闘行為の発動という挙に出る加盟国に対して武力を行使するだけではなく、司法法廷の決定に反して戦争という手段に出る加盟国に対しては経済制裁を課すことを加盟各国に義務づける制度の確立を構想していた。(106)「法による平和協会」もフェビアン協会と同様、仲裁裁定の確実な履行を担保するために、経済制裁、場合によっては戦争という手段に訴えることを認めていた。(107) しかし同時に、ブライス的な立場をとらない団体も、ヨーロッパ大陸諸国やアメリカには少なからず存在した。「永続的平和のための中央機構」と「アメリカ平和強制連盟」（American League to Enforce Peace）の二団体は、仲裁を司法法廷に申請する以前の戦闘行為に対しては武力で対抗することを加盟各国に義務づける一方で、いったん下された仲裁裁定を遵守させるための武力行使を加盟国に義務づけることには反対の立場をとった。(108)「平和強制連盟」以外のアメリカの三団体は、イギリス平和協会の方針と同様、道義的制裁に限って加盟国の義務とすることを可とした。[109] さらに、「平和強制連盟」の場合、ほかの諸団体がいっさい触れていない連盟から脱退する権利を加盟各国に与えていた。この団体が求めた連盟体は、当時よくいわれていたような平和を強制的につくりだす連盟ではなく、戦争という手段に訴える前に当面の課題を多角的・総合的に熟慮・検討する連盟体だった。したがって、批判者の誤解を解くために、「連盟の創設は自国と同じように他国を愛することを意味するのでもなく、各国の完全なる武装解除を意味するのでもなく、また各国の国防を事実上無防備にし、モンロー・ドクトリンを放棄し、自由貿易を捨て去り、ドイツを無罪放免にすることを意味するのでもない」と述べて彼らに安心感を与えようとしたのも無理からぬことであった。[110] 同時に、彼らは民族自決権を過重に重視する大戦中に提案された諸団体の構想に対しても、拒絶反応を示した。国家主権に関して国民が自由意志に基づいて行う国民投票は、かつてアメリカが分離権行使の阻止を主たる目的として戦った南北戦争を思い起こさせ、民族自決権には必然的に分離権が具有すると判断したからである。[111]

第一次大戦の終結を目睫《もくしょう》にして、「平和強制連盟」はさらに一歩踏み込んだ提案をまとめた。加盟諸国が司法法廷の決定を強制できるとしたばかりではなく、連盟理事会の場において紛争当事国の双方が合意を得るにいたらなかった場合、連盟がいかなる措置を紛争当事国に対してとるべきかを決定する義務を有するとした。[112] 一九一八年にイギリスで発足した「国際連盟ユニオン」の主張もほぼ同一線上にあった。[113] こうした方向性を打ち出すことは、世界の列強諸国がこの時点までにはすでにこの方向を受け入れていたこともあって、以前ほど障害のある問題ではなくなっていた。一九一七年段階では、ヨーロッパ諸国の圧倒的多数がウィルソン大統領の国際連盟創設提案に賛意を示しており、また大戦終結時には、ヨーロッパ諸国すべてが上記の役割を連盟に付託すべきとする点で合意をみていたのである。しかしながら、留意しておくべきことがある。国際的な連盟体の必要性に対する認識を深めざるをえなかった各国政府は、一方で大戦中の平和諸団体の構想を骨抜きにしようとする意思を示しながらも、他方でそれら諸構想の限界を乗り越えて、さらに大きく前進せざるをえないと考えていたことも事実である。

各国政府は、第一次大戦という未曾有の惨禍をともなった体験からも、十九世紀末と二十世紀初頭の二度にわたるハーグ国際平和会議の時点での政策や対応ではもはやすまされないと感じていただけでなく、一九一九年に設立予定の連盟が大戦中の諸構想以上の広範な役割と機能を備えて発足することになると事前に察知していた。大戦中の構想は多くの場合、法学者の手になるものであり、したがって必然的にそれまで二十年間にわたって平和構想論議の中心だった仲裁制度の整備・拡充に重点を置いた構想だった。つまり、彼らが構想する連盟は主として法的側面に力点を置いた国家間機構、換言するならば、現実の危機に直面した際に武力行使という最悪の事態を回避する手段としての国家間機構であって、各国政府の全般的・総合的力を背景に現行の国際政治システムの動因を改変するという発想に立った国家間機構ではなかった。政治とは組織・制度・行為の合法性を確認・検証する以上のものであり、またいうまでもなく、政治を司っているのは法律の専門家集団ではない。政治の本質に関わるこの事実が、第一次大戦の経験を新たな国際的行動規範の出発点にすべきだという世論が各国政府に向けられ、その世論の高まりを政府側が無視できなかった事実と相まって、来たるべき連盟が大戦期間中に提案された諸構想のいずれをも一歩先んじた国家間機構として生まれざるをえないことを保証したのである。

法律家や官僚で構成される政府の諮問委員会も含めた各国政府が大戦後の連盟構想を注目するようになる一九一六年末の段階では、彼らも当時の平和構想者と同じように、連盟を常設の国家間機構としてではなく、危機に対処し戦争の勃発を防止する司法上の手段として認識していた。また連盟の理事会については、通常の外交における単なる補助的安全弁、言い換えるならば、連盟本部によって任意に選ばれた都市で加盟諸国の大使が紛争の発生に応じて臨時に会合を開催する場という認識だったのである。平和と安全の保持を図り、世界の政治的な安定をさらに促進させる常設の国家間機構を求める世論の強い圧力のもとで、連盟構想を拡大・拡充させることが必至となった段階においても、各国政府の多くは依然として、「列強に対してのみ開かれ、その他小国にとってはそのことから得られるだろう利益享受に限定された連合体」というとらえ方をしていた。これは、ウィルソン大統領の最も信任の厚い腹心として名をはせた通称「ハウス大佐」(Edward Mandell House, 1858–1938) の言葉である。しかし、ウィルソン大統領自身のほか、南アフリカ連邦のヴェルサイユ講和会議代表ヤン・スマッツ (Jan Christian Smuts, 1870–1950) やイギリスの外務次官ロバート・セシル卿 (Lord Robert Cecil, 1864–1958) らは、各国政府の思惑を越える発想に立っていた。彼らの考えは、総会の議決権を国家単位で行使する点では、それまでの構想と変わるところはなかったが、連盟総会 (Assembly) により多くの比重を置くことで、司法の場における紛争解決に代わる外交と話し合いによる紛争の回避を図るという各国政府が思い描いていた青写真に沿ったものだった。それだけではなく、法律家や官僚の手になる規則や手続きの緻密性・厳格性を打《う》っ遣《ちゃ》って、むしろ政府関係者が世界の世論の動向に信を寄せるという方向性を打ち出した[114]。ウィルソン大統領が連盟規約をヴェルサイユ講和会議に提議した際、彼はつぎのように言い放った。「〔連盟という〕組織の隅から隅にいたるまで、われわれは第一義的に一つの大きな力に依存している。その力とは、世界の世論という道徳的な力であり、またそこから生み出される浄化力であり、明快に分析する力であり、前へ進ませる推進力である」。さらに彼は、後に連盟総会と正式に改称される「国家代表機関」においては、国家による身勝手で邪悪な行為は「世界中からの指弾の声という消し去ることのできない圧倒的な意見」にさらされると弁じるのである[115]。ロバート・セシル卿もウィルソン大統領ともども、「われわれが頼る最大の武器は世論である。……この点でわれわれが間違っているとしたら、すべてのことが間違っていることになる」と述べていた[116]。立ちどまってみると、ベンサム的地平へと回帰していたのだが、ただし、このベンサムはいまや俗界から切り離された玉座に鎮座するベンサムだった。つまり、皮肉にもかつて国家間の国際的組織に対する飽くなき抵抗の象徴としての世論への信頼が、いまや各国政府の手によって、長期にわたる国際主義者たちの懸案に応えるために歴史上初めて「国際連盟」という国家間機構が創設される事態を招いたのである。

　ベンサム的発想を継承しているとはいえ、各国政府が解体されたわけではなく、政府は相変わらず政府であり続けた。そして、このことは来たるべき連盟が、一方ではその機能・役割を拡大させながらも、他方において大戦中に国際主義者が構想していた以上に緩やかな連合体として発足することを確実なものとした。各国政府の主導的な働きかけによって、連盟はより継続的な役割を手に入れることになったのみならず、より継続的な組織として機能することになった。しかし他方において、連盟の役割の変更は、大戦後設置される「国際連盟」という組織がそこでの決定・決議を加盟国に強制する場としてではなく、合意形成を図るための場として機能すること、言い換えるならば、加盟各国に善であることを強いるのではなく、国家に備わっている善的なるものを加盟各国が自らの意思で確認・顕示する一助となることを意味していた(117)。同時に、というよりもそのこととは対蹠的に、初期の連盟構想の多くにかくあるべしとして紛《まが》う方《かた》なき明瞭さをもって規定されていた組織運営のあり方が、全面的に後退を余儀なくされることを意味していた。たとえば、それは、第一に仲裁重視から討論重視へ、すなわち司法法廷重視から総会重視へと変わっていったことに、第二にウィルソン大統領の世論重視とともに、それに劣らぬ弱小諸国からの抵抗の結果として、列強重視型理事会構想に代わる総会強化の方向を鮮明にしたことに、第三に法律家、政治学者、さらには政府の官僚までもが政治家を前にして妥協的・宥和的な対応に終始した結果、連盟が当初の構想に比べてより柔軟な組織になったと同時に、明確な位置づけを欠いた組織へと変質したことに表れていた。つまり、果たすべき役割の拡大化と組織体としての結びつきの希薄化とのこの対照にこそ、国際連盟の主たる特徴があるといえる。

近代史上初の国家間機構である国際連盟は、国家間で成立した歴史上のいかなる連合体よりも、組織上の構成の点で地理的に広い範囲を包摂するものであり、それが有する権限の点で多岐にわたる組織であり、また各種多様な専門機関を備えた組織だった。他方、これほど国家間の結びつきの脆弱《ぜいじゃく》な連合体もまた史上例をみない。連盟の目的と機能に関しては、それ以前のいかなる同盟体よりも数の上で多数に上り、またその意図するところも野心的だったが、他方、構成国の行動の自由に関しては、過去のいかなる同盟よりも制約を設けていなかった。また、国家主権の行使に関して、加盟諸国に各種の義務を課すことによって、また国家の利害よりも全体としての国際秩序の確保を優先する考え方を加盟諸国に求めることによって、主権行使に一定の歯止めをかける試みが連盟にあったことは否定しない。しかし、加盟諸国の主権を制限するという当初の目論みからは程遠く、連盟の諸機能をほぼ全面的に助言と勧告という手続きに限定し、連盟からの離脱権・脱退権を認め、さらに重要な決議の採択には全会一致を旨とすることによって、実は国家主権の保全が約束されていた。かたや連盟規約に盛られた野心的な諸機能と、かたや組織としての決定的な脆弱性というこの相互矛盾こそが、連盟のその後の運命を決定したのである。われわれとしては、連盟瓦解への道を検証する前に、連盟成立以前の加盟諸国間の国家間関係が現実にどうだったかを分析しなければならない。

注

(1) A. C. F. Beales, *The History of Peace* (1931), 87–88
(2) *Ibid.* 193–95
(3) *Ibid.* 249, 253, 257–59, 269.
(4) P. Renouvin, *L'Idée de Fédération Européenne dans la Pensée Politique de XIXe Sicle* (1949), 17–18.
(5) Beales, *op. cit.* 93, 99.
(6) *Ibid.* 92.
(7) *Ibid.* 109–10, 113–14, 122–23, 135.
(8) *Ibid.* 102–03, 114–15; Renouvin, *op. cit.* 10–11.
(9) Beales, *op. cit.* 119–20, 127–28.
(10) *Ibid.* 12–21; Renouvin, *op. cit.* 10–11.
(11) Beales, *op. cit.* 121–23.
(12) *Ibid.* 134–35.
(13) Renouvin, *op. cit.* 12–13.
(14) *Ibid.* 16.

(15) *Ibid.* 21.
(16) Beales, *op. cit.* 90.
(17) Renouvin, *op. cit.* 13.
(18) Beales, *op. cit.* 225.
(19) K. N. Waltz, *Man, the State and War* (1959) における引用。
(20) Beales, *op. cit.* 224.
(21) *Ibid.* 180.
(22) *Ibid.* 246–48.
(23) *Ibid.*
(24) *Ibid.* 164–69, 207, 223.
(25) *Ibid.* 105–07, 110–12, 123–24, 137–43, 146–48.
(26) *Ibid.* 100–11.
(27) *Ibid.* 131–32.
(28) *Ibid.* 154.
(29) *Ibid.* 142–43.
(30) *Ibid.* 146–47, 153–54.
(31) *Ibid.* 148.
(32) *Ibid.* 120, 142, 179.
(33) *Ibid.* 180.
(34) *Ibid.* 156–57, 160.
(35) Renouvin. *op, cit.* 11.
(36) Beales, *op. cit.* 11.
(37) *Ibid.* 179.
(38) *Ibid.* 135, 177.
(39) ホジソン・プラットの組織については、本章の一九〇～九三頁を参照。
(40) Beales, *op. cit.* 111.

（41） *Ibid.* 121.
（42） *Ibid.* 126, 142.
（43） *Ibid.* 140–43, 149.
（44） *Ibid.* 137, 149.
（45） *Ibid.* 149–50.
（46） *Ibid.* 152–53.
（47） *Ibid.* 151–52.
（48） *Ibid.* 172–73.
（49） *Ibid.* 163–64.
（50） *Ibid.* 254.
（51） *Ibid.* 178–79.
（52） *Ibid.* 181.
（53） *Ibid.* 176.
（54） *Ibid.* 183.
（55） *Ibid.* 193–95, 222–30.
（56） *Ibid.* 196.
（57） *Ibid.* 259–60, 262, 273.
（58） 一八六七年パリで刊行。
（59） S. J. Hemleben, *Plans for World Peace through Six Centuries* (1943), 114–16; Lord Phillimore, *Schemes for Maintaining General Peace* (Handbooks prepared under the Historical Section of the Foreign Office, no. 160) (1920), 10–11.
（60） Beales, *op. cit.* 127; Hemleben, *op. cit.* 124.
（61） J. K. Bluntschli, 'Die Organisation das Europäischen Staasvereins,' first published in the Review *Gegenwart* (1878), reprinted in his *Gesammelte Kleine Schriften* (1879), I, Ch. XII. Hemleben, *op. cit.* 116–18; Renouvin, *op. cit.* 19を参照。
（62） Hemleben, *op. cit.* 118における引用。
（63） Renouvin, *op. cit.* 13.
（64） Hemleben, *op. cit.* 124.

(65) James Lorimer, 'The Final Problem of International Law', first published in the *Revue de Droit International* (1877), reprinted in his *The Institutes of the Law of Nations* (1884), II, ch. XIV. Hemleben, *op. cit.* 118–24 を参照。

(66) Beales, *op. cit.* 161.

(67) *Ibid.* 218.

(68) *Ibid.* 114.

(69) *Ibid.* 137–38, 170–71.

(70) *Ibid.* 171.

(71) *Ibid.* 226–27.

(72) *Ibid.* 228.

(73) *Ibid.* 240.

(74) *Ibid.* 225.

(75) Beales, *op. cit.* 237; James Brown Scott (ed.) *The Proceedings of the Hague Peace Conferences* (1920–21), preface, V–VI.

(76) M. Campbell-Smith, *Kant's Perpetual Peace*, introduction, 80–115.

(77) Renouvin, *op. cit.* 14; Phillimore, *op. cit.* 11.

(78) *Ibid.* 50–51. Beales, *op. cit.* 252.

(79) *Ibid.* 268.

(80) *Ibid.* 273.

(81) Renouvin, *op. cit.* 13–14, 20–21.

(82) *Ibid.* 20.

(83) *Ibid.* 15–16.

(84) M. Campbell-Smith, *op. cit.* introduction, 92–93.

(85) Renouvin, *op. cit.* 21; Beales, *op. cit.* 261.

(86) Renouvin, *op. cit.* 21.

(87) *Ibid.* 21–22.

(88) Beales, *op. cit.* 245–46, 249–51.

(89) *Ibid.* 261.

（90）*Ibid.* 260–62, 273.

（91）ウィリアム・ペンの小冊子は、一七二六年にペン選集の一部として世に出て以降、出版されることはなかったが、一九一四年にグロースターで、一九一六年にはロンドンで *Dent's Everyman Library* シリーズの一冊として、さらに翌一七年には E. York, *League of Nations* のなかで復刻されている。ヨークの著作にはサン＝ピエールとルソーの言説の抜粋が含まれている。ルソーの構想については、C.E. Vaughan (ed.), *The Political Writings of Rousseau*（1915）を参照。

（92）Phillimore, *op. cit.* 56–57 における J. A. Hobson, *A League of Nations* の引用。

（93）*Ibid.* 51–53 における G. Lowes Dickinson, *The War and the Way Out*（1915）と *After the War*（1915）の引用。

（94）*Ibid.* 60–62 における Auguste Schvan, *Les Bases d'une Paix durable* の引用。

（95）*Ibid.* 62–64 における A. J. Jacobs, *Neutrality versus Justice* の引用。

（96）*Ibid.* 52–53.

（97）*Ibid.* 54.

（98）Hemleben, *op. cit.* 164–69.

（99）Phillimore, *op. cit.* 57–60.

（100）*Ibid.* 28–48.

（101）Hemleben, *op. cit.* 143.

（102）Beales, *op. cit.* 304.

（103）Phillimore, *op. cit.* 44–48.

（104）*Ibid.* 28–30.

（105）*Ibid.* 29–30.

（106）*Ibid.* 42.

（107）Hemleben, *op. cit.* 176.

（108）Phillimore, *op. cit.* 44–48.

（109）Beales, *op. cit.* 292–95, 304–05.

（110）Hemleben, *op. cit.* 153–54.

（111）Beales, *op. cit.* 299–300.

（112）Hemleben, *op. cit.* 157.

(113) *Ibid.* 171-72.

(114) Margaret E. Burton, *The Assembly of the League of Nations* (1941), 3-48.

(115) *Ibid.* 49-50.

(116) K.N. Waltz, *Man, the State and War*, 102.

(117) H. W. V. Temperley, *A History of the Peace Conference of Paris* (1924), VI, 459.

第Ⅱ部
一九〇〇年までの近代国家間システムの歴史

一つの時代の歴史を記述するときの詳細さは多くの点で賞賛すべきことだが、この詳細さは当然ながら、数世紀後のはるか遠く将来の子孫はわれわれが残すことになるだろう歴史の重荷をどのようにとらえるだろうかという疑問を、すべての人に抱かせてしまう。たしかに彼らは、史料がとうに消失しているかもしれない古い過去の歴史を評価するとき、もっぱら自分の関心事の視点、すなわち民族や統治が世界市民的見地から遂行したこともしくは損なったことという視点でこれを行うだろう。

——エマニュエル・カント

『市民的見地における普遍史の理念』一七八四年

第8章　国家間システムの発端

歴史家は、歴史的事象の起源に注意を集中させ過ぎる結果、歴史上の大きな進展が完了する時期を早める傾向がある。また、こうした進展の発端についても、歴史家はとかくその時期を早めがちだが、それは、発端への過度の集中という上と同じ理由によるだけではなく、歴史的発展というものが完全な終わりを告げることがきわめてまれだということにも起因する。ある歴史段階の終焉は、通常、つぎの歴史段階の予備的段階に過ぎないため、つぎの歴史段階の発端をまったく新たな歴史段階の発端とみなす過ちを犯しやすい。こうした二重に相反する落とし穴が、近代国家間システムの起源と発展に対するわれわれの評価にも影響を与えてきた。第一の落とし穴［歴史発展の完了時期を早める傾向］については、時間的に正当なゆとりを与えることによってのみ、新たな国家間システムがヨーロッパに出現したのは十八世紀であって、それ以前ではないことが理解される。また、第二の落とし穴［新たな歴史発展の発端の時期を早める傾向］については、その危険性に充分に注意を払うことによってのみ、十八世紀に出現した国家間システム、あるいは最終的にヨーロッパで成熟した国家間システムは、近年になって経験してきたすべての紆余曲折にもかかわらず、その枠組みにおいて、現代の世界を依然として支配する国家間システムであることが理解される。今日の国家間関係の構造は大国間の構造であり、これはヨーロッパ的国家間システムが十八世紀に初めて具現化して以降、綿々と続いてきた構造である。ヨーロッパにおいて、ある国家がほかの国家を超越する存在なのが自然であり、その国家がほかの国家からの抵抗を受けながらも、キリスト教世界全体の統率者兼庇護者だという自負を持たずにいられなかったそれまで受け継がれてきた理念と枠組みが、大国の並存という現実と理念にとって代わられるのは十八世紀のことだった。

カール五世（Karl V, 神聖ローマ皇帝、在位一五一九～五六年。スペイン国王としてはカルロス一世）やフェリペ二世（Felipe II, 在位一五五六～九八年）さらにはルイ十四世（Louis XIV、在位一六四三～一七一五年）らが自己の立場に対して抱いていた理念は、十八世紀以前の国家間システム観だった。さらに時代が下って、ナポレオン一世（Napoléon Bonaparte, 在位一八〇四～一五年）の理念も、依然として同種の国家間システム観だった。ナポレオンは、解体を望んでいた神聖ローマ帝国にとって代わって、ヨーロッパの各君主国を単一の帝国内に再編し、「キリスト教世界全体を統括する普遍的教会は無理だとしても、西ヨーロッパの教会」(1)を統率する手段としてローマ法王を自らの帝国に従属させ、さらに、パリを政治と文化の中心としてだけでなく、全ヨーロッパの資料収集編纂の中心につくりあげることを夢みた(2)。つまり、彼はヨーロッパ大陸の支配をシャルルマーニュ帝国の再建という目標を通じて自覚的に企てたのである。ナポレオンが、その後、ローマ皇帝アウグストゥス（Gaius Julius Caesar Octavianus, Augustus, 在位紀元前二七～紀元一四年）をモデルとして、最終的には東西両ローマ帝国の統一を望むところまでいったのかどうかについては議論が分かれる(3)*。当時のフランスがナポレオンにそれを期待したことは疑いのないところであり、それもまた当然だった。というのは、ナポレオン期の少し前までは、ヨーロッパ全体の記憶が統一国家としてのローマ帝国や中世的帝国への追憶に駆き立てられないことがほとんどなかったからというだけではない。当時の主要国の政策がローマ帝政期や中世に後戻りしようとする強い意志に導かれていなかったとしても、ローマ帝政期や中世へのノスタルジアによって形成されないこともほとんどなかったからである。旧来の国家間構造を再度機能させようとし、かつまた、近世初期のいかなる国家にもまして、あるいは中世のいかなる王にもまして、それを実現させる可能性を持っていたナポレオン治世下に対する抵抗なしに、理念と現実両面からの新たな国家間構造が出現可能だったと考えるべきではない。しかしながら、ナポレオン自身が自己の立場に対して抱いていた考え方は、カール五世、フェリペ二世、ルイ十四世らの考え方と共通項がさほどあったわけではない。

ナポレオンは、一世紀後のヴィルヘルム二世（Wilhelm II, 在位一八八八～一九一八年）や一三〇年後のヒトラー（Adolf Hitler, 1889-1945）が彼の足下にも及ばないことしかやろうとしなかったのに甘受しなければならなかったほどの悪評をこうむったことは一度もなかった。彼のやり方が徹底的だったにもかかわらず、ワーテルローの敗退後、彼は地方郷士として「ロンドンから五十～六十キロメートル以内に」没落の日々を過ごせると夢想することも許された。(4) こうしたことはナポレオンが思い描いたヨーロッパ像を明らかにするうえで、たしかに興味深い歴史的事実ではあるが、しかし、何はともあれ、ナポレオンが直面し敵視せざるをえなかったのは、単一のヨーロッパ超大国という考え方に対するかつてないほどの抵抗だった。逆説的にいうならば、その抵抗に拍車をかけたのがナポレオ

＊　フランスの著名な歴史家ドリオール（Edouard Driault, 1864-1947）は、ナポレオンには東西両ローマ帝国を統一する意思があったと主張する。他方、ケプナー（Richard Koebner, 1885-1958）は、ナポレオンがシャルルマーニュの遺産については喜んで受け入れたのに対して、ローマ帝国の遺産を拒絶したことの証明として、一八〇九年、フランス・アカデミーが「アウグストゥス」（*Augustus*）［ローマ皇帝の称号］と「ゲルマニクス」（*Germanicus*）［神聖ローマ皇帝の称号］を凱旋門でナポレオンに授与するよう提案した際、彼がいずれをも拒絶した事実を挙げ、その理由として、これらの称号を受け入れることがナポレオンにとって、クローヴィス一世（Clovis I, 在位四八一～五一一年）以降のフランス皇帝の足跡を承認することになるからとしている。ただし、「帝国」という概念は、ナポレオンの権力の増大にともなって成長していった柔軟性に富む概念であり、したがって、アカデミーの提案にしても、ローマ帝国型モデルへの回帰とローマ帝国の称号の復活を望むフランス人一般の感情を忠実に反映したものだったことをケプナーも認めている。この感情は第一共和政期に強くなり、さらに、ナポレオンの「至高の支配」（*domination sublime*）が、「至福の回想」（*de glorieux souvenirs*）をよみがえらせたときに、いっそう増幅された。

ンだったともいえる。彼がその抵抗を敵視した理由は、まさに、単一のヨーロッパ超大国というとらえ方への反発が当然視されるようになったためであり、また、事実、過去一世紀にわたって、複数の大国で構成されるヨーロッパという考え方が醸成されてきたためでもある。ナポレオンがそれ以前の皇帝たちと比較して、より大きなしかも異質の抵抗に直面せざるをえなかったのは、このためであって、近代的な意味における民族主義的精神に直面していたからではない。

最も一般的な歴史的事実がこのことを明らかにしている。中世の皇帝はもちろんのこと、カール五世もフェリペ二世もルイ十四世もそれぞれの時代にそれぞれの抵抗に遭遇した。フェリペ二世とルイ十四世が、ナポレオン一世に戦いを挑んだ諸国と同じ初期的近代国家からの抵抗を受けたことも事実である。カール五世治世下の神聖ローマ帝国やフェリペ二世治世下のスペインが帝国運営上で行き詰まったときには、彼ら以外の国家が単独で自らの優越的な立場を繰り返し主張しながら、彼らにとって代わろうとしたのに対して、ナポレオンの場合には、歴史上初めて大国としての地位を獲得し、「会議体制（コングレス体制）」に基づくヨーロッパの統治という道をたどりつつある諸国家の連合体によって、その権威がおとしめられたのである。それだけではない。ナポレオンがごく自然にシャルルマーニュ帝国さらにはローマ帝国への回帰を志向したのに対して、彼以降、ヨーロッパの支配者たろうとする者は、仮にナポレオンと同じようなヨーロッパ像を持つ自覚的な後継者が存在したとしても、誰一人として彼のような考え方を持ちえなかった。ナポレオン三世（Napoléon III, Louis Napoléon, 在位一八五二〜七〇年）にしても、こうした歴史的使命を担って、叔父のナポレオン一世と張り合おうとしたのではなく、歴史的使命を担っていると思い込んでいた叔父の過ちを繰り返すまいとしたのである。彼がこのような態度をとったのは、ナポレオン神話への執着よりも、歴史の教訓への執着の方が強かったからにほかならない(5)。ナポレオン三世以後の歴史の教訓すら眼中にない支配者たちは、民族の純潔性、イデオロギーの優越性、勢力の世界的均衡、生存権（*Lebensraum*）の必要性など、つまり、過去のヨーロッパを引き合いに出して訴えられる以外のあらゆることを訴えることで、自らの支配への欲求を合理化しようとしたのである。

以上の事実は、何よりも、国家間構造の決定的変化、しかも単なる程度の問題ではない質的変化が十九世紀初期には完了していたことを示唆する。さらに、同一レベルの別の事実は、この変化が最初に現れたのが十八世紀だったことを示している。この事実とは、ナポレオンに代表されるフランスがヨーロッパの全体的潮流に対抗する行動に出たのだが、そのときの全体的潮流が、実は、比較的新しい潮流だったことである。ルイ十四世下のフランスが十八世紀初頭、ヨーロッパ諸国の連合体によって大陸制覇の野望が挫かれたときには、もはや、それ以前とはまったく状況が異なり、ヨーロッパ支配をめぐる闘争を続行する機運も雲散霧消し、ルイ十四世的野望の後継者もいなくなっていたのである。

前ナポレオン期ヨーロッパの知的変化を省察すると、かつての状況やかつて重要視されていたものが新たなものに最終的にとって代わる事態を経験した時代が十八世紀だという、先に指摘した全般的印象が立証される。つまり、まったく新たなヨーロッパ概念が登場してくるのは、十八世紀になってからなのである。

中世におけるヨーロッパ概念は、地理的コンテクストに限定されたものであって、地図上においてさえ、ヨーロッパが意味を持ちうることはほとんどなかった。キリスト教国が集合的にキリスト教世界（Christendom）として地図上に示されることは一度もなかったのだが、キリスト教世界という概念がおよそすべての政治上、論争上のためにヨーロッパ概念にとって代わってきたのである。キリスト教世界という概念が地理的重要性を獲得するのが困難だった理由は、全世界に偏在するクリスチャン全体の集合体とキリスト教世界とを同一視する傾向、あるいはローマ法王の支配的権威のもとでの永続的ローマ帝国というヴィジョンとキリスト教世界とを同一視する傾向があったためである。しかしながら、十三世紀以降、より急速には十四世紀から十五世紀にかけて、ヨーロッパ概念が復興し、ローマ法王の普遍的権威者としての装いが相変わらず凝らされ、ヨーロッパの皇帝こそが世界の皇帝であるとヨーロッパの理論家たちが相変わらず考えていた状況の中で、ヨーロッパとキリスト教世界との一体化、さらには、その両者とヨーロッパ大陸という地理的範囲との同一化という事態が出てきた。

キリスト教世界という概念がヨーロッパに地理的に限定されるようになったのは、二重の歴史的進展の不可避的所産だった。一方では、ヨーロッパ内におけるキリスト教の統合強化であり、他方では、マムルーク王朝［一二五〇年から一五一七年まで、エジプトとシリアを支配した王朝。ただし、一八一一年までは実権を保持］とオスマン・トルコ帝国［十三世紀末から一九二二年までの旧トルコ帝国］の進出にともなうヨーロッパ以外に対するキリスト教の影響力の衰退である。キリスト教世界に代わるものとしてのヨーロッパ概念の再登場は、ヨーロッパの皇帝とローマ法王の両者だけがヨーロッパ大陸における普遍的統治権を専横的に要求することに対する反発のうねりの当然の帰結である。ヨーロッパは、文化的、経済的な単一性をますます強めていきながらも、なおかつ、政治的な単一性を次第に喪失していったのである。つまり、ヨーロッパとキリスト教世界との地理的同一性が当然視される一方で、それ以外の点では、両者を同一視することがますます困難になっていった。(6) 統一体としてのキリスト教世界を全面的に駆逐し、地理的にのみ有効なヨーロッパ概念に代わって、ヨーロッパ自体のまったく新たな概念を創出するための歴史的段階が準備されつつあった。

このプロセスが歴史的時系列の中でどれほど遅れたのか、言い換えるならば、新たなヨーロッパ概念が現出するまでにどれほどの時間的経過を必要としたのかということは実に興味深い。「キリスト教世界」という言葉は、十六、十七世紀になってもその有効性を保ち続け、「ヨーロッパ」という言葉と置き換えることができた。当時の歴史的事象すべてが「キリスト教世界の現実を裏切っている」かのような様相をすでに呈していたにもかかわらず、「キリスト教世界」という言葉が徐々に「死せる言葉の仲間入り」を果たすようになるのは、ようやく十七世紀末葉になってからのことである。さらに、当時の歴史的事象すべてが「ヨーロッパの現実」を支持するかのような様相を呈していたにもかかわらず、十八世紀初頭までの「ヨーロッパ」は、依然として単一的構造を有すると考えられていたキリスト教世界と同一概念であり続けるか、あるいは、世界の諸大陸の一名称として単純に地理上の表現に過ぎなかった(7)。以上のことよりはるかに重要なことは、——一六世紀の宗教改革が単一の中央集権的教会（ローマカトリック教会）にとって打撃であったにもかかわらず、地方教会が次第に各国政府に従属していったにもかかわらず、ヨーロッパの各国政府が宗教に限らずその他の分野においても権力を行使するようになったにもかかわらず、かつてない激しい主導権争いがこれら諸国間で演じられていったのにもかかわらず、さらには、「ヨーロッパ」や「ヨーロピアン」という言葉がかつてないほど巷間に流布するようになっていたにもかかわらず——「キリスト教世界」と相互互換性を有するものとしての「ヨーロッパ概念」、あるいは地理上の表現としてのヨーロッパ概念が、ヨーロッパは歴史的にも政治的にも異なる各部分の総和としての一システムであるというきわめて新しいヨーロッパ概念に道を譲るようになるのには、十八世紀中葉まで待たねばならなかったということである。

この変化は、たしかに一般に理解されているように、いくつかの段階を経て生起したのだが、以下に詳述する三つの段階がとくに重要である。第一段階では、統一体としてのヨーロッパ概念に諸国家の集合体としてのヨーロッパという考え方がつけ加わった。しかしながら、相変わらず単一的枠組みに力点が置かれ、各部分の自立的存在に力点が置かれていたのではない。ともかく、諸国家の集合体という考え方は、マキアヴェリ時代のイタリアの特殊事情は例外として、基本的には十七世紀になって出てきた考え方である(8)。つぎのような事象、すなわち、ヨーロッパは多様な国家群からなるという認識が一般化しはじめたこと、この認識が、グロティウスの出現以降、国際法学者の専門知識の欠かせない一部となったこと(9)、歴史家がヨーロッパ史をヨーロッパを構成する個別国家の歴史の集積として扱いはじめたこと(10)、政治学者が国益を異にする国家の多様性と同じ程度に国際情勢に関する多様な見解を打ち出しはじめたこと、クリュセとシュリの出現以降、平和構想の立案者たちがそれ以前の構想を彩っていたヨーロッパの支配という目的を放擲《ほうてき》ないしは少なくとも修正しはじめたこと*などが表面化してくるのは、いずれも一六二〇年以降のことである。しかしながら、諸国家の集合体という十七世紀的考え方は、あくまでもこの段階にとどまっていた。十六世紀の特殊イタリア的状況の中から出現したマキアヴェリの場合は、単に国家の多様性という点で、アジア、アフリカ両地域とヨーロッパとを比較検討しただけに終わったのではない。多様性こそが「発展過程の優秀性、すなわち、個人の行動の可能性の幅を拡大する」と十六世紀の時点で喝破《かっぱ》していたのであり(11)、そうだからこそマキアヴェリは、不完全だったとしても、これほど早い時点で「勢力均衡」という近代的原理を打ち出せたのである。十七世紀の人々が相も変わらずキリスト教世界とヨーロッパを相互互換的に用いざるをえなかったのは、主として彼らのヨーロッパ観が全体としてマキアヴェリの域に達していなかったからである。

当時、どれほどの関心が諸国家の自立以上に集合体としてのヨーロッパに向けられていたかについては、往時の平和構想を瞥見《べっけん》してみれば一目瞭然である。シュリの矛盾、すなわち、いままで経験したことのない新たな状況の中で、統一ヨーロッパの復活という旧来の目的を達成する手段として、新たな均衡概念を打ち出すという矛盾†の根本原因はここにある。六十、七十年後のペン、ベラーズ、ライプニッツ、サン＝ピエールらにいたっても、時代の要請が単一社会の再編成にあるのか、それとも、競合する諸国家によるよりよい組織化にあるのかを決められない状態だったが、このことが重大な問題だという認識が彼らにはほとんどなかった‡。戦争と平和の問題に没頭していた彼らにはヨーロッパの統一に力点を置かざるをえない事情があったといえるのかもしれない。しかし、彼らよりも現実的で当時の識者の中で最も「マキアヴェリ的」に物事を捉え、各国の具体的な政策に関心を寄せていた識者にしても、力点の置き方は同じであった。シュリの回想録の出版年と同じ一六三八年に世に出たロアン（Henri de Rohan, 1579–1638）の『君主の利益とキリスト教国家』(*De l'Intérêt des Princes et la Chrétienté*) には、シュリと同様の矛盾が散見できる。ロアンは、スペインが普遍的王制の樹立を目指して戦っている状況下では、フランスは何らかの対抗措置をとらざるをえないと主張する。また、キリスト教世界の諸国を一つの肉体になぞらえて、キリスト教世界に再び平和を確立するという至高の目的から、諸国間の紛争をすべて唾棄すべきものとする。しかし、キリスト教諸国間の紛争は平和への大きな障害になるとしながらも、また、スペインの目的達成によって、平和が確立される可能性が高いとしながらも、他方では、最善の道はスペインの勝利ではなく、普遍的王制樹立の役割を担うフランスの勝利であるという自説を展開するのである。(12) こうした矛盾は、国家存立事由（*raison d'état*）の重要性についてロアンよりも強く親近感を持っていた十七世紀末葉の識者たちによっても、いっこうに解消されなかった。『ヨーロッパ君主の新たな利益』（*Nouveaux Intérets des Princes de l'Europé*, 1685）を著したサンドラ（Courtilz de Sandras, 1644-1712）の場合、全体的には統一ヨーロッパという使命感にそれほど導かれていたのではなく、各国が独自の国是を追求する自立的諸国家の並存体としてのヨーロッパ観がそれなりに反映されていた。ところが、彼はルイ十四世の最終目標が普遍的王制だと認識していたにもかかわらず、この時点にいたってもなお、その目標を是認するのである。つまり、普遍的王制の実現という努力目標のためには、あらゆる国家政策を支配するキリスト教的義務が第一義的に優先されねばならないという主張である。普遍的王制のもとにおける唯一の宗教という発想に立つことによって、プロテスタントとカトリック両派の相違を止揚し、単一の複合的宗教をつくりあげることがはじめて可能になるという彼の議論は、シュリを想起させるとともに、彼と同時代のライプニッツにも近い。サンドラの場合には、こうした妥協的見解が現実の政策への関心と不安定な状態で同居している。権力政治への志向を強めていた彼自身の大いなる矛盾は、一方で普遍的王制を目指して可能な限りの施策をとるようにフランスに要請しながら、他方でほかの諸国に対しては、その阻止のための施策をとるよう進言するところにも現れている。(13) したがって、国家存立事由を擁護するこうしたサンドラの主張も、世界平和維持に関する方法論の点で、ペン、ベラーズ、サン＝ピエールら平和構想者と比べて、旧来の志向の枠組みからそれほど解放されていたとはいえない。

＊　本書、第1章参照。
†　本書、第1章参照。
‡　本書、第2章参照。

ライプニッツが中世の政治制度の復活を希求しながらも、所与の状況下における新旧の要因の統合化を目指す平和構想者たちの試みに懐疑的にならざるをえなかったのは、まさにこうした矛盾のなせるわざであった。彼ら平和構想者たちにならった人々でも、統合化の手法が異なっていただけだった。十七世紀末には、フェヌロン(François de Salignae de La Mothe-Fénelon, 1651-1715)が、国家間機構創設の必要性を説く中で、キリスト教社会という単一概念を「勢力均衡」原理で調和させようと試みた。彼のこの考え方は、その後まもなく一般化する考え方と非常に似通っている。「キリスト教社会とは、遵守されるべき共通の利害、共通の概念、共通の予防措置を有する一種の普遍的共和国である。この偉大な共和国の全構成員は、均衡を突き崩したり、各構成員の不可避的崩壊を招くおそれのある構成員による企てには、それがいかなるものであれ、断固として阻止する義務がある」。このように、彼の見解を仔細に検討してみると、彼も依然として普遍的ヨーロッパ共和国というとらえ方に力点があり、ヨーロッパの構成要素としての各国を重視しているのではないという点で、彼と彼以後の考え方の類似性は表層的だといわざるをえない。

この点は、フェヌロンの『テレマックの冒険』(*Les Aventures de Télémaque*, 1699)の中で明らかにされるのだが、とりわけ、全体構造と個別国家構造の対比を強く主張する彼の姿勢に最もよく示されている。「行政官も裁判官も存在せず、各家族には隣人の不当な請求に対して暴力によって正義を貫く権利があると信じられているような世の中に対しては、誰しも遺憾の意を表明するだろう。……一つの大きな家族集団の一部に過ぎない一個人が他者に対して暴力によって正義を貫く権利があると信じている場合、本来単一の共和国で構成されるこの世界の神々が恐怖心を覚えずにじっと眺めているなどということは考えられない。……正義は、家族を構成する個々人以上に、一体としての諸国家を体現する王にとって、より神聖かつ不可侵なものでなければならない」(14)。フェヌロンが均衡状態へのたゆまぬ配慮と各国間の意見の相違に対する仲裁による解決を政府の義務として挙げるのは、こうした見地に立っていたからである。

ペンやサン＝ピエールも自らの国家間機構に関する構想を提唱する際には、フェヌロンと同様の対比を行っていた。シュリの場合には、自らの提唱する構想の現実性をアンリ四世の声望《せいぼう》に仮託する枠組みの中で訴えた。この点では、ペンやサン＝ピエールも同様なのだが、しかし彼らは、このこと以上に、「［王国の構成員としての］人民が社会の利益と安寧のために生得の権利を放擲《ほうてき》したことにともない、諸王国の統一政府は人民が自らの主義主張を通すために裁判官の役割を果たすことを未然に禁じたのであるから、……ここに私が提議している構想を想い起こし、形に表し、さらに実行に移すこともそれほど困難ではなかろう」という意見や、「同一国家の臣民が、訴訟に訴えることがあるとしても、つねに一個の組織体であるのとまったく同じように」、国家間の条約は「意見の対立を将来引き起こす要因となる可能性があるとしても、統一を保持するための必要充分条件」であるという考え方に支配されていた。

フェヌロンの国家間の協力に関する提案が、ペンやサン＝ピエールらの構想と同様に、近代国家成立以前の統一希求信仰を背景に持っていたのと同じように――この信仰は、当時の政治学研究がますます個別国家を重視する方向に進む中で、さらに強固になったのだが――、十七世紀末葉の勢力均衡主義派の平和構想者は、フェヌロンに限らず、ヨーロッパを単一の政治社会（*civitas*）ととらえるコンテクストの中で、統一希求信仰に磨きをかけていったのである。ウィリアム・テンプル卿（Sir William Temple, 1628-1699）、リソーラ（F. P. de Lisola, 1613-1674）、さらにはオレンジ公ウィリアム（William of Orange, William III, 1650-1702）が勢力均衡の原理原則を推し進めたのは、全体を構成する一員としての各国の利益を優先する手段としてではなく、フェヌロンらと同様、全体としてのヨーロッパを存続保持する手段としてなのである。彼らと対立し、彼らの主張する均衡原理を受け入れないその他の構想者たちの国家存立事由への理解が、普遍的王制の絶対化という旧来の考え方から一歩も出ていなかったのと同じように、彼らも普遍的防御という発想を越えて均衡原理をとらえようとしなかった。フェヌロンは例外としても、フランス国家を無批判に受け入れる多くのフランス系の平和構想者が、ヨーロッパ統一への破壊的要因として勢力均衡原理を否定的にとらえていたのも驚くにあたらない。

全体か個別かをめぐる問題に関する進歩の第二段階は、スペイン継承戦争後に訪れる。ヨーロッパの勢力均衡は、便宜的理由に基礎を置く個別国家間相互の協力によって保持されるべきと主張し、一七三〇年代に「便宜法」(*droit de convenance*)という言葉をつくりだしたのは、当時の政治批評家ジャン・ルーセ(Jean Rousset, 1680-1739)であるとされている。[19] ルーセは「真の国家利益」が唯一の信頼に足る指針であり、勢力均衡を唯一の安定要因として重視する学派の一例に過ぎない。この学派に属するイギリス人には、ボーリングブルック(Henry Viscount Bolingbroke, 1678-1751)がいる。ボーリングブルックの独自性は、単に「真の国家利益」の定義だけでなく、統一よりもむしろ不一致が国家間の自然な関係だと主張したことにもある。その根拠として、彼は政治社会と家族を対比的に援用するのだが、そこに彼の理論の独自性が表れている。人間の個人的要求は、家族の派生物である社会の発展によって充足させられる。社会の発展を本来的にうながし、別個の社会集団を形成させたのが「自己愛」(self-love)であり、まさにその自己愛によって、社会の発展がそれ以上の広がりを持ちえない段階に達していることが確認される。「人類にとっての輝ける統一国家が単一の政府のもとで実現されるわけでも、また政治不在の状態のもとで存続できるわけでもない」[20]。均衡状態の中においては、イギリスの国益上必要な場合に限り、ヨーロッパの大陸問題に干渉するという海洋主義的、島国的、植民地主義的イギリスを擁護する先駆者としてボーリングブルックがこうした考え方を打ち出したのと同じように、当時の大陸系の構想者たちも、ヨーロッパの構成要素としての諸国家を超越する、または少なくとも、それらを補完する組織体としての統一ヨーロッパへの信仰やキリスト教世界への伝統的な信仰をいまや完全に捨て去ったのである。ただし、各国の国益を個別に扱うことによって、彼らはヨーロッパを個別国家群に分割するのだが、個別国家群相互の国益を判断する際に、ある国家の政策が他国の政策に影響を与えることも、他国の政策から影響を受けることもありうるという相互互換的国家間システムに対する認識を欠いていた。彼らが個別国家を自律的単位として認める域に達していない事実があったとしても、それは彼らが統一体としてのヨーロッパに過分の期待を寄せていたからではない。そうではなくて、彼らが大国群と固有の政策を打ち出せない中小国家群とを腑分けして考えていたからである。勢力均衡原理が統一体としてのヨーロッパの利益に沿って機能するのか、あるいはその原理の実行者としての個別国家の利益に沿って機能するのか決めかねていたルーセは除外するとしても、彼らが旧来のヨーロッパ概念に代わるものとして提示したのは、一つの大国にいくつもの中小国がグループ化して群がる複数の競争的政治システムの並存という考え方であり、決して新たなヨーロッパ概念ではなかったのである。(21)

こうした態度への反動として、一七三〇年代以降、新たなヨーロッパ概念が出てくる。その際のヨーロッパ概念が十七世紀における全体と個別との関係とは異なるものになるのは避けられなかった。キリスト教世界が新たなヨーロッパ概念に代置される第三段階をたどる過程の中で、全体としてのヨーロッパという考え方が再度登場してくるのだが、しかしその場合でも、ヨーロッパの統一からヨーロッパ各国の自立へと比重の置き方に変化がみられるようになる。個別国家の自立というとらえ方が、当時装いも新たに登場してきたヨーロッパ統一観によって稀釈化されることがあったとしても、その際のヨーロッパ統一観は実態的にも以前とはまったく違ったものになっていた。ルーセはほぼこの変化に即応する議論を展開した一人であり、その後十年から十五年の間には、この変化を紛《まが》う方《かた》なき明瞭さで示す数多くの足跡が、たとえば、モンテスキュー、ヴォルテール、ヒューム（David Hume, 1711-1776）、ルソーらの著作の中にちりばめられている。

上述のことからもわかるように、この点での彼らの重要性は、政治的、文化的統一体としてヨーロッパをはじめてとらえたということにあるのではない。(22)彼らがそのようにとらえていたことに疑いを差し挟む余地はないが、しかしながら、「ヨーロッパ」という言葉には、その言葉がキリスト教世界と相互互換的に用いられるようになった十三世紀以降、つねに政治的、文化的統一体ということが含意されていたのであり、その延長線上の現象として、ヨーロッパの政治的、文化的統一という概念規定が十七世紀に際立った成長をみせたのである。(23)彼らのアプローチが多様体としてのヨーロッパよりも統一体としてのヨーロッパを重視しているように映るのは、「真の国家利益」を擁護した彼らの先行者との比較相対的現象に過ぎない。歴史的に長い目でみた場合、一七四〇年代から五〇年代にかけての構想者たちがもたらしたものは、ヨーロッパは統一体であると同時に多様体、すなわち、多様性あっての統一体であるという広範な認識だった。

モンテスキューにとって、ヨーロッパは単一の統一体だった。「すべての国家が相互依存関係にあるというのがヨーロッパの現状であり、……ヨーロッパは複数の地域からなる単一国家である」。マキアヴェリの場合と同様、彼にとっても、アジア的停滞とは対照的に、ヨーロッパが進歩の担い手であるのは、ヨーロッパを構成する個別国家の多様性のゆえなのである。彼は『法の精神』(*De L'Esprit des Lois*, 1748) の中で、国家間の「しのぎ合い」の本質に関する鋭い分析を試みている。「個別国家は同一の集団に属しているものの、個別国家内の個人を支配する法のようには、単一の法の支配下に服従させることはできない。したがって、防御的措置としての攻撃的戦争は、場合によっては正当である。国家は戦争権と征服権を有する。望むらくは、各地域が平時においては相互に可能な限り善を行い、戦時においては可能な限り危害を与えないようにすることである」[24]。ヴォルテールは、一七五一年、「キリスト教的ヨーロッパ」についてつぎのように述べている。「キリスト教的ヨーロッパ」とは、「諸国家に分割された一種の偉大な共和国であり、その中には王制的国家もあれば、王制と共和制との複合的国家もある。……しかし、それらの国家はすべて、同一の宗教的基盤を有し――その基盤内では複数の信仰形態がみられるとしても――、さらに、ヨーロッパの外ではみることのできない同一の公法と政治法を有している」。これらの国家は、「国家間におけるバランスのとれた勢力均衡状態を最大限維持するという賢明な政策のもとにあっては、何にもまして志を一つにしている」[25]。ここでヴォルテールが最も強く打ち出しているのが、国家間のバランスのとれた均衡状態という新しい考え方である。ヒュームも同年（一七五一年）、「巨大な王国はおそらく人間性にとって破壊的である」という前提に立って、勢力均衡概念はコモン・センスに立脚するという確信を抱いていた。そのうえで、巨大な王国の反人間性のゆえに、勢力均衡状態がヨーロッパの歴史全体を貫いて実現されてきたという見解を示した[26]。また、ルソーも、勢力均衡状態における国家間システムの発展を挙げる点で、ヴォルテールやヒュームと同じ歴史認識を持っていたのだが、ただし、彼の場合、彼ら二人と比較して、原理としての勢力均衡の賢明さに対しても、その行く末についても確信を持てなかった事情*がかえって、勢力均衡についての生き生きとした叙述を可能にさせたのである。とはいえ、一七五六年の論稿の中に表明されたルソーのこの点に関する迷いは、モンテスキュー以降の思想家たちが力説したことを忠実に反映しているといわなければならない。

彼らが力説したのは、「ヨーロッパ諸国民を政治的一体性があるものとしてとらえること」[27]ではなかった。ヨーロッパ諸国民の文化的一体性や政治的相互関係に言及することはあっても、彼らの力点は、一世代前の考え方とは対蹠的に、ヨーロッパが政治的に多様な諸国家からなり立っているということだった。十八世紀以降、国家間システムをアプリオリに受容する者だけでなく、批判的にとらえていた識者の間でも、こうしたヨーロッパ概念が支配的になっていた。批判的にとらえていた者については後に検討することとして、いまのところはバーク（Edmund Burke, 1729-1797）とギボン（Edward Gibbon, 1737-1794）両名を挙げることで充分だろう。ルソーと同様、一七六〇年当時のバークは、ヨーロッパ諸国の自由を長期にわたって保証してきたのが——国家間の平和を長期にわたって保証しなかったとしても——勢力均衡概念だと確信していた[28]。一七七〇年代に著された『ローマ帝国衰亡史』（*Decline and Fall of the Roman Empire*）の中で、ギボンは新たなヨーロッパ概念をごく自然に受け入れると同時に、この概念がよって立つ初源に立ち返って再検討を試みた。「宗教、言語、習慣の全般的類似性が諸国家を相互に結びつけているとしても、ヨーロッパが多数の独立国家に分かれていることが結果として、人類の自由にとって最大の利益を生み出している」。「古代ギリシアの都市国家は、幸運にも統一と独立の共存に恵まれていたのだが、この

＊本書、八二〜八三頁参照。

共存状態が近代ヨーロッパの諸国によって、さらに大規模にしかも緩やかな形をとって繰り返されている。言語、宗教、習慣の統一性は、各国それぞれの長所を評価する者や鑑賞する者を生み出し、政府と国益の独立性は、各国独自の自由を保証するとともに、栄光への行路の中での優位性を目指す闘いへと各国を駆り立てる」(29)。

国際法に関する著述の中にも同じ変化が同じ時期に現れていたことを跡づけてみよう。

国際法という概念そのものが国家の複数性という概念を内包しているのであって、ヨーロッパには一つの政治システムしか存在しないと考える者にとっては、国際法の体系が言葉の厳密な意味において存在しうるはずがない。ヨーロッパが複数の独立国家からなり立っているという明確な理解が十八世紀以前には欠落していたとするならば、ヨーロッパに国際法なるものが十八世紀以前に存在しえたはずはないと考えるのも無理はない。十八世紀末になってようやく国際法と呼ばれるようになったものは、実は国際法が国家間の法になる前段階の「法の間の法」(a law between laws)、言い換えるならば、中世初期以降の国内法が領土に基づいて制定されていたこともあって、「領土間の法」(a law between territories) だった。こうした法や領土が政治的には単一の市民社会、すなわち、同一のキリスト教世界に帰属するものと考えられていた結果、国際法の初期段階における法的発展には一定の限界があった。国際法学者がキリスト教的な「法の間の法」を背景にキリスト教世界を力説する立場から、ヨーロッパを構成する「国家間の法」(a law between states) こそが国際法であるという立場に転換したのは、十八世紀中葉になってからである。

十七世紀の初頭、グロティウスが現存する諸法の初めての体系化に挑戦していた時期には、国家存立概念は依然として、領土画定法が各種存在する事実に寄りかかったもので、単一のキリスト教世界という概念と並存状態にあった。当時は、国家存立概念がキリスト教概念を、さらには上述の歴史的事実を大きく揺さぶる段階をいまだ迎えていなかったのである。国家、すなわち君主とは、領土から生じる概念、換言するならば、領土の所有に必然的に関わる概念だった。しかし、領土の所有は君主個人に関わることであり、したがって、ある君主がほかの君主の犠牲において領土を手に入れたとしても、彼が自己の支配領土からなる国家に獲得したばかりの新領土を編入することはなかった。その理由の一端は、旧来の世界がかなり以前から領土内の法体系ごとに分割整理されていたからである。国家の存立か、単一のキリスト教世界かをめぐる闘いは、ある所では国境線が数マイル延長し、またある所では数マイル後退するというような部分修正的プロセスをとったわけではない。君主なり王なりに交代があった場合には、領有権全体が移動したのだが、ただしその場合でも、当該地域の法と組織は以前と変わらず機能し続けたのである。その理由は、すべて君主の領土は単一の何事にも優先するシステムの一部に過ぎないという固定観念に対して、当時の国家概念がいまだ大きな地歩を獲得していなかったからである。グロティウスの『戦争と平和の法』(*De Jure Belli ac Pacis*, 1625) は、一般に理解されているように、ある面では君主を主な対象として書かれた所有と契約に関するローマ法の立場を述べたものであるが、それはまた、自立した支配者としてではなく、キリスト教世界の統治における代理人とみなされていた当時の君主を対象として書かれたものだった。つまり、この著作は戦争行為と単一の政治社会内における領域変更に関する一連の原則を述べたものであって、人民の従属についても、あるいはまたキリスト教世界を超える領土の獲得についても管轄外のことであり、これらの規則が及ばないとしていた。*

以上のような理由から、グロティウスは、これらの規則の根底にローマ市民法の適用が及ばないローマ帝国内の諸民族、諸国家に共通する規則と習慣を集大成した「万民法」(*Jus Gentium*) をすえ、これに対して、ローマ帝国の国際法への現実的なアプローチだった「民族間の法」(*Jus inter Gentes*) や「従軍祭官吏団の法」〔伝令僧団の法〕(*Jus Fetiale*) を顧《かえり》みることはほとんどなかった。また、同じ理由から、彼はキリスト教を信奉する人間の理性が法

＊ この点に関しては、ダウニング・コレッジのクライヴ・ペリー博士 (Dr. Clive Parry) が明確な示唆を与えてくれた。

に服従することを命じ、かつ神的起源を持つ一連の倫理上の規則である「自然法」(*Jus Naturale*) と「万民法」とを同一視していた。さらに重要なことは、グロティウス以降十八世紀までのいわゆる国際法関係の著述がすべて、倫理あるいは自然法と国際法の区別をきわめて曖昧なままに位置づけてきたことである。プーフェンドルフ (Samuel von Pufendorf, 1632-1694) が一六七二年に著した『自然法と万民法』(*De Jure Naturale et Gentium*) では、倫理と法が区別されており、また、この時代までには、国家は戦争行為を正当化する権利の要求を事実上放棄し、それに代わって戦争という行動に出る絶対的権利を要求するようになっていた。その場合でも、ヨーロッパの国家すべてが帰属する単一の政治社会の存在が前提となっていたこともあって、各国が個別に制定した法の上に立つ行動規範と国際法とが同一視される状態が相変わらず続いたのである。[30] こうした伝統のもとで一七四九年に出版されたのが、ヴォルフ (Christian Wolff, 1679-1754) の『科学的方法論としての国際法』(*Jus Gentium Methodo Scientifica Pertractatum*) である。イギリスを例にとってみても、トーマス・ラザフォード (Thomas Rutherford, 1712-1771) の『自然法原論』(*Institutes of Natural Law*, 1754) は、国際法に関する限り、旧来の伝統的な見解を繰り返し述べているに過ぎない。

こうした伝統は、直接的な攻撃にさらされる以前から徐々に突き崩されていた。モンテスキューやヴォルテールらは、国際法関係の伝統的な見解を拒否する明確な意図など持たず、またおそらくは、そうした見解の存在すら知らずに新たな道を切り開いたのである。また彼ら以上に国際法に関心を抱いていた人々にとっても、新たな道への模索は伝統的な法思想に対する意識的な訣別の結果としてではなく、むしろ「国際法」という新しい分野への関心がときをほぼ同じくして増大した結果として出てきたのである。マブリ (Abbé de Mably, 1709-1785) の『契約に基づくヨーロッパの公法』(*Droit Public de l'Europe fondé sur les Traités*, 1747) は、ウェストファリア条約以降の主だった政治上、通商上の諸条約を歴史的に正しく編纂したものだといえるものではなく、それと同様に法学に関する研究書ともいえない。ただし、この著作は、眼前で進行するヨーロッパの国際システムの現状をみえなくさせている臭気に満ちた旧弊な考え方からそのシステムを眺めるのではなく、ウェストファリア条約以降現実に機能してきたヨーロッパの国家間システムを直視している点からも、さらには、これこそがヨーロッパの公法の基礎であるとしている点からも、諸条約を歴史的に編纂しようとした最も初期の著作だったといえる。ヴォルテールをはじめとする理論家からの影響と相まって、こうしたアプローチからの影響が旧来の国際法概念を根底から突き崩すようになるのも時間の問題だった。

旧来の国際法に対する最初の直接的な攻撃は、一七五八年、ヴァッテル（Emmerich Vattel, 1714-1767）によってなされたのだが、彼はそれをヴォルフの著作の翻訳を通して行った。ヴォルテールやルソーと同じように、ヴァッテルは国際法に関する論考の中で、ヨーロッパ各国が政治的、文化的に有機的に結ばれているだけでなく、その有機的結合がかつてないほどの強い結合であると主張する。つぎに引用する彼の主張は、ヴォルテールの主張と軌を一にする。

ヨーロッパは、地球上のこの地域に生息する諸国が相互の関係とさまざまな利害によって、単一の集合体へと結びつけられている一つの政治システムを形作っている。ヨーロッパは、かつてのように、各国が他国の運命におよそ関心を示さない各個ばらばらな部分のまとまりのない寄せ集めではもはやない。……君主が現実に生起する事象に注意を怠らず、公使の任地駐在制度が存在し、国家間の交渉が継続的に行われているような状態が、ヨーロッパを一種の共和国にしているのであり、その共和国内の構成員は――自立していながらも、他方では共通の利害によって相互に結びついているのだが――、秩序の維持と自由の保持のために一体となるのである。これこそがよく知られた勢力均衡原理を生み出させてきたところのものであり、この原理は、いかなる国家も絶対的な権力を持ったり、他国を支配する立場にはならないように、現実の政治を運営していくことを意味する。(31)

ヴァッテルは、ヨーロッパを単一の集合体ととらえているにもかかわらず――さらにはヴォルフの難解なラテン語を流麗なフランス語に置き換えるという考えに触発されて書きはじめた論考の序論においても――ヴォルフの伝統的な国際法概念に強く異議を唱える。

「任意的」(voluntary) 部分といわれる国際法の一分野に関する論理的根拠に関しては、私とヴォルフ氏とは最初から見解をまったく異にするといえよう。ヴォルフ氏は、世界中の国家すべてが構成員となり、自然そのものによって創造された大共和国 (*civitas maxima*) という発想から任意的国際法を跡づける。彼にとっては、任意的国際法がこの大共和国の市民法の役割を果たしているのだが、私にはこの考え方が承服できない。私には、この種の共和国という虚構が論理的であるとも思えないし、そこから事柄の性質上普遍的でもあり、主権国家が不可避的に受容する対象でもある国際法の諸規則を導き出す充分な根拠を引き出せるとも思えない。私は、自然が人類一般の中につくりあげてきた自然的社会以外には、いかなる国家間の自然的社会も認めない。市民社会すべてにとって、各構成員が権利の一部を全体としての機関に委譲すること、さらには、その機関に命令を下し、法律を制定し、従わざる者に強制する権威を部分的に付与することがきわめて重要である。しかしながら、この考え方は国家間には当てはまらない。独立国家はすべて、他国から自立的だと自ら主張しているだけではなく、実際そうなのである。……国家間の市民社会には、個人間での必要性と同一の必要性があるのでは決してない。自然が市民社会に対して同等の立場を勧めているのでも、ましてや、命じているのでもない。(32)

政治の分野においては、現実が理論、とりわけ法学者の合理的説明に先行することがよくある。知的レベルから各国の具体的な政策レベルに目を転ずると、統一的集合体としてのヨーロッパ理解から、各部分の自立性に基づくヨーロッパの協調という力点の移動が理論よりもかなり早い時点で起きていたことがうかがわれる。マイネッケ (Friedrich Meinecke, 1862-1954) は、すべての国家は「いかなる時代においても、またいかなる特殊な精神的、道徳的思考様式のもとにおいても、各国独自の武器を用い、各国固有の国是に従って、国家存立事由という守護神を押し立てて存続を賭した闘いを行ってきた[33]」と正しく指摘する。さらに、すべての国家は、いかなる時代であれ、所有する武器がいかなるものであれ、またその闘いがいかに苛烈なものであれ、「簡潔にいうならば政治構造上の必要性という要素の発見以外の何物でもない」国家存立事由の実現に向けて力の限りを尽くしてきた[34]、といい添えることもできよう。「勢力均衡」という概念が――政策遂行上の目的としてではないとしても、そのための必要な道具として――歴史上一貫して行使されてきたとしている点で、ヒュームの見解はまったく正鵠《せいこく》を射ている。ヨーロッパ諸国が国家存立事由を自覚的に追い求め、曖昧でしかも無自覚な「勢力均衡」という考え方への依存度を強めている事実に焦点を合わせるのではなくて、ヨーロッパが複数の国家から成立している事実を各国が是認する、あるいは国家の複数性のもとにおいて政策目的として避けることのできない「勢力均衡」という考え方を各国が是認していたか否かという点に焦点を合わせてみると、当時の各国政府の対応も政治学者や法学者とそれほど変わらない状態にあったことがわかる。見方を変えるならば、十八世紀以前には全ヨーロッパにおいて、近代初期のイタリアの経験が学ばれることも、吸収されることもなかったのである。

十六世紀の宗教改革と反宗教改革の闘いの結果、十七世紀になると、各国政府は、ヨーロッパの国家はカトリック教国かプロテスタント教国かのいずれかであり、また両者は共存すべきであるという考え方を受け入れざるをえなくなっていた。ウェストファリアの多国間条約（一六四八年）によって、単一の政治社会の中での複数の主権国家の存在が正式に承認され、また各国が自立した存在であるとともに平等な存在であることが確認された。かくして、ウェストファリアの諸条約がヨーロッパの公法とみなされるようになったのである。しかし、「領土の属する人に宗教も属す」（*cujus regio ejus religio*）という原則に基づく国家内部の宗教的画一性の受容を強制することが、国内の政治的分裂を招くことになるという認識にいたるまでには紆余曲折を経なければならなかったのと同じように、当時の人々は独立志向と国家権力の増大にともなって生じる無秩序な世界のあり方に対して首尾一貫反対し続けた。彼らは、諸国家の共存のための基本的条件を探し求めようとせず、伝統的統一体としてのヨーロッパの復活という旧来の考え方に固執し、その結果がヨーロッパ全体に波及する国際的な分裂を引き起こすことになるという認識を欠いていた。国家というものは、すべからく、マキアヴェリが喝破した「自己中心的教えを追い求める」。そうでなかった国家が、かつてあっただろうか。しかしながら、国家目標に関する限り、当時の人々は旧来の政治的枠組みに準拠した行動様式にとらわれていたため、マキアヴェリが個別国家の存在という事実から演繹的に導き出した「勢力均衡」概念に対して、十七世紀末葉になっても依然として抵抗し続けた。キリスト教世界での主導権の奪取を相も変わらず最大の国家目標とする国家がいる一方で、それを何よりも恐れる国家がいるというのが政治的現実だったのである。

この事実は、「帝国」という言葉の歴史に見事に示されている。唯一ローマ帝国にだけ適用されてきた「インペリゥム」(*imperium*)という言葉が、ローマ帝国以外の君主の自立的統治を表わす用語として、「プリンキパトゥス」(*principatus*)あるいは「レグナゥム」(*regnum*)にとって代わったのは、イタリア人文主義者が登場する一四三〇年代以降のことである。その頃になっても、理論家の間では「インペリゥム」を領土上の広がりや領土拡大への意思の点で顕著な国家に対してのみ用いる傾向が相変わらず強く、また現実政治の分野においても、神聖ローマ帝国に言及する言葉としてのみ使用する傾向を依然として引きずっていた[35]。ところで、理論家たちのこうした「帝国」概念基準を最もよく満たした国家の統治者や政治家が、「帝国」というタイトルつきで自国を呼称することを最も嫌ったのである。ヨーロッパ大陸の外延に位置する小国の王ヘンリー八世(Henry VIII、在位一五〇九～四七年)は、「イングランドのこの国土こそ、帝国である」と短兵急に宣言したものだが、カール五世とその後継者たちは、スペインやスペイン領アメリカの統治者として、さらにはルイ十四世が死にいたるまでのフランスの統治者として、ヘンリー八世のような誘惑には乗せられなかった。神聖ローマ帝国をユニークな存在とみなす立場に固執したのも、神聖ローマ帝国以外に「帝国」の名称を付与するのをギリシアの諸国家を征服した強大なトルコ帝国に限定する立場をとり続けたのも、彼らなのである。(36) その理由はいたって簡単である。ヨーロッパ帝国としてのユニークさと力量が彼ら自身に備わっていないと自ら判断した場合、彼らはそうした帝国になることをひたすら希求したからである。

上記の点がカール五世について当てはまるという事実は、しばしば見過ごされてきた。カール五世の遠く東はパトラス［ギリシア南部ペロポネソス半島の商港］、アテネにまで達する地方的称号や領主権への執着、とりわけブルゴーニュ公国［フランス南東部の公領、十五世紀末神聖ローマ帝国領となるが、十七世紀末最終的にフランスに帰属］への執着心は、彼の「帝国」への野望と何ら見劣りしない。ところが彼は、こうした領主権を単一の帝国的支配構造の中に組み入れようとは一度たりともしなかった。仮にそうしようとしたとしても、地方領主としての権能を第三者に委譲することが、当時の領主権概念及び領土法と相容れるものではなかったのと同じように、諸権力の単一的統合への試みは、それがいかなるものであれ、当時の「帝国」概念と齟齬《そご》を来たしたはずである。カール五世は個別領主権内における領主でなければならず、その他の国王はその王国内における領主でなければならなかった。しかし、他方でカール五世は、これら諸王の上に立つ皇帝でもあったのである。ルイ十四世のような近代の統治者が目指したものも、カール五世と同じものだったかという疑問を歴史家は投げかける。この疑問は、キリスト教世界の指導権、すなわちヨーロッパにおける宗主権を追い求めることと、ヨーロッパ大陸全体の征服とその直接統治の追求とを混同していることに原因がある。ルイ十四世は、全ヨーロッパの征服や直接統治を追い求めたのではなかった。この点での彼の政策は、彼自身の資質からもわかるように、ライン川と本来フランスに帰属する国境線確保のために武力を限定的に行使することであり、それを超える征服については武力を行使せずに達成可能な場合に限ってその領土を獲得することに限定されていた。このことは、自己の威信と他者の服従という別次元での権力の専有が、フランスによる直接統治が限定的ながらも前進してきた事実と同じように、ルイ十四世のきわめて重要な目的だった事実を否定するものではない。フランスの国益の増進が彼の「実際的な」政策であり、ヨーロッパ各国間で結ばれる各種取り極めの絶対的調停者たろうとする彼の姿は、彼が志向する「実際的」政策遂行を隠蔽するための表面的な姿に過ぎないとする見解にはいかなる正当性もない。それは彼が実際に関心を抱いていた現実を一顧だにせず、ないものをあたかもあるかのようにみせかけることにほかならない。(37) ヨーロッパの「帝国」とヨーロッパの直接統治は——この二者がかつて同義だったことがあったとしても——、ルイ十四世期のはるか以前にすでに同義ではなくなっていた。ルイ十四世以降においても、大国が威信にこだわり続けたのは間違いないが、しかし、すべてのものを自らの足下にひざまずかせるルイ十四世の断固たる決意は、近代において大国が示し続けてきた威信——これこそがより近代的なコンテクストにおける大国の本質なのだが——とは質的に異なっていた。すべてのものを自らの睥睨《へいげい》下に置こうとする彼の決意とは、「普遍的王国」なるものの位置づけがフランス皇帝の到達可能な地政的範囲を越え、スペインをも越えて広がりをみせていた時代にあって、「普遍的王国」に固有の特性であるヨーロッパにおける唯一無二の調停者兼統治者になろうとする意思の表明だったのである。

このことは、ルイ十四世期の同時代人には疑問の余地のないことだった。彼らにとって判断を下すのがきわめて難しかったのは、フランス領土の拡大へのルイ十四世の関心がどの時点で終息し、「普遍的王国」推進への彼の関心がどの時点からはじまったのかということだった。皇帝としての威信の獲得こそが「太陽王」ルイ十四世が目指した真の目的であり、ライン川沿いの国境線以東への領土的野心はないと言明することによって、そのことを隠蔽《いんぺい》しようとしたというのが、一六八五年段階におけるサンドラの判断である。(38) ルイ十四世の政策遂行上の最優先課題がライン川以東の領土的拡大ではないとしても、当時の各国政府は例外なしにサンドラ的判断を共有していた。実は、ルイ十四世の中にはさまざまな目的が明確に分類されることなく雑然と同居し、何を優先すべきかではなく、現実的に可能なのは何かが彼の行動を決めていたというのが最も真実に近いと思われる。十八世紀の初頭を飾るスペイン継承戦争［一七〇一〜一四年、ルイ十四世最後の戦争］が終結するまでは、ヨーロッパの支配を目論むブルボン家、あるいは、その恐れのあるブルボン家に対抗するために、各国は相互の結びつきを格段に強めた。これは、かつてハプスブルク家のヨーロッパ支配政策に対抗して各国が共同戦線を張ったのと同じことである。

自国の地政的範囲の拡大と権力のさらなる増大という状況に身を置きつつ――この点では皮肉にも、フランスが顕著な例なのだが――、多くのヨーロッパ諸国はブルボン家への抵抗という一点において、相互の結びつきを強め、十六世紀以上に十七世紀になっていよいよその結びつきの度合いを深めた。また、独伊間、東欧諸国間、さらには英仏海峡を挟んで対峙する英仏両国間など地域的に限定されていた国家間の主導権争いが、かつてないほど単一のネットワークへと組み込まれていった。この結果が一方では、ヨーロッパに一体感の強化という現象をもたらしたと同時に、他方では、ヨーロッパがますます個別化の方向に進んでいく状況を招来させることにもなった。さらに、この結果だけに帰するのでは充分とはいえないが、フランスの政界や外交関係者はもとよりフランスの覇権主義に抵抗する諸国家の政界や外交関係者の間では、「キリスト教共和国」(*Respublica Christiana*)、「キリスト教世界」(Christian world)、「キリスト教諸国」(provinces of Christendom)、「キリスト教君主のヨーロッパ」(Christian princes of Europe) など旧来の言葉遣いが相変わらず常態化しており、十六世紀に発達し損ねた単一のネットワーク内における重層的勢力均衡という新たな概念の自覚的な受容は、十七世紀にいたっても未発達のまま推移した。(39)こうした状況は十八世紀初頭まで見られ、「キリスト教共和国」という呼称がユトレヒト講和条約(一七一三年)[スペイン王位の空白に乗じてスペインへの実質的支配を目論む仏王ルイ十四世が引き起こしたスペイン継承戦争(一七〇〇～一三年)は、英蘭墺(のちに葡普)からなる諸国連合の前にフランスの敗北で終わったが、その戦後処理を取り極めた諸条約。十八世紀の国家間関係を規定したものとして重要である]でもまかり通っていた。ただし、このときが最後の使用例となったのだが。(40)

このユトレヒト条約は、ヨーロッパの勢力均衡保全を目的とすることを鮮明に謳った最初の条約だったが、(41)しかし、「キリスト教共和国」という用語に依然として固執していた事実からは、一七一三年段階では往時の各国政府も評論家たちも、勢力均衡の主要な源泉を旧来のヨーロッパ概念に求める態度に終始したことが明らかになる。つまり、行動規範の原則が、依然として十七世紀的意味合いで用いられていたのであり、時代の趨勢がすでに長期にわたって単一国家によるヘゲモニーの確立へと向かっていたにもかかわらず、依然としてその原則が意味するのは、現代のわれわれがそうだろうと考えるヘゲモニー確立への対抗策としての協力関係構築の必要性だった。イギリスの場合、政策遂行においても国内世論の動向においても、行動規範の原則は十七世紀的意味合いを持ち続け、その状態がさらにもう一世代継続することになる。ユトレヒト条約成立以前のウィリアム三世（William III, 1650–1702）やその腹心マールバラ（John Churchill, 1st Duke of Marlborough, 1650–1722）の時代には、勢力均衡概念が「ブルボン家の野心」に対する「共通の大義」の防衛に関連づけられるのも無理からぬことだった。ユトレヒト講和後の短期間の相対的に平和な時代、歴代のイギリス政府は、ヨーロッパの最強国がどの国なのかにかかわらず、その国を牽制し弱体化させる手段として、勢力均衡原則をより普遍的な形態のもとで機能させようとした。事実、この原則を、オーストリアに対抗する手段として、フランスとの協力関係の必要性を訴える手段として利用したこともある。(42)しかし、勢力の均衡を図る上での障害になるのがつねにフランスの存在だという固定観念から脱却できた者が少数いたことは否定しないが、そういう連中を含めすべての人たちは、フランスでなければどこかの国がヨーロッパの支配を画策するようになり、それこそが永続的かつ普遍的な脅威であり、したがって、それに対抗するための必要な手立てが全ヨーロッパを包摂する「大同盟」（Grand Alliance）だと信じて疑わなかった。さらに、ルイ十五世（Louis XV, 1710–1774）麾下の宰相フルーリー（André-Hercule, Cardinal de Fleury, 1653–1743）がヨーロッパを睥睨《へいげい》し、スペインの王位継承権者でもある神聖ローマ皇帝のカール六世（Karl VI, 1685–1740）が死去し、その結果、ブルボン家がスペイン王位継承権を所有するようになる一七四〇年になって、フランスを主敵と見なし、フランス包囲網の構築を目指すという旧来の政策が十七世紀的勢力均衡観の持ち主から提唱されてくるのは、至極当然のことだった。その代表格のイギリスの政治家ニューカスル（Thomas Pelham-Holles, 1st Duke of Newcastle, 1693–1768）が同年、「ブルボン家の野望を挫くことを目的とした大同盟結成のため、オランダ、神聖ローマ皇帝、プロイセン王、ヘッセン侯との共同行動の必要に迫られている」[43]と発言したのだが、この発言は大多数の同時代人の心情を代弁していたのである。

とはいえ、後年一七六二年になっても、多くの人がニューカスルのように、イギリスを含むヨーロッパ全域がブルボン家の脅威にさらされていると思い込んでいたかというと、それはそうではない[44]。この段階でのニューカスルの影響力にはかつての面影はなく、彼自身、政界の中で孤立を深めていたのだが、それにしても、こうしたブルボン家に対する思いの変化は以前からのものではなく、ごく直近の変化だった。たとえば、それ以前の一七四五年にオランダの外交官ベンティンク（Willem Bentinck, 1704-1774）は、「神聖ローマ皇帝が誰であるかは、ロンドン市長が誰なのかほどの重要性しかないとイギリスの貴族がいったとしたら、前世代のイギリスの政治家たちはどのような反応を示しただろうか[45]」と思いをめぐらせたのだが、そこには世代間における現状認識の乖離への驚きがこめられていた。またたとえば、一七五五年発行のイギリスのある時事評論誌は、ヨーロッパの大陸政治から距離を置くスタンスを保持することの利点に関して、「後年になるまで、誰一人としてそのことには思いいたらなかった[46]」と述懐している。さらにたとえば、その才智と雄弁で鳴らしたイギリスの政治家大ピット（William Pitt the Elder, 1708-1778）は、同じ一七五五年、「わが国は家名や名声に踊らされ、また勢力の均衡、ヨーロッパの自由、共通の大義といった言葉に欺かれた結果、多大の辛酸を嘗めざるをえなかった。……それは結局、わが国の富を費消し尽くすことにほかならない[47]」と恨み言を洩らしている。ところが皮肉にも、大陸政治からの孤立主義と、旧来の均衡概念を脱した新たな政策構造のもとでのヨーロッパの勢力均衡論とを合体させたイギリス最初の政治家が、ほかならぬ一七五〇年代後半以降のピットなのである[48]。その場合でも、種々の紆余曲折を経たすえに、ピット自らの手によって、元の木阿弥状態へと回帰する危険、すなわち孤立主義を捨て去ったイギリスが、干渉主義の道へとひた走るだけでなく、かつてハプスブルク家やブルボン家が享受していた権力がイギリスに与えられるべきだと主張する危険がつねに存在していた。ピットの「いまこそブルボン家全体に屈辱を与えるときである」という発言や、「以前であればフランスを単に屈服させることで満足していたかもしれないが、いまの私はフランスが身包み脱いで降参するようにならなければ、とても安らかな気持ちになれない」という発言がその危険性を裏づけている。こうした発言の背後には、七年戦争［墺普間の戦いを中軸とする失地回復戦争と英仏間の植民地戦争（一七五六〜六三年）。この戦争でプロイセンが列強の仲間入りを果たし、イギリスは世界帝国としての地歩を確かなものにした］に乗じてスペインへの拡大を目論むピットの思惑が見え隠れするのだが、それにしてもこれはピットの気迷い沙汰に過ぎず、一時的な過信のなせる業《わざ》だったことは疑いない。いずれにしても、ピットの発言振りがほかの諸国から「時代の狂気」として多いに不興を買い、国務相として事実上七年戦争を遂行していた任を解かれることになった。この事例は、旧来型の勢力均衡観に根ざす思考様式の根深さを示す好例でもあり、また、支配という地平への永続的かつ不変の欲求を示す好例でもある。

この間、ひるがえってヨーロッパ大陸での勢力均衡原則の現実は、ユトレヒト講和条約でその重要性が宣揚されたにもかかわらず、イギリスとは異なる面でその限界を露呈し続けた。たしかに、ヘゲモニーの争奪をめぐる戦いという様相は、イギリスの場合よりも急速に薄れていったが、現実の勢力均衡原則は大陸諸国の政策立案とその調整という点において、ヨーロッパの統合という感覚が後退していくのと歩調を合わせるかのように、機能不全状態に陥ったままだった。プロイセン王フリードリヒ二世が後年「ヨーロッパの大混乱」と名づけた状況は、ユトレヒト講和成立後、短期間とはいえ落ち着きをみせたのだが、それは大多数の大陸諸国が十八世紀初頭からの打ち続く戦争状態で疲弊の極に達していたからにほかならない。こうした理由のほかにもう一つある。一七四八年のエクサ＝ラ＝シャペル（ドイツ名、アーヘン）の和約［オーストリア継承戦争に決着をつけた条約。これによって墺普間の対立が決定的になり、後年の七年戦争の作因となった］が一例なのだが、この協定を「キリスト教的、普遍的かつ恒久的平和のための最終協定」だと謳いあげていたように[49]、キリスト教諸国の統一を追慕する感情がそれなりに生き延びていたこともあって、勢力均衡の自覚的な適用は国家間の政策の実態においても、たとえばジャン・ルーセの言説に代表される当代の知的レベルにおいても、主要列強の個別利害に資するだけではなく、ヨーロッパ全体の利害にも資する共存のための原理として、短命な現象に終わったとはいえ、この時期に現出していたのである。ところが一七三〇年代になると、共存のための勢力均衡を目的としたこの体制、英仏墺蘭間の四国同盟（一七一八年）や西墺間の確執をめぐるカンブレー会議（一七二四〜二五年）、英墺蘭間の利害調整の場としてのソアソン会議（一七二八年）などの諸会議を通じて、ルーセいわく「ヨーロッパに確固たる平和を再来させるとともに、その平和を永続的なものにする」(50)という栄誉を担った体制が、彼の目にも明らかに昔日のものになっていた。いまや、個別国家の所有権と完全なる自治権がかつてないほど強調される時代に道を譲ったのである。ある特定の国家の他国を圧倒する軍事力と領土の広大さにも、またヨーロッパの統一という追憶や幻想にも影響されなくなったヨーロッパの国家間関係は、しかしいまだ、その関係を律し調整する何ものも持ち合わせていなかった。個別国家が自らのうちに持つもろもろの限界によって規定されるか、はたまた個別国家の利己的な思惑の交錯によって規定されるというのが当時の国家間関係の現実だったのである。

ヴォルテールの戦争風刺の比類なき傑作『カンディード』（*Candidé*, 1759）を生み出したこの時代の「大混乱」を経過した後になって初めて、万策尽き果てたヨーロッパ諸国は新たなヨーロッパ像を捜し求め、利己主義が跋扈《ばっこ》する国家間関係に対する反動としてヴォルテールなどの啓蒙思想家の手になる均衡論の現実政治への適用を模索しはじめたのである。

「大混乱」から新たな勢力均衡の模索への道筋を詳しく検証する前に、こうした変化がなぜこれほど長期にわたって、知的レベルにおいても現実の国家政策レベルにおいても反映されなかったのかと訊ねてみる必要があろう。

この反映の遅れは、部分的には十六世紀以降のオスマン・トルコ帝国の断続的な西方進出への脅威に原因が求められる。トルコ帝国が強大な軍事力をともなってヨーロッパへと攻め入り、その前線がライン川に達しようとした一六八三年になって、ようやく状況に変化の兆しがみえはじめた。十七世紀中葉に提唱されたもろもろの平和構想は、押しなべてトルコ帝国の西方進出に対抗する手段として、キリスト教国間の平和を求める機運がいかに強いものだったかを示している。しかしながら、それだけに遅れを帰するわけにはいかない。この時期の平和構想の主目的が、おそらくはトルコ帝国の西方進出の危険が迫るはるか以前からヨーロッパに存在していた伝統、あるいは、その存在を疑っていなかった伝統に根ざした一体性の再構築だったに違いないからである。そうした状況下で、トルコの西方進出に対するヨーロッパ諸国の協力態勢に何ら進展をみることなくときが推移していく一方、国家政策レベルでは異教イスラム国家のトルコ帝国をなしくずし的に受容していきつつ、ヨーロッパの各国政府は相変わらず、ヨーロッパ世界におけるヘゲモニーの獲得を追い求め、あるいは他国によるヘゲモニーの奪取を恐れていたのである。ここでわれわれの眼前に提示されているのは、過去の歴史の中に根づいてきた概念の寿命の長さを示す一例であり、新たに生起してきた対抗概念が旧概念を凌駕する支配的な力を獲得するまで旧概念が有効性を保持し続ける力を示す一例である。さらには、新たな対抗概念が有無をいわさず状況の転換を強制するようになるまでの間、各国政府の政策追求に対して伝統という名の装いが凝らされることによって、人間の想像力に対する過去の強い影響力が、よりいっそう強化されることを示す一例でもある。

統一的で平和的なキリスト教ヨーロッパ世界が中世に存在していたといっても、その存在を現実のものとして信じる近代史家はおそらく皆無だろう。その存在が偽りであることは、ヨーロッパ中世のさまざまの部分がよって立つ政策立案や政策遂行の実態からも自明である。しかし、平和的で一体性のあるヨーロッパ世界というとらえ方は、ヨーロッパ中世の生活空間のすみずみに浸透していた強固な実体的概念だっただけではなく、当時の主だった組織・機関が設立される際に依拠するアイディアの主要な源泉でもあった。この点で、ヨーロッパ中世の世界では、「根拠のない神話が何にもまして優位に立ち、あたかも現実そのものと化していた」(51)のである。こうした幻想に根ざしたヨーロッパ観は、十五世紀以降、宗教上の一信条としての力を失い、国内政治上の規範としてもその力を削がれるなど、かつてないほどの抵抗を受けつつも、ヨーロッパ諸国間の枠組みを構想する際に立脚する理念としては、強い影響力を発揮し続けたのである。このことを疑う者には、以下の点を思い起こすよう進言したい。まず第一に、ダンテの時代からライプニッツの時代にいたるヨーロッパの平和構想——平和構想と名づけることが可能だとしてのことだが——を検証するならば、そこには中世ヨーロッパ世界の不完全な統一——現実味を露ほども感じさせない統一とまではいわないとしても——を何らかの一体性のあるものにしようとした痕跡が例外なく認められること。第二に、個別国家という新たな概念の登場、さらには個別国家の手になる新たな信条と行動規範の登場が、国家間関係における旧来の概念や規範との訣別に先んじた歴史的事実だったこと。そして最後に、洋の東西や時代を問わず、歴史が明示する真実、すなわち前時代の国家間関係概念が多くの困難を遭遇せずに、また長期にわたる時間的経過を待たずに、新たな概念にとって代わられることはありえないということ。以上の諸点を想起することである。

中世のヨーロッパや近代前期のヨーロッパに限らず、歴史上記録に残る文明は、およそ例外なく、政治的一体性という神話を増幅させてきただけでなく、それに付随するもろもろのシンボルをつくりあげてきた。文化的な近似性という単純な動機に基づく文明であれ、前代の政治的征服の結実としての文明であれ、文明というものはほぼ例外なく、生起してくるもろもろの現実への適応力を失った後においても、現実への適応に腐心した文明がかつて存

＊　紀元前四千年のメソポタミア文明は、境界をめぐって相互に争奪戦を繰り広げ、分裂の危機にさらされていたときですら、自らの文明世界を普遍的国家であると豪語した。中国の手による全世界の統治とはいわないまでも、中華帝国の統一という神話は、歴史的な事実とはおよそかけ離れているが、それにもかかわらず、この神話は、かつて偉大な中華帝国が一人の皇帝のもとで統治されていたという巷間に流布した言い伝えに基づくものであり、現代にいたるまで中国人の心情をとらえてやむことがない。古代インドでは、並存する諸国家が主導権をめぐって血なまぐさい戦いに明け暮れていたそのときですら、有徳の王による普遍的な世界帝国という神話に根ざした理想を忘れ去ることはなかった。政治統合を果たしたイスラム世界というイメージは、多数の個別国家

在したとして、長期にわたって政治的一体性という神話を保持し続け、その神話から派生するさまざまのシンボルを機能させ続けた。*また同様に、およそすべての文明内においては、単独で突き進む場合も、数カ国がほぼ同時に立ち上がる場合もあるが、いずれにしろ状況が許す限り、自国の軍事的優越性を背景にしつつ、一体性信仰という神話の力を借りて、当該文明の統一的秩序の実現を追い求めてきたことも否定できない。†たとえば、アフリカやイスラム教世界のような地域の場合、現代においても、状況の抑止力が充分に発揮されなければ、いずれ一体性の実現を錦の御旗に掲げて躍り出てくる国家があっても驚くにあたらない。それだけではなく、人類が歩んできた歴史を振り返ってみるとき、そこにあるのは、同時期に存在するほかの世界に対する自らの政治的ヘゲモニーの確立が、国家間関係の諸問題に向けての当然かつ論理的な解決策にほかならないとみなしてきたという否定できない事実である。このヘゲモニーの確立という目標を見据えた間断のない、涙ぐましい努力と比較すると、とりわけ近代以前において、統一的支配という記憶ないしは神話を共有する単一の政治的共同体内で、その域内における個別国家間の共存なり勢力均衡なりを是とする事例の方が、時代的にも地域的にも、きわめてまれである。つまり、より高度な概念が新たな概念として社会にしっかりと根を下ろす前には、その勢いを力ずくで押しとどめ、かじ取り役としてそれまでとは異なる方向への大転換を可能にする特殊な状況がどうしても必要なのである。

ヨーロッパ近代において、この特殊な状況とは何だったのか。共存体制の自覚的運営を志向する近代以前の同種の類例として、比較的小規模の枠内だったとはいえ、そこに住む人々の国家間関係に対する態度を決定づけた古代ギリシアの都市国家（*Polis*）と十五世紀イタリアの都市国家を挙げることができるが、この両都市国家の成功を支えた条件と同等の条件とは、ヨーロッパ近代の場合、何だったのか。十八世紀以前に、たとえば紀元前四世紀古代インドの宰相カウティリヤ（Kautilya, 350BC–283BC, 別名「ヴィシュヌグプタ」）が著した『アルタシャーストラ』（*Arthashastra*, 別称『実利論』）［マウリア朝の創始者チャンドラグプタ王治世時代の政治理論書。政治的謀略を是認した点に特色がある］や十六世紀イタリアのマキアヴェリの手になる『君主論』（*Il Principe*, 1512）をはじめとする著作のような勢力均衡に関する類いまれな知的かつ合理的思考を生み出したのと比肩しうる条件とは何だったのか。一七二〇年代以降になって、ヨーロッパの政治手法や考え方を勢力均衡の合理的捉え方の方向へと推し進めたものは何だったのか。これらの問いに対する答えは、ナポレオンの事績との関連ですでに示唆したところだが、主として一つの時代の潮流にある。その潮流とは、国家間における相対的権力の伸長と失墜を長期にわたって経験してきたヨーロッパが、十八世紀初頭以降、主要国家間においてかつてない規模と広がりでほぼ均一な勢力均衡状況を生み出す条件を達成しつつあったことである。

十八世紀初頭といえば、ロシアがようやく念願かなってヨーロッパ政治の欠かせない一員として登場してきたときであり、プロイセンがこれまた念願かなってヨーロッパの大国としての地位を獲得しつつあったときである。また、国内の政治不安を解消し、海外におけるそれまでの度重なる活動の成果がみえはじめたイギリスの場合には、

の離散集合という歴史的現実の前に、つねに裏切られてきたにもかかわらず、依然として現実感を備えたものとして理解され、受け入れられている。中世期のビザンツ帝国においても、現実には権力と領土が各領主間で分有・分割されていたにもかかわらず、イスラム世界や西ヨーロッパ世界に劣らず、一体性というフィクションがもてはやされていた。文字を持たない西アフリカの人々は、多様な部族社会の形成による分断化を記録として残る歴史を通じて経験してきたとはいえ、彼ら諸部族に共通する伝説によるならば、分断化以前には、大多数の部族がともに一つの社会を形成していた時代があったということである。[52]

† メソポタミア文明は、当該文明内での絶対的優位性を求めて都市国家同士が激しく競い合う政治システムだった。国家として中央集権化と政治的統合をよりいっそう進化させた古代エジプトは、自らを選ばれた民族と捉え、その王ファラオを諸国に降雨の恵みをもたらす偉大な存在と見なした。紀元前六世紀のペルシャの王は、世界でただ一人の王、すなわち王の中の王であると自認した。それから二世紀後にギリシアとペルシャの征服を成し遂げたアレクサンドロス大王も、ペルシャ王にならって王の中の王を僭称し、ヘレニズム精神こそが唯一の世界精神であると言明した。ローマ帝国は、自らの広大な領土を統治し、全世界で唯一の主権国家であるという立場を誇示した。その後、ローマ帝国が瓦解し、その後継国家がビザンティウム、イスラム、西ヨーロッパに建設されるようになると、そこでは、ローマ帝国の全遺産の後継者を僭称する者に対しては相互に牽制し合うという状況が生み出されてきた結果、おのおのの領域内での支配権を主張するにとどまった。[53]

いまやヨーロッパという地域枠を越えた英仏間の主導権争いが、国家間関係の中軸的事象として、かつてのヨーロッパに限定されていた仏墺間の主導権争いにとって代わりつつあったときである。他方、十八世紀初頭のスペイン継承戦争の帰結として生み出された二大要素が、一つにはスペイン・ハプスブルク家複合支配体制の終焉であり、もう一つがフランスの疲弊・衰退である。ヨーロッパの単独での支配権をめぐって仏墺二カ国が相互に反目しつつ、普遍的王政の樹立という相互の目標を疑心暗鬼の目で見据え、それを阻止するためにほかのヨーロッパ諸国を自国の陣営に組み入れることによってヨーロッパを長期にわたって分断してきた仏墺二カ国中心主義が追いやられた。その結果、ヨーロッパの主要国家間においてほぼ均一な勢力均衡状況が成立したことこそが、十八世紀が最も十八世紀らしい姿を発揮する時期における国家システムの発展の鍵である。事実、その時期、ヨーロッパ大陸内には絶対的優位性を有する国家が存在しなくなっていたこともあって、ヨーロッパの歴史家の中には、あえてこの時期を「イギリス優位の時代」と呼ぶ者も現れた。

こうした時代状況が、一方ではヨーロッパ諸国間の関係にかつて経験したことのない地理的規模での自国優先のエゴティズムが幅をきかせる状況へと道を開いたのだが、他方では、国家エゴティズムの伸張と国家間関係の不安定性の増大という事実を前にして、国家の行動の自由に対してさまざまな制限を加えるような状況をもたらしたのもこうした時代状況だったのである。当初は領土のさらなる獲得・拡大に力点が置かれていたが一七三〇年代以降、ヨーロッパ諸国は、相互の力関係が以前にも増して均等化状況を迎えていると認識しはじめた。この認識の基底にあったのは、フランスのかつての優位性がイギリスの権威の増大とフランス国内の政治的混乱によって相殺される状況であり、イギリスの権威については、その利害得失の生み出される場がヨーロッパ大陸の外にあった事実によって相殺される状況である。その結果、英仏墺以外の新たに力をつけつつあった諸国が硬直した筋肉をほぐすかのようにおもむろに動き出すようになった。多くのヨーロッパ諸国にとって、自国外での取得物がほんのわずかであっても、また相対的な力関係がはなはだしく不均衡だった時代にはほぼ無意味に等しく、現実には実行不可能でもあった他国に対する侵略行為は、たとえそれが些細なものであれ、ヨーロッパ諸国すべてにとって重大な意味を持つようになった。こうした状況の変化がもたらされた時期が、いまやまさに旧来のハプスブルク体制が目の前で瓦解し、その体制内の構成員たる新たな指導者たちが誰一人としてかつてのような強固な支配のもとで統率することができなくなった時期と符合していた。したがって、そこに「電撃的な勝利と敗北、そしてそれにともなう領土のやり取り」[54]とある歴史家が表現した状況が存在したことは驚くにあたらない。それだけではなく、プロイセンのフリードリヒ二世が一七四三年に「極小の国家から最大の国家にいたるすべての国家にとって、最も基本的な原則が、……自国領土の拡大にあることは自明である」[55]と現状を分析していたのも至極当然だったのである。

しかし他方では、ときを同じくして、そのほぼ均一な勢力均衡状況が国家の行動を抑制する方向へと強く導いていったことを指摘しておかなければならない。ヨーロッパ各国の相対的力が、相互にますます均質化する状況の中で、ある国にたとえほんのわずかであれ力が付加されることがあれば、すべての国に大なり小なり影響を与えることになる。かくして、自国が外で何らかの獲得したものがあれば、そのことに対する他国からの報復の可能性が以前にも増して高まり、その手段も以前とは比較にならないほど多様なものになり、したがって、報復の蓋然性をかつてないほど明確に意識せざるをえないのである。ヨーロッパの大陸諸国がすべて中央集権化と政府機関による統制を強めていたこともあって、各国はこうした報復の危険性を充分に考慮せざるをえず、結果として政策遂行にためらいが出てこざるをえなかった。いずれにしても、アンシャン・レジーム（*ancien régime*）［フランス革命以前の絶対主義的政治社会体制。広くは市民革命以前の旧制度を指す場合もあるが、一般的には絶対主義の末期的症状を意味する］期の、とりわけ一七五〇年以降の国際政治の一大特徴は、外交目標を設定する際の現実的かつ限定的な性格と、外交目標を達成しようとする際の異常なまでの激しさとの著しいコントラストである。各国は「とどまることがないほどに湧き立ちながらも、同時に、定められた限度を逸脱することはなかった」[56]。つまり、拡大・伸張への生理的欲求とそれには慎重さが要求されるということとの狭間で揺れ動く、いわば分裂病的症状を各国は呈していたのである。しかし同時に、国家の国内権力の重要性に着目し、国家権力の中央集権化を促した当時の国際環境の影響力を過小評価すべきではない。中央政府への権力の集中が国内政治の効率的運営の最善の方策だという理由づけのもとで、イギリスに代表される政治構造の自由度が高い国であるか、東欧諸国にみられるように政治構造の自由度が低い国であるかを問わず、およそすべてのヨーロッパ諸国において重商主義の推進と啓蒙専制主義の徹底が図られた。こうした状況は、他国がやるから自国もやるという単なる真似ごとから生じてきただけでなく、また時代の合理的精神という単純な結果にその状況の原因を求めるべきでもない。一方では、十八世紀以前における主要な権力増強源だった領土の新規獲得と王制の没落による棚ぼた的利得に、一国の権力と効率性が依存する状況に変わりはなかったのだが、しかし他方では、いまや手持ちの資源の組織化と専有化が着目されるようになり、これこそが一国の権力と効率性の根幹という認識が深まったのである。しかし、こうした認識にいたらしめた最大の要因は、国外における領土的拡大を評価し、あるいは拡大行動に歯止めをかけようとしたと同時に国内政治の効率的運営への前進――たとえごくわずかな前進であっても――を積極的に評価しようとした当時の国際環境だった。一七八四年時点で、ほぼ均一な勢力均衡状況というファクターに着目し、その均衡状況と国内政治における中央集権主義および啓蒙主義との密接な関係を指摘したカントはやはり正しかったといわなければならない。彼はつぎのように語る。「国家間の関係が相互に作為的な状態にあるため、どの国家も自国の国内的発展への努力をないがしろにするならば、必ずやほかの諸国に対する力と影響力を失うことになる。……現今では、市民的自由が侵害されるような事態を迎えた場合、必ずやそれにともなう不利益があらゆる経済活動において感得され……その結果、対外関係を推し進めるうえでの国力も衰微していくように感得されるのである」[57]。

十八世紀の国家は、現代のわれわれが理解する近代国家とは依然として様相が異なっていた。歴史家たちが十八世紀の国家のあり方に関して、その国家機能の強化とともに国家そのものが内包していた種々の弱点に注意を向けてきたこと自体に間違いはない。彼らは、十八世紀中葉以降に際立つ外交関係における貪欲さから抑制への方向転換の理由づけとして、こうした弱点を挙げる。さらに彼らは、貪欲さから抑制への転換の理由づけとして、国家間の権力闘争が宗教上の対立や原理原則をめぐる対立というよりも、むしろ絶対王制の支配者たちが権力闘争的様相を強めていた事実、あるいは国家が所有する資源が前代と同様に限られていた事実を指摘する。しかし、どちらの理由づけも充分に納得できる理由づけとはいいがたい。

十六世紀および十七世紀の国家間の権力闘争は、ほかにもろもろの要因があったとしても、それは主として絶対王制の支配者間の権力闘争だったのであり、この点に関する限り、彼らの闘争には抑制という要素が入り込む余地はなかった。十八世紀における絶対王制が権力闘争の頻発を抑えたという主張が盛んになされると同様に、権力闘争の引き金になったという主張も盛んになされている。またたとえば、「十八世紀前半の三大戦争［スペイン継承戦争（一七〇一～一四年）、ポーランド継承戦争（一七三三～三五年）、オーストリア継承戦争（一七四〇～四八年）］の名称が示すように、王位継承をめぐる婚姻の取り極めが不調に終わるか、解きほぐせないほど錯綜・複雑化した場合には、例外なく戦争を引き起こしてきたことを示唆している[58]」という意見も一方ではある。こうした主張は、いずれも問題の核心をいい当てていない。マイネッケが指摘するように、この点に関する十八世紀の最も際立った特徴は、私的な野心に燃えた支配者でさえ、国家存立事由に基づく「純粋な力」への配慮と計算を優先させ、絶対王制的原理や態度を次第に放棄するようになったことである。「十八世紀には、国家的利害がかつてないほど王制的利害とは明確にしかも自覚的に分離されるようになり、あたかも国家的利害がそれ自体で存在事由を裏づけているような様相を呈していた[59]」。こうした状況の進展を誰よりもはっきりと示したのがフリードリヒ二世である。彼は、最初の人民への奉仕者あるいは最初の国家への奉仕者になるという矜持《きょうじ》を持つ中で、すべてのヨーロッパ列強諸国に共通していたルイ十四世の「朕は国家なり」（*l'état c'est moi*）的思い上がりからの変化を示す象徴だった。彼がヨーロッパ諸国に通底するこうした方向性を、彼が生きた時代の重要な動きの一つととらえていたことは確かなのである[60]。

十八世紀の進展につれて顕著になる国家行動の抑制的側面に関するもう一つの理由づけ、すなわち、十八世紀の国家の国力は限定的だったという説明は、交戦状態の本質と戦争・政策の目標とを混同した結果である。この時期の戦闘が「形式化され」、「規律に縛られ」、「柔軟性を欠き」、「防御的」だったことは疑いない。その理由は、部分的には当時の国家が有する国力の増進が限られていた点に求められる。ただし、技術面での限界が理由の一端を担っていたことも否定できないが、交信手段の遅れ、武器の精度の不充分さ、軍隊の制度的欠陥、たとえば軍人養成のために膨大な費用を要し、忠誠心の点でも疑問を持たざるをえない集団で構成されていたことなど、これらすべてが接近戦という戦闘手段を生み出し、戦術の柔軟性の欠如に寄与した。こうした技術的遅滞が戦闘での接近戦指向へと戦術を大きく踏み出させる一方で、主要列強国でさえ見舞われていた政策運営上の技術的欠陥や経済運営上の技術的欠陥、さらには頻発する国家財政の破綻などは、敵味方が真正面から対峙する戦闘を避けさせ、さらに接近戦を行うに際してどうしても避けられない甚大な人的損害の重荷から逃れようとさせた。しかし、先にも指摘した通り、こうした技術的限界や財政上の限界は、十六世紀にも十七世紀にもみられた現象であり、十八世紀と同様の影響力を戦闘行動に及ぼしたのであって、十六～十七世紀の場合、このことによって「正義の戦争、道義的目的にかなった戦争」という錦の御旗のもとで戦争状態に入ることが許されなかったのでも、戦争目的に制約がかかったのでもなかった。交戦時の行動と戦争の政策目標を明確に分けてみるならば、十八世紀にはそれ以前とは異なり、戦争目的が制約を受けるようになったことが明らかである。さらに、そうした制約をもたらしたのは、国家政策遂行の際、国家がさまざまな制約に縛られていたからではなく、むしろ国家の行政権のおよぶ範囲が拡大し、その行政能力が増進したからにほかならない。国家の基本政策、すなわち戦争目的や開戦か否かの決定は、二十世紀的基準に当てはめるならば、管理の面でも効率性の面でも限界があったとはいえ、ますます政府の管轄下に置かれるようになった。行政上の範囲と能力を拡大しつつあった十八世紀の国家が抱えるさまざまな弱点、たとえば国家財政の破綻などの側面に関しては、先に述べた国際環境の錯綜化・複雑化という時代状況の中で、国家の行政能力の増進が進められたこともあって、そうした弱点が政策遂行時の調整的・抑制的効果をもたらしたのである。

フリードリヒ二世が現実に遂行した政策および彼の著作物以上に、この点を明らかにしている例証はほかに見当たらない。ここから読みとることができるのは、行政能力を肥大化させてきた各国政府が、ヨーロッパにおけるほぼ均一な勢力均衡状況を不承不承とはいえ認めざるをえなくなったことであり、国家間の関係が抑制的になった主要な原因がここにあるということである。一七三八～三九年の初期段階の著作の中でのフリードリヒは、マキアヴェリの所説は小規模かつ安定性に欠ける国家支配者のために書かれた統治原則であり、効率的運営と行政能力に長けた国家にとってはもはや無用の長物だとして、国内統治の政治手法としてのマキアヴェリズムを指弾する一方で、外交政策遂行上の手法としては、マキアヴェリズム的権謀術数の利用を認め、手段を問わない苛烈さを是としていた。当時の国家間の状況にあっては、こうしたことも欠かせない方策だと彼は考えていたのである。[61] 一七四三年時点でのフリードリヒは、依然としてつぎのように淡い望みを述懐していた。「後世の者が、……支配者としての私と哲学者としての私を峻別してくれるに違いない」[62]。つまり、近代国家として拡大路線をひた走る現状を憂う尊敬に値する人間としての彼と、すべての諸国が国家責任を等閑視して拡大路線を追い求めている現状の中で、自国の拡大のための機会を一つたりとも逃すまいとする政治家としての彼とに引き裂かれていたのである。しかし、一七五二年段階の彼は、外交関係においても大国は小国とは異なり国家としての責任を感ぜざるをえず、かくして理性的な判断を下さざるをえないと主張するようになっており[63]、理性的な国家をより穏健な対応へと導く際に考慮すべき点を列挙する。十八世紀中葉当時、「圧倒的な武力と財力をもって支配拡大のための戦いに臨む場合を除き、いまや支配の確立の意味を喪失させ[64]、戦争それ自体を無意味にしている」のが、英仏両国が有する他を圧する権力だったのである。ところが一七六八年になると[65]、彼は国家にとって海外での名声の高さが重要であるとまで主張するようになるとともに、国家権力の増大のためにはいかなる手段であれ正当化されるという議論に対抗して、人道的な国家観、慈悲に満ち溢れた国家観を重視するようになった[66]。こうした彼の博愛主義的国家観は、十八世紀前半のていたのである。

五十年と比較して、いまやヨーロッパ大国間の権力がほぼ均等に分散化されているという現状認識と密接に関わっ

フリードリヒ二世は、一七五二年時点では英仏二カ国だけを一流国とみなしていたのだが、いまではこの両国に加えて、オーストリアとロシアをヨーロッパの大国と考えるようになっていた。その他の諸国についての彼の判断は、国力の相対的強大さに応じての判断ではなく、ヨーロッパの列強諸国が形成する同盟体制の一部を担う存在としてのその役割の軽重に基づいた判断だった(67)。さらに、プロイセンに関しては、大国の仲間入りをいまだ果たしていないものの、ほかの小国とは異なる地位を有する国家、つまり決して小国とはいえない国家だと自負していた。こうした国際情勢の変容に対して、ほかの諸国もプロイセンと同じように対応せざるをえないことについても疑っていなかった。一七四六年におけるフリードリヒのロシア観は、ロシア人を依然として凶暴な民族とみなし、ロシア外交は粗野な熱情と支配への盲目的な衝動に駆られているととらえていた。彼にとって、ロシアはトルコ同様、ヨーロッパに属していながら同時にアジアの一員、すなわち英仏両国の政策がロシア・トルコ両国を必要とする場合に限ってヨーロッパの政治・外交に登場する存在だった。それから六年後の一七五二年段階になると、フリードリヒはロシア政府の野蛮性を恐れながらも、対プロイセン政策の一環としてオーストリアとの同盟関係を樹立するというロシアの現実的外交手法をみるにつけ、どうすればいいか悩んでいた。さらに十二年後の一七六四年以降には、彼自身、ロシアと同盟関係を結び、その関係を一七八〇年代まで継続させた。その間、一七六八年には、ロシアのヨーロッパへの膨張主義的進出に対して以前と同様の恐れを感じながらも、ヨーロッパの恒常的な構成員としてロシアの存在を認識するようになり、理性的な構成員としてのロシアすなわち、「その国益の方向性が限定的、理性的、かつ確認可能なシステムに裏打ちされるロシア(68)」という認識を抱くようになった。フリードリヒのオーストリア観についても、彼のロシア観と同時並行的な変遷をたどっている。一七四六年には、オーストリアが内部的な荒廃過程をたどっていると判断した彼は、一七五二年になると、東ローマ帝国の世襲的王位の継承というオース

トリアの伝統的な政策目標に疑いの目を向けながらも、オーストリアは軍事組織の近代化と財政の健全化に着手しはじめており、理性的な国家へと変身を図りつつあると考えるようになった。この間、オーストリアはフランスとの同盟関係を一七五六年に成立させるのだが、この仏墺同盟は政治的原則の固定化・恒久化というヨーロッパの伝統から逸脱する政策転換であり、単なる政策の変更という以上に、伝統的なヨーロッパから新たなヨーロッパへの移行が完了したことの象徴的出来事だった。フリードリヒはこの変化を敏感に感じ取り、オーストリアが内政面に限らず外交面においても自分自身の政策と同一歩調をとるようになったことを見逃さなかった。さらに、彼がマリア・テレジア（Maria Theresia, 1717-1780）［オーストリアの女帝。十八世紀中葉以降、啓蒙的手法により財政の改革、商工業の振興に努める一方、長年対立関係にあったフランスと同盟を結ぶなど、オーストリアの国際的地位の維持・向上に腐心した］の聡明さと一貫性のある政策運営に最大の賛辞を寄せたのは一七六八年のことだった。一七八二年時点のオーストリアは、彼にとっても実際にも、啓蒙主義的君主国家の道をたどり、新たなヨーロッパの国家間関係システムの枠内で政策を遂行する理性的かつ時代の流れに即した近代国家だったのである。(69)

ヨーロッパ諸国の政策や全般的な政治状況にはっきりとみてとれるこうした変化に対するフリードリヒの対応は、彼自身の著作物だけでなく、彼自身が遂行した政策にも見事に反映されている。一七五〇年代末までの彼は、政策を実行に移す際、慎重な計画と読みを何よりも重視し、したがって「目的に関しても目的達成のための方法論に関しても、どこまでも冷酷非情」だった。(70)この点では、戦闘行動に際して敵の殲滅だけが彼の目指すところであって、彼の目を見張るばかりの各戦闘における勝利がこの苛烈さによっていた事実と対をなしている。(71)ところが、一七五九年に転機が訪れる。戦時においては、戦術面では戦力配置戦を、戦略面では巧妙な作戦行動の組み合わせによる小さな勝利の積み重ねを目指し、勝敗を左右する決定的な戦闘を回避するようになるのである。(72)この点に関しては、政治的目的を遂行する上でも、彼は同じように抑制された手法をとるようになった。こうした転換が起こった理由は、彼自身が一七六八年に述べているように、「不確定性が――その不確定性自体は一様ではなく、さまざまな形態をとって現れてくるのだが――外交政策のあらゆる局面を支配し、したがって、大国間相互の同盟の場合には、決まって当初の計画とはまったく異なる結果が生み出されてくる」[73]ことに気づかざるをえなかったからである。一七七五年には、同じことをつぎのようにより正確に表現している。「武力の面においても、軍律の面においても、ヨーロッパ各国間にほとんど差異がなく、各国間の同盟関係がおおむね交戦国間の武力の均衡状態を生み出しているため、交戦当事国の王が望みうる最大のことといえば、戦費を賄うには程遠いのだが、戦闘での勝利を重ねることによって、たかだか国境近辺にある小都市か多少の領土を手に入れることぐらいなのである……」[74]。そして一七七六年になると、列強間の膠着状態に対する認識をますます深めたフリードリヒは、「国境線近くの敵の村一つの方が、国境から六十マイルも離れたどこかの公国よりも価値がある」[75]とまでいい放つのである。彼のこうした政策転換が列強間の膠着状態の直接的産物であることは疑うまでもない。さらには、列強間の膠着状態そのものが、フリードリヒが見事に分析してみせた当時の政治状況の特質、つまり、ヨーロッパの主要国がかつてないほどの一体性を示し、かつてないほどの力を有し、またその力がかつてないほど均等化されている状況のもとで、その直接的な結果として、主要国の政策がかつてないほど慎重になり、かつてないほどの柔軟性と適応力を発揮し、かつてほどの独善性を持たなくなった事実から生み出されたものであることも疑問の余地がない。

こうした状況の進展が、ヨーロッパ大陸政治に対するイギリス側の判断の変遷を跡づけていたことも間違いない。十七世紀中葉に、イギリスの外交政策をめぐりヨーロッパ大陸系の考え方と英米的考え方との間で激しくしかも混迷を極めた議論が展開されたのだが、その行く末を決定づけたのもこうした状況の進展だった。ブルボン家の普遍的王制に対する抵抗がヨーロッパにおける絶対的かつ全般的な関心事ではないという結論に達するのに、イギリスの場合、ヨーロッパ諸国よりも時間を要した。つまり、ヨーロッパ諸国の利害が新たな方向性を模索している段階においても、イギリスの対仏利害得失がブルボン家をめぐる全般的懸念を持ち続けることにかかっていると考えていたのである。したがって、当時のイギリスの政治評論家や一部の議員諸公がニューカスル卿と同様、時代遅れのブルボン家の脅威とかブルボン家包囲網としての「大同盟」構想とかに執着し、頭を切り替えられなかったのも不思議ではない。こうした状況判断が時代の流れに即していないという意見が真剣に交わされるようになるのは、一七五〇年代になってからである。その理由の一端は、ブルボン家脅威論的対応がハノーヴァー家［イギリスの王家。一七一四年、ハノーファー選帝侯の長子ゲオルクがジョージ一世（George I, 1660–1727）としてイギリス国王に即位、以後一九〇一年のヴィクトリア女王（Queen Victoria, 1819–1901）の死去までハノーファー公国と同君連合を結んだ］の利益擁護のために利用されているという疑い、言い換えるならば、イギリスの政策がチェスターフィールド卿（Philip Dormer Stanhope, 4th Earl of Chesterfield, 1694–1773）［ホイッグ党の論客。ハノーヴァー家の国王ジョージ二世（George II, 1683–1760）とは犬猿の仲］がいう「ハノーヴァー指針」に沿って形成されているのではないかという疑念にあった。もう一つの理由は、北米大陸の植民地に対する利害と対外貿易上の利害が国策に大きな影響力を持つようになったからである。以上二つの理由がイギリス国内の国益優先主義者の不満を募らせるのに多いに寄与したのだが(76)、他方、こうした不満がヨーロッパの政治状況の変化をみてとった同国人から出てきたことも否定できない。ピットは一七五五年、イギリス外交にとって、ヨーロッパにおける勢力均衡状態の保持はもはや的外れであり無意味な目的だと言明し、イギリスの不満をかいつまんで示した。イズラエル・モードウィ（Israel Mauduit, 1708–1787）［イギリスの商業資本家兼政治評論家］は、『ドイツ戦争に関する省察』（*Considerations on the German War*, 1761）の中で、植民地カナダでフランスを打ち破った後になっても、依然としてプロイセンとの同盟関係を維持するピットに対する批判を展開する際、彼自らピットの議論枠組みを利用するとともに、その背後にある論拠をつぎのように拡大解釈した。スペイン継承戦争の場合、ヨーロッパ諸国との同盟関係の樹立は、プロテスタンティズムの擁護と普遍的王制に対する抵抗という二大目的のために、これら諸国がイギリスの援助を必要としていたという事実からも正当化できた。現段階においては、同盟関係を維持することがイギリスの主要な国益、すなわち海外進出による国力の増進にとって大いなる障害となっているだけでなく、先の二大目的にとっても不必要になっている。

それはなぜか。いまや、ヨーロッパ大陸の勢力均衡をヨーロッパ大陸諸国に委ねても安全な状況を迎えているからである。フランスにはもはや、ヨーロッパを支配する力がないのであり、フランスが支配権を持とうとすればするほど、ほかのヨーロッパ諸国からの対抗措置を確実なものにし、その際の報復措置が適切妥当なものになるだろう。ヨーロッパ大陸に対するフランスの主張は、いうまでもなく、イギリスにとって脅威であり続けるだろうし、大陸諸国に対するイギリスの支援がときには必要になるだろう。しかし、現今の新たな状況下においては、支援が絶対条件だという旧弊な考え方に縛られ、そのことによって多大の犠牲を払わざるをえなくなるよりも、ヨーロッパ諸国がこぞって支援を要請してくるのを待つ方が得策である。(77)

モードウィは自論をさらに一歩進めて、ヨーロッパの紛争状態が自国の国益に資するこの時期に、ヨーロッパ諸国間に紛争の火種をまくこと、言い換えるならば、勢力均衡状況を最大限利用することを主張しようとはしなかった。しかし、現実には十七世紀中葉以降、この種の議論を声高に唱える政治評論家や議会の弁士連にこと欠かなかったのである。(78)しかも、このこと以上に重要なのは、この種の議論が七年戦争期間中のイギリスの対ヨーロッパ政策において現実の政策として実行に移されたことを否定できないという事実である。七年戦争は、ピットの北アメリカ大陸からフランスを駆逐するという目的を旗印に、圧倒的多数のイギリス人の支持を受けて開始された。ピットの先輩格で穏健派のイギリス首相ニューカスルにとっても、七年戦争の主目的はフランスをヨーロッパに釘づけにし、そのことによってフランスのアメリカ大陸進出にブレーキをかけることにあった。この点に関する限り、イギリスの政治指導者は誰一人として、ヨーロッパ大陸におけるフランスの力の誇示を邪魔だてしようとはしなかったのである。七年戦争末期の一七六一～六二年段階になると、戦争の長期化を嫌がったニューカスルは和平の道を模索し、和平を導く最善の方策として、すべての戦線における一斉攻撃の継続を呼びかけた。ビュート卿（John Stuart, 3rd Earl of Bute, 1713-1792）［イギリス首相（一七六二～六三年）、ホィッグ党支配の政局を終わらせるとともに七年戦争を終結に導いた］も戦争の長期化による損得勘定と国王ジョージ三世（George III, 1738-1820）の不人気を解消する手段として和平を望み、そのためであればすべての戦線で犠牲が出ることを厭わなかった。ビュートの後継首相グレンヴィル（George Grenville, 1712-1770）は、さらなる領土拡大を欲したが、不人気のせいで戦いの場を長期戦も可能な海上と植民地に限らざるをえなかった。一方、さらなる征服を志向したピットの場合は、ドイツにおける戦争の継続と対スペイン攻撃による戦争の拡大を主張するなど膨張主義的政策に走ったため、首相の座から引きずりおろされた(79)。つまり、フランスのヨーロッパ支配の脅威が取り除かれたからといって、戦争の終結を望む者は誰一人としていなかったのだが、他方、フランスの支配が依然として脅威となっているからといって、戦争の継続を望む者もまた誰一人としていなかったのである。一七三九年に開始されたスペインとの戦争［イギリス船『レベッカ』号の船長ジェンキンスの耳がスペイン植民地領海侵犯行為の廉《かど》で切断されたことが発端となって開始され、その後、スペイン継承戦争に吸収された］の際にも、新大陸アメリカでの戦争を主張する強硬派が存在したことは確かだが、スペインによるアメリカ大陸支配、さらにはスペインによるイギリス本国への侵攻作戦を恐れる者の方が、数の上でも意見の強さの上でもまさっていた(80)。七年戦争の際のピットの行動と、一七三九年の戦争の際のウォルポール（Robert Walpole, 1st Earl of Orford, 1676-1745）、ケータレット（John Cateret, 2nd Earl of Granville, 1690-1763）、ニューカスルなど歴代指導者の行動を比較するとすぐにわかることは、七年戦争が新たな優先順位のもとでイギリスが戦った最初にして最後の戦争だったということである。

ピットがモードウィから弱腰外交という批判を浴びたのは、彼自身が推し進めた以前の極端な孤立主義的政策の限界をわきまえるようになったからだが、ただし、ヨーロッパ大陸におけるイギリスの利害が以前とは根本的に異なるものになったという点に関しては、モードウィと同じ見解を持っていた。一七六〇年、当代のある時事評論家がピットの外交姿勢をつぎのように正確にまとめてみせた。ピットは「ヨーロッパの大陸問題全般に興味関心を示さず」、とりわけ「過去三度にわたる戦争において、主要参加国としてわれわれを戦いに巻き込んでいった個別具体的な大陸問題」には反対の意向を露わにしたが「しかし、現在わが国がとっている大陸問題施策は、わが国の名誉と利益のためにも必要不可欠である」。一七六一年十二月時点で、アメリカ問題はドイツ問題に席巻されてしまったと発言したのはピット自身だったのである(81)。この発言がピットの戦争観、かたやヨーロッパでの戦争とかたや植民地での戦争という二重の戦争の折り合いのつけ方を見事にいい当てている。このことは、ヨーロッパの勢力均衡状況が否定しがたい現実として存在しており、均衡状況を生み出すべく働きかけるものではないことをイギリスの指導者が初めて自覚したことを意味していただけではない。イギリスがヨーロッパの最強国への対抗上、ヨーロッパ諸国と手を結ぶことを通じて自国およびヨーロッパの安全を確保する手段として均衡状況を利用するのではなく、ヨーロッパの分断状況を固定化する手段として均衡状況を初めて利用するようになったことをも意味していた。ピットの外交政策は、イギリスの国益という点においては、ヨーロッパの膠着状況の深化によって大陸諸国が自由に動けなくなっている状態に対するごく自然な対応だったのである。

注

（1）Richard Koebner, *Empire*（1961）, 283 におけるナポレオン書簡の引用。

（2）*The English Historical Review*（1937）, 727.

（3）ドリオールの見解については、E. Driault, *Napoléon en Italie*（1906）, *La Politique Extérieure du Premier Consul*（1910）, *Austerlitz, La Fin du Saint-Empire*（1912）, and *Tilsit, France et Russie sous l'Empire*（1917）を参照。ケブナーの考えは、Koebner, *op. cit.* 279-84 にみられる。

（4）*The English Historical Review*（1940）, 507-08 における Octave Aubry, *Sainte Hélène*（1938）の引用。

（5）F. A. Simpson, *The Rise of Louis Napoleon*（3rd. edn., 1950）, 375-80.

（6）Denys Hay, *Europe, The Emergence of an Idea*（1957）, esp. chs. 4 and 5.

（7）*Ibid.* 96, and ch. 6.

（8）F. Meinecke, *Machiavellism*（1957）, 153-62, 246.

（9）Sir George Clark, *War and Society in the 17th Century*（1958）, 27.

（10）Meinecke, *op. cit.* 244.

(11) Hay, *op. cit.* 122 における F. Chabod, 'L'idea di Europa' in *Rassegna d'Italia*, II（1947）の引用。
(12) Meinecke, *op. cit.* 162–95, esp. 169, 174.
(13) *Ibid.* 244–55.
(14) J. Hodé, *L'Idée de Fédération Internationale dans l'histoire*（1921）, 90–91 における引用。
(15) Penn, *An Essay Towards the Present and Future Peace of Europe*, 11, 31.
(16) Saint-Pierre, *Selections from the Second Edition of the Abrégé du Projet du Paix Perpetuelle*, 19.
(17) Quincy Wright, *A Study of War*（1942）, I, 199–361 における Sir William Temple, *Letters*（1700）, 153 ff. 及び F. P. de Lisola, *The Buckler of State and Justice*（1667）の引用。
(18) Meinecke, *op. cit.* 260–321.
(19) *Ibid.* 258–60.
(20) Richard Faber, *Beaconfield and Bolingbroke*（1961）, 92–94 における Bolingbroku, *Fragments*, X–XVI の引用。
(21) Felix Gilbert, *To the Farewell Address. Ideas of Early American Foreign Policy*（1961）, 95–100.
(22) この点に関してはつぎの Geoffrey Barraclough, *The English Historical Review*（1958）, 727–78 を参照。Hay, *op. cit.* ch. 7 もこの点を強調している。
(23) Hay, op. cit. 110, 120–22.
(24) Hodé, *op. cit.* 137–38. *De L'Esprit des Lois* の初版は一七四八年に出版されている。
(25) Voltaire, *The Age of Louis XIV*, ch. 2 (first punlished 1751).
(26) Hume, *Essays Literary, Moral and Political*（1st edn. 1751）の中の 'The Balance of Power' 論文を参照。
(27) Hay, *op. cit.* 120.
(28) *Annual Register*（1760）, 2. この文献については、Professor H. Butterfield に負うところが大である。
(29) E. Gibbon, *Decline and Fall of the Roman Empire*, ch. 3 and ch. 53.
(30) M. Campbell-Smith (ed.), *Kant's Perpetual Peace*（1903）, introdn. 24–27; Sir Henry Maine, *Ancient Law*, 96, 101.
(31) Emmerick de Vattel, *Le Droit des Gens, ou Principes de la Loi Naturelle* (first published 1758), book III, ch. iii, sec. 47.
(32) Q. Wright, *op. cit.* I, 335–36; II, 970–71, 986. The 1916 edition of Vattel's *Law of Nations*（Carnegie edn., Washington）, 9a を参照。
(33) Meinecke, *op. cit.* 272.

（34）*Ibid.* 294.
（35）Koebner, *op. cit.* 36-51, 55.
（36）*Ibid.* 51-60.
（37）マイネッケはこの違いを認識していた。Meinecke, *op. cit.* 251.
（38）*Ibid.* 251, 253.
（39）G. Mattingly, *Renaissance Diplomacy*（1955）, 162-80.
（40）*Ibid.* 301.
（41）Quincy Wright, *op. cit.* I, 336; II, 748 における Travers Twiss, *The Law of Nations*（1861）, 152 ff., G. C. Wilson and G. F. Tucker, *International Law*（1935）, 86 ff., H. J. Tobin, *The Termination of Multipartite Treaties*（1933）の引用。
（42）Richard Pares, 'American versus Continental Warfare,' in *The Historian's Business and Other Essays*（1961）, 132-33.
（43）*Ibid.* 134 における引用。
（44）*Ibid.* 134-35, 164.
（45）Felix Gilbert, *To the Farewell Address: Ideas of Early American Foreign Policy*（1961）, 29.
（46）*Loc. cit.*
（47）Pares, *op. cit.* 138-39.
（48）Gilbert, *op. cit.* 22.
（49）E. York, *Leagues of Nations*（1919）, 163.
（50）F. Meinecke, *Machiavellism*（1957）, 268.
（51）E. Kantorowicz in *The Quest for Political Unity in World History*（ed. S. Pargellis）, Adda B. Bozeman, *Politics and Culture in International History*（1960）, 12 における引用。
（52）Bozeman *op. cit.* 12-13, 21-23, 124, 134-47; G. E. von Grunebaum, *Medieval Islam*（2nd edn. 1953）, I を参照。
（53）Bozeman, *op. cit.* 24-25, 43-47, 87 ff., 162 ff., 443.
（54）Meinecke, *op. cit.* 301.
（55）*Ibid.* 301.
（56）*Ibid.* 311.
（57）Immanuel Kant, *The Idea for a Universal History* in *Kant's Moral and Political Thought*, ed. C. J. Friedrich, 127-29.

(58) *The New Cambridge Modern History*, VII, 166.
(59) Meinecke, *op. cit.* 281–82.
(60) *Ibid.* 177–78, 295, 307–08, 313.
(61) *Ibid.* 284–85, 289–91.
(62) *Ibid.* 301.
(63) *Ibid.* 313–14.
(64) *Ibid.* 301.
(65) *Ibid.* 315
(66) *Ibid.* 282.
(67) *Ibid.* 333–34.
(68) *Ibid.* 331–33.
(69) *Ibid.* 328–31.
(70) *The New Cambridge Modern History*, VII, 468.
(71) *Ibid.* 172.
(72) *Ibid.* 172–73.
(73) Meinecke, *op. cit.* 321.
(74) *The New Cambridge Modern History*, VII, 173.
(75) Meinecke, *op. cit.* 318.
(76) Gilbert, *op. cit.* 23–28; Pares, *op. cit.* 144–45, 149–53.
(77) Gilbert, *op. cit.* 30–31; Pares, *op. cit.* 136–40.
(78) *Ibid.* 139.
(79) *Ibid.* 168–72.
(80) *Ibid.* 143, 154, 161–68.
(81) *Ibid.* 166–68; Gilbert, *op. cit.* 30–31.

第9章　最初の五十年

一八〇〇年、フランス政府の内部資料として匿名で書かれた文書『共和国第八年［一七九九年］末におけるフランス』（*L'État de la France à la Fin de l'An VIII*）の中で、近代国家成立期の情報省長官とも称すべきオートリーヴ伯（Alexandre Maurice Blanc de la Nautte, comte d'Hauterive, 1754-1830）は、一七六〇年以降のヨーロッパの国家間システムのあり様をつぎのように批判した。

フランス革命勃発時点で、すでに有効な国家間の法は存在していなかった。「ヨーロッパの政治的・連邦的規約という真の原理原則がないがしろにされるか、忘れ去られていた」。客観的事象としては、これら原理原則は、ヨーロッパ北部要因としての帝政ロシアの勃興や「ヨーロッパ諸国間の外交関係へのロシアの干渉」によって、また「最上位の強国」へとひた走るプロイセンの国家としての発展によって、本来の機能を失っていった。それだけではなく、とくにプロイセンの場合には、戦争を前提とした不自然かつ国力を消耗させる臨戦態勢へとすべてのヨーロッパ諸国を引きずり込む結果を招いた手法、つまり戦争、新たな政治形態、新たな軍事戦術、国力増大のための富の蓄積政策などという手法に次々に訴えることによって、またイギリスの場合には、プロイセンの場合と同様の破壊的な結果をともなった商取引システムと植民地経営システムの開発・発展によって、ヨーロッパの連邦主義的紐帯《ちゅうたい》という原理原則は機能不全を通り越して完全にその本来の意味を失ったのである。革命当初の一七八九年段階には、こうした状況の展開のもとで、「もはや頼るべき統治運営の指針も、連邦主義的紐帯も、ヨーロッパで広く受け入れられていた政治的原則も、久しく存在することをやめていた。……肥大化・強大化という仮想上の原則が……すべての国家・政府を魅了した。……国家間の法は、体裁上はともかく、もはや存在しないも同然であった。……今次の革命は、長期にわたって運命づけられていたヨーロッパの国家間関係の解体を声高らかにしかも正式に宣言したものにほかならない」。

オートリーヴの主張はこれにとどまらず、つぎのように展開される。フランス革命に敵対する反革命戦争は、革命後ヨーロッパ全土に蔓延した無政府状態の論理必然的な結果であり、「フランス王制の崩壊を機に、その廃墟のうえに新たな政治システムをつくりあげ、新たな権力分配構造を創造しようとした……無節操・無軌道な試み」だった。その試みは、最終的には失敗に終わり、反革命戦争がもたらしたものといえば、諸国家間の法が支配する元の体制への回帰だった。対仏反革命戦争におけるフランスの勝利によって、フランスは「自国の安全保障のみならず、ヨーロッパ全体の安全保障という観点からも本来占めるべき地位へと復帰したのである」。かつてそうであったように、将来においてもヨーロッパはその平和の維持を、つまり「ヨーロッパの政治的・軍事的組織運営」をフランスに委ねることになろう。フランスの政治的および軍事的偉大さと新たに整備された法律体系は、近隣諸国を保護し束ねる役割をフランスに与えるのにふさわしく、さらに近隣諸国間に安定的な均衡状態を打ち立て、それを永続的に維持する役割をフランスに与えるのにふさわしい。換言するならば、フランスこそが「全ヨーロッパ大陸諸国からなるシステムの共通の中心的国家」としてふさわしいのである。とくに、「自国の利益追求に明け暮れ、他国の利害にどこまでも敵対的な唯一の国家イギリス、ヨーロッパ諸国間に不和をもたらし、戦争を引き起こさせる唯一の国家」イギリス、したがって「可能な限り、狭い行動範囲に押しとどめておくべき唯一の国家」イギリスに対する橋頭堡《きょうとうほ》となるのがフランスである。(1) オートリーヴの上述のような言葉以上に、ナポレオン一世治世下におけるヨーロッパの国家間関係に対するフランスの姿勢を的確かつ端的にいい表したものはない。

上述のオートリーヴの主張は、十八世紀後半の国家間関係システムに対してなされた最初の批判的言辞ではなかった。この時期の国家間システムの不幸は、帝国概念の衰退、言い換えるならば普遍的王制の衰退に対するフランスの反発を引き起こさせたことだけにあるのではない。その不幸は、モンテスキューからヴァッテルにいたる時代に打ち出された前世代の考え方にとって代わる新たなヨーロッパ概念には程遠いお粗末なシステムしか現実には生み出されてこなかったことにもある。モンテスキューにしてもヴァッテルにしても、彼らが強調した点は個別の独立国家からなるヨーロッパということであり、そのうえで、彼らはヨーロッパ諸国の国家間関係が、便宜主義や「国家間にほぼ均一な勢力の均衡状況を保持しようとする賢明な政策」だけでなく、ヨーロッパ文明の構成員であるという一体感の共有によって調整されることになるという前提に立っていた。この時代の現実の政治が、主として便宜主義が支配する世界であり、それによって国家間関係が調整されていたことに疑いを差し挟む余地はない。しかし他方では、主要諸国間におけるほぼ均一な勢力均衡状況の現出が、ヨーロッパ域内の普遍的支配という目標の現実性をいまや夢へと追いやり、特殊な状況下に位置していたイギリスは例外としても、ヨーロッパのすべての国家に対して、政策遂行上の計算と自己抑制の必要性を強いる結果を招き、さらに単一性に基づくヨーロッパ、言い換えるならばヨーロッパを単一の共同体ととらえる態度や考え方それ自体をも否定し去ったのである。それに代わって、いまや個別国家の利己主義的主張が強調され、完全なる自治権への要求が喧伝されるようになった。「国家の孤立化状況がこれほど深まったことはいままでに一度としてなかった」だけではなく、十八世紀中葉までに現出した政治システムを分岐点として、「それ以前においても、それ以降においても、ヨーロッパの理念とかヨーロッパの利益という名のもとで当然視されてきたものの果たす役割が、ヨーロッパの政治世界において、その場所を問わず、これほどまで小さくなったことも皆無である」。(2) この政治システムは、第一に、もっぱら一国の利害がすべての諸国に影響を及ぼすという事実によって、個別の排他的国是を有するヨーロッパ各国が相互に結びつかざるをえないシステムであり、第二に、もっぱら同じ事実によって、各国の個別の利害が制約を受けざるをえないシステムであり、さらに第三に、もっぱら利己主義そのものの存在を認知することによって、国家の利己主義的政策遂行が制約を受けざるをえないシステムなのである。政治家にとって欠くべからざる要件として、国家間の合意事項への違背《いはい》行為はつねに正当化できるという立場を一貫して主張していたプロイセン王フリードリヒ二世が、一七五二年以降になると、その立場を百八十度転換させ、各国間で締結された条約を遵守することの重要性を強調するようになるのは、当時依然として「神聖視」されていた国家存立事由自体が、(3)一方では潜在的には流動性と柔軟性に富みながらも、他方では水も漏らさぬ硬直状況を示している当時の国際環境下においては、国家相互間で交わされる約束事に違背しないことこそを要求すると判断したからにほかならない。さらにそのうえに、国家間の条約であれ、国家間の約束事であれ、こうした取り極めが眼前の状況を是認することにのみ適用されたのではなかった。国家間の合意に基づくポーランド分割［十八世紀後半、隣接する普墺露三カ国によって三次にわたり敢行されたポーランド国家の分割・分断］は、その本質において、利己主義的政策遂行の高まりと自制的行動の必要性の増大という相互に背反する原則をめぐる衝突・軋轢《あつれき》の中から生み出された典型的な事例である。

このように、十八世紀後半における国家間関係の実際的態様と、十八世紀中葉までに現出してきた新たなるヨーロッパ概念との間には、埋め尽くせない溝が横たわっていた。しかしながらこの溝は、フランス革命の時期までは、慣行と、ヨーロッパ各国の統治者をはじめとするおよそすべての人が引き続き是認していた理論との間に生じた溝だった。フリードリヒ二世は早くも一七三八年時点で、ヨーロッパの政治的実体を人間の肉体になぞらえ、ヨーロッパの健全な状態は個別国家間における均衡状態に依存するとしていた。その後の経験が彼をして、このことの正しさをいよいよ確信させたのだが、一七五二年になるとさらに一歩進んで、「キリスト教ヨーロッパを各国の君主で構成される単一の共和制体とみなす必要がある」と考えるようになる。ついで一七五九年から六〇年にかけては、ヨーロッパの勢力均衡の実情に関して、あたかもヴォルテールかヴァッテルと見紛《みまが》うばかりの語り口で、「ヨーロッパ各国の政府の生存を保証する優れた政策」であり、プロイセンのような新興のヨーロッパ諸国がヨーロッパの政治舞台に踊り出て、その存在感を発揮できるようにした優れた政策であり、「国家的野心が度を越してむき出しになった場合には、それに対して例外なく抑止力を行使してきた」優れた政策であるという見解を披瀝《ひれき》していた。(4)これに対して、こうしたフリードリヒ二世の見解は、彼の政治家とは異なる一面、つまり時代を叙述する思想家としての一面を表したものであって、プロイセン国家の統治者としての彼の行動を律したわけではないという反対論が出てこざるをえない。事実、ルソーを嚆矢《こうし》として、七年戦争後その勢いをますます増すのだが、当代の政治批評家たちはこぞってフリードリヒ二世をはじめとする各国の政治指導者の言説と実際的行動との乖離を俎上に載せ、その矛盾を鋭く突いた。しかし彼らにしても、新興のヨーロッパ概念を同時代の統治者たちと共有していたのであって、彼らの批判はその完全なる受容に二の足を踏み続ける各国の政治指導者に向けられたものだった。

この時期以前のフィロゾフたちが各国の政治指導者を褒めたたえ、勢力均衡という考え方そのものを支持していたのに対して、彼らの後継者たちは、一七六〇年以降になると、政治指導者も均衡概念もともに一刀両断のもとに否定し去った。彼らがヨーロッパの諸国家は一つの家族の一員あるいは単一社会の構成員であると前代のフィロゾフ以上に力説した場合でも、だからといって、彼らは新たな国際社会概念の中で生起してくるくだんの理論と慣行の確執を目の当たりにして、何らか解決策を見出そうとはしなかった。彼らのヨーロッパ観は、十七世紀中葉までにその姿を露わにする個別国家の集合体としての多様性からなるヨーロッパというとらえ方であり、彼らはそうしたとらえ方にとらわれていたのである。彼らの批判は、このヨーロッパ観の不毛さをはしなくも証明する役割を果たした各国政府に向けられ、したがって、その有効性を証明するためには、その実現に向けて動き出すことができるように、各国政府の改革に着手しなければならないという立場に固執した。ルソーの場合は、政府の実態的姿を目の当たりにして以来、それまで抱いていた連邦主義的構想観を捨て去ったのだが、彼は政府の実像に思いを致したフランス革命以前の特筆すべき思想家としては最後の人であり、さらにいうならば、この点に着目した最初の人だったのである。いまや人々は、オートリーヴが感じざるをえなかったように、かつてヨーロッパがローマ帝国の崩壊後に直面した完全なる無政府状態、あるいはアテネやスパルタの都市国家衰退後にギリシアが陥った無政府状態と同じ状況に遭遇していると感じたのである。(5) こうした状況下においても、ヨーロッパ全体を包含する帝国の再建・復活を唱導する者は皆無だった。十八世紀中葉からフランス革命勃発にいたる期間の国家間関係理論の紆余曲折を経た展開の中での最高到達点が、ベンサムの主張に明示されている。すなわち、国家間の関係が自立した国家としての共同体相互の関係であることに疑問の余地はないが、各国政府がそのあり様の改革を経て、公議万論に決するようになり、さらに一歩進めて、国家間の関係が政府相互間の関係ではなく、個々人の間の人間的関係になるまでは、この国家間関係が道徳的原理に基づいて維持されていくことはない。*ただし、つねなることではあるが、ここにも例外はある。ベンサムとは異なり、同じイギリス生まれでもトーマス・ペインの場合は、ヨーロッパの平和構想に興味や関心を示すことはなかった。彼の主著『コモン・センス』(*Common Sense*, 1776) は、宗主国イギリスからのアメリカの独立を公然と呼びかけた最初の著作物だが、本書の目的は、イギリスとの断絶だけではなく、旧弊なヨーロッパ大陸との断絶こそがアメリカの果たすべき責務だと現地のアメリカ人に納得させることにあった。彼のこの主張には、イギリスの憲政政治が「制度疲労」を起こしているという確信をはじめ、彼なりの論拠が数多く見出されるのだが、その中でも最大の論拠はルソーが導いた結論と同様、ヨーロッパはもはや国家相互間を平和的に結びつける統一的憲法、言い換えるならば単一の理想的な共和国を実現させるには、回復不能なほどの腐敗状況を呈しているという確信である。そこから演繹して彼が導き出した結論が、ルソーの思考の枠組みをはるかに超越して、旧大陸では捨て去られてしまった理想的な共和国をここ新大陸に樹立することこそが、アメリカに課せられた人類への責務であるとする主張である。(6)

アメリカ独立革命の成功は、ヨーロッパ流の理論と慣行の二重構造に打撃を与えた最初の事例であった。その後、フランス革命が引き起こした革命対反革命という混迷状態のもとで、ヨーロッパの国家間関係の理論と慣行はさらに厳しい試練に直面することになる。国際主義理論にとってのフランス革命の意義は、自国のヨーロッパにおける指導的権威の喪失に対するフランスの長年にわたる鬱屈した遺恨感情と、十八世紀後期の政治思想家たちのフランス「アンシャン・レジーム」に対する決定的な反発、すなわち、普遍的王制という先代からの理想と、自立した諸国家で構成される和やかな家族という新たなヨーロッパ像に対する「アンシャン・レジーム」側の背信行為への失望感とが結びつき、十八世紀初頭以降、ヨーロッパにおいてはほとんど顧みられることのなかった単一の理想的統一国家の建設という試みへと駆り立てたことにある。ところで、この試みはいうまでもなく、新大陸アメリカでは日の目をみて、いまやアメリカ合衆国という形で結実していた。

こうした努力によって生み出されたものとして、一方では先述のオートリーヴが唱導したフランス中心主義的イデオロギーがあり、他方では、「ナポレオン現象」と称すべきものがあった。それに加えてもう一つ、フランスを除くヨーロッパ主要国が合従連衡した反ナポレオン闘争という要因を忘れてはならない。この闘争の中で最終的な勝利を収めたのが個別国家の自立性を強調する十八世紀の新興理念だったのであり、ヨーロッパの普遍的王制と、その延長線上にあった連邦制に基礎を置いた統一ヨーロッパという旧来からの理想は、いまや完膚なきまで否定されたのである。

反ナポレオン闘争は、さらにもう一つの結果をもたらした。新興理念防衛のために反ナポレオン闘争に加わったヨーロッパ諸国は、その過程で、十八世紀後半五十年と比較して十九世紀劈頭《へきとう》以降、現実の政策運営を新たな理念に即したものにすべきであるという気持ちをよりいっそう強くした。ドイツの政治家・政治評論家で数多くの肩書

＊　詳細については、本書一一一～一一二頁参照。

きと並んで「プロイセン王戦時顧問」を僭称《せんしょう》していたフリードリヒ・フォン・ゲンツ（Friedrich von Gentz, 1764–1832）が一八〇一年に著わしたオートリーヴへの反論『フランス革命前後のヨーロッパの政治状況』（*Von dem politischen Zustande von Europa vor und nach der Revolution*）は、この点を雄弁に語った代表的論考である。

ゲンツは同書の冒頭で、十八世紀ヨーロッパにおいて等閑に付されたのみならず、果ては忘却の彼方へと追いやられたとオートリーヴが主張するヨーロッパの「政治的・連邦的公法」の存在そのものを否定し、以下のように議論を展開する。「国内情勢の変容によって起こりうる将来の革命的状況も、国家間の対外関係の変容によって起こりうる将来の革命的状況も、ヨーロッパの公法が支配する政治システムのもとにあっては事前に予測可能となり、したがって、政策遂行の際の判断材料に加えられることになるという［オートリーヴの］主張の理論的根拠として提示される普遍的かつ恒久的公法」なるものが、ヨーロッパに存在したことは一度たりともない。「こうした条件に言及するのは、その条件を満たすことがおよそ不可能なのだと明確に指摘しておきたいがためである。ヨーロッパに限ってみても多数の自立した国家が存在し、そうした諸国家の多様で錯綜した関係だけではなく、各国の似て非なる要求や主張をたった一つの条約で誰一人不平不満のないように調整することなど、いうまでもなく論外である」。ヨーロッパ全体を包含する公法なるものが、歴史上一度たりとも機能した例がないのと同様、今後も機能することはありえない。「仮にヨーロッパのすべての国家が包括的な連邦主義的公法の樹立に資する協定締結へと歩みを進めたとしても……この協定の永続的運用を保証し、この協定の将来にわたる存続の確かさを保証する手段を決定的に欠いている。……各国の発展が不均等であり、産業や国力などの分野であらかじめ予測できない進歩や増大が生み出されてくることもあって、……各国間の包括的取り極めに基礎を置いた永続的な公法システムが実現する可能性はない」(7)。ゲンツはこの点については、かつてケーニヒスベルグで師と仰いで学んだカントを批判した論考『永遠平和について』（*Über den Ewigen Frieden*, 1800）の中でも同趣旨のことを指摘している。

十八世紀におけるヨーロッパの公法は、いずれの時代でもそうであるように、絶えず変容する状況のもとで変容する姿をみせる産物なのである。それに加えて、十八世紀という時代が並外れて急速な変容をみせた時代だったことも間違いない。ただし、このことが当時のヨーロッパに公法が存在していなかったとか、等閑に付されていたことを意味するわけではない。「近代の歴史の中でアメリカ大陸の発見後の最大級の歴史的事件」であり、ヨーロッパ域外の遅れた諸国がヨーロッパへと雪崩れ込んでくる危険を未然に防いだ歴史的事象でもあるロシアの隆盛は、ロシアが目論む西方への進出計画という要因が契機となって、ヨーロッパ諸国間の政治関係を複雑化させ、各種の戦争を誘発させ、既存の勢力均衡状態と国家間に適用される一般法を危殆に陥れる結果を招く恐れがあった。しかし、ロシアの西方進出の脅威が他方でのプロイセンの勢力伸長によって相殺されたこともあって、ヨーロッパにおける公法体制が弱められる事態は回避された。プロイセンの勢力増強によってヨーロッパの公法体制が瓦解したと主張するとしたら、それはつぎの事実を見過ごしていることになる。すなわち、「仮に歴史の運命とかみえざる手がその必要性を予見しえなかったとしても、ヨーロッパの列強諸国はプロイセン的国家が必要なことを充分認識していたに違いない」という事実である。さらに、プロイセンが軍事的攻勢に出た短期間を除いて、この時期はかつてと比較して戦争勃発の頻度が低下した事実、とりわけ一七六三年以降フランス革命が勃発する一七八九年までは戦争を経験しなかった事実を忘れ去っていることになる。ヨーロッパの国家間関係に不自然かつ相互の力を消耗させる圧力をかけたのはフランス王ルイ十四世であって、プロイセン王フリードリヒ二世ではなかった。しかしながら、この時代の政治社会の発展、産業の伸張、富の増大を全体的にうながしたのは、基本的には軍隊の増強であり、行政能力の飛躍的発展であり、各国のヨーロッパの枠外を視野に入れた多額の費用を要する政治的戦略の進展だった。弱体なドイツ諸公国の庇護者として、いまやプロイセンがその立場をフランスから奪い取ったことは明白な事実ではあるが、この事実はヨーロッパの安定性・安全性を損なわせるものではなく、逆にその安定性・安全性の進展に寄与する積極的な要因である。同じことがイギリスの商業経営の発展、植民地経営の飛躍的成長についてもいえる。第一に、イギリスの経済的伸張がヨーロッパの連邦的枠組みを覆したわけではない。というのも、連邦的枠組みがかつてヨーロッパに存在したためしがないからである。第二に、イギリスの経済的伸張がヨーロッパの国家間の法体制や勢力均衡状況を破壊へと導いたのでもない。というのも、経済力の増大は一面では嫉妬心を誘発させ、戦争を引き起こしたことは否定できないが、イギリス一カ国に限られた現象ではなかったからである。第三に、イギリスの経済的伸張は、「ヨーロッパの社会関係に申し分のない適応力を与えた」。というのも、フランスはいうまでもなく、その他のヨーロッパ諸国がその恩恵に与っていたからである。かくして第四に、イギリスの経済的伸張は、「一カ国だけに影響力が集中することから起こりうる権力の濫用に対する防波堤の役割をごく自然に果たした」からである。ついでに、経済的発展による恩恵を最も享受したのがイギリスだったという点に関して付言するならば、この事実はプロイセンの勢力伸張と同様、ヨーロッパの安定性・安全性をよりいっそう補強する役割を果たしたといわなければならない。そして最後に、イギリスの経済的伸張は、「いずれの国家であれ、圧倒的に優位な立場を悪用しようとする国家がたまたま現れた場合には、それに対抗する勢力として、ヨーロッパの全般的な勢力均衡を保持する重石の役割を果たしてきたからである」(8)。

以上のような理由から、フランス革命の勃発およびその革命がたどった道筋を、革命を推し進めたイデオロギー面については言及するまでもなく、革命が引き起こされた時点でのヨーロッパの国家間関係の実情を口実に挙げて正当化するわけにはいかない。その反対にこそ、真実がある。すなわち、ヨーロッパの国家間システムが、その進展を図る上で最大の好機を迎えていたまさにそのときに、その流れを押しとどめて進展を妨害し、結果としてヨーロッパに一大混乱状態を招いたのである(9)。その後のナポレオン一世治世下において、旧来とは異なるより優れたシステムが生み出され、この混迷状況が解消されるどころか、フランスが「過剰な政治力と過剰な連邦体制志向」を、換言するならば「独占的な影響力」を専有するようになった。この結果、「ある国家がヨーロッパ各国に対して法の受容を迫る場合、それを直接的に行ってはならず、また適切な時間的余裕を与えずに行ってはならないという合意が広く認められていたにもかかわらず、フランスの圧倒的な影響力のもとで旧来の普遍的王制、すなわち「普遍統治国家」へと回帰したのである。ナポレオン一世がつくりだしたヨーロッパは、「ごく少数の主要国を除き、いかなる自立した個別国家の存在も認められることのない」ヨーロッパであり、そこでは存立を容認された少数の主要国であれ、その立場を保持しようとする限り、フランスの支配からの唯一の避難所として、先を見通せない連盟体という殻に閉じこもることによってのみ、身を守ることを運命づけられた存在なのである(10)。

「かつての構造物の瓦礫の中から新たな構造物建設のための資材を探し出す」に際して、最初になすべき政治的知恵が、フランスが有する圧倒的な力を殺ぎ、フランス革命以前に存在した勢力均衡状況をヨーロッパに再度復活させることによって、現在の不健康かつ永続的な危険性に満ちた状況を克服することである。「国家間の政治システムは、包括的な国家連合体が実現しない限り修正できないほど権力の一方的な偏りがある場合、きわめて深刻な欠陥を内包したものにならざるをえない。しかも、国家連合体という困難かつ危険な治療法が、現に抱えている病状の一定の改善を保証するのではないとしたら、……国家間の均衡状況の実現などおよそ論外である」。他方、ヨーロッパに国家間の均衡状況を再生させることができた暁には、ヨーロッパ各国の自立と国益が、再び「そのシステム内での行動指針の基本原理」となるだろう。ただし、このことによって戦争行為や国家間の紛争が全面的に雲散霧消するわけではもちろんない。そこまで求めるのは、ありえないことを求めるに等しい。しかしながら、このヨーロッパの国家間システムは、「国家の自由原理にどこまでも対立し、国家間の権力の平等性をどこまでも忌避し、ヨーロッパという社会的・連邦的組織体の基本法にどこまでも敵対し、ヨーロッパ諸国とその人民の圧倒的多数の願いをどこまでも無視してきた」現行の国家間システムよりは、その健全性においてはるかに優れたものになるに違いない。「健全な政策の命ずる諸原則は、他を圧する力を有する国家による勝手気ままな権力の濫用を未然に防止するにとどまらず、人間の知恵によってはどうしても回避しえない通常戦争に際して、国家間のしかるべき戦力配分を維持し、さらにその存立すら危殆に陥れるおそれのある衝撃から政治システムを保持するためにも、自然発生的であれ、人為的であれ、何らかの勢力均衡状況の必要性を前提としている(11)」。

ゲンツの議論の主眼は、十八世紀後半の国家間システムへの回帰願望にあった。しかしながら、彼は同時に、現今の政治家は十八世紀後半への回帰とは別の新たな課題に直面しているという認識の持ち主だった。「歴史上の偶然性によって」、偶然性といえるかどうか疑問の余地があるにせよ、フランス革命とその後のナポレオン現象は、一つの歓迎すべき効果をもたらした。それは、十八世紀国家間システムの不完全性を白日のもとにさらしたことである。このシステムの欠陥、たとえば「野望と権利侵害を基調とした各種の進出計画、……国家間の無数の取り極めと離合集散、……分割統治を奨励するシステム」は、「ヨーロッパ文明の急速な進展の結果」として必然だった。そこから生み出された現象が、一つには「フランス革命以前のヨーロッパ主要国間の勢力関係が変化せざるをえなくなった」ことであり、もう一つとしては、「かたやヨーロッパの強大国四、五カ国と、かたや政治的にその存在意義をほとんど有することなくヨーロッパ各地に散らばっている多数の小国との間の力の不均衡が増大した」ことである。フランス革命がそれまでの国家間関係システムを破綻へと追い込んだのだが、このことはヨーロッパ各国にとって、こうした欠陥を取り除く上で比較的有利な立場にいたことを意味する。フランス革命という未曾有の大災厄の発生にともない、「統治原則と国家間の法原則は、ともにその完全性に向けて前進しつつあった」。しかしその歩みは遅く、不完全な要素がいくつも存在していたことは否定できない。とくに決定的なことは、ヨーロッパ各国を律する「公法に関する包括的な規定の不在」である。ヨーロッパに均衡状況を復活させる上でついで重要なことは、ゲンツによれば、国家間システムの完全性に向けてのこうした前進を確実なものにする課題に取り組むことである。[12]こうした議論の進め方をみると、ゲンツがカントのもとで研究したのも無駄ではなかったことがうなずける。

さらに、ゲンツは当時の各国政府を支援する立場を、この部分だけではなく、同書のいたるところで縷々説明している。一八〇四年、小ピット（William Pitt, the Younger, 1759-1806）〔大ピットの次男。三次にわたる対仏大同盟の形成・運営とイギリス二大政党政治の確立に腐心した〕は、国家が獲得してきた諸権利および領土等は各国間の条約締結という方策によって定められ、承認されなければならず、しかもその条約は、「それらを侵害しようとするいかなる試みに対しても、一致協力して当たることを調印国すべてに義務づけるものでなければならない」とイギリス議会の答弁の中で述べていた。(13) ロシア皇帝アレクサンドル一世（一七七七～一八二五年）［対英仏条約の締結（一八〇一年）、対仏大同盟に参加（〇五～〇七年）、ナポレオン一世との祖国防衛戦争での勝利（一二年）、神聖同盟の設立（一五年）などを通して、ロシアをヨーロッパの強国に押し上げた］は同年、対ナポレオン戦争前期の終焉に際して、「国家の存立を政府に付託した結果、各国政府は臣民の最大の利益に沿う場合を除き、まったく動きがとれなくなってしまった」のだが、本来、「尊重されるべき国家の利益に沿う形で、各国政府がより明確な規則に基づき、相互に国家間関係を取り極めるべきである」と提案した。このアレクサンドル提案に対してイギリス政府は、若干の留保条件をつけた上で、政府間の連盟体形成とヨーロッパの安全保障の確保に歓迎の意を表明した。(14) 一八一二年段階になると、アレクサンドル一世の姿勢が、臣民の利益よりはむしろ君主の利益に重きを置くような変化をみせるのだが、それにもかかわらず、ヨーロッパの君主諸公が「兄弟のようにつき合える」盟約の締結に期待を寄せていたのである。(15) こうした君主間の盟約への期待は、一八一四～一五年に開催されたウィーン会議［フランス革命戦争及びナポレオン戦争の後始末のために、パリ条約（一八一四年）の調印国八カ国が招集し、ウィーンで開かれた列国会議］の場における戦勝国政府すべてが国家間協議への道を進む積極的な動機の中でも最大のものだった。しかも、ウィーン会議で、包括的な平和条約の最終草案の起草を託されたのが、ほかでもないゲンツその人だったのである。カントは、単にゲンツに影響を与えただけにとどまらない。なぜなら、カントは早くも一七八四年段階で、「産業を通して深く結びついている大陸内の国家が受けるすべての打撃は、ほかのあらゆる国家に対して顕著な打撃を与える。そのために、これら諸国家は独特の危険状態を経験し、たとえ法律上の威厳をともなわずとも、自分が仲裁裁判官になると申し出てくるようになる。かくして、過去が実例を示しえないような偉大な国家統一体を未来に向かって実現しようと着手しはじめるのである」(16) と喝破していたからである。彼の予測は、その歩みは遅々としたものだったが、一世代後にようやく日の目をみようとしていた。

君主間の協調体制への願望は、ウィーン会議の場にはっきりとした形で現れ、そこではナポレオン戦争の戦勝諸国がヨーロッパの勢力地図を詳細にわたって塗り替えようとする精神が横溢していた。そのことは、これら戦勝国がヨーロッパ再配置の実現のために起案し、採択したさまざまの方策に紛《まが》う方《かた》なき明瞭さをもって示されている。ほぼすべてのヨーロッパ諸国の国境線を画定した文書である一八一五年六月調印のウィーン会議最終議定書は、ある条項の侵犯は残りの条項すべてを無効としない限り有効とはならないことを定めた唯一の公式文書とみなされた。さらに、この議定書は、調印国すべてに対してその条項を遵守する権利――保証条項が欠如していたため義務とすることができなかったのだが――を付与していた。ロシア、イギリス、オーストリア、プロイセンの四カ国が一八一五年十一月に調印した第二次パリ条約では、フランス国境の画定およびフランスとの和平の条件整備が行われるとともに、調印四カ国がその条項遵守の義務を負うことが約された。ナポレオン戦争の遂行を目的としたショーモン条約（Treaty of Chaumont、一八一四年三月調印）の発展的協定である上記四カ国間の四国条約（Quadruple Alliance、一八一五年十一月二十日調印）は、フランスの侵略行為およびナポレオン一世のフランス王位への復位を阻止するためにともに立ち上がること、ついで、同国において革命的騒擾状況が生起した場合には、「一致協力して共同行動に出る」ことを宣明した。それだけにとどまらず、この条約は、国家間関係においてはいままでみられなかった新たな一歩を踏み出した。同条約の第六条はつぎのように規定する。「世界の幸せを目指して四カ国の君主が相互に取り結んだ親密な絆をさらに強固にするために、締約国は……君主自らの主催のもとであるか、あるいは君主の代理人としての公使の主催であるかを問わず、四カ国間の会議を定期的な設定期間をおいて開催することに合意する。これらの会議の目的は、締約国共通の利害に関して協議することであり、各時代において締約四カ国の安寧と繁栄およびヨーロッパの平和の維持にとって、最も有益と考えられる方策を検討・精査することである」。さらには、一八一五年秋に交渉が開始され、翌一六年に公布された神聖同盟（Holy Alliance）［当初、露墺普三カ国の君主が締結した神秘的博愛主義に基づく和平維持宣言。後に、イギリス、ローマ教皇、オスマン帝国を除く、全ヨーロッパの君主が参加した」がある。シュリ、サン＝ピェール、ルソーらの言説だけでなく、ロシア生まれの神秘主義者クリュデナー夫人（Barbara Juliana, Baroness von Krüdener, 1764-1824）の宗教的狂信主義の影響を受けたアレクサンドル一世は、神聖同盟を「神の摂理の賜物であって、政府関係者がつくりあげた産物ではない」と言明するとともに、「ヨーロッパのキリスト教君主諸公」――彼はオスマン・トルコ皇帝のほかに、ローマ法王をキリスト教君主から除外していた――がお互いを友とみなし、「キリスト教国家という一つの家族の一員として」、また「われらが主、われらが救い主、イエス・キリスト」の精神で、ヨーロッパ全体の国家間関係に関わるようになる期待を神聖同盟に寄せていたのである。(17)

こうした各国政府の協調的取り組みの動機に関しては、爾来、数多くの主張がなされてきた。各国間の勢力均衡の追求が政策遂行者の最大の動機だったとする者、国内の革命状況の事前予防と一七八九年的状況の再発防止という各国政府の共通の利害が支配的な動機だったとする者、さらには、正統主義に求めるべきだとする者、純粋な私利私欲が最大の動機だったとする者など、百家争鳴の趣きがある。いずれの見解も、歴史的な状況証拠には事欠かない。しかしながら、この問題を本来あるべきコンテクストに位置づけて考察するならば、こうした見解の相違が実は些細な相違に過ぎないことに気づかされる。

勢力均衡という考え方は、ウィーン会議が開催される一八一五年までには、二通りの意味を持つようになっていた。政治的潮流だけでなく、理論的潮流がいっせいに単一の超大国のヘゲモニーを求める方向を指向していた近代前期においては、勢力均衡とは他を圧するヘゲモニーへの対抗上、国家間における相互協力体制の必要性を意味していた。ところが十八世紀に入ると、勢力均衡はそれまでとは異なるものを意味するようになる。すなわち、功利的便宜主義と利己主義である。しかも、この両者はともに、ほぼ均一な力を有しつつきわめて所有欲の強い国家集団が、まさに功利的便宜主義と利己主義そのものに縛られ、その規制を受ける状況の中で生み出されたのである。

そして、ナポレオン一世が登場してくる十九世紀初頭十数年間には、対ナポレオン闘争の中で、勢力均衡は前者の古典的な意味を再度帯びるようになる。一八〇二年時点でのゲンツは、勢力均衡を一方では、「他を圧する力を有する単独国家による権力の濫用」に対する防波堤ととらえ、他方では、「ほぼ均一な権力状況を基礎に置きつつ」、各国の国益が「国家行動の主たる源泉」となることを可能にするシステムと理解していた。この数年後、オーストリアの政治家メッテルニヒ（Klemens Wenzel Nepomuk Lothar, Fürst von Metternich, 1773-1859）［卓越した外交戦術を展開し、最終的にナポレオンを屈服させた。その後、ウィーン会議を主催し、正統主義と勢力均衡によるヨーロッパの再建を指導することで、ウィーン体制の中心人物となる］は、「均衡なき安寧は幻想である」（*le repos sans l'équilibre est une chimère*）と語り、どこまでも古典的な意味合いでの均衡概念を披瀝《ひれき》した。ウィーン会議における合意形成の鍵は、ナポレオン一世の幻影に怯えつつ合意に達した各国政府が、一方で古典的意味合いでの勢力均衡の必要性に取り憑《つ》かれながらも、他方ではかつて自らが演じた権力政治を背景とした均衡状態に立ち返ることに対して大いなる不安を抱いていたことである。ウィーン会議体制は、基本的には単一国家によるヨーロッパ支配という旧来の目標――直近の例としてのフランスは、その野望を打ち砕かれたところなのだが――と、すべての政府がそこから逃れることを急務とした十八世紀型勢力均衡状況の両方にとって代わる対案を自覚的に見出そうとした歴史上最初の試みである。付言するならば、ウィーン会議体制をほぼ二重写しにした国連の実験が、いままでのところ最後の試みといえよう。フランスの著名な外交史家アルベール・ソレル（Albert Sorel, 1842-1906）がかつて指摘したように、公法護持のために公法に基づいて形成される国家間の連合体は、十八世紀には考えられなくはないがおよそ達成されえない歴史的矛盾だったとしても、こうした連合体こそがウィーン会議体制そのものだったのであり、往時の政治家が例外なく、単一国家による支配と十八世紀型勢力均衡という二重の危険性を回避する根本的な解決策として合意に達したものだった。

神聖同盟は、奇矯なロシア皇帝アレクサンドル一世独特の発想の産物なのではなく、こうした各国政府の総意が求める国家間システムのあり方に関する複数の見解の中で、最も極端なものだったのである。ところで、このヨーロッパ各国の総意は、神聖同盟を「途方もない神秘主義に基づく無価値な産物」と批判したイギリスの政治家でウィーン会議代表団の一人カスルリー（Robert Stewart, Viscount Castlereagh, 1769-1822）に限らず、「声高らかに謳い上げただけの空疎な文言」と酷評したメッテルニヒも共有した総意なのである。フランス革命の幻影とナポレオン一世の亡霊に怯えていたウィーン会議参加国政府すべてにとって、正統主義、社会秩序の堅持、さらには国内外を問わない反対勢力の排除なども、この総意の一部をなすものではあった。しかしながら、当時、全般的な宗教的かつ道徳的復興がみられたのには、それなりの特殊な理由がある。それは、十八世紀に華々しく展開された力万能主義の国際政治の実情と物質万能主義に対する拒絶反応の特殊形態だった。また、この拒絶反応は十九世紀末葉から二十世紀初頭にかけて、そして最終的には第一次大戦の勃発へとつながる国家間の錯綜した同盟関係および権力政治に対する拒絶反応に、その激しさの点でも広がりの点でも、まったく引けを取らないほど強い拒絶反応だったのである。ヨーロッパの列強諸国が、フランスからの侵略の再発防止のための勢力均衡の実現を模索しながらも、列強間の勢力均衡への過度の依存というかつて状況の再来を回避しようとした。たとえばウィーン会議の場において、大国としての存在と矛盾しない程度まで、あるいは大国としての近時における成長と矛盾しない程度まで、十八世紀前半に打ち出された連邦主義的平和構想にきわめて類似した考え方の採用に向けた動きを活発化させたことは、この拒絶反応がいかに強い影響力を持ったものであったかを物語っている。

このことは、ヨーロッパの列強諸国がウィーン会議体制の構築へと乗り出す一方で、個別の国益を追い求めたことと矛盾するものではない。個別国家の存在それ自体には、いかなるときにも国益を追求する特性が具有する。国際関係史家の関心は、国家が国益を追求する存在であることを明らかにすることでも、ましてや国益を追求しないように願うことにあるのでもない。彼らに与えられた役割は、国家がなぜ、その方法論には違いがあるにしろ、また直面する状況が変化するにしろ、いずれにしても国益を追求するのか、言い方を換えるならば、国益そのものの変化の過程とその理由を明らかにすることである。一八一五年時点におけるヨーロッパ列強諸国の行動に関して特筆すべき点は、国家間システム構築へのプロセスの中で、列強諸国がいまや、かつては一度たりともなかったのだが、自国に固有の国益を暫時放棄する用意があることを初めて示したことである。さらに、列強諸国が当面自国の国益を棚上げにした理由が、国益の放棄こそが自国の国益にかなう政策だと自覚していたことにあるという事実を前にしたとき、この事実が国益放棄の方向性に勝るとも劣らない重要性を持ったことが理解されよう。再度繰り返すが、列強諸国は国益の放棄が国益そのものであると史上はじめて認識したのである。ウィーン会議の煩雑な会議進行手続きのあり様に批判的だったゲンツにしても、「ヨーロッパ全域の秩序を強固なものとし、その維持を図る政治制度の実現を目指す」列強諸国による「初歩的な努力」としてウィーン会議を正当に評価した[18]。彼はウィーン会議後数年を経た一八一八年、ヨーロッパに打ち建てられた政治体制に関して、つぎのように書き記している。この新たな政治体制の成立は、「世界の歴史において前例のない現象である。三世紀にわたりヨーロッパに君臨し、少なからずヨーロッパを惑わすとともに混乱に陥れてきた均衡原則（principle of equilibrium）が――より正確には、複雑に取り結ばれた同盟関係の連鎖のバランサー役を果たす「おもり原則」（principle of counterweights）が――いまや主要列強五カ国の指導のもと、全ヨーロッパ諸国が連邦主義的結束を掲げて団結する全般的国家連合原則（principle of general union）に受け継がれたのである。……二等国、三等国、四等国はそれぞれ、この点に関する限り、約定なしの暗黙の了解のもと、主要列強五カ国の共同決定事項に服することになる。かくしてヨーロッパは、ここにようやく、自らが創造した最高法廷（areopagus）［本来、古代ギリシアの都市国家アテナイが紀元前五～六世紀にかけて享受した民主政治隆盛時における司法上の象徴的機関。後世、集団的司法・行政機関の頂点を意味するようになった］のもとに再び結集する偉大な政治的家族集団を形成することになった。この家族集団においては、各構成員は相互に、あるいは構成員以外の関係当事国に対しても、おのおのの権利の静謐《せいひつ》な享受を保障する」[19]。ウィーン会議での合意成立後に形成されたウィーン体制のはじめての試金石が、一八一八年開催のエクサ＝ラ＝シャペル会議

(Congress of Aix-La-Chapelle)［英墺普露の列強四カ国によるフランス占領の終結を宣言。その他、四国同盟の更新、奴隷貿易の是非、公海上における他国籍船舶臨検の権利等、多岐にわたる懸案が議題となった］なのだが、この会議は国家間の懸案諸課題を解決すべく、平和時において列強諸国が参集した最初の国家間公式フォーラムだった。

ゲンツは、列強諸国の相異なる国益や主導権争いに抗して、ウィーン体制がどれほどの期間持ちこたえられるかについても思いをめぐらせている。[20] 一八一八年の論考「ヨーロッパ政治システムの現状」(*Le systéme politique actuellement établi en Europe*) の中で、彼は「今日、この政治システムに対する最も強い異論は、このシステムが内包する種々雑多な要素から成る合成物を、長期間にわたって保持することの明らかな困難性に由来する」と述べ、ついで、「このような国家連盟体を実現するには、特殊な状況を必要としたのであって、……この連盟体が、固有の国民性や国家システムをおのおの有する個別国家の集合体間の対立や闘争という避けえない状況に、長期間にわたって代わるべきものだとするならば、それは人間の本性に反し、自然の摂理に反するものだといわなければならない。……したがって、国家間の主張・要求のせめぎ合いを一時的には克服したものの、長期にわたる克服、ましてや未来永劫の克服を保証するものではない、このヨーロッパ連盟機構の持続予測期間という問題は、今日の政治家が直面している最も重要な問題なのである。……」と主張する。さらに、国家間の主張・要求のせめぎ合いもあって、「現状の国家間関係の堅牢性・信頼性に対しては、少なからず疑念を持っている者が圧倒的である。つまり、多くの者は、フランス革命後の政治的混迷というきわめて異常な状況から生み出され、また、ナポレオン一世の排除というヨーロッパ諸国にとってただ一つの共通の利害――最大の利害だったことを否定するものではないが――に基づいてできあがった構造物が、持続的に維持されるという確信を持ちえないのである。……」。

ゲンツ自身は、「多くの者が抱く恐れや憶測に同調している」わけではない。この点に関する彼の見解は、「このヨーロッパ連邦――連邦という言葉が現在の体制を最もよく言い表している――が早い段階で崩壊するとは、私にはどうしても思えない。半世紀間持ちこたえられるとは断言できないが、十年いや二十年ぐらいであれば維持できると躊躇せずにいえる。……」というものだった。彼のこの予測は、ウィーン体制の成立から解消までのきわめて正確な予測だったのだが、ヨーロッパ列強諸国間の勢力均衡状況がどのような動き方をするのかに基づいていただけではなく、列強諸国の支配的な利害がともにこの体制を維持することにあったという事実に基づいていた。「私の見解は、私自身も認めざるをえないこの体制の本来的にきわめて脆弱な構造に基づくものではなく、すべてのヨーロッパ諸国が応分の犠牲を払うことなく、さらにはこの体制そのものを崩壊の憂き目にさらすことなく、現行の国家間関係の連鎖から抜け出すことはできないという状況判断に基づくものである」。「この連邦の主要五カ国に限り、方針転換という手段によって現行の体制を崩壊へと導くことができる。それ以外の諸国があれこれ画策しても、体制を揺るがすような効果が発揮されることはありえない。……したがって、たとえばオスマン帝国政府（Porte）がロシア攻撃に打って出る場合を想定しても、その結果はウィーン体制全体を揺るがすような状況を迎えることにはならず、トルコ・ロシア二国間の局所的な戦争に終始することになろう。ただし、侵略するのがロシアだったとしたら、事情はまったく異なる。その場合には、ヨーロッパの現体制は破局的な状況に直面することになろう。……」。しかしながら、主要列強間の勢力均衡状況と支配的な利害の共有に大きな変化が起きない限り、ウィーン会議体制崩壊という破局を迎える差し迫った危険はない、というのがゲンツの判断だったのである。

オーストリア、プロイセン、イギリスの三カ国は、平和への志向が強く、したがって現体制の維持継続に格別の利害を有していた。ロシアとフランスについては、この点に関する限り、上記三カ国ほど確かなことはいえない。仏露両国には、ウィーン体制の成立から十年あるいは二十年というときが経過する前の段階で、現状の改変を願う動機がなかったわけではない。しかしながら、この二カ国にしても、行動の自由が抑制される蓋然性が非常に高かったといわなければならない。フランスはナポレオン戦争の敗戦国であり、したがって、戦後の新体制はフランスにとって、敗北の象徴以外の何物でもなかった。そのうえ、ロシアは措《お》くとして、ナポレオン戦争後、いち早くその本来の力を回復する可能性を持っていた国家はフランスを措《お》いてはない。そのフランスにしても、ヨーロッパ諸国の不信の対象であり続けることが長期にわたって予想される限り、新体制を自国の都合に合わせて改変することはおよそ無理難題だった。「ヨーロッパにおいては、今後長期間、フランスとの戦争に対してだけは誰も文句をいわないだろう」という雰囲気だったのである。他方、ロシアに関しては、ウィーン体制を無視することのできる最有力国であり、その実力と強大な陸軍をもってすれば、この体制の後ろ盾を最も必要としない大国だった。しかも、ロシアは、ウィーン体制に代わる新たな体制に惹かれるようなことがあれば、ウィーン体制の破棄を躊躇することなく断行できる唯一の強国であり、そのうえ、完全な専制政治のもとにあるヨーロッパでただ一つの国でもあった。しかしながら、他方で、経済的基盤が脆弱なロシアが侵略行為に出るような事態になった場合には、オーストリア、プロイセン、そしておそらくはイギリスの共同包囲網に直面せざるをえなくなる。何よりも重要なことは、ウィーン体制の設計者であり創始者であることを自認し、その頭領となることを願っていたアレクサンドル一世は、この体制の維持に関する限り、信に足る人物だとみなされていたことである。事実、彼はウィーン体制を「十九世紀の誇りであり、世界の救済である」とまでいっていたのである。

ゲンツのウィーン会議体制の将来予測が正確だっただけではなく、その予測の根拠として列挙した点に関しても彼は正鵠を射ていた。この体制が十年を超える命脈を保つことができたのは、ウィーン会議体制保持に関して列強諸国に共通する利害が、列強諸国間の主導権争いを抑制し、均衡状態を生み出すことを促したからである。他方、ウィーン会議体制があまりに短命だったという見方をする場合、その短命の理由は単に、戦争終息後のときの経過につれて、列強諸国間の利害の衝突や主導権争いが再び前面に押し出されてきたからではない——この事実がウィーン会議体制崩壊の原因の一端を担っていたのではあるが——。それは、主導権争いの再登場が、ウィーン会議体制をどのように用いるべきかに関して、列強諸国間にもともと内在していた見解の相違を際立たせ、いっそう拡大させたからである。ヨーロッパには新たな国家間機構が必要だという一点で、列強諸国がこぞってウィーン会議体制の形成に合意し、着手しはじめたのだが、その形成を図る過程で各国は相互に異なる国家間機構概念、さらには相互に異なるヨーロッパ概念をその体制の中に持ち込んだ。つまり、ありうべき国家間機構の目的とその制約に関する見解の相違という暗礁に乗りあげたことが、結果としてウィーン会議体制の崩壊につながったのである。

この見解の相違は、とりわけイギリスとロシア二カ国間において際立っていた。両国間の見解の相違が表立った最初の問題が、二カ国間の近東［通例、東地中海周辺の諸国やアジア南西部の漠然とした地域を指し、特殊にはバルカン諸国を指す場合もあるが、ここでは第一次大戦終結以前のオスマン帝国支配下領域のこと］をめぐる主導権争いだった。ウィーン会議最終議定書は、オスマン帝国を各種の協定の適用外としていた。実は、ウィーン会議の開催中、イギリス首席代表のカスルリー外相は、第一に、オスマン帝国の国家としての存立を保障する条項と、第二に、最終議定書を拡大し、「本議定書の存在を万が一にも危殆に陥れる国家に対しては、共同で影響力を行使し、必要とあらば武力を行使する決意」を列強四カ国が公に宣言する条項の両条項を最終議定書に盛り込むことによって、近東をウィーン条約の中に取り込もうとした。これに対してアレクサンドル一世は、最終議定書の遵守を求めたカスルリー提案に賛意を示しながらも——この点に関してはこれまでのロシア皇帝の長年の思いと同一線上にあった——その中にトルコ帝国の国家保全を確認する一項を入れ込むことに対しては、およそ受け入れがたい条件をつけてきた。彼がこうした対応に出た動機は、語るまでもなく明らかだったといわざるをえない。第一の条件は、ロシアのポーランドにおける既得権の承認だった。しかしいうまでもなく、イギリス政府は、トルコ進出を目論むロシアの動きにいっさい制約を課すことができない状況下で、ロシアが手中に収めたポーランドの既得権を裏書き保証するわけにはいかなかった。(21) 一方、アレクサンドル一世は、トルコに対するロシアの行動の自由に制限が課せられる事態を何としても回避しようとした。こうした英露間のパワーポリティクスだけが、ロシア皇帝のこの問題をめぐる対応の動機ではない。トルコ保全の保証条項をウィーン条約に盛り込む条件としてアレクサンドル一世が提示した第二の条件は、オスマン帝国のセルビア人虐殺の即時停止であり、将来にわたる虐殺行為の防止措置の構築をウィーン会議参加国すべてに求めたことである(22)。ウィーン最終議定書の保証拡大を目指したカスルリー提案は、ロシアの侵攻からトルコを防衛することが主たる動機だったが、水面下での対トルコ政府説得工作の挫折もあって水泡に帰した。他方、ウィーン条約締結のわずか三カ月後にアレクサンドル一世の並々ならぬ尽力によって成立した神聖同盟は、「ヨーロッパのキリスト教君主」のみが加盟を認められると規定していた。したがって、その直後に問題化するギリシアの反トルコ支配独立運動に対するアレクサンドル一世の態度は、ヨーロッパの君主国で頻発する反君主運動に対する彼の態度とは、根本的な違いがあった。この点に関するカスルリーの主張は、ギリシアの革命運動はウィーン条約締約国が共同行動を約したヨーロッパの全般的反体制騒擾運動の一部をなすものであり、したがって論理的にいって、ロシア政府はギリシアの反トルコ革命勢力の鎮圧に協力する義務を負うというものだった。これに対して、アレクサンドル一世の場合は、彼自身の考え方を前提にする限り、カスルリーとはまったく逆の意味合いではあるが、論理的にいってオスマン帝国の秩序回復のためにも、さらにはギリシアに王制に基づく国家を樹立するためにも、ウィーン条約参加国はこぞってロシア皇帝を支援すべきということになる(23)。カスルリーがトルコの政府高官から得た情報によると、「オスマン帝国政府にとって最大の脅威は神聖同盟」であり、「スルタンとその麾下の高官たちが、ロシア側から、イスラム教諸国との対峙を目的とする秘密連盟の形成を執拗に求められている」ということだった(24)。アレクサンドル一世が神聖同盟に愛着を抱く理由の一端が、近東周辺に位置する国家としてのロシアの国益にあったとしても、トルコとの関連におけるヨーロッパ概念に関する限り、彼はシュリ、サン＝ピエール、さらにはルソーの思想にその系譜をたどることのできる伝統的なヨーロッパ観の持ち主だった。彼らとの相違はただ一点、これら三名の先行思想家とは異なり、アレクサンドル一世は、ロシアがヨーロッパの欠かせない一部であると確信していたことである。

神聖同盟は、ヨーロッパの対トルコ関係に関してだけではなく、ヨーロッパの秩序にとって必要不可欠な事柄に関しても、伝統的な立場をその内部に包摂していた。イギリスの歴史家チャールズ・キングスリー・ウェブスター（Sir Charles Kingsley Webster, 1886–1961）の言葉を借りるならば、神聖同盟は当時すでに「大いなる誤解を招いた文書」だったとのことだが、このことに関しては、いまもって事態が変わったとはいえない。事実、ウェブスター自ら、神聖同盟は「アレクサンドル一世の神秘主義的信仰心の表出」だったという記述を残していたり、ロシア皇帝については「半狂人、仮にそうでないとしても、ある種の問題に関する限り間違いなく狂っていた」という見解を抱いていたのである。(25) しかしながら、つぎの三点にわたる事実に立脚するならば、神聖同盟と十八世紀前半の連邦主義的構想、すなわち、戦争の回避と理性的な政治制度確立の手段として主権国家間の連合体構想を提唱したサン＝ピエールを嚆矢《こうし》とする思想家たちの考え方との類似性は、自ずから明らかである。第一に、神聖同盟に対しては、カスルリーだけではなくメッテルニヒも疑念と不快感を抱いていた事実である。第二に、当時のヨーロッパの各国政府が例外なく唾棄すべき対象とした共和主義的急進主義に代わる新手の理念、すなわち自由主義と民族主義に対抗しうるものとして国家自治権理念を選奨し、推進したのがただ一人ロシア皇帝であり、その麾下にあるロシア政府だったという事実である。(26) そして最後に、アレクサンドル一世の神聖同盟構想が、元来、反体制勢力に対して君主制の擁護を保証し、またそれに劣らず、専制君主に対して立憲主義の擁護を保証するシステムとして構想された――その後、度かさなる逡巡をみせたことは否定できないのだが――という事実である。それだけではない。アレクサンドル一世は、自らの構想を唯々諾々と捨て去る人物ではなかった。一八二〇年の末、各方面からの強い反対の声にもかかわらず、彼は「ヨーロッパ大陸の列強諸国にかつてフランスが享受したと同様の優位性を保証する決意、すなわち、非合法な手段に基づく軍事的反乱あるいは革命という特殊な状況に際しては、ウィーン条約締約国はこうした手段に訴える国家に対して一致団結して当たり、緊急事態に対処する方策として調停によるか武力行使によるかに関しても同一歩調をとる」という決意を抱いていた。「こうした妥当かつ賢明な原則的施策に対して、どこかの政府が異議を唱えると考えること自体、不自然である」というのが彼の思いだったのである。というのは、とくに調停による問題解決に関する限り、彼の思い描く調停は統治者・政府間に権限分有に関して充分な理解を図るという前提のもとで、静穏な政治的・社会的状況の復旧を期すことにあったからである。[27] アレクサンドル一世の外交攻勢に対してカスルリーは、翌二一年、つぎのような批判を展開したが、彼の言葉には真実の一端が示されている。政府が「本来、国家の固有の権利である優越性を政府の属性とみなすことなくして、あるいは、その優越性を国家の同意に基づいて獲得する場合には、諸国家が参入する連邦主義的システムをヨーロッパに持ち込むことなくして、……こうした想定外の強大な力を具有することはできない」[28]。

アレクサンドル一世のヨーロッパ再組織構想に激しく抵抗するとともに、理にかなった反論をただ一人展開したのが、カスルリーその人である。ヨーロッパがオスマン帝国との関係をいかに調整すべきかに関して提示されたロシアの考え方にカスルリーは激しく抵抗したが、これについては、ロシアを除く神聖同盟参加国、とりわけオーストリアの支持を取りつけた。イギリスの国益に劣らず、これら諸国の国益にとっても、ロシアの近東への勢力拡大が甚大な影響を持たざるをえなかったからである。アレクサンドル一世が神聖同盟盟約国の道義的支持を得ない状況での単独行動を嫌ったことのほか、国益という実利上の理由もあって、神聖同盟のこの方向への動きは頓挫した。しかしそれ以外の点に関する限り、神聖同盟は少なくとも当初は、ヨーロッパにおける国家間関係の調整手段として充分に機能したのであって、参加各国はアレクサンドル一世の構想を自国の都合や目的に合わせることを通して、状況にいちはやく対応したのである。これら諸国は、ナポレオン現象の衝撃によって混乱させられ、さらには一七八九年のフランス革命の衝撃をも強く感じざるをえなかった。歴史家の中には、折に触れて民族主義と自由主義への要求をはねつけたことをもって、ウィーン会議体制をつくりあげた往時の指導者たちを批判の対象とする主張が散見される。しかし、それでは、一九四五年時点での指導者たちがヨーロッパを席巻する勢いのナチズムの教理に基づいて世界を再構成すべきだったのか、と自らに問いかけてみる必要があるだろう。一八一五年以降、ヨーロッパの各国政府はこぞって民族主義と自由主義という政治的害悪を根絶やしにする決意を抱いていた。つまり、ウィーン会議体制成立当初から、ロシアを除くヨーロッパの大陸諸国の思惑は、かたや自由主義と民族主義、かたや立憲主義との間の違いに目をつぶり、等しく唾棄すべきとみなすという点で、アレクサンドル一世の思惑とは根本的なずれが存在していた。やがて、ロシア皇帝自ら、オスマン帝国支配下以外の地ではこの違いを押し通せないことに気づかされ、かくして、ヨーロッパ大陸諸国にとって、ヨーロッパ内で起こる規模の大小を問わずあらゆる騒乱状態を圧殺することが、ウィーン会議体制の主たる目的になったのである。こうした中でカスルリーは一人、反対の立場を余儀なくされ、神聖同盟の目指す目的のためにウィーン会議体制が体よく利用される状況を食いとめようとするのである。

　カスルリーの抵抗は、アレクサンドル一世の発想の原点である彼自身の国家間問題理解とそのアプローチとはまったく異なる地平で国家間問題を理解し、それにアプローチしようとしたことに原因があり、その初源を一八一五年の時点にみることができる。ウィーン会議最終議定書の中に保証条項を盛り込むことに関して、参加国の合意が得られず、カスルリー提案が頓挫した後、彼は間髪を置かずつぎの一手に出た。それが一八一五年十一月締結のウィーン条約第六条として、つぎのような文言となって具現化したのである。「本条約の執行を保証し、……なおかつ、締約国おのおのの安寧と繁栄にとって、さらにはヨーロッパの平和にとって最も有益とみなされる……施策を検討するために」、ヨーロッパの列強諸国が定期的に参集し、会合を開くこととする。神聖同盟の結成に向けてプロイセン、オーストリア両国との交渉をすでにはじめていたアレクサンドル一世は、この方向への一歩前進を図る措置として、カスルリーの新提案を歓迎した。しかし、両者の思惑には大きな隔たりがあった。ヨーロッパが必要とする新たなシステム構築の中心母体としてロシア皇帝が考えていたのは神聖同盟であって、決してウィーン条約第六条ではなかった。これに対してカスルリーの場合は、神聖同盟をウィーン会議体制の一部とすることなく、別のものとして扱うことに主眼があった。換言するならば、神聖同盟を単なる理想的感情の表出に過ぎないものとして扱い、他方、ウィーン会議体制のもとで今後開催される各種の多国間会議については、国家間に生起する外交問題プロパーの解決を図るための外交上の道具立てとすることが彼の主たる目的だったのである。その後、一八一八年に開催されたエクサ＝ラ＝シャペル会議に際して、イギリス・リヴァプール（Robert Banks Jenkinson, 2nd Earl of Liverpool, 1770-1828）内閣の閣議に提示された覚書きの中で、カスルリーはこの点について、つぎのように詳述した。「一八一五年九月二六日締結の同盟〔神聖同盟のこと〕の崇高な原則は……ヨーロッパの新たなシステムにおける政治的良識をいい表したものとみなすことができよう。しかしながら、各国君主のこの厳粛な行為とそこで交わされた論議を、国家と国家を結びつけている通常の外交上の責務と混同したり、また、これまで通りの慣習と形式に従って結ばれた条約の中においてのみ求められるべき通常の外交上の責務と同一視することは、各国君主の崇高な理念を冒涜することに等しい」[29]。

この点に関しては、すでに一八一七年のパリにおける大使級会談の席上、カスルリーはこの会談を改組・拡大のうえ、ヨーロッパ各所で密やかに蠕動《ぜんどう》している革命家の陰謀的企てを封じる列強諸国の恒久的機関にしようとするメッテリニヒ提案に真っ向から反対し、「連合国代表諸氏にあっては、自らの立場を本来の機構上の枠組みの範囲内にとどめるべきであって、たとえばヨーロッパ評議会というような組織を立ちあげ、そこに国家間の諸問題の取り扱いを委ねるような愚を犯すべきではない」と述べた[30]。さらに、上述のエクサ＝ラ＝シャペル会議の場においても、全ヨーロッパ諸国が現に画定している国境線と各国の所有する国富を保証するとともに、既存の政治形態を保証する普遍的な条約を締結することによって神聖同盟の強化を図ろうとするロシアの外交戦術に対して、カスルリーは明確に反対の姿勢を打ち出した。ロシア側の提案を、「各国の領土の現状に限らず、王権に帰属するものの現状を相互に保証する共通の連盟体形成を通して、すべてのヨーロッパ諸国がともに結びつきを強め合い*、野望に満ちた企てをもって、あるいは、革命的な侵犯行為をもって、その現状の改変を画策する最初の国家に対して、やむ

＊　強調はカスルリー自身による。

をえないと判断した場合には、ともに軍を進めて対処する」と彼なりに要約したカスルリーは、前述の覚書きをしたためて、その提案を一蹴するとともに自らの立場を全閣僚に詳細にわたって知らしめた。

ナポレオン戦争におけるフランスの敗北を機に締結された諸条約は、その一部が全ヨーロッパ諸国を一律に拘束する約定であり、その意味で、それらは「ヨーロッパの領土的システムを……再び秩序立ったものとして再興させたいわば「大憲章」(*Grande Charte*)」だったのである。しかしながら、同時に、その守備範囲をほぼ全面的に各国間の領土の画定に限定しており、しかも、条約締結の当事者が「これら諸条約の遵守を一律に強制した場合、最悪、本連盟体の存続自体を危殆に陥れかねない恐れを抱いていた……」こともあって、カスルリーが望んでいたに違いない強制力の付与については、いっさい条項上の規定がなかった。したがって、これらの条約を厳密な意味での同盟関係を律する形式を備えたものとみなすことはできないともいえる。さらに続けてカスルリーは、明らかにトルコ問題を念頭に置きつつ、「ヨーロッパのシステム内に、こうした強制力をともなわない条約が適用される地域と、そうした条約の効力が及ばず……所有権の帰属がナポレオン戦争以前に締結された条約なり国家間の決議なりに左右される地域が混在し、しかも前者の地域に対しては安全保障上、何ら特別な、あるいは優先的な手立てが与えられていないと語る。ナポレオン戦争後に締結された各種の条約の中には、強制力に言及しない集団的条約以外に、個別国家相互間に限定的に適用される条約も締結された。その代表例が、英墺普露の「四大同盟国」間の「一八一五年十一月同盟条約［ナポレオン戦争勝利後の一八一四年三月に成立したショーモン条約を発展的に解消し、フランスの監視を主たる目的として締結された四国同盟条約。その後一八一八年には、フランスの参加を認め五国同盟条約へと改組、発展した］」である。この条約は厳密な意味での条約であり、「フランスの力に抗してヨーロッパを保全する」という明確な目的が掲げられており、さらには、この目的を達成するために武力を行使する用意があることを宣明にしている。この条約には、フランス国内で革命的騒乱状況が再度発生した場合には、締約四カ国のフランスへの干渉の正当性を否定しないと規定されていた。ただし、この規定の発動に関しては、フランスの騒乱状態が他国の安全を危殆に陥れる場合にのみ適用されるとしていた。つまり、「唯一安全が担保される原則は、諸国家の法（the law of nations）原則である」という考え方に基づいていたのである。この考え方の正当性は、フランスが大国の仲間入りを許されるようになる一八一八年以降にはますますその重みを増してきた。したがって、四国条約は基本的には、領土関係に生じた新たな現状の維持・保全に限定されていたのであり、その目的は、集団的な保証によってては実現できないヨーロッパの新領土システムの保証を「四国同盟の保護下に」置くことだった。

イギリス政府は、四国条約を忠実に履行する意思を充分に持っていただけではなく、その忠実な履行を保証するために、同盟国とともに定期的に開催される会議に参加する用意もあった。しかし同時に、イギリス政府には、諸国家の法原則に抵触する、あるいは諸国家の法原則が拠って立つ他国の権利という国家存立の機微に属する事柄を蹂躙《じゅうりん》する恐れのある方向での条約の拡大解釈に対しては、妥協の余地はなかった。ましてや、一国内のあらゆる変化を敵視し、変化に対する全般的かつ無条件の敵対保証の付与を基礎とするヨーロッパの統治システムへと四国同盟条約を改変・拡大することに対しては、強い拒絶反応を示した。「権力が濫用される可能性とその度合いにいっさい考慮を払うこともなく、現有の権力の支持へと安直にひた走る恐れのあるこうしたシステム以上に、一国の政治の全般的な性格にとって有害無益なものはない」というのがイギリス政府の基本姿勢だったのである。(31)

カスルリーは、上述した立場を彼の政治活動の全生涯を通して、首尾一貫堅持した。いくつか例証を挙げるならば、一八二〇年に発生したスペインの内乱状態の鎮圧のためにウィーン会議を利用しようとするロシアの意図に対しても、一八二〇年七月開催のトロッパウ［現チェコ共和国東部の都市オパヴァ（Opava）のドイツ語表記］会議（Congress of Troppau）および翌二一年一月に開催されたライバッハ［現スロヴェニア共和国の首都リュブリャナ（Ljubljana）のドイツ語表記］会議（Congress of Laibach）において、ナポリ王国の政治的騒擾状況を生み出している反体制勢力の撲滅を志向する露墺普三カ国の議事運営に対しても、反対の立場を明確にするとともに、ギリシアの対トルコ独立運動支援を口実にギリシアの内政に干渉しようとするアレクサンドル一世に対しては、一八二一年を通して、介入を思いとどまるよう最大限の労を惜しまなかった。(32) 彼がこの立場に固執したのは、もちろん、いくつもの動機があったからである。しかし、革命への同情心——仮に彼にそういうものがあったとして——にしても、イギリスの世論が革命一般に同情的であり、神聖同盟諸国の手になる革命的状況の鎮圧に対してはこぞって反対の意向であることを充分に認識していたとしても、これらは動機としては決して強いものではなかった。大国が国家として「正当な」利害を有する地域において、反体制的騒乱状況が生起した場合、カスルリーがその鎮圧に向けた行動に出ることに反対の声を上げたことは一度としてなかった。事実、一八一九年のドイツ国内の騒擾状態に関して、彼は「わが国が公然とした是認を与える権利を有する立場にはないが」、「わが国はつねに諸悪の根源が根絶されることに喜びを禁じえない」という言葉をメッテルニヒに伝え、(33) さらに、一八二〇年には、オーストリアとイタリア諸国がナポリ公国の反乱鎮圧に乗り出すのを切望していた。(34) カスルリーが自分の意見を公に言えなかった理由は、いうまでもなく、いかなる鎮圧政策にも反対という当時のイギリスの世論動向にあった。しかしながら、彼が「わが国の現今の気分」というところのものが、(35) たとえば一八一六年段階で、神聖同盟設立に向けて奔走するロシア皇帝アレクサンドル一世の意図を公然と擁護する妨げにならなかっただけではなく、後年、そのロシア皇帝の構想に真っ向から対峙するうえで誰よりも重要な役割を果たす妨げにもならなかった。

カスルリーにとっては、大国としてのイギリスの利害・得失に対する関心の方が、より大きな動機づけとなっていたのであり、この結果、カスルリーの論旨の展開には少なからず矛盾点が散見できる。オーストリアによるドイツの騒乱鎮圧、オーストリアとイタリア諸公国によるイタリアの騒乱鎮圧、ロシアによるポーランドの騒乱鎮圧、さらには旧敵フランスによるスペインの騒乱鎮圧——これらはすべて受容できる措置とみなすのだが、他方、複数の大国による集団的鎮圧行動には必然的にスペインやイタリアへのロシア軍の派遣という事態をともない、これはカスルリーにとって到底容認できないことだった。したがって、オーストリアに関しては、「可能な限り理にかなった保証を提示する用意があり、またその見解が……現有のヨーロッパの領土画定システムを覆さない限り」、オーストリアには、ヨーロッパ諸国間の領土画定に関する取り極めに基づき、自国の勢力圏に属するドイツやイタリアにおいて、独自に行動する自由が与えられているのであり、「イギリス国王は、いかなる国家であろうとも、それが遂行する……政策がヨーロッパに打ち立てられた勢力均衡状況を危殆に陥れないこと、あるいは、それに何らかの変更をもたらさないことを、自らに納得させる完全な権利と逃れられない義務がある」と語る(36)。ロシアのオスマン帝国への単独干渉に関しては、「新たな領土分割であり、ポーランド分割の二の舞になる」として、オーストリアの単独干渉の場合とは異なる見方を提示する(37)。彼がこのようにいう理由は、トルコがロシアの勢力圏にあると認めがたかったからである。彼は、ロシアのトルコへの影響力強化の主張、さらにはロシアの影響力の深化をうかがわせるさまざまの明白な事実に抗《あらが》って、「トルコの現状を含むヨーロッパの現存システムは、全般的な同盟関係の維持・継続を保証する遺漏なき注意深さと衷心からの保護のもとにある」という論理を展開した(38)。こうした論理も、イタリアにおけるオーストリアの単独行動を否定しない限り、トルコにおけるロシアの単独行動を思いとどまらせることにはならなかった。そこで一方では、現有の全般的同盟関係という枠組みのもとではヨーロッパ地域においていっさいの集団的行動をとることをえずとしながら、他方ではトルコに関して、集団的干渉以外のとるべき行動はありえないと主張せざるをえなくなった。カスルリーの論理矛盾はこれだけにとどまらない。アレクサンドル一世が望んだのは、まさにトルコに対する集団的干渉行動だった。つまり、ヨーロッパの秩序安寧を担保するために、発生する反体制運動の鎮圧に従事する同盟諸国に対して、ロシアはそれを是として支援する用意があるのだが、まさにそれと同様に、オスマン帝国地域の秩序安寧を担保するために、ギリシアの独立に向けて尽力するロシアに対して、同盟諸国はそれを是として支援すべきである、と彼は主張する(39)。この主張に対してカスルリーは、ギリシアの独立運動指導者がいまや「ヨーロッパ全体に蔓延しつつある組織的な反体制運動」の中核とはいわないまでも、その重要な一翼を担っており、したがって論理的には、そうした運動を押さえ込むのがロシア皇帝の自然な行動でなければならないとの反論を展開した(40)。ギリシアの独立運動の鎮圧という目的を掲げて介入するロシアも、反対に独立運動支援という名目を掲げて介入するロシアも、ともにカスルリーにとっては受け入れられないものだった。さらにいうならば、ロシアがギリシアの独立運動鎮圧という目的を掲げて介入することは万が一にもありえないと彼は見通していた。この問題に関する彼の最終的な見解は、「高潔かつ寛大な心を持つ者はすべて、つぎのように自らに問いかけずにはいられないだろう。……トルコ支配の軛《くびき》につながれ、呻吟《しんぎん》する彼らギリシア人とキリスト教信徒に手を貸さず、その支配が永遠に続く状態のままにしておくべきなのかと……」という告白めいた言葉に表れている。また同時に、ギリシア支援を目的としたいかなる介入も、「疫病よりもはるかに質の悪い負の遺産を背負う」ことになるという言葉にも見事に表れている。つまり、カスルリーにとって、ギリシア人の独立要求は、「ときの経過と神の摂理」に委ねるべき性質のものだったのである。(41)

しかしながら、彼のこうした矛盾に満ちた論理も、また矛盾する論理を彼に喚起させたイギリスの国益への思い入れも、ともに、神聖同盟構想に対するカスルリーの反対論が、その根底のところで首尾一貫した整合性に裏打ちされていたという事実を否定し去ることはできない。実は、彼の論理展開の矛盾は、いずれも主として彼自身の別の認識がその背景にあって出てきたのである。つまり、彼にとっては、国家間における協力関係の実現可能性に対する彼自身の限界認識の方が、自国の国益への思い入れよりもはるかに重要な役割を果たしていた。今後も存続させるべき対象としてウィーン会議体制をとらえる限り――実際、彼はその存続を心から願っていたのだが――、現にある姿とは異なる方向でその体制を運用しなければならないという確信を彼は持っており、その確信が彼に矛盾を孕《はら》んだ言説を行わせたのである。カスルリーはつぎの三点を正しく認識していた。第一に、国内の諸革命を通じて発展させてきた政治制度である議会制国家としてのイギリスは、会議体制からの自国の内政への干渉には徹頭徹尾反対であること。第二に、ギリシア、イタリア、中南米諸国をはじめ、海洋に面し交易と融資の対象として開かれている地域に関しては、そこで生じる革命的状況に対するイギリスの政策形成過程においては、自国の交易上および財政上の国益優先の考え方が内政干渉不要論をいっそう増幅させる役割を果たすこと。そして第三に、イギリスとしては、会議体制をヨーロッパ各地の革命的状況の鎮圧という方向で機能させる事態に対しては、イギリスの参加がない場合、ヨーロッパ大陸諸国が協調して会議体制を機能させる状況とみなし、したがって、それを座視できないということ。これらのことにとどまらず、彼の認識はつぎの三つの事実にも立脚していた。すなわち、第一にフランスの脅威――かつてイギリスは、この脅威への対抗上、多国間条約に基づく会議体制の創設を志向したのだが――がいまや多くのイギリス人の関心事として、急速にその重要性が薄れてきた事実である。第二に、早くも一八一八年時点で、政敵ジョージ・カニングが、「わが国の本来あるべき政策は、緊急事態に直面するときを除き――もちろんその場合には、圧倒的な兵力を差し向けて介入する用意があるのだが――、つねにヨーロッパの大陸政治には干渉しないとしてきたにもかかわらず」、「新たなしかもいかがわしい」会議体制によって、「わが国は必然的に……大陸政治のあらゆる側面に巻き込まれざるをえなくなる」[42]と発言していた事実である。そして最後に、彼が外相を務めるリバプール内閣自体が、ロシア皇帝アレクサンドル一世が望む会議体制の連盟機構あるいは連合機構への転換は当然論外として、ウィーン会議最終議定書第六条に基づく「永続的システム」の創設についても、政府内外からのさまざまな圧力のもとで、反対の立場をとらざるをえないという事実である[43]。これら一連の事実のほかにも、彼が確信していたことがある。それは、連盟構想は連盟という性格上実現不可能であり、仮にイギリスの政策なり国益なりが現にあるようなものでないとしても、また仮に連盟を機能させるために全力を傾注したとしても、挫折する運命にあるという確信である。そして、ウィーン会議体制を神聖同盟的方向に拡充・拡大させる試みは、ナポレオン戦争に勝利した後、多大の尽力と労苦をともなってようやく達成されたヨーロッパの協力体制を崩壊へと導くという確信から、彼はアレクサンドル一世をはじめとするそうした連盟構想に首尾一貫して反対の立場をとり続けたのである。

カスルリーが心底からの思いを吐露した言説は、例外なくこのことを明らかにしている。彼がエクサ＝ラ＝シャペル会議出席中に書きあげた覚書きの結語部分の一節では、「世界の平和と安寧を目的とする普遍的同盟体が抱える問題は、それがつねに無責任な思いつきと願望の所産だということであり、そうした同盟体はこれまで一度たりとも実現されたためしがない。実現が困難だから運を天に任せようとしても、決して実現されることはない。それでも、その実現に向けて走り続けようとする者がいるかもしれないが、その場合でも、この四年間に達成された以上のものには到底なりえない」と語る(44)。彼にとって、ロシア皇帝の諸提案の最終的帰結は、ヨーロッパの同盟体構想の前進ではなく、逆にいままでの成果をすべて根こそぎ破壊することなのである。一八二〇年のトロッパウ会議開催の直前には、「ロシアがわれわれを山頂の高みへ導こうとすればするほど、われわれはますます平地へと下り降りていくことになる。……ロシア皇帝が目指すシステムは、君主としての彼だけではなく、人間としての彼に栄誉を与えるものであり、彼が自らに課した最終目的以上に純粋無垢な目的はありえない。……しかしながら、このシステムは一点の瑕疵《かし》もない完全性を希求したものであって、今世紀においても、あるいは人類にとっても、適用可能だとはわれわれには思えない。……それは空虚な願望なのであって、それをわがイングランドが追い求めることなどおよそ考えられない。すべての無責任な思いつきは、わが国の考慮するところではない」と書き記している(45)。さらに、ライバッハ会議の議事運営を批判した一八二一年の回覧文書の中にも、同じような趣旨が述べられている。いわく、アレクサンドル一世の「連邦主義的システム」は、「その目的に関して、非現実的かつ無益であるばかりでなく、数多くの測りしれない深刻な結果をもたらす」ものである(46)。

カスルリーがアレクサンドル一世の推進する連邦主義的システムを効果なしとする理由は、「各国の合意に基づいて平和的に行うにしろ、各国の力を背景にして武断的に行うにしろ、一国の国内変化の方向を修正、制限、あるいは統制する考え方」は、彼にとっては「異論のある」「危険な」考え方であり、実行「不可能」で「まったく現実離れ」したものだったからである(47)。こうした言葉遣いは、ロシアがスペインの革命鎮圧のための軍隊派遣を画策していることに反対して、カスルリーが一八二〇年五月に外務省公式文書の中で用いたものだが、それ以前にもそれ以後にも、彼の議論には同じような言葉遣いが繰り返し使われている。たとえば、すでに一八一八年時点で、スペイン領南米植民地諸国における反乱鎮圧のために、ヨーロッパ諸国に武力介入を望むスペインの政策に対しては、「欺計的」という言葉を用いて批判し、その際、「多国籍軍の介入という現実を前にして、イギリス自らが慎重に選択した方針を変更せざるをえなくなる状況を意図的につくりあげようとする魂胆」に負けず劣らず「欺計的」だと指摘している。(48) ナポリ王国での反体制運動勃発後の一八二〇年十月には、「現実的な施策とは別に、意味もなく反体制運動を非難する目的で出すヨーロッパ諸国の共同宣言に、わが国政府を参加させるつもりはない。……われわれは何ら現実的な施策をともなわない単なる宣言を真に価値あるもの、充分に信頼の足るものとはみなさない。……弱体化している政府は瓦解させるしかないとする悪しき考え方に対して、全体として広く一般に受け入れることができる現実的な施策とは何なのか、この点については、われわれも残念ながらいまだ言い当てられずにいる」と語る。(49) 翌十一月には、ポルトガル王ジョアン六世（Dom João VI, 1767-1826）に対して、「武力によって再びポルトガルを征服できるという淡い望みを神聖同盟に賭けてはならない……」と警告を発し、続けて、「私は神聖同盟を目的達成の手段として利用しようとする際には、つねづね、(50)ポルトガル王の家臣団にその同盟組織の幻惑的本性にいち早く気づくよう最大限の努力を傾けた」と書き記している。

一八二〇年十二月、トロッパウ会議で採択された議定書への抗議の姿勢を示した外務省公式文書の中で、カスルリーは、さらにその批判の筆法を鋭くする。「国家間の干渉という著しく極端な権利を法的に正当な形で制定することができるはずもなく」、この権利は、国際法および各国間の諸条約の実態に抵触するのと同様に、「同盟体がいかなるものであれ、それが本来具有する属性であるとみなすことはできない」。それだけではなく、多国間による共同干渉権を実際に行使することはおよそ不可能である。共同干渉の権利を広く世界に周知させることは、革命的状況の醸成を未然に防止するどころか、「近年の革命的状況は、フランス革命の最も際立ったしかも最も手ごわい特徴だったあの武装闘争中心主義的気運をいまだみせていない。……このような比較的静穏な状況下において、他国からの武力介入の不安に怯える諸国民の間に……いかなる感情を引き起こさせ、いかなる希望を持たせることができるのだろうか。さらには、他国の軍事力や圧倒的な影響力のみに依存して、安定した国内の政治体制を樹立しようとすることがいかに絶望的な試みだろうか」。このような試みは、「ヨーロッパ全域にわたって国民感情を刺激し、国民的議論を沸騰させずにはおかないだけでなく、そのことによってもたらされる結果を……われわれ人間の想像力で予見することができず、さらには、いかなる国家間の結合形態をもってしても、その結果を制御することができないに違いない」(51)。

至極当然のことではあるが、こうした指摘を境にして、カスルリーの主張がつぎの段階、つまりヨーロッパの列強に対して神聖同盟を機能させるような行動をとらないようにという要請へと移っていく。神聖同盟をヨーロッパの同盟体として実質的に機能させ、その結果、「いかなる国家間の結合形態をもってしても、その結果を制御することができない」ようになると――換言するならば、実質的に非現実的かつ無益なだけではなく、「数多くの測りしれない深刻な結果」を招く場合――彼が最も恐れるのは、列強間につくりあげられたばかりの新たな協力体制が崩れ去っていかざるをえないことだった。この点に関しては、彼は先に触れた一八二〇年五月の外務省文書の中で、反体制革命運動鎮圧に対する反対論の一環として自らの主張を展開する。四国同盟参加国が「すべての問題に関して、まったく同じ感覚を共有する」と期待すべきではない。参加国の利害は同じではなく、何らかの行動を起こす際、参加国が同じ手段あるいは同じ自由を持っているわけでもない。さらに、「専制的な東方諸国と立憲的な西方諸国の間には、外見上の違いだけではなく方法論上の違い」さえ存在する。このことが国家間の協力関係を無に帰させるのではもちろんないが、こうした違いをすべて無視して、ほかの諸国にはとても追随できない「国家による他国の国内問題への介入原理」を前面に押し立てて、集団的行動を執拗に主張することによって、協力関係が突き崩されるのである(52)。カスルリーの議論の展開は、このことにとどまらない。一八二一年、彼はギリシアを支援しトルコに介入しようとするロシアの動きに反対の姿勢を明確にしたが、その理由は部分的には、「仮にトルコがロシアの圧力に屈し奇跡的に手を引くことがあったとしても、……現在辛うじて生存を維持し、将来にわたってもその存続が保証されないだろうギリシア人民が、……現在以上に欠陥の少ない統治形態を……自らの手で形成できるかどうか」について「まったく確信を持てなかった」からである。しかし、彼の反対論の中心的論拠は、「このような試みが、トルコに限らずヨーロッパ全土に引き起こす破滅的な混乱状態と収拾不能な論争」に対する恐れであり、こうした状態がヨーロッパにもたらされた場合、「わが国を拘束する同盟諸国との厳粛な取り極めの遵守を保証した現行の国家間関係システムの果実と運命を……危殆に陥れる」ことになるからだった。[53] 彼は、すでに一八一六年時点で、アレクサンドル一世の各国間の軍事力同時削減提案に対する返答の中で、同様の趣旨をつぎのように詳述している。「多数の国家間において軍事力の規模を再調整することは、再軍備に対する各国の手段、立場、能力等々がこれほど異なっている状況下においては、交渉に際して尋常ならざる複雑な問題に直面することを意味する。……このような軍事力再調整システムがつくりあげられた場合でも、すべての参加国にとって、部分的ながらも軍事力を増強する必要に駆られる危険性から逃れられず、その結果、さまざまの難問を抱え込まずにはすまされなくなる。……この点に関しても、その他国家間に嫉妬心を駆り立たせずにはおかないさまざまの問題と同じように、極端にやり過ぎると、それにともなって各種の難問を解消させるどころか、反対にそれらを際立たせる結果をもたらすだけである。……したがって、とるべき最善の方策はおそらく、各国が可能な限り当該地域の実情に適合する形での軍備縮小を実現すること」であり、なおかつ、各国がこうした姿勢で臨むようにするための最善の方策は、「率直かつ融和的な外交システム」に依拠することであり、また「現在、幸運にも機能しているこの同盟体原則を堅守すること」である。[54]

カスルリーが激しく反対したのは、単に、列強の反体制革命運動鎮圧政策に対してだけではなく、――一八二〇年五月の外務省文書の中で述べているのだが――「何らかの重大な政治的事件が発生した場合には、ときと場所に関わりなく、……統轄権行使責任という名のもとに、五国同盟参加国が集団でその責任を果たすことを当然視する考え方」に対してであり、「この考え方が疑問を感じさせずに受け入れられていること」に対してでもあった。[55] しかも、彼がこの考え方に強く反対したのは、自国の国益に資するか否かという狭い料簡からではなく、彼自身にとっての一般原則、すなわち五国同盟参加国は、自国の国益が許す限りにおいて共同行動をとるべきであり、他方、しばしば起こりうることだが、自国の国益が共同行動を許さない場合には、同盟の維持に配慮して慎重さと相互への寛容さをもって行動すべきだという原則に、この考えが抵触するからである。同盟諸国が一国の例外もなくこの原則に基づいて行動する場合に限り――つまり、一八二一年に彼がアレクサンドル一世に伝えた言葉を引用するならば、「全世界を眼前に迎えて、自国の原則を誠実に履行するとともに、自国に固有の行動様式を堅守する各国が、それにもかかわらず、同盟関係の基本的義務に不変の忠誠を保持し続ける場合に限り――」、同盟締約各国は、「自制心に基づき慎重に運営されている現在のヨーロッパ体制が、ヨーロッパの安全と安寧のために長期にわたって存続すること(56)」を期待できる。カスルリーの信念に従うならば、こうした方策によってのみ、彼が一八一五年十二月の時点で「［英露墺普の］列強四カ国のうちの一カ国であれ参加しないことを想定した場合、根底から危殆に瀕するだろうヨーロッパの安全にとっての偉大な機関(57)」と言い表した同盟関係を継続的に維持できる。さらに、この同盟関係を継続的に維持しうる場合に限り、各国はその同盟関係の基礎の上に、「率直かつ融和的な外交システム」を発展させる展望を有するようになる。彼は、一八二〇年十月、この外交システムを「コンサート」（Concert）と名づけるとともに、それを「五国同盟の守備範囲外の問題を処理する上においても、有用なだけではなく必要ともなる」システム、さらにはイギリスが「そこへの参加を決して躊躇しない［強調は引用者］」システムであると定義づけた(58)＊。

カスルリーと大陸諸国の間に存在した溝は、すなわち、ウィーン会議体制のあり方に関する二つの解釈、つまり、アレクサンドル一世の神聖同盟か、カスルリーの説く「コンサート」かの間の溝だった。カスルリーは、外務大臣としての職務遂行中にこの溝を埋めることができなかったのだが［在任中の一八二二年八月、神経衰弱から自殺］、その理由は、彼の後継者であるカニングが外務大臣に就任した一八二二年以降、神聖同盟を実質的な瓦解へと導くことがイギリスの政策目標となったからである。カニングは、同年十月に開催されたヴェローナ会議（Congress of Verona）［四国（後の五国）同盟が主催した一連の列強諸国会議の最後のもの。スペインに対するフランスの軍事介入をめぐって、イギリスと大陸諸国との間の溝が埋まらず、協調体制の終焉の始まりを画した会議］においても、翌二三年においても、スペインの反体制運動への介入を拒絶するとともに、スペインの内乱状況を討議する会議への参加をも拒否した。一八二四年になると、東方問題に関する会議への参加を拒否する一方で、露墺普仏の列強四カ国の頭越しに、ギリシアの反体制運動集団に交戦権を与えることを公にした。同年、再度列強四カ国との事前協議を経ずに、スペインの中南米植民地諸国の独立を一方的に認め、翌二五年には、ポルトガルの南米植民地ブラジルの独立を承認した。一八二六年、こうした一連の行動に基づき、さらに同年、「わが国は、旧大陸ヨーロッパの不均衡を正すために、新世界の存在を要請する」とカニングは明言し、「神聖同盟はもはや一枚岩の存在ではない。私が神聖同盟参加諸国を個性を有する個別国家へと分解したのである」と彼は公然と言い放った。[60] しかしながら、カニングの推し進めた政策が神聖同盟瓦解の唯一の原因だったのではなく、また、しばしばいわれるように、「ウィーン会議体制は当初からその瓦解を運命づけられていた」という主張も、会議体制の崩壊とともに会議外交というカスルリーの希望が潰えたという主張も、[61] ともに正当な評価とはいえない。

＊　カスルリーは、早くも一八一八年十月、エクサ＝ラ＝シャペル会議に提出した覚書きの中で、「コンサート」に言及しているのだが、その際にも、アレクサンドル一世が提案する「連帯同盟」（*Alliance Solidaire*）と自らの「コンサート」を対照的に論じていた。この覚書きの最終節は以下の通り。「平和と秩序の保全のために、相互に協議し、必要とあらば仲裁の労をとる四国同盟四カ国によって生み出される有益な効果は、……フランスを含めた五カ国の同盟へと拡大した場合であっても、適正な協調体制に対して、フランスの新規加盟が背負いきれないほどの問題を生じさせるわけではなく、したがって、四国同盟下と同等だと思われる。そのうえ、フランスを含む同盟関係は、仲裁能力のあるフランスの道義的権利と影響力に測りしれない貢献を付加することになろう」。[59]

神聖同盟瓦解の決着をつけたことを自認するカニングは、しかし、状況がどうであれ、神聖同盟をめぐって現実に生起しつつあったことに決着をつけた栄誉を授かる存在に過ぎない。神聖同盟のたどった歴史をつぶさにみるまでもなく、カスルリーがその非現実性・非機能性を指摘していたことが、いかに正鵠を射ていたかがわかる。ヨーロッパ各国の内政への干渉提案を不断に議論の対象とする同盟体そのものが、大陸列強四カ国間の団結にさえ瞬《また》く間にひびを入れさせる結果をもたらしたのである。オーストリアは、ロシアのイタリアにおける策謀の風評やバルカン半島へのロシアの予想される派兵に戦々恐々とし、ロシアとプロイセンは、ドイツ各地におけるオーストリアの行動に神経を尖らせ、また、オーストリア・ロシア・プロイセン三カ国は、かつての征服者フランスの行動の自由を抑制することを一致して誓約したが、そのフランスのスペイン侵攻政策を猜疑の眼でみていた。一方、フランスは、ロシアがスペイン宮廷と交渉しているという情報や、スペインへの軍事介入をロシアが申し出ているという情報に振り回されていた。このように主要列強の思惑が二重三重に交錯する状況下で、神聖同盟は、カニングが公然と反旗をひるがえす以前に、すでに実質的な解体の最終段階を迎えていたのであって、カニングの政策はその解体を促進させ、決定づけたに過ぎない。ウィーン会議体制下で開催された諸会議が、平和時において国家間の諸問題を調整する史上はじめての多国間会議だったとするならば、ウィーン会議体制の崩壊は、その後幾度となく繰返される――たとえば過去十五年にわたる国連という国家間機構の実験の歴史や、過去半世紀にわたるイギリス連邦構想の発展史にみられるように――歴史的真実の最初の明示的例証だったのである。つまり、神聖同盟が加盟国に要請していたほどの緊密な協力関係を、四カ国あるいは五カ国の自立した国家群が長期にわたって維持・継続することはおよそ不可能なのである。

カスルリーのヨーロッパ秩序構想については、神聖同盟的発想と同様、非現実的だったという主張がなされているのだが、この主張に根拠らしい根拠があるとはいえない。巷間に流布している解釈としては、第一に、仮に最適な国際環境に恵まれたとしても、通信手段が充分に発達していない当時のヨーロッパにおいては、国家間機構の樹立には時期尚早であり、したがって彼の構想は一時的な適用を可能とするに過ぎず、第二に、現状の維持を目指した彼の構想は、絶えず変動する世界にあっては挫折せざるをえなかったのであり、第三に、彼の構想には世論の支持、とりわけ本国イギリスの世論の支持が欠けており、そして最後に、彼の構想によって列強諸国間の利害の衝突、とりわけ西側諸国と東に位置するロシアとの間の利害の衝突を克服できる可能性はなかった等々の解釈がある(62)。このような解釈が出されるのは、カスルリーの時代認識とその態度を正しく理解していないからである。彼は国家間機構の樹立を目指していたわけでも、現状の維持にことさら大きな重要性を認めていたのでもない。彼の秩序構想は、列強諸国間に利害の対立が現実に存在することを認め、その状況にふさわしい政策を模索する点に最大の特徴がある。したがって、いわばイデオロギー闘争における自由主義の旗手としてイギリスを措《そ》定《てい》したり、さらには、当時イギリスにおいて広く流布していたヨーロッパ観、すなわち、自国の国益増進をもっぱら目的とする国家間システムとしてのヨーロッパというとらえ方を受け入れた後継外相のカニングとは、そのアプローチの手法において異なる。カスルリーの場合は、国際的な協力関係の構築への自らの関心を、世論の動向に従属させることはなかった。さらに重要な点を指摘するならば、カスルリーの秩序構想は、神聖同盟的秩序観と同様の非現実性に満ちていたどころか、神聖同盟がその命脈を絶った後になっても、歴史的な命脈を保ちえたのである。ウィーン会議体制の挫折が、実は、列強諸国間の協力関係という時代の終焉ではなく、むしろそのはじまりを画すものであり、しかも後年、国家間の協力関係を模索するに際して、ヨーロッパ各国がカスルリー的会議体制に依拠せざるをえなかった事実は、国家間関係の歴史上のアイロニーの一例であり、またおそらく、国家間関係の歴史における一教訓でもあろう。

注

(1) オートリーヴの議論に関しては、Friedrich Gentz, *On the State of Europe Before and After the French Revolution, Being an*

Answer to L'État de la France à la Fin de l'An VIII (English trans., London 1809), 1–4, 14, 30, 62–64, 190 を参照。

(2) Friedrich Meinecke, *Machiavellism* (1957), 301, 311.

(3) *Ibid.* 302–04, 307

(4) *Ibid.* 296, 310–12, 333.

(5) Albert Sorel, *L'Europe et la Revolution Française*, I, 70 における L'Abbe Gabriel B. De Mably, *Notre Glorie ou nos Rêves* (1778) and Simon Nicolas Henri Linguet, *Réflexions sur l'etat de l'Europe en 1779* の引用。

(6) Felix Gilbert, *To the Farewell Address. Ideas of Early American Foreign Policy* (Princeton, 1961), 36–37, 42–43.

(7) Gentz, *op. cit.* 7–10.

(8) *Ibid.* 14–62, 66–67.

(9) *Ibid.* 179–85.

(10) *Ibid.* 223, 248–49, 262–63, 283–84.

(11) *Ibid.* 246, 258–62.

(12) *Ibid.* 65, 91, 179, 181, 185.

(13) Harold Nicolson, *The Congress of Vienna. A Study in Allied Unity, 1812–1822* (London, 1946), 243 における引用。

(14) アレクサンドル一世の一八〇四年九月十一日付の覚え書きについては、*Mémoires du Prince Adam Czartoryski* (Paris, 1887), II, 27 を、また一八〇五年一月十八日付のイギリスの返答については、C. K. Webster, *British Diplomacy*, 1813–1815 (London, 1921), App. I を参照。

(15) Nicolson, *op. cit.* 251 における引用。

(16) Immanuel Kant, *Idea for a Universal History* (in *Kant's Moral and Political Thought*, ed. C. J. Friedrich), 176. ［本訳文は、「世界市民的見地における普遍史の理念」、『カント全集』十四巻（岩波書店、二〇〇〇年）、一八頁から一部語句修正の上、引用］

(17) C. K. Webster, *The Congress of Vienna, 1814–1815* (London, 1934), 77–82, 136–45; *The Foreign Policy of Castlereagh, 1815–1822* (London, 1925) 53–56.

(18) C. K. Webster, *The Congress of Vienna*, 176 における引用。

(19) Friedrich Gentz, 'Considérations sur le système politique actuellement établi en Europe', *Dépêches Inédites du Chevalier de Gentz aux Hospodars de Valachie*, ed. Le Comte Prokesch-Osten (Paris, 1876), I, 354–55.

(20) *Ibid.* 354–79.

（21）C. K. Webster, *The Congress of Vienna* (London, 1934), 83–84.
（22）*Ibid.* 84.
（23）C. K. Webster, *The Foreign Policy of Castlereagh* (London, 1925), 360–61, 378–79, 384–88.
（24）*Ibid.* 373.
（25）C. K. Webster, *The Congress of Vienna,* 144; *The Foreign Policy of Castlereagh,* 90.
（26）C. K. Webster, *The Congress of Vienna,* 147–48.
（27）C. K. Webster, *The Foreign Policy of Castlereagh,* 309 における引用。
（28）*Ibid.* 321.
（29）C. K. Webster, *The Congress of Vienna,* 166.
（30）C. K. Webster, *The Foreign Policy of Castlereagh,* 71.
（31）C. K. Webster, *The Congress of Vienna,* 148–52.
（32）C. K. Webster, *The Foreign Policy of Castlereagh,* 237–40, 303–04, 321, 360–61.
（33）Harold Nicolson, *The Congress of Vienna* (London, 1946), 268 における引用。
（34）C. K. Webster, *The Foreign Policy of Castlereagh,* 262–63, 270–72, 321–22.
（35）*Ibid.* 97.
（36）*Ibid.* 278, 321–22.
（37）*Ibid.* 384.
（38）*Ibid.* 378–79.
（39）*Ibid.* 385–88.
（40）*Ibid.* 360, 386.
（41）*Ibid.* 376–79.
（42）*Ibid.* 147.
（43）*Ibid.* 148–49.
（44）C. K. Webster, *The Congress of Vienna,* 170.
（45）C. K. Webster, *The Foreign Policy of Castlereagh,* 279, 282–83.
（46）*Ibid.* 321.

（47）*Ibid.* 238, 240, 321.
（48）*Ibid.* 420.
（49）*Ibid.* 283–84.
（50）*Ibid.* 250, 252.
（51）*Ibid.* 303–05.
（52）*Ibid.* 238–39.
（53）*Ibid.* 376–79.
（54）*Ibid.* 97–99.
（55）*Ibid.* 238–39.
（56）*Ibid.* 360–61.
（57）*Ibid.* 66.
（58）*Ibid.* 284.
（59）C. K. Webster, *The Congress of Vienna*, 171.
（60）R. W. Seton-Watson, *Britain in Europe*（London, 1937）, 113における引用。
（61）Harold Nicolson, *op. cit.* 261, 266; C. K. Webster, *The Foreign Policy of Castlereagh*, 495–99.
（62）C. K. Webster, *op. cit.* 495–501.

第10章　ヨーロッパの協調

　ウィーン会議体制が機能不全に陥ったことが誰の目にも明らかになった時点になっても、公法擁護のために、公法に基礎を置いて主要列強間で合従連衡をするという考え方が捨て去られたわけではなかった。この考え方は、ヨーロッパ世界の統治を追い求める強い気持ちに裏打ちされた以前の連合体概念、すなわちウィーン会議体制概念が十九世紀初頭、最終的に普遍王制への欲求を斥けた際に形作られたウィーン会議体制成立当初の概念形態の桎梏《しっこく》を脱した考え方だった。とはいえ、緩やかな連合という装いを凝らしたつながりが大国間には引き続き存在していた事実は否定できない。ただし、その際、弱体化した会議体制には問題の発生を未然に防止したり解消する力はもはやなく、ひたすら生起する問題の事後的な対処に忙殺されたのである。かくして、その折々の問題に適用された公法は、ときの経過とともに、さらには先例の蓄積とともに、その内容が肥大化され強化されていった。他方、こうした状況のもとで、公法は緩やかな連合形態で合意可能な範囲内に、したがって厳密な意味での国家間の問題に限って適用される事態を出現させた。公法の豊饒化と国家間問題への限定的適用が「ヨーロッパの協調」と呼ばれるものの二大特徴である。

こうした大国相互間の緩やかな連合体への移行の事実は、当時、ある言葉がどのように使われていたかに反映されている。典型的な例証としては、「コングレス」（Congress）と「コンファレンス」（Conference）が挙げられるのだが、そこではこの二つの言葉が厳密に定義されることなく、したがって、用語法の混乱と不統一のために、コングレスとコンファレンスという諸国間会議の二大形態を当代の人々がどのように区別していたかを正確に言い当てるのはおよそ不可能である。[*] しかしながら、一つだけ明らかなことがある。イギリスの外交史家チャールズ・キングスリー・ウェブスターの指摘に従うならば、[2] 列強諸国列席のコングレスと列強諸国列席のコンファレンスとの一貫した違いは、十九世紀には、コングレスの場合、各国の首脳あるいは外務大臣クラスが馳せ参じる国際会議なのに対して、コンファレンスは（諸国間会合を主催する開催国の外務大臣の参列を別として）通例、開催地の国家に母国からの信任状を携えて派遣される各国大使に限定されていた。[†] このことから生み出されたもう一つ重要な事実があるのだが、ウェブスターはこの点にはほとんど触れていない。それは、ヨーロッパの諸国間会議がおおむね上述の規準に従って開催され、列強諸国が列席する国際会議がかつてと変わらぬ頻度で開催された事実がある一方で、一八二二年のヴェローナ会議（Congress of Verona）以降、ヨーロッパの主要列強諸国が「コングレス」の開催を忌避するようになった事実である。数字を挙げてみると一目瞭然なのであるが、一八三〇年のロンドン会議（London Conference）から一八五六年のパリ会議（Congress of Paris）の間には、全列強諸国が参加した「コンファレンス」が八回、期間をさらに延ばして一八八四年のベルリン会議（Berlin Conference）までをカウントすると、都合十七回にわたって「コンファレンス」が開催されている。これに対して、「コングレス」は、ヴェローナ会議以降、同期間内に、一八五六年のパリ会議（Congress of Paris）と一八七八年のベルリン会議（Congress of Berlin）の二度しか開催されていない。[‡][3]

＊　コングレスが列強諸国以外の弱小諸国も参加する会議体であるのに対して、コンファレンスは列強諸国のみが参加資格を有する

会議体であるとか、あるいはコングレスという呼称の付与は、講和条約を策定する目的で招集された会議体に限られるという主張がなされてきた。しかし、どちらの主張も歴史上の事実を正確に反映したものとはいえない。さらに、コンファレンスは「特定の問題に限定された」会議体だったのに対して、コングレスは「ヨーロッパ全体に関わる諸問題」を討議対象とする「ヨーロッパ諸国間の」会議体であるという主張もある。[1] この主張は二つの歴史的事実を看過している。すなわち、一八二二年以降のコンファレンスは、コングレスと同様に「ヨーロッパ諸国間の」会議体であり、また、一八二二年までに開催されたコングレスで、「特定の問題」を討議対象としていなかったコングレスは一つもない。

† コンファレンスとコングレスをこのように定義しても、なおかつ、そこには例外がある。たとえば、一八三〇〜三二年のロンドン会議（London Conference）の場合、本国からの特命全権団の派遣によって会議体の構成の厚みが増し、また一八五五年のウィーン会議（Vienna Conference）には、英仏両国が外務大臣を列席させることによって自国の立場を強化しようとした。他方、一八五六年のパリ会議（Congress of Paris）は、当初、公式文書ではコンファレンスと呼称されていた。こうした例外的事象があったとしても、各国政府が多くの場合、こうした識別に基づいてコングレスとコンファレンスを使い分けていたことは明らかである。

‡ 左記のリストは英仏露墺普の五大列強諸国のうち、一カ国でも参加しなかった大使級コンファレンスおよびその他事務官レベルのコンファレンスを除外するとともに、軍備やスヘルデ川（the Scheldt）［フランス北部を源流とし、ベルギーを経由、オランダで北海に注ぐ。古来、通商上の重要河川としてその帰属が係争の的になってきた］の通行料に関するものなど特殊専門的な多国間会議をカウントしていない。

コングレス		
ウィーン／パリ	一八一四〜一五年	（講和条約、四国同盟）
エクサ＝ラ＝シャペル	一八一八年	（フランス）
トロッパウ	一八二〇年	（ヨーロッパの革命状況）
ライバッハ	一八二一年	（ナポリ革命）
ヴェローナ	一八二二年	（イタリア、スペイン、東方問題）
パリ	一八五六年	（講和条約）
ベルリン	一八七八年	（東方問題）
コンファレンス		
ロンドン	一八三〇〜三二年	（ベルギー）
ローマ	一八三一〜三二年	（教皇領改革）

当然のことながら、このコンファレンス優位状況に対しては少なからぬ抵抗があった。コングレス開催に向けての試みが幾度となく提案されたのだが、こうした試みは多くの場合、かつてのウィーン会議体制への復帰願望の現れ、すなわち列強諸国の本来的な力が正しく反映されないまま緊急避難的に招集されるコンファレンス優位体制では不充分だという信念の現れだった。一八三六年、ルイ・フィリップ（Louis Philippe, 1773–1850）〔後述の訳注を参照〕は、「今後、ヨーロッパのすべての諸国の合意なくして、いっさいの政治的変更およびいっさいの領土上の確執を生じさせない」という考えに基づいた条約の締結を期して、コングレスの開催を熱望した。これは、「そうなれば重要な政治課題の解消に資する、……また、ヨーロッパ的関心事のみならず広く全般的関心を呼び起こす事項の解決に向けての努力に資する、……さらには、ヨーロッパ諸国の国境線の現状維持保証という目的にも資する、私が長年追い求めてきた五大列強間の協約が晴れて実現の運びとなるだろう」(4)という思惑から出たものだった。一八四〇年、オーストリアの宰相メッテルニヒは、軍事力の放棄と恒久的なコンファレンス体制の創設を通じてヨーロッパの平和を永続的に維持する準備段階として、英露墺普の四列強間における反仏連盟体の結成を模索した。(5)一八四九年、第二共和制期のフランス大統領に就任したルイ・ナポレオン（Louis Napoléon Bonaparte, 1808–1873）〔ナポレオン三世（在位一八五二～七〇）。ナポレオン一世の甥〕は、一八一五年に締結されたウィーン講和条約およびパリ講和条約の改定を目指す多国間コングレスの開催を示唆した。(6)列強間で多国間会合開催に向けての交渉がなされていた一八五九年には、ロシアの外相アレクサンドル・ゴルチャコフ（Alexandr Gortschakov, 1798–1883）が、その会合を大使クラス以下の外交官会合ではなく各国の外務大臣が列席する権威ある会合にすることを提案し、ついで、コンファレンスという呼称ではなく、「時代の重大性に鑑みてより適切な」コングレスという呼称をその会合に付与すべきだと主張した。(7)この頃になると、この種のヨーロッパ盟主提携構想は、現状に対する根本的な不満を表立って明示することなく密やかに忍び込ませる体裁をとりはじめていた。いまやナポレオン三世として皇帝に登りつめたルイ・ナポレオンが一八五六年のパリ会議の名称をコンファレンスからコングレスへと変更することに固執した理由の一端は、実現にはいたらなかったウィーン講和条約の抜本的改定を目的とした後年一八六三年の全ヨーロッパ諸国による包括的コングレスの開催提案にあった(8)。それと同時に、彼の伯父に当たるナポレオン一世の「ヨーロッパの諸民族に訴えかけ、その人心を獲得する最初の指導者が自己の欲するところをどこまでも成就できる(9)」という生前の「予言」による後押しと、また自由な国家相互間の連邦体へのヨーロッパ再編という自らの夢を実現したいという思いにあった。着実に重みを増し定着しつつあった現存の国家間システムを乗り越えようとするこうしたもろもろの努力に対して、そのシステムに全体的な満足感を得ていたのは、英仏露墺普の五大列強の中で唯一イギリスだけだったといって間違いはない。この時期、かつてカスルリーが果たした役割を忠実に演じきり、国家間

ロンドン	一八三八〜三九年	（ベルギー）
ウィーン	一八三九年	（東方問題）
ロンドン	一八四〇〜四一年	（東方問題）
ロンドン	一八五〇〜五二年	（シュレスウィヒ＝ホルシュタイン）
ウィーン	一八五三年	（東方問題）
ウィーン	一八五五年	（東方問題）
パリ	一八五八年	（公国領問題）
パリ	一八六〇〜六一年	（シリア）
ロンドン	一八六四年	（シュレスウィヒ＝ホルシュタイン）
ロンドン	一八六七年	（ルクセンブルク）
パリ	一八六九年	（クレタ島）
ロンドン	一八七一年	（黒海）
コンスタンティノープル	一八七六〜七七年	（東方問題）
マドリード	一八八〇年	（モロッコ）
ベルリン	一八八四〜八五年	（アフリカ）

システム改変の動きに対して根本的な反対論を展開しえた政治家は、一人イギリスの外相と首相を歴任したパーマストン（Henry John Temple, 3rd Viscount Palmerston, 1784-1865）をおいてほかにはいなかった。

ベルギー問題を討議の対象とした十九世紀最初のコンファレンスであるロンドン会議（London Conference, 1830-32）の場で、当時外相のパーマストンは、「われわれ会議参加国には、神聖同盟の諸原則あるいはウィーン会議の諸原則に則ってヨーロッパ全域を恣意的に分配する権利が与えられているのではない」(10)との意見具申を行い、他列強の動きを牽制した。さらに、一八四九年のルイ・ナポレオンのウィーン講和条約改定に向けてのコングレス開催への動きに対しても、英仏両国はともに、多国間による干渉をもたらすコングレスの主題として国内問題は妥当ではないという見解に与《くみ》する者であり、ヨーロッパの不安定な政情の原因は多国間関係にあるのではなく、むしろ国内問題にあるという主張を展開することを通じて、パーマストンは同様の立場を堅持した(11)。彼の場合、国内問題に限らず、多国間にかかわる問題に関しても、形式的および実質的により権威があるとされていたコングレスよりも、特定の問題について時局に応じて持たれるコンファレンスの方を好んだ。一八四一年、同年のロンドン会議（London Conference）での合意を受けて、オスマン・トルコ問題に関する常設の会議体、すなわち、コングレスとまでいわなくても、少なくともコンファレンスを設置すべきだというメッテルニヒのさらなる提案に対して反対の意向を鮮明にしたパーマストンは、その根拠をつぎのように説明した。トルコ問題に関する直近の多国間合意が成立し、その効力が発揮されつつある現状に鑑《かんが》み、「つぎになされるべき手立ては、おそらく、英仏露墺普の五列強がおのおのトルコとの二国間関係という通常の外交関係に立ち戻ることとだろう。列強間の協調とそのための交渉を行う中心地については、ある特定の条約が現実として機能し、列強間共通の行動を要請するとともに、共通の行動の中身を決定する必要があると認められる場合には、その有用性と必要性を否定するものではないが、文書上の約言や対象を限定した約言を何らともなわない状態で恒久的な協調体制をつくりあげることは、困難だといわざるをえない」(12)。ところで、こうした「二国間関係という通常の外交関係」を優先すべきだと主張したのは、一人パーマストンだけに限られていたのではなく、これが外交の正常な状態とみなしていた彼は正しかったといわざるをえない。かくして、ウィーン会議体制そのものへの復帰は望むべくもないとしても、その種の列強中心主義体制を復帰させようとするもろもろの動きは、こうした発想の主たる源泉がそうだったように、主として列強諸国間の錯綜した主導権争いと疑心暗鬼によって挫折させられたのである。

一八三〇年にフランスとオランダで生起した革命［前者はシャルル一〇世を退位に追い込み、ルイ・フィリップを王位に就かせたブルジョア革命で、七月革命とも呼称される。後者はオランダ連合王国からカトリック教を国是とするベルギー王国の分離独立を求めたベルギー革命］が、列強五カ国を露墺普の専制主義国家グループと英仏の立憲主義国家グループというイデオロギーを異にする二つのグループへとブロック化したといわれることがある。双方の溝は、かつてカスルリーが頻繁に言及していたように、一八三〇年以前にすでにその様相を深めつつあったのだが、一八三〇年の二つの革命がその状態を加速させたことは疑いない。イギリスは、フランスの七月革命後、ルイ・フィリップ王制下の新政権をロシアが敵視していたにもかかわらず、さらには、フランスを除く四大列強が四国同盟のもと、フランスの内政上の変化を討議に付す会合を義務づけられていると解釈されても致し方ない状況下だったにもかかわらず、いち早くフランス新政権を承認した。露墺普の東方列強三カ国が一八三三年九月のミュンヘングラーツ(Münchengratz)［現チェコ共和国のボヘミア地方の都市 Mnichovo Hradště のドイツ語表記］合意に基づき、ヨーロッパのあらゆる革命状況に対抗するための援助要請を締約国に対して行う権利を公にしたわずか半年後の一八三四年四月、パーマストンは巧妙にも、彼自らの言い回しによると、「東方の神聖同盟に対する強力な対位旋律」として、四国同盟の改定を成功裡に実現させた(13)。翌三五年、彼はヨーロッパにおける立憲主義の伸長がイギリスの利害・国益に資すると公然と認め、ついで、東方列強諸国は立憲主義の伸張を押さえ込む条約を秘密裡に結んでいると主張した(14)。さらに一八三六年には、メルボルン首相（William Lamb, 2nd Viscount Melbourne, 1779-1848）［イギリス・ウィッグ（Whig）党の政治家］宛ての書簡の中で、「考え方が異なり、したがって行動も異なる三カ国グループと二カ国グループ」の存在について言及している。[15] こうしたとらえ方はその後二十年間、両グループの念頭から完全に消し去られることはなく、時機に応じて必ずや浮上してきた。その例証として、墺普両国が一八五一年に締結した反革命条約［ロシアは英仏両国の反発を恐れて調印せず］[16] を挙げることもできるし、また、一八五四年の墺仏英間の同盟成立に関して、コンスタンティノープル駐在フランス大使が「陛下は神聖同盟に対して致命的な打撃を与えた」[17] とする祝電をナポレオン三世に打った事例を挙げることもできる。しかしながら、それと同時に、つぎの点を銘記しておかなければならない。一八三〇年以降、これら三カ国がともに接近し提携する機会がますます増大するのだが、その最大の理由は、列強間のいわゆる「イデオロギー上の二分法的分類」では括《くく》りきれない熾烈な主導権争いが展開されていたからである。

フランスの政治的復興を目の当たりにしたイギリスは、東方の列強諸国を警戒してフランスとの協力関係に腐心するのと同じ頻度で、東方の列強諸国との協力関係を通じて対仏警戒策を推し進めた。一八三一～三二年のベルギー危機に際して、新生ベルギー王国に対して特別な影響力を行使しようとするフランスの動きを封じたのは、対仏警戒策の好例である。さらに、一八三六年には、ルイ・フィリップの王位継承をいち早く承認したイギリスではあったが、フィリップのコングレス開催提案に対しては、ロシア政府に負けるとも劣らないほど激しく抵抗し、挫折に追い込んだ例もある。この場合、英露両国はともに、フランスが一八一五年のウィーン講和条約で課された被後見の立場からの脱却を画策する動きの一環だと睨んだのである。[18] 他方、ドイツをめぐる墺普間の主導権争いや、近東をめぐる墺露間の主導権争いがますますその激しさを増し、その結果、これら東方列強三カ国の関係は、英仏間と同様の不安定な状態を呈していた。一八四〇年から翌四一年にかけて、メッテルニヒが永続的な多国間コンファレンスの開催を執拗に求めたのは、神聖同盟の絆をかつてのように強固にする思惑からというよりは、むしろ首都ウィーンをヨーロッパの外交活動の恒久的中心地にする目的のためであり、さらには自国オーストリアの近隣列強プロイセンとロシアとの対抗上、英仏両国の援助を仰ぐ目的からだった。これに対して、ロシア皇帝ニコライ一世

(Nicholai I, Pavlovich Romanov, 1796-1855)〔在位一八二五～五五年〕はイギリスに負けるとも劣らない激しい反発を示し、メッテルニヒについてイギリス大使に語った彼の言葉は、カスルリーの言葉と見紛《みまが》うばかりだった。「すべての人に助言を与える」立場、すなわち「自分の私室から全世界に向けて指示を出し、全世界を指導する」立場にあるという思い込みからメッテルニヒを救い出してやらねばならない。(19) 一八四〇年代初頭は、イギリスとの通商上の主導権争いや近東における主導権争いで劣勢に追い込まれたフランスが、オーストリアとの同盟関係を模索した時期であり、近東におけるフランスの目論みに対抗して、イギリスが東方三列強諸国との協力関係を打ち立てた時期であり、さらに、仏墺両国に対する安全保障策として、ロシアがイギリスとのより緊密な関係、できうるならば同盟関係の可能性を探っていた時期だった。この時期に、その後一八七一年までヨーロッパを席巻する目まぐるしくも錯綜した外交活動がすでに展開されていたのである。この錯綜した外交活動は、ヨーロッパを震撼させた一八四八年の革命状況によっても単純化することはなく、革命忌避という一点で一致団結していた専制主義国家でさえ、対策を立てて行動に出るのは自国の利害得失にかかわる場合に限られることが明らかになった。また、一八五二年、イギリス政府はベルギーの独立を危うくする場合に備えて、六万人の軍隊を派遣する用意があるとするロシア政府の申し入れを歓迎する一方で、ナポレオン三世下のフランスを承認する条件として、皇帝自らの平和的意図の保証を求めた東方列強三カ国には与《くみ》しなかったことに現れているように、同年のルイ・ナポレオンの皇帝即位を契機としたフランスの復興によっても、錯綜した外交活動は単純化されなかった。さらに、一八一五年の屈辱的なウィーン講和条約を破棄し、それに代わるフランスの庇護下での緩やかな国家連合体をつくりあげようとするナポレオン三世の飽くなき欲求から生み出された最初の深刻な事態、すなわち、クリミア戦争〔一八五三～五六年。ニコライ一世下のロシアが「ヨーロッパの病人」トルコの分割をめぐって英仏を中心とする連合軍と戦い、クリミア半島の激戦でロシアの敗北が決した〕によっても、錯綜した外交手法のあり方に変化が持ち込まれることはなかった。クリミア戦争は、列強間の複雑に絡み合った嫉妬心や猜疑心をいままで以上に増幅させただけだった。だからこそ、終戦直後の一八五六年、敵味方に分かれて戦った列強諸国が戦後処理の多国間コングレスを招集しようとしたとき——最終的にパリでの開催に決まったのだが——開催合意に漕ぎ着くためには、新たに生じた特殊な要因を考慮せざるをえなかったのであり、列強諸国が何らかの協力関係を築こうとしたとき、最も現実的な方法として考えられたのが問題の発生に応じて緊急避難的に開催するコンファレンスだったのである。

ただし、この一段と緩やかな国家関係システムにしても、列強諸国間の主導権の争奪をめぐる思惑や画策もあって、正常に機能したとはとてもいえない。ベルギーのオランダ王国からの独立問題を扱ったロンドン会議（London Conference, 一八三〇〜三二年）後、ベルギー独立に関して再度検討する場を設けようとしたメッテルニヒとパーマストン両人は、開催地を自国の首都にすることによって会議で主導的な立場を保持しようとした結果、双方の疑心暗鬼が交錯し、ベルギー問題に関する第二次会議開催が暫時頓挫した。[20] さらに一八三三年、トルコ・エジプト間の対立の鎮静化を焦眉の急とする東方問題に関しても、両人が自国開催を主張して譲らず、パーマストンはロンドン駐在オーストリア大使に対して、晩餐会の席上、「われわれの関係はあくまでも対等な関係にある。……」と語り、イギリス側には妥協の余地のないことを知らしめた。イギリスに対するオーストリアからの外交上の反撃が、それからほどなくして、メッテルニヒによってなされた。イギリスはコングレス体制を復活させることによってヨーロッパ外交を牛耳ろうとしているとし、メッテルニヒは、パーマストンをつぎのように批判した。パーマストンは、「ロンドン会議を高みへと引き上げ、すべてに超越する最高法廷（areopagus）の権威をまとわせ」、かくしてロンドン会議の恒久化を図ろうとしているのだが、「そこでは、［英仏の］海洋国家二カ国の宮廷が推し進める改革主義的政策の共犯者としての役割を、［墺露普の］大陸国家三カ国が背負わされることになる」[21]。その後の数十年間、開催に漕ぎ着くのが容易だったコンファレンスは一つとしてなく、開催地だけではなく開催にともなう協議事項に関しても、列強間の激しいつばぜり合いが何とか収束された後になってようやく開催の運びとなった。[22] いったん開催されたとしても、今度は議事運営手続きに関する思惑が交錯し、列強諸国が全会一致で議事を進行させたことは一度もなかった。一八三三年、パーマストンは一八三〇〜三一年のベルギー独立に関するロンドン会議の場における東方列強三カ国の非協力的な対応によって、それ以降、五列強間コンファレンス開催の考えそのものがイギリス政府をして受け入れがたいものにさせてきたといらだちげに語っている[23]。さらに、同じロンドン会議について、「東方三列強の宮廷側近たちは、ロンドンに派遣した自国の特命全権大使の行動や言動を不安げに見守っていた」とも語っていたが[24]、この発言はどうみても控えめな発言である。墺露普三列強のロンドン会議の議事運営に対する不信感は非常に強く、とりあえずはコンファレンス自体の権威を貶《おとし》めることに腐心し、ついでその延期を執拗に主張した[25]。ベルギー問題に関するロンドン会議の再開は一八三九年になるまで実現されることはなかった。この第二回会議では、全調印国にとって自国の利害得失を度外視した禁欲的布告とも称すべき一八三一年の合意事項、すなわちオランダ王国とベルギーの国境線の画定および列強諸国の恒久的保証のもとでのベルギーの中立化が再度確認された。同じく一八三九年に東方問題に関して開催されたもう一つのコンファレンスは、当初はウィーンが開催地だったが、その議事運営手続きをロシア皇帝ニコライ一世が露骨に非難し、さらに、開催地をウィーンにしたことにも反対の声を上げた結果、ロンドンへの移動が決まった[26]。かくのごとく、コンファレンス体制によって生み出される諸問題の対応に忙殺され、一時の休息も許されない状況に身をおいていた往時の指導者たちにとって、コングレス体制の確立など思いもよらず、問題の発生に応じて緊急避難的に開催されるコンファレンスよりもさらに一段と緩やかで義務をともなわない方法をみつけ出そうとしたのである。

一八三八年、ベルギー問題に関する第二次ロンドン会議の最中に、パーマストンはこの会議をメフメット・アリ（Mehmet Ali Paşa or Muhammad Ali Pasha, 1769-1849）［オスマン・トルコ帝国のエジプト太守（パシャ）。エジプトの封建体制を打倒し、近代化に尽力したが、シリアの統治権をめぐって宗主国トルコと対立、列強諸国の干渉を招くいわゆる東方問題を惹起した］の処遇に関する列強五カ国の合意形成の機会として利用しようとした。その際、彼が望んでいるのは、東方問題に関するコンファレンスの開催ではなく、単なる「協調」（concert）の場であるとオーストリア政府に伝えていた。これに対してオーストリアも、コンファレンス形式ではない「協調」形式を受け入れる意向を明らかにした。ところが、この提案もロシアの反対に遭っていったんは頓挫した。しかし翌年、同じ東方問題に関するコンファレンスのウィーン開催に対して、列強諸国の同意を取りつけようとしたメッテルニヒは、パーマストンと寸分違わぬ手法で説得を試みた。すなわち、コンファレンスという言葉そのものがもはや適切ではないのだから、コンファレンスの開催要求ではなく、「協調」あるいは「拠り所」(*point d'appui*)を求めているに過ぎないという論法を使ったのである。したがって、東方問題を扱った一八三九年のウィーン会議(Vienna Conference)も、一八四〇〜四一年のロンドン会議(London Conference)も、ともに組織的な意味合いではコンファレンスとみなされなかったのである。両コンファレンスには参加国の大使や艦隊司令官にそこでの決定事項に基づく指示に従わせる権能が与えられてはいたが、コンファレンスそのものは、「調和点」(*points d'union*)あるいは「中心点」(*points centrals*)と呼ばれていたに過ぎない(27)。

ヨーロッパの協調体制は、さらに深刻な制約のもとに置かれ、ますます傷ついた。ベルギー独立問題、教皇領問題、東方問題等、列強諸国間の会合開催に向けての事前合意が図られた問題に関しては、たしかにコンファレンスが持たれ、そこでの決定事項を関係諸国に遵守させることが列強諸国の最大の関心事だったのに対して、クリミア戦争以前に開催されたコンファレンスはどれ一つとして、列強諸国に決定事項の遵守を迫るようなものはなく、ましてや列強諸国が大きな利害を有する問題を対象としたコンファレンスが開催されることはなかった。往時の状況を二つほど例示してみよう。一八四八〜四九年のオーストリア・サルデーニャ戦争［第一次イタリア独立戦争とも呼称される。オーストリアの支配下にあったミラノなどで独立を求める反乱が生じ、サルデーニャ王国がこれを支援して戦った戦争］の終結に際して、英仏両国はイタリア独立問題の平和的解決を求めて、全列強諸国が参集するコンファレンスをブリュッセルで開催しようとした。しかし、列強諸国がいっさいの領土変更を認めないと事前に宣言しない限り参加を拒否するというオーストリアの強硬な姿勢を前にして、英仏提案は実現にはいたらず(28)、それ以降、イタリア問題を議題とするコンファレンスが開催されることは絶えてなかった。シュレスウィヒ＝ホルシュタイン(Schleswig-Holstein) 問題［デンマーク王国と同君連合にあった両公国の帰属をめぐるデンマーク・プロイセン間の十九世紀中葉の政治的・軍事的衝突］を抱えるプロイセンに関しては、一八五二年のロンドン・コンファレンスが唯一の列強国列席の会合だった。しかも、この会合で決定事項とされたプロイセン・デンマーク両国による事前受け入れの交渉の任に当たったのは、主催国イギリスの外相パーマストンただ一人だったのである。

この時代が抱えていたさまざまな問題、さまざまな困難を考慮に入れると、コンファレンス体制が大きく前進して多くの成果を挙げたといえる状態からは程遠いといわざるをえない。しかしながら、ここで問われなければならないのは、それでは列強諸国がこの困難な時代状況をさらに悪化させる方向へと突き進み、十八世紀に見られた無政府主義的混沌へと回帰していかなかったのはなぜなのか、ということである。ヨーロッパの協調体制が生み出す制約と不満を列強諸国が受け入れたのは、状況が列強諸国をして受け入れざるをえなくさせた結果であって、列強諸国に制約を積極的に受け入れる用意があったからではない。いうまでもなく、列強諸国は彼らに課せられた制約を中途半端な気持ちで、しかもしぶしぶ受け入れたのである。しかし、こうした状況は、時代を問わず、すべて国際的な多国間交渉には付き物である。同盟関係を形成することや多国間会議を開催することが国際紛争の解決につながると思われがちだが、その同盟なり多国間会議がしかるべき効力を発揮するためには、国家間の紛争をコントロールしようとする心構えが前もってなければならない。こうした心構えに至ること自体、それほど容易なことではない。ましてや、その気持ちを持ち続けることはそれよりもはるかに難しい。往時の列強諸国が、それにもかかわらず制約を受ける心構えになったのはなぜなのだろうか。また――これは別種の問題なのだが――この脆弱なコンファレンス体制の中で、萌芽状態に過ぎないとしても、公式に認められた多国間協力という方法論の萌芽が生み出されてくるのを、列強諸国に課せられた制約が追認したのはなぜなのだろうか。

第一の疑問に対する答えは、列強諸国間の権力闘争の性格自体にある。列強諸国相互間には、利害に関してもイデオロギーに関しても、あるいはその両者に関しても、共有する部分がほとんどない状態だったため、列強五カ国間の同盟関係の形成はおよそ論外だった。しかし同時に、圧倒的な力を持つ大国不在状況を前にして、列強諸国はどの国も大きなリスクを冒そうとはしなかった。こうした状況は、一七八九年のフランス大革命前にすでに現れていたが、それに加えて、ヨーロッパの十九世紀前半五十年が国内的な動乱のただ中にある時代だったという新たな事実を忘れてはならない。列強諸国はいずれも、君主制統治と貴族制統治を組み合わせた政治制度のもとにあったが、十八世紀の経験は、君主制の国家が共和制の国家と協力関係を結ぶことがあるのと同様に、一国の君主が他国の君主に対して戦争を仕掛けることがありうることを教えていた。しかし、いまや列強諸国は程度の違いはあっても、例外なく国内の反体制勢力と対峙せざるをえない状況を迎えていたのである。一八三〇年以前には、列強諸国はウィーン会議体制を機能させて、多国間協力による反体制運動の鎮圧を試みようとしたが、思惑通りに事は進まなかった。一八三〇年以降になると、列強諸国間の主導権争いはその激しさを衰えさせるどころか、ますます苛烈さを増し、その結果、国内の騒擾状況に対処するための協力体制の構築は、その実現性に関する限り皆無に近かった。しかし他方、フランス、ベルギー、ポルトガル、スペイン、イタリア、ギリシア、ポーランド、オスマン帝国等で革命が勃発した年であり、「革命」が成功せず途半ばで流産した年でもある一八三〇年以降、列強諸国は自国内に共通の難問を抱える状況に直面して、少なくとも外交政策の遂行という点では自己抑制的な行動をとらざるをえなかった。自国内の政情不安が間断なく続き、ヨーロッパ中に燎原の火のごとく広がった一八四八年の革命が「歴史がその重要性を示し損なった決定的な分岐点」だったという認識に達するまで、列強諸国の自己抑制行動は維持された。列強諸国が主導権争いの結果、革命状況の鎮静化を目指す共同行動に出るのがまれだったとしても、他方で彼らは革命状況を鼓舞することを恐れて、ほかの列強諸国に対して敵対的行動に出ることは一度としてなかった。プロイセン王フリードリヒ・ヴィルヘルム四世（Friedrich Wilhelm IV, 1795-1861）［在位一八四〇～六一年］

は、一八五四年の時点で、「オーストリア――あのやっかい者でもあり陰謀家でもあるオーストリア――が、革命勢力の攻撃を受ける事態を座視するに忍びない。オーストリアの存続のために、剣を抜く覚悟ができている。しかし、この覚悟はプロイセンへの純粋な愛から湧き出てくる自己防衛本能のなせる業なのである」［傍点は引用者］と書き記している[29]。この段階になっても、革命の危険に脅威を感じていた人物は彼一人に過ぎなかったかもしれない。しかしながら、ヴィルヘルム四世のこの言葉は、彼の一世代前のすべての列強諸国、東方の墺露普三列強のみならず、西側の英仏両列強の思いをかなり的確に言い当てていたといえる。

一八三〇年代と一八四〇年代、国内の「革命」に最も深く関わらざるをえなかったフランスの場合、イギリスを対仏警戒策のため東方三列強に与《くみ》する状態に追いやる事態を回避する必要性からだけではなく、イギリスとの主導権争いを遂行するうえからも、協調的・自己抑制的行動に出ざるをえなかった。一八三三年以降一貫して追い求めてきたオーストリアとの協商関係が成立した一八四七年、フランスの外相ギゾー（François Pierre Guillaume Guizot, 1797-1874）はメッテルニヒに書簡を送り、その中で「いまや、フランスは保守主義への傾向を顕著にしており、また保守主義に適合しつつある。……したがって、貴国との協商関係はわが国にとって事実の積み重ねに基づくごく自然なことである」と書き送っている[30]。フランスの政治状況に関する彼の判断が、その一年後、フランス王制政治最後の七月王政がさらなる革命によって瓦解しても、変更されることはなかった。一八四八年革命の新外相ラマルティーヌ（Alphonse Marie Louis de Prat de Lamartine, 1790-1869）［一貫して平和主義と民主主義を宣揚した］は、「ヨーロッパへのマニフェスト」（Manifesto to Europe）の中で、「一八一五年のウィーン講和条約は、フランス共和国からみると、もはや法的には存在しない」と高らかに謳いあげたが、その理由は、マニフェストの目的の一つがフランス国内のより急進的な意見を満足させること、すなわち、より急進的な革命のさらなる勃発を回避することにあったからである。しかし、それ以上に重要なのは、一八一五年の講和条約に関して、「他国との関係において、わが共和国がその基礎とも出発点ともみなすことにやぶさかではない」というヨーロッパ諸国向けの融和的な一文がこのマニフェストに書き加えられたことである。(31) ラマルティーヌの場合とは異なり、急進派の脅威から解放された後継外相バスティード（Jules Bastide, 1800-79）［一八三〇年代から四〇年代にかけて共和主義者として活躍した］は、さらに一歩踏み込んだ姿勢で臨んだ。一八四八年七月、デンマーク領シュレスウィヒ＝ホルシュタインの帰属を求めるドイツ統一民族主義に対して、「三五〇〇万人以上の人口を擁するドイツ民族の統一は、近隣諸国にとって、今日あるドイツとは比較にならない脅威になる。したがって、われわれにはドイツ統一の実現を願う理由も、その推進を願う理由もない」と語り、反対の意向を明確にした。(32) ドルーアン・ドゥ・リュイース（Édouard Drouyn de Lhuys, 1805-81）［有能な外交官として、ナポレオン三世下で三度外相を務めた］の場合は、ルイ・ナポレオンによるクーデター後の第二帝政期を通して、一貫してナポレオン三世と自由主義的理想との間に楔《くさび》を打ち込もうと尽力した。(33) この点に関する限り、ナポレオン三世の存在そのものが歴史家にとってやっかいな問題を提示する。一方で、自由主義的理想を心底から奉じ、フランス国家のために一八一五年の屈辱的な対仏講和条約の改定を希求しながらも、他方では皇帝即位後、ほかの列強諸国にならって自己抑制的政策をとらざるをえない圧力から自らを解き放てなかったからである。第二帝政成立の一八五二年以降のフランス外交が、それ以前の外交と比べて足どりが覚束《おぼつか》なげになったのは、ナポレオン三世の一貫性・信頼性の欠如にその理由の一端がある。この一貫性・信頼性の欠如の原因としては、第一に、革命という暴力的手段に訴えずに自由主義的かつ民族主義的理想を実現しようとしたこと、第二に、戦争を引き起こさずに一八一五年のウィーン条約を改定しようとしたこと、そして最後に、ヨーロッパの現状に異議申し立てを行う一方でヨーロッパの秩序と現状保全の擁護者になろうとしたことにある。

ナポレオン三世は、皇帝即位後まもなくして、パリ駐在イギリス大使カウリー（Henry Wellesley, 1st Earl Cowley, 1804-84）に対して、「一八一五年条約を遵守する気持ちに嘘偽りはない。しかしながら、フランスにとってこの条約がいかに耐えがたいものかを想起していただかねばならない」(34) と自らの心情を吐露していた。彼が条約遵守の保証を与えたのは、いうまでもなくイギリスとの友好関係を必要としていたからであり、イギリスがほかの列強諸国以上にウィーン条約の遵守に重きを置いていたからであり、さらにいうならば、イギリスがイデオロギー上の主張以上にウィーン条約の遵守を重要視していたからでもある。当時のイギリスの外相パーマストンは、自らを先代の外相カニングの直系の門下生だと好んで僭称していた。たしかに彼は、外相就任当初は一八三四年の四国同盟の取り極めに準拠して、ポルトガル王位の簒奪者を武力鎮圧する目的で編成されたフランス遠征軍の派遣には同意を与えたものの、東方の列強三カ国の武力介入には頑として応じなかったことに現れているように、イギリスの不干渉ドクトリンにカニング的な解釈を与える外交戦術を用いた。しかしながら、神聖同盟への対抗上、自由主義の大義を掲げ、その宣揚に邁進する政策は、実は、カニングの退場とともにその役割を終えたのである。自由主義と民族主義の流布・拡大を優先するのではなく、現存する条約体制の堅持を優先する姿勢を明確にしたパーマストンは、先人カスルリーの申し子だったといわなければならない。一八三〇年から一八四八年にかけての革命状況の期間を通して、ポーランド、イタリア、ハンガリー、さらにはドイツ各地で頻発した自由民族解放運動への支援要請に対して、彼は一八一五年のウィーン条約を盾に頑として首を縦に振らなかった。その際、彼はロシアの主張と機を一にして、現行条約の改変は締約国間の合意がない場合には、それがいかなる改変であれ、侵略行為を構成するという立場に立つ。しかし他方で、デンマーク王国に対するプロイセンの軍事行動の場合のように、現行条約とイギリスの国益が危殆に陥れられる事態に対しては、不干渉政策を放擲《ほうてき》する用意があると主張する。パーマストンは、民族主義運動の敵対者として主導的な役割を演じたのがシュレスウィヒ＝ホルシュタインの帰属をめぐる係争問題に限られていたが、たとえばポーランドやハンガリーにおける民族主義運動をロシアが弾圧することやイタリアにおける民族主義運動をオーストリアが弾圧することに異を唱えるどころか、それを積極的に是認したのである。[35] 彼のこうした態度は、「ヨーロッパ〔列強諸国〕の政治的独自性およびヨーロッパ〔列強諸国〕の自由」という視点に立つとき、必然的に出てくる政策であるという揺るぎない確信に基づいていた。イタリアの統一運動に関して、彼がオーストリアに妥協的な姿勢を求め、サルデーニャ王国を中心とする北部イタリア王国の独立を認めるよう説得した事実を見逃しているわけではない。しかし、これは決してイタリアの自由を重視したからではなく、むしろイタリアへのフランスの干渉を恐れたためだった。さらには、ハンガリーの民族主義運動に対するオーストリアの弾圧をロシアが是認したことで、オーストリア帝国が内部崩壊を免《まぬが》れたように、ヨーロッパの勢力均衡上きわめて重要なオーストリアは、こうした政策によって本来あるべき力を保持できるという自らの確信に依拠する政策を遂行したのである。

パーマストンの姿勢は、神聖同盟諸国間と西方列強二カ国間に相互浸透関係を生み出し、一八三〇年以降クリミア戦争にいたる期間を通じて列強諸国に広く流布した自己抑制的対応を招来させるうえで、ヨーロッパの政治的無秩序状況に対する恐怖が、東西の両列強陣営内の物質的な主導権争いに負けるとも劣らず、強力な影響力を行使したことを疑う余地なく示している。そのことはまた、列強諸国が危険を顧みない無謀な政策の追求を回避しながらも、同時にコンファレンスの開催に基づく外交交渉という国家間システム——それがいかに欠陥の多い不完全なシステムだったにしろ——を生み出させた一つの理由だったのである。十八世紀後半五十年間と比較したときの十九世紀前半の新たな特徴として第一に挙げられるのが、列強諸国が共有していた革命への恐怖だが、この恐怖感は引き続き主要列強諸国間にほぼ均一な勢力配分をもたらし、その結果、列強諸国の政策を自己抑制的にすることに貢献した。この時代の第二の特徴は、仏墺露普のヨーロッパ大陸列強四カ国の力がほぼ均等な状態を前代と同様に維持し続けたのに対して、イギリスが権力の点でも影響力の点でも、いまやこれら四カ国をはるかに凌ぐ存在になったことである。したがって、一つの見方としては、イギリスの影響力がほかの列強諸国に優っていたこの時期の「ヨーロッパの協調」体制を、普遍的王政の再来を希求した時代にとって代わるべくして成立した体制だと理解したとしてもあながち不自然ではない。

いまやイギリスは、物質的な国力に関する限り、ほかの列強諸国を凌駕し、ある意味ではかつてオーストリア、スペイン、あるいはフランスが享受していた他を圧する地位を獲得したといって過言ではない。しかしながら、第一にイギリスは、上記三カ国とは異なり、ヨーロッパ大陸の外縁に位置する国家であり、大陸内の国家ではなかった事実、そして第二に、イギリスの優越的立場に疑いを挟む余地がないとしても、その優越性が揺るぎなく確立したのは、ロシアとプロイセンという二大新興列強の国力が同時進行的に増大しつつあった時期に当たっていた事実を留意すべきである。なぜならば、イギリスの場合、自国の優越的な権力と安全保障をヨーロッパ全体を自らの支配下に服させることと関連づけようとしたかつての大国と同じ道をたどることはおよそ論外であり、また、その種の誘惑に駆られることもなかったからである。むしろイギリスにとっては、ヨーロッパの分断状況の継続こそが国益にかなうことだったのであり、だからこそイギリスは、ある時期までは、ウィーン会議体制が一糸乱れず整然と運営される事態を何としても避けるべく全力を傾注したのである。ところで、イギリスが列強としての力と地位を初めて獲得したのは十八世紀であるが、この段階でのイギリスの基本政策はヨーロッパ大陸諸国の分断状況に乗じて、ヨーロッパの外への進出に国力の多くを注ぎ込み、そのことによって国力の飛躍的増大を図るいわゆる「不介入孤立主義」政策を旨としていた。しかし、十九世紀以降、とくに一八一五年のウィーン会議以降の時代はイギリスにとって、第一にヨーロッパの分断状況の有益性、さらに第二に、分断状況をつねに監視し続ける必要性から来るヨーロッパ大陸内での影響力の保持の有益性、この両者の有益性の同時追求が可能でもあり、また望ましい状況を迎えたのである。カニングには、旧来の不介入孤立主義に回帰する気持ちがその政策遂行に色濃く反映していた。それがパーマストンになると、イギリスの国益を最優先に考える点ではカニングに勝るとも劣らないが、現行の多国間システムが維持され機能することを前提に、ヨーロッパの大国としてそこでの優越的な地位の継続的な保持が、イギリスの国益の保全に資するという考え方に立つのである。

パーマストンは、「イギリスの国益、勢力均衡状態の継続、さらにはヨーロッパの平和の保持」という言葉をよく口にしたが[36]、この中でも、「本来、他国に帰属する領土を不法な手段を用いてわがものにしようとする国家」がある場合には、勢力均衡状況が危殆に陥れられるというよう一八四一年の発言からもうかがわれるように、「細心の注意を払って勢力均衡状態を維持すること」が、おそらく彼にとっての最大の関心事だったと思われる[37]。このように考えたのは一人パーマストンだけではない。その後、一八五二年時点でのイギリス首相ジョン・ラッセル（John Russell, 1st Earl Russell, 1792-1878）〔ウィッグ党最後の指導者〕の下院におけるつぎの発言が、この時代のイギリス政府の考え方を的確に言い当てている。「わが国は過去一世紀余と同様、いま現在、ヨーロッパの全般的システムに組み込まれているのであって、……ヨーロッパの全般的な勢力均衡状況を乱す……国家による領土の新たな獲得、すなわち国家の拡大化に対しては、それがいかなるものであれ無関心ではいられない。こうした事態は当然のことながら、コンファレンスの議題とされるべきであり、仮にその均衡状況が著しく損なわれる場合には、戦争への引き金となりかねない[38]」。

イギリスの国益のとらえ方がこれとは異なる方向でとらえられていたならば、十九世紀前半に登場したヨーロッパの協調体制が生み出されることはなかっただろう。しかし同時に、こうしたイギリスの政策も、ヨーロッパのほかの列強諸国の考え方と必要性に対応していなければ、やはり生み出されなかったはずである。ヨーロッパを席巻しつつある革命状況の鎮圧を目的とした列強諸国間の協力態勢構築構想が空中分解し、列強諸国間の関係がさらに険悪化した後に、しかも革命への恐怖という列強諸国共通の思いが、悪化した関係のさらなる険悪化を辛うじて塞ぎとめていたこの時期に、イギリスの影響力の増大という要因だけではなく、この時代を特徴づけた新たな要因、すなわちナポレオン三世というもう一人のナポレオンに対する恐怖心によって、列強諸国は一致できるところで共同歩調をとらざるをえなかったのである。ナポレオン三世の登場は、イギリスと同様、墺露普の列強三カ国にとっても脅威そのものだった。その結果として、イギリスが既存の国家間関係の保持、すなわち――パーマストンが使った語彙をいくつか援用するならば――「ヨーロッパの独自性とヨーロッパの自由」、「ヨーロッパの全体的利益」、さらには「ヨーロッパ本来の目的」と自国の国益とを等価なものとみなすことに何らの痛痒《つうよう》をも感じなかったように、これら三カ国はイギリスの優越的地位がナポレオン三世によってもたらされる可能性のある危機的状況を増幅させるものではないこと、つまり、この点に関する限り、イギリスの国益と自国の国益が合致することに疑問を感じていた節《ふし》はまったくなかった。列強五カ国が外交交渉の中心地をロンドンにするかしないか、ウィーンにするかしないか、あるいはパリにするかしないかという程度の駆け引きを通じてしか自国の野心を表明できなかったのは、野心的かつ領土獲得的な政策に対する反動として、ルソーやカントなど十八世紀の思想家たちがはじめて世に問うた勢力均衡主義的ヨーロッパ概念、しかしこれまで一度たりとも各国政府によって実践されたことのない勢力均衡主義的ヨーロッパ概念を列強諸国が例外なく受け入れていること、まさにそのことを列強諸国が例外なく知っていたからである。列強諸国に共通するこの思いは、一八三一年四月のベルギー独立問題に関するロンドン会議の第十九議定書につぎのように明示されている。「国家にはおのおの固有の法がある。しかしながら、ヨーロッパにもまたヨーロッパの法があり、その根拠をヨーロッパに与えたものこそが社会秩序なのである」(39)。ここに表明されているのは、国家の固有の権利を強調することによって、神聖同盟的発想からの後退を認めたことであり、他方、ヨーロッパの権利を重視することによって、国家間の勢力均衡に特別な意味づけを公式に与えたことである。十九世紀後半の外交批評家たちが勢力均衡的発想を「ヨーロッパ社会の秩序」に背反するとして槍玉に挙げ論難したのに対して、パーマストンは首尾一貫、勢力均衡概念こそが「ヨーロッパ社会の秩序」にとって必須の条件だと主張した。彼はナポレオン三世が目論むヨーロッパの覇権掌握に対する安全弁としてのみ勢力均衡概念の有効性を考えていたのではない。この側面を過小評価できないが、しかし同時に、ヨーロッパの現状に何らかの変更が避けられなくなった場合、列強諸国が従うべき最善の指針として、さらには、変更後の新たな現状を維持する論拠としても、勢力均衡概念がきわめて有効だと考えていた。したがって、彼にとって勢力均衡概念は「ヨーロッパの平和維持」、「ヨーロッパ本来の目的」の追求と等価の互換的なものだった。この点に関する限り、彼はすべての列強諸国がこの等価性、この互換性を暗黙裡に受け入れていることを確信していたのである。こうした状況下においては、「無干渉主義」(*laissez faire*)を否定する者、すなわち、かたや宗教的狂信者グループ、かたや国際社会主義者グループの両極に分かれる彼らだけが勢力均衡的発想を否定する(40)。国家間関係における無干渉主義に賛意を示す者は、上述のパーマストン的ヨーロッパ観の枠組みの中で、それを是認したのである。

この無干渉主義に基づく勢力均衡論こそが、ヨーロッパの列強諸国に以下に述べる十九世紀前半の会議体制を支えた諸原則を生み出させたのである。第一に、列強諸国は一八一五年のウィーン条約が規定した領土上の現状を保持し、ヨーロッパ域内で発生する国家間の諸問題を解決する共通の責任を有すること。第二に、列強諸国は現状の改変が必要になる場合、あるいは問題の解決が求められる場合には、関係諸国の公式かつ共通の合意なしに、その改変なり解決なりを単独でしかも一方的に図ってはならず、またそのことから利得を得てはならないこと。そして第三に、列強諸国の一致した合意が必要とされるのだから、そこでの決定は関係諸国の投票で決せられるべきではないこと。列強五カ国が例外なく以上の諸原則を受け入れたからこそ、一方ではコンファレンスの開催拒否は敵対的・挑戦的態度とみなされ、したがって開催提案が即座に拒否されることはなく、受諾不能な条件を持ち出すことで開催を事実上不可能にする手法を用いた。他方では、開催に消極的で参加を躊躇する国家であっても、コンファレンスへの参加がその国家の外交的な失態や敗北とはみなされないという暗黙の了解があったのである(41)。

一見すると、これら諸原則はヨーロッパの協調体制の発展に寄与した広がり以上の目覚ましいことには思えないかもしれない。戦争の勃発を回避する意思を持つ主権国家間には、直面する状況がどれほど困難だろうと、この種の相互規制的な約束事が存在しないはずはないという意見を投げかける向きもあろう。個別国家の集合体でなり立つこの世界においては、現状の改変はいかなる意味でも避けえない。したがって、列強諸国にとって戦争という手段を望まない限り、とりわけ通信手段や交通手段が現代とは比べようもなく未発達だったこの時代において、その結果、必ずしも有益とはいえない場合でも、列強諸国間に恒常的な接触と対話の必要性を促《うなが》したこの時代において、さらにこの点に関する限り、列強諸国に対してかつて以上の緊密な接触・対話を要請したこの時代において、こうした諸原則に立ち、協調体制という方向性を受容する以外に、いかなる手立てがとりえただろうか。歴史的な事実として提示されたのは、一見した印象以上に、これら諸原則が重要な意味合いを持っていたことであり、これら諸原則をヨーロッパ協調体制の現実に適用することが想像以上に困難だったことである。国家間関係の本性と錯綜性を理解する者にとっては、以下の点は説明を要しない自明なことである。すなわち、列強諸国が単に自制的行動をとるだけでなく、上述した考え方に基づいた国家間システム観に自らを委ねる意志を持っていたからこそ、さらには、その国家間システム内におけるこれら諸原則の位置づけについてそれなりの視点を持っていたからこそ、列強諸国はこれら諸原則を生み出すとともに、現実の国家間関係に適用したのである。

こうしたシステム観優先志向が、列強諸国間における自己規制的対応方式と相容れなくなり、より強力な国家間関係の牽引力となる時代が来るべくしてやってきた。「ヨーロッパの協調」のバックボーンだったヨーロッパ概念そのものが、クリミア戦争の発生を未然に防止する役割を果たせなかったどころか、実はクリミア戦争の勃発という現実に大きく寄与したのである。

クリミア戦争は、多数の国家を巻き込む全般的戦争がすべてそうであるように、一面では列強諸国の政治的野心と戦略上の主導権争いの衝突によって引き起こされた戦争である。ロシアはいまや独立国家とは名ばかりの存在に過ぎないオスマン・トルコ帝国に対する影響力の増大、あるいはオスマン帝国の瓦解と分割を目指していた。他方、エルサレムの聖地（Holy Places）［十六世紀以降第一次大戦終結時までオスマン帝国の支配下にあったユダヤ教、キリスト教、イスラム教共通の聖地］をめぐる紛争において、トルコ政府の妥協的対応を引き出す外交的成功を収め、それに乗じる形でロシアに対してトルコへの要求を使嗾《しそう》していたナポレオン三世は、ロシアがトルコ領土内のギリシア正教徒の保護要求と永世友好同盟の締結を強硬に主張し、それにトルコ側が激しく反発したとき、一転してトルコ側に身をおく政策をとった。その理由は、第一にオスマン帝国内のフランスの経済的利益を考慮したからであり、第二にフランスの自由な行動の足枷になっている一八一五年条約の廃棄へと通じる政治的利益を計算したからであり、そして第三にナポレオン自身の国内における地歩強化の手段として利用する価値があったからである。イギリス政府は、トルコ支持の点ではフランスと同一歩調をとったのだが、その理由は、近東とインドにおける自国の優勢な立場に対するロシアの脅威を取り除くことに無関心でいられないからであり、また、当時の好戦的ともいえる激しい反ロシア国内世論の圧力を無視できなかったからでもある。しかし英仏露の列強三カ国はいずれも、こうした動機あるいは目的のもとでクリミア戦争へとひた走っていったのでもないし、「三カ国いずれにも意図的な攻撃作戦計画があったのでもない」[42]。ロシア側にしても英仏両国にしても、双方の思惑をとらえきれなかったために、戦争がとかくそうであるように、クリミア戦争も相手に対する恐怖心からなし崩し的に本格化していったのである。しかも、当時の列強諸国も、現代の国家がそうであるように、自国の物質的利益の損失を恐れただけではなく、自国の威信に傷がつくことをも恐れたのである。しかしながら、こうした動機の不透明さ、物質的利益の損失、威信の喪失等も、戦争を忌避する精神態様を一掃しなかった。一八五四年に両陣営がこの危機を単に危機的状況ですますのではなく、本格的な戦争へと雪崩れ込んでいった根本的な理由は、トルコに対するロシアの要求が「ヨーロッパの協調」体制を基礎づけてきた諸原則、すなわちヨーロッパ諸国間に適用される国際法の適用範囲をオスマン帝国にまで拡大すべきや否やという問題を提起することになったからにほかならない。ロシアが戦争の道へと迷い込んでいったのは、これら諸原則の近東へのさらなる拡大・適用を、戦わずして受容することを拒否したからである。英仏両国がロシアと戦ったのは、ロシアがトルコの将来を自国だけの固有の関心事だとみなす時代はもはや過去のものであることを誰の目にも明らかにするためである。また、オーストリアが参戦にはいたらなかったが、最終的には公然と英仏側に加担したのも、これと同じ理由からだった。この意味では――この意味においてのみ――クリミア戦争は、「本質的には西方列強諸国によるロシアへの侵略行動」であり、「東方問題の解決のための戦争というよりもヨーロッパのための戦争であり、……トルコ支援のための戦争というよりもロシアに対抗するための戦争」だった[43]。つまり、クリミア戦争は、この一世紀後、国連憲章の理念を擁護し推進しようと決意した大国同士が朝鮮半島で戦った朝鮮戦争のいわば「十九世紀版先例」だったのである。

ここに、双方の大いなる戦争忌避の精神態様にもかかわらず、クリミア戦争が勃発した一つの理由があった。この戦争は、列強諸国すべてがその全般的有効性を受容してきたヨーロッパの国際法の拡大解釈をめぐる戦いだった。そして、この場合、ロシアを除くすべての列強諸国がロシアを国際法を遵守する意志のない国家とみていたことに疑問の余地はない。クリミア戦争にいたる第一段階は、一八五三年夏、ウィーンに急遽参集した英仏墺普の四列強諸国の代表が危機回避のために作成した「ウィーン・ノート」の受諾をロシアが渋ったことである。ウィーン・ノートは、トルコの独立を保証する形をとりつつ、トルコがロシアに対して譲歩すべき要件を列挙していた。列強四カ国は合同協議の場にロシアを招き、そのノートをトルコ側に伝達するに先立ってロシア側に提示し、ロシアはいったん受諾した。しかしその後、ロシアはウィーン・ノートが一方でトルコ領内のギリシア正教徒の保護をロシア固有の権利と認めているにもかかわらず、その同じノートには他方で、ヨーロッパの列強五カ国の代表としてギリシア正教徒の保護を露仏両国の共同管理下に置くという合意事項があり、矛盾点が散見されると主張して、ノートの受諾を撤回した。ロシアがこのように豹変する行動に出たのは、神聖同盟の盟約国である墺普両国がロシアの言い分に異議を挟まないと確信していたからである。ロシア皇帝ニコライ一世がフランス大使に「諸君たち四人［英仏墺普の列強四カ国］は、余に対してあれこれ指図できると考えているかもしれないが、そうしたことは決して起こりえない。なぜならば、余はウィーンとベルリンを当てにできるのだから」(44)と語っていた通りである。ウィーン・ノートのトルコへの伝達後、トルコ政府がギリシア正教徒に対する公正な処遇を保証し監視する態勢を、露仏二カ国の管理ではなくロシアを除く英仏墺普四カ国の多国間共同管理下での運営にすべきだとして、ノートの受諾を拒否したときも、またその後一八五三年十月にトルコがロシアに宣戦布告したときも、英仏両国はロシアに宣戦布告をしなかった。その理由は、トルコ領のダニューブ川下流域の二公国モルダヴィア（Moldavia）とヴァラキア（Wallachia）［一八五九年、オーストリア＝ハンガリー帝国の保護領から脱した両公国が統合し、ルーマニアとなる］がすでにロシアの占領下にあったからであり、そのうえ、一八五四年二月の英仏両国のロシアに対する最後通牒が両公国からの完全撤退を求めたのは事実としても、ロシアの両公国占領が一八五三年五月にさかのぼり、いわば既成事実化していたからである。イギリスとフランスがロシアに宣戦布告したのは一八五四年三月末、すなわちオーストリア、プロイセン両国が英仏両国との会談に応じ、トルコの領土保全を尊重し、同国内のキリスト教徒に対するトルコ皇帝の権威を失墜させる施策に出ないとロシア皇帝が公約しない限り、ヨーロッパの名をもって列強四カ国はロシアに対抗せざるをえないと警告した議定書を採択した後だった。英仏両国の対露宣戦布告が議定書採択後になって出されたのは、ロシアがウィーン・ノートの受諾回避の姿勢を改めたとしても、近東地域の現状はいまや全ヨーロッパ的関心事であり、そのことをロシアに公式に認めさせることによって将来的な不安定要因に終止符を打つ必要があるという認識に両国が達したからである。宣戦布告の発動が遅れたのは、この点に関するロシアとの合意を戦争に訴えることなく得ることを切望していたからである。イギリス政府がロシアと戦争せざるをえなかったのは、ひとえに反ロシア的国内世論のせいだと信じて疑わなかった当時のイギリス首相アバディーン卿（George Hamilton Gordon, 4th Earl of Aberdeen, 1784–1860）［不干渉平和主義者として知られる］が、飛びっきりの平和主義者だったことに間違いない。しかし、宣戦布告後、アバディーン内閣がヴィクトリア女王（Queen Victoria, 1819–1901）の逆鱗に触れながらも、イギリスの軍事力の圧倒的優位性が明らかになる前には、「屈辱」の日を甘受することになるだろうと暗示していた理由は、彼の平和主義的性向からだけでは説明できない(45)。

クリミア戦争は、列強諸国が不承不承開始しただけではなく、戦争の期間中においても不承不承戦われた戦争だった。交戦状態の継続中も、列強諸国間の外交交渉が「戦闘によって中断されることはほとんどなかった(46)」。もちろん、開戦前と同じように、こうした状況を招いた要因としては戦争忌避の精神態様以外にもさまざまの要因が介在していた。この点に関しては、とくに各国政府の行動にときと空間を超えて変わらぬ影響力を行使した国益と国家存立事由が果たした役割の大きさを指摘しておきたい。西方列強二カ国の優柔不断の一因は、ナポレオン三世が対墺・対普戦略上ロシアとの友好関係を求めていたことであり、またイギリスがフランスの思惑を疑念の目でみていたことも一因である。さらに、ロシアが戦争に訴えることなく妥協すると見込んでいた英仏両国が、実際に戦争状態を迎えてみると、オーストリアもプロイセンも対露戦争に参加する意思のないことが明らかになった。このことも両国の右顧左眄《うこさべん》的対応の一因である。しかし、交戦国同士がクリミア戦争を消極的で中途半端な精神態様のまま戦い、交戦状況の中にあっても外交交渉が維持された基本的な理由は、敵味方双方がともにその一員だった「ヨーロッパの協調」体制が戦争を回避しえなかったという共通の慙愧《ざんき》の念があったからである。

クリミア戦争期間中の外交交渉は、交戦当事国双方が「ヨーロッパの協調」体制の近東への拡大に関する意見の相違がそれほど大きくはなかったことを示している。英仏両国の戦争目的を明示した「四カ条」が一八五四年の夏、非交戦国のオーストリアもその作成に加わって書き上げられた。つまり、ヨーロッパ全体を包摂する平和構想として立案されたのである。「四カ条」の内容は、第一にロシアの保護領のモルダヴィアとヴァラキア両公国をヨーロッパ全体の保護・安全保障下に置くこと、第二にダニューブ川［ドイツに源を発し、黒海へと注ぐヨーロッパ第二の河川はローマ帝国以来、その航行と水利権をめぐって多くの諸国の利害の衝突を招いてきた］の航行を国際的な管理に委ねること、第三に一八四一年のボスフォラス（Bosphorus）、ダーダネルス（Dardanelles）両海峡［アジアとヨーロッパを分かつ両海峡は近世初頭以降オスマン帝国の支配下にあったが、黒海と地中海を結ぶ唯一の通路になるため、オスマン帝国の衰退とヨーロッパ列強諸国の進出とともに利害関係が複雑化した］に関するロンドン協定を「ヨーロッパの勢力均衡に資する観点から」改定すること、第四にトルコ領内のキリスト教徒に対するロシアの保護権要求を撤回し、トルコが主張するキリスト教徒の安全保障権をヨーロッパの五列強諸国に委譲すること――これら四項目が実現されるまでは、トルコとロシアの間の安定した関係が確立したとはみなさないというものだった。第四の項目については、ロシアは開戦以前すでに、列強諸国からの圧力もあって、その受諾を表明していた。第一と第二の項目についても一八五四年八月、両公国からロシア軍を撤退させることで、原則をも含む受諾だったか否かはともかく事実上承認した。戦争終結までの残余の期間、交渉の焦点は合意に達した三項目の公式文書の成文化と一八四一年のボスフォラス・ダーダネルス海峡協定の改定問題だった。一八五四年十一月末、ロシアは「四カ条」を無条件に受諾、その結果、唯一残された懸案は、当該の海峡協定の改訂をいかに達成するかに限られた。一八五五年一月、ロシア側は英仏両国が提示した改定に関する主張、すなわち、今回の改定では「黒海におけるロシアの優越的立場に終止符を打つものとする」という主張を受け入れるところまで譲歩した。この主張の現実的な意味は何か、換言するならば、この主張をどのように現実化するか、このことが一八五五年三月に開催された和平交渉の場において、残された課題として解決されるべき唯一のものだった。

黒海におけるロシアの優先的立場の見直し条件をどのように達成するか――ロシアの黒海艦隊の規模を制限することによってか、あるいは黒海からのロシア船舶とトルコ船舶の排除をともなう黒海の中立化によってか、あるいは、ロシアの黒海艦隊の存続を認める一方で、その対抗措置として英仏両国に黒海への艦船派遣の自由を保証する「平衡」システムによってか――この問題の紛糾が一八五五年六月に和平交渉を決裂へと導いた。かたや、ロシアには黒海艦隊の削減にも黒海の中立化にも応ずる意志はなく、かたや、英仏両国には「平衡」システムに応ずる意志がなかったのである。その結果、クリミア戦争がその終結まで、さらにほぼ一年間にわたって引き延ばされる事態を招いた。最終的に、疲弊の極に達したロシアは、英仏側の主張を受諾しない場合にはオーストリアが参戦するという威嚇に屈して、一八五六年二月初旬にようやく停戦に応じた。和平のための予備的取り極めが、ベッサラビア（Bessarabia）［モルダヴィア公国の東部地域。露土戦争（一八〇六～一二年）の結果、オスマン帝国からロシアに割譲された。現モルドヴァ共和国の一部］のロシアからオーストリアへの割譲という新たに加わった点を別にすると、「四カ条」の戦争目的に沿う形でまとめられ、黒海の中立化がボスフォラス・ダーダネルス海峡協定の改定にともなって採択された。

以上のことからもわかるように、列強諸国の威信をめぐる戦いがクリミア戦争を長引かせた主因であり、そして、その戦いに終止符を打たせたのは、ロシアを上回る西方列強二カ国の軍事力だった。しかしながら、戦争状況という雰囲気にもかかわらず、さらには双方とも自国の威信を賭した戦いだったにもかかわらず、「ヨーロッパの協調」体制を支える諸原則とその体制内におけるロシアの位置づけが、クリミア戦争の勃発とその後の戦いのあり方と同様に、戦後の和平交渉における合意事項のあり方を決定づけた。しかし、そのことの持つ意味と広がりをとかく軽視する傾向が散見される。このときの和平条項、その中でもロシアがぎりぎりまでその反対姿勢を崩さなかった唯一の点である黒海の中立化が、果たして列強諸国間の「協調」体制と相容れるものだったのかどうか、疑問視する向きもある。また、歴史家の中には、ロシア海軍の一部とはいえその強制的武装解除をともなう黒海の中立化措置が、一八〇七年にナポレオン一世がプロイセンに対して強圧的な政策で臨んで以降、「ヨーロッパの列強国に対して課されたことは一度もなかった」という解釈、「真にヨーロッパの一員とみなす国家に対して、連合国側があのような和平条件を提示するはずはない」という解釈、さらには、――「ロシア自身がこうした屈辱的結果を招いた」というパーマストンの言葉に答える形で――「フランスの場合は、二十年以上にもわたって全ヨーロッパに対して戦争を仕掛けてきた過去があるにもかかわらず、自らの身に屈辱感を味わうことはなかった」という解釈を打ち出す者もいる[47]。この点に関しては、第一に、ロシアにとって黒海の中立化が屈辱だったことは疑いない。黒海の中立化にとどまらず、軍艦の両海峡通過は戦時に限るとする一八四一年のボスフォラス・ダーダネルス海峡協定がそのまま維持され、その結果、いったんロシアとの戦争状態を迎えた場合、トルコとその同盟軍には、いまや黒海における海軍力を奪われ無防備状態のロシアへの対抗措置として、そこへの艦隊派遣を妨げるものが何もない状況を迎えたからである[48]。第二に、ロシアがこのような状況に反対の意向を強く持っていたことも疑いない。黒海条項の改定がその後のロシア外交の主要目的の一つとなり、一八七一年に完全撤廃に漕ぎ着けるまでその状況が続いたからである。そして第三に、クリミア戦争が「ヨーロッパの協調」体制のもとで大国の行動を掣肘《せいちゅう》する目的のために戦争という手段がとられた最初の事例だったことも明白である。しかしながら、英仏列強二カ国は、ロシアとの戦争をヨーロッパの名において選択したのであり、ロシアの行動に掣肘《せいちゅう》が加えられたのは「ヨーロッパの協調」体制の大義のためだった。列強諸国のこうした対応の指標となったのは、ロシアが「協調」体制の異端児であり、ヨーロッパの一員ではないというとらえ方なのではなく、近東地域をヨーロッパの一部として取り込む決意だったのである。列強諸国のロシアに対する処遇には前例がないという主張については、一八一五年のウィーン講和会議の場でフランスに課したさまざまな制限条件を無視した主張であるとともに、制限条件のゆえにフランスが味わった屈辱感を一顧だにしない主張だといわざるをえない。さらに、ヨーロッパの一員とみなす国家に対して上述のような行動の自由を制限する和平条件を提示するはずはないとの主張は、取りも直さず、一八一五年以降のヨーロッパの進展と「協調」体制観の進展をともに看過した見方であると結論づけるしかない。

列強諸国は「協調」体制の諸原則、とくに諸国家間の合意に基づく中立化に関する方法論を、前の時代から飛躍的に前進させてきた。十八世紀に入ってからトルコが黒海全域を支配化に置く状態に終止符が打たれ、それに代わって南進政策をとるロシアが黒海地域における沿岸国家へと変身するにつれて、この地域をめぐる主導権争いが苛烈さを増したのだが、列強諸国はこのやっかいな問題に対して考えられうる最善の解決策を採用することが「協調」体制の進展に資すると確信していた。事実、黒海問題の根本的な解決を図るためには、この程度ではロシアに対する抑止力としては充分ではないと考える向きもあった。たとえば、パーマストンのつぎの言葉は意味深長である。「今次の講和条約は、ロシアをここ数年のうちに最も強力で可能性を秘めた国家にする余地を与えるものである。……その結果、ヨーロッパの全体的利益が危殆に瀕する事態が起こることも考えられる。しかし、いまとなっては、将来のことは将来に任せるしか手立てがない」(49)。ヨーロッパの空間的距離が交通手段の発達にともなって短縮され、中世以降権勢と威容を誇ったオスマン・トルコ帝国が凋落の一途をたどるにつれて、黒海問題はかつてフランスがそうだったように、列強諸国すべての関心事となったのであり、だからこそ黒海中立化という構想が、パーマストンの言葉からも推察できるように、全ヨーロッパという名のもとで、しかもヨーロッパの全体的利益のために実行に移されたのである。われわれは彼の言葉を真摯に受け取るべきだろう。なぜならば、彼は策を弄したのではなく、思うところを率直に語ったのだから。交渉過程では、ロシアの面子を守るために、黒海の中立化を講和条約本体とは切り離した別立てのロシア・トルコ条約に組み込む形にする提案も出されたが、パーマストンは、黒海の中立化は全関係国が署名する講和条約の一部を構成するものとするという姿勢を最後まで貫いたのである。「われわれはヨーロッパの将来の安全保障上欠かせない問題解決のための諸原則を墨守する。……」＊[50]という彼の言葉に耳を傾けるべきである。

黒海の中立化についていえることは、クリミア戦争の終結にともなって締結されたその他の和平協定についてもいえる。一八二二年のヴェローナ会議以来久しく持たれなかったコングレスという名のもとで開催された一八五六年のパリ会議（Congress of Paris）は、「協調」体制を二つの方向で強化する格好の機会としてクリミア戦争終結をとらえた。一つは、ヨーロッパの国際法の適用範囲をオスマン・トルコ帝国にまで地理的に拡大することであり、もう一つは、既存の国際法の蓄積された内容をさらに豊饒化することである。クリミア戦争の戦後処理をめぐるパリ会議は、この二つの点が特筆すべき特徴であり、その基調音のもとで議事が進められた。しかし、この会議にはもう一つ重大な意味を有する特徴があった。クリミア戦争後、「コングレス」という呼称を三十数年ぶりにパリ会議に与えたことからもわかるように、ただ単に「協調」体制を確固たるものにすることで満足することなく、その

＊　ただし、ロシアはバルト海のオーランド諸島（Åaland Islands）〔戦略上の要衝に位置することから、その帰属をめぐってスウェーデンとフィンランドが争ったが、一八〇九年以降ロシアの支配下に入る。現在はフィンランドの自治領〕の中立化についても受諾したが、その中立化を全関係諸国参加の本交渉とは別立てで決定したパリ条約は、英仏露三カ国に限っての調印によるものだった。

限界を超えてさらなる前進を図るべきだとする意見も少なくなかった。しかし、現状に自足せず「協調」体制を前進させるにはさまざまの障害があることが明らかになるとともに、この第三の特徴の限界点がときをおかずにみえてきた。「協調」体制概念に内在する前提条件とその限界性を最も適確に表す例証として挙げられるのは、「協調」体制の発展過程においても示されてきたのだが、パリ会議の場でまとめられた各種の取り極め・合意事項であり、他方では、それらを乗り越えさらなる前進を希求したときに直面したさまざまな矛盾と挫折である。

パリ会議は、一八五六年三月締結のパリ条約に基づき、近東については黒海の中立化とボスフォラス・ダーダネルス海峡通過に関する一八五一年協定の永続化に加えて、ヴァラキアとモルダヴィア――南部ベッサラビアについては、ロシアからトルコに移譲された後、モルダヴィアに編入されることになった――の両公国が、ロシアの手を離れヨーロッパ全体の保護下に入ること、また、両公国政府の改革を目的とするヨーロッパ委員会の設置を決定した。さらに、トルコ領土内のキリスト教徒住民の保護についても、ロシアではなくヨーロッパが全体としてその任に当たることになった。ただし、このヨーロッパの保護政策は間接的な保護にならざるをえなかった。なぜならば、パリ条約では、オスマン帝国皇帝はキリスト教徒住民の自由と安全に留意すること、ついで、オスマン帝国皇帝自身がキリスト教徒住民の自由と安全を保証する意志を、単独行動であれ集団的行動であれトルコの国内問題への干渉を忌避する条約調印諸国に伝達すると規定されていたからである。ヨーロッパの保護政策が間接的にならざるをえなかった理由には、もう一つ重要な側面がある。パリ条約はヨーロッパの国際法が適用される地域としてトルコの参入を認め、これにともなってヨーロッパ国家群の一員としてトルコを招き入れたのだが、このことは、トルコを完全なる主権国家として承認することを意味する。トルコをヨーロッパの一員として認める決定は、オスマン帝国皇帝とその支配下にあるキリスト教徒との関係をいかに調整すべきかという議論を通してたどりついた結論であり、パリ条約の第七条には、トルコの国家としての全体性と独立をヨーロッパが保証するという合意と、今後トルコと利害の衝突を引き起こす事態を迎えた場合には、いかなる国家も武力に訴えるに先立って中立的な第三国の仲介を仰ぐものとするという合意が盛り込まれていた[51]。

クリミア戦争後、ヨーロッパ諸国間に適用される国際法に新たにつけ加わったものの一つが、パリ条約に盛り込まれている。第十五条にダニューブ川の自由航行が謳われ、ダニューブ川流域に自国領土を有する関係諸国政府とは別に航行規則を作成するためのヨーロッパ・ダニューブ委員会の設置が義務づけられた。さらに、一八一五年のウィーン会議の取り極めに基づき、明示的ではないが事実上認められてきた合意、すなわち、すべての商船はその船籍を問わず、すべての国際河川を航行する自由を有するという原則が、初めて明確な形でヨーロッパの公法の一部を構成するものとして規定された[52]。さらにパリ条約とは別に、一八五六年四月のパリ宣言においても一連の重要な規定が盛られた。それは、一八二〇年代までには広く認められるようになっていた公海の自由原則を、海上交戦に関する以下の四つの規則を制定することによって補完するものだった。第一に海賊行為が禁止され、第二に中立国の国旗を掲げた船舶による戦時禁制品以外の敵国物資の積載が認められ、第三に戦時禁制品以外の中立国の物資については、たとえその物資が敵国旗を掲げて輸送される場合でも没収されることはなく、そして第四に経済封鎖はその拘束力が遺憾なく発揮されるべく効果的に行われなければならない。これら四つの規則が実効的に実施されるためには、パリ宣言の調印国であるトルコを含む列強諸国とサルデーニャ以外の諸国の承認が必要だった。一八五六年中には、ヨーロッパ十五カ国が承認に踏み切り、日本は一八八六年、スペインは一九〇八年、メキシコは一九〇九年にパリ宣言を受諾した[53]。これら一連の規則は、慣習によって支配されてきたこれまでの海上交戦に関する分野に国際法の適用を可能にさせた最初のものだった。

この宣言は、中立国の国旗を掲げる船舶の敵国物資積載に一貫して反対の立場を堅持する海洋国家イギリスが、譲歩の姿勢をはじめて公にしたものでもあった。つまり、ヨーロッパの国際法をさらに一歩前進させる試みが、イギリスの主導権のもとでなされたのである。たしかに、食糧と原材料の貿易の完全自由化を求めるイギリス提出の決議案は水泡に帰したが、クラレンドン外相（William Frederick Villiers, 4th Earl of Clarendon, 1820-70）［ウィッグ党の政治家としてイギリス政府の要職を歴任」は戦争に訴えるに先立って第三国の居中調停（mediation）に付することを求める決議をパリ条約の第二三議定書に盛り込むことに成功した。「締約国すべての全権大使は、本国政府の名において、……締約国の事情が許す限り、武力行使に訴えるに先立ち、友好関係にある第三国の斡旋・調停を求めるべきことをここに明確に表明する。また、すべての全権大使は、本会議に代表を派遣していない各国政府が、本議定書に述べられている要請の精神を汲みとり、その精神と一になることを切に希望する」と本議定書は声高らかに謳っている。

当時、アバディーン連立内閣の蔵相を務めていたグラッドストーンはパリ宣言を歓迎して、「ヨーロッパの主要列強が、少なくとも戦争の結果の実質的承認に対する留保権を有すること、また、その気持ちを強く表明したヨーロッパ近代史上初めての快挙である」と述べた。さらに、『ロンドン・タイムズ』紙の社説は、この宣言が実質的に「全ヨーロッパを包摂する控訴院」の役割を担う期待を表明した。他方、クラレンドン全権大使の和平志向を好機ととらえ、パリ会議での彼の主導的役割に一定の影響を与えたイギリス平和協会のパリ会議派遣代表団の目論みは、クラレンドンが「正義と権利に関してすでに確立している規則が許容する範囲内において、ヨーロッパのすべての諸国に最大の利益をもたらす包括的な仲裁裁判に関する新たな制度」の提案にこの場で踏み出すことだった。ところが案に相違して、合意文書としてまとまった議定書は居中調停に言及するだけで、仲裁裁判については一言半句もなく、調停が望ましいという見解が文言として記録されているにとどまった。つまり彼らにとっては、既存の国際法に新たにつけ加わったものがないに等しかったのである。(54) クラレンドン自身には、調停以上の提案を行う意志は毛頭なかった。たとえこれ以上の提案を行ったとしても、成功する見込みがなかったことは間違いない。このことは、クリミア戦争への道程とその直接的な結果にかかわる諸問題の解決以外の各種の政治問題を討議の対象とし、解決しようとした下記の試みがいずれも水泡に帰したことからも明らかである。

ナポレオン三世は、パリでの講和条約締結後、列強諸国間で合意を得られぬままになっていた未解決の諸問題、とりわけ、ポーランド、ギリシア、イタリアの三カ国における列強諸国の支配［ポーランドの場合はロシア、ギリシアについては英仏露三カ国、イタリアの場合は墺仏二カ国］と専制的政治体制に対する英仏西側二カ国の嫌悪感が合意を阻んできた問題の解決を目指して、パリ会議参加列強諸国が議論を進めることを望んだ。彼は、クリミア戦争の終結以前、すでに敗色濃厚なロシアにポーランドの独立を対露和平の条件にする強硬姿勢を示し、戦後、クラレンドン外相もナポレオン三世に同調して、最低限ポーランド政策変更の公式保証をロシアから引き出そうと尽力したが、この点に関してロシア側がいっさいの妥協を排した結果、パリ会議開催中にポーランド問題が討議の対象になることはなかった。ギリシア問題についても、イギリスの思惑が成就する余地はなかった。専制的なギリシア政府の改革を目途として、ギリシア王オットー（King of Otto, or Otho, 1815-67）［オスマン・トルコ支配脱却後の初代ギリシア王］にギリシア駐留英仏軍の存在を利用して圧力をかけようとしたが共同保護国の仏露両国の同意を得るにはいたらなかった。イタリア問題に関しては、イタリア統一運動の著名な政治指導者カヴールがパリ会議に寄せた期待は見事に裏切られた。パリ会議では、オーストリアの支配下にあったパルマ・モデナ両公領のサルデーニャ王国への割譲も、両公領の統治者のモルダヴィア・ヴァラキア両公国への追放処分も実現されなかった。さらに、ローマ法王とナポレオン三世のイタリア政策の失態はいうまでもなく、オーストリア政府の優柔不断な対応に対するクラレンドン外相の批判の矢は、討議の対象としてこれらイタリアに関する問題が正式な議題となる前に、その勢いを殺がれてしまっただけではなく、ヨーロッパの全列強諸国によるトルコの独立保証に代わる英仏墺の三カ国によるトルコ独立保証が、オーストリアの主導権のもとで首尾よく成立したこと、この事実によっても、対墺批判の鋭さが部分的にその機先を制せられたのである。

上述した英仏両国のパリ会議における思惑や駆け引きの中に、神聖同盟の逆転的発想の萌芽を見出したとしてもあながち間違いとはいいきれない。なぜならば、両国は協調体制をヨーロッパ諸国国内の政治的騒擾状況を鎮圧する方向ではなく、自由化と国家体制の改革を通して騒擾状況の除去を目指すという、神聖同盟とは対極的な方向を模索したといえるからである。仮に両国がこの方向に固執したならば、かつて神聖同盟に固執するあまり同盟自体の進展を阻害する事態を招いた前例を想起させる協調体制の瓦解状況を迎えざるをえなかったに違いない。英仏両国は、その轍《てつ》を踏もうとしなかった。その主たる理由は、協調体制がよって立つ基本原理、言い換えるならば協調体制を生み出し進展させた基本原理——すなわち国家主権、とりわけ列強諸国の国家主権——に関して、英仏両国間に認識上の齟齬《そご》があったからである。協調体制内においては、各国は国家としての権利とともに国家としての責任を有していた。この権利と責任はいうまでもなく、主権を有する自立した国家に具有するものである。列強諸国には、ほかの諸国に比べて、より多くの権利と責任があると理解されていながらも、当然のことながら列強諸国は自らの責任よりも権利を重視する傾向があった。自国の責任を極小化したい欲求とともに、それに劣らず国家主権を尊重する気持ちが強かったこともあって、列強諸国は可能な限り、協調体制内で求められる国家間関係の正常化という自らの役割を狭めようとする態度を保持し続けた。いくつか例示してみよう。ダニューブ川下流域のモルダヴィア・ヴァラキア両公国に対するトルコの不完全な統治実態、さらには土露墺三カ国の緩衝地域としての両公国の位置づけという問題に直面した列強諸国は、国際的保証の付与と国際的調整委員会の創設を通して、両公国へのトルコの宗主権を強化させようとした。他方、黒海問題に関しては、その中立化を直接的に保証する方策を迂回してヨーロッパの公法に組み入れる道、つまりロシアの責任において黒海の中立化を具現化し、ほかの列強諸国は事実上関わらない道を実現させた。ついで、トルコ領土内のキリスト教徒処遇問題に直面した列強諸国は、直接的な関与が必要な国際的な問題としてこの問題を扱わず、ヨーロッパの大国としての責任をトルコに背負わせることによって、具体的には、領土内の臣下の信仰の自由保証義務をトルコに負わせることによって、この問題を処理しようとした。かくして、ヨーロッパの大国としての権利がトルコに与えられることになったのである。この点については、パリ条約が「オスマン・トルコ政府（*Sublime Porte, Bab-i Ali*）に対して、国際法とヨーロッパの協調体制の光栄に浴することを承認する」(55) と宣明にしたことに端的に示されている。

時代や状況を問わず、国家間問題の認識・理解につねにつきまとうのだが、この時期の国家間関係から生じる問題に対する認識には、混乱と矛盾が渾然一体となっている状況を垣間みることができる。大国としての権利と大国としての利点とは、果たしていかなる実質的な意味を持っていたのか。大国が享受する各種の権利・利点の一側面については、その意味に疑いをはさむ余地はない。パリ会議後の一八五六年以降、第一次大戦の勃発までの期間、トルコは列強諸国への参入を認められた結果、既存の英仏露墺普の五列強諸国とともに、開催される諸国間会議すべてに代表団を派遣する権利を手に入れた。ところが、イギリスはこれとは対照的に、サルデーニャ王国のパリ和平交渉への参加を列強の一員としてではなく、同盟参戦国という立場から認める一方で、列強の一員であるプロイセンに対しては、クリミア戦争での一貫した中立政策に対する反感からパリ会議への参加に強い拒絶反応を示した。その後、一八四一年のボスフォラス・ダーダネルス海峡協定の調印国として黒海の処遇をめぐる海峡問題に発言権を有するプロイセンが、パリ会議への参加を公式に認められた際、パリ会議への参加資格を条約文内に特記事項として記録にとどめることを回避しようとするプロイセンの企図をイギリスは一蹴した。和平交渉の場への参加を同盟参戦国に限定するこうした手法は、協調体制内において大国が有する諸権利を蹂躙する行為だったといえる。しかし、イギリスのこのような対応は、部分的には大国の協調体制に対する責任のあり方に関する一つの解釈、すなわち諸国家間の関係を調整する国際法の保全・推進を目的としてやむなく開始された戦争において、その戦いに参加しない厳正中立的立場は、大国としての責任回避だという解釈から生み出されたものである。混乱と矛盾の例証としてもう一点。トルコの大国への参入を認めたパリ条約の条項に基づき、トルコは国家としての領土保全と独立のお墨つきをヨーロッパの締約諸国から得た。同時に、トルコを除く列強諸国には、トルコに対して戦争に訴えるに先立ち、第三国の居中調停の労をとる義務があるとされた。他方、既存の列強五カ国については、パリ条約で規定されたトルコに対する国際法上の領土保全保護条項も独立保護条項も享受する立場にはなく、列強間相互の関係においては、居中調停の労をとる義務を有しないとされた。さらにいうならば、トルコの処遇問題に関する限り、国際法の適用自体が適切ではないとの意見が支配的だった。したがって、パリ会議が一般論としての居中調停問題に討議の焦点を移すと、その結果出た結論は、調停という外交手段を用いることが望ましいと述べるにとどまり、義務化することからは程遠かった。かくして、英仏墺の列強三カ国は、トルコの領土保全と独立の保証に関しては、別立ての三カ国間の条約によってこれを行うという判断に立ったのである。

この混乱と矛盾を引き起こした根本的原因は、トルコを列強諸国グループへの参入を認めたことにあると同時に、トルコは大国の一員とはいっても、いわば「人工的大国」であり、したがって特殊事例に当たるとみなしたことにある。つまり、トルコに関してパリ条約に特記されたことは、その他の諸国には当てはまらないのである。トルコを除く列強諸国の権利は、単に条約上の権利なのではない。それはヨーロッパにおいて国際法の拡充・深化とともに醸成されたものであり、しかも、その国際法を基礎づけてきたものでもあった。他方、トルコの場合は、トルコの処遇をも含む戦いだったクリミア戦争後になってはじめて、条約の中に明文化された権利だった。ことはそれだけにとどまらない。トルコの権利についていえることは、そっくりそのままトルコの責任についてもいえるからである。パリ条約のもとで、トルコは国内に居住するキリスト教徒の安全に対して責任を有すると規定されたのだが、他方、この責任をトルコが全うできない場合の条約締約諸国の対応に関しては、トルコの国内問題に対する単独および集団的介入が同じ条文の中で禁じられたこともあって、責任問題の曖昧さが残されたままだった。国内のキリスト教徒に対するトルコの責任のような条約上規定された公式の責任を、トルコ以外の列強諸国に課すことはおよそ考えられなかった。英仏両国は、ロシアにはポーランドに対して、オーストリアにはイタリアに対して、ともにトルコと同様の責任を有する立場にあると主張したかったに違いないが、しかし、この点を強硬に主張することは、トルコにさえ適用した国家主権という大原則から逸脱することになるという危惧から、両国の主張は通りいっぺんの主張に終わったのである。

ヨーロッパの協調体制の進展とその体制を支える国家間の法は、すべて国家が有する固有の権利と協調体制の成立に寄与した諸国の自由裁量に依存していた。したがって、協調体制が望みうる最大のことは、国家の権利が抑制的に行使されること、つまり、コンセンサスと全般的な合意形成によって進化・拡大する国家間の法と国家の責任の範囲内において行使されることだった。ある方向においては、たとえば戦争に関する法規や国際海上航行に関する法規の分野においては、国家の権利の犠牲のうえに国家間の法と国家の責任の拡充・拡大を図ることは、ほかの方向、たとえば居中調停を経ない開戦権行使の分野と比べて、さほど困難ではなかった。さらに、後者の方向に関しては、戦争終結後の国家間関係の修復に尽力せざるをえない時期の方が、平和時の全般的な現象である国家間関係の弛緩と錯綜性が支配的な時期と比べて、それほど困難ではなかった。ベルギー独立問題に見られるような深刻な政治問題や近東における列強諸国の主導権争いに直面したヨーロッパ諸国にとって、開戦権の行使が脅かされる事態を迎える場合以外には、あるいは、戦争そのものが勃発する事態を迎える場合以外には、国家の権利に制約を課す方向が現実味を帯びることはなかった。一例を挙げてみよう。クリミア戦争の終結から四年後の一八六〇年、プロイセンが黒海条項の見直しを提案した際、パーマストン外相の返答は、「将来起こるかもしれない戦争の結果として、黒海条項の見直しが避けられず、またそのことによって、ロシアが自国の思惑通りの条項をヨーロッパ諸国に強要できるような事態を迎えない限り……」この提案に与《くみ》することはありえないとにべもなかった。(56) 協調体制の拠って立つところとその現実のあり方を直視するならば、国家の権利と列強諸国間の主導権争いが、国家の責任という方向への障害になると同時に、国家の責任の進展に不可欠だったことが理解されよう。しかしながら他方では、国家の権利、とりわけ国家の交戦権は、それが抑制的に行使されるのでなければ、協調体制それ自体の存続を危殆に陥れかねない危険なものだったのである。

クリミア戦争が終結した一八五六年後の問題は、それにさかのぼる三十年間にわたって維持され、その間、自覚的に進展への道を歩んできたヨーロッパの協調体制が、果たして政治的見通しからも権力の配分の流動化からも、着実に変化しつつある新たな時代に即応するヨーロッパの政治地図の変更過程に耐えられるかどうかであった。この点で、イギリスの著名な歴史家でクリミア戦争の開戦に反対したジェイムズ・フルード（James Anthony Froude, 1818-94）［イギリスの歴史家・文学者］の一八五七年十月のつぎの発言は象徴的である。クリミア戦争に類する紛争を回避する最善の方策は、英仏墺露の四大帝国が同盟関係を結び、その成果のうえに、すべての領土問題について膝を交えて虚心坦懐に話し合い、公正な解決策を見出すことであろうと彼は語った。プロイセンの存在をどこかに置き忘れていることに彼は気づいていない。「これら四列強諸国の協調体制は共同謀議といえるかもしれない。……ただし、この共同謀議は、すべての社会組織がある種の共同謀議だという意味においての共同謀議、つまり優れた人間集団が自らの危険を顧みず、彼らに備わる優越的な力を一致協力して行使し、かくして、ほかの弱輩連の秩序への服従を要請することが共同謀議だという意味においての共同謀議である」と説いた[57]。しかしながら、まさにその秩序が、列強諸国間の主導権争いにさらされている事実に優るとも劣らず、国家主義的な気運と野望という新たな時代のうねりに直面していることを、またそのことが秩序に与える影響の広がりと甚大さを、フルードは完全に見落としていた。

注

（1）A. J. P. Taylor, *The Struggle for Mastery in Europe 1848-1918* (Oxford, 1954), 83.
（2）Sir Charles Webster, *The Art and Practice of Diplomacy* (London, 1961), 55, 67.
（3）*Op. cit.* 58-59, 69.
（4）Webster, *op. cit.* 57-58, 167-68.
（5）*Ibid.* 176-77.
（6）F. A. Simpson, *Louis Napoleon and the Recovery of France 1848-1856* (3rd edn., London, 1951), 41-42.
（7）Webster, *op. cit.* 57.
（8）*Ibid.* 57-58, 63.
（9）*The New Cambridge Modern History. The Zenith of European Power 1830-1870*, X (Cambridge, 1964), 461-62.

(10) Webster, *op. cit.* 65. パーマストンのこの種の発言の例証としては、一八四八年のオーストリア・サルデーニャ戦争に際しての以下のコメントを挙げることができる。「イタリアで起きているあらゆる出来事に限らず、ヨーロッパ各地で起きているあらゆる出来事の解決を目的として……列強諸国の全体会議を開催し、……その合意に基づいて行動することがどれほど素晴らしいものであろうと、このような施策は、……実行しようとすると数多くの実際上の障害に見舞われ、数多くの異論に遭遇せざるをえない。……ウィーン会議は、……戦争の気運がヨーロッパのあらゆる地域を覆い尽くし、……列強諸国以外の弱小諸国が……新たに征服され、あるいは再征服された後に、招集されたのである。……したがって、ウィーン会議に参集した政治家諸公は、ヨーロッパの特定地域の領土を何ら良心の呵責を感じることなく、自由に分配する権利があると考えたのであり、弱小の諸国家はいずれも、……列強諸国の圧倒的な力に屈せざるをえなかった。……しかしながら現時点では、イギリスにも、フランスにも、オーストリアにも、ロシアにも、さらにはプロイセンにも、……その対象がイタリアだろうと、その他の地域だろうと、……弱小国家の国内問題を自らの裁量において処理するだけのかつてのような力を持っているわけではない。……」(Palmerston to Normanby, 10 Oct. 1848, *State Papers*, vol. LI, 692).

(11) Simpson, *op. cit.* 42.

(12) Webster, *op. cit.* 178–79.

(13) *The New Cambridge Modern History*, X, 253 における引用。

(14) Webster, *op. cit.* 165.

(15) *The New Cambridge Modern History*, X, 246.

(16) Taylor, *op. cit.* 43–44.

(17) *Ibid.* 70.

(18) Webster, *op. cit.* 168.

(19) *Ibid.* 154–55, 177–79.

(20) *Ibid.* 158.

(21) *Ibid.* 158–61.

(22) *Ibid.* 62.

(23) *Ibid.* 159.

(24) *Ibid.* 66.

(25) *Ibid.* 67, 157–58.

(26) *Ibid.* 174–75.
(27) *Ibid.* 57, 170–73.
(28) Taylor, *op. cit.* 27–28.
(29) *Ibid.* 63 (n.) における引用。
(30) *The New Cambridge Modern History*, X, 259.
(31) Taylor, *op. cit.* 5.
(32) *Ibid.* 15–16.
(33) *Ibid.* 65, 70.
(34) *Ibid.* 46–47.
(35) *The New Cambridge Modern History*, X, 262 における引用。
(36) *Ibid.* 257.
(37) *Ibid.* 258 における引用。
(38) *Ibid.* 267.
(39) Sir Charles Webster, *The Art and Practice of Diplomacy* (1961), 65–66 における引用。
(40) Taylor, *op. cit.* xx.
(41) Webster, *op. cit.* 66.
(42) Taylor, *op. cit.* 60–61.
(43) *Ibid.* 51, 82.
(44) *Ibid.* 54.
(45) Sir George Arthur, *Concerning Queen Victoria and Her Son* (1945), 74.
(46) Taylor, *op. cit.* 79.
(47) *Ibid.* 83, 85 (n.).
(48) *Ibid.* 83.
(49) *Ibid.* 88 (n.) における引用。
(50) *Ibid.* 79.
(51) *The New Cambridge Modern History*, X, 488–89.

(52) L. Oppenheim, *International Law*, vol. I (3rd edn., 1920), 316–17, 622.
(53) *Ibid.* 74, 412, 706–07.
(54) A. C. F. Beales, *The History of Peace* (1931), 99–102.
(55) Oppenheim, *op. cit.* 34.
(56) Taylor, *op. cit.* 123 (n.).
(57) W. H. Dunn, *James Anthony Froude* (1961), 244 におけるフルードの論文 'The Four Empires', *Westminster Review* (October 1857) の引用。

第11章　十九世紀後半の国家間関係

一八一五〜五四年の四十年間とクリミア戦争後の十数年間は、実に対照的な期間である。平和的状況がほとんど乱されることのなかった四十年が経過した後に勃発したクリミア戦争の終焉から一八七〇年までの十四年の間には、列強諸国の少なくとも一カ国を巻き込んだ戦争が四度にわたり戦われている。これら四度の戦争——イタリアの処遇をめぐる一八五九年のフランスとオーストリアの間の戦争、シュレスウィヒ＝ホルシュタイン両公国の帰属を係争とする一八六四年のプロイセンとデンマークの間の戦争、ゲルマン民族の主導権争いに端を発する一八六六年のオーストリアとプロイセンの間の戦争〔ドイツ統一戦争、七週間戦争、ドイツ市民戦争、あるいはイタリア統一運動との関連では第三次独立戦争とも呼ばれる〕、一八七〇〜七一年のフランスとプロイセンの間の戦争——を通じて、一八一五年のウィーン会議が決定した領土取り極めの大幅な変更が余儀なくされるとともに、それから四十年後に成立した一八五六年のパリ条約も無傷ではありえなかった。

ヨーロッパの諸国は、このように戦争が頻発する状況の到来に直面するとともに、十八世紀以降初めて、「アンシャン・レジーム」(*ancien régime*)を思わせる政策追求と目標設定へと回帰していった。一八一五年以降、国家間の取り極めは、ごくわずかの例外的事例を除くと、列強諸国間のコンファレンスの成果であり、国際的な立法化をともなった普遍的な協定だったか、普遍的な協定でない場合には、同盟関係の形成というよりも相互了解を意味する緩やかで一時的な取り極めだった。この四十年にわたる期間中においては、領土の改変や変更は列強諸国すべての承認にとどまらず、彼らの保証を受けることがしばしばだった。ところが、十九世紀後半になると、取り極め内容を明確に規定した攻撃的な軍事同盟関係の樹立へと回帰するようになり、しかもその主たる目的が、これから仕掛ける戦争において、締約国の少なくとも中立を、できうるならば援助を確保することにあった。他方、締約国側としては、提供した援助の見返りとして、または戦争によってもたらされた締約相手国の利得の分けまえとして、一方的な領土の変更・変換要求を行うことが時代の趨勢となったのである。

イタリア統一国家成立の立役者カヴールが、一八五八年、ナポレオン三世と結んだ「プロンビエールの密約」(*Patto di Plombières*)［イタリア半島のオーストリア領土ロンバルディアとヴェネチアの併合を目論むピエモンテ＝サルデーニャ王国がオーストリアを挑発することによって戦争状態を引き起こし、サヴォイの割譲を条件にフランスがサルデーニャ側に立って参戦することを約した］は、「十九世紀最初の意図的な開戦を目的とする陰謀」とされている。カヴール自ら、「非革命的手段を通じて［対オーストリア］戦争をいかに起こさせるか、……これは実に困難な方策だが」、この密約はイタリアの政治地図を新たに塗り替えることを目指したものであると吐露していた(1)。その内容は、オーストリアを敗北へと導くとともに、北イタリア王国を樹立することを主目的とし、フランスのピエモンテ＝サルデーニャ王国支援の密約の見返りとして、王国の一部サヴォイをフランスに割譲するというものだった。そして、この密約は一八五九年一月の両国間の条約によって公式に認められ、同時に、首尾よくいった場合にはフランスはサヴォイのほかにニースを手中に収めることになった。その直後の一八五九年三月には、フランスとロシアの間に秘密条約が成立する。この仏露条約は、クリミア戦争の戦後処理を定めたパリ条約の改変を目論むロシアに対するフランスの支援の見返りとして、フランスとオーストリアの間に戦争が生起した場合、ロシアがこの戦争への中立的立場を保持することを保証したものである。ついで一八六三年には、ビスマルクがポーランドにおける武装蜂起の鎮圧に対してロシアへの援助を約したアルヴェンスレーベン協定（Alvensleben Convention）を締結した。これは、ドイツ各地で頻発する政治的混乱が戦争状態を生じさせる場合に備えて、ロシアの不介入を取りつけておくという思惑から出てきたものでもある。ビスマルクは、それだけにとどまらず、ロシアがポーランドから手を引くようなことがあれば、ポーランドの占領を敢行し、列強諸国のポーランドの独立への関心を意に介さないことを公然と口にしていた。さらにビスマルクは、翌六四年の対デンマーク戦争［第二次シュレスウィヒ戦争。この戦争の結果、シュレスウィヒ＝ホルシュタイン両公国がプロイセンに編入された］では、第一次シュレスウィヒ戦争［一八四八〜五一年にかけてのプロイセンとデンマークの間のシュレスウィヒ＝ホルシュタインの領有をめぐる戦争。列強諸国の仲介によって、停戦協定が結ばれた］後に調印されたロンドン議定書（一八五二年）の遵守を謳って、オーストリアにプロイセンとの同盟関係に入るよう画策し、見事に成功する。これにはデンマークが両公国の領有権を完全に失う事態を見据えて、両公国の将来に関する意見の不一致をもってオーストリアに戦争を仕掛ける口実にするという計算も、ビスマルクには働いていたのである。オーストリアとプロイセンの間に戦争勃発の気配が強まってきたとき、ナポレオン三世は、一八六五年段階でのビスマルクの巧言《こうげん》的示唆、すなわち、来たるべき戦争にフランスが中立的立場を保持し、仲裁国としての役割を果たす用意があるのであれば、ヴェネチアを手中に収められるという誘い水に異を唱えようとはしなかった。ところで、それに先立ってナポレオンは、応分の報償（*quid pro quo*）が得られるならば、デンマークが領有する両公国のプロイセンへの編入を保証してもよいとビスマルクに匂わせていたのである。しかし、このビスマルクとの非公然の了解にしても、同じ時期の一八六六年六月、ナポレオンがオーストリアとの外交交渉に入るという両面作戦を防ぐ手立てとはならなかった。この仏墺合意は、普墺戦争での中立的立場をオーストリアに保証する見返りとして、オーストリアが戦後の和平交渉の場でフランスの利益の代弁者として行動すること、さらに、ヴェネチアをフランスに割譲することを約したものである。一八六六年四月に結ばれたプロイセンとイタリアの間の同盟関係は、さらに一歩先を行っていた。この同盟は、普墺戦争の勃発を前提として結ばれただけではなく、調印から三カ月以内に開戦に至らなかった場合には、同盟関係を解消するという条項をも含んでいた。来たるべき普墺戦争におけるプロイセンの勝利の代償として、フランスが大公国（Grand Duchy）［ルクセンブルク大公国、公式名称は Grand-Duché de Luxembourg］の領有を要求した結果引き起こされた一八六七年のルクセンブルク危機の際、ナポレオンは対プロイセン戦争を想定した同盟条約の締結を一度ならずオーストリアに迫った。オーストリア側の拒絶にもかかわらず、彼は自らがプロイセンとの戦争に直面する一八七〇年まで、執拗に仏墺間の同盟関係の構築に期待し、交渉を持ち続けた。こうした動きに対して、プロイセンは普仏戦争開戦の備えとして、一八六六年八月と、さらに明確な形では一九八七年三月に、オーストリアが普仏戦争にフランス側に立って参戦した場合には、ロシアがオーストリアを攻撃するという公約を取りつけた。その見返りとして、ロシアはクリミア戦争後の戦後処理を定めたパリ条約（一八五六年）の中の屈辱的な黒海条項の破棄に関して、それを支持するというビスマルクの言質を手に入れたのである。

以上がこの時期にみられる外交の特徴的側面だが、他方、コインの裏側では、多数国間のコンファレンスによる合意形成方式の凋落ぶりも際立っていた。コンファレンスが開催されても、そこでの討議がヨーロッパに直接関係する問題に直面すると、クリミア戦争以前のコンファレンスとは比較にならないほど弱い効力しか発揮できなくなっていた。いずれもパリで開催された一八五八年の会議と一八六〇〜六一年の会議、及びビスマルクの提唱になる一八六九年の会議は、おのおのモルダヴィアとヴァラキア両公国の処遇問題、キリスト教徒保護を名目とした英仏両国のシリア介入問題、オスマン・トルコ支配からの脱却を目指すクレタ島キリスト教徒の反乱問題（一八六六〜六九年）［数度の反乱を経て、一八九八年にオスマン帝国の支配を脱し、自治権を獲得した。その後、一九一三年にギリシアに編入］を議題としたが、これらヨーロッパ外の問題については、それなりの成果を挙げたといえる。しかし、ヨーロッパに直接関係する問題の解決のために開催された一八六四年と一八六七年のコンファレンスは、ともにさまざまな障害に見舞われたのだが、そうした障害をもたらしたのは列強諸国間の相互不信だけではなかった(2)。

一八六四年のロンドン・コンファレンスは、イギリスの仲裁により、第二次シュレスウィヒ戦争の戦後処理のために招集された。かたやプロイセンとオーストリア、かたやデンマークが当事国である。このコンファレンスは紛争処理の基礎として、「条約に基づく権利原則」に代わって「自決権原理」を適用しようとした史上はじめての多数国家間の会合だった。第一次シュレスウィヒ戦争後の停戦協定（一八五二年）を技術的に変更するだけでよいと考えていたイギリスの事前の目論見が外れ、「自決権原理」は「ヨーロッパにとって新しすぎるものであり」、「ヨーロッパの均衡状態に影響を及ぼす問題を処理する必要が生じた場合であっても、列強諸国が当該国の国民大衆と協議に入る習慣はない」という皮肉にもイタリア統一運動の熱烈な支持者だったイギリスの外相ジョン・ラッセル(Lord John Russell, 1792-1878)［ウィッグ党の指導者。一八四六～五二年の間、首相を務め、パーマストン内閣のもとでは（一八五九～六五年）、外相を歴任した］の抗議の声にもかかわらず(3)、ほかの参加諸国は、シュレスウィヒ＝ホルシュタイン両公国を民族的な境界に基づいて分割すべきとするナポレオン三世の提案に与《くみ》した。ところが、関係諸国にとって、民族別による境界の設定に現実的な合意点を見出すことが実はそれほど簡単ではないことが明らかになった。その後開催された各種のコンファレンスの例をみてもわかるように、「自決権原理」を現実的に適用する場合に比べて、「条約に基づく権利原則」の方が曖昧な部分が少なく、したがって列強諸国にとっても適用しやすい考え方だった。このこともあり、またデンマークが会議の成功を望まなかったこともあって、ロンドン・コンファレンスは一八五二年協定を葬り去った後に頓挫し、結局、第二次シュレスウィヒ戦争へとなだれ込んでいくことになった。一八六七年には、再度コンファレンスがロンドンで開催されたが、この会議では、大公国ルクセンブルクの併合を目論むフランスが引き起こした危機的状況を回避した。フランスに併合計画を撤回させ、プロイセンにルクセンブルク領内の駐屯軍を撤退させ、さらに、非武装化されたルクセンブルクの中立化をヨーロッパの列強諸国の集団的保障のもとに置くことによってである。しかし、時代の趨勢を先取りしたイギリスは、ここぞとばかり集団的保障の意味合いに新たな解釈を持ち込んだ。それは、保障国のいずれか一カ国が保障地域の領土を侵犯した場合には、ほかの保障国は保障義務の遵守を免《まぬが》れるという解釈である。

ヨーロッパにおける協調体制の退潮は、別の方面においても明らかになっていた。時勢の雲行きが怪しくなるにつれて、以前よりも頻繁にコンファレンスの開催提案がなされたが、当時の政治家たちはクリミア戦争勃発以前と比べて、協調して会議に参加し妥協点を模索する気持ちが薄れ、協調することを嫌がる傾向が強まった。一八五九年のイタリア統一運動をめぐる仏墺戦争を回避するため、関係諸国は一度ならず、国際会議を開催するよう声をあげた。たとえばイギリス政府は、オーストリアがイタリア中央部の諸公国に対する干渉権を放棄する見返りとして、クリミア戦争後に黒海を中立化したのと同様、ヨーロッパの協調体制を支える列強諸国が主導してピエモンテ＝サルデーニャ王国を「中立化」すべきだと提案した。しかし、イタリア統一問題を列強諸国間の争奪戦から切り離そうとするイギリスの提案を、オーストリアもピエモンテ＝サルデーニャも受け入れる用意がなかった。*ついで、ロシアのイタリア問題に関するコングレス開催提案も、何ら成果を生み出すことなく葬り去られた。オーストリアは、ピエモンテ＝サルデーニャが少なくとも事前に武装解除に同意し、オーストリアへの従属的関係を認めない限り、ピエモンテ＝サルデーニャが参加するいかなる会合にも参加する意志がないと主張し、他方イギリスは、フランスとロシアがこのコングレス開催を利用して、一八五六年のパリ条約の更改を画策しているのではないかという猜疑心から、ロシアとの共同歩調を拒んだためである。さらに、たとえば一八六〇年、イギリス政府はシュレスウィヒ＝ホルシュタイン問題解決への道筋の一環として、関係諸国による軍縮会議の開催を提案したが、これもすべて徒労に終わった。もう一例挙げると、一八六三年初頭にポーランドで反露暴動が発生、その後イギリス、フランス、オーストリアの列強三カ国がポーランドとロシアとの間の武力行使の即時停止と、ポーランド自治国家の設立を求めた共同抗議通牒をロシア側に送付した。これに対するロシアの返答は、ポーランドに限定せずにヨーロッパが抱えるすべての問題を討議に付する場合に限って、コンファレンスの開催に同意するというものであり、このロシアの返答が上記三カ国によって拒絶されるや、第二の共同通牒には黙殺という手段を行使したのである。

その後一八六三年十一月に、ヨーロッパの平和的改変を夢みてきたナポレオン三世は、軍備の縮小と国境線の改定作業をともなうヨーロッパの政治地図の変更を主要議題とするコンファレンス開催を提案した。この提案が仏露両国の利益を一方的に増進させようとする狙いからの提案ではなく、コンファレンス方式のもとでヨーロッパ諸国の民族的大義の増進に資する提案だったならば、イギリス政府もその開催を歓迎したはずである。つまりイギリス側の思惑は、パーマストン首相によれば、「フランスの東方国境沿いのライン川流域問題には触れず、一八五六年のパリ条約でロシアに課した責務を解消しない条件下で……、モルダヴィアとヴァラキア両公国をオーストリアに、ヴェネチアとローマ教皇領をピエモンテ＝サルデーニャ王国に、シュレスウィヒ公国をデンマークにおのおの編入し、一八一五年にロシアに併合されたポーランドをロシアから分離して独立した国家にすること」(4)だった。軍備の削減とヨーロッパの政治地図の改変とは不可分の問題だったこともあって、皮肉にも民族の大義と自由を標榜するラッセル外相が、条約に基づく権利の尊重と「現状」維持を前面に打ち出して、ナポレオン三世のコングレス開催提案を一蹴した。また、彼はその根拠として、ヨーロッパが直面する全問題を討議の対象とすることは、ヨーロッパの政治的緊張を緩和するどころか、緊張状態の増大を招く恐れがあると述べたのだが、そのときの彼は各国政府の思いを代弁していたのである。

プロイセンとオーストリアとの間の戦争が眼前に迫りつつあった一八六六年、ナポレオン三世は、再度ヨーロッ

＊　一八五九年の仏墺戦争（第二次イタリア独立戦争ともオーストリア・サルデーニャ戦争とも呼称される）の勃発後、イギリス政府は「中立化原理」を、オーストリアの最も脆弱な軍事的側面を補強する手段として、さらにはオーストリア側に立って参戦する事態を回避する対案として利用するとともに、アドリア海の中立化構想への合意をフランスに求めることによって、自国の参戦を未然に防止しようとしたのである。

パの全般的問題を一括して討議に付する諸国間コンファレンスの開催を提議した。この提案に対して、オーストリアは既存の領土の変更に関する案件を議題から削除することを条件に賛意を示した。他方イギリスは、「自国の名誉と自国の利益」にとって、今回のコンファレンスで予想される決定事項が遵守するに足る内容を含むものとなるとは思われないと表明した。しかし、仮にイギリスが開催提案に積極的な姿勢を示したとしても、プロイセンが同意することはおよそ考えられなかった。ついで、一八六七年、ローマ教皇領の奪取を目指すジュゼッペ・ガリバルディ（Giuseppe Garibaldi, 1807-82）［カヴール、マッツィーニと並ぶ十九世紀後半のイタリア統一運動（*Risorgimento*）の指導者］の反乱を教皇領の守備に当たるフランス軍が鎮圧した後、ナポレオン三世は、ローマ教皇の世俗的権力の承認を目的とするコンファレンスの開催を提案、これに対してイギリスもプロイセンも直ちに拒否した*。さらに、一八六九年には、フランス政府の使嗾《しそう》もあって、イギリス政府は以前にも提唱したことのある軍備削減に関するコンファレンスの開催を提案した。いうまでもなく、この提案は迫りくるフランスとプロイセンとの間の戦争を回避することが目的だったのだが、ビスマルクによっていとも簡単に一蹴された。

　クリミア戦争以前においても、コンファレンスの開催を忌避することはそれほど難しくはなかった。しかし、十九世紀前半の一般的慣例からの際立った変化は、単に一八五九年の仏墺戦争、一八六四年のプロイセン・デンマーク戦争、一八六六年の普墺戦争、そして一八七〇年の普仏戦争の勃発を未然に防止できなかったことにあるだけではなく、これらの戦争がもたらした領土変更をヨーロッパの協調体制が正当なものとして承認する力を持てなくなっていたことである。一八五九年七月、イタリア北東部ヴェローナの近郊ヴィラフランカにおいて、ナポレオン三世の発議で戦争当事国のフランスとオーストリアとの間に予備平和交渉が持たれたが、彼はその際「ヨーロッパの仲裁」を公然と口にしていた。この場で作成された和平条項によると、オーストリアがロンバルディアをいったんフランスに明け渡し［その後、ピエモンテ＝サルデーニャに割譲することを約した仏墺間の密約条項だった］、この代償としてかつて退位に追い込まれたイタリア中央部の諸公を復位させるとともに、オーストリアも一員に加わるイタリア連合の設立を内容とする戦後イタリアの新たな秩序を正式に承認するコングレスの招集が呼びかけられた。和平条項を正式承認するためのコングレス開催提案であり、条項の変更はありえないことがフランス側の態度から明らかになった段階で、イギリス政府は参加を拒否した。イギリスは、和平条項を変更させる機会としてコングレスを利用しようとしていたからである。他方、当事国のオーストリアも、ローマ教皇の世俗的権利の実質的な放棄こそがフランスの国益にかなうものであり、来たるべきコングレスにおいてはその実現を図るべきだとするナポレオン三世の関係者の手になる『教皇とコングレス』（*The Pope and the Congress*）と題された冊子の存在を重大視し、その主張を撤回するようナポレオンに迫った。しかし、ナポレオン三世はその要求を拒否、事ここに至って、オーストリアは一転してコングレス開催の同意を白紙撤回した。普墺戦争後の一八六六年七月、ロシアがドイツの将来に関するコングレス開催を正式に提案した。この動きは、もちろん、クリミア戦争後に結ばれたパリ条約を改変する機会を醸成させようとする狙いを持ったものだったが、それだけではなく、ヨーロッパの協調体制のもとでの君主政的統治という伝統を重視する姿勢から提唱されたものでもあった。これに対して、ビスマルクは硬軟両用作戦を用いて、ロシアの提案をかわした。すなわち、一方では、プロイセンは「黒海において、ロシアに対する制限条項の継続には何ら関心を有するものではない」という甘言を用い、他方では、ドイツの再統一が外部勢力の干渉なしに行えない場合には、「ドイツ国民と近隣諸国の全精力を傾注する」用意があると警告を発したのである(5)。結局、ロシアはコングレス開催提案を撤回し、なおかつプロイセンとフランスとの間に戦争が生起した場合には、ロシアがオーストリアに中立的立場の維持を働きかけるというビスマルクの要請を暗黙裡に受け入れた。もともと、ロシ

＊　フランス政府は、このコンファレンスにカトリック教国を多数参加させようと画策して、列強諸国のほかにドイツの中小のカトリック諸国を招致したが、このことが結果的に、ヨーロッパの協調体制の不文律を犯すことになり、さらにプロイセンを挑発することにもなった。

ア以外のどの列強諸国にもコングレスなりコンファレンスなりを開催する気持ちなどなかったのである。普仏戦争開戦後一カ月も満たない一八七〇年八月、ロシアは、「戦争当事国ではない諸国も、戦後の平和交渉の場から排除されるべきではない」(6)という外相ゴルチャコフの発言にみられるように、再び原則論を繰り広げた。しかし、ビスマルクは普仏戦争の終結に際して、列強諸国の仲裁を必要としなかっただけでなく、純粋に普仏間の二カ国協定であるフランクフルト条約［普仏戦争後の一八七一年五月に結ばれた講和条約。アルザス・ロレーヌがプロイセンに割譲された］の締結に際しても、外部勢力の介入を排除できたのである。

普仏戦争の終結に際して、列強諸国から仲裁を得ようとするフランスの努力は、いたるところで挫折した。オーストリアでは、外相フォン・ボイスト（Friedrich Ferdinand, Graf von Beust, 1809-1896）が「現今のヨーロッパは、もはや、あるべき本来のヨーロッパではない」(7)との不満を吐露することで自足し、ロシアでは原則論ばかりが振りかざされ、それ以上の行動が語られることはなかった。イギリスでは、どこまでもみてみぬふりを押し通す自制的不介入政策に反対の姿勢を示したのはただ一人グラッドストーン首相だけだった。そのグラッドストーンにしても、その反対の根拠はヨーロッパの協調体制保持への思いから出たものではなく、あるいはヨーロッパの勢力均衡維持への関心から出てきたのでもなく、アルザス・ロレーヌ地域のフランスからプロイセンへの割譲を犯罪的行為とみなしていたからだった。しかしながら、普仏戦争が終結する以前においても、すでにそこにはクリミア戦争が本格化する一八五四年以降ヨーロッパを揺るがしてきた一連の騒擾状況の終結点、すなわち、政治的不安定状況の出発点ではなく、その最終到達点を示す徴候が現れていた。一八七〇年が終わろうとする直前、元来「国民国家原理」（principle of nationality）の信奉者だったグラッドストーンは、自己の信念とは相反するヨーロッパの協調体制や勢力均衡原理に大きく依存する「条約の不可侵性」を擁護する立場に変身していた。それは、一八五六年には彼自らが反対の立場を鮮明にしたパリ条約中の黒海条項を、ロシアが否認する挙に出たことに対する意思表示だったのである。他方、ロシアは、一八七〇年九月に一八五六年の黒海条項を公然と非難し、ようやく積年の屈辱を払拭させようとした。その際、「公法上の権利と国家間関係の規範に基づいて成立した条約の遵守・尊重を基礎とした成文法には、前の時代とまったく同じ道義的不可侵性があるとする考え方は承服しがたい(8)」と主張して自らの行動を正当化した。ところが、翌七一年一月になると、ロシアは、黒海条項は遅かれ早かれ実質的に廃棄されるという了解に基づいて、黒海条項の即時破棄要求を撤回した。これは、イギリス政府の列強諸国間で締結された条約を一方的に改変しないという主張に応ずる見返りだったのである。この交換条件の公式化を目的としたコンファレンスが、ビスマルクの音頭のもとで、ロンドンで開催された。戦争と急激な状況の変化をともなった十五年という年月の幕を閉じるにあたって生じた以上のような混乱状態と矛盾の中に、すなわち、普仏戦争の終結を目的とした列強諸国間の講和会議開催を忌避しようとしたビスマルクの対応の中に、その同じ人物がさらなる戦争を回避するためにコンファレンス開催に向けて主導権を発揮したその対応の中に、国民国家原理と条約の不可侵性の間で揺れ動いたグラッドストーンの迷いの中に、ヨーロッパの没落と国際的道義心の凋落を慨嘆する声の中に、さらには、道義心を復活させる手立てとして普仏戦争後の一八七一年にとられた方策の中に、一八五六年以降に戦われた仏墺戦争をはじめとする各戦争とそれらの戦争がもたらした変化を垣間みることができる。また、ヨーロッパの協調体制の凋落の原因と理由を見出すこともできる。さらには、十九世紀の残余期間における協調体制の限界性とその特質を理解する鍵を見出すこともできる。

一八五六年以降のヨーロッパの政治的・軍事的不安定状況の主な源泉は、第一には、ヨーロッパにおける権力の再分配が数年を経ても緩慢な動きしかみせず、その緩慢さゆえに「現状」への変化を促す圧力をいやが上にも積みあげられたという事実にあり、第二には、各国政府が国民国家主義という大衆の力と手を携えて相互に締結し合った同盟関係にあり、そして第三には、イギリスとロシア両国がヨーロッパの表舞台から次第に姿を消していったことにある。第一の要素は、はじめのうちは、フランスの復興の中に体現される形で現れた。しかし、現代の時点から振り帰ってみるとわかるように、この時代を動かしていた中心的な歴史過程は、実はヨーロッパ大陸への工業化の伝播にいち早く対応した英仏の西側列強二カ国の犠牲となって、工業化に乗り遅れたオーストリアとロシアの東方列強二カ国の力が相対的に低下したことである。このことは、視点を変えてみると、ゲルマン民族支配地域におけるオーストリアの勢力がプロイセンの台頭によって殺がれたことを意味するとともに、イタリア半島におけるオーストリア勢力の減少がピエモンテ＝サルデーニャ王国にとって有利に働いたことを意味した。仮に当時のフランスがただ単にオーストリア一国を凌ぐ強国にとどまらず、ヨーロッパの列強諸国すべてを凌ぐ強国として映っていたのが事実だとするならば、それは取りも直さず、ナポレオン三世がイタリア半島におけるオーストリアの勢力減少の促進というそれほど困難をともなわない目標に向け、機先を制して最初の努力を傾注したからにほかならず、さらには、国民国家主義的な考え方と運動を取り込んだヨーロッパで最初の政府がフランス政府だったからにほかならない。

ナポレオン三世は、クリミア戦争の開戦以前から国民国家主義的主張を前面に押し立てつつ、一八一五年のパリ講和条約の破棄が自らの政策目標の一つであることを包み隠そうとしなかった。「本来、偉大な政治的革命の場であったはずのものが、およそ意味のない勝ち負けを競うだけの競技会に堕してしまった」(9)と慨嘆して見せたパリ会議後のナポレオンは、いち早くロシア国内の政情不安、イギリスの国民国家主義的主張への共感、イギリスとロシアとの間に生み出された新たな対立感情、さらに、オーストリアの歯止めのかからない弱体化現象などを、フランスの国益の増大化のために、また、イタリア半島の国民国家主義運動を推進するために最大限利用したのである。彼の過ちは、ポーランドがロシアから独立し、ドイツ南部の中小公国群がオーストリアやプロイセンとは切り離された連合国家を形成し、かくして、当初はイタリア半島において、その後はより広範な規模において国民国家主義原理が成功裡に推進されることがフランスの国益にかなうものであり、そこからフランスの庇護のもとに弱小国家群の連合体がヨーロッパの地に形成されることになると想定したことにある。この想定に基づいて、オーストリアの列強国家としての地位に繰り返し揺さぶりをかける間に、まさにこの国民国家主義原理がフランス政府のみならずヨーロッパのほかの列強諸国政府の受け入れるところとなる危険性があり、したがって、このことがヨーロッパ諸国の経済的発展とオーストリアの政治的凋落という要素と絡み合って、既存の勢力均衡状態を大きく転換させることに繋がり、その結果、単にオーストリアに決定的な打撃となるだけでなく、フランスにとっても大いなる打撃を与える統一ドイツ国家、統一イタリア国家を図らずも生み出す危険性があることをナポレオン三世は一顧だにしなかった。つまり、一八四八年にヨーロッパ中を席巻した革命が挫折してから十年の間に、ヨーロッパに政治的不安定状況と激しい変化をもたらしたこの圧倒的な推進力〔国民国家主義原理〕がその牙を剥き出し、猛威を振るうことになったのである。

クリミア戦争までは、列強諸国は革命に対する共通の恐れから、「現状」の維持を墨守するために、ともに自制的に振る舞い、その限りで認識を共有していた。ところが、一八五六年以降になると、一人フランスに限らず、ほかの列強諸国も他国に対して自国の利益を第一義的に優先させる手段として、国内に横溢する国民国家主義原理という力との連携に踏み切りはじめた。かつてピエモンテ＝サルデーニャ王国の目的達成のために民主主義や国民国家主義という新たな理念とは一線を画してきたカヴールが、パリに亡命中のダニエーレ・マニン（Daniele Manin, 1804–57）〔ヴェネチア生まれのイタリア統一運動の指導者〕らが組織した「イタリア国民協会」（*Società Nazionale Italiana*）が共和主義を放擲《ほうてき》し、マニン自らも必要となれば、「国民協会」を解散する了解のもとで極秘裏に「国民協会」を支援するようになったのは、まさに一八五六年のことだった。(10) ビスマルクの場合は、ドイツ民族主義と自由主義を利用する点では彼の政治的動き一つひとつに如実に示されているように、その徹底振りはカヴールの比ではなかった。しかも彼の場合、それが政策に反映していただけではなかった。一八五七年、既存の列強諸国の統治形態の革命的起源を振り返った際、彼は「政治家が内政、外交をはじめとするすべての政治的努力を反革命原理に傾注し、この反革命原理を対外関係における唯一の試金石として利用してきた」十九世紀前半の政治状況を時代遅れとして斥けた。[11] したがって、一八六〇年以降のナポレオン三世が、ヨーロッパの再構成という壮大な夢を徐々に後退させ、修正主義に対する条約に基づく権利の保守的な擁護者、国民国家主義に対して補償請求をする保守的な擁護者へと変身を遂げたのも無理からぬのである。たとえば、一八六六年に、自らの手で「イタリアにおける革命を勝利へと導いた」こと悔やんだり、[12] ライン川地域へのプロイセン軍の侵攻に対してその補償を要求したことに、また、たとえば一八五九年にはローマ法王の世俗的権利の削減を企図するコンファレンス開催を構想したのに、一八六七年になると教皇領諸国を糾合《きゅうごう》して新たな連合国家設立を図るコンファレンスの開催を求めたことにナポレオン三世の気持ちがあらわれている。さらに、同六七年以降には、ナポレオン三世が既存条約の保持及び「現状」の護持という名目のもとで、それまで数多くの侮辱的言辞を投げつけたハプスブルク帝国との同盟関係を執拗に追い求め続けたこと、そして、たとえば一八七〇年には、フランスの安全保障がイギリスとロシア両国との友好的な関係に依存し、冷え切った関係にある英露間の和解の実現にかかっていると判断したことなども理由なしとはいえないのである。

イギリスとロシア両国は、過去十五年にわたり相互に和解の道を歩むことがなかった。一八一五年のウィーン講和会議以降に両国が追い求めた協調と介入という両面政策を超える不退転の決意に基づく強力な政策を遂行することによってのみ、この間に生じた種々の変化を食い止めることができるはずだった。しかし、比較的良好だった英露両国の仲がクリミア戦争によって引き裂かれ、さらにはオスマン・トルコの処遇をめぐる相互の猜疑心が高じて、両国関係は悪化の一途をたどった。一八一五年のウィーン講和条約体制の最も忠実かつ熱心な擁護者であり続けた英露両国が、その擁護への関心を失っていった理由の一つがそこにある。つまり、皮肉なことだが、ウィーン講和条約体制擁護という点に関する限り、両国の協力関係が崩れ、関係修復の姿勢を失いつつあったときにこそ、両国には以前を上回る協力態勢の構築が求められていたのである。しかしながら、英露両国がともにヨーロッパが抱える諸問題、とりわけヨーロッパを席巻する国民国家主義の大きなうねりから生じる政策上の諸矛盾から手を引いていった理由はこれだけではない。

ロシアはヨーロッパの改変、とくに国民国家主義的な改変に対しては、ロシアの体質的な保守主義、さらにポーランドの独立気運に対する懸念もあって、国民国家主義的な改変に対しては根本的に反対の姿勢を貫いてきた。一八五六年、ロシア皇帝アレクサンドル二世は、イタリアにおけるフランスの政治的・軍事的動きに関して、「こうしたフランスの動きは、もともと安定性を欠くヨーロッパ外の地域ではともかく、ヨーロッパの各国政府が等しく共有する原則を歪めるものである」(13)と批判した。ロシアが一八五六年から一八七〇年にかけて、一度ならず諸国間コンファレンスの招集を呼びかけた理由は、パリ条約に基づく黒海条項の改変を実現したいという希望に劣らず、ヨーロッパの協調体制の諸原則に以前と変わらぬ大きな関心を寄せていたからである。しかし、ロシアのこうした原則論的態度は、クリミア戦争で中立的立場に終始したオーストリアに対する復讐の欲求を満たし、一八五六年の黒海条項の改変への援助を求めるためにナポレオン三世とビスマルクに期待を寄せるという便宜主義とは相容れないものだった。ロシアのこの便宜主義こそが、「現状」の維持という名目のもとでの介入政策の挫折、すなわち、数度にわたるコンファレンス開催提案をことごとく失敗へと導いた原因である。ヨーロッパの不穏な政情に乗じてオーストリアの力を殺ぎ、そのうえでオスマン・トルコで漁夫の利を得るという目前の利益に目を奪われたことが「現状」の庇護者として、まずはナポレオン三世指導下のフランスに対して、ついでビスマルク指導下のプロイセンに対して、ロシアが積極政策をもって当たることをおよそ不可能にさせたのである。

ロシアの外交が自国の利益優先と国民国家主義に対する忌避感情との狭間で挫折したのと同じように、イギリスの外交は国民国家主義運動の高まり——正確を期するならば国民国家主義的主張に対する共鳴の広がり——によって「無力化」させられた。こうした外交姿勢の結果、歴代のイギリス政府は国民国家主義に有利と思われる時代の変化に敵対すること、とくに時代の変化に抗してロシアとの協力関係を築くことを不可能にさせたのである。クリミア戦争後のパリ会議の場で、クラレンドン外相がオーストリアのイタリア政策を論難したことを手始めに、その後のイギリス政府は一貫してヨーロッパの国民国家主義に基づく変化を奨励する側に回った。一八五六年、イタリア統一運動の指導者カヴールが、イギリスはピエモンテ＝サルデーニャ王国を支援せざるをえなくなるだろうと語ったが、この発言に対して、「その通り。しかもわが国の支援は心からのものであり、全力を傾注しての支援になるだろう」とクラレンドン外相が明言しただけにとどまらず、パーマストン首相も同時期に、「オーストリア皇帝がイタリア問題に関してとるすべての手段に対しては、それを半歩勝る手段をもって応ずる用意がわれわれにはある」と語っていた(14)。一八六〇年に各国政府宛に送達されたイギリス外相ラッセルの書簡は、イタリアの統一を承認しただけでなく、その承認を国民の意思に基づく時代の要請だとして正当化したが、このことは、国民感情に合致しない条約上の取り極めをいっさい認めないということに等しかった(15)。しかしながら、こうしたイギリスの国民国家主義への支援にしても、ロシアの正統主義への固執と同じように、道義的な意思表示に過ぎなかった。その理由は、国民国家主義への支持政策がヨーロッパの勢力均衡に対する歴代のイギリス政府の大いなる関心とは相容れないものだったからである。この時期にイギリスとロシア両国が積極的な介入政策を手控えたのは、結局のところ、生起してくる種々の変化をヨーロッパの勢力均衡と両立可能なものとして受容する力量が両国にあったからだといって間違いない。

ロシアのクリミア戦争後の政治的停滞の原因となった物質的な脆弱性と威信の失墜という制約からは自由で、かつ西ヨーロッパにより近接した地理的条件を有する歴代のイギリス政府は、こうした評価を下すまでには時間がかかった。イギリスが国民国家主義的主張に同情を深めていった時期は、実はナポレオン三世に対する猜疑心が沸騰した時期でもあった。「帝国主義」という言葉は、英語としては一八五八年に初めて登場した言葉だが、当初は――その後も暫時の間はそうなのだが――、「極端に専制的な場合における皇帝の支配」を意味し、フランスが再度ヨーロッパ大陸の支配を目論んでいるのではないかという恐怖心と一体化した皇帝支配に対する嫌悪を意味していたのである。一八五九年の仏墺戦争の勃発に際して、ダービー卿（Edward George Geoffrey Smith-Stanley, 14th

Earl of Derby, 1799–1869）〔十九世紀中葉に三期にわたり首相を歴任した保守党の政治家〕内閣が、オーストリアが敗北するのではないかという懸念から、あわやフランスと戦争をしかねない事態になったのは、ヨーロッパの「現状」に対する愛着の念がフランスのヨーロッパ再支配への恐怖心によって高められたからである。ダービーの前任者で、かつてはイギリスをクリミア戦争に巻き込ませまいと孤軍奮闘した平和主義者のアバディーン卿でさえ、いまや一八一五年のウィーン講和条約下における義務の方が、オスマン・トルコの独立を擁護することよりも強制力を有するという信念を抱き、仏墺戦争への参入を望むようになっていた。イタリア問題に関する限り、イギリスがナポレオン三世下のフランスと戦う事態を招来させてはならないという意見に対して、アバディーン前首相は「仮にそうだとしたら、わが国が現在まで享受してきた高い地位から滑り落ち、ヨーロッパの権力構造という土俵の上で、モナコほどの小国の地位に甘んじなければならないだろう」[16]と反論を展開した。たしかに、ダービー政権はその親イタリア感情のゆえに倒壊したのだが、しかし、「現状」志向と国民国家主義志向との確執が一朝一夕に払拭されたわけではなかった。一八六一年、首相の座にあったパーマストンは、「わが国の政策の主要目的は、四方八方およそあらゆる地域に勢力を拡大し、侵略行為を行おうとする途方もない計画を抱いているフランスを前にして、その実現を阻止することにある」[17]と述べている。彼が「現状」の維持を前面に打ち出して、忠告と恫喝《どうかつ》を使い分けながら死にいたる一八六五年までヨーロッパの大陸政治への介入政策を続けたのは、こうした理由からである。イタリアの国民国家主義運動に対する共感を彼が公言したのも、それは決して彼が心底から国民国家主義に親近感を抱いていたからではなく、むしろ反フランス的政策遂行の副産物として出てきたのである[18]。しかし、パーマストンが死去する前、国民国家主義的主張に共鳴する一方で、すでに有効性を失っていた大陸政治への干渉主義的政策は、国民国家主義がフランスの膨張政策に対抗する原理として燎原の火のごとくヨーロッパを駆けめぐったことによって、もはや不必要なものとなっていたのである。

　イギリスの干渉主義を不要とする認識は、パーマストン外交の非効率性、国民国家主義への共感、さらにはヨーロッパ域外で生起する諸問題――具体的には一八五七年のインド大反乱［セポイの乱、あるいは第一次インド独立戦争］や一八六一年のアメリカ南北戦争の勃発――に対する関心の増大と相まって、一八三〇年代以降、イギリス外交の基本原則となったパーマストンの政策を、一八六四年の下院本会議で満場一致で拒絶する結果をもたらした。イギリスの急進主義者と自由主義者は、かたや国民国家主義に対する信念から、かたや自由放任主義原理の必然的副産物として、こぞって非干渉主義を標榜した。他方、保守主義者はかつて一世紀ほど前に、大ピットが主張したように、イギリスの国益がヨーロッパ大陸以外の地にあること、さらにディズレーリ（Benjamin Disraeli, 1st Earl of Beaconfield, 1804-81）［二度にわたり首相を歴任した保守党の指導者］の言葉によれば、現今の勢力均衡は「旧弊な制度にもたれかかる時代遅れの伝統の上に建てられた」ものに過ぎないと主張した。(19) 一八六八年、イギリス下院は、反乱防止法（Mutiny Bill）［軍人及び軍属に対して、俸給の上積みの見返りとして反乱と脱走を禁じた一七四九年制定の法律］の年次報告書から、勢力均衡の維持がイギリス軍の存在理由の一つだとする長年にわたって挿入されてきた語句を削除した。このことはパーマストンの死去とともに、イギリス政界におけるウィッグ党統治の終焉――換言するならば自由主義全盛の終焉――を象徴的に示した動きだった。しかし同時に、このことは、プロイセンの対墺戦の勝利およびプロイセンの対仏脅威の増大にもかかわらず、ヨーロッパの勢力均衡状況が危殆に陥ることはなく、むしろフランスとオーストリア両国を牽制するという政策目標上、こうした事態の進展をロシアも歓迎したのであって、その限りにおいて勢力均衡状況がいままで以上に改善されるという確信を反映したものでもあった。

この確信は、しばしば等閑に付されているのだが、ごく近い将来に関する予測としては正鵠を射ていた。この時期をいかに理解するかと問うならば、一九〇〇年以降については、ヨーロッパの勢力均衡が維持される状況にはなかったと記憶されているために、さらには、国家間システムの根本的な改変が必ずしも勢力均衡状況の破壊をともなわないという事実を忘れ去る傾向にあるために、勢力均衡状況が一八七〇年の時点で崩れ去ったとみなしがちである。一八七〇年の普仏戦争でのプロイセンの勝利とフランスの敗北に象徴される情勢の進展は、たしかにヨーロッパの政治構造を大きく変えた。「ヨーロッパを支配する偉大な国家（*la grande nation*）フランスという神話が永遠に崩れ去り」[20]、長年にわたって緩やかな包囲網を敷いてきた仏墺露三列強諸国中心主義的構造が、プロイセンが先導する強力なドイツと、辛うじて統一を成し遂げたイタリアを取り込んだ構造にとって代わられたのである。しかしながら同時に、「ビスマルクが引き起こした三度の戦争にもかかわらず、ヨーロッパの勢力均衡状態がその命脈を絶たれたわけではない」[21]ことも否定できない事実なのである。権力構造自体が変化したのは事実なのだが、その構造を構成する諸国家はほぼ同等の地位を享受し、したがって、国家間の勢力均衡状態は以前と同様安定し続けた。つまり、国家間の構造にほぼ均一な権力配分が顕著に現れた十八世紀以降のいずれの時期とも比肩しうる、確固とした勢力均衡状況が現出したのである。以前と異なるのは、パリとウィーンに代わって、ベルリンが新たなシステムの中心地になったことである。いまや新生ドイツは、フランスとオーストリア両国がほかの国からの支援を頼まず自力で状況を転換させられないだけでなく、両国が状況の転換を図ろうとしても、ほかの国からの支援を当てにはできないことにも誰一人疑問を持たないほど、強力な存在になっていた。しかし、仏墺両国は、いずれもプロイセンに打ち破られたとはいえ、クリミア戦争での屈辱感を抱えたロシアと同じように、列強諸国と弱小国家群との溝がますます広がりつつあったこの時期に、依然として列強グループの一員であり続けた。*当時の大半の人たちは、敗北後の両国が国力を回復する上で障害になるものはおよそなく、また両国の潜在的な力はドイツに勝るとも劣らないとみていた。それだけではなく、彼らはフランスがいずれプロイセンに対して復讐戦に打って出ると長

＊　列強諸国と弱小諸国のギャップがいかに大きかったかを見るには、当時の国家を列挙してみればよい。一八七一年当時のヨーロッパには、プロイセン、イギリス、フランス、オーストリア＝ハンガリー、ロシア、イタリアの六列強国のほかに、中小国として、トルコ、スペイン、スウェーデン＝ノルウェー、デンマーク、ポルトガル、オランダ、スイス、ベルギー、ギリシア、セルビア、モンテネグロの十一カ国が存在した。これら十一カ国のうち、完全な主権国家は、トルコ、スペイン、スウェーデン＝ノルウェー、

い間考えていた。さらに、仏墺両国の権力の相対的低下を自覚し、その状況を不安視する者がいたとしても、彼らは同時に、ドイツが今後危険な賭けに出て、さらなる権力の奪取に向けて突っ走る可能性はないと考えていただけではない。万が一にもドイツが弱体化した両国のいずれか一カ国に対して攻撃を仕掛けるような場合には、ヨーロッパのほかの諸国がこぞって被攻撃国を支援することになると主張し、また、それを当然視していた。かつてオーストリアの敗北やフランスの敗北に対して冷淡な対応に終始したイギリスとロシア両国は、一八七五年、普仏戦争の結果を逆転させようとは露ほども考えていないと同時に、フランスとプロイセンの間に戦争状態が再発するような事態に対しては無関心ではいられないという姿勢を明らかにしていた。ところで、状況が激変したにもかかわらず、ドイツの優越的地位を危険なレベルまで引き上げずにすんだこと、そして、ナポレオン三世の登場にともなって現出したフランスの支配という脅威が、ドイツを支配的地位に立たせることなくヨーロッパから除去されたのは、英露両国のこうした姿勢だけにその原因があったわけではない。ビスマルクはこれまで、脅迫的手法の限りを尽くす一方で、列強諸国の合従連衡の悪夢にさいなまれ、したがってオーストリアとロシアを懐柔しつつフランスの孤立化を目指してきたが、いまや充分に満ち足りた国家になったという彼の心情吐露にも一因があった。また、ビスマルクの脅迫的手法に最も強く拒否反応を示したフランスを含めた列強諸国が、ビスマルク的政策遂行とその遂行を可能にしたヨーロッパの政治的中心地がパリからベルリンに変わったことを、協調体制と平和にとって危険だと深刻に受け取らなかったことにも一因があった。

勢力均衡状況に大きな変化がなかったのは、部分的には、権力の配分に大きな変化がなかったからである。一八五九年の仏墺戦争や一八六六年の普墺戦争の引き金の一つとなった国民国家主義の力については、つぎのようにいえる。この両戦争はともに、ヨーロッパの協調体制を突き崩すには程遠い戦争だった。また、勢力均衡が乱される事態を迎えたならば、中立的立場をとっていたイギリスとロシアが介入することを恐れたこともあって、均衡状況そのものの破壊を目的とする戦争ではなかった。オーストリアに勝利したビスマルクですら、当初は、フランスに何らかの弁済的措置を講ずることなしにはマイン川以北のドイツ中小公国群を北ドイツ連邦に併合できないと考えていたほどである。両戦争が戦争目的を限定した外交的側面重視のいわば「政府間戦争」(Cabinet wars) だったとするならば、また、このことが国民的興奮と民族的熱狂が大きな役割を果たした普仏戦争にも当てはまるとするならば、戦争目的の限定的適用は以下に詳述する別個の諸事情に依拠するものでもあった。いずれにしても、普仏戦争を含めたこれらの戦争は、ヨーロッパの協調体制という政治システムの尊重と秩序保全への関心から、意識的に戦争目的を限定し、国民国家主義の勢いを意識的に制御した戦争当事国政府相互によって戦われた戦争だったのである。

戦争当事国が既存の国家間の政治システムを考慮に入れざるをえず、さらに、この政治システムが拠って立つ規則や前例がますます増大してきたことが、戦争という手段に訴える政策を技術的に困難にしていた。一八六六年の普墺戦争や一八七〇年の普仏戦争の際のビスマルクは――一八五九年の仏墺戦争の際のナポレオン三世が「非革命的」かつ「外交的観点から正当化しうる」(22)開戦事由 (*casus belli*) を模索したのと同じように――既存の国際法のもとでは正当化しえない戦争計画を推進しつつあったのである。フランスにとっても、ピエモント＝サルデーニャにとっても、またプロイセンにとっても、自国の要求を最後通牒という形で文書化して宣戦を布告するという行為

デンマークの四カ国に過ぎない。セルビアとモンテネグロは自立した国家ではあったが、依然としてトルコ帝国の一部を構成していた。ギリシアは英仏露三列強諸国の被保護国として、その助言に従うことを義務づけられていた。ベルギーは一八三九年、列強諸国間で結ばれた中立条約に拘束されていた。スイスとオランダ両国はベルギーと同様、ウィーン会議の最終議定書の拘束下にあった。ポルトガルは伝統的にイギリスとの提携関係にあった。十九世紀末までに、これらの諸国のほかに国家として認められるようになったのは、ルーマニア（一八七八〜八六年）とブルガリア（一八七九年）の二カ国に過ぎない。ヨーロッパ以外では、アメリカだけが一八七一年段階で大国としての地位を認められていたに過ぎず、そのアメリカにしても、また急遽国際舞台に登場してきた日本にしても、一九〇二年以前には国際的政治システムに正規メンバーとして編入されていたとはいいがたい。

に出ていたならば、それは自らを侵略者と認めることに等しいことなのであった。したがって、これら三カ国はいずれも相手国に対して公式な手続きを経た上での宣戦布告という行動には出なかった。仏墺戦争と普墺戦争の場合にはオーストリアによって、普仏戦争の場合にはフランスによって、つまり、いずれの場合も保守的な列強国によって引き起こされたのだが、その際の理由づけは、「自国を責めさいなむ国に対して戦争を仕掛ける」(23)ことを余儀なくされるほどの挑発を相手国から受けたからというものであった。そのうえ、現行の国家間の政治システムを尊重するこうした姿勢は、戦争の勃発に際してのみみられる現象だったのではない。たしかに、上述の戦争の期間中にはコンファレンスの開催が忌避され、必然的にヨーロッパの協調体制を支えていた諸原則の効力が暫時停止に追い込まれる状況を迎え、したがって、各国が全体の合意を得ずに自国の利得のみを求めてはならないことや、列強諸国にはヨーロッパの諸問題のみならず「現状」の保全に対して共同の責任があるという共通理解に固執するのは現実的ではなかった。しかし、ヨーロッパの協調体制は疑問視されながらも、戦争目的の限定化にそれなりの効力を発揮したのである。プロイセンやピエモント＝サルデーニャに代表される国力の伸長過程にある国家は、自らを歴史過程の中における現今の国家間システムの中に正当に位置づけられる権利を有する「歴史的国家」(historical states)――ビスマルクの言葉――であるとみなしていた。たとえば、新生イタリア政府の首尾一貫した関心事は、自国が列強諸国の一員として認知されることであった。またたとえば、ビスマルクに関しては、彼はしばしばヨーロッパの既存の政治システムを見下すような発言をしたり、一八六三年、プロイセンのポーランド占領をヨーロッパは認めるわけにはいかないとイギリス公使のブキャナン(Sir Andrew Buchanan, 1807–82)が詰め寄ったときには「ヨーロッパとは誰のことか」(24)といい募ることもあったが、彼の現実の行動を仔細に見ると、それがことごとくブキャナンの「数カ国の大国」という返答に示された定義に則した形で、当時の政治システムを尊重し、そのシステムに準拠していたことは明白である。

ビスマルクはドイツの再構築を実施するにあたって、革命的な民族運動を利用したが、それは上からの革命をもたらしただけであり、ヨーロッパの均衡状況を危険なレベルまで掻き乱すことを望んでいたのではない。しかも、国民国家主義原理を東方ヨーロッパに適用するつもりは毛頭なかった。彼の行動は、国民国家主義が統制不能になると、いかなる場合においても、とりわけ東方ヨーロッパに関しては、国家の権威それ自体が危殆に瀕するという確信を抱いていた。このことは、「歴史的国家だけが存在可能なのである」、あるいは「現在、オーストリアの占領下にあるこの東方ヨーロッパ地域に何を新たなものとして注入できようか。ここに新たな国家群を創設したところで、それは恒久的な革命状況をその地域にもたらすだけである」というビスマルクの発言(25)からも明らかである。さらに、彼はこの点に関する限り、ほかの列強諸国政府も彼と意見を一にしており、あのナポレオン三世ですら、この点では保守的傾向を強めていることを認めたうえで行動したのである。一八六六年五月、普仏戦争を回避する努力の一環として、ナポレオン三世はコングレスの開催を提唱したが、その際、シュレージエン（Schlesien or Silesia）［中央ヨーロッパの他民族混在地域。一七四二年のオーストリア継承戦争以降、プロイセンが領有し、ドイツ化を推進した］のオーストリア再併合の可能性が取り沙汰された。これに対してビスマルクは、ドイツの民族感情に訴えるとともに、制定には至らなかった一八四九年のフランクフルト憲法［ドイツ統一の過程で設立されたフランクフルト議会のもとで審議に付された憲法草案。オーストリアを含めるか否かで紛糾し、最終的に制定が見送られた］を発布し、革命的理念に基づくドイツ統一のために闘う用意があるとフランス政府に警告した(26)。同年七月、ドイツの将来に道筋をつけるためのコングレス開催提案がロシアから出されたとき、彼は前回と同様、ロシアがドイツ問題に介入する場合には、「ドイツと近隣友邦諸国の民族的力を最大限に行使する」と威嚇した(27)。しかも、こうしたビスマルクの警告や威嚇は、充分にその効果を発揮したのである。

ビスマルクに警告と威嚇を実行に移す可能性があったか否かについては、議論の余地があるだろう。ビスマルクが三度にわたって行った戦争が国民国家主義理念に基づくものではなく、国家存立事由（reasons of state）に基づくものだったとするならば、これらの戦争はまさしく、国家権力と国家礼賛が社会と世論に対して強制力を持ちはじめた時期、さらには社会と世論を変化させはじめた時期に戦われたのである。この変化の過程は、戦後処理を行ううえで、民族自決主義理念が以前ほど注目を浴びなくなった過程や、さらには国民国家主義の力点そのものが変化していった過程の中にはっきりと示されている。イタリアの統一にともなう領土の再配分は、サボイとニースのフランスへの割譲を含め、一八六六年までは、国家間のコンファレンスによる承認を経ない場合を例外として、すべて当該地域の住民投票に付された結果だった。第二次シュレスウィヒ戦争開戦後の一八六四年、ビスマルクは北部シュレスウィヒを獲得後、領有の是非を問う住民投票を公約した。この公約は、一八四八年以降燎《りょうげん》原の火のごとく広がった民族感情という新たな力のなせる業《わざ》だったとともに、旧来からの伝統にかなう措置でもあった。領土画定に関する法的制度とともに、領土化された住民の存在の中にこそ国家の起源があるという考え方からみるならば、その当然の帰結として、民族自決原理は十九世紀よりもかなり古い時代の産物である。ところが、一八一五年から一八五〇年までの期間は、「現状」の変更が必要な場合には、ひとえに列強諸国の共同責任においてなされるべきとするとらえ方が一時的に民族自決原理を覆い尽くしていたのである。いずれにしても、北部シュレスウィヒに対するビスマルクの住民投票の公約が実行に移されることはついぞなかった。その後のプロイセンの領土併合は、アルザス＝ロレーヌ地域の場合も、ドイツ諸公国の場合も、住民投票に付されることはなく、また多国間コンファレンスの裁可を受けることもなかった。ただし、一八七一年のフランクフルト条約のもとで、プロイセン軍のパリ入城を認める条件の見返りとしてアルザス地域のフランス側要衝ベルフォール（Belfort）をプロイセンのアルザス＝ロレーヌ併合から除外することになったのだが、これが唯一の例外的事例といえる。ドイツとイタリアを嚆矢《こうし》とするヨーロッパに生まれつつある新たな国家を国内的に再構築するための各種の取り極めの中にも、まったく同一の過程、すなわち国民国家主義の退潮過程と変容過程が作用していたことを認めることができる。したがって、一八七〇年当時の共和主義者たちがヨーロッパにおける国民国家主義の歴史の第一段階の成果を総括して、「ピエモント＝サルデーニャおよびプロイセンにおいて達成された行政府の革命、外交の革命に代わる人民革命……を開始する」[28]必要性を必死に説いて回っていたのも無理からぬことだった。政治的不安定状況と領土上の改変に満ちたこの時期に決着をつけた普仏戦争は、図らずも、ヨーロッパの諸国家の自由意志に基づく連邦体制という十九世紀中葉に抱かれた共和主義者諸氏の夢――その夢は、旧態依然たる行政府機構を弱体化させることによって実現されるはずだったのだが――を最終的に雲散霧消させたのである。旧来と変わらぬスタイルを踏襲する列強諸国間の政治システムがこの時期の現実だったのであり、その政治システム内では、各国はますます強力になった行政府の統制を受けるとともに、物理的な制約のみならず旧来の伝統と原則に等しく行動の自由が制限されていたのである。今後の課題は、この時期に少なからず揺さぶりをかけられながらも基本的な要素を辛うじて保持し続けたこの政治システムが、果たして行政府権力の増大という状況の中で生き延びられるかどうか、さらには、いままで経験したことのない新たな政治的圧力に正しく適応できるかどうかということだった。

この十九世紀中葉の政治システムは、さらに一世代生き延びることになった。一八七一年以降、列強諸国間には一八一五年から一八五四年にかけてみられた平和状態よりも長期にわたる平和状態――一九一四年の第一次大戦の勃発によって、その幕を閉じることになるのだが――が現出した。普仏戦争後から一九〇〇年までの三十年間、ヨーロッパの新たな「現状」は一八五四年のクリミア戦争以前の状況と同様、深刻な挑戦に立ち向かうこともなく広く受け入れられたのである。この期間に国境が変更されたり、主権が移動したりしたのは、バルカン半島の諸国だけに限られていた。しかも、こうした国境の変更も主権の移動も、列強諸国が陰に陽に画策した結果として引き起こされたというよりも、気が進まないながらも列強諸国が渋々受け入れざるをえなかったのだった。このいわゆる「東方問題」は、たしかに、オスマン・トルコ帝国の崩壊がもたらした錯綜する諸問題を列強諸国が避けて通ることはできず、また、トルコ帝国の分割という列強諸国間の合意によっても事態の改善が図れないこともあって、一面ではヨーロッパの国家間の中心的問題だったことは否定できない。しかし、「東方問題」は平和状態を脅かすほど深刻だったかといえば、そうではない。ひるがえってヨーロッパの外に目を転ずると、そこでは国境と主権の改変が巨大なうねりとなって渦巻いており、その改変たるや、以前のいかなる時代にも増して急速かつ広範だった。しかし、こうした変化はヨーロッパの場合と同じように、ヨーロッパの主要列強諸国間の戦争をもたらさず、戦争への危機的状況も引き起こすことなく、実現したのである。つまり、ヨーロッパの外での激しい流動性と進むべき進路の定まらない環境下においても、旧大陸ヨーロッパでは、往来は激しいがよく踏み固められた道と比べても何ら遜色のない外交上の有効性と列強諸国政府の慎重性が発揮されたのである。

ヨーロッパ域外におけるこのような状況は、ヨーロッパ域内の状況と変わらず、基本的にはヨーロッパの主要列強諸国間の新たな勢力均衡状態がもたらしたものだった。たしかに、非ヨーロッパ諸国が新たに国際舞台に登場し、たとえば日本が一八九四年に中国に対して行ったように、またたとえば、アメリカが一八九八年にスペインに対して行ったように、これら新進の国家は、国益追求の名のもとに他国に対して公式に宣戦布告をするほどの力をつけていた。しかし、日清戦争勝利後の日本は、いままで以上に慎重に行動せざるをえず、またアメリカにしても南北アメリカ大陸（New World）ではともかく、東アジア方面ではより慎重な行動が求められていた。その主な理由は、ヨーロッパの列強諸国が東アジア地域に侵出してきたからである。一九〇〇年代までは、すなわち、アメリカがフィリピンの領有とハワイの併合によって太平洋国家として登場してくる米西戦争の終了時まで、また、日本が一九〇四〜〇五年の日露戦争でロシアを敗北に導く時点までは、ヨーロッパ域外の諸問題は多かれ少なかれ、ヨーロッパ列強諸国の支配下あるいは影響下にあった。ただし、モンロー主義（Monroe Doctrine）［一八二三年に第五代大統領ジェイムズ・モンロー（James Monroe, 1758-1831）が議会教書の中で、ヨーロッパ政治への不介入政策及び新大陸アメリカの自主的行動の自由を宣言した］とモンロー主義の成立基盤である強大なイギリス艦隊の存在によって、外敵からの「隔離」状態にあった北米大陸、および地域的な勢力均衡状況が進展をみせていた中南米地域は例外である。

列強諸国の中では唯一イギリスだけが、ボーア戦争［アングロ・ボーア戦争、南アフリカ戦争とも呼称される。一八八〇～八一年と一八八九～一九〇二年の二度にわたって南アフリカのオランダ系移民ボーア人（オランダ語で農民を意味する）とイギリスの間で、ボーア人の自治権をめぐって戦われた戦争］にみられるように、小国に対して宣戦を布告し、また、ファショダ危機（Fashoda Crisis）［アフリカ大陸の縦軸支配を目指すイギリスと横軸支配を狙うフランスの両軸が交差する戦略拠点であるスーダンのファショダの専有をめぐり、交戦一歩手前まで行ったが、フランスの全面的妥協によって両列強間の戦争が回避された一八九八年の事件］にみられるように、公然と列強諸国の一員フランスに対する威嚇政策という挙に出たり、さらには、一八八二年のエジプト占領にみられるように、既存の勢力均衡状況に重大な改変をもたらす政策を推進することができた。ロシアも一八七〇年代の近東危機の時期に、オスマン・トルコに対して宣戦布告をしたことがあるが、これはどちらかというと利己的な動機から出た行動というよりも、むしろキリスト教的動機あるいは汎ヨーロッパ的動機に基づく行動だった。ロシアに限らず、イギリス以外のヨーロッパの列強諸国はこの時期以降、非ヨーロッパ地域においても、戦闘行為に訴えることはもとより、宣戦布告などという強硬な姿勢に出ることを忌避するようになった。すべての国家は、ヨーロッパではもちろんのこと、非ヨーロッパ地域においても性急な行動、すなわち戦闘行為に訴えること、他国に対して宣戦布告をし、公式な戦争状態に入ることや、他国の利得を不釣合いなほど上回る利得を追い求めることを慎むようになった。その理由は、当時広く行き渡っていた国家間関係システムの制約をすべての国家が共有していたからである。

ヨーロッパの列強諸国が十九世紀前半にみられたような自己抑制的対応に復帰したのは、勢力均衡重視志向が強まったためだけではなかった。それは、十九世紀前半の底流にあった列強諸国間の集団的統一性、すなわちヨーロッパの協調体制を尊重する精神態様に基礎を置く諸原則を一貫して遵守し続けたためでもあった。これら諸原則は、一八七一年以降に起きた数度の戦争にも貫かれており、暗黙裡にこれら諸原則を受容することが、勢力均衡に対する現実的な配慮から導き出された自己抑制という概念と相まって、一八七一年以降になって現れてきた相互補完的な二つの要素——すなわち新たな「現状」の受容と平和の維持に対する共通の決意——の基礎をなすものだった。国家間における勢力均衡志向が危険な行動を起こす歯止めの役割を果たす一方で、勢力均衡状況がその本来の機能を発揮できたのは、そこに自己抑制が働いていたからである。実は、その後数年間にわたって、自己抑制という考え方はそれ以上の役割を果たすことになった。ヨーロッパの協調体制がかつて声も高らかに標榜していた協力を基調とする国家間システムへの回帰を促したのである。

クリミア戦争が起きた一八五四年から普仏戦争が起きた一八七一年までの間、列強諸国が何らかの形で会合を持ったとしても、あるいはコンファレンスを開催したとしても、期待したほどの効果はないことが以前よりも明らかになっていた。そのうえ、列強諸国が公式な討議の場を設定し、そこで戦争が頻発した時期が終わったことを正当なものとして承認することもなかった。ところが、一八七一年から一八八〇年代の半ばにかけては、戦争が頻発して不安が高まったことに対応するかのように、コンファレンスを重視する傾向が再び強まった。一八七一年のロンドン・コンファレンスにおいて、ロシアの積年の主張である黒海条項の破棄が承認されたが、その承認は列強諸国が一致して合意することではじめて条項を変更できるという原則に則ってなされた。さらにそこでは、「条約の絶対的不可侵性」をも再確認していた。一八七五年から一八七八年にかけて「東方問題」をめぐる危機が起こっているときも、ロシアは列強諸国間で合意をみた決定を遵守する限りにおいて、国益を最大限追求できたのである。一八七六〜七七年のコンスタンティノープル・コンファレンス［一八七六年四月、トルコ帝国内のブルガリアが自治権獲得を目指して蜂起、これに対してトルコ軍が鎮圧行動に出るも、ロシアが戦闘に参加して膠着状態に陥ったため、同年末から翌年初めにかけて列強六カ国とトルコが交渉したコンファレンス。結局トルコへの内政改革の勧告に終わった］開催後、オスマン・トルコが勧告に沿った改革を実施せず、そのオスマン・トルコに対してロシアが武力行使に訴えたが、そのとき列強諸国はいずれもトルコを支援しようとはしなかった。しかしながら、ロシアがヨーロッパの協調体制堅持を謳った政策を放棄し、サン・ステファノ条約［一八七八年三月に露土戦争の終結に際して締結されたロシア・トルコ間の条約。ブルガリアを始めとするセルビア半島諸公国の自治権が拡大され、それにともなってその地域におけるロシアの影響力が飛躍的に強まった」を受諾するよう執拗にトルコに迫ると、列強諸国はロシアに対して寛容な態度をとるのをやめた。他方、イギリスは、一八七八年のベルリン・コングレス［サン・ステファノ条約の改定を目的とした列強諸国六カ国とトルコの会議。バルカン半島諸国の一部がトルコから独立し、また一部がロシア及びオーストリアの支配下に置かれることになった。イギリスにとっては、中東地域におけるロシアの脅威を大いに減じる成果を得た］の場において、「東方問題」は列強諸国すべての関心事であるという基本原則をロシアに代わって積極的に訴えかけ、望外の外交的成功を収めたのである。このベルリン・コングレスは、コングレスという名称が含意する以上にウィーン会議体制を髣髴《ほうふつ》とさせるものだった。「列強諸国で構成される真の議会（Parliament）に向けての第一歩」(29)と称賛の声を挙げたのは、『ロンドン・タイムズ』だけではなかった。その後一八八〇年には、マドリード・コンファレンス［英仏墺普伊の五列強のほかに、ベルギー、スペイン、デンマーク、ポルトガル、スウェーデン、オランダ、アメリカ、当該国モロッコが参加］がイギリス主導のもとで招集されたが、これは列強諸国とその他の主要国の監督下でモロッコの内政改革を断行し、モロッコでの国内秩序混乱を正常化しようとしたものである。このような列強諸国の共同監督という発想は、一八八二年のイギリスのエジプト占領後、エジプト問題を列強諸国間の共同管理下に置くという当時のイギリス首相グラッドストーンの主張にも反映している。さらに、一八八四〜八五年のアフリカに関するベルリン・コンファレンス［アフリカ大陸の沿岸部に限られていた列強諸国の支配地域を内陸部まで拡大した「アフリカ争奪戦（Scramble for Africa）」と呼称されるヨーロッパの列強諸国と主要国のアフリカ分割会議］では、コンゴ川とニジェール川流域のコンゴ国際協会（Congo International Association）地域を［ベルギー支配下のコンゴ自由国（Free State of the Congo）とは別に］自由貿易地域として設定するとともに、未開発地域を効率的に運営することに関する国際法上の規則を定める試みがなされた。しかしながら、ベルリン・コングレス以降に開催されたコンファレンスは、いずれもめざましい成果を挙げられず、コンファレンス方式に基づく問題処理という考え方が歓迎されたのでもなかった。

　モロッコの正常化に関する一八八〇年のマドリード・コンファレンスは、英仏二カ国が主導権争いを繰り広げ、しかも、利害関係国として列席したスペインを除く参加諸国はいずれもイギリスの改革提案を受け入れる用意がなかったがために頓挫した。とはいえ、ヨーロッパの列強諸国の首都以外で開催されたはじめての列強諸国参集のコンファレンスとしては、おそらく意味があるかもしれない（ただし、一八三一～三二年のローマ法王の教皇領統治の不手際を調査する目的で招集されたローマ・コンファレンスは例外である）。＊エジプト問題は、国際的な専門委員会で検討すべき対象と考えられた。つまり、外交上の駆け引きの対象ではあっても、コンファレンスでの討議の対象となる問題とは考えられていなかったのである。加えて、十九世紀前半においては、特定の国家がコンファレンス開催を提案しても、それが外交上の敗北とみなされなかったのに対して、いまや、たとえば一八八四年のアフリカ分割に関するベルリン・コンファレンスの開催をイギリスが提案すると、それはイギリス外交の後退を示したものとみなされた。(30)ヨーロッパ諸国の首都以外の都市、つまりスペインのジブラルタル海峡を臨む港湾都市アルヘシーラス（Algeciras）で一九〇六年に列強諸国間の会合［モロッコ危機の収拾を目的として招集された会議］が持たれたが、この時期のさらなる象徴的な現象として、その会合までの二十年ほどの期間に関する限り、マドリード・コンファレンスが政治問題を討議の中心に据えた諸国家間の会合としては最後の会合だった（一八九九年のハーグ・コンファレンス［ロシアが提案した多国間の軍縮会議。二六カ国が参加し、常設の仲裁裁判所の設置が合意されたが、日の目をみずに終わった］は流産に終わっており、例外である）。

　コンファレンス方式がこのように退潮したことが、一八七八年のベルリン・コングレス以降の国家間関係と、ナポレオン戦争が終結した一八一五年以降の相対的平和状況のもとでの国家間関係の違いを画す一つの点であり、また、その相違の理由の一端を明らかにするものでもある。コンファレンスを招集して直面する課題を列強諸国間の討議に付すという方式は、すでに後退を余儀なくされており、列強諸国が自国の立場に固執し、眼前の利益追求に全力を傾注すべきという意見が支配的になっていたのである。国家の単独行動ではなく、諸国家の共同行動を一八七八年以降になっても称揚し続けた点で、グラッドストーンは当時の政治家の中では例外的な存在だった。さらに、彼は「列強諸国会議」(Council of the Great Powers)の復活が、いまや死に瀕しつつある協調体制――すなわち列強諸国政府の集団的自由裁量に基礎を置きつつ、国際的立法に基づく強制的な仲裁制度――に代わる新たなプログラムを模索するよりも現実的だとすら信じていた。(31) ビスマルクやソールズベリ卿(Robert Arthur Talbot Gascoyne-Cecil, 3rd Marquess of Salisbury, 1830-1903)［イギリス保守党の政治家。インド担当相、外相を経て、一八八〇年代以降三期十三年余にわたり首相を歴任］は、グラッドストーンの時代認識を知的レベルの点でも軽蔑しており、彼らの方がその時代の声を代弁していたのである。彼ら両人が時代を映し出す代表的な政治家だったとするならば、その当時の典型的な外交手法は、もはや協調体制を護持する手法ではなく、国家間の同盟体制を重視する手法だった。

普墺露三カ国間の一八七三年の三帝同盟［ビスマルク主導のもとで、帝政を維持する東方列強三カ国がフランスの包囲を主目的として発足させた同盟関係］にはじまり、さらに一八七九年の普墺同盟が決定的となって、いまやヨーロッパでは、戦争が頻発した一八五八年から一八七〇年までの期間を除き、「アンシャン・レジーム」(*ancien régime*)の終焉とともに消え去っていた微細な点までをも協定に盛り込む取り極めが一世を風靡した。ヨーロッパの主要大陸諸国はいずれも、ほかの列強諸国との間で合意していた二国間協約の改定に積極的かつ恒常的に勤しむようになった。大陸諸国とは一線を画していたイギリスにしても、その地政上の特殊性にもかかわらず、こうした時代の趨勢に抗《あらが》えなかった時期があった。たとえば、一八八七年に二度にわたって結ばれた地中海協定［二月十二日の英伊間の第一次協定と十二月十二日の英墺伊間の第二次協定］は、イギリスがその二十年後に仏露両国と結んだ協

＊ 一八七六～七七年のコンスタンティノープル・コンファレンスを一八八〇年以前におけるもう一つの例外として挙げる場合もあるが、しかし、オスマン・トルコ帝国は一八五六年以降、実態的にはともかく、協調体制の枠組み上では列強諸国の一員だった。

定よりもはるかに拘束力の強い内容を含んでいた。たしかに、列強諸国のヨーロッパ域外における主導権争いにおいて、こうした同盟関係のあり方が抑止力として機能した側面が数多くあったし、ときにはその主導権争いを増長させる場面もなくはなかった。このような事実を前にすれば、この時期の同盟関係がヨーロッパ列強諸国の大陸外における権力抗争に影響を与えたことは否めない。しかし、この同盟関係は、あくまでもヨーロッパ域内における偶発的な緊急事態に即応するためのものであって、この時点では、ヨーロッパ域外の諸国をヨーロッパの国家間関係に巻き込む意図はいまだ鮮明ではなかった。この点で、一九〇二年に成立した日英二国間の同盟は、国家間関係における新たな局面の嚆矢《こうし》だった。換言するならば、日英同盟は権力の追求と勢力均衡への希求がともに、ヨーロッパ列強諸国間の狭いサークルの枠を超えて、世界的の規模に広がりはじめたことを意味していたのである。

さらに、この日英同盟は、日本側の意図に限ってみても、平和と同じ程度に戦争にも関心が向けられ、「現状」維持と同じ程度に「現状」改変にも関心を振り向けていた。その意味でも、日英同盟は一八七三年以降に締結されたすべての同盟条約とは性格を異にする最初のものだった。一八七〇年から日英同盟にいたるまでの国家間関係は、十八世紀の国家間関係、さらには十九世紀前半の国家間関係とは様相を異にしていたのは当然としても、直近の一八五八年から一八七〇年までの国家間関係とも様相を異にしていた。この時期の同盟関係は、それまでとは異なり、例外なく防御的性格を色濃く反映していた。「現状」の固定化を明確に打ち出したものが大多数を占め、そうでない場合でも、そこには「現状」の改変を積極的に推し進める意図がみられなかった。*どの同盟関係も、それまでの同盟条約の特徴だった攻撃性は影を潜めた。また、同盟関係の主目的に関しても、立案中の戦争に対して締約国が援助する、あるいは中立を維持することをあらかじめ保証するものではなかった。したがって、そこには、一方では防御的な特徴の強い同盟関係を締結し、他方では列強諸国が自国の自主性にあくまでも固執するという互いに相反しつつもおそらくは避けられない矛盾がみられた。しかし、同盟関係を追い求める列強諸国も、このような矛盾があることは充分に承知していたのである。一八九〇年代までの同盟関係は、存続期間を三年あるいは五年の短期にするのが通例だった（ただし、一八八二年の独墺伊三国同盟（Triple Alliance）［仏露両国の脅威に対する防御に共通の利害を有する三カ国間の軍事同盟］が一八九一年に時代の趨勢に逆行して、存続期間を十二年間に延長し、仏露同盟（一八

＊　独露二カ国間の相互の軍事的援助を目的とする協定として当初結ばれた一八七三年の三帝同盟（Three Emperors' League）は、墺露間の軍事協定の締結によって、第三国による攻撃の際、三カ国が緊密な連絡をとる軍事同盟として成立した。
一八七九年の墺独同盟（Austro-German Alliance）は、どこまでも防御的な性格を見事に反映しており、ロシアの先制攻撃には共同して対処するとともに、ロシアの支援を受けない第三国の攻撃に対しては、好意的中立の立場をとることを約したものである。

一八八一年の独墺露三カ国間の新三帝同盟（Three Emperors' Alliance）は防御的な同盟条約であり、対トルコ戦争を除くすべての戦争において、締約国は相互に好意的中立を約す一方、締約国のうち一カ国でも対トルコ戦争に入る場合には、三カ国間で事前に協議し、相互間の合意なくして南東ヨーロッパの現状変更は不可とした。この最後の点は、ドイツが同意を嫌がる墺露両国に強く要請した禁欲的な規程だが、その背景には三カ国の現存の占領地域――ドイツ領のアルザス＝ロレーヌ、ロシア領のベッサラビアとブルガリア、オーストリア領のボスニアとヘルツェゴヴィナ――保護に関する三カ国共通の懸念が存在していた。

一八八二年の独墺伊三国同盟（Triple Alliance）は、独墺二カ国間の同盟にイタリアが参加を熱望した結果成立したもので、基本的には防御的な同盟である。イタリアがフランスの攻撃を受けた場合、独墺両国はイタリアを支援し、ドイツがフランスの攻撃を受けた場合には、イタリアはドイツを支援する。また、締約国のうち一カ国でも非締約国二カ国以上から攻撃を受けた場合には、締約国三カ国がいっせいに参戦する。さらに、墺露間の戦争に際しては、イタリアは中立を守る。この同盟関係の背景には、一八八一年の新三帝同盟の場合と同じように、既存の占領地域保護に対する懸念が存在していたが、イタリアの教皇領を除く占領地域については、締約国の独墺両国が教皇領（Papal States）に関してローマ教皇支持の方針を打ち出すのではないかという不安もあって、これら両国の占領地域として編入された。

一八八七年の独露間の再保障条約（Reinsurance Treaty）は、以前からつねに存在しつつも、いまや形骸化した留保条件になっていたロシアの対オーストリア攻撃あるいはドイツの対フランス攻撃の場合を除いて、締約二カ国が相互に中立を約した条約である。

一八九二〜九四年の仏露同盟（Franco-Russian Alliance）は、フランスがドイツあるいはドイツの支援を受けたイタリアから攻撃を受けた場合、ロシアはドイツに対して攻撃行動に出ること、また、ロシアがドイツあるいはドイツの支援を受けたオーストリアから攻撃を受けた場合には、フランスはドイツに対して攻撃行動に出ることを取り極めたどこまでも防御的な同盟条約である。

九二〜九四年）の先駆けともなった仏露軍事協定（Franco-Russian Military Convention of 1892）に対抗して、「三国同盟が存続する限り効力を有する」として、一八九二年に締結されたのは例外的事例として除く）。* その理由は、当然のことながら、これらの同盟条約はきわめて限定的な突発的非常事態にのみ適用される条項を事細かく規定していたからである。換言するならば、自国の行動の自由が束縛されることを、列強諸国はそれほどまでに忌避したのである。こうした忌避姿勢が、一八九〇年以降の条約締結交渉ではより明確になり、同盟締結の際の基本方針となった。†

当時の同盟条約がすべて規程上の厳密な意味での秘密条約だったにもかかわらず、上述の理由もあって、その存在と内容は列強諸国すべての外務省の知るところとなっていた。‡ おのおのの同盟条約はその目的を明確に限定し、有効期限を短期間に設定し、そのうえ規程上のみの秘密条約だったため、列強諸国は条約締結の交渉当初から目論んだように、条約に明記されたきわめて限定的な突発的事態に対する同盟関係上の責務以外では、行動の自由を手に入れ、その自由を最大限利用した。こうした同盟のあり方が国家間の儀礼的な行事や騙されやすい単純な人以外の人々にとっては、問題にもされないみせかけ（façade）に過ぎなかったと主張されるかもしれない。しかし、それは物事を皮相的にしかみないあまりに単純化した見方だろう。この時期の同盟関係の特徴的性格を理解するには、相対立する同盟それぞれに属する国家間——それが墺露間、独仏間、独露間、仏伊間だろうと——の相互理解にとって同盟が障害となったのでもなく、また、同盟国相互間——それが墺伊間、露仏間、独墺間だろうと——の不和の防波堤になったのでもなかった事実を認識しなければならない。言い換えるならば、現状を突き崩す冒険的行動に出ようとする国家は、敵対する諸国家からの制約と同様、同盟関係にある諸国家からも制約を受けていたのである。ドイツの宰相ビスマルクは、敵対関係にあるオーストリアとロシアとの同盟、また、友好関係にあるイタリアとオーストリアとの同盟を締結するという矛盾に満ちた同盟関係形成に心を砕いた。イギリス政府にしても、自国が一八八七年の地中海協定の調印国である事実を都合よく忘れていた時期もあったし、地中海協定を失効するに任せるか否かの判断ができない時期もあった。列強諸国は例外なく、イギリスがその孤立主義的姿勢ゆえに多くの場合可能だったように、孤立主義的外交政策を追い求めたのである。つまり、この時期の同盟関係のあり方は、一方では独自性を達成することの難しさを反映しており、他方では、独自性志向の強さも反映していたのである。

＊　神聖同盟の再来を思わせる古風な同盟条約、あるいはむしろ一八五四年以前の協定方式の復活ともいいうる一八七三年の三帝同盟には有効期限が定められていないが、一八七九年の墺独同盟以降については、すべての同盟条約の有効期限が意識的に短く設定され――ときに一八八一年のオーストリア・セルビア同盟条約のように十年間の場合もなくはなかったが、通例、三年間ないしは五年間――、しかも期間の延長更新が可能だった。

一八七九年の墺独同盟は五年間の有効期限の同盟条約として締結され、その後五年間隔で更新された。

一八八一年の新三帝同盟の有効期限は三年間であり、その後一八八四年に延長され、一八八七年に失効した。

一八八二年の独墺伊三国同盟の有効期限は五年間であり、一八八七年に同一期限の条約として更新された後、一八九一年に有効期限が時期尚早にも十二年間に延長された。

一八八三年の墺独ルーマニア同盟（Austro-German-Rumanian Alliance）の有効期限は五年間、その後頻繁に更新された。

一八八七年の再保障条約の有効期限は三年間で、一八九〇年に失効した。

†　行動の自由の束縛を忌避する列強諸国の強い意思を最初に示したのが一八七九年の墺独同盟だが、その意思の強さは、この同盟条約が「秘密同盟」だったにもかかわらず、ドイツ皇帝ヴィルヘルム二世がその防御的性格を証明すべく、ロシアに写しを送付するよう強く主張した事実に、また、オーストリア側が同盟条約の存在をイギリス政府に通知していた事実に如実に示されている。墺独伊三カ国が三国同盟の締結やその更新を躊躇した理由は、時期によって、また三カ国の事情によってまちまちだったが、そこにつねに共通してみられたのは、自国の行動の自由を留保する姿勢である。仏露両国にとって歓迎すべからざる取り極めだったと酷評される一八九四年の仏露同盟に関して、歴史家はしばしば、両国の同盟条約締結を躊躇する姿勢を両国相互の不信感――フランスのツアー体制に対する不信感、ロシアのフランス共和政体に対する不信感――にのみ帰する過ちを犯している。イギリスは、一九〇二年の日英同盟の締結には最後まで逡巡していたのだが、仮にドイツが行動の自由を留保する立場に固執しなかったならば、日英同盟が日英独間の三国同盟として成立していなかったとはいえないのである。

‡　日英同盟条約の場合も秘密条項を含んでいたが、それ以外は公表された。ところで、それ以前の同盟条約は例外なく全面的に秘密同盟条約だった。この事実にもかかわらず、どの程度まで締約国以外の知るところとなっていたかについては、充分な研究がなされてきたとはいいがたい。しかしながら、概略、締約国以外の知るところとなっていたことは疑いない。

この独自性を達成する難しさは、一部の列強諸国が存立し続けるためには、避けて通れない固有の現象だったと思われる。しかも、まさに当時、武器や戦闘技術が驚異的に発達しつつあったため、この難しさはよりいっそう大きくなった。ビスマルクの同盟形成政策は、一八七一年に終結した普仏戦争以降の有利な「現状」を維持しようとする彼の決意から生じたものである。すなわち、ヨーロッパで戦争が起きる事態になれば、それを局地化できず、その結果、自国が弱体化ひいては分裂する恐れからくる不安感から同盟を形成したのである。こうした危険に直面したビスマルクは、外交だけではなく軍事力の周到な整備にも意を注いだ。ドイツは、この時期の最初の同盟条約である墺独同盟を一八七九年に締結し、その後の同盟条約形成を必然なものとした。その意味で、これは先駆的同盟条約だった。それは取りも直さず、軍事的要請が同盟国の必要性をますます高めたからである。科学技術や産業全般が発展し、それが戦争の領域で利用され、国家の効率的運営と官僚機構の進展が軍事機構の整備にも生かされるようになった。このため、不断の備え、兵員や軍事物資の迅速な動員、圧倒的な兵力、さらには、国民皆兵的徴兵制の導入が不可欠になり、最新の輸送手段と最新の武器弾薬を駆使した攻撃に対処することになったのである。ヨーロッパの主要列強諸国はすべて、ドイツのこうした方向性を踏襲し、史上はじめて平時においても武装する国家になった。他方、兵器は十六世紀以降、交通・輸送手段に先んじて発達し、戦術をますます動きのとれないものにしたが、科学技術が目覚しく進展した最大の帰結として、兵器の発達が交通・輸送手段との差をさらに拡大した。たとえば、兵器の射程距離は一八七〇年段階ではナポレオン一世の時代と比べて二十倍だったが、一八九八年段階になると倍増して四十倍にまで伸びている。兵器の精度に関しても、とりわけ一八六〇年代に機関銃・機関砲が開発されたことを特筆すべきである。とくに、一八九八年にアメリカ生まれのイギリス人発明家ハイラム・マクシム（Hiram Stevens Maxim, 1840-1916）が反動式全自動重機関銃（マクシム機関銃）を発明したことによって、兵器の精度は飛躍的に増した。このように、大型兵器を戦場に導入することで、戦場における機動力と柔軟な対応力は低下した。鉄道の発達によって戦略上の機動力が上昇したのとは対蹠的だが、この傾向はガソリン・エンジンが戦闘行為に利用されるようになる第一次大戦勃発まで続くことになる。* つまり、戦闘場面における機動力不足と兵器の能力の飛躍的な向上が、かつてないほどの格差をみせていたのである。軍備を整えた敵国に対する攻撃を成功させるためには、それがまったく不可能ではないと仮定するならば、防衛力を攻撃力が上回るようにすることが必然的に求められた。この時期は、列強諸国が軍備の整備に勤しみ、技術開発費が増大して、兵器の老朽化が恒常的に早まり、ますます複雑化・効率化した参謀本部が軍事組織に固有の性癖からだけでなく、戦術上の機動力不足という現実に対処する必要性からも正面攻撃作戦を立案し、参謀本部本来の役割上、単なる防衛主体の整備計画ではなく戦いに勝利するための作戦計画立案に明け暮れ、さらに加えて、各国政府が教育や福祉など社会的施策にいままで以上の国家予算を振り分けざるをえなくなったため、国家に求められる財政的負担と心理的負担を極端に肥大化した。† そしてその結果、列強諸国は追い詰められ、錯綜した同盟関係を模索していったのである。こうして締結された列強諸国間の同盟条約は、きわめて限定された突発的事態に対処するための条約だったのだが、列強諸国が最大かつ細心の注意を払った点が相互軍事協力の細目についてだった。仏露間に軍事同盟条約が締結された一八九二年には、このことは誰の目にも明らかになっていた。この同盟条約での仏露両国は、政策を擦り合わせる意思もなく、また

* この点が当時の海軍と陸軍の発展の大きな違いである。陸上用兵器の自動化に比べて海上推進力の早い段階での飛躍的発展の恩恵を受けて、海上兵力はスピードの点においても、機動力の点においても、陸軍を上回っていた。しかしながら、そのためにかえって、第一次大戦で明らかにされるように、敵艦隊を洋上での海戦に持ち込むことがほとんどできない状況を現出させた。

† 列強諸国の軍事費は、一八九六年度を一八七四年度と比較すると、ドイツ七九%、ロシア七五%、イギリス四七%、フランス四三%、オーストリア二一%とおのおの目覚ましい増加を記録した。しかし、この増加率も一九〇〇年以降の増加率とは比べようもなく、国家予算の中での軍事費は急速な伸びを示した。この時期に軍事関連支出が停滞したのはロシアだけであり、トルコに関しては、それ以前にいち早く脱落していた。一八七〇年以降のトルコが抱えた経済的困難の主たる原因は、ヨーロッパをモデルとした職業軍人からなる軍隊を創設しようとする一八七〇年以前の試みが、その方針に見合う経済資源の開発をともなわずに行われたことにある。

擦り合わせる義務も負わない。つまり、この同盟は、一八八一年の墺独伊間の新三国同盟との軍事力バランスを保持するために、先に合意を見ていた仏露間のどこまでも軍事に特化した協定の申し子だったのである。

このような同盟条約構築体制が一八七〇年以降の軍拡状況から直接生み出された事実は否定できない。しかし同時に、それは列強諸国に対して全面的な戦争か全面的な平和かの選択を迫ったという点で、当時の防御志向的時代状況を際立たせた体制でもあった。また他方では、同様の理由から、この同盟条約構築体制は列強諸国の政治上・外交上の自主性・独自性を否定するものではなく、国家間にまたがる国際問題を扱う際の当時の中心的な特徴だった。さらに指摘しておくべきことは、当時現れたもう一つの目覚しい発展にもかかわらず、この政治上・外交上の自主性・独自性は損なわれなかったことである。つまり、この時期は世界の先進諸国の間で、郵便、電報、軍備、公衆衛生など行政分野・専門分野に関する国際的規模の立法の制定及び国際的規模の委員会の設立への関心が高まり、史上はじめてそれらが大規模に組織されたのだが、他方で、列強諸国が国際政治における自主性をかつてなく強く主張した時期でもある。一八六四年には国際赤十字社（Geneva Red Cross）が創設され、一八六八年には戦時における爆発物の使用規制に関する取り極めがサンクト・ペテルブルク（Sankt-Peterburg）［帝政ロシア時代の首都（一七三二〜一九一八年）、旧称ペトログラード（一九一四〜二四年）、レニングラード（一九二四〜九一年）］に参集した十七カ国によって調印され、一八七四年には郵便事業に関する紛争を全面的に仲裁裁定に委ねる合意に達した万国郵便連合（Universal Postal Union）が二十二カ国によって設立された。その後、一八九七年には、いわゆる世界の文明国すべてがこれらの国際組織に加盟した。こうした共通の問題を対象とする各国政府間の国際組織や取り極めの数がその後も増加し続け、一八七五年から一八九九年にかけては十二、一九〇〇年から一九一九年の間には総数で二一になった。一方、私的な国際組織の数はそれを上回る速度で増加し、一八七五年から九九年の間には一三〇、一九〇〇年から一九一九年にかけては、少なく見積もっても三五五が創設された。(32) しかしながら他方では、列強諸国政府は政治的分野における完全な自主性と自由裁量権を主張し、各国政府間の統合活動を実務行政上の分野や専門技術的分野に厳密に限定したのである。トルコ、オーストリア、ロシア三カ国の歴史的構造の破綻にみられるように、十九世紀後半におけるナショナリズムの勢いが大きな政治的単位を崩壊させ、また、ドイツやイタリアという新たな国家の誕生にみられるように、小さな政治的単位の集中が大国を誕生させたが、これらとは似て非なる現象が起きつつあった。それは、国家間の行政的、経済的、専門技術的統合が格段に飛躍したにもかかわらず、国家間の政治的統合はいうに及ばず、政治的協調がその必然的な産物ではないこと、「表面上均質的にみえる世界が……世界イコール一国家を意味するものではない」こと、さらに、「均質的・同調的に構成される世界が、技術的分野や経済的分野の統合への配慮の結果として生じると期待すること」自体が誤りであることを、歴史上はじめて明らかにしたことである。(33)

もっとも、国家間の実務行政的統合に向けた要請が強まったことと、国家の政治的自主性の要求、つまり国家相互間を結びつける国際的政治機構を通すことなく活動できる能力への要求が強まったことも、上記の事実と同様に、当時のきわめて特徴的な状況を映し出したものだった。たとえば列強諸国は、関税などの対外関係を扱う当面の課題に関して、各国に最大限の自由を付与することが最良の結果を生むことに通ずると、かつてなく執拗に主張するようになった。これは取りも直さず、国際的な行政運用を増進させてきた諸現象として、各国政府の機能が拡大してその能力が向上し、政府と社会の関係が変化したために、列強諸国がいやが上にも組織化されていったからである。そのため一方では、各国の緊密で継続的な接触の場がそれまでより増え、その結果、各国の国内組織はそれまで以上に均質的なものになった。また他方では、各国の政治的自主性・個別性が強調されることで、国家間の政治的団結が問題視されたのである。ヨーロッパで君主国相互間の政治的団結が緩んだことが、この変化の一徴候である。君主国間の団結は退潮傾向にあったが、少なくとも一八七〇年代までは、国内の不満や反対運動に対して警戒心を抱いていたこれらの国では、この団結はかつての協調体制の「記念碑」だという感情が各国それぞれに底流として残っていた。しかし、いまや君主国間の政治的団結は、ロシア、オーストリアという東方の列強二カ国の間ですら、往時の勢いを完全に失っていた。かくして、三帝同盟は一八七三年に締結されたときには、少なくとも名目的には君主間協力の高らかな宣言だったが、一八八一年に更新されたときには、ほかの列強諸国の同盟と何ら変わらない単なる同盟条約になっていた。そのうえ、一八八四年に開かれた墺露独間の会合は、三カ国の皇帝が膝を交えて意見を交わした最後の集まりとなった。それに代わって現れてきたのは、列強諸国政府を結びつける新たな忠誠心ではなく、新たな国家概念だった。それは、国家と国内社会との関係を、敵対的な国家との関係以上に重視する概念であった。

このプロセスが明らかにしたもう一つの現象は、軍事力に対する思い入れがいたるところで強まったことである。国民国家はナショナリズムの特徴そのものの変容を映し出しており、軍事力への傾斜はその象徴だった。もともと国民国家主義的感情が強力だったにもかかわらず、満足のいく成果を得られなかった唯一の地域である中央ヨーロッパ及び東部ヨーロッパはしばらく例外であり続けたが、その他の諸国の一般大衆の間では、「民族」(nation) への忠誠心が「国家」(state) への忠誠心にとって代わられた。各国政府が現存の自国領土内では民族主義的傾向を促し、国境外においては民族主義原理を否定する傾向が強まったのは、国内の一般大衆の支持があったからである。これは、国民国家主義的原理の恩恵をこれまで享受してきたドイツ、イタリアに限ったことではなかった。自国領土外に関する限り、民族主義原理は、かつては強力な政府がその力を背景に推し進めた場合に限って成果をあげた。しかし、この原理は、ウィーン会議が開催された一八一〇年代以降の時代よりも、ベルリン会議開催の一八七〇年代にますます軽視されるようになった。かくして、トルコはヨーロッパ域内の自国領土の半分を失う結果となった。とはいえ、それは列強諸国の領土再編成を完成させ、列強諸国間のパワー・バランスを均衡させるためであって、トルコ領土内の少数民族の解放を目的としたものでは決してなかった。この時期は、列強諸国政府が国民の幅広い支持を受けて、こぞって多数を占める民族を優遇し、自国内の少数民族を吸収・統合する形で単一の同質的な国民国家をつくりあげようと必死になっていた。たとえば、チェコ人、ポーランド人、セルビア人、あるいはバルト三国の住民など少数民族への共感はほぼありえないことであり、ましてや、彼らへの支援などは問題外だった。具体例を列挙するならば、まずドイツ政府はポーランド人やデンマーク人のゲルマン化を推し進めた。イタリアの強引な中央集権主義はオーストリアに一歩も引けをとらず、自国内の少数民族を無視し、地方優先主義を一蹴した。ロシアでは、ハンガリー王国（Magyar Királyság）［一八六七年のオーストリア・ハンガリー両国間の妥協によって、ハプスブルク帝国下の二重君主国（Dual Monarchy）の一方として存立した］内におけるハンガリー化と同様、ロシア化が苛烈に進められ、しかもより広範に実行された。さらにイギリスでは、アイルランドに自治権を付与するホーム・ルール法案（Home Rule for Ireland Bills）［一八八六年以降、四度にわたって断続的にイギリス議会に上程された法案。初回法案は下院で否決され、二回目の一八九三年法案は下院を通過したが、上院で否決された。正式承認はアイルランド政府法（Government of Ireland Act）として成立する一九二〇年まで待つことになる］をグラッドストーン首相が推し進めたが、これが国民感情を刺激し、執拗な抵抗を受けていた。このようなときに、国内の少数民族に対する支援や共感はおよそ考えられなかったのである。こうした状況は列強諸国に限られていたのではない。小国においても、たとえばベルギーではフラマン人に対するフランス系住民の支配が次第に強化されたことにみられるように、政府が行政の中央集権化政策と統一国家政策を推進する点では列強諸国と遜色がなく、列強諸国と同様の状況が現出したのである。

このような「民族」から「国家」への変容は、同盟条約重視と軍備の整備・増強の傾向を強めた。それと相まって、政府が本来関心を持つべきこと以外について政府の責任が軽くなり、自国の安全保障に集中できるようになった。その結果、すべての政府が共通に利害を有する当面の政治課題に関しても、コンファレンスを開催して解決する方法を忌避するようになった。一八七〇年代以降明確化する当面の政治課題への関心が薄らいだのは、たとえば、列強諸国が東方問題の解決に関心を寄せなくなった事実や、ビスマルクの外交政策など個別的にみられた現象ではなく、列強諸国政府に通底する全般的な現象だったのである。時代状況がこうである限り、グラッドストーンに代表される指導者たちの協調体制の再興・拡大への努力、たとえば、エジプトの国内統治機構の混乱問題、オスマン・トルコ帝国の改革・解体問題、アフリカ大陸の開放問題等の解決を協調体制に請け負わせようとする努力がかえって、協調体制の早期の崩壊に資したといっても過言ではない。しかし同時に、グラッドストーンが協調体制に請け負わせようとしたこれらの問題は、上述の点と同一の方向に作用したものの、実は別種の状況の推移の重要性を明らかにしている。各国政府が利害を共有する問題に対して協力する姿勢をかつてなく失ったのが事実だとするならば、同様にいえることは、ヨーロッパの列強諸国にとって、利害を共有すると判断される問題が次第に少なくなり、関心の度合いも各国によって異なる問題が次第に増えてきたことも事実なのである。同時に、世界的規模で俯瞰《ふかん》した場合、ヨーロッパの列強諸国が世界の中での政治的優位性を引き続き保持していたにもかかわらず、生起する諸問題の少なくとも一部は、一人ヨーロッパの列強諸国だけが関心を抱く問題ではなくなっていた。この時期の政治問題は、主に非ヨーロッパ地域からかつてない規模で生じていた。そして、その非ヨーロッパ地域は、協調体制、さらにいうならば、その協調体制が拠って立つヨーロッパの公法という普遍的理念が適用される条件を欠いていた。一例を挙げるならば、アフリカ問題に関する一八八四〜八五年のコンファレンス［既述したベルリン・コンファレンスのこと］やコンゴ自由国（État indépendant du Congo）［ベルギー王レオポルド二世（King Leopold II, 1835〜1909）が一八八五年から一九〇八年まで私有直轄領地として専有したアフリカ中東部ザイール川（別称、コンゴ川）流域。コンゴ民主共和国（Démocratique République du Congo）の旧称］の中立に関する国際的保証問題にヨーロッパの公法を適用しようとしたが、その努力は徒労に終わった。

こうした国際的な政治状況の進展は、二つの異なる状況が進展したことの直接的な結果である。一つは、先進地域と非先進地域との間の格差がますます先鋭化したことである。この格差の先鋭化は、交通・通信手段の驚異的な発達によって非ヨーロッパ地域が物理的に狭められ、また、非先進地域に対する搾取の可能性が交通・通信手段の発達のみならず、科学技術の発達、国家機構の発達によっても拡大した時期に進んだ。第二には、世界各国の状況や歴史的プロセスが異なるため、技術革命・産業革命と近代国家の誕生というこの時期に特徴的な歴史的現象が世界全体を包摂する形態と規模で生じたのではなく、さらに、産業革命・技術革命が実現し、近代国家への衣替えを成し遂げた諸国に関しても、その程度とスピードには自ずから違いがあったことである。このことが国家間関係に及ぼした影響は甚大だった。歴史上はじめて、ヨーロッパ以外の地域に新たな近代国家群が出現したことだけに尽きない。十八世紀以降、西ヨーロッパ諸国とその他の地域との格差が一段と拡大した事実など、こうした格差の存在ははじめてのことではなかった。しかし、一八七〇年頃からはオスマン・トルコ帝国領内のヨーロッパ地域や中央アジア地域において、一八八〇年頃からはトルコ領土内の北アフリカ地域、近東、ペルシャ、アフリカや太平洋の非先進地域において、一八八五年頃からは中国大陸と朝鮮半島において、さらに、アメリカがカリブ海域に進出し、パナマ運河を管理し、ついでモンロー・ドクトリン唱導のもとで、南北アメリカ両大陸における主導的国家としての権利を主張しはじめる一八九〇年頃からは「ニューワールド」〔南北アメリカ両大陸〕においてみられたように、先進ヨーロッパ諸国は、依然として中世ヨーロッパ的な社会システムと統治形態のもとで停滞していたこれらの地域において、より急速、より広範、より直接的に干渉の度合いを強め、支配の網を広げていった。そうした拡大への勢いを押しとどめることは、おそらく不可能だっただろう。しかも、この時期、世界政治の地政的な拡大から生じた諸問題は、ヨーロッパの列強諸国すべてを巻き込む問題とはいえなくなっていた。また、列強諸国の一部に関わる問題が生じた場合でも、関与の度合いは各国によって一様ではなくなっていた。さらに、ヨーロッパの列強諸国に関わる問題よりも、むしろヨーロッパ域外の新興の強国にとって、より直接的に関わる問題も少なからず生じてきた。したがって、「協力」という概念を純粋にヨーロッパ的な慣習でとらえようとしても、当面の諸問題に対処できなくなったのも驚くには当たらない。

この点に関する分析を完全なものにするためには、さらなる緻密さが必要かもしれない。しかし、以上述べた歴史的進展が、十九世紀後半の十五年あるいは二十年の間に列強諸国の帝国主義的な行動と感情に勢いをつけさせ、帝国主義の拡散を招いた原因である。この時期の帝国主義の特質と勢いがどこから生み出されたかという点に関しては、その多くは大恐慌という特殊経済的条件だけではなく、キリスト教的人道主義と布教活動への熱意が増大したことにも由来していた。キリスト教会による布教活動が凄まじい勢いで展開されたことがこの時期の一大特徴である。布教活動の拡大は、福音を世界各地域に伝道し、人道的な仕事に携わることへの関心が深まった結果であり、同時に交通手段の発達、疾病管理体制の整備、出版物を安価に製造する印刷技術の発達、さらには西ヨーロッパ諸国の富の蓄積といった物理的発展の結果でもあった。その結果、福音伝道活動は海外進出を支持する国内世論を喚起し、列強諸国における帝国主義的感情を駆りたてたのである。さらに、海外進出の広まりは、ヨーロッパにおける政治状況が行き詰まったことへの対応でもあった。つまり、列強諸国はこぞってヨーロッパ域外の地にその代償と影響力の獲得を模索したことも理由の一つである。なお、この時期の帝国主義はかつての海外進出活動に比べて、規模の点でも激しさの点でもはるかに上回っていた。その理由は、この時期、先進ヨーロッパ列強諸国が海外に進出して搾取する可能性がかつてないほど現実化しつつあり、先進ヨーロッパ地域と非先進地域との間の格差がいよいよ誰の目にも明らかになっていたからである。

旧来のヨーロッパ的システムの内外においてこのように歴史が進展したことで、帝国主義、軍備の増強、個別的同盟条約体制、関税戦争などが生じ、一八九〇年代に入ると、コンファレンス外交体制が凋落していった。しかし、同時に留意すべきことは、こうした状況が変化・進展したにしても、ヨーロッパの国家間関係の底流にある――ヨーロッパ的秩序システムへの愛着とまではいえないまでも――穏健性と一般原則に対する愛着が直ちに損なわれたのではないという点である。この時期は、旧来の一般原則をこの流動的な状況に適応させる試みに各国政府がはじめて乗り出した時期だったことは間違いない。すなわち、国家間の協力に関する旧来の秩序システムを、多様性に富みつつも強力かつ高度に統一された国家の集まりからなるより広域の世界に適合する秩序システムで、置き換えようとしたのである。

列強諸国政府のこうした努力は、十九世紀前半までのヨーロッパ協調体制下の不完全かつ慣習を重んじる国際法に代わって、厳密な法的手続きと条約締結を実現させようとする形で現れた。その理由の一端は、国家間関係に基づく接触がすでに確立していた地域とまったく確立していない地域、またその接触が歴史的、慣習的基礎に依拠していない地域、あるいは依拠していたとしても、その基礎自体が脆弱な地域があり、こうした地域との接触を系統的に組織立てる必要に迫られていたからである。一八七〇年以降、二カ国間の仲裁条約が次第に増加し、特定分野の紛争を前もって仲裁に付すことを認めあう傾向が強まった。ただし、その大部分は「国際的礼譲を遵守する諸国」(comity of nations) にごく最近仲間入りを果たした国家間相互か、そうした新参国家とすでに参加を果たしていた国家間相互で締結されたものだった。二カ国が全般的な仲裁条約の締結にいたらなかった場合には、特定のケースにのみ限定した臨時特別仲裁に委ねられることになる。この臨時特別仲裁方式は、アメリカとイギリス両国間で最も顕著なやり方だった。アメリカは北米大陸でイギリスと敵対し、ヨーロッパの列強主導の政治体制から隔絶した存在であるとともに、ヨーロッパの政治体制に批判的だったからである。一八八九年、北米・中米・南米諸国十九カ国のうち十七カ国がワシントンに参集してパン＝アメリカ会議 (Pan-American Conference) を開催した。そこで各国政府は、個別紛争の特別仲裁制度を超え、さらに二カ国間の仲裁条約締結という常識をも超えて、アメリカ両大陸諸国間で生起するすべての紛争の平和的解決のための仲裁裁判所を設置しようとした。これは、多数国間の仲裁協定を志向した最初の試みである。このような会議が開催されたのは、アメリカ政府の各部局内で法律専門家集団が優位な立場を占めていたからだけではない。

事態がこのように進展したのは、この時期のもう一つの大きなうねり——すなわち近代国家の勃興——に対応したものでもあった。この時期を半世紀以上さかのぼる一八一五年以降においても、慣習的な国家間の取り極め手続きを条約に基づく法的規制によって補完する手法は、とくに珍しい便法ではなかった。こうした便法は、実は近代国家の勃興といううねりの初期段階で生じた現象である。つまり、国家がほかの分野と同じように、外交の分野においても、史上はじめて近代的な官僚機構と法律専門家集団を必要とするにいたり、同時に国家の発展が政府と社会との関係を大きく変えるにはいたっていない段階ですでにみられていた。すでに指摘したところだが、＊一八六〇年代以降、連邦主義的構想や平和主義的構想が後景に追いやられ、それに代わって普遍的かつ強制的な仲裁制度を要求する方向へと、国際的な思考パターンが固まってきた。それは取りも直さず、当時の人々がいよいよ主権国家という存在を受容せざるをえなくなったことの証しである。さらに、一八八〇年代以降になると、各国政府は部分的であれ、次第に仲裁制度を現実化するようになった。これは、近代国家の発展によって国家間に緊張状態が生み出され、それがコンファレンス体制を崩壊へと導いたため、各国政府がそのことに懸念を表明したことの裏返しである。一八八九〜九〇年のパン＝アメリカ会議が先例となって、ヨーロッパの列強諸国の一政府［ロシア政府］が呼びかけを行ったのは、ほぼ十年後の一八九八年である。当時、ロシア皇帝ニコライ二世（Nikolay Alexandrovich Romanov, 一八六八〜一九一八年）［一九一七年のボルシェヴィキ革命によって崩壊したロシア帝国最後の皇帝］は戦争という手段を否定し、紛争の平和的仲裁手続きに基づいて戦争を全面的に廃止すべく、それを討議するための会議開催を各国政府に呼びかけるという挙に出て、世界を驚かせた。もっとも、皇帝がこうした行動に出た最大の動機は、増大する軍事費の負担に耐えきれなくなった最初の列強国がロシアだったからである。

十九世紀末段階になると、近代国家の発展がもたらした国家間相互の疑心暗鬼と緊張状態の方が、各国が国内で抱える懸念以上に強力かつ重要な要素だということがはっきりしてきた。しかも、こうした状況は一人ヨーロッパ大陸諸国に限られず、世界の主要国に共通する現象でもあった。一八八九〜九〇年のパン＝アメリカ会議の成果として締結された条約は、個別の紛争に関しては特別法廷に限って設置されるとしており、恒久的法廷を設置することはできなかった。この点以外をみまわしても、この条約では調印国の判断によって、国家の自主性・独自性に関わると思われるすべての紛争事項が仲裁裁定の対象から除外されていた。そのうえ、この条約は参加十七カ国のうち十一カ国が調印したに過ぎず、しかも批准にまでこぎ着けたのはブラジル一カ国だけだった[34]。その後、一八九七年には、恒久的な仲裁条約締結の最初の試みが旧世界の大国［イギリス］と新世界の大国［アメリカ］との間で現実化した。その年の外交交渉の中心的な話題となったこの英米仲裁条約（Anglo-American Arbitration Treaty）は、一定の留保条件を付したうえで、「外交交渉によって調整できず、両国間において意見の異なるすべての問題」を仲裁に付することを定めていた。ただし、この条約案に記された留保条件は途方もないものだった。イギリスのソールズベリ首相は、「国家の名誉と保全」に関わるすべての問題に関して留保するとともに、自国領土及び管轄権に関わる問題を仲裁に付することに事前の同意を与えようとはしなかった。他方、アメリカ政府は、当初イギリス政府のこうした制限的対応に抗議の姿勢を示したが、その後、すべての懸案を仲裁に付するとする事前義務を受容することは、それほど簡単ではないことに思い至った。アメリカ合衆国憲法の規定上、外交政策の審議決定権の一部が上院に付与されており、したがって、すべての仲裁裁定には上院の承認が必要とされるからである。上院の外交権を棚上げにしたまま条約交渉が進められていく状況に業を煮やした上院は、まず最初にイギリスの留保条件以上に厳しい条件を提示し、案文を「当該国のいずれか一方の判断に基づき、自国の名誉、領土保全あるいは外交・内政に実質的な影響を与えると考えられるいかなる両国間の意見の相違についても、仲裁裁定に付されることはない」と修正した。それにもかかわらず、最終的には一八九七年五月、修正された仲裁条約の批准は上院本会議の場で否決されたのである[35]。

「光輝に満ちたわが共和国の強さの至高の源泉である道義上の力と軍事上の力に代えて、一片の紙に記された机上の空論である平和保証に信を置くならば、われわれは真実をみようとしないめしいも同然である」［傍点は訳者］という当時の上院議員の発言は、その後まもなくすると、すべての国家の受け入れるところとなった。こうした時

＊　本書第7章一七一～七六頁及び一八四～二〇五頁を参照。

代背景のもとで一八九八年八月、ロシア皇帝ニコライの国際会議開催提案に基づいて招請された各国政府、すなわちヨーロッパ二一カ国とアメリカ、中国、日本、シャム（Siam）〔一九三九年まで使用されていた現タイ王国（Kingdom of Thailand）の公式国名〕、メキシコの五カ国すべてが提案を受け入れ、この結果、平和に対する期待が世界のいたるところで新たな高まりを見せた。一八九九年五月、ニコライ提案がハーグ平和会議（Hague Peace Conference）として結実し、しかも当初は、参加諸国の意見がまったく食い違っていたわけではなかった。ハーグ・コンファレンスの最大の成果は、戦争に関するルールを人道化・成文化した国際的な合意形成にあったのだが、軍縮の分野では、「軍事予算の制限が……最大限望まれる」という各国に下駄を預けた決議が採択されたに過ぎなかった。さらに、国際仲裁裁判所（Court of International Arbitration）をハーグに設置することを決定したものの、この仲裁裁判所は恒久的なものではなく、厳密な意味では裁判所といえるものでもなかった。仲裁裁定にあたる委員会が紛争ごとに組織され、当事国二カ国がおのおの二名の仲裁委員を指名し、この四名によって五人目の委員が選出されることになっていたため、国際的とは名ばかりの国家偏重の色合いが際立つことになった。これにとどまらず、この仲裁裁判所の機能と活動の幅がさらなる制約を受けることになった。すなわち、いかなる国家も仲裁裁判所に紛争事案を付する義務を負わず、また、仲裁への付議に同意しない国家を仲裁に持ち込もうとする場合には、いかなる国家も非当事国からの支援を受けることができず、さらに、国家の名誉と重要な国家利益に関わる紛争に関しては仲裁裁判所の管轄外とされたのである。かくして、ソールズベリ首相はハーグ・コンファレンスを「過大視」すべきではないという見解を出し、ドイツ皇帝ヴィルヘルム二世（Wilhelm II, Prinz Friedrich Wilhelm Viktor Albert von Preußen, 1859-1941）は、戦争に関するルール作成を除くと、ハーグ・コンファレンスが定めた目的はすべて「空想的」なものに過ぎないと主張し、世界の主要国政府はこうした意見に同調したのである。軌を一にするかのように、アメリカ代表の一人は、「すべての問題を仲裁に付すことを厭《いと》わない国は一カ国もなかった。この点では、わが国も同様である。郵便や通貨など重要度の相対的に低い問題に関して仲裁制度の利用に意欲的な国が数カ国いたのは確かだが」と後に語っている(36)。

以上みてきたように、第一回ハーグ・コンファレンスは、各国がその独自性と国際政治における自由裁量権を執拗に要求することで仲裁制度の発達が大きな制約を受ける状況を白日のもとにさらしたのだが、しかし同時に、このことは、各国政府が法的手続きに巻き込まれるよりも、旧来の弾力的な外交に基づく協力関係を望んでいたことを明らかに示している。たしかにこのコンファレンスにおいて、各国政府が紛争の調停を申し出ても非友好的行為とはみなされない権利が確立した。また、意見の相違がはなはだしい二カ国がある場合には、中立国を含む調査委員会の設置が「有用」である旨の勧告も出された。ただし、この勧告は当初、協定の一条項として上程されたものの、国家主権を侵害する恐れのあるいかなる措置にも反対するという数カ国の強硬な姿勢に遭遇したため、勧告に格下げされたのである。つまり、各国が国家主権に執着したことで、仲裁という法的手続きに紛争の処理を自動的に委ねる新たな制度は成立せず、さらには、旧来の自由裁量権をより弾力的に運用する国家間の政治協力体制の発展をも妨げたのである。

このようにハーグ・コンファレンスは、各国政府が仲裁よりも政治的自由を優先させることをはっきりと示したが、しかし同時に、新たな方向へ進もうとする各国政府にとって、国家主権への執着が新たな方向を模索するうえでの唯一の障害ではないという事実を示す第二の例証でもある――第一の例証は、南北アメリカ両大陸における仲裁制度構想の挫折である。国家主権は、国際政治における手続きの発展をつねに阻害してきた元凶だったし、この点は今後も変わることはないだろう。しかし、国家主権が存在し続ける限り、国家間の手続きが発展できないというわけではない。十九世紀末に近代国家が勃興した結果、国家主権重視が強調され、国際政治における手続きはかつてないほど強力にその発展を押しとどめられた。国家主権重視がもたらしたのはそれだけではない。国家主権重視という考え方は、その他の要因、とりわけヨーロッパ域外の諸問題への関心や非ヨーロッパ諸国の国際舞台への登場などと絡み合いながら、コンファレンス外交の屋台骨だったヨーロッパ協調体制の諸原則と慣習を徐々に突き崩す役割を担い、コンファレンス外交を崩壊へと誘う導火線になったのである。また、ヨーロッパの協調体制とこの協調体制に基礎を置くコンファレンス体制の対案として、国家間紛争の自動的仲裁に関する事前受容構想が出てきたが、この対案に挫折の運命をもたらしたのは国家主権の偏重だけではなかった。国家間における法的手続きそのものが、その性格上、国家間紛争の解決に適合したものではなかったし、運用可能なものでもなかったのである。しかも、国際政治における法的手続きを再興してさらに発展させるうえで、国家間紛争に法的手続きを適用させようとする努力が、かえって否定的にさえ作用することがいずれ明らかにならざるをえなかったのである。

世界はこのことを、試行錯誤を通じてのみ知ることができる。新たな世紀の劈頭《へきとう》に当たる一九〇〇年に、世界はその試行錯誤に乗り出そうとしていた。一八八〇年以降、コンファレンス体制が完全に瓦解しつつあり、列強諸国間で細々と生き続けた相互信頼と相互協力の絆が、二十世紀の劈頭《へきとう》を境にして、ついに断ち切られようとしていた。その最大の理由は、十九世紀末の状況の変化、とりわけ列強諸国間のパワー・バランスそのものが大きく揺らぎはじめ、列強諸国間の覇権争いの目的が変わりはじめていたからである。十九世紀末にヨーロッパの先進諸国とヨーロッパ域外の非先進諸国との間の格差が明らかになり、その格差がかつてない規模で広がると、先進諸国間における格差という別の要素もいよいよ深刻度を増したのである。先進諸国間における格差の初期症状はすでに一八六〇年代から、本格的には一八七〇年代に現れていた。統一ドイツの成立、アメリカ南北戦争の終焉、ロシアの農奴制廃止、日本の明治維新とその後の一八七七年の封建士族集団による武力反乱［西南戦争］の最終的鎮圧などによって、十九世紀末葉には新たな国際権力構造の基礎がつくりだされた。それは十八世紀以降連綿と続いた構造とは基本的に大きく異なるものだった。他方、十九世紀末までは、各国間の相対的な権力の変動は決して急速でも明示的でもなく、旧来の国家間秩序の真髄である「抑制と均衡」原理の陰に隠れながら密やかに進行していた。新たな国際権力構造の基礎のうえで、ヨーロッパの政治状況が急速な進展をみせたこと、進展の速さの点ではドイツがほかの諸国を抜きん出ていたこと、一八七〇年以前にはほかのヨーロッパ諸国を上回るほど国力を伸張させていた英仏両国がかつての指導力を失いつつあったこと、さらに、墺伊両国に代表されるヨーロッパの多くの諸国が近代的な権力を獲得する機会にも資源にも恵まれなかったことを事実として認めるとしても、国家間の権力変動は緩慢なものだった。つまり、旧来の秩序が新たな秩序と並行的に存在し続けていたのである。そして、この旧来の秩序が二十世紀の劈頭《へきとう》を境についに雪崩を打って崩れ去っていくのである。

十九世紀末葉から国家間の権力闘争が続く中で、世界の歴史はさらに新たな段階を迎えていた。ヨーロッパ列強諸国間の安定的均衡が崩れ、一九四五年まで継続する世界の主要国間の権力分布状況が深刻かつ変転極まりないほど不安定になったのである。そのような状況の中で、ドイツはそれまでの一世紀間、どの国家もみせたことのない苛烈さでヨーロッパの支配権を追求しはじめた。また、ヨーロッパの列強諸国は一八七〇年以降、協調体制の終焉に直面し続け、自分たちを自制的行動へ促してきたヨーロッパ国家間関係の諸原則と全体感覚をついに放擲《ほうてき》することになったのである。

十九世紀後半のヨーロッパの国家間関係を支え続けた諸原則と全体感覚は、その後、国家間組織の創設という数度にわたる経験にもかかわらず、いまもって復活・再生の兆しをみせていない。そればかりでなく、列強諸国が十九世紀にヨーロッパという限定された地域内において、近代国家システムの出現にともなう国家間の権力闘争から教訓を学び、それを吸収・順化したように、われわれが過去半世紀の世界的規模での権力闘争から教訓を学び、それを吸収・順化するまでは、今後もその復活・再生は望めない。

注

（1）*The New Cambridge Modern History*, vol. x（1960）, 271.

（2）本書第10章に掲げたリストと同様、本リストからはエーレスンド（Öresund）海峡［デンマークのシェラン島とスウェーデン本島を隔てる海峡〕通航税の管理権をめぐる一八五七年のロンドン・コンファレンスと、ダニューブ川の航行に関するヨーロッパ委員会提案を承認する目的で開催された一八六六年のパリ・コンファレンスを除外した。ギリシアの王位継承問題解決のために、一八六三年に二度にわたって招集されたロンドン・コンファレンスについても、列強諸国の一部、英仏露の三保障国間に限定された取り極めだったので除外した。その他、除外したコンファレンスとしては、パリ条約の締約諸国がベオグラードの政治的騒擾状態への対応を話し合うために参集したコンスタンティノープル・コンファレンスと、イオニア諸島のイギリスからギリシアへの領有権の移譲を公式化した一八六四年のロンドン・コンファレンスがある。

（3）A. J. P. Taylor, *The Struggle for Mastery in Europe*（1954）, 151 における引用。
（4）Taylor, *op. cit.* 141（n）における引用。
（5）*Ibid.* 175 における引用。
（6）*Ibid.* 213-14.
（7）*Ibid.* 213.
（8）C. J. H. Hayes, *A Generation of Materialism*（1941）, 3 における引用。
（9）Taylor, *op. cit.* 90 における引用。
（10）*The New Cambridge Modern History*, X, 569-70.
（11）Theodore Schieder, *The State and Society in Our Times*（1962）, 14 における引用。
（12）Taylor, *op. cit.* 174（n）における引用。
（13）*Ibid.* 94 における引用。
（14）*Ibid.* 88-89（n）における引用。
（15）*Ibid.* 124.
（16）F. A. Simpson, 'England and the Italian War of 1859', in *The Historical Journal*（1962）, 114（n. 9）における引用。
（17）Taylor, *op. cit.* 127.
（18）D. E. D. Beales, *England and Italy 1859-60*（1961）, *passim*.
（19）*Hansard*, 3rd Series, CLXXVI, 731. *The New Cambridge Modern History*, X, 270 における引用。
（20）Taylor, *op. cit.* 210.
（21）*Ibid.* 134（n）における引用。
（22）ナポレオン三世の言葉。*The New Cambridge Modern History*, X, 270 における引用。

(23) Taylor, *op. cit.* 166.
(24) *Ibid.* 134 (n) における引用。
(25) Schieder, *op. cit.* 15 における引用。
(26) Taylor, *op. cit.* 164.
(27) *Ibid.* 175 における引用。
(28) スペインの雄弁家で知られた共和主義者エミリオ・カステラル (Emilio Castelar y Ripoll, 1832–99) の言葉。C. A. M. Hennessy, *The Federal Republic in Spain* (1962), 66 における引用。
(29) A. C. F. Beales, *The History of Peace* (1932), 161 における引用。
(30) Sir Charles Webster, *The Art and Practice of Diplomacy* (1961), 66.
(31) Beales, *op. cit.* 218.
(32) ここに引用した数字は、国際団体連合 (Union of International Association)［一九〇七年、ベルギーのブリュッセルに設置された非政府・非営利国際団体］が刊行した *World Union – Goodwill*, II, no. 2 (April 1962), 5–11 による。
(33) Theodor Schieder, *The State and Society in Our Times* (1962), 73–74.
(34) Beales, *op. cit.* 173–75, 195–96, 239–40.
(35) *Ibid.* 206, 218–22.
(36) *Ibid.* 230–47; S. L. Hemleben, *Plans for World Peace through Six Centuries*, 125–30; Lord Phillimore, *Schemes for Maintaining General Peace*, 14–16.

第Ⅲ部

二十世紀の国家間関係と国際機構

人間は、偉大なもの、美しいものを、得手勝手に、しかも大いに熱を上げて思い描くものなので、彼らの思い描いたものが、現実には、砂上の楼閣に過ぎぬと悟ることが苦手なのである。

——マクシミリアン・ド・ベチューン、シュリ

『自叙伝』（一六三五年）第三十巻

第12章　二十世紀前半の国家間関係

二十世紀前半の政治、なかんずく国際政治を、大多数の人は比類なき暴力の時代と特徴づけるだろう。また、われわれはいまもって前例のない世界的な危機に直面しているともつけ加えるだろう。専門家以外の人々だけが、このような見方をしているのではない。実際、一九六〇年に上梓された『新ケンブリッジ現代史叢書』(*New Cambridge Modern History*) 最終巻のタイトルは、『暴力の時代』(*The Age of Violence*) となっているのである。

しかしながら、この一般に受け入れられている見解は、いくつかの点で根拠がないといわざるをえない。二十世紀前半は、それ以前のいかなる時代も慈悲深い平和な時代ではなかったのと同様、暴力の時代だったわけではない。有史以来の人間の歴史がすべて、暴力の事例で塗り潰されているのでないことはいうまでもないが、二十世紀になじみの暴力の発現形態の類例を過去にさかのぼってみてみるべきことを、歴史家は知っている。二十世紀前半の暴力の一発現形態である国際的規模の侵略は、継続的に、計算づくで、しかも病的に引き起こされたのだろうか。紀元前のギリシアの歴史家トゥキディデス (Thucydides, ca. 460 BC–ca. 395 BC)〔現実主義的立場からの『ペロポネソス戦史』が名高い〕がいまもなお、この点に関する権威である。十七世紀中葉から十八世紀初頭にかけてのルイ十四世や十九世紀初頭のナポレオン・ボナパルトは、ヒトラーとどれほど違いがあるというのだろうか。その差異はないに等しい。それでは、倦むことのないイデオロギー闘争についてはどうだろう。十六世紀、十七世紀の宗教戦争は、現代の冷戦に含まれている要素をすべて内包していた。階級闘争についてはどうだろう。上記の宗教戦争は、当時の階級間の軋轢《あつれき》を無視しては語りえない。個人または少数民族に対する国家による苛烈な弾圧・抑圧についてはどうだろう。スターリンにしてもヒトラーにしても、中世の異端審問（Inquisition）や十六世紀のイヴァン雷帝（Ivan Groznyi, Ivan IV Vasilyevich, 1530-1584）［ロシアの封建的中央集権化を確立したモスクワ、全ルーシの大公（一五三三〜四七年）、皇帝（一五四七〜八四年）］と自らの類似性に色を失ったに違いない。また、ドイツでユダヤ民族の絶滅が企図される数世紀も前に、数ある事例の二例に過ぎないが、フランスのアルビ派（Albigenses）［十一世紀末葉以降十三世紀の十字軍による討伐や異端審問による弾圧までの期間、南フランスの都市アルビを中心に広まった二神論と霊知救済主義を信奉するキリスト教のセクト集団、カタリ派（Cathares）とも呼称される］もスペインのムーア人［八世紀初頭からイベリア半島に定住していたイスラム教徒の総称］も大量殺戮の憂き目に遭っていた。最後に、暴力の行使によって新たに誕生した政治共同体［＝国家］についてはどうだろう。新たな政治社会の誕生には、人類史の劈頭《へきとう》から武力という助産婦が必要欠くべからざるものだったという事実に思い至るならば、現代の成果であるアイルランド、イスラエル、インドネシアなど新興国の誕生に驚愕したり慨嘆したりすることはない。

ところで、現代という時代の表層を歪めてみせているのは、歴史に対する無知のほかにも上述した先例やその他の先例を軽々に見過ごしてきたことに原因がある。歴史の一コマ一コマが暴力の事例の連鎖で織りなされているとするならば、そのことは同時に、ごく最近まで人間が暴力を自然の秩序の一部、または神の意思の顕在化として、当然のように是認してきたことを意味する。十八世紀以前にあっては、戦争を罪悪視する者は少数に過ぎず、十八世紀中葉になってもヨーロッパでは、カブラ一玉を盗む行為に絞首刑をもって報いることは至極当然だったのであり、まして奴隷所有に対しては何ら罪悪感らしきものを抱いていなかった。しかし、十八世紀を契機として、その後十九世紀に突入するにつれて、かつて経験したことのない一つの道徳基準が登場してきた。かつては当然であり不可避とみなされてきたことが、いまや許容範囲を逸脱した明白な不法行為と映りはじめたのであり、その結果、かつてと比べて、明白な不法行為に打って出る頻度が格段に減少したのである。まさにこの価値の転換が生じたことによって、二十世紀に生きるわれわれは、以下に述べるパラドックスと対峙している。すなわち、二十世紀がかつてと比べてある面でより暴力的になっているとするならば、ほかの面においては暴力的様相がはるかに減少しているという事実である。二十世紀の暴力的様相が一定の局面において後退しているからこそ、ほかの局面における暴力の行使がよりいっそう際立つのであって、このことは二十世紀に内在するもう一つのパラドックスを明らかにすることにも通ずる。そのパラドックスとは、二十世紀はかつてないほど破壊的で広範囲にわたる戦争を経験してきた時代であると同時に、戦争根絶に向けて考えられうる手段を駆使しての倦むことなき努力が傾注されてきた時代でもあるということである。われわれは、二十世紀前半という時代をかつてない暴力的な時代とみなしがちだが、それは現代の道徳基準をそのままそれ以前の時代に当てはめ、二十世紀の現実があるべき姿に比べて暴力的だったとするからにほかならない。

道徳基準の変化だけが今世紀の問題なのではない。現代世界のアイロニーの一つは――さらなるパラドックスであり、既述のパラドックス以上の究極のパラドックスなのだが――、過去一世紀の間に醸成されてきた暴力に対する道義的嫌悪の感情に加えて、人間の注意と関心を暴力的事象に向けさせるメディア網の飛躍的な発達・整備がときを同じくして起こった事実である。一世紀前の現実は、ごく少数の関係者は例外として、広範な暴力の行使を知りうる立場にいなかったのであって、知りうることといえば、一般大衆の人生の中で実際に遭遇する暴力の行使に限られていた。ところが、今世紀になってからの五十年には――ましてや今日では――連日のように組織化された暴力や自分自身とは何ら関わりのない暴力のことをラジオやテレビで耳にし、新聞や雑誌で読むようになった。ある人が『ロンドン・タイムズ』のニュースからまったく隔絶されていると仮定するならば、その人にとってはこの現代の世界ですら至極平和な世界と映るに違いない。このことは逆説的にいうならば、現代の世界を新聞やテレビをはじめとするマスメディアを通してみると、それが平和な世界とは似て非なるまったく対極的な世界に映らざるをえないということを意味する。

こうした理由から、われわれは事実に反して、一九〇〇年以降の時代を暴力増大の時代とみなしている。そればかりでなく、暴力が目を見張るほど減少してきた領域が現実にはいくつもあるにもかかわらず、増大したと思い込んでいるのである。この点を漫然と指摘するだけでは充分ではなかろう。つまり二十世紀前半は、すべての領域とはいわないまでも、それなりの領域においては「暴力の時代」ではなく、まさにその逆であるという事実を強調する必要があるということである。主に現代国家の発展の結果として、過去には夢想だにしなかったほどの秩序と安全を圧倒的多数の人々が享受する時代を迎えた。また、上述した理由のほかに、道徳基準の変容に加えて知識や教育の普及によって、多くの領域において、たとえば公衆衛生の分野とか人間関係（同性間、異性間、雇用主・被雇用主間、親子間等）の分野において、寛容と調整作業の増大、つまり暴力とそれにともなう混乱状態の退潮が明らかになってきた。こうした現象は、少なくとも恵まれた諸国においては、歴史上のいかなる時代にも増して顕著である。したがって、われわれが安全に対する脅威に過敏になるのは故《ゆえ》なしとはいえないのである。なぜならば、現代に生きるわれわれは、過去の人間が享受することが叶わなかったレベルの安全を、史上はじめて享受しているからである。

以上述べてきたことのほかに、もう一点検討しておくべきことがある。現代の国家と現代の知識がわれわれの日常の生活に秩序と寛容をもたらしたのであれば、その秩序と寛容に亀裂が生じるようなことがあった場合、それは、無秩序と破壊をもたらす人間の可能性と資源・動員力を増大させたことを意味する。こうした留保をつけたうえで、それでもなお、二十世紀前半の五十年間に暴力が絶対的に増大した領域が少数ながらも存在した明らかな事実を見

期　間	実体的な国家数	戦争の数
1550-1600	19	31
1600-1650	34	34
1650-1700	22	30
1700-1750	20	18
1750-1800	32	19
1800-1850	43	41
1850-1900	45	47
1900-1945	57	24

期間	戦争の数（列強が参戦し2年以上継続）
1550-1600	0
1600-1650	1
1650-1700	3
1700-1750	4
1750-1800	3
1800-1850	1
1850-1900	1
1900-1945	2

過ごすことはできない。

二十世紀前半という時代は、五十年という歴史的スパンでみる限り、近代のいかなる時代よりも戦争が少ない時代であり、さらにいうならば、十八世紀の前半と後半のそれぞれ五十年を例外として、主要列強諸国を巻き込んだ戦争が近代のいかなる時代よりも少ない時代なのである。近代国家体系の中で法的に承認されている戦争、五万人以上の軍隊を動員したその他の戦争（内戦および植民地獲得・拡大のための戦争）、小規模ながら重要な意味を有すると思われる戦争など、一五五〇年から一九四五年までの総計二七八の戦争を分析すると、上の上段の表のような結果が得られる。国家数の増加および近代ヨーロッパ国家体系の地理的な拡大を念頭におくならば、一九〇〇年以降における戦争数の減少は顕著な現象だというべきである。なお、上記の戦争中、列強諸国が一方の側に立って相対立する形で参戦し、しかも戦闘期間が二年以上継続された戦争数は上の下段の表のようになる。ところで、二十世紀前半の二つの大戦争は、その規模、その集中度、その破壊度、いずれをとっても過去の戦争を遥かに凌ぐものだった。

このことは、以前の戦争と比べて、参戦国数および一戦争あたりの戦闘行為数が著しく増加したことによっても、また、戦争期間が短縮したにもかかわらず、戦争にともなう国家財政の支出額と犠牲者数が増加したことによっても明らかである。大規模な戦争に関する限り、その継続期間が十七世紀には十四年、十八世紀には八年、十九世紀には六年、二十世紀には四年半というように短縮されてきた。十七世紀前半の三十年戦争の参加国数は二五カ国、戦闘行為数は八六、十八世紀後半の七年戦争［一七五六〜六三年。オーストリア継承戦争による失地回復を目指すオーストリアの女帝マリア・テレジアが露仏両国の支援を受け、普英を主敵として戦った］では十七カ国の参戦国と一一一の戦闘行為、一八〇二年から一八一五年にかけてのナポレオン戦争では十七カ国の参戦国と三二二の戦闘行為があった。二十世紀を迎えた第一次大戦では、参戦国数が三八カ国、戦闘行為数が六一五、第二次大戦になると、参戦国数も戦闘行為数もともに第一次大戦を上回っている(1)。

まったく同じことが国内政治における力の行使についてもいうことができる。二十世紀以前においても、望ましからざる者が国外に追放され、武力で鎮圧され、あるいは抹殺された事例に事欠かない。しかし、二十世紀のヒトラーやスターリンの手で抹殺された者の数は、それ以前のいかなる事例の犠牲者数をも凌駕する。一九一四年以降の時代がすぐれて暴力の時代だという広く流布している信仰の主な理由は、二大世界大戦の性格もさることながら、こうした独裁的暴力行為の広汎さと巨大さによるものでもある。

二十世紀が経験した独裁的暴力行為の広汎さも巨大さも、さらに二度にわたる世界大戦も、無視できない歴史的事実であり、また、このことがもたらした未曾有の惨禍も同様に無視しえない事実である。しかし、こうした事実は誤って理解されかねないのであって、正しく理解するためには、二十世紀以前における暴力の行使や現代における道徳基準の上昇ということのほかに、考慮すべき事柄がいくつかある。第一に、二十世紀における世間の耳目を集める暴力の増大の例証は、暴力に訴えようとする気持ちが増大したことや、暴力を行使せざるをえないと判断する幅が広がることでそうした事例が増加したことを示すことにはならないということである。共産主義のとてつもなくサディスティックな目的やナチズムの身の毛がよだつ残虐性についてあれこれ聞かされているわれわれではあるが、このことは人間が暴力を行使する際のスケールの拡大と動員される暴力の量的拡大を示しているに過ぎない。また、その理由の説明も難しいことではない。二十世紀前半の戦争が、以前の戦争にも増して大規模かつ破壊的だったのは、自然科学に関する知識の増大と技術力の発展によって、われわれ人間の潜在的な破壊能力が急速かつ飛躍的に高められたためであるとともに、世界が空間的に狭められてきたからでもある。二十世紀の各国政府が国内の反対勢力に対抗して、あるいは国内政策を推し進めるために前例のないスケールで力を行使してきたとするならば、それは取りも直さず、二十世紀の政府がかつてないスケールの権力を用いる潜在能力を有するようになったということである。しかし同時に、つぎの点を見過ごしてはならない。すなわち、知識の増大と権力の増大が――かつてほど頻繁にその力に訴えることはなくなったが――二十世紀以前と変わらぬ目的のために、以前と変わらぬ使われ方をしてきたのであり、何らかの目新しい目的や、かつてよりも邪悪な目的のためではなく、太古の昔と同じ目的と動機のもとで、太古の昔と変わらぬ可もなし不可もなしの人間の手によって用いられてきたのである。

人間の本性や政治的振る舞いの質が低下したのではなく、むしろ人間が享受する権力が増大したというこの事実、言い換えるならば、増大したのは暴力の潜在的な力であるという事実は、広く受け入れられているところである。ところで、この点に関する近年の最大の不満は、われわれ人間の叡智が増大する知識や権力と足並みをそろえて歩んでいない、つまり、前者が後者に追いついていないことである。しかし、この不満はつぎに述べる第二の点と矛盾する。二十世紀前半五十年間における知識の増大と、権力の組織化の進展という側面における驚異的な速度と広がりを理解し、さらに、それを育んだ環境が生み出す錯綜性と可能性を理解するときに見出さざるをえない驚くべき事実は、この半世紀という期間内に破壊的な戦争が戦われたことや、あるいは独裁的な政治が行われたことではない。むしろ、戦争にしても独裁政治にしても、過去と比べてその頻度が格段に少なくなっただけではなく、暴力性に関しても過去の事例以上に暴力的だったわけではないことである。換言するならば、二十世紀前半の人間が無制限に権力を行使してきたのではなく、かつての人間と比べてそれほど悪くもなっていない人間が、それほど無思慮のまま過ごしてきたのではないということである。

歴史家は、近代国家の起源を中世に求め、その継続的発展を十五世紀以降の歴史的現象だと指摘できたとしても、近代国家の興隆がきわめて重要な点において、二十世紀における瞠目《どうもく》すべき急速な発展によるという事実をしばしば見過ごしている。国家に関する限り、一定レベル以上の統一的、包括的、効率的な権力機構としての国家の存在を一八九〇年以前の時代に求めることはできない。このレベルに達した国家、あるいはそのレベルを超えた国家は、とくに一九一四年以降、驚異的な発展を遂げた。さらに、科学・技術分野の発展についても同様のことがいえる。二十世紀以前の科学と技術に関する知識の総和は、二十世紀以降の驚異的な進歩に比べるならば、いわば大海の一滴に過ぎないのであって、今世紀前半の科学・技術の発達は歴史上、われわれが経験した最も偉大な革命だったといえるだろう。これら二つの発展、すなわち、二十世紀を正しく理解するために欠かせない近代国家の出現と、過去とは比較にならないレベルで増大した科学・技術に関する知識とその力が、世界史上における今世紀前半五十年の二大特徴であることは疑う余地はない。

ところで、二十世紀前半の理解、とくにこの期間における国家間関係の理解に欠かせない特徴がもう一つあるのだが、この点に関する理解は充分とはいえない。その特徴とは以下の点である。近代国家の発展と近代における科学・技術革命は、必ずしも世界的な広がりを持った現象だったのではなく、世界の諸国が異なる歴史を有し、異なる環境のもとでの現実に直面したために、部分的・偏頗《へんぱ》な現象にならざるをえなかった。したがって、一方では未発達の遅れた地域が散在する状況、他方では科学・技術革命を経験済みの諸国であっても、その時期と速度が必ずしも一様でない状況、こうした二重のアンバランス状況を迎えていたのである。ヨーロッパの主要国、アメリカ、ヨーロッパのユーラシア系諸国および日本などは、いっきに二十世紀へと突入したのに対して、それ以外の世界の諸国は、いまだ中世期の時代様相を呈したままだった。さらに、先進諸国間の不均衡は、そこに現れた落差はともかく、先進諸国と非先進諸国の間の不均衡以上に深刻だった。イギリス、ドイツ、アメリカの三カ国がほぼ時を同じくして二十世紀へと突入していったのに対して、フランスとイタリア両国は近代国家への道程の途上において、十九世紀と二十世紀の間を行きつ戻りつ揺れ動いた。オーストリア＝ハンガリー帝国の場合は、十八世紀の世界を二十世紀に持ち込もうとした存在であり、ロシアにいたっては十四世紀的な歴史的残滓《ざんし》と二十世紀的なものとの両極端の間を激しく揺れ動いたのである。

近代国家の発展と国家間関係に関する近代的理論の発達がもたらした帰結の主なものは、権力の所在と規準が変化したこと、つまり、いまや力点が人的資源の豊富さや領土の大きさから、産業利用および科学利用の能力へと移動したこと、ついで産業・科学利用の能力を有する国家には、権力を行使する可能性だけではなく、その力に有効性を付与する可能性が飛躍的に開かれたことである。この力点の移動が世界の各地域をきわめて不均衡な発展に追いやってきたのだが、この事実が二十世紀前半の国家間関係の不安定性をいやが上にも激化させたのである。このことは第一に、一八八〇年代以降、つまり科学・技術上の発展が世界を地理的・経済的に狭めて以降、先進諸国と非先進諸国における力とその効率的利用の不均衡を拡大させたことを意味する。第二に、二十世紀以降、最先端の先進諸国間でみられるように、かつて経験したことのない急速な時間の流れのもとで、不均衡かつ変化してやまない権力の分配が行われてきたことを意味する。これら二つの状況の進展が結びついた結果、二十世紀前半の半世紀間には、かつて夢想もしなかったほどの地域間の権力の不均衡、国家間の権力の不均衡、すなわち、世界的規模での政治的不均衡状況が生み出されたのである。

一九一八年以降には、こうした不均衡と不安定を招いた諸要素は、第一次大戦とその後のヴェルサイユ会議によってさらに強化された。膨大な富と権力を背景に持ちながらも、政治的・歴史的に深く根ざした孤立主義の中にあったアメリカは——一九一六年から一九一九年までの短期間ながらも決定的な役割を果たした対外干渉の時期を例外として——現実の国家間関係システムからわが身を首尾一貫遠ざけていた。この時期は、同時に、第一次大戦以前にすでに崩壊の兆しをみせていた政治体制に対する大戦自体の未曾有の影響によって、大戦以前には存在していたヨーロッパの諸帝国が衰滅していく過程でもあった。ヨーロッパにおいては、第一次大戦の終結にともない、ロシア、オーストリア＝ハンガリー、トルコなどの諸帝国が、ドイツ帝国とともに瓦解した。ロシアの場合は復興に時間を要したが、異なる政治体制のもとでとにもかくにも復活したのに対して、オーストリア＝ハンガリーとトルコの場合にはついに復興の痕《あと》をみることなく、民族自決を謳ったヴェルサイユ講和会議の平和条約によって、近代国家の戯画的特徴である弱小で不安定な国家群へと分散したのである。この弱小国家群の存在こそが、仏英墺独土の列強諸国に封じ込められてきたロシアの復興を上回る復興の達成をドイツに可能にさせた。東アジアにおいても、同じような不均衡が現出した。そこで日本は、海軍・空軍の増強、ロシアの弱体化、アメリカの孤立主義、中国清朝の瓦解、アジアにおけるかつてのヨーロッパ宗主国フランス、イギリス、ドイツ三カ国のヨーロッパ問題に対する懸念の増大を利用することによって、ヨーロッパにおけるドイツ以上に急速かつ圧倒的に優位な立場を獲得したのである。

しかしながら、重要性に関しては、つぎのことの方が大きいかもしれない。すなわち、二十世紀前半に固有の時代精神と潮流に直面した各国は、この不均衡状況に対してかつて以上に神経を研ぎ澄まさなければならなかったと同時に、不均衡状況への対処がいよいよ困難になったことである。権力の判断基準が変化したことや、さらには、ドイツの急速な復興に端的に示されているように政治的状況の予測がますます困難になったことによって、将来における不確実性が国家間関係の不安定性を際立たせ、そのことが心理的に重要な意味を持つようになった。両世界大戦間の国家間関係の一大特徴が、実質的な権力の不均衡な分配とその分配過程の急激な変化にあるとするならば、もう一つの際立つ特徴は、ある問題に直面したとき、関係各国は相対的な権力のマトリックスにより関心を向けるようになったにもかかわらず、それを的確に評価する能力を失っていったことである。一九一八年以降の国家間関係の状況の推移は――国家間関係の推移に限られた現象ではないが――主として、この二大特徴がその根底にある。

この二大特徴は、第一次大戦を導いた列強諸国間の緊張状態を生み出す基礎をなしたと同様に、第二次大戦の引き金となるヒトラーや日本の政策の基礎となったものでもある。また、ロシアとドイツにおける過剰な専制政治や、ロシアでは第一次大戦直後から、中国では第二次大戦直後からみられる非先進諸国への共産主義の浸透などもこの二大特徴に説明を求めることができる。さらに、ロシア革命や現代の中国革命の原動力、あるいは、各地域においてかつては大国として君臨したものの近代国家の体をなしていないインドや中東、アフリカの諸国に固有のナショナリズムのあり様も、この二大特徴に帰することができよう。こうした世界的規模における情勢の推移は、権力の不均衡な分配状況を最大限利用しようとしたり、利用可能な状況が長期にわたって継続しないのではないかと危惧したり、あるいはまた、あらゆる手持ちの手段を駆使して早期に自国の権力の増強を図り、あわよくば他国の圧倒的な力を打ち砕こうとしたりして生み出されてきたのである。不平等と不安定性、また、そこに根ざした恐怖と欲望ほど、国家間関係における暴力を誘発させるものはないのだが、この点で一九一八年から一九四五年までの期間以上に、状況の不安定性ゆえに恐怖と欲望を蔓延させた時代はなかったのである。

以上のことが正しく認識されたとき、両大戦間という歴史的時代に関して次に問われるべきことは、先にも指摘したところだが、この期間がなぜ暴力瀰漫《びまん》の時代だったのかではなく、まさにその反対に、暴力がより広範により激しく行使されなかったのはなぜなのかということでなければならない。潜在的権力の絶対的な増大、増大する権力と分配の不均衡、さらには、権力の増大と不均衡な分配に対する認識を各国が共有する状況のもとで、権力が悪用される頻度が大きく増加したのではなく、現実には、いったん暴力が行使された場合のそのスケールこそが拡大したのである。なぜなのか、われわれにはその理由を知る必要がある。

第一次大戦以降、権力を悪用する頻度が減少した事実を、権力を有する個人あるいは集団がより賢明になった、あるいはより上質の人間になった結果だと信ずる明白な根拠はどこにもない。つまり、現代の大衆民主主義が過去の寡頭政治と比べて、より高潔でより知的な政治体制だと信ずる絶対的な根拠はないということである。したがって、権力濫用事例の減少というこの事実の説明を、別のところに捜し求めなければならない。権力を有する個人あるいは集団は、かつて経験したことのない不安定な状況のもと、かつて経験したことのない権力行使の誘惑と危険に直面したのだが、同時に、かつて経験したことのないほどのさまざまな権力を行使するうえでの制約に見舞われたのである。近代国家の発展、科学・技術上の革命的進歩、さらには近代国家と科学・技術革命の不均衡な進展がもたらした不安定状況は、おのおの弁証法的プロセスを経て固有の抑止力を生み出してきた。この抑止力の発生過程と進展は、現代の世界を理解する鍵としてきわめて重要であり、近代国家の発展、科学・技術革命、不均衡な権力の分配と同様、一九一八年以降の国家間関係の特筆すべき一大特徴である。

最大の政治的抑止力は、政府の行動を厳しく牽制する手段としての世論の台頭である。たしかに、世論はいかなる時代にも存在した。たとえば専制君主でさえ、可能な範囲に限られていたにしろ、人民に対する気兼ね程度だったにしろ、世論の制約をこうむっていた。しかし、二十世紀前半五十年間の世論の台頭は驚異的であり、仮に統治者が暴君だったとしても、かつてとは比較にならない大きな制約を受けざるをえなくなった。統治者たちがこうむる制約の源泉がいわゆる「民主主義の昂揚」であり、その政治体制が全体主義的な民主主義であっても、こうした制約から逃れるすべはなかった。つまり、民主主義の当初の理念がその発展過程の中で歪曲されてきた事実がありながらも、民主主義原理に随伴する新たな力は、ときの経過とともに世界のいたるところで不動の地位を獲得したのである。十九世紀のフランス人政治思想家トクヴィル［アメリカ旅行後の一八三五年と四〇年に分冊上梓された『アメリカのデモクラシー』（*De la démocratie en Amérique*）の中で、民主主義を称揚すると同時に、多数派による専制に堕する危険性を指摘した］はつぎのように問う。「封建制度を破壊せしめ、君主連を掃討せしめた民主主義が、平民階級や資本家階級を第一義的に尊重することなどありえようか。これほど強力になった民主主義が、その勢いをこの時点でとめるなどと考えられようか」。彼にならって、つぎのように問うこともできる。急速に収縮し、一体化の兆しをみせつつある二十世紀前半の世界にあって、民主主義が社会的境界と同様に諸外国との境界線を尊重するようになるなどと期待しうるだろうか。現実には、民主主義の進展はとどまるところを知らなかった。二十世紀前半五十年は、暴力の時代というよりも、間違いなく大衆の時代、平民の時代なのである。このことは、民主主義国家であれ全体主義国家であれ、ともに国家権力の伸張を期すと同時に、国家権力の行使に対して厳しい制約が課せられていることを意味する。

全体主義的民主主義とは、大衆を基盤にした独裁政治、あるいは国民投票に基づく独裁政治の別名だが、フランス革命後徐々にしかも緩慢に大衆化・一般投票化してきた独裁政治が、第一次大戦が勃発した一九一四年以降、その大衆化・一般投票化の速度を急速に増した。スターリンもヒトラーも、暴君というものの存在を歴史的に認める限りにおいて暴君だったのであって、彼ら両人に世論という新たな圧力要因がいかなる制約を課すことになったのかを理解するためには、両人が手中に収めた権力の性格と彼らが拠って立つ権力のあり方に関して、ルイ十四世の事例との比較考証が必要になる。スターリンとヒトラーの独裁政治が、彼らの支配下にある国民大衆からの制約をどこまでも前提としていたとするのは誇張に過ぎるとしても、彼らにとっても立憲制国家の場合と同様、国民の支持を得ることと、自らの行動や政策を合理化し大衆化することが必須の要件だったことは疑問の余地がない。たしかに、彼ら両人は先進諸国や政治的に安定した諸国では考えられない残忍な行為に手を染めただけでなく、その行為を正当化することもできた。しかし、権力の行使という点に関する限り、過去の独裁者たちと比較して、彼らははるかに大きな制約を受けていたのであって、この点では、代議制に基づく行政府に対する制約も、独裁制下の暴君に対する制約も、それほど変わりはないのである。

二十世紀以降、代議制に基礎をおく国家の数が格段に増加し、これらの諸国では国民大衆の圧力によってもたらされた膨大な数の社会的改革が急速かつ継続的に推進されてきた。それ以前においては、国民大衆の圧力は無視できるものでしかなく、したがって社会的改革にも目覚しい成果がほとんどみられなかった。一九一四年以前には、フランス、イギリス、アメリカなど先進諸国の世論が外交政策決定上の扇動のための手段としてはともかく、抑止力として作用した事例を見出すことは不可能に近い。ひるがえって、一九一四年以降の上記三カ国の外交政策が、抑止力としての世論の影響から完全に自由だったと証明することもまた不可能である。なぜならば、第一に、先進諸国に限らず、世論の形成や立憲制度の採用が相対的に遅れた諸国においても、国民は政府のために存在するのではなく、政府が国民のために存在するという考え方が全般的な広がりをみせるようになったからであり、第二に、大衆社会状況下においては、無責任と無謀さとはつねに相容れない関係にある対蹠的存在としての安全と福祉への関心が、第一義でなければならないとされてきたからである。

権力の無責任な行使に対しては、科学・技術上の抑止力が増大したことも、世論に劣らず第一次大戦以降の大きな特徴である。第一次大戦の開戦前後を契機として、科学的知識の増大と技術上の急速な進歩が、旧弊な兵器・対兵器観を覆した。その影響がどれほどのものだったかは、過去四百年間の蓄積をはるかに上回る科学・技術上の進歩が一世代という短期間に凝縮されたことをみてもわかるだろう。また、科学・技術の飛躍的な進歩にともなって、兵器生産に関わる費用も、予想に反して膨大なものになった。費用の増大以上に深刻な問題は、科学・技術の進歩が、皮肉にも実効性のある兵器の生産を阻害してきた事実である。兵器の精巧度・複雑度が格段に増したこと、短期間のうちに兵器が時代遅れの代物になってしまうこと、技術上の新発見の予測が立てられないことなど、こうした条件が兵器の発達を不透明かつ流動的な状態にとどめることを余儀なくさせ、結果として兵器生産を押しとどめてきた。一七五〇年に建造された最大級の戦艦は、貨幣価値の違いを考慮に入れなければならないが、一九二〇年における戦艦建造の二五分の一の費用しかかからず、また実戦部隊の現役戦艦としての耐用年数も一九二〇年の十五年から二十年に比べて六十年から七十年、つまりほぼ四倍の耐用年数を維持していたのである。しかしながら、つぎの事実の重大性を認識するならば、これらのこともそれほど大きな問題とはいえないかもしれない。それは、第二次大戦期間中にドイツ軍が使用した最新兵器数の信じられないほどの少なさである。ドイツが、短期間ではあったが、軍事力上圧倒的に優位な立場を保持しえたことはそれほど驚くべきことではない。なぜならば、ドイツ以外の強大国の軍事力があまりに貧弱な状態にあったに過ぎないのだから。ドイツ軍の電撃戦（*Blitzkrieg*）［第二次大戦初期においてドイツ国防軍が採用した戦闘教義。高度な意思疎通能力と指揮能力を有する機械化部隊による当時の新技術を基礎とする空陸一体化作戦］の成功は、わずか数十機の航空隊による地域的な優位性によるところが大だった。フランスの敗北にしても、戦車戦におけるドイツ軍のわずかな地域的優位性にその原因を求めることができる。また、あの大西洋海戦（Battle of the Atlantic, 1939–45）［第二次大戦全期間を通して大西洋全域で展開された英米加の連合国側と独伊の枢軸国側の洋上戦闘活動］でさえ、ドイツ軍はわずか二、三隻の戦艦と二十隻ほどのUボートで戦ったのである。さらに重要なことは、両大戦間の政治家は、この点ではヒトラーも例外ではないのだが、このような不確定要因に満ちた状況に直面して隔靴《かっか》掻痒《そうよう》せざるをえず、何らか行動に出ようとする場合も、不透明な状況の制約をかつてないほど強く受けていたことである。

過去においても、政治や科学・技術の分野での急激な変動によって、諸国家間の不均衡状況が先鋭化した時代は間違いなく存在したが、しかし、そのあり方は二十世紀になってからの変動および不均衡状況の先鋭化とは比較にならないほど緩慢なものだった。そのうえ、二十世紀以前の政治上および科学・技術上の革新がもたらしたもろもろの現象は、国家権力の介入を逃がれていただけではなく、二十世紀のヨーロッパのとらえ方ではおよそ考えられないレベル、つまり、国家権力の介入をものともしない無原則な状況が現れていた。十六世紀の戦争が「手に負えない大乱戦」（general mêlée）だったとはよくいわれることである。この時期の戦争、たとえば異教徒に対する戦争、内戦、キリスト教国家相互間の戦争などは、戦争の性格の違いを明らかにし、それに応じた対応をとろうとする努力にもかかわらず、戦争の条件と和平の条件がともに終局的には同じところに収斂されていったと同じように、相互に相交わる一つの連続的な循環運動に吸収されていった。そこでは、国内での戦争がいつの間にか国外での戦争に挿《す》げ替わる事態も日常的だったのである。外敵の侵略に備える防御体制の構築と国内秩序の維持は国家固有の二大特権である、との主張を執拗に展開した歴史家や政治評論家がいなくはなかった。しかし現実には、少なくとも内戦に関する限り、決して国家の逸脱行為だったのではなく、当時の恒常的な戦争行為の一部を構成していたのであって、内戦に訴えることは国家固有の権利と主張した理論家も少なくなかったのである。それだけではなく、ヨーロッパ大陸という領域を超えた戦争に関しては、貿易商社や私的な利潤追求の商行為として引き起こされてきた事例に事欠かない。国家からの公式の承認を受けずに打って出たこうした戦争は、往々にして本国に近い地域における本国の既定の政策と矛盾する状況を生み出した。つまり、当時の戦争は「政治家の統制のもとにあるものではなかった。……戦争は、たしかに国家が統制できうる限りにおいて国家の一行動領域ではあったが、現実には国家による干渉を遥かに超えた行動だった(2)」のである。十八世紀後半になると、国家はその能力と権力を増大させ、その結果、軍事力に対する絶対的支配権の掌握とともに社会に残存する古い力と商業・工業などの新しい力に対する絶対的支配権を国家が専有し、かくして、国内の不安定要因をかなりの程度減少させた事例も少なくない。しかし他方、自国民の国境外における活動、とくにヨーロッパ大陸を超えた活動に対する支配権に関しては、国家の関与はいまだ初期的状況で推移し、ほぼ手つかずの状態だった。さらに、私人が軍隊を所有する時代が、すでにその終わりを告げていたとしても、当時最も優秀な海軍兵力の中には、依然として海賊の所有に関わる兵力が少なくなかった。ヨーロッパ各国の公文書館の所蔵文書の研究に従事して気づかされることは、十九世紀とりわけ一八八〇年以前においては、海外での活動はもとより、国内での類似の問題に対しても、政府の監督と規制が充分に行き渡っていたとはいえず、素人的・場当たり的対応に終始する例証が随所にみられることである。ところが、十九世紀末以降になると、各国政府は専門的性格を具有するようになるだけでなく、二十世紀のわれわれが慣れ親しむレベルの能力を獲得していった。この発展過程こそが、近代国家への大きな前進をこの時期に求める理由の一つであるとともに、近代国家発展の重要な側面の一つでもある。それはまた、国家間の諸問題における暴力の行使に対する一連の抑制力――既述の政治的・技術的抑止力とは異なる行政的な抑止力――を生み出したものでもあった。

政府の存立基盤の変化および政府と社会の関係の変化、すなわち一般大衆の要求への配慮と世論への配慮は、相携えて安定した中央集権的な政府を実現させてきたと同時に、政策の実行にあたっていままで以上に慎重に対処する政府を生み出してきた。急速な技術革新、これにともなって増大する軍事費、さらには軍備に対する不信感などが、一方では、一般大衆に限らず政治家にも不安感を抱かせ、慢性的な不安定状況をもたらす結果に寄与したことは否定できない。しかし他方、各国政府の中央集権化と慎重な政策遂行に貢献したことも疑いない。さらに、国家の中央集権化の進展、国家権力の増大、権力の支配とその行使に関する決定権の国家による独占状況への過程は、既述の諸要素と同時並行的に、しかも第一次大戦以降は、それらに急き立《せ》てられるように生み出されてきたのである。二十世紀の国際主義者好みの主張は、かつての国際主義者の主張と同工異曲《どうこういきょく》なだけでなく、時流に合わないことがはっきりした。いまや、国家は行政府を抱え、処理能力に秀でているとはいえ、複雑多岐にわたる多数の委員会からなる行政執行機構を抱えており、暴力や戦争に訴える能力を徐々に増大させる一方で、こうした事態を回避しようとする性格を次第に身につけるようになった。両大戦期間中にイギリスの外交当局を悩まし続けた大きな問題は、自らの政策決定に瑕疵《かし》があるかないかということ以前に、行政府が往々にして何ら決定を下すことができないところにあった。こうした問題に直面したヒトラーは、外務省を含む行政官庁を頼まず、そこを迂回することによって隘路《あいろ》の突破を図ったのである。

両大戦期間中の不安定状況と抑制力の戦い、不均衡状況と抑止力の戦いにおいて、最終的には、おのおの後者の抑制力と抑止力が充分でなかったことが明らかになった。典型的にはヒトラーのような権力への意思と領土拡張への欲求が人並み外れている人物に対抗するには、また、両大戦間に燎原《りょうげん》の火のごとく広がった不均衡状況から生じるもろもろの誘惑にあらがうには、かつてない強力な抑制力と抑止力が必要だった。そのうえ、平和状態が崩れ去ったときに前面に押し出されてきたのは、抑制的側面ではなく、戦争状況における国民大衆の団結心の肥大化、世論の一元化、戦争完遂のための技術優先思考、国家の戦争機関化など衝動的側面だったのである。しかし、抑制的側面を無視するのは間違いだといわなければならない。なぜならば、第二次大戦にいたる今世紀を正しく理解するうえで、この抑制的側面こそが鍵をなしているからであり、また、同大戦終了後、再度顕在化してきたものであり、したがって現代の国家間関係を理解するうえにおいても、きわめて重要な側面だからである。

注

（1）このパラグラフと直前のパラグラフの数字については、Quincy Wright, *A Study of War* (Chicago, 1942), I, appendix XX ('Wars of Modern Civilisation'), 636-51 を参照。

（2）Sir George Clark, *War and Society in the 17th Century* (1958), 18-28.

第13章　第一次世界大戦

われわれが第一次世界大戦の原因と誘因を識別しようとするとき——たしかになされて然るべきことだが——大多数の者は、その直接的な誘因をサラエヴォの暗殺事件［一九一四年六月二八日、オーストリア＝ハンガリー帝国の皇位継承者フランツ・フェルディナント大公（Franz Ferdinand, 1863-1914）が一九〇八年以降オーストリアに併合されていたボスニアの州都サラエヴォでセルビア人青年に狙撃・暗殺された事件。隣国セルビアの大セルビア主義運動にその責を求めるオーストリアは、セルビアに対して最後通牒を送付、さらにドイツの支持を得て宣戦布告を発布、他方、セルビアを支援するロシアが動員令で応じた］に求めることで満足する。なかには、オーストリアのセルビアへの最後通牒に求める者、ドイツの交渉拒否の姿勢に求める者、ロシアの軍事動員令に求める者などがおり、この直接的誘因という問題に関しても多少の食い違いがないことはないのだが、多くの者はこの相違を大きな問題とはみていない。また彼らは、第一次大戦の直接的誘因はその原因を知るうえで、ほとんど役に立たないことにも気づいている。

サラエヴォ事件の背景をなすバルカン半島の政治的紛糾についても同様のことがいえる。大多数の者は、このバルカン半島の政治的紛糾をサラエヴォ事件ほど直接的ではないが、主要列強諸国間で争われた第一次大戦の一誘因であり、バルカン問題が危機あるいは戦争を何らかの形で醸成した、つまり、仮にサラエヴォ事件が一九一四年七月の最終的な危機の引き金にならなかったとしても、バルカン半島の危機的状況が遅かれ早かれ何らかの戦争状態を引き起こしたと考えている。いずれにしても、一九一四年には戦争が勃発したに違いないと考えているのである。というのは、一世紀近くにわたる積もり積もった鬱積から発生した一地方的緊張状態と、列強諸国間のより広汎でより深刻な緊張状態が、この一九一四年という年になって最終的に結びついたからである。われわれが第一次大戦の勃発を理解し、その誘因はともかく、原因を究明しようとする限り、この結びつきと列強諸国間における緊張状態の増大を説明することから始めなければならない。

第一次大戦の原因に関する議論に焦点を当てると、そこにみられるのは、かつてと同様、論旨の立て方や結論の導き方が人によってあまりにも開きが大きい旧態依然の状態である。ごく最近にいたるまで、相も変わらず論旨を潤色・混乱させる民族的偏見をはじめとするもろもろの偏見を絡ませた議論が展開されてきたのだが、他方、こうした偏見が現代の国際政治にも反映していることは否めない。一九一四年当時に関する議論においては、いまなお偏見に基づく論争が完全になくなったとはいえないが、しかし、第二次大戦が終結し、その結果、第一次大戦後の世界を規定したヴェルサイユ講和条約体制が葬り去られる一九四五年以降になると、論争の中心点が偏見に基づくものから変容して、主として戦争それ自体の原因に関する予備的思考の欠落、とくに第一次大戦の原因に関する予備的思考の欠落に基因する論争へと形を変えていった。

戦争を引き起こす力には、歴史上のすべての動向、すべての突発的事象がそうであるように、二種類の力があることは広く一般に受け入れられている。これを非人為的（impersonal）力と人為的（man-made）力と名づけることにする。非人為的力とは、人間にとって「所与の」条件から生ずるものであり、人間が生を営む世界そのものから生ずる。これに対して、人為的力とは人間の決断または非決断によって生ずるもので、状況に対する人間自身のかかわり合いの中から生ずる。第一次大戦原因論のとめどない論争と混乱の最も基本的な理由は、人為的ファクターらか一方の要因に限定または固執する傾向があるからである。

と非人為的ファクターという二つの要因を認める一方で、大戦の勃発を具体的に説明する段になると、なぜかどち

第一次大戦勃発の原因を大戦に先立つ所与の条件にのみ求めることの誤りは、戦争を植民地の争奪、貿易拡大をめぐる戦い、金融・経済支配層の陰謀など、大国間相互の矛盾を露呈した資本主義体制あるいは帝国主義体制の必然的帰結だとする理論を、はじめて打ち出したことにあるのではない。たしかに、こうした理論は多分に感情的、教条的色彩を帯びつつ以前から存在してはいた。所与の条件にのみ大戦発生の原因を求めることの誤りは、この理論をあたかも証明済みの事柄として無批判に受容するところにある。現代においても、資本主義国家間の国際的な権力闘争が非資本主義国家間の権力闘争に比して、激しさの点で遥かに上回るとみなすなど、この誤りが完全に払拭されたとはいえない。このほかにも、第一次大戦勃発の基本的な原因と大戦勃発に先立つ状況とを混同する誤りのもとで、資本主義体制下における戦争必然論を唱導したカール・マルクス以前の古い主張が正当な根拠もなく支持を得て、戦争は独立主権国家の存在自体の不可避的産物だとする主張がある。この主張は現在にいたるまで巷間に流布しているのであるが、歴史上、一国家の内戦が国家間の戦争ほど頻繁ではないと強弁を張る主張であり、単一の世界国家の建設が可能だという前提に立って、この建設によって、あたかも権力への欲求や武力の行使が除去されるという夢想に希望を託す主張である。

上述の主張の対極には、資本主義や貿易拡大をめぐる戦いと同様、主権国家の存在とその影響を完全に否定できないとしつつも、こうしたファクターは一九一四年の大戦勃発時における条件の一つに過ぎないとする見解、すなわち第一次大戦は、たとえばドイツ皇帝やドイツの参謀本部の思惑、あるいはオーストリア＝ハンガリー帝国やドイツやロシアの好戦的諸政党などの使嗾《しそう》、つまり特定の個人ないしは特定の団体によって引き起こされたとする見解がある。仮に国家が存在するから第一次大戦が起こり、その国家群が資本主義国家だから第一次大戦は資本主義国家間の戦争だったといえるとしても、この見解は、国家や資本主義の存在そのものが戦争を不可避的に引き起こ

すのではないという認識に立ちながら、自らと見解を異にする立場の者がその見解を打ち出した事実を率直に認めることから生まれたのではない。彼らの基本的な姿勢は、第一次大戦の原因究明に際して、ひたすら人為的要因にのみ焦点を当てるという正反対の立場に固執するものである。いずれにしても、当時の客観的状況を完全に無視し、スケープゴートとなるべき人的対象物の穿鑿《せんさく》にのみ照準を合わせる姿勢と、非人為的で動かしがたいファクターにもっぱら焦点を合わせ、客観的要因の素材となった特定の個人の決断や個々の政府の決断、換言するならば当時の人間と政府が直面せざるをえなかった状況を考慮しない立場と、どちらがより不完全で歴史的事実に反する立場なのかを決めるのはそれほど簡単ではない。

ところで、歴史家は、どちらか一方の見解に与《くみ》する初歩的な過ちを犯していないだろうか。評論家や歴史分野以外の研究者はいざ知らず、少なくとも歴史家は、人為的ファクター・非人為的ファクターという二重の要因が事態の推移と特定の決断の背後で相互に有機的に作用していた事実を正しく認めているだろうか。かつてジョンソン博士（Samuel Johnson, 1709–1784）［通称、Dr Johnson。イギリス文学史に不朽の足跡を残す詩人、評伝家、随筆家、評論家］が「物事を強制されて、それに反発を感じない者などいない。……もし感じないという者がいたとするならば、その人は嘘をついていることになる」といいえたように、人為的ファクターの存在をどこまでも等閑視することは、もろもろの事実を眼前にして、そうした事実に真っ向から逆らうことにほかならないのではないだろうか。他方、人間は所与の条件から独立した存在であり、いっさい偏向や制約を受けないとする議論も、決定論的な立場と同様、非現実的ではないだろうか。上記の諸点に関して、大多数の歴史家はおおむね正しく認識しているといえよう。たとえば、歴史家は第一次大戦にいたる経過をたどるとき、全面的にとはいわないまでも一定の制約を所与の条件から受けた事実を認める。したがって賢明な歴史家ならば、第一次大戦がドイツ皇帝によって引き起こされたとか、あるいは資本主義体制のせいだったという両極端の立場をとる者は一人もいない。そのうえ、人為的・非人為的という二つのファクターの相互関係が固定したものでないことも、彼らはよく知っている。したがって、ときの経過や争点の変化や危機的状況の推移等によって変化してやまない人為的ファクターと非人為的ファクターの相互関係をいかに評価するかということがきわめて重要なのだが、しかしながら、この点に関しては、依然として混乱と論争が続いている現状がある。その理由は、「歴史的事実が織り成す諸要素」、すなわち歴史そのものから目を逸らし、その結果、上記した理にかなった判断、つまり歴史的アプローチを、歴史家が個別研究としての第一次大戦研究に正しく適用していないからにほかならない。

歴史家の第一次大戦研究には二つの大きな欠陥が見出される。第一の欠陥は、サラエヴォ暗殺事件については、戦争責任を負うべき特定の個人や政府を洗い出す信念のもと、大量のインクと紙を消費してきたが、他方、サラエヴォ事件に先立つ状況の推移に関しては、判で押したように決定論的アプローチに終始してきたことである。こうした研究状況からの脱却は現在にいたるまでみられず、旧態依然のアプローチが、たとえば高名な歴史家バーナドット・シュミット教授（Professor Bernadotte E. Schmitt, 1886–1969）［オーストリアから帰化したアメリカの歴史家。*The Coming of the War, 1914*（一九三〇年）でピュリツァー賞を受賞。その後、第一次大戦研究に多大な影響を与えた］が一群の歴史家の手になる直近の第一次大戦原因論研究の成果を集約的・梗概《こうがい》的にまとめたモノグラフ（一九五八年）にも、色濃く映し出されている。

このモノグラフは、サラエヴォ事件を一九一四年以前の政治的緊張状態と切り離した独立した項目で扱っており、つぎの言葉で始まる。「当時の各国政府は、程度の差こそあれ、すべて一九一四年七月に頂点を迎えた緊張状態に責任を有する。しかしながら、事態の決定的な転換点［サラエヴォにおけるフェルディナント大公暗殺事件］に関しては、すべての政府が等しく責任を有するとはいえない。事態の推移の解明は、厳密性を徹底的に高めた詳細な跡づけによってなされなければならない」(1)。この言葉に続いて、彼はサラエヴォ事件に先立つ緊張状態に関しては人為的ファクターを完全に排除し、客観的・非人為的条件にのみ焦点を合わせて分析した後、サラエヴォ事件後の事態の進展については、すべての行為、すべての不決断に一つひとつ応分の責任を負わせる目的を最優先させて描かれており、サラエヴォ事件そのものとそれに先立つ緊張状態を明確に切り離す姿勢が際立っている。というのは、一九一四年七月に先立つ緊張状態については、「当時の各国政府は、程度の差こそあれ、すべて……責任を有する」と主張しているにもかかわらず、シュミット教授の緊張状態の原因に関する結論がつぎのように矛盾しているからである。「大戦の最大の原因は、政治的境界と各民族の居住権の摩擦、すなわち、いわゆる民族自決権の否定にあった。……およそ一世紀前のウィーン会議と十九世紀の諸戦争の結果である政治的境界が、一九一四年段階ではライン川東方のいたるところで、民族の居住権と抵触していた。……いかなる状況にもまして、各国政府と不幸にも他国に恣意的に編入された少数民族との摩擦こそが、一九一四年七月の大激震の最大の原因である……」(2)。

上の引用文の主旨は現在にいたるまで、第一次大戦原因論の一般的なアプローチであると同時に、現今の歴史家がこのアプローチを大枠で採用する理由をも示唆している。つまり、第一次大戦の責任論と人為的・非人為的ファクターというレベルの異なる二種類の要因の因果関係の峻別に関する限り、歴史家であっても緻密さを欠いたとらえ方をしているのである。そうでないといい張るならば、なぜ、一九一四年七月以前の状況に関しては、すべての政府は「程度の差こそあれ、……責任を有する」と明言する一方で、サラエヴォ事件そのものについては、すべての政府が「等しく責任を有するとはいえない」とシュミット教授はいい切ることができたのだろうか。また、なぜ、それに続く段落の中で、民族主義者の不平・不満が「大戦の最大の原因」であり、大戦の勃発という大激震の責を負うべき主たる「状況」であるといいえたのだろうか。いずれにしても、人為的ファクターと非人為的ファクターを混同したり無視する、第一次大戦原因論研究の第一の欠陥は、いわゆる「歴史的事実が織り成す諸要素」のとらえ方の問題であり、この点でシュミット教授の主張には、それら諸要素を明確に跡づけた形跡がおよそ見当たらないといわなければならない。

第一次大戦発生の責任を全面的にドイツに転嫁したヴェルサイユ講和条約は、歴史家をして、とりあえず条約に規定された「戦争責任」条項を支持するか非難するかという二者択一の選択を余儀なくさせた。各国政府がこの動向と軌を一にするかのように、サラエヴォ事件に先立つ時期の政策に関する公文書よりも、サラエヴォ事件そのものとその後の事態の展開に関する公文書を意識的かつ積極的に公開しはじめるにつれて、ドイツ責任論の是非を問う傾向がさらに増幅していった。このことは、歴史家がサラエヴォ事件だけを研究対象として集中的に取り上げ、サラエヴォ事件にともなう責任論に大いなる精力を注ぎ込んできた理由を明らかにする。というのは、特定分野の歴史研究のアプローチがいったん確立してしまうと、生みの親である歴史家の研究手法に依拠せずに研究に勤しむことは、それほど容易ではないからである。こうした態度は、ヴェルサイユ講和の功罪の賛否を問う議論に辟易した歴史家たちが、先達の歴史家の手になるアプローチを恒久化する動きの中に表れている。皮肉にも、この恒久化の動きは、歴史家の不偏不党の立場への欲求から生み出されたものである。サラエヴォ事件の解釈に関しては、無数の批判、反批判が提示されている現状に鑑みて、その再検討を免《まぬが》れられないとし、また、この事件については、それに先行する時期よりも資料面においても遥かに詳細にわたって知りうる立場にあり、事件そのものの価値という点から判断しても、事件の再調査・再検討が要請されるというのが彼らの言い分である。「不偏不党」を錦の御旗に掲げ、大音量で迫ってくるこの声がわれわれを圧倒する。

さらに、この不偏不党への欲求こそが、サラエヴォ事件に先立つ国家間関係を検証しようとする歴史家に別の形の固定化した概念を植えつけた理由である。サラエヴォ事件以前の状況が資料面でそれほど開示されておらず、その結果、無視せざるをえないほど独善的で感情剥き出しの議論が横行している現状を前にして、いずれの政府にも責任はないとしたり、ましてや、サラエヴォ事件にいたる緊張状態は錯綜した原因に起因する錯綜した事態の推移によってもたらされたのだから、その責任を個々の政府に負わせることはできないととらえることが歴史家のとるべき学問的姿勢であると理解した。こうした研究態度は、当時の時代精神によっても、さらに強められることになった。両大戦間の三十年は、ものと財貨に代表される物質世界についての研究や知識が驚異的に進展した時期であり、この進展は現実の政治の世界と同様、歴史家に対しても相互に矛盾する影響を与えた。一方で、人間は完全に自由な存在だという信仰を高め、他方では、人間はすべてにおいて無力であり、自由ではありえないという信仰を生み出し、しかも、この相反する信仰を同時に共有する不可思議な精神態様を現出させたのである。政治的分野についていうならば、第一次大戦の勃発を政府の手の及ばない資本主義的国家体制あるいは国家間の錯綜した同盟関係に帰する一方で、連盟のような調整機関の創設によって、将来、戦争はいとも簡単に回避できるとする。換言するならば、サラエヴォ事件に先立つ緊張状態を醸成したのは人智を超えた非人為的な力であると我れ関せずの態度に終始し、他方では、第一次大戦を引き起こした張本人を探し出すことに躍起になり、まるで重箱の隅を楊枝でつつくように一九一四年七月の危機の事実関係の精査に励むという相互に矛盾する姿勢に歴史家自身が疑いを持たなかったのである。

第一次大戦原因論の第二の欠陥は、上述した第一の欠陥から派生したものであり、しかも、より深刻な影響を与えている。第一の欠陥は、その無定見さと論理的不整合にもかかわらず、仮に第二の欠陥へと導く役割を果たさなかったならば、無視しうるほどのものだったに違いない。サラエヴォ事件とそこにいたる状況に目を向けると、相反する二種類の方法論のどちらか一方へのかたくなさが、歴史家をして提示された事実に不感症にさせるほど強くなかったならば、第一次大戦原因論をめぐる混乱と不必要な論争は避けられただろう。なぜならば、第二の欠陥は、歴史家が有する良識はもとより、眼前に提示されたすべての歴史的事実を前にして、ある者はサラエヴォの危機的状況にのみ焦点を合わせ、また、ある者はそれに先立つ状況の推移にのみ関心を寄せた事実にこそあるからであり、さらに、第一次大戦原因論をめぐる混乱と論争を客観的にみた場合、明らかなことが一つあるからである。それは、サラエヴォにおけるオーストリア皇太子暗殺事件発生の時点までは、人間の側にも政府の側にも状況に対処する余地が多少なりとも残されていたのに対して、暗殺事件以後には状況を左右する力を完全に失ったことである。この点を正しく押さえる場合に限って、サラエヴォ事件以前と以後とを区別する正当性を見出せるのであって、歴史家がサラエヴォ事件を特殊視する現在までの事大主義的手法にはいくばくかの正当性もない。

サラエヴォ事件をめぐる危機に関する限り、人為的な状況対応力の喪失という事実は、歴史的事実にかかわる第一の欠陥が存在しなければ、また、第二の欠陥が第一の欠陥によって誘発されなければ、研究のあり方がここまで捻じ曲げられる遥か以前に当然のこととして受け入れられていたに違いない。サラエヴォ事件責任論に関して、一九二〇年代以降の歴史家の意見は多種多様である。たとえば、ドイツに最大の責任を負わせる歴史家、同じ事実に依拠しながらも、必ずしもドイツが最大の有責国ではなくドイツと同様の不名誉な地位をオーストリア、ロシア、フランス、イギリスあるいはセルビアにも付与すべきだと主張する歴史家、これら諸国の特定の一国あるいは複数の国々に不名誉な地位を与えるべきだとする歴史家、さらには関係する諸国はすべて等しく責任を有するとする歴史家にいたるまで百家争鳴の観がある。しかも、こうした見解の相違は、必ずしも、歴史家の政治的忠誠心と合致したのではない。ドイツの歴史家は自国の戦争責任を強調する傾向にあったし、イギリスの歴史家は、エドワード・グレイ外相（Sir Edward Grey, 1st Viscount Grey of Fallodon, 1862–1933）［イギリス自由党の政治家として、一九〇五年以降十一年間にわたって外相を務める。一九一四年七月危機の際の対応の遅れが批判の的となった］の責任を重視する傾向があった。アメリカの歴史家をはじめとする多分に中立的な諸国の歴史家の場合は、独墺伊の三国同盟（Triple Alliance、一八八二年成立）をあげつらう者と、英仏露の三国協商（Triple Entente、一九〇七年成立）を非難する者に二分される。歴史的事実が完全に出そろい、周到にふるい分けられたにもかかわらず、このように相反する結論が導き出された事態を、われわれはいかに考えるべきだろうか。歴史的事実の検証に勤しむとともに、現在まで多くの歴史家が思ってきた歴史研究上の視野狭窄症に陥らないよう努める者にとっては、この問いに対する答えは疑問の余地なく明らかである。

少なくとも、シュミット教授のモノグラフは、この問いの答えにはなっていない。彼はこのモノグラフに先立つ

『第一次世界大戦の発端』（*The Coming of the War, 1914*, 1930）の中で、第一次大戦を導いた最大の原因としてドイツ政府の政策とその遂行を挙げていたが、この結論をモノグラフでも踏襲している。彼が強調するのは、ドイツ政府の以下に列挙する一連の政策である。一九一四年七月段階で、セルビアの「孤立と縮小」あるいは「排除」を目的としたオーストリアの計画に承認を与えたこと、オーストリアの最後通牒をセルビアが受諾した後の七月二七日から二八日にかけて、セルビアへの即時軍事行動をオーストリアに要請する圧力をかけたこと、七月三〇日にはイギリスの仲介による交渉開始提案を拒否し、同日、オーストリアに全面的な動員を迫ったこと――この軍事動員は期せずしてロシアの軍事動員と同じ日に実施されたが、ロシアの動員情報が伝達される前にすでに決定されていた――、さらに八月三日、フランスに対して宣戦布告を発する行動に出たことなどである。こうした結論を導き出したのはシュミット教授に限られていたのではなく、また、この結論の根拠として以上の事項を挙げる者も彼だけではない。実際、第二次大戦後に著わされた多くの研究書は、シュミット教授と同じ立場から書かれている(3)。ただし、シュミット教授はつぎの点をつけ加えることを忘れない。最大の責任がドイツにあるとしても、そのことと同時に、ドイツの行動を理由づける責任緩和状況（mitigating circumstances）が存在すると主張する。ドイツはオーストリア＝ハンガリー帝国の将来に正当な危惧の念を抱いていたのであって、一九一四年七月三〇日のロシアの軍事動員はドイツの軍事動員をあらかじめ想定したうえで発令されたのであり、したがって戦争を「意図した」のは、ある意味においてロシアであり、さらに露仏同盟の脅威のもとで、シュリーフェン計画（Schlieffen Plan）［ドイツ軍の参謀総長シュリーフェン（Alfred Graf von Schlieffen, 1833–1913）が西のフランス、東のロシアとの両面戦争に備えるべく、一九〇六年に立案した軍事作戦計画］によってドイツはこの脅威を相殺しようとしたとする。

責任緩和状況を強調するシュミット教授は、取りも直さず、自ら提示した結論を自らの手で根底から揺るがすことになりかねない。事実、第一次大戦の最大の有責国としてドイツを名指した後で、彼はロシアの軍事動員が時期尚早だったと嘆き、そして最後につぎのように語るのである。「ある国が外交力の強化を目的として軍事動員という手段をとることは、他国の軍関係者を恐慌状態に陥れることにほかならない。なぜならば、ライバルに先を越されるのを黙って遣り過ごす参謀などどこにもいないからである。第一次大戦開戦時のドイツ首相ホルヴェーク（Theobald von Bethmann-Hollweg, 1856-1921）がいったように、『サイがいったん投じられたからには、何ものも軍部を押しとどめることはできなかった』のである」[4]。この点に関しても、歴史的事実を両天秤にかけるのは一人シュミット教授だけではない。第二次大戦が終結した一九四五年以降、多くの歴史家は一九一四年七月の危機に対して最大の責任を有するのはドイツであるとしながらも、シュミット教授にならい、責任緩和状況なるものを持ち出すのである。歴史家がそこに安住し、提示された歴史的事実を眼前にして、さらに深く究明しないのはきわめて遺憾だといわなければならない。

歴史家がいわゆる「責任緩和状況」に安住することなく究明し続けたならば、ロシアの軍事動員のかなり前の段階で、すでにすべての諸国に対してサイが投じられていたこと、しかも、そのサイはある特定の国の政策決定によるのではなく、バルカン半島で生起した暗殺事件が契機となって投じられたことに気づいたに違いない。また、外面的に、ある特定の政府がほかの政府よりも責任が重そうにみえるとか、ある段階ではこの政府、別の段階ではあの政府の責任が重そうに思えることが、ある特定の政府がほかの政府よりも事態の進展に重要な役割を果たしたこととと同一レベルのことではない事実に気づいたに違いない。各国政府の立場は、おのおの国が直面した状況に応じて異なっていたのだが、しかし、どの政府も状況を制御するすべを持ち合わせていなかったというのが真実なのである。ある特定の政府なり、ほかの政府なりが当時と異なる行動に出ていたならば、大戦を回避しえたということは、机上の空論としては可能だとしても、その可能性が現実的には皆無だったことを歴史家は認めざるをえないだろう。歴史家の研究がもっぱら責任を負うべき人物や政府の特定に焦点を合わせてきたことを、さらには、その責任の応分の配分に躍起になった一九一四年七月の危機が、実は人間の力では制御不能な段階へと突入した歴史の一コマだったことを、すべての歴史的事実は明らかにしている。この明らかな事実に立脚しなかった結果、第一次大戦直前の七月危機の歴史研究が、どの政府も事態の成り行きに対してとくに重大な責任を持たないと結論づける風潮を加速させたのであり、また、国家間の責任分担の振り分け作業を信賞必罰に沿う整然とした順位づけによって行ってきた歴史家の試みは、例外なく意味のない不得要領なものにならざるをえないのである。

他方、一九一四年の七月危機以前の国際的緊張の昂進状況を歴史家が説明する際、彼らは自ら下した結論を自ら裏切ってきた。驚かざるをえない事態なのだが、たとえば彼らのサラエヴォ事件に先立つ状況に関する研究は、サラエヴォ事件そのものの研究と同様の、しかしまったく逆方向からの再検討が求められているといわなければならない。なぜならば、この分野に関する限り、彼らは非人為的ファクターの重要性を必要以上に強調するあまり、人為的ファクター、すなわち人間の責任を不当に低く評価しているからである。

一九一四年七月時点の政治状況が、関係各国の手に負えないレベルに達していたのが明らかであると同様、各国政府が、この七月をさかのぼるかなり前から、自らが意図しない非人為的な状況の変動によって生じたさまざまな問題に直面していたことは明らかである。この事実を無視したいかなるサラエヴォ事件以前の研究も、われわれを納得させることはできない。しかしながら同時に、列強諸国間の緊張状態にともなう対処不能状況を現出させたバルカン半島情勢が閉塞状態を迎える段階までは、各国政府の恣意的な政策の立案と遂行の影響が、緊張状態のさらなる昂進に少なからず貢献したことも明らかである。この昂進する緊張状態と各国政府の恣意的な政策遂行の相関関係を分析するのは、決して生易しいことではない。そのうえでいうならば、この分析作業に成功していないのが現在までの姿なのである。

この問題に関する限り、歴史家は、サラエヴォ事件研究に際立つ非現実的なアプローチを概してとっていないといえよう。実際、緊張状態を昂進させた最大の原因として人為的ファクター、たとえばドイツ皇帝とか、ほかの人物とか、特定の政府とかにそれほど拘泥することなく、非人為的ファクターにも応分の役割を付与すべきだと主張する。しかし、ここで問題なのは、彼らが非人為的ファクターの役割を考察するとき、往々にして、いままで検討してきた初歩的な結論の域に達していないのである。彼らは、たしかに非人為的ファクターが戦争を誘発すること、もしくは戦争の勃発を可能にすること、さらには非人為的ファクターが戦争状態とも平和状態とも矛盾しない客観的条件に過ぎないことを認め、そのうえで資本主義とか主権国家の存在が自動的に戦争を引き起こすのではないと正しい判断を下すのだが、しかし、彼らの判断の全体像を俯瞰《ふかん》すると、そこには致命的な欠陥が見出される。すなわち、非人為的ファクターと人為的・人間的ファクターを説得的・有機的に統合した解釈の欠如である。事実、一九一四年七月の危機に関しては、決定的な要因として彼らが安易に持ち出す人為的ファクターを、サラエヴォ事件に先立つ政治状況に対してはおよそ認めないのである。

この欠陥は、複数の非人為的ファクターのどれが最も強い影響を与えたかを決定する際の歴史家の選択にはっきり現れる。彼らは非人為的ファクターと固定的な（static）客観条件を識別しながらも、後者の固定的客観条件、すなわち主権国家と資本主義の存在を考慮しない研究姿勢なのであって、そのうえで、彼らが流動的な（dynamic）非人為的ファクターを自らの主張の論拠として強調することは、サラエヴォ事件に先立つ政治状況の核心でもあり、また、第一次大戦勃発の主要な原因の一つでもある一九〇〇年から一九一四年にいたる国家間の緊張状態の本質を見誤っていることを明らかにする。この期間の緊張状態は、取りも直さず、列強諸国間のとめどない猜疑心と権力闘争の所産だったのであり、したがって、列強諸国間の猜疑心と権力闘争を直接的に刺激したものとして、流動的な非人為的ファクターを打ち出さない限り、説得力のある説明にはならない。民族主義者の不満、つまり、シュミット教授が政治的緊張状態の最大の原因だとする「各国政府と不幸にも他国に恣意的に編入された少数民族との摩擦」などは、この観点に立つならば、ほとんど重要性を持たない。また、民族主義についていえることは、たとえば別種の不満の表明であると同時に、しばしば第一次大戦の決定的要因と考えられてきたトルコ帝国の崩壊過程についてもいえる。同じことは、スラブ系諸民族に対するドイツの民族的憎悪についても、アルザス・ロレーヌ地域奪還へのフランスの怨念についても、その他ありとあらゆる非人為的ファクターについてもいえるのである。ところで、こうした個々のファクターは、列強諸国間の熾烈な権力闘争を直接的に刺激したのではなく、十九世紀末葉になってから重要性を増し、その結果、列強諸国の猜疑心の増大に間接的に寄与したものだったのである。列強諸国間の権力闘争はすでに充分過ぎるほど激しさを増していたのであって、しかも、その理由は別のところにある。

そうでなければ、なぜ、激しさの点では一九一四年当時と同程度で、規模の点では上回っていた一九一四年以前の民族主義者の不満が、戦争を惹起させずに一八九一年に終息したのか、また、なぜ、各国政府が彼らの不満を自らの意図した通りの形で沈静化しえたのかを到底説明できない。シュミット教授が主張するように、一九〇〇年以降、民族主義的不満が列強諸国政府の行動の自由を制約する非常に差し迫った破壊的なファクターだったとしても、民族主義的不満が必ずしも戦争を引き起こす原因にはならないという事実と、シュミット教授自身が掲げるつぎのもろもろの事実、すなわち、第一次大戦は「突発的かつ予想外に」勃発した事実、「少なくとも市井の人々にとっては戦争の可能性がますます遠のいていくように思われていた」事実、「大戦勃発という破局に対して事前に心構えのできていた者はどの国においても少数に過ぎなかった」事実(5)との間の矛盾をいかに説明するのだろうか。この種の非人為的ファクターが一九〇〇年以降、重要性を増しつつあったとしても、それが国家間関係の構造に直接的な影響を与え、国際的な緊張状態をいっそう昂進させたまったく別の状況の進展と変化の結果であることを認識せずして、これらの諸事実を説明できない。それだけではない。その他、トルコ帝国の没落と長期にわたるスラブ諸民族に対する不信の時代を破局的状況とみなすことなく経過してきた事実、二十世紀を迎える直前の二十年間に戦争に訴えることなくアフリカの分割を完了した事実、フランスのドイツに対する復讐心やアルザス・ロレーヌ地域割譲の要求がなくならないまでも十九世紀末までには徐々に後退した事実なども、説明できない。

こうした状況の進展や変化の中には、たしかに非人為的ファクターといえるものがあり、第一次大戦直前の状況と密接な関係を有するファクターの場合はとくにそうである。十九世紀中葉の限定的ながらも激しい修正をともなった列強諸国間の権力の再配分は、緩慢な変化を経た後の十九世紀末からは、ナポレオン一世以降、国家間関係を支配した権力の平準化状況を決定的に、しかも目にみえる形で覆した。初期の変動はヨーロッパ、とくに西ヨーロッパに限定されていたが、一八九〇年代以降に否定しがたく明らかになる権力再配分のうねりには、一つのまったく新たなファクターが内包されていた。それは、工業化の伝播によってヨーロッパ大陸の外に新たに大国が出現したこと、すなわちアメリカと日本二カ国の陸海軍の増強および富と人口の増加という現象である。このことは、一八六〇年代以降の両国の領土的拡張を一瞥《いちべつ》すれば明らかである。このような大国の出現と勢力の伸張は、世界の空間的・物理的距離を短縮させた一要因であり、またそのことによって、ヨーロッパの列強諸国はヨーロッパ圏外の情勢の推移に対しても大きな関心を払わざるをえなくなった。さらに、このことは、ヨーロッパの列強諸国にも例外なく強い影響を与えたもう一つ別種の巨大な変化をも映し出していた。

高度に中央集権化された国家群の出現と成長という現象は、一国内の社会資本の有効利用と規制の強化、国民の一体感の高まりという現象とともに、産業・技術革命がそれを可能にさせた諸国ではどこでもみられた現象だった。また、この現象は、二十世紀に入ってからは、国際的な権力配分の不均衡状況をいままで以上に際立たせたファクターでもあった。産業・技術革命への移行過程が国によって一様でなかった結果、各国の中央集権化促進の速度には当然ばらつきが避けられなかったが、こうした状況の中で、中央集権化過程の速度と程度の差異がストレートに国家間の権力の格差を反映するようになった。同時に、各国の中央集権化促進の速度にばらつきがあった事実が、一時的ではあっても、ある国家がほかの国家を従属的に支配下に置くという中央集権化にとかく随伴する直接的影響力をも生み出させた。

旧来のヨーロッパの権力構造がさらなる空間的広がりを持つにいたった世界的規模の権力構造へと再編成され、国家権力の現代的な基準がヨーロッパの列強諸国間においても不均衡な形ながらも確立されつつあった時期に、先に述べた国家構造の変化と相前後してドイツが、とくに一九〇〇年以降、新たな困難に直面したのである。ドイツは、一八一五年以降、ヨーロッパのいかなる大国も所有したことがないレベルの物質的に優位な地位を獲得しつつあった。つまり、ヨーロッパ大陸圏外での力がはなはだ脆弱で、しかもヨーロッパ大陸以外では勢力伸長の展望が僅少《きんしょう》になりつつあった時期に、ドイツは物質的優位性を獲得するにいたった。さらに、ほかのヨーロッパの列強諸国と比較して、技術の組織化においても、各国はそれぞれ技術の組織化に邁進したのだが、ドイツは一頭地を抜いていた。一八七〇年当時すでに、ドイツはフランスの石炭産出量一六〇〇万トンに対して三七〇〇万トン、フランスの銑鉄産出量一五〇万トンに対して二〇〇万トンという数字からも明らかなように、フランスを優に凌駕していたのであって、オーストリア、イタリア、ロシアとの比較についてはいうに及ばない。普仏戦争におけるドイツの勝利は、アルザス・ロレーヌ地方のドイツへの割譲をもたらし、その結果、とくに石炭産業と金属工業の分野でのドイツの優位性がますます拡大した。普仏戦争後の一八七一年以降、ドイツはフランスをはじめとするヨーロッパ大陸の主要国をいずれも工業面で次第に引き離したが、いまだ数カ国の総和を上回る段階には達していなかった。しかし、一八九五〜九六年の経済恐慌後になると、ドイツの工業生産は、イギリスを除くヨーロッパ列強諸国との差を大きく広げただけではなく、この面でもイギリスに比肩《ひけん》する実力を有するようになった。事実、イギリスを追い越した分野もいくつかある。たとえば鉄鋼生産の分野では、一八九〇年代にはアメリカがイギリスにとって代わって世界最大の生産国になったが、一九〇〇年になると、世界の生産量の四分の一をアメリカが占め、ついでドイツがイギリスを追い越して五分の一、イギリスは六分の一弱という状態になった。ドイツの鉄鋼生産量が七〇〇万トン、イギリス六〇〇万トン、フランスにいたっては一九〇万トンに過ぎなかったのである。また、人口の面でも、ドイツはロシアを除くすべてのヨーロッパ諸国を上回っており、出生率に関しては、たしかにほかのヨーロッパ諸国と同様、減少傾向を示しはじめていたが、にもかかわらず、五六〇〇万人の人口を擁していた。このようなヨーロッパ圏内におけるドイツの工業的・人的優位性もさることながら、一八七〇年代以降の人口動態の変化に関して刮目《かつもく》すべきことは、七二〇〇万人から一億一六〇〇万人に増加したロシアと八〇〇〇万人に近づきつつあるアメリカの人口の増大である。さらに注目すべきことは、イギリスが十九世紀に遭遇し、ドイツがこの半世紀間で経験した産業上・科学技術上の革新が、一八九〇年代以降、この面で立ち遅れていたロシアと、この時期まで比較的緩慢な歩みしかみせなかったアメリカで急速な進展をみせはじめただけでなく、この事実がヨーロッパ内外で注目されはじめたことである。また、この頃から、これらの事実がヨーロッパの領土的・戦略的枠組みを越えて自明のものとなり、とくに東アジアにおける日本の躍進は、ドイツ、ロシア、アメリカの躍進ほどではなかったが、注目されるようになった。

旧来のヨーロッパ中心の権力構造が世界の主要大国間の新たな権力構造に移行したことを示すこうした一連の動きが、ヨーロッパの列強諸国に甚大な影響を与えたことを知るには、それほどの想像力を必要としない。この権力構造の移行が気づかれることなく進行したならば、その影響も限定的だったかもしれないが、現実には想像を超えて決定的な影響を与えたのである。その理由は、科学技術および産業分野における革命的進歩の結果、いわゆる「ダーウィニズム」が現実政治の領域にも適用され、権力、とくに国際的な権力が地政学な見地から考察されはじめた新たな潮流の時期にこの権力構造の移行が当たっていたからである。地政学研究は、第一次大戦の二十年ほど前の十九世紀末に、典型的にはドイツにおいて、さらにはドイツの影響を受けたほかのヨーロッパ諸国において、最初の開花期を迎えた。十九世紀末のドイツの躍進に全面的によるものかどうか定かではないが、しかも、多少誇張された形ではあったが、地政学が脚光を浴びる事態を迎えた。爾来《じらい》、一九〇〇年から一九一四年にかけて明らかになった列強諸国間の不安定状況と緊張状態の増大現象の直接的ファクター解明の鍵が、この権力構造の移行に具現化されているという見解に事欠かなかった。しかしながら、一部の歴史家の過ちがこの事実を認めなかったことにあるとするならば、この事実を受容した歴史家の過ちは、地政学を必要以上に絶対視するあまり、この権力構造の移行そのものが戦争を誘発する必要十分条件であるとみなすことにある。

彼らの主張は、以下の諸点である。まず第一に、イギリスの初期の地政学者ハルフォード・マッキンダー卿

(Sir Halford John MacKinder, 1861-1947)〔地理学を学術的分野に昇格させた第一人者。一九〇四年、*The Geographical Pivot of History* を著わし、地政学的立場から「中心地理論」(Heartland Theory) を提唱〕の言葉を引用するならば、「国家には本来的に機会均等などというものは存在しない」(6) のだから、旧来の権力構造からの移行は、世界の資源と機会の不平等な分配の必然的な所産であり、したがって、第一次大戦はこの権力構造の移行を示したものにほかならない。ついで、現状の打破を目指す国と現状の維持を優先させる国が存在するのは避けられないことであり、第一次大戦はこの点においても、強力で統一されたドイツ国家勃興の帰結だった。さらに、オスマン・トルコ帝国が崩壊途上にあり、バルカン半島諸国の民族主義によって、ハプスブルク王朝がその存続を脅かされていた状況の中では、ドイツはヨーロッパの支配を容易に考えつく立場にあった。あるいは、第一次大戦は、新生ドイツの勢いがトルコとオーストリア両国の領土の争奪をめぐるロシアとの反目を助長した事実の帰結、イギリスとフランス両国の既得権と特権的地位を脅かした事実の帰結、また、ドイツの勢いにヨーロッパのほかの諸国がいうまでもなく反発し、対抗措置に出た事実の帰結でもあった。一九一四年に先立つ数年間に比肩《ひけん》しうる歴史上の国家間の権力闘争が、国家間の疑心暗鬼を生み出すことなく、しかも最終的には国際的規模の戦争を生じさせることなく平和裡に収束した先例がないという意味において、歴史家の耳目を引いたのは理解できる。

しかし、この地政学的見解は不完全かつ不満足なものである。なぜならば、人間の意図というファクター——政府の恣意的な政策と人間の責任というファクター——を一顧だにしないからである。第一次大戦直前と同程度の大国間の不均衡状態がつねに国際的な戦争を誘発してきたのは、取りも直さず、そこに意思と恣意的政策というファクターがつねに介在したからである。主権国家の存在や資本主義体制といった客観的与件が必ずしも戦争惹起の原因とならないのと同じように、不均衡状態を引き起こす非人為的ファクターが戦争の原因になるとは限らない。非人為的ファクターは、政治家がその手腕を発揮する格好の挑戦材料であって、この挑戦は固定的な客観的与件に対する挑戦以上に大きな困難をともなう。当時の政治家がこの挑戦を受けて立つことができなかったことこそが問題なのであって、これは第一次大戦直前の時期に限ったことではなく、歴史を通じての真理である。一般的ないい方をするならば、非人為的ファクターと人間的・人為的ファクターの相互関係という問題に直面した際、歴史家はおおむねその相互関係に留意することにやぶさかではなかった。したがって、第一次大戦直前の時期に限って歴史家がこの相互関係を認めようとしないのには、何か特別な理由があるに違いない。

ナポレオン戦争やルイ十四世が企図した戦争あるいはビスマルクが主導した戦争を研究対象とする歴史家は、人為的・非人為的ファクターの相互関係を等閑に伏す過ちを最終的には犯す危険性を免《まぬが》れないとしても、とりあえずは、この過ちとはいまだ無縁だった当時の多種多様な見解や先行する膨大な研究に立ち向かわなければならない。第二次大戦原因論の研究者は、アドルフ・ヒトラーというとてつもなく大きな障害、しかしある意味においては端《たん》倪《げい》すべき教訓に満ちた障害に直面せざるをえない。ところが、第一次大戦原因論に関する限り、なぜか研究当初から決定論的手法が幅を利かせ、ヒトラーと時代を供にした歴史家にも決定論的研究姿勢がうかがわれる。いまにいたるも、第一次大戦以前に生起したもろもろの紛争研究についても、決定論的立場からのアプローチが散見されるのだが、いずれにしても第一次大戦が研究上でのこうした過ちを犯した最初で最後の戦争だったことは間違いない。さらには、この決定論的歴史手法にいわゆる「戦間期」の特殊な状況が加味されることになる。ドイツ帝国最後の皇帝ヴィルヘルム二世を戦犯として断罪したがる歴史家もいないわけではなかったが、あまりに議論が粗野だったこともあって、一顧だに与えられなかった。ヴェルサイユ講和条約の「戦争責任」条項があたかも不正義の代名詞でもあるかのように、ヴェルサイユ講和条約をあしざまにいう時期もあった。また、「戦間期」の特殊状況は、ドイツを第一次大戦の元凶と決めつける政治的断罪に対する反動として、第一次大戦総無責任論ともいうべき主張を学会内に広範に行きわたらせることに貢献した。このような潮流が学会の大勢を占めていた一九四六年、ある歴史家は、それなくして第一次大戦を正しく理解できるはずのないサラエヴォ事件そのものを等閑に付し、サラエヴォ事件に先行する緊張状態にのみ照準を合わせて、学会の姿勢をつぎのような見解に仮託して代弁した。「歴史的事実を詳細にわたって検討した歴史家ならば、例外なく、一九一四年の戦争責任をある特定の政府にすべて負わせることはできないという一点で一致するだろう。なぜならば、いかなる政府といえども、政策上残された最後の手段として、戦争に訴えることを考えていなかったとはいえないからである」(7)。ひるがえって、第一次大戦原因論の研究をより現実的なものにする初歩的な努力は、多くの場合、ドイツの歴史家達によってなされたのだが、この事実は意義深いことであるとともに、喜ばしいことでもある。

ドイツの歴史家達が目指したのは、どの国の政府が一九一四年以前のヨーロッパにおける緊張状態の増大に最も責任を負うべきかを決定することではない。彼らが俎上にのせたのは、列強諸国間の権力構造という生々しい政治的現象であって、穢《けが》れなき天使たちの合唱曲の録音を鑑賞することではなかった。また、一九一四年以前の段階では、国策の一手段として戦争に訴える用意が列強諸国すべてにあった事実を、彼らが見過ごしていたわけでもない。それどころか、列強諸国にはその用意があったのであり、そのうえで一九一四年になると、列強諸国が例外なく開戦を忌避する姿勢にあったことを理解していた。戦争責任という問題を無視しえない以上、歴史家として最大限可能なことは責任の軽重を推し量ることに尽きるというのが、彼らの基本的な認識だった。そのうえで、彼らはつぎのように主張する。列強諸国が戦争を欲していたかあるいは欲していなかったかに検証の妥当性を求めるべきではなく、必要とあれば戦争をも辞さないという意図が内包されているかどうかを列強諸国の国策目標の中に探り、そこに妥当性を求めるべきである。この立場は、客観的事実を検証しようとする歴史家すべての主張でなければならない。そして、この立場からはつぎの結論が導き出される。第一次大戦に先行する列強諸国間の緊張状態の主たる責任は、ドイツ政府が負うべきであり、しかもその責任は、一九一四年六月のサラエヴォ事件以降のドイツ政府の政策によるというよりも、むしろ一九〇四年から一九一三年にかけてドイツ政府が打ち出した政策によるのであって、そのことはこの期間におけるドイツの政策目標を仔細に検討すれば明らかである。

大多数の歴史家は長い間、一九〇〇年以降の新生ドイツ帝国の政策の基本的性格をその拙劣性・錯誤性に求めてきた。しかし、つぎの諸点を正しく認識していた歴史家が少数ながらもいないことはなかった。つまり、ドイツが列強諸国間の権力政治の舞台への新参者だったということだけでは、その拙劣性・錯誤性の証明にはならない、換言するならば、列強国としてのドイツはプロイセンの拡大国家にほかならず、ビスマルク宰相のもとで、すでにほかの列強諸国に見劣りしない能力と手腕を発揮していたのだが、ビスマルク退陣後の国際情勢の著しい不安定状況への対応に追われた結果だけから、その拙劣性・錯誤性を判断してはならないとする。たしかに、彼らはドイツの政策がほかの列強諸国の政策に比べて拙劣であり、錯誤に満ちていた事実、さらに、その政策がほかの諸国にはおよそ類例が見当たらない独善性と自暴自棄——後年、オーストリアが自国内のごく限られた地域に対して示した例はおくとして——に彩られていた事実によって、ドイツ政府が自国の安全と支配への欲求を識別する能力を次第に失ったことを認めるのにやぶさかではない(8)。ドイツの著名なアーキヴィストで歴史家のルートヴィヒ・デェィオ教授（Ludwig Dehio, 1888-1963）は、ドイツの政策の拙劣性を、かつてのスペイン王フェリペ二世、フランスのルイ十四世やナポレオン一世の場合と同じように、自国の優越的な立場と権力を征服の手段として利用し、権力の拡大を図ろうとした事実に求めることによって、論理的に正しい結論を導き出している。

デェィオ教授はつぎのようにいう。一九〇〇年以降の「ドイツの立場は、ほかのヨーロッパ諸国の立場と基本的な点で異なっていた」。ただし、以下の限定条件つきの相違である。すなわち、「特殊ドイツ的なる事象としてわれわれの眼前に提示されるものの多くは、実はかつての列強諸国にも現れていたものであった」、つまり、「すべての大国が共通して有する特徴だった」。一九〇〇年以降のドイツの政策がほかの列強諸国と異なっていたのは、取りも直さず、「国家としてのドイツの歴史がヨーロッパ大陸の範疇内に局限されていた状態が、二十世紀に入ると同時に突然終わりを告げた」という理由によるのであって、「プロイセンという名ですでにヨーロッパの列強諸国の一員として台頭していたドイツは、ヨーロッパ大陸という狭い地域を飛び出て、世界の大国としての地位を手に入れようとしたのである。しかも、その方法はいかにもドイツ的だった。すなわち、組織的武装、とくに海軍力の整備という方法である。しかし、大国としての地位の獲得は、当時のヨーロッパ的秩序体制を力ずくで退けなくして不可能だった。とくにヨーロッパにおける勢力均衡の守護者としてのイギリス、世界に冠たる海洋国家としてのイギリスを追い越さずして、所期の目的を達成することはできなかったのである。そして、目的達成に邁進したわれわれの努力の避けえない結果として、何がもたらされたか。ひたすら戦争への道を突き進んでいくわれわれを見出すのである」(9)。

デェィオ教授の見解は、われわれがこれまで検討してきた地政学的、決定論的意味合いをそれなりに帯びている。「ヨーロッパにおける覇権争奪の中心問題は、……時代を問わず、必然的にヨーロッパ大陸内の最強国と……世界の海洋を制する国家との争奪戦である」。「争奪戦に勝利した至高の国家は、覇権を掌握しているというまさにそれゆえの孤立感のために、ある種の悪魔的な誘惑と対峙せざるをえない」(10)。デェィオ教授はドイツの政策を明らかにし、また多分にドイツの行動を正当化するために、非人為的ファクターから受けた圧力とともに、ほかの列強諸国の政策をも検討の材料にする。「第一次大戦がヨーロッパにおける覇権の争奪戦という古典的な形態を示したのは、イギリスの対応によるところが大きい」。「ビスマルク宰相下のプロイセンがすでに半覇権を掌握していたこともあって、伝統的なヨーロッパ秩序がもはや時代に即さないとドイツはみなしていた。イギリスの包囲政策が、ドイツをして、ヨーロッパの主導権を最大限追求する立場へと追い込んだのである。同時に、ドイツ帝国主義の目指すところは、列強諸国が目指したものと同じ範疇内にあったのであり、必ずしもイギリスの海上主導権の破壊を意味するものではなかった。ドイツにしてもイギリスにしても、相互の主導的な立場を攻撃しながらも、ともに勢力の均衡を声高に訴えたのだが、しかし不幸にして、両国が主導権とか勢力均衡という言葉を使用する際、おのおのの言葉にまったく異なる意味を持たせていた」(11)。第一次大戦にいたる経緯を再構成し、それを成熟した確かなものにしようとする歴史家ならば、デェィオ教授の以上の見解を無視できない。なぜならば、彼の議論には説得力があるからであり、ドイツ自らの意識的・意図的な目的という重要なファクターを曖昧にせず、そのうえで、多少正統性に欠けるきらいがなくもないが、若さに溢れ血気盛んなドイツの勢いというファクターをも正当に評価しているからである。

しかしながら、デェィオ教授は、既述のファクターが第一次大戦の原因だったと断定的に結論づけることはせず、つぎのように語る。「何が大戦を引き起こした原因なのかを問うのではなく、何が大戦を可能にさせたのかを問うことにしよう」。この問いに対する彼の答えは、「大戦を可能にさせたのは、精気みなぎるドイツの膨張主義的傾向」であり、この傾向は政策決定の中に意識的に組み込まれていたというものである。「われわれは世界の状況を不安げに注視していたのだが、特定地域の獲得という限定的な目標を目指すのではなく、われわれの競争相手イギリスを蹴落としてでも、現状を全面的に改変する博打的行動に出たのである」。「一九一四年以前においても、イギリスの包囲政策の重圧は、われわれが二十世紀を迎えるにあたって想像していた楽観的予測をはなはだしく疑わしめた。このこと以上に決定的だったのは、若々しい生命力に満ちたわれわれが理にかなった結論を導き出せなかったことにある。……一九一三年、歴史家プレイン（Hans Plehn, 1868-1918）はつぎのように語っていた。『ヨーロッパの大戦争を通じてのみ、世界政治に参加する自由を獲得できることを疑うものはわが国にはほとんどいない』[12]」。ドイツの歴史家たちの一九〇〇年から一九一四年にかけての主張に言及するデェィオ教授は的を射ているというべきだろう。彼の証言に従う限り、ヨーロッパの均衡が世界の均衡になりつつあり、その中でドイツが必然的に主導的な立場を獲得することになると予測したドイツの歴史家の過ちは、世上よくいわれているように、「世界の中心がヨーロッパから離れつつあること、換言するならば、ヨーロッパで生起する物事がもはや決定的な重要性を持たなくなっている事実」を見過ごしたことにあるのではない[13]。彼らの過ちは、ヨーロッパの均衡を全世界的な均衡へと改変することがドイツの役割であると主張し、なおかつ、この役割をドイツは武力を用いることなく、またヨーロッパの支配権を目指すことなく——武力の不使用と支配権奪取の放棄こそが決定的に重要なのだが——達成すると楽観的な見通しを共有するとともに、このことを前提に議論を進めたところにある。(14) ところが、ドイツ政府の政治状況に対する認識は、同時代の歴史家の認識とは異なっていた。つまり、世界の政治的な焦点がヨーロッパの地から他方へと移ったのは、取りも直さず、ヨーロッパの支配権を目指したドイツ政府の政策自体にその原因があるといわなければならない。

ドイツ政府の支配権確立政策に何らかの疑念を覚える向きには、フリッツ・フィッシャー教授（Fritz Fischer, 1908–1999）［ドイツの歴史家。十九世紀末葉以降のドイツの膨張主義的好戦性を歴史資料に基づき検証し、第一次大戦の責任は第一義的にドイツにあるとして一九六一年に刊行された *Griff nach der Weltmacht. die Kriegszielpolitik des Kaiserlichen Deutschland, 1914–18* がドイツ国内外で激しい論争を呼び起こした］のドイツ帝国に関する最近の研究がその疑念を払ってくれる。入手可能なすべての歴史的事実を網羅的かつ客観的に検証した彼の研究は、ドイツ政府の最終目的が世界の大国としての地位を確保すること、具体的には、躍進途上にある米露両国と同等の力を有する帝国をヨーロッパ大陸に建設することだったと主張する。さらに、ドイツが自国の国家目標を詳細にわたって再検討した時期が第一次大戦期間中だったことを明らかにした。その際、ベルギー、ポーランド、フィンランド、ルーマニア、ウクライナ、エストニアを含むバルチック海地域諸国をドイツにとっての緩衝国家群とみなした上で、西方ではベルギー領土の一部、フランスとの国境地帯およびルクセンブルクの併合を、東方ではポーランドとリトアニアの一部およびクールラント公国（Duchy of Courland）［一七九五年以降、ロシアに割譲されていたバルチック海に面する小国。第一次大戦後、新生国家ラトヴィアの一部を構成する］の併合を、中央ヨーロッパではオーストリア＝ハンガリー帝国のドイツへの編入を、さらに、南東ヨーロッパのかなりの地域の併合を俎上に載せていた。ドイツの戦時計画が以上列挙した作戦に裏打ちされていた事実、この計画がイギリスの世界における主導的立場の受容と両立しえないことをドイツ政府が充分に認識していた事実、イギリスの支配的立場を突き崩すことによって自国のヨーロッパ支配を目指していた事実、これらの事実を正しく評価する歴史家が少数とはいえ、いないわけではなかったのである。(15)

しかし、罪悪感にさいなまれながら他方で罪のなすり合いに終始してきた歴史家は多くの場合、以上の事実を戦時下ドイツの戦争熱とその過剰さに帰するのは、あまりに現実から遊離しているとか、説明不足であるという姿勢をとり続けてきた。フィッシャー教授の場合は、こうした中途半端な姿勢に陥っていない。デェィオ教授と同様、彼は第一次大戦以前の国家間関係という枠組みにおけるドイツの立場と力から判断する限りにおいて、ドイツの戦争目的は理解しうる目標設定であり、同時に、ドイツの大戦前の国家目標として、歴史的にも論理的必然性があったと主張する。(16)

普仏戦争に勝利し、プロイセンを中核とするドイツ帝国を成立させた一八七一年以降のドイツは、ほかの列強諸国を上回る力を示した領域があったにもかかわらず、新たな列強国としての地位の保全に腐心し、その地位に対する脅威の除去に心を砕いた。ところが一八九〇年代後半になると、ドイツの政策は不安定な要素を色濃く持ちはじめるようになった。その理由は、ヨーロッパ大陸内における優越的地位という現実をつかみはじめたからであり、また、その延長線上には、米露両国の台頭という現実を前にして、自国の優越的地位を活用・駆使する時間的余裕が限られるのではないかという懸念を抱きはじめたからである。ドイツの増大する力が、いずれ遠からずほかの列強諸国の懸念と報復を触発したに違いないのだが、しかし事実として、ドイツの一九〇〇年初頭以降の政策そのものが他国の懸念と報復を招いたことは銘記しておかなければならない。列強諸国が、仮にドイツの政策の背後に潜む最終目的を疑惑の目で見る過ちを犯していたとしても、少なくとも懸念を覚えずにはいられなかったのである。ドイツの国家目標に懸念を抱いたことが必然的に戦争を招来させる結果をもたらしたのではないのだが、しかし列強諸国のドイツに対する疑念の眼差しにはそれ相応の根拠があったとはいえよう。いまわれわれに求められているのは、第一に、第一次大戦に関するドイツの歴史家の上述の説明に真摯に向き合うことであり、第二には、第一次大戦の責任分担とその理由づけを必要とする限り、ドイツが既述の目的を隠し持ちながら政策を遂行した事実を否定したり看過したりせずに、ドイツの行動が過去において列強諸国が当然とみなしていた行動といかなる点で異なり、ドイツを取り巻く状況が過去の状況といかなる点で異なっていたのかを追い求めることである。そのことが結局、第一次大戦責任論にかかわる最善のドイツ弁護になるはずである。

この課題に対する歴史の声は、それほど確信的な解答を提示してくれない。ましてや、その解答はデェィオ教授が解き明かすほど断定的でもない。ドイツの政策にはかつての超大国と共通する特徴があったことは確かである。近代の歴史に限ってみても、ドイツの侵略的行為だけではなく、スペイン、オーストリア、フランス、さらにはイギリスの侵略的行為も、おのおのその時代の国家間関係の構造に反発・敵対した行為だった。また他方で、近代の歴史は、ヨーロッパ的な国家間関係の構造を持ち合わせていない「未開の地」に対する、西ヨーロッパ諸国に加えてロシアやアメリカの侵略の歴史でもあった。さらに、近代の歴史がつぎの事実を明らかにしていることにも留意すべきである。すなわち、第一に、国家間関係の構造が時代とともに継続的に進化し、包摂する範囲が拡大してきたこと、第二に、国家間の構造の進化と拡大に比例して、国家に求められる行動基準が厳格化されてきたことである。後者について敷衍《ふえん》するならば、たとえばルイ十四世やナポレオン一世の行為が歴史家にとって理解可能であり、往時の人々にとっても受容可能な行為だったのに対して、一九一四年にいたるドイツの行為は、たとえ歴史家にとって理解可能だとしても、当時の人々にとっては到底容認できない行為だった事実である。当時の困難な状況下においてドイツの行為がどれほど無理からぬとしても、それは結局、われわれが過去一世紀にわたって発展させてきた国家間関係における行動基準からの逸脱だったことを、歴史家自らが認めるべきなのである。この認識の欠如こそが、第一次大戦を目睫《もくしょう》にしたドイツの歴史家が自己の議論の論理的矛盾と真摯に対峙せず、さらには、当時の国家間関係の構造と協調しつつ自国の進むべき針路に深い想いを至さなかった原因ではないだろうか。

注

（1） Bernadotte E. Schmitt, *The Origins of the First World War* (London, 1958), 16. イギリス歴史協会が刊行したモノグラフ。

（2）*Ibid.* 6-7.
（3）たとえば、L. Albertini, *The Origins of the War of 1914* (Oxford, three vols, 1953-57）を参照。
（4）Schmitt, *op. cit.* 26.
（5）*Ibid.* 3.
（6）Sir Halford Mackinder, *Democratic Ideals and Reality* (Washington, D. C., 1919. Reprint ed., 1944), 11.
（7）Geoffrey Barraclough, *The Origins of Modern Germany* (Oxford, 1946), 435
（8）Herbert Butterfield, *Christianity and History* (London, 1949), 49-51, 103.
（9）Ludwig Dehio, *Germany and World Politics in the Twentieth Century* (Munich, 1955. Eng. trans., 1959), 11-15.
（10）*Ibid.* 13.
（11）*Ibid.* 14-16.
（12）*Ibid.* 14-16.
（13）Geoffrey Barraclough, 'Europe and the Wider World in the 19th and 20th Centuries' in *Studies in Diplomatic History and Historiography in Honour of G. P. Gooch*, ed. A. O. Sarkissian (London, 1961), 365-66.
（14）Dehio, *op. cit.* 38-60.
（15）たとえば、Colonel F. Feyler, *Le Problème de la Guerre* (Lausanne, 1918）を参照。
（16）Fritz Fischer, *Griff nach der Weltmacht. Die Kriegszielpolitik des Kaiserlichen Deutschland, 1914-18* (Dusseldorf, 1961).

第14章　国際連盟の挫折

国際連盟（以下、連盟と略記）にとって不幸なことは、連盟が異常なまでの国際的不均衡という条件のもとで設立されたことである。また、この事実は、連盟の挫折に関するわれわれの研究にも不幸な結果をもたらしてきた。国家間関係の歴史と性格に関してわれわれが知りうるすべてが、連盟は設立された当初から挫折を余儀なくされており、また、当初設立されたようにつくりあげられざるをえなかったことを示している。しかしながら、連盟の挫折を説明しようとする際、その多くは、連盟自体は健全な原則に基づいていたにもかかわらず、不運に見舞われたり、時期尚早だったために挫折したと主張する。また、なかには、連盟挫折の理由を、構想としては健全だったが、その構想を支える諸原則の適用を誤ったためだとしたり、あるいは、その適用が不充分だったためだと主張する者もいる。

連盟の挫折の原因を時期尚早、あるいは不運に見舞われたことにあるとする議論は二つの形態をとる。その一つはつぎのような主張である。連盟の創設者たちは、正常な世界においては連盟は充分に機能できると考えたのだが、不幸にも連盟がその機能を発揮しなければならなかった世界は、異常なほどの不安定な状況に見舞われていた。しかも連盟規約の起草者たちは、侵略的国家群が勃興しつつある事態を見過ごしただけでなく、世界の平和的・進歩的諸国民の間にも厭戦気分が横溢していた事実を考慮に入れようとしなかった。このように考える立場からは、正常な世界でありさえすれば、また、それほどまでに種々の問題に苦しめられなかったならば、連盟は生き長らえただろうと考える。つまり、不運に見舞われたために挫折したというのである。同列の考え方ではあるが、問題をそこまで悲観的にとらえない立場は、世界の不安定性に直面しようがしまいが、たとえいかなる状況に見舞われたとしても、連盟はもう少しのところで成功したはずだったと主張する。つまり、フランスがもう少し理性的だったならば、イギリスが連盟支持の保証をもう少し断固として行う意思を示したならば、連盟がその設立当初からヴァイマール共和国（Weimarer Republik）［第一次世界大戦後の一九一九年、ドイツ社会民主党を中心とする左派勢力が糾合《きゅうごう》して成立した民主政体］に対して、あれほど不寛容な態度で接しなかったならば、アメリカが連盟への参加をかたくなに拒絶しなかったならば、ロシアの連盟への参加がもっと早かったならば、さらには、カーゾン卿（George Nathaniel Curzon, 1st Marquess Curzon of Kedleston, 1859–1925）［インド総督（一八九九～一九〇五年）及び外相（一九一九～二四年）を歴任した保守党の政治家］に代わって、セシル卿（Robert Arthur Talbot Gascoyne-Cecil, 3rd Marquess of Salisbury, 1830–1903）［十九世紀末葉から二十世紀劈頭《へきとう》にかけて首相を三度、外相を四度歴任した保守党の政治家］がイギリスの外務大臣になっていたならば、連盟は成功していたに違いないというのである。

連盟挫折に対するもう一つの態度も似たり寄ったりである。すなわち、連盟構想全般の健全性に疑問の余地はなかったのだが、その構想を実行に移す過程で過ちを犯し、その過ちから立ち直ることができずに挫折したと主張する。この立場に立つ者は、連盟規約をヴェルサイユ講和条約自体と切り離し、一体化すべきではなかったとする。なぜならば、その結果として、一方では連盟構想に対する諦観と幻滅を抱かせ、他方では、ただでさえ不安定な「現状」の維持に汲々とする印象を与えたからである。あるいは敗戦国を直ちに、しかも戦勝国と同等の立場で加盟させなかったことが戦術的な過誤だったと主張する。さもなければ、連盟構想に内在する諸原則が当初において厳格に適用されなかった事実に連盟挫折の原因を求める。つまり、連盟は国家主権概念をはじめとするもろもろの不都合な事態に遭遇して、妥協に走り過ぎたというのである。たとえば、連盟の議決には満場一致が求められたが、このことによって連盟のおよそすべての活動が窒息状態になった。というのは、事の性格がいかなるものであれ、自国の利益と相反する恐れのある行動を阻止しようとする加盟国が必ず出てくるからである。こうした度重なる妥協の結果として、加盟諸国による連盟規約の履行が不可能になり、挫折への道をたどることになった。つまり、連盟が掲げた諸原則には、本来与えられて然るべき正当な実験の場が与えられなかったというのである。

上述したような見解は一般人の素朴な意見であって、国家間関係の歴史を専門とするプロフェショナルたちが熟考した上での主張ではないという反論が寄せられるかもしれない。しかし、彼ら専門家のこの問題に関する主な研究成果にしても、既述の一般人の見解に代わる新たな見解を産み出しているわけではなく、もっぱらそれら多種多様な見解を集大成化しているに過ぎない。いわく、連盟への信頼はロカルノ条約［一九二五年十月五日から十六日にかけてスイスのロカルノ（Locarno）で合意に達し、同年十二月一日にロンドンで調印されたドイツを含むヨーロッパ列強諸国間の諸条約］以降の状況の推移の異常性、すなわち「経済恐慌と軍事的侵略」によって揺らいだのであり、満州事変を契機として連盟は暴力の行使と暴力行使の脅威にともなう深刻な事態に対処できなくなったのであり、こうしたことが「連盟が挫折した直接的な原因である」。ついで、「連盟の挫折には数多くの要因が挙げられるが、なかでもアメリカが設立当初から連盟に信を置いていなかったこと、さらに、連盟創設時の諸事情に加えて連盟そのものと第一次大戦の戦後処理を目的としたヴェルサイユ講和条約との密接不可分な結びつきのために、独ソ両国が反対の姿勢を崩さなかったことがとくに重要な要因である。仮にこうした障害がなければ、当時の世界が抱えていた基本的な諸問題を解決しようとした連盟の努力が報われた可能性は少なくなかった」。そのうえ、連盟の機構面および議決にいたる手続き面でのさらなる整備がなされていたならば、とりわけ、連盟事務局が広く世界各国の国民一般と直接的に接する権利を与えられていたならば、連盟は実際以上にその機能を発揮したに違いない。さらにまた、連盟が制裁措置の自動的発動を可能とする手立てを講じていたならば、加盟諸国が集団安全保障に対して各国の義務履行を担保する何らかの方法を取り入れていたならば、あるいは、連盟が政治紛争の処理や「現状」の平和的変更に資する確たる手続きを有していたならば、連盟は実際以上にその機能を発揮したに違いない。しかしながら、いったん組織としての枠組みが与えられた以上、連盟の機構や議決にいたる手続きの改編はおよそ不可能であり、改変の試みがなされたときには例外なく加盟諸国間の思惑の違いによる論争が持ち上がった。したがって、連盟は設立当初と同じ連盟であり続けたのであって、加盟諸国政府間の連盟体ではあっても、世界の諸国民間の連盟体ではなかった。以上が連盟の研究をもっぱらとするプロフェショナルたちの大筋での主張である(1)。彼らの主張は、換言するならば、連盟を死に追いやったのは不運に見舞われたからでも、連盟の運営が拙劣だったからでも、連盟発足時のスタートに失敗したからでも、連盟に寄せる信頼が欠如していたからでもなく、いわば、こうした各種の要因が総体として連盟を死に追いやったというものである。

上記の見解は個別的にみても、総体としてみても、的を射ていないといわざるをえない。連盟設立時の世界が政治的に想像を絶する不安定な状況のただ中にあったととらえ、この点での不運を嘆くのはないものねだり的発想の域を出ない。国家間の政治的組織体が成功裡に設立される条件として、不安定性の残滓《ざんし》はおろか、侵略的な国家も存在しえない「正常な」世界の出現を待たなければならないとするならば、その出現は未来永劫にわたってありえないだろう。そのうえ、不安定要因が皆無の世界にあっては、国家間機構の必要性など起こりえない。さらに、この見解は、侵略的な国家が実際に侵略行為に走り、戦間期の深刻な問題がその頂点を迎える前に、すでに連盟がその本来の目的を果たしていなかった事実を見過ごしている。この不運あの不運に見舞われなかったならば連盟は成功していただろうという偶発理論に対しては、たとえ成功への道を妨げるこうした一連の障害に見舞われなかったとしても、別種のもろもろの障害に遭遇したに違いないと確信を持って応じることができる。同じことが連盟の機構面、手続き面の批判に対しても当てはまる。ウィルソン大統領が連盟規約をヴェルサイユ講和条約から切り離そうとする試みにその都度異を唱えなかったと仮定した場合、連盟規約が加盟諸国に受け入れられることはありえなかった。また、敗戦国の連盟からの除外と満場一致の原則は賢明な措置とはいえず、現在この点を悔やむ者がいることも事実ではあるが、しかし、この二つの点は、ちょうどロシアの除外とアメリカの不参加が連盟設立当初の世界情勢の中での中心的問題だったと同様に、連盟が拠って立つイデオロギーにとってきわめて重要な二大要素だったことを認識すべきである。これら不満足な見解の中でもその最たるものが、連盟の挫折をその不支持に、あるいは、構想としての遠大性と革新性の欠如に帰する見解である。これは問題点をはぐらかすことにしか役立たない。なぜならば、連盟がよりいっそうの遠大性を持ちえなかったその理由と、設立当初のような支持を得られなくなったその理由をわれわれが必死に探ろうとしているときに、連盟は挫折したから挫折したというのと同義だからである。

敗戦国の除外と満場一致の原則という問題に目を向けると、まず最初にわれわれが疑念に感ずるのは、いずれの説明にも一つの前提が否定しがたく通底していることである。それは連盟設立の構想と原則には何ら非現実的な点がなかったという思い込みに起因する憶断であり、さらに、連盟構想とそこに盛られた諸原則が修正らしい修正を施されることなく、十七世紀に提起された構想とほとんど変わらぬ姿形であることに思い至ると、その疑念がいっそう増幅されざるをえない。連盟と同じ目的を有し、連盟が直面したと同種の障害に遭遇せざるをえなくなる国家間の政治機構を設立し運営するには、二十世紀後半の現代においても、克服すべき二種類の障害が付きものであることをわれわれは忘れ去るわけにはいかない。

最初の障害は、国家間の政治機構が、それがいかなる機構であれ、設置される以前に克服されなければならない障害であり、ヨーロッパが十七世紀前半のシュリや十八世紀初頭のサン＝ピエールに長期にわたって頼ってきたのはなぜなのか、また、彼らの構想が連盟という形態をとって現れ、その結果、必然的に不完全な試みであることを免《まぬが》れず、なおかつ史上はじめての試みとしての試練を甘受せざるをえなかったその理由をあますところなく説明することになる。この種の障害は、初期の平和構想を唱導した平和主義者の一人の言葉に端的に示されている。「本構想を成功裡に実現するのは、キリスト教を信奉するヨーロッパの王位諸公間に意見の一致さえみられるならば、それほど難しいことではない」。これはシュリの言葉である。こうした発想に対して、プロイセンのフリードリッヒ二世は、サン＝ピエールの平和構想に言及する形で、その甘さを冷笑気味につぎのように衝《つ》いた。「事は以下の否定的な状況を覆すことさえできれば、至極容易に実現可能である。構想実現に向けて何が欠けているといって、些細な点はともかく、ヨーロッパ諸国民の意見の一致こそが欠けている」。換言するならば、十八世紀以降、ヨーロッパ諸国民の意見の一致こそが、王位諸公の意見の一致以上に重要性を際立たせたのであって、この点でこの種の障害の困難さは減少するどころか、ますます増大してきたのである。この事実を看過したり過小評価する者は、信頼するに足りるのは君主諸公よりも諸国民だと判で押したようにいい張るのだが、彼らが現実を正しくとらえているとはとてもいえない。ヨーロッパの統一への動きに対する最大の障害は、各国政府が統一を欲していなかったことではなく——政府はこの点ではむしろ熱心に推し進めようとした——諸国民間の利害と感情に基づく反対の動きなのである。さらに、つぎの事実を思い起こす必要もあろう。近現代の国家間機構は、かつてのキリスト教的ヨーロッパ諸公の意見の一致以上のことが求められるということである。異なる歴史を有し、異なる発展段階にある各種各様の政治共同体からなる二十世紀の世界にあっては、キリスト教的ヨーロッパの統一を信ずる正当性が多少なりとも存在し、その確信に基づいて史上はじめて平和構想が唱導された時代——現代においても相も変わらずこの時代の平和構想に依拠し、その実現に努力を傾注しているのだが——とは比較にならないほど、国家間機構の設立が成功する可能性は低くなっている。

連盟が統制力のない緩い組織体とならざるをえなかったのは、こうした設立以前から存在した障壁のためであって、たとえば連盟が国家統合（federation）という形態をとりえなかったのは語るまでもなく明らかである。国家統合への道が十八世紀にアメリカ合衆国の建国の父祖たちによって成功裡に開拓されたととらえ、さらに科学技術上の距離的隔たりがアメリカ一国規模にまで狭まった一九一八年の世界にあっては、彼ら建国の父祖たちの理念と成果がヨーロッパにおいても、あるいは世界的規模においても、実現されないはずはないと主張する向きもある。しかしながら、歴史家に認識を迫ったのは、アメリカ合衆国の建国とその後の国家間関係のあり方の類似性ではなく、むしろ両者間の相反する要素の増大である。アメリカ建国の際の植民地は、一九一八年当時のヨーロッパ諸国とも異なり、またいうまでもなく世界各地のさまざまな諸国とも異なり、強力かつ統一された個別の政治機構が歴史的に存在していなかった事実はさておき、言語、血統、習慣、法律、社会制度などおよそあらゆる面で同質的な社会だった。アメリカは建国以来単一の帝国として存立した点で首尾一貫しているのであって、これは世界の大多数の諸国にとってかつて経験したことのない事態であるとともに、ヨーロッパ諸国にとっても、ローマ帝国の瓦解以降絶えて久しく経験したことのない事態だったのである。問題とすべき点は、これにとどまらない。アメリカの経験とその他の諸国の経験にはこうした差異があることは、大多数の国際主義者も認めるところであり、ヨーロッパの分立状態の克服、ひいては広く世界の分立状態の克服に対する関心と意思が充分にあれば、差異がいかなるものであれ乗り越えられたはずだと彼らが主張することに取り立てて反対する理由はない。十九世紀までのアメリカの状況――この点では統一国家に向けてのドイツの経験を含めることもできる――とより広範な世界的規模での状況や経験の真の違いは、まさにこの関心と意思のスケールの違いにあるといえるからである。仮に国家統合への意思が一九一八年当時に存在したとしても、現実に国家統合的国家間機構が設立されえたとはとても思えない。国家統合への一定の関心と意思を示す可能性を胚胎する今日のヨーロッパの状況に敷衍《ふえん》するならば、依然として国家統合実現への道はおよそありえないといわざるをえない。さまざまな難題と遷延《せんえん》行為にいらだつ統合論者たちは、現今、その主張をヨーロッパの国家統合の段階的達成にシフトさせているが、しかしこれは、達成されるものがいかなる形態であれ、政治的統合からは程遠い組織体にならざるをえないという点で、自己撞着的言辞とほとんど変わらない。歴史に関する限り、「意思あるところに道は開ける」という格言は必ずしも当てはまらないのである。本題に戻って、連盟の場合に関しては、上記の点を強調するまでもない。なぜならば、一九一八年段階には国家統合への関心も意思もともに皆無だったからである。この時点で捜し求められたのは、未曾有の危機を体験した直後の国家間関係の新たな船出だった。しかし、その船出は、連盟参加諸国個々の歴史的制約の中で、諸国民の統合からは程遠い各国政府間の連盟、すなわち国家連合的（confederal）連盟体だったのである。

ところで、一九一八年当時においては、国家連合（confederation）の樹立は国家統合（federation）の樹立ほど困難ではなかった。国家連合的システムとはこれまで縷々述べてきた国家間機構の発足時に逃れるすべもなく直面せざるをえない障壁に対して最大限譲歩するシステムだからである。しかし、他方、正に同じ理由からいえるのだが、国家統合以上にその組織を動かし維持する上で困難な政治システムがあるとするならば、それは国家連合的システムである。国家連合的システムが単一の政治システムとして存立するか、あるいは、事例としてはより頻度が高いのだが分裂と崩壊の道をたどるかの二者択一を迫られなかった歴史的事例を見出すことはできない。アメリカ合衆国の建国の父祖たちにしても、世界で最初の国家統合的システムの実現を自覚的に追い求めたのではない。彼らが志向しつくりあげたのは国家連合体であり、それがときの経過にともなう分裂と崩壊の危機に遭遇して、徐々に中央集権的な国家統合的システムへと衣替えしていったのである。国際連盟の場合は、とにもかくにも発足させるためには、分裂と崩壊という危険性を避けて通らなければならず、したがって、権能面においても機能面においても、現時点でそうあれかしと期待するほど急進的でもなく、広範にその影響力を行使するものでもありえなかった。主権を有する加盟諸国の利害保全に対する何らかの保証が必須だったのであり、また、加盟諸国の行動の自由を担保するための逃げ道を残しておかざるをえなかったのである。

紛争解決の取り極めとして、連盟は前代からの仲裁裁判と司法的解決の考え方を踏襲している。いわく、紛争当事国間で仲裁裁判あるいは司法的解決に付しうるとの合意が成立した場合に限って、つまり法律上の係争に限って、こうした手段に持ち込むことを約し（第十三条第一項）、さらに、加盟国は判決の誠実な履行を誓約する（第十三条第四項）一方で、判決に不服な場合は、判決通達後三カ月経過するまでは戦争という手段に訴えることを控えることでよしとしている（第十二条第一項）。仲裁裁判や司法的解決での審判に付しえない政治的紛争に関しては、連盟理事会の審議に付託することができると連盟規約は規定している（第十五条第一項）。ただし、この場合、仲裁裁判の歴史的発展に随伴してきた制限条項が盛り込まれていた。いわく、「紛争當事國ノ一國ニ於テ、紛争カ國際法上專ラ該當事國ノ管轄ニ屬スル事項ニ付生シタルモノナルコトヲ主張シ、聯盟理事會之ヲ是認シタルトキハ、聯盟理事會ハ其ノ旨ヲ報告シ且之カ解決ニ關シ何等ノ勧告ヲモ爲ササルモノトス」（第十五条第八項）。さらに、連盟の調停に付託する必要が認められる場合においても、当事国はその調停勧告を受諾する義務を負わない。すなわち、調停勧告が全会一致の場合、当事国に要請されるのは戦争に訴えないということに過ぎず、また、全会一致が得られない場合には、第十二条第一項の規定に従って、勧告を遵守しない一方の当事国に対する戦争行為の発動を三カ月間行わないことを約するに過ぎない。同様のことが第十九条についても言える。「聯盟総会ハ、適用不能ト為リタル条約ノ再審議又ハ継続ノ結果世界ノ平和ヲ危殆ナラシムヘキ国際状態ノ審議ヲ随時聯盟国ニ慫慂《ショウヨウ》スルコトヲ得」と規定し、法的には有効であっても、ときの経過にともなって平和を危殆に陥れる恐れのある加盟諸国間の条約や協定の改定を促し、改定勧告の権能を連盟総会に付与していた。しかし、その勧告は全会一致でなければならず、しかも、加盟諸国を拘束するものではなかった。こうした妥協的な諸規定を回避する道はただ一つ、連盟総会が個々の加盟国より上位に位置する真の立法機関としての権能を有する場合に限られていた。

加盟諸国の国内管轄権にかかわる紛争を連盟の審議対象から除外していたこと以上に、連盟の紛争解決の有効性を著しく阻害したのが、全会一致の原則（紛争当事国は除外する）である。この原則のため、規約第十九条が適用されることはほとんどなかった。少なくとも、一九二九年以降には一度もない。一部の加盟国に拒否権を付与することによって連盟の活動が著しく阻害されることになるのは、連盟設立以前に周知のことであって、まさしくこうした理由から、連盟は付託された紛争をほとんど成功裡に処理できなかったのである。連盟は、その全存続期間を通じて、連盟規約の条項あるいは加盟諸国間の条約条項のもとで、六六件の国際紛争の解決を付託されたが、そのうち十一件の紛争については解決に導くことができなかった。しかも、未解決に終わった紛争ほど重大案件だったのである。二十件の紛争が通常の外交チャネル、すなわち加盟国間の斡旋、大使級会談、臨時特別会談等に付託された。連盟は残余の紛争三五件を何らかの解決へと導いたが、そのうち解決にいたるまでに戦闘行為をともなった紛争は、四件——アルバニア、ユーゴスラヴィア、ギリシア三国間のアルバニア国境紛争（Albanian frontier dispute、一九二一〜二四年）、イギリス、イラク、トルコ三国間のモスール紛争（Mosul dispute、一九二四〜二六年）、ブルガリアとギリシア二国間のデミール・カプ紛争（Demir Kapu incident、一九二五〜二六年）、コロンビアとペルー二国間のレティシア紛争（Leticia incident、一九三二〜三五年）——に過ぎなかった。ただし、戦闘行為をともなった上記四件の紛争については、いずれの事例も、仮に連盟という国際機関が存在していなくても、戦闘行為のあるなしにかかわらず、連盟の決着とほぼ同様の解決にいたったことは確信を持っていいうる。

連盟の上述の経歴から、「重大な政治的紛争に適正に対処するには、連盟が所持していた以上の権威を連盟に付与しなければ、紛争解決はきわめて困難であることを連盟の経験は教えている」との結論が導き出されてきた。(2) このこと自体は議論するまでもなく自明ではあるが、しかし、そこから学ぶべき教訓は、連盟の権威がより高かったら、こうした弱点から逃れられただろうということではなく、より高い権威を連盟に与える状況になかったからこそ弱点を露呈せずにはおれなかったということでなければならない。連盟は人類にとって、政治分野における国際的規模の実験にともなうディレンマの一つを身を持って体験させた最初の試み——最後の試みではなく——だったのである。この方向への努力と試みはすべて、つぎの二つの道のどちらか一方を歩まざるをえない。一つの道は、主権国家の統合には、それが部分的な統合であれ、何らかの困難が随伴せざるをえない現実を頭ごなしに否定する道であり、この場合、当初直面する障害を前にして、一歩たりとも前進することができない。もう一つの道は、立可欠である最低限の中枢部の権威を確立しようとする設立当初の動きは必然的に中途半端に終わらざるをえない。

ち塞がる障害の存在を認め、そのうえでそれら障害との妥協を模索する道である。この場合には、統合の成功に不可欠である最低限の中枢部の権威を確立しようとする設立当初の動きは必然的に中途半端に終わらざるをえない。

ディレンマはこれにとどまらない。これまで縷々《るる》述べてきたのは、連盟の創設者たちが独立した主権国家の存在から派生する諸問題に直面し、それに対してどのように妥協したかを中心とした議論だった。ところで、連盟規約は一方では必要に迫られてこうした問題点の存在を認めつつも、ほかの条項ではその存在そのものを無視しているのである。連盟の挫折は、これまでの議論で明らかにされた制約条件のもとではその有効性が限定的にならざるをえなかったためということよりも、むしろこれから検討に付す規約条項の中に組み込まれた加盟諸国に対するさらなる義務からもたらされたといえる。そこでは設立当初の障害の許容範囲を超えて、連盟をさらに革新的にしようとする試みがなされており、こうした革新的試みこそが連盟の行く末に影を落とした第二の障害なのである。

規約第十六条を最初に取り上げてみる。第一項で、「第十二条、第十三条又ハ第十五条ニ依ル約束ヲ無視シテ戦争ニ訴ヘタル聯盟国ハ、当然他ノ総テノ聯盟国ニ対シ戦争行為ヲ為シタルモノト看做ス。他ノ総テノ聯盟国ハ、之ニ対シ直ニ一切ノ通商上又ハ金融上ノ関係ヲ断絶シ、自国民ト違約国国民トノ一切ノ交通ヲ禁止シ、且聯盟国タルト否トヲ問ハス他ノ総テノ国ノ国民ト違約国国民トノ間ノ一切ノ金融上、通商上又ハ個人的交通ヲ防遏《ボウグウ》スヘキコトヲ約ス」と自動的な経済制裁を明確に規定している。第四項では、「聯盟ノ約束ニ違反シタル聯盟国ニ付テハ、聯盟理事会ニ代表セラルル他ノ一切ノ聯盟国代表者ノ聯盟理事会ニ於ケル一致ノ表決ヲ以テ、聯盟ヨリ之ヲ除名スル旨ヲ声明スルコトヲ得」と述べ、規約に違反した場合には、連盟からの除名処分がありうることが明記された。さらに第十条を見てみると、そこでは「聯盟国ハ、聯盟各国ノ領土保全及現在ノ政治的独立ヲ尊重シ、且外部ノ侵略ニ対シ之ヲ擁護スルコトヲ約ス。右侵略ノ場合又ハ其ノ脅威若ハ危険アル場合ニ於テハ、聯盟理事会ハ、本条ノ義務ヲ履行スヘキ手段ヲ具申スヘシ」と外部からの侵略に対する領土の保全と政治的独立を擁護する義務を加盟諸国に課している。国家間機構設立にともなって第二の障害となったこれらの義務が、加盟諸国によって実際に遵守されていたと仮定した場合、その他の点での成果がどれほどのものであれ、国家間関係における戦争と紛争を回避することはおろか、かえって紛争の激化と戦争の拡散をもたらすだけだったはずである。それ以外ではありえなかったといえよう。なぜならば、連盟構想をこの方向で推し進めていくと最終的には、一方では既存の秩序に不満を持つ諸国がその改変を目指して武力を発動し、他方では既存の秩序の改変を望まない諸国が改変の動きを封ずるために対抗措置に出るという高度に武装化された世界が現出することにならざるをえないからである。しかも、この高度に武装化された世界は、先に述べた連盟規約の義務規定が拠って立つ考え方の核にあるものの論理必然的な結果なのである。

連盟規約の義務規定の基本的な考え方と構造は、あらゆる戦争を不道徳なものとみなし、あらゆる変化を回避すべきとするところに依拠しているのではない。名誉ある解決の達成が平和的手段を通じて可能な状況下において、戦争という手段に訴えた場合、第十六条の規定に従って制裁が課せられ武力行使が発動される。規約上具体的に挙げるならば、仲裁裁定に従わず戦争を開始した場合（第十二条第一項）、判決を遵守する国家に攻撃を仕かけた場合（第十三条第四項）、連盟理事会の勧告が全会一致の表決を得られた場合（第十五条第四項）である。連盟規約はその他の場合の戦争行為を違法とはしておらず、制裁を課すこともなかった。また、規約は同じ精神に基づいて、「現状」の平和的改変の環境が変化した結果として、加盟諸国間の合意による調整が不調に終わった場合、戦争という手段に訴えることとの正当性を認めており（第十九条）、このことによって、第十条「聯盟国ハ、聯盟各国ノ領土保全及現在ノ政治的独立ヲ尊重シ、且外部ノ侵略ニ対シ之ヲ擁護スルコトヲ約ス。右侵略ノ場合又ハ其ノ脅威若ハ危険アル場合ニ於テハ、聯盟理事会ハ、本条ノ義務ヲ履行スヘキ手段ヲ具申ス」という規定は、事実上有名無実なものになっている。つまり、連盟規約の考え方は、実態的には正義の戦争と不正義の戦争という中世的な二分法に基づいたものだった。不正義の戦争を行う国家に対しては——規約第十二条、十三条あるいは十五条に違反して戦争を行使する国家、および「現状」の平和的改変の達成に意を払わずあるいはその改変を受け入れる意思のない国家に対しては――この種の戦争は不法行為であり、この種の戦争を引き起こした国家は犯罪国家であり、この種の国家は文明化された世界の一員として許されるべきではないという立場に連盟は立つのである。したがって、ウィルソン大統領が「今後、何人も世界の世論が認めることのできない目的をもってする世界平和の擾乱行為に対して、中立であることはできない」と言明しえたように、中立的立場が入り込む余地はなかったのである。

不幸にして、この黒か白かという二分法的考え方は、「言うは易《やす》し、行うは難《かた》し」の一類型だった。第一に、この考え方は連盟設立時に表明され、強く支持された別種の意見と矛盾していた。連盟には、その設立当初から、平和の維持を目的として設立されたことを根拠に連盟を支持する者のほかに、不正義の戦争に対しては戦争行為をも辞さない姿勢を堅持する限りにおいて連盟支持を打ち出した者もいた。暫時の間、この両極端の支持問題は、無法国家に対しても戦争に訴える必要はなく、経済制裁や世論の喚起など戦争以外の手段をとるならば戦争の充分な抑止力になるという確信が共有されていたために、焦点が定まらぬまま曖昧化されていた。対蹠的なイメージを持った二つのグループが一様に連盟支持に回ったのは、この確信があったためである。しかし、この「蜜月時代」は長くは続かなかった。やがてさらに深刻な問題、つまり、政治的紛争の解決も、審査と議論を前提にした「現状」改変の導入もともに困難ではないという信念によって当面表沙汰になっていなかった問題が表面化してきた。この信念が間違いであり、武力に訴える機会が少なくなるどころか頻発することが予想される段階になって、そのうえ、経済制裁と世論が戦争発動の然るべき抑止力として働くという期待にもかかわらず、いったん武力行使が必要とされる場合のその武力は戦争という形態の武力になる可能性に気づいた段階になって、加盟諸国はいっせいに参戦を義務づけている規約条項の回避に走り、その結果、連盟の運命が定《さだ》まったのである。

この楽観的な信念が、一九一八年以降に勢いを得た政治的状況下において現実に適用できなかったのはあくまでも一時的な現象だったと主張する向きもある。たしかに、連盟が挫折した理由の説明としては、これで充分といえなくもない。しかし、連盟が成功裡に運営されたと仮定した場合に、果たして連盟の未来がどのような姿になったかに思いをめぐらせると、そこで気づかざるをえないのは連盟が抱えていた欠陥の不変的永続性である。国家間における平和的な「現状」改変や平和的な解決を達成したいという期待の前に立ちはだかるディレンマは、国家間の争いごとが回避される限り、そこには改変も解決も、ましてや平和的な改変も平和的な解決もありえないということである。近現代の歴史を通じて、武力を現実に行使せず、換言するならば武力行使の可能性の助けを借りず平和的に国家主権の所在が改変される、あるいは領土の移譲がなされた事例は、片手で数えられるほどしかない。国家間の合意や「現状」の改変は、武力の現実的行使によってそれを達成するという選択肢をとらないとしても、ときには武力行使の可能性がそれを実現へと向かわせるのであり、また、ときにはこの可能性こそが国家間の合意や「現状」の改変を不可能にするのである。

上述したように、連盟が全加盟国の支持を勝ちとるためには、連盟自体が強制執行機関でなければならなかったのである。望ましくない「現状」の改変を阻止するためには、侵略行為に対してつねに武力を行使する用意がなければならなかった。同様に、侵略を未然に防止するためには、つまり、望ましい「現状」の改変あるいは国家の相対的力や要求という見地から判断して回避しえない改変を実現するためには、つねに武力を行使する用意がなければならなかった。見解の相違や利害の衝突という問題を克服するためには、執行部に権力を集中させ、総会の場の多数決原理や全会一致の原則を捨て去らなければならなかった。そのうえ、アフリカの小国コンゴにとって国際連合が一筋の光明だったように、連盟も数多くの諸国から一筋の光明と受けとられないはずはなかった。しかも、歴史上、一国内の内戦や革命が少なくみても戦争と同じ頻度で勃発した事実を想起するとともに、連盟のたどった道があのような道である限り、連盟の挫折は避けけえなかった。国際的な秩序の樹立にほぼ成功した歴史上の人物が、アレクサンダー大王、ユリウス・シーザー、シャルルマーニュ、ナポレオン一世、ヒトラーといった人物なのは実に示唆的である。また、彼らの支配した領域が驚くほど膨大でなかったことも、彼らの支配した期間が驚くほど長期にわたらなかったことも、ともに示唆的である。

しかし、仮に連盟が加盟諸国から支持されたとしても、このような道をたどっただろうというまさにこの理由で、連盟は加盟諸国の支持を得られず、挫折したのである。連盟が成功裡に機能し運営されたならば、前段で述べたような状況が生じた可能性は否定できないが、ただし、ここまで検討してきた二種類の問題・障害が共時的に発生したがゆえに、成功の可能性は限りなく皆無に近かったのである。

国家間の政治的紛争を解決する能力も、交渉と合意によって国際的な「現状」の改変を達成する能力も連盟にはないとわかった時点で、加盟諸国は残されたもう一つの信念に立ち帰り、その必然的な結果である改変を実現するために武力を行使する義務と平和を維持するために戦争に訴える義務を受容せざるをえなくなった。加盟諸国にとって、歓迎すべからざるこの義務は多大の負担を強いるものだっただけではなく、加盟各国が主権を有する国家だったこともあって、彼らは一様にこの義務を免《まぬが》れようとした。国家の同意に基づく義務は、国家主権を侵害するものではない。換言するならば、主権国家の同意によって成立したものを、必要に応じて主権国家が破棄してもそれ自体は何ら問題ではないということである。

歴史的にみるならば、規約第十九条の「聯盟総会ハ、適用不能ト為リタル条約ノ再審議又ハ継続ノ結果世界ノ平和ヲ危殆ナラシムヘキ国際状態ノ審議ヲ随時聯盟国ニ慫慂《シヨウヨウ》スルコトヲ得」という規定が現実的に機能しないことが明らかになる前に、また、連盟がその他の条項に従って平和的手段による重大な政治的危機の解決を果たせなくなる前に、したがって、「現状」に不満を抱く諸国がその不満足感をいっそう増長させ、平和的手段に代わって恫喝《どうかつ》と暴力に訴えるようになる前に、加盟諸国は、かたやすべての「現状」に不満な国家が自動的に侵略国家になる危険があるという考え方と、かたやすべての侵略に対しては自動的な制裁の適用が求められ、その結果、戦争行為の発動が求められるという考え方の狭間で落ち着きを失っていた。集団安全保障に対する加盟各国の責任をいかに全うするかという問題は、連盟の設立当初から存在した問題だったのである。

連盟設立後最初に開催された一九二〇年第一回総会において、カナダは連盟規約第十条の規定「聯盟国ハ、聯盟各国ノ領土保全及現在ノ政治的独立ヲ尊重シ、且外部ノ侵略ニ対シ之ヲ擁護スルコトヲ約ス。右侵略ノ場合又ハ其ノ脅威若ハ危険アル場合ニ於テハ、聯盟理事会ハ、本条ノ義務ヲ履行スヘキ手段ヲ具申スヘシ」を削除すべきことを鮮明にした。さらに、一九二三年には、同国は連盟理事会の「具申」が拘束力を有するものか、強制力をともなわない加盟各国の任意の判断に基づくものか、条文上明確でなかったため、理事会の「具申」は加盟各国の任意の判断に委ねられるとの解釈を統一的な見解とすべく総会に提議したが、一票差で敗れた。しかし、加盟諸国の半数が棄権票を投じたこともあって、理事会による戦争行使の義務遂行上、いかなる行動をとるかの最終決定は、もっぱら加盟各国の自由裁量によるという暗黙の了解が疑問視されることは一度もなかった。さらに事態を複雑にし、最後まで合意できなかったことがある。それは、規約第十条に基づく理事会の「具申」が全会一致でなければならないのか、全会一致でなければならないのなら、当事国を除外しての全会一致なのか、あるいは、多数決原理に基づく採択になるのかということである。この不徹底さは驚くに当たらない。なぜならば、第十条の規定に基づき何度となく紛争が理事会に持ち込まれたが、一度として規定が現実に適用されたことがなかったからである。

他方、加盟諸国は規約第十六条に規定された義務条項、すなわち、第一項「第一二条、第一三条又ハ第一五条ニ依ル約束ヲ無視シテ戦争ニ訴ヘタル聯盟国ハ、当然他ノ総テノ聯盟国ニ対シ戦争行為ヲ為シタルモノト看做ス。他ノ総テノ聯盟国ハ、之ニ対シ直ニ一切ノ通商上又ハ金融上ノ関係ヲ断絶……スヘキコトヲ約ス」および第二項「聯盟理事会ハ、前項ノ場合ニ於テ聯盟ノ約束擁護ノ為使用スヘキ兵力ニ対スル聯盟各国ノ陸海又ハ空軍ノ分担程度ヲ関係各国政府ニ提案スルノ義務アルモノトス」に関しては、第十条の場合と比べて、遵守すべき義務内容の漸進的希薄化に成功してきた。一九二〇年の第一回連盟総会において、スカンジナヴィア諸国が制裁行動への参加を免除される加盟国の選任権を理事会に与えるよう提案したことに表されているように、この段階では加盟国の義務はすべての加盟諸国を拘束すると考えられていたのである。しかし、翌一九二一年の第二回総会では、規約第十二条、十三条あるいは十五条に抵触したかどうかの決定は加盟各国の自主的判断に属する義務であるとともに、戦争状態が自動的に戦争を忌避する加盟国の参戦をともなうものではなく、また、加盟二国間が戦争状態にあるか否かは両国の企図的思料に基づき判断されるのではなく、実際の行動に基づき判断されるという決議が採択された。国際法学者によると、こうした法律的な妥協を総会が認容したのは、上記三カ条の解釈にともなう法律的整合性という難題に対処せざるをえなかったからだということであり、たしかにその限りでは大きな問題だったことは間違いない。しかし、この難題が同盟規約の起案者たちを悩ませたかと問えば、そうではない。連盟設立後にこうした難問に直面せざるをえなかったのは、「戦争手段」や「戦争行為」という用語の意味内容の曖昧さというよりも、むしろ、加盟諸国が義務として課せられている自動的制裁の遵守を忌避しようとしたためである。換言するならば、「［規約第十六条の］諸規定が文字通り適用されると、予想しえない深刻な事態を引き起こす恐れがあり、さらに、［戦争の回避を目的とした］連盟規約の精神にも悖《もと》ることであり、したがって、これら諸規定に柔軟性を持たせた幅のある解釈――この場合の「解釈」は婉曲表現そのものだけれども――を持たせるべきだと認識されていたのである」(3)。もう一つの理由は、制裁を自動的に発動する場合、そのことが自国の経済に甚大な悪影響を与えるだけではなく、制裁を受けた国からの報復攻撃の恐れのあることを、加盟諸国は敏感に察知したからでもある。

以上述べたことが、規約第十条のみならず第十六条が現実に適用された例証が一度もなかった理由であり、また、一九三五年の連盟総会で連盟史上唯一イタリアに対する十六条規定の適用が提議された際、加盟諸国が完全、即時かつ自動的な制裁を回避すべく既述の第二回総会決議を持ち出した理由である。さらに、加盟諸国が連盟への依存から通常の外交手法へと、連盟規約の基づく義務履行の忌避と同程度にすばやく乗り換えたのも、同じ理由からである。連盟の「公開された合意に基づく開かれた盟約」という信条は、規約第十八条の規定「聯盟国カ将来締結スヘキ一切ノ条約又ハ国際約定ハ、直ニ之ヲ聯盟事務局ニ登録シ、聯盟事務局ハ成ルヘク速ニ之ヲ公表スヘシ。右条約又ハ国際約定ハ、前記ノ登録ヲ了スル迄、其ノ拘束力ヲ生スルコトナカルヘシ」に具現化されている。一九二一年段階では早くも、各国間の諸条約が事務局に登録される事例がめっきり少なくなり、登録しなくても条約の有効性が減じないという合意が、ただし連盟の審議において、その条約に依拠することを禁ずる合意とともに、成立していた(4)。さらに、ロカルノ条約が締結された一九二五年になると、加盟諸国は自国の国益の追求のみならず、集団安全保障の確保を優先させる中で、連盟事務局への登録の当否はともかく、個別の条約や個別の同盟関係に依存する傾向を顕著にした。

連盟の実験の日々がこのような結果に終わったことは驚くに当たらない。整合性に頓着することなく連盟規約に盛られた抱負、つまり、設立時の最大多数の諸国の最も緊切した要求が平和の維持と継続だった時代であり、なおかつ、制裁行使義務と戦争行使義務が加盟諸国の積極的承認を得ていたのでもなく、またそれ自体が不安定な土台の上になり立っていた「現状」の維持と緊密に関連づけられた状態のもとにあっては、これ以外の結果は望むべくもなかった。しかし、連盟の実験はその時代背景に押し流され、この点で不運だったと認めることが、連盟挫折の原因を不運という一言に矮小化することであってはならない。実は、連盟挫折の原因は、たとえいかなる時代に適応させようとも、その構想の基本的枠組みには実現可能性が欠落していたという一段と深い所にある。ある国が戦争を仕かける場合、その行為に対してなんら懲罰を受けずに他国を攻撃することは許されないという教訓を目的として、戦争に訴え、戦うことは充分に可能である。他方、各国が戦争忌避のために妥協する意思を有する平和的な状況下では、連盟構想に描かれたような諸原則のもとで、世界を長期にわたって安定的に組織することは不可能なのであって、論理的な整合性にどれほど裏打ちされていようとも、また、どれほど人々に感銘を与えるものだろうとも、連盟構想が包摂する諸原則では平時における国家間関係の緊張状態に耐えきることはできないのである。最後に、この意味で連盟の紛争解決の努力が最大限報われたのが、規約十一条だったことは実に示唆的である。

第十一条は、戦争または戦争の脅威が存在する場合、「聯盟国ノ何レカニ直接ノ影響アルト、否トヲ問ハス、総テ聯盟全体ノ利害関係事項タルコトヲ茲ニ声明ス。仍《ヨッ》テ聯盟ハ、国際ノ平和ヲ擁護スル為適当且有効ト認ムル措置ヲ執ルヘキモノトス」と規定し、さらに続けて、「此ノ種ノ事変発生シタルトキハ、事務総長ハ、何レカノ聯盟国ノ請求ニ基キ直ニ聯盟理事会ノ会議ヲ招集」することを認めており、したがって、法学者たちの専門技術的な見解に与《くみ》したその他の義務条項とは異なり、この条文は「政治家の見識と裁量に幅を持たせる」効果を与えたのである。[5]この条文規定によって、加盟諸国相互間の政治行動を組織化しようとするときに必然的に随伴する各種の制約を免《まぬが》れなかった事実は否定できない。なぜならば、十一条による理事会の決定は紛争当事国を法的に拘束するものではなかったからである。一九三一年に日中二国間の紛争［いわゆる満州事変］が第十一条に基づき理事会の審議に付され、勧告が公表されたとき、大国である限り、その勧告に公然と反旗をひるがえすことができるという事実を日本の対応が示したことをその好例証として挙げることができる。そのことはともかくとしても、連盟規約のその他の条項がこの十一条と同程度の柔軟性を有していたならば、連盟は、たとえ華々しさの点で多少見劣りしようとも、実際以上に有効な国家間機構として機能していたに違いない。

注

（1） Quincy Wright, *A Study of War* (Chicago, 1942), II, 1060–64. また、1064–76, 1332–43 も参照。
（2） *Ibid.* 1431.
（3） J.L. Brierly, *The Law of Nations* (2nd edn., 1936), 243.
（4） Clive Parry, 'Legislation and Secrecy', *Harvard Law Review*, vol. 67 (1954), 739–40.
（5） Brierly, *op. cit.* 233

第15章　第二次世界大戦原因論

一九一八年以降の国際的な不安定状況が、連盟の瓦解に寄与した以上に、直接的には第二次大戦を引き起こす誘因となったのは間違いないのだが、しかしながら、この不安定な政治状況が第二次大戦の唯一の原因ではない。このことを認識している点で、A・J・P・テイラー氏の『第二次世界大戦起源論』(*The Origins of the Second World War*, London, 1961. 以下、『起源論』と略記)は重要な研究である。ただいかんせん、第二次大戦勃発の諸原因を誤った関係性の中で検討している点で、この研究書は不満足なものになっている。それにもかかわらず、もろもろの原因の相互関係をいかに研究すべきかという点に関しては、その他の研究よりも優れた枠組みを提供しているといえる。(1)

テイラー氏はつぎのように述べる。「戦争とはむしろ交通事故のようなものである。交通事故には一般的原因と特殊的原因とが共時的に存在する。あらゆる交通事故の原因は、究極的には内燃機関の発明と人間の移動したいという欲求にある。……しかし……警察や法廷は根本原因を考慮しない。それぞれの事故の特殊的原因――運転者側のミス、速度違反、飲酒運転、ブレーキのかけ損じ、悪い路面など――を捜し求めるのである。戦争でも同じである。国際的無秩序は戦争の勃発を可能にはするが、確実にするものではない。……いずれの研究もそれぞれの異なるレベルでは意味がある。相互に補完的であって、排除しあうものではない。第二次大戦にも根本原因はある。しかし、この大戦も特殊な諸事件から生じたのである。したがって、これら特定の諸事件を詳細にわたって検討する必要がある」(2)。

この言説は、議論の出発点として好材料を提供してくれる。ただし、この点に関しては、のちにいくつかの留保と改善すべき点を指摘することになろう。いうまでもなく、一般的に戦争の原因に関する混乱と意見の不一致は、主として戦争の勃発を可能にする客観的条件、さらにいうならば、戦争を起こしやすくする客観的条件と、戦争を直接的に引き起こす事件や政策決定とを峻別しなかったことにその原因がある。

ところで、テイラー氏がこの歴史上の真実を一九三九年の第二次大戦にどのように適用しているかを検討してみると、氏の手法がとりたてて優れているとはいえない。氏は第二次大戦のいわゆる「根本原因」を、もともと歴史に真摯に向き合う歴史家がまったく問題視しない要因として意識的に一蹴することに安住し、そこから、ついで、第二次大戦にはいっさい根本原因なるものはなかったのだという主張を展開する。そのうえ、第二次大戦の導因となった「特定の諸事件」に関する氏の解釈も、論理的に重大な過誤が散見され、その結果、かなり歪曲された形で提示されている。

先の引用が示唆するように、テイラー氏個人にとっては、第二次大戦の「根本原因」よりも第二次大戦の導因となった「特定の諸事件」の方が大きな関心事なのである。このことをもって、氏に異を唱えることはできない。なぜならば、「いずれの研究もそれぞれの異なるレベルでは意味がある」からである。誰にとっても、ましてや二つの異なるレベルの存在を認める人にとっては、根本原因に何らかの考慮を払わずに、第二次大戦の起源に関する研究書を著わすことはできないはずである。テイラー氏も、多分に気乗り薄ではあるが、たしかに根本原因には触れている。むしろ、氏が触れている根本原因は、その時代に人口に膾炙《かいしゃ》した「根本原因」だったという方が正鵠を射ている。ともかく、氏が根本原因を取り上げる目的は、検討に付した根本原因を、氏にとっては正当にも「戯言《ざれごと》」として退けるためなのである。

一九三〇年代には、連盟が崩壊し、ヨーロッパは再び「国際的無秩序」状況を迎えた。「歴史家の一部も含めて多くの人々は、これでもう第二次大戦を充分に説明できると考えている。ある意味ではその通りである。国家が主権に対する制限を認めない限り、国家間には戦争が起こるだろう……。だがこの説明の欠陥は、すべてを説明するがゆえに何も説明していないところにある。国際的無秩序が例外なく戦争を引き起こすのだとするならば、ヨーロッパ諸国は中世以降一貫して平和を知らずにきたことになる(3)」。「ファシズムは「不可避的に」戦争を招来させるともいわれてきた」。事実、ヒトラーとムッソリーニはともに、自己の目的達成のために戦争を賛美し、戦争を脅迫の手段として利用したが、これは何も目新しいことではない。歴史上の政治家連は絶えずそうしてきたのである。同時に、「しかし、彼ら政治家連の演説はきわめて激しいものだったにもかかわらず、長期にわたる平和の時代がそこには存在した」。いずれにしても、「ファシスト独裁者たちですら、勝利のチャンスがなければ戦争をはじめることはなかったに違いない。したがって、戦争の原因は、独裁者たちの邪悪な言動と同様に、その他の諸国の失策にもあったということになる(4)」。さらに、資本主義が不可避的に第二次大戦を引き起こしたという説明の仕方もある。しかし、「これはすべてを説明するがゆえに何も説明していない一般的説明のいま一つの例証である。……［英米の］資本主義大国は、戦争を回避しようと最も心を砕いた二カ国だったというだけではない。ドイツを含むあらゆる諸国において、資本家こそが戦争に最も強く反対した階級だった。実際、一九三九年段階の資本家連を告発する必要があるとしたならば、それは彼らの平和主義と臆病さに対する告発でなければならない……(5)」。ファシスト国家は没落過程をたどりつつある資本主義の最終段階の国家形態であり、ファシスト国家の経済力は戦争によってのみ維持されるという資本主義戦争必然論的解釈に関しては、ファシスト国家はその経済力を軍備に依拠していたのではなく、さらにいうならば、第二次大戦の勃発に際して独伊両国はともに軍事的に万全の準備を整えていたのではなかったというのがテイラー氏の主張である(6)。

これらのテイラー氏の主張には何ら、あるいは、ほとんど誤りはない（と同時に、何ら新たな主張もないというべきだろう。歴史家たちは氏が先に指摘した過ちを、世間一般とは異なりかなり以前にすでに退けてきた事実があるからであり、この点では、世間一般の側も現在では同じようなとらえ方へと転換していると思われる）。しかしながら、テイラー氏は、「無数の言葉の背後に潜むあるがままの真実」を求めて前進する際――あるがままの真実の探求こそが歴史家に課せられた任務だとしている点で氏の指摘は正しいのだが――いわゆる「根本原因」なるものは無意味な戯言《ざれごと》に過ぎないのだから、第二次大戦にはいっさい根本原因などはないと主張する。氏の『起源論』の残り三分の二は、一九三六年から三九年にかけて生起した国際的な危機状況の詳細な記述で占められており、第二次大戦の誘因となった特定の諸事件への言及のほかには一言隻句《いちごんせきく》もない。テイラー氏自身がこの著書の冒頭部分でその存在を認めているように、第二次大戦に根本原因があったとするならば、それが何だったのかを氏の著書から知ることはおよそ不可能である。

第二次大戦の根本原因という問題に関する限り、われわれが以前の研究からそれなりに適切・妥当なことを学んできたことは間違いない。また、われわれがその問題に精通しているならば、突発的事態に対してもその知識を適用することは可能なはずである。テイラー氏の著書の初めの部分には、この点についての賢明な言葉がいくつも散りばめられている。その代表例を取り上げてみよう。一九一八年の第一次大戦の休戦協定によって、ドイツは敗北を認め、「その代わり、連合国側は、ほとんど自覚なしに現ドイツ政府の存続を認めた」。同様に、ドイツにとってヴェルサイユ条約は「貴重な財産」となった。たしかに、この条約にはドイツの新たな侵略行為に対する安全保障規定が盛り込まれていたが、それはドイツ政府の協力を得てはじめてその効力が発揮されるものだったからである。つまり、「この条約の最も重要な点は、これが統一ドイツ国家との間で締結された」ことであり、しかも、「いとも無造作に」締結されたことにある[7]。ドイツは無傷のまま主権国家としての存在を許された結果、ヴェルサイユ条約に対してその設立当初から抵抗の姿勢をとることが運命づけられており、「第二次大戦では何はともあれ、第一次大戦の敗北にともなう汚名をそそぎ、その後の連合国側による終戦処理を覆すべく戦った」[8]。また、ドイツを無傷のまま存続させた結果、連合国側も必然的に「遅かれ早かれ、ドイツを国際社会の一員として復帰させる」政策を採用せざるをえなかった。換言するならば、「第一次大戦後の状況の推移の中に何らかの一貫したパターンをみつけ出そうとする限り、そこにあるのはドイツへの宥和の努力とその挫折の物語というパターンである」[9]。

テイラー氏はこの連合国側の努力が挫折した原因についても明らかにしている。ドイツは、単に無傷のままその存在を許されただけではなく、第一次大戦での敗北にもかかわらず、相対的には非常に強力な国家として存在し続けた。つまり、トルコ、オーストリア、ロシアなど第一次大戦以前のヨーロッパの帝国が次々と崩壊していく中で、一人ドイツだけは、英仏両国に伍して、ヨーロッパの列強国としての地位を維持したのである（この点では、氏がフランスの国力の顕著な弱体化という事実をつけ加えておくべきだったかもしれない）。したがって、ドイツが「一九一四年当時と同程度の、もしくはほぼ同程度の大国として」再出発するためには、ひたすらヴェルサイユ条約下で課せられた制限条項の履行に対して、煮えきらない態度をとり続けさえすればよかったのである（この点でも、後年になって氏自身が強調することになるのだが、ドイツは第一次大戦後には一九一四年当時と比べてはるかに強力な国家になったとしていた方がより真実に近い）。連合国側は自らが推し進めた政策によって、対等の主権国家としてドイツを扱う羽目になり、しかも、ドイツを対等な国家として扱う限り、ドイツがヨーロッパの最強国にならざるをえなかった。「ドイツ問題は、実は、ドイツの侵略主義とか軍国主義とか支配者の邪悪さという類《たぐ》いの問題ではなかった。これらの点は……ただその問題を深刻化させた要因に過ぎない。……問題の核心は政治的であって、道義的ではない。ドイツがどれほど民主的で平和的な国家になったとしても、依然としてヨーロッパ大陸の中での飛び抜けた最強国であり続けたことは疑いない。ヨーロッパの舞台からのロシアの退場によって、その様相はこれまで以上に強まった」。したがって、ヴェルサイユ条約の桎梏《しっこく》からのドイツの立ち直りは、「その速さといい、その力強さといい、史上例にみないものだった」。要するに、「一九一四年以前には、ある種の均衡状態が保たれていた」のに対して、「いまやヨーロッパの勢力配置図が根底から、しかもドイツにとって有利に変わったのである」。「かつてはドイツを抑制するために多少なりとも機能していた旧来の勢力均衡状態が崩壊した」。「仮にヨーロッパの政治状況が大戦前の「自由主義的」な方向に進んだとしても、ドイツにその意思があるかなしかとは関係なく、ヨーロッパに暗影を投じるドイツを思いとどまらせることは誰にもできなかったに違いない(10)」。

テイラー氏の以上の論点に関しても、とくに異論はない。ただし、停戦協定の締結やヴェルサイユ条約の締結に際して、連合国側が放心状態にあったとか思慮を欠いていたと強調することは人を惑わせる言辞である。なぜならば連合国側にとって、ドイツの占領と分割は不可能だったにもかかわらず、現実的には可能だとして、実際にドイツの占領と分割が行われていたとしたらヨーロッパに戦争は起こらなかったということを言外に意味しているからである。しかし、このことに関して、テイラー氏は同じ著書の前の部分で、ドイツ政府に停戦を認めた連合国側の決定が「崇高にして賢明な動機から」下された(11)と述べている通り、多少なりともその失言を認めている節がある。ヴェルサイユ条約がドイツの協力を前提としており、したがって、ドイツにとって「貴重な財産」だったという氏の主張にしても、すべての条約にはこの種の欠陥がつきものであることに思いを致すならば、それほど人に感銘を与えるような指摘ではない。それ以外の主張については、注目に値する一つの例外的事例を除き、第二次大戦の根本原因、すなわち、戦争を惹起する可能性の高い客観条件に関する歴史家の最大公約数的な見解をかなりの程度反映しているといえる。

大多数の歴史家が共有するこの見解は、主権国家が自立した存在である限り、国際的な無秩序状況が必然的に戦争を引き起こすのではないとする一方で、国際的な均衡状況が激しく掻き乱される条件下では、つねに戦争を招来させる可能性に直面することも認める。さらに、ファシズムや資本主義が必然的に戦争を引き起こすという見解にも与《くみ》しない。その理由は、均衡状況のもとでは、ファシスト国家も非ファシスト国家も、ともに政治的な自制心を発揮すること、反対に不均衡状況下では、民主的国家でも自制心が殺がれる恐れがあることを歴史家は学んできたからである。しかし一方では、連合国側が犯した過誤の原因が適応力の欠如と臆病さだけではなく、国際的な不均衡状況によって生み出された問題の大きさにもあったことを認めるのと同じように、戦間期における国際的な不均衡状況の激化によってファシズムそのものが極端化していったこと、さらにファシスト独裁者たちも、勝利のチャンスがないと判断する限り戦争行為には出ないとするならば、まさに彼らに勝利のチャンスを与えたのが、この国際的な不均衡状況だったことを認めるのである。たしかに、適応力の問題は避けて通れない。この点で、連合国側、さらにはアメリカとソ連がドイツに対する包囲政策の必要性に気づくのが遅すぎたというテイラー氏の指摘は正鵠を射ている。ただし、気づくのに時間がかかり過ぎたのは、ひとえにドイツのヨーロッパにおける優越的地位への復帰のスピードがあまりに速かったからである。

他方で、当時の政治情勢が極度の不均衡状態を呈していたというまさにその理由から、ドイツが第二次大戦を戦ったのは、「何はともあれ、第一次大戦の敗北にともなう汚名をそそぎ、その後の連合国側による終戦処理を覆す」ためだったというだけでは充分ではないことを、大多数の歴史家は認める――この点がテイラー氏の主張の正当性を揺るがす一つの例外的事例である。この不充分さを満足させるために、歴史家はテイラー氏のこの論点を打ち遣《や》って、ドイツは何かそれ以上のもののために戦ったという氏のほかの論点――すなわちヒトラーとムッソリーニの「成功欲」がケタ外れに大きかったという論点(12)、また、「ドイツにその意思があるかなしかとは関係なく、ヨーロッパに暗影を投じるドイツを思いとどまらせることは誰にもできなかった」という論点――を受け入れようとする。テイラー氏の交通事故と戦争のアナロジーに引き戻していうならば、このことはつぎのようになる。あらゆる交通事故は、内燃機関の発明と人間の移動したい欲求に原因があるというよりも、むしろ個別具体的には、慎重な運転に欠かせない自制心の欠如や道路の整備状況などの悪条件に原因がある。ゆえに、あらゆる戦争は、「国際的な無秩序」によって引き起こされるというよりも、むしろ個別具体的には、国際政治システム内における自制心の欠如や秩序維持の諸条件の欠落・欠陥によって引き起こされる。

こうしたテイラー氏の主張の大筋の流れに不同意を表明できないのならば、テイラー氏がこれらの主張と第二次大戦の根本原因とのかかわりについて触れていないことにも不満の声を上げることはできない。この点に関しても、氏の『起源論』の前半部分三分の一には優れた指摘がみられる。ドイツの第二次大戦における戦争目的がいかなるものであれ、「第一次大戦が第二次大戦を説明するとともに、実際、ある事件がほかの事件の原因になるという意味では、第一次大戦が第二次大戦を引き起こしたといえる」[13]。ドイツが統一を保ちえたこと、しかも列強国として保ちえたことに関しては、「第二次大戦は第一次大戦における連合国側の勝利から、また、この勝利の利用の仕方から生じた」のであり、ドイツに統一と力を保持させておくという連合国側の決定が「究極的には第二次大戦をもたらす」ことになった[14]。ところが、こうした当初の至当な指摘にもかかわらず、テイラー氏は一九三六年以降のことになると、第二次大戦の根本原因にはいっさい触れなくなる。その主たる理由は、氏が第一次大戦に起因する不均衡状況の激化に関する上述の論証をうっかり失念し、そのうえ、この不均衡状況と第二次大戦との有機的関連への関心をそっくり失くしてしまったからである。その結果、氏はオーストリアの瓦解を端緒とするヨーロッパの勢力関係の不均衡状況の公然化にともなって派生した「特定の諸事件」を、氏独特の一方風変わりな解釈を施して打ち出すことになるのである。

どうしてそうなのかを明らかにする前に、相互に密接に関連し、また「特定の諸事件」に対するテイラー氏の扱い方とも直接的に関係する論理上の二つの誤りを明らかにする必要がある。一九三六年以降の危機的状況に関する彼の解釈が、「第二次大戦はヒトラーの手で計画された」、つまり、「彼の意思のみが第二次大戦を引き起こした」[15]という一般に受け入れられている見解に対する『起源論』の冒頭で指摘される彼の疑問にとって中心をなすものであるのと軌を一にするように、ドイツの政策が決して一九三六年以降の危機的状況の原因ではなかったという彼の危機分析にとっても中心をなすものなのである。テイラー氏の論証が最終的に示しているのは、最大限寛大にみても、結局のところ、ドイツの意図的計画が危機的状況を引き起こしたのではないということである。テイラー氏は、政策一般と明確な計画との相違、あるいは原因と誘因との相違をいっさい考慮しない。警察であれ裁判所であれ、特定の事件・事故に限られるとはいえ、このような初歩的な過ちを避けようとするのはいうまでもなかろう。

テイラー氏はドイツには政策があったことを否定しない。ヒトラーが綿密な行動予定計画を持っていたか否かという点に関しては、ヒトラーは「世界の支配者となるべく……第一次大戦以降一貫して大戦争を計画的に準備していた」[(16)]という指摘は、テイラー氏が思い込んでいるのとは異なり、一般に受け入れられている見解ではない。この種の見解を抱懐している歴史家［たとえば、ヒュー・トレヴァー＝ローパー（Hugh Trevor-Roper, 1914–2003）、エリザベス・ウィスクマン（Elizabeth Wiskemann, 1899–1971）、アラン・ブロック（Alan Bullock, 1914–2004）］にしても、その根拠をヒトラーの次第に明確化する意図に求めているのであって、当初からヒトラーに明確な行動計画があったか否かという点に求めているのではないのである。それほどナイーヴでいられる歴史家は誰一人いないといわざるをえない。そのうえテイラー氏は、『起源論』で盛んに喧伝しているほどには、こうした歴史家と基本的な点で違っているわけではない。ところで、テイラー氏自身は、ヒトラーが何らかの意図を持っていたと考えているのだろうか。彼はつぎのように答える。『わが闘争』（*Mein Kampf*, 1925–26）やその後の事例でも明らかなように、ヒトラーは「取りとめのない空想」にふけってはいたが、このことが彼の政策に影響を与えることはなかった[(17)]。それでは、ヒトラーには何らかの政策があったことになるのだがという問いに対しては、「そう、それはその通り」と答える。そして間髪を置かず、つぎのように続ける。彼の政策には何らかの「目新しい」ところがあったわけではないが、ドイツをヴェルサイユ条約の桎梏から解き放ち、解体の憂き目に遭ったドイツ軍を一大軍事組織に再構築し、「本来あるべき力に即応させて」ドイツをヨーロッパにおける最強国に押し上げるのがヒトラーの目指す政策だった。

つまり、「彼は基本的にはドイツ国境の再画定のみに関心を抱いていたのではなく、ドイツのヨーロッパにおける支配的地位を欲していた……」というのである。ヒトラーは「東方を征服しつくす前に」、西ヨーロッパ諸国と戦わざるをえなかったのだとテイラー氏は考え、その限りにおいて、ヒトラーには東方征服の欲求があったと彼も認める。現時点では確かめようがないが、ここまでくれば、ヒトラーには西ヨーロッパの征服、さらには世界征服の欲求があった可能性もなきにしもあらずである。確かなことは、ヒトラーが東ヨーロッパの所有権の獲得、ひいては「東方の征服」を決断し、また、英仏両国に力ずくであるかどうかはともかく、それを認めさせる決断をしていたことである。ヒトラーが、少なくともこの時点までは、「武力の使用を意図していたか、あるいは、少なく見積もっても武力の使用をちらつかせていた」ことについては、テイラー氏も同意する。[18] さらに、「ヒトラーは少ない手持ち資金で賭場銭を荒稼ぎする賭博師である」といい添えているだけでなく、[19]『起源論』の終わりの方では、「ヒトラーは最初から首尾一貫して大戦争を計画していた可能性がある」ともいっているのである。[20]

こうした理にかなった議論の進め方にもかかわらず、テイラー氏は再度、一九三六年以降の危機的状況に関する議論においては、ヒトラーの意図なり、政策なり、「計画立案」なりに依拠するのではなく、ただひたすらヒトラーには厳密な意味での計画がなかったという点に論拠を置くのである。彼は以前にもビスマルクを論じた際、計画と政策を混同していた。ビスマルクに関しては、統一ドイツという目標達成の一部としてフランスとの対決を志向したのではないとテイラー氏は主張するのだが、その際、ビスマルクには一八七〇年の時点では何ら厳密な意味での計画らしきものはなかったことを論拠にした。つまり、テイラー氏によれば、ビスマルクは思いがけなくフランスとの戦争に入ったのであって、機を見るに敏な彼は、その戦争を最大限有効に利用したに過ぎないというのである。新たな歴史資料の出現によって、ビスマルクの政策や意図はいうに及ばず、彼の計画に関してもテイラー氏の過ちが明らかになったとき、新資料は現実には何ものも意味しないという趣旨のいわゆる「テイラー法」（Taylor's Law）なるものを新規につくりあげた。ヒトラーを論ずる際にも、彼はこれと寸分違わぬ手法で議論を展開するのである。

したがって、テイラー氏の議論には、資料的論証の誤った解釈とともに、一九三六年以降の危機的状況に関する誘因と原因の混同が自動的に持ち込まれることになる。ビスマルクがそうであったように、ヒトラーには厳密な意味での計画はなかったのだから――実際、政治家は例外なく「個別具体的な問題の対処に気をつかい過ぎるために、あらかじめ立案した計画を遂行する余裕がなくなる」[21]ことは否定できないのだが――一九三六年以降の危機的状況に関する限り、そのいずれについてもヒトラーが引き起こしたとはいえない。また、誰かが危機的状況を引き起こしたに違いないのだから――政治家とは否応なくつねに決断を迫られざるをえない存在だと考えるテイラー氏は、すべての具体的な問題は誰かの決断の結果であり、「誰かのイニシアティブの結果として生起したに違いない」[22]という固い信念の抱懐者である――「危機的状況を利用する機会をヒトラーに提供し、かくして戦争への最初の一押し、さらには、その後の二押し三押しを与えた人物を、われわれはどこかほかのところに捜し求めなければならない」というのである。[23]彼によれば、オーストリアの併合をめぐる危機的状況に際しては、危機醸成のイニシアティブをとった人物は二人いたことになる。一人はウィーン駐在ドイツ大使のフォン・パーペン（Franz Joseph von Papen, 1879–1969）で、彼がオーストリア首相シュシュニック（Kurt von Schuschnigg, 1897–1977）とヒトラーとの会談を斡旋したことによって、「ドイツのヨーロッパ支配の端緒にゴーサインを与える」結果をもたらした。もう一人がシュシュニックその人で、彼はヒトラーが強硬な措置を回避すべく腐心していたそのときに、ヒトラーによって課せられたドイツの衛星国としての地位に挑戦するかのように、オーストリアにおける国民投票の実施を公表し、そのことによって独墺合併（Anschluss）［一九三八年三月のナチスドイツによるオーストリア併合］への道を使嗾《しそう》する事態を招いたのである。独墺合併は「［ヒトラーに］最大の戦争犯罪人として烙印を押すことになる一連の政策の第一段階だったが、しかし、彼はこの段階へと意識的に踏み出したのではなかった」[24]。さらにテイラー氏は、一九三七年十一月のホスバッハ覚え書（Hossbach Memorandum）［陸・海・空軍の予算の割り当てを巡り、ヒトラーのほか外相と軍の首脳総勢六名が会談した際に、ヒトラーの侍従副官ホスバッハ大佐（Colonel Friedrich Hossbach, 1894–1980）が記録した備忘録。国家財政逼迫の打開策として、ヒトラー自らがヨーロッパへの拡大路線を明示したとされる」は具体性のある計画ではなく、チェコスロヴァキアとオーストリア両国を戦争という手段を用いずに奪取することだけが明らかにされており、しかも、その時期についても方法についても明らかではないことをもって、この覚え書をヒトラーの戦争責任とは無関係として一蹴する。

テイラー氏は、ホスバッハ覚え書を「内政上の一工作」だったとし、ヒトラーの目論みは保守的な軍首脳や外交官たちにドイツは自国の目的を戦争せずに達成するお墨つきを与えたうえで、彼らから軍備増強政策継続への同意を取りつけることだったとする。いずれにしても、テイラー氏にとっては、この覚え書そのものが「現実離れした空想」(25)に過ぎないのである。物事の本質は資料だけからでは決して明らかにならない。すべての資料は、その資料が語ることを意味する、あるいは資料が語っているとわれわれ読み手が思うことを意味するとは限らないと彼はいう。しかし、自己の論証手段の一つに対するテイラー氏のこのような得手勝手でぞんざいな態度に賛意を表わすことに、歴史家は例外なく躊躇せざるをえない。

独墺合併後の危機的状況についても、テイラー氏の態度は変わらない。いずれの場合においても、ヒトラー以外の誰か別の人物が危機的状況の引き金を引いたことになるのである。また、たとえばミュンヘン危機の場合には、その元凶はヒトラー以外の当事者全員なのだった。それはすなわち、ヒトラーがその組織化に関与していないドイツの民族主義的少数派であり、ヒトラーが自らの意思を具体化させるはるか以前から、その危険性に過敏に反応したイギリス政府であり、イギリス国内における宥和政策の不人気にそれなりの役割を果たし、その結果として、「世界大戦へとなだれ込む道に手を貸した」ウォルター・ランシマン（Walter Runciman, 1st Viscount Runciman of Doxford, 1870–1949）［イギリス自由党、のちに国民自由党の政治家。一九三八年八月、チェンバレン首相（Arthur Neville Chamberlain, 1869–1940）の私的な要請で、ズデーテン問題解決の仲介者としてチェコスロヴァキアに赴いたが、二週間の滞在中に何ら成果を挙げることなく帰国した」であり、ヒトラーがフランスの強さを過大視するのを許したフランスという国家であり、さらに、ヒトラーがイタリアの好戦性を過大視するのを許したイタリアという国家なのである。こうした仏伊両国に対する過大評価がなかったならば、ヒトラーは彼自身が望んでいた手法で、言い換えるならば、仏伊両国間の戦争という危険なコースをたどることなく、チェコスロヴァキアを掌中に収めることができたはずだと主張する。(26)テイラー氏によれば、ヒトラーが望んだことは、ひたすらチェコスロヴァキアとポーランドに居住するドイツ系住民の解放であり、この地域におけるドイツの覇権に対するこの両国が持ち出す障害の除去だった。彼はこの目的を正面攻撃とか全面戦争という強硬手段に出て達成しようとはせず、むしろ「謀略と暴力という手法を好んだ」こと、こうした手法を使用する機会を誰かほかの人物が与えてくれるのを辛抱強く待ったこと、とりわけ、事前の計画を持ち合わせず、「勝利者として登場する方法もわからずに」、その機会に恵まれるのをただひたすら待ち続けたこと、以上の理由によって、ヒトラーには危機的状況に対する責任はいっさいないとテイラー氏は結論づけるのである。(27)

ヒトラーには戦争の意思がなかっただけではなく、戦争の回避をこそ望んでいたというまさに同じ理由から、彼には第二次大戦という最終的危機に対する責任もないというのがテイラー氏の主張である。「ヒトラーにとって、東方地域を征服し尽くす前に西ヨーロッパ諸国との戦争状態にいたった」のは、「まったく想定外」であり、(28)ヒトラーが本来であれば八月二八日に敢行すべきだった外交攻勢を、実際には一日遅れの二九日に行ったことによって、彼は戦争へと巻き込まれていかざるをえなかった」とも述べる。(29)テイラー氏のアプローチ全体に通底する直解主義にしろ、文意倒置的解釈にしろ、その意味するものが深刻な影響を及ぼさなければ、笑い飛ばすこともできなくはない。

テイラー氏の解釈の内在的影響は、われわれの第二次大戦理解に大いにかかわることだけをもって深刻なのではない。そのことは、戦争一般の原因に関するわれわれの理解の可能性を狭める結果をも生じさせるのである。第二次大戦に先立つ危機的状況に関するテイラー氏の解釈は、氏が計画と政策、誘因と原因を混同していることもあって、ある特定の段階で危機的状況を生起させた張本人である人物の政策をいっさい考慮しない。彼の解釈にこの点に対する配慮が欠落しているのは、戦争の根本原因と戦争にいたるまでに起こった各種の事件を分別する際の対置法が的外れの誤った対置法だからでもある。戦争を誘発する客観的条件の中に根本原因が内在するのは当然だとしても、もう一方のレベルにおける戦争原因が単なる事件ではないということはどれほど強調してもし過ぎることはない。もう一方のレベルにおける戦争原因とは、人間が目前の事件を処理するその道筋、つまり客観的条件が当事者に提示する挑戦への対応の道筋である。再度、テイラー氏の交通事故のアナロジーを援用するならば、ある一つの交通事故の原因を究明するとき、われわれが注意を傾注すべきなのは、主として、自動車の機械的な欠陥ではなくて、ドライバーの行為に対してであり、仮に交通事故がドライバーの行為と無関係に起こるものならば、戦争は交通事故とは似て非なるものである。戦争とはつねに何らかの進むべき別の道に代わる一つの選択肢なのであり、また、つねにそのようなものとして理解されている。

したがって、客観的条件と政治家が推し進める政策との関係、つまり、戦争の根本原因と戦争へとつながる政治家の政策決定との関係は、交通事故のアナロジーが意味するほど恒常的かつ機械的な関係ではない。戦争といっても、なかには客観的条件によってほぼ全面的に引き起こされ、当事者たちの行為がおよそ関係のない戦争もあれば、当事者たちの行為に大部分原因があり、客観的条件がおよそ関係のない戦争もありうるのである。このレベルの異なる二種類の原因があらゆる戦争に程度の差こそあれ内在することは間違いないのだが、戦争の原因を分析する際に、二種類の原因の存在を指摘するだけでは充分ではない。すべての戦争原因研究において、二種類の原因の相対的比重の大きさを比較考量することが必要なのである。こうすることによってはじめて、行為というレベルに関する限り、戦争を引き起こした責任を政策を遂行した当事者全員に等しく分与できる場合もあり、またそうでない場合もあることが理解される。

第二次大戦前の危機的状況に関するテイラー氏の分析が、一方では、危機的状況に対して一義的に責任を有する人物の政策の是非を問うことをどこまでも回避し、他方では、先にも指摘したように、危機的状況の主因となった極端な国際的不均衡状態に対する厳密な検討をも研究対象から除外するという姿勢に終始していることを残念に思わざるをえないのは、以上のような理由からである。最終的に第二次大戦に帰結するもろもろの危機的状況をこうした本来あるべき文脈の中で詳細に分析する場合にのみ、第二次大戦の勃発に対するヒトラーの責任の重大さが、さらには、客観的条件という与件やヒトラーを除く当事者たちの責任の微小さが白日のもとに明かされるのである。

第二次大戦の原因には、客観的条件と政治家の政策という二つの要素がともに内在していた。ある意味では、客観的与件としての国際的不均衡状態が、ヒトラーが遂行した政策の原因である。つまり、仮にあの時期に国際的不均衡状態が現出していなかったならば、あるいは、ヒトラーが不均衡状態の存在を認識していなかったならば、おそらく彼があれほど執拗に「勝利のチャンス」を追い求めることはなかったに違いない。換言するならば、不均衡状態の存在をヒトラーが認識していたからこそ、一九三九年夏の段階までの彼は、戦争という手段に訴えることなく自己の目的を達成できると確信し続けたのであり、また、テイラー氏が幾度となく主張しているように、ヒトラーはおのおのの危機的状況への対応策として待ちの姿勢をとり続けることで満足したのである。この不均衡状態は、またある意味では、第二次大戦の原因でもある。ヒトラーは、自己の政策がラインラント（Rhineland）［ドイツ西部、ライン川沿岸一帯を指す地域名称。ヴェルサイユ条約のもとで、非武装化された］の再占有、独墺合併、ミュンヘン危機、プラハの占領［一九三九年三月、ドイツ軍がプラハに侵攻、一九四五年五月までおよそ六年間にわたって占領状態が継続した］など一連の危機的状況を成功裡に切り抜けた結果、自らの政策が今後も成功を収め続けるに違いないという感触を得ることができたのであり、当時の不均衡状態が危機的なほど深刻だったこともあって、こうした政策を継続した場合、今後の成功は覚束《おぼつか》ないとほかの諸国の指導者たちがヒトラーに警告を発するのが困難になったのである。さらに、不均衡状態がヒトラーの政策の大きな原因だったことから判断する限り、ヒトラー以外のいかなるドイツ人が政権の座にあろうとも、少なくともその目的においては、ヒトラーと同様の政策に打って出ただろうということもできよう。そのうえ、不均衡状態が第二次大戦の大きな原因だったことから、ほかのヨーロッパ諸国が、ミュンヘン危機の時点までは、ドイツの現状変革的姿勢と対抗するのを不可能にする状況が生じ、同様に、ドイツの現状変革的姿勢がミュンヘン危機以降も継続される場合には、ドイツと対立せざるをえない状況がもたらされるとともに、ドイツが現状変革的姿勢をさらなる執拗さをもって継続する危険な事態を招くことになったのである。しかしながら、ヒトラーと同じ立場にいた者であれば誰であれヒトラーと同じ道筋をたどった可能性があるという理由から、ヒトラーに責任はないと主張したり、あるいは、政治的状況の危険性が誰の目にも明らかになり大きくクローズアップされてくるミュンヘン危機以降には、とりわけ、誰であれヒトラーと変わらぬ政策を追い求めたに違いないという立場は、歴史的真実という大義を大きく前進させることにはつながらない。現時点でわれわれが知りうることは、ヒトラーが間違いなく限界を超えて現状変革的政策を追い求めた事実であり、ついで、われわれが第二次大戦以前の危機的状況に関する客観的な分析を通じて結論づけられることは、第二次大戦の原因がこの事実にこそあるのであって、不均衡状態そのものにあるのではないということなのである。

独墺合併にしても、ミュンヘン協定にしても、あるいはプラハの占領にしても、これらの状況改変の動きが個別的に第二次大戦を不可避にしたのではなく、このことはドイツによるラインラントの再占有が大戦の勃発を不可避にしたのではないのと同じである。確かなことは、危機的状況が次々と生起し、そのたびにドイツが既成事実を積みあげるにつれて、国家間の政治的システムのきしみが漸次増幅していったことである。国家間の政治的システムは、いうまでもなく一つのシステムであり、それがいかに不均衡なものであれ、忍耐の限度を超える圧力に対しては最終的に何らかの反応を顕《あら》わにせざるをえない。ポーランドへの参戦保証というイギリス政府の決定がこの事実を反映している。テイラー氏も、一九三九年夏のポーランドの危機的状況がそれ以前の危機的状況とは異なるものだったと認識しており、この点では部分的にしろ、この事実を認めている。しかしながら、ポーランドの危機的状況に関して、「これまでの危機的状況と比較すると、奇妙なことにダンツィヒ（Danzig）［ポーランド名グダニスク（Gdansk）。一九二〇年以降、ヴェルサイユ講和条約によってドイツから切り離され、連盟の保護下に「ダンツィヒ自由都市」（Free City of Danzig）として実質的にポーランドの支配下に入るが、この措置は大多数を占めるドイツ系住民の反発を招いた］に関する独波両当事国間の交渉はなく、解決を見出す試みもみられず、また緊張を激化させようとする試みすらみられなかった」といいつつも、さらに続けて、「ダンツィヒに対するドイツの中途半端な援助は問題外であり、考えられるとするならば、ただ全面的な戦争だけだった。ヒトラーは軍備を八月末に完了してはじめて、全面的な戦争への用意を整えたことになると判断していたのである」[30]。ところで、ヒトラーが国家間の不均衡状態を最大限利用したこと自体に間違いはないのだが、テイラー氏が見過ごしているのは、イギリスのポーランドに対する参戦保証公表後になると、ヒトラーの不均衡状態利用の確信がにわかに揺らぎはじめ、必要ならば戦争に訴えてでも決着をつけようとする気持ちが次第に高まった点である。第二次大戦直前のポーランドの危機的状況全体を通じて、全面戦争回避に対するヒトラーの気持ちは以前と比べて低下し、反対に、全面戦争への決意が以前にも増して強くなる。ソ連との中立条約を締結したヒトラーの行動を、土壇場で戦争の回避を願った行動ととらえる向きもあるが、しかし、これは東西両戦線での同時進行的な戦争を回避するための行動だった。中立条約の締結というソ連への譲歩をヒトラーがなしえたのは、その譲歩を武力によって遠からず回収する計画を事前に立てていたからにほかならず、また、ほかの列強諸国がソ連に対してドイツと同様の譲歩を行えなかったのは、ソ連の要求する譲歩を一時的な譲歩に過ぎないととらえることのできる国家だけが、ソ連への譲歩を厭《いと》わない状況にあったからである。

第一次大戦直前の危機的状況とは大きく異なる第二次大戦の危機的状況の結果として、「戦争状態にいたったことはまったくヒトラーの期待に反することだった」とテイラー氏が結論づけられたのは、上述の事実やその他の歴史的事実を無視してはじめて可能なのである。われわれが歴史的事実に則して最大限許される発言は、ヒトラーが、彼の期待がいかなるものだったかにかかわらず、自らとヨーロッパを戦争へと引きずり込んだことであり、国家間の不均衡状態を侵略目的のために利用する政策からの転換を彼自身が拒絶したことに原因があるということである。

注

（1）A. J. P. Taylor, *The Origins of the Second World War* (London, 1961)［邦訳には『第二次世界大戦の起源』吉田輝夫訳（中央公論社、一九七七年）がある。本文中の邦訳部分は加筆・修正の上引用した］. 本章は上梓以前、*The Historical Journal*, Vol. 4, No. 2, 1961 に書評論文として掲載されたものを、加筆・修正のうえ書き直したものである。

（2）Taylor, *op. cit.* 102–03.

（3）*Ibid.* 102.

（4）*Ibid.* 103.

（5）*Ibid.* 104.

（6）*Ibid.* 104–05.

（7）*Ibid.* 23–24.

（8）*Ibid.* 18.

（9）*Ibid.* 34.

（10）*Ibid.* 20–24

（11）*Ibid.* 21.

（12）*Ibid.* 106.

（13）*Ibid.* 19.

（14）*Ibid.* 20–21.

（15）*Ibid.* 11.

（16）*Ibid.* 68–69.

（17）*Ibid.* 69.

（18）*Ibid.* 68–71, 80.

(19) *Ibid*. 75.
(20) *Ibid*. 279.
(21) *Ibid*. 69.
(22) *Ibid*. 138.
(23) *Ibid*. 134
(24) *Ibid*. 142, 150
(25) *Ibid*. 132-35.
(26) *Ibid*. 151, 155, 170.
(27) *Ibid*. 71, 151-53, 170-71.
(28) *Ibid*. 70.
(29) *Ibid*. 278.
(30) *Ibid*. 248.

第16章　国際連合の本質と展開

国際連合（以下、国連と略記）設立後まもない一九四六年、ある著名な国際法学者がつぎのように語って論述の結語とした。「われわれは機能するかしないかやってみなければわからなかったシステム〔国際連盟〕に代わって、どうあがいても機能する可能性のないシステム〔国連〕に換《か》えることに意を尽くしてきた、また、国家主権の制限を志向する代わりに、われわれは以前と変わらず、現代世界においても圧倒的な現実として立ち現れている限られた大国諸国の主権を拡大させる道をたどってきたことを認識すべきである」(1)。国際法の視点からはともかく、国際関係史の視点から判断するならば、連盟に関する限り、この主張は妥当性を欠いている。なぜならば、連盟がその機能を発揮する可能性は限りなく少なかったからである。それでは、この主張は、同じように国際関係史的視点に立つとき、第一次大戦後に誕生した連盟に比して、第二次大戦後に誕生した国家間機構である国連には正しく当てはまるだろうか。

この法学者の主張は、国連憲章と連盟規約の相違点の分析に基づいての言い分であるが、最も明らかな相違点をみただけでも、この言い分が裏づけを欠いているのは一目瞭然である。国連の機構は連盟機構とは異なり、機構が有する各部局の統合体以上のもの、つまり固有の諸機関を持ち、各加盟国の存在論的実体とは別の実体を持ち、さらに各加盟国が有する機能とは別の機能を有する機構として設立された。他方、連盟はどこまでも国家間の連盟体であり、そのことは連盟規約が機構の構成概念よりも、むしろ連盟国、すなわち連盟を構成する諸国家に言及していることからもうかがえる。これに対して、国連憲章は「機構及びその加盟国」への言及が少なくない。以下、いくつか例示しよう。「この機構」は、国連に未加盟の諸国が、国際の平和と安全の維持に必要な限り、これらの原則に従って行動することを確保しなければならないと規定し（第二条第六項）、さらに、すべての加盟国は「この機構」との協力を誓約すると規定している（第五六条）。また、憲章には、「この機構」の「判断」、「勧告」、「事業」など自立性への言及が散見されるにとどまらず（第四条、五八条、五九条、九八条）、「この機構は、その目的の達成に必要な特権及び免除を各加盟国の領域において享有する」との条文規定もある（第一〇五条第一項）。事務総長に関しては、連盟の場合と異なり、「国際の平和及び安全の維持を脅威すると認める事項について、安全保障理事会の注意を促す」権能を有すると明記している（第九九条）。

しかしながら、国連が連盟からの前進であり、あるいは連盟の発展形態だという政治的重要性を買いかぶるべきではない。国連には固有の自立した機構が備わっているとはいっても、それは依然として個々の独立した国家群で構成されているのであって、憲章第二条第一項には、国連は「すべての加盟国の主権平等の原則」に基礎を置くと明記されており、国連の存在意義はその原則の保全にあるとしている。さらに、第二条第七項は、国連が「本質上いずれかの国の国内管轄権内にある事項に干渉する」ことを明確に禁じている。国連という新たな機構は、加盟国間の紛争解決という点では連盟が持っていた以上の力を与えられていないのであって、仮に国連が紛争に介入するとしても、それはその紛争が国際平和にとって脅威となる恐れがある限りにおいての介入、つまり紛争の解決を目的とする介入ではなく、あくまでも国際平和の保持を目的とする介入なのである。さらに、国連は加盟国の自立的な行動を排除するどころか、加盟国間が同盟形成という手段を用いたり、あるいは、たとえば英連邦（British

Commonwealth）［大英帝国がその前身となって発足し、イギリスとかつてその植民地だった主権国家からなる緩やかな連合体］やアラブ連盟（League of Arab States）［一九四五年三月、英ソ両国の中東地域における覇権争いの中で、エジプトを中心とするアラブ諸国六カ国で発足］などのような国家複合的組織体を通じた「個別的または集団的自衛の固有の権利」を認めている（第五一条）。国連として設立された機構は、検討に付されるべき数多くの留保を必要とする事項はさておき、世界政府という組織体からは程遠いものであるだけではなく、いずれ世界政府へと発展的に解消すべきだと期待されているのでもない。国連が機構内の独立した諸機関をより重視するのは、政治的志向の変化を映し出しているというよりも、むしろ国際的な行政制度の発展と国際法の発展の反映である。この点では、すでに連盟規約に「連盟本部所在地ハ「ジュネーヴ」トス」と規定されており（第七条第一項）、規約第六条と第二四条以外では言及されていないが、一九一八年当時には考えも及ばないほどの権能を有する常設の事務局を連盟は創出していた。第一次大戦終結以降二十年ほどの間に、国際的な行政制度が漸次複雑化の道をたどり、その結果、第二次大戦が終結した一九四五年当時には、いままでのものとは明確に異なる国際的な機構を志向することが時代の趨勢だった。この趨勢はとくに、国際的な行政を扱う組織体の数が増大し、それを調整するために多岐にわたる組織体をまったく新たな単一の国際的な機構に集約させようとする傾向が顕在化したときに否定しがたいものになった。

上述のことはさておき、国連にとって政治的にはるかに重要なことは、連盟の挫折に関して巷間に流布した意見を映し出すかのように、連盟からの離脱志向がそこにまぎれもなくみられることである。一九四〇年代においては、主権国家としての連盟加盟諸国の行動の自由をどこまでも保証したことが、連盟挫折の主な原因だとする意見が一般的だった。たしかに、この意見にはそれなりの根拠があると補足しておきたい。国連憲章が連盟規約以上に加盟国の自主性を制限し、自由裁量権に制約を課したのは、以上の意見を付度《そんたく》したからである。連盟は紛争の平和的な解決を求めるために、既存の考え方や手続き方法を踏襲した。連盟規約第十六条には、たしかに、規約が定める保証事項に背違《はいい》する行動をとる国家に対しては、いかなる場合であれ、自動的に制裁が加えられるとする一見すると具体的かつ明示的ではあるが、実態的には形式的な規定が存在し、さらに、連盟理事会の意見具申に基づいて、当該違反国家に対しては軍事的行動に出る可能性を排除しないと規定するなど、連盟機構に権威を与える飾りつけがなされていた。しかしながら他方では、規約に対する違反行為の有無の判断が連盟国個々の裁量に任されており、また連盟主導の軍事的行動に関しては、連盟理事会の全会一致の決定が必要とされ、そのうえ仮に理事会で全会一致が得られた場合でも、その勧告は拘束力を持たないとされるなど、二重三重に加盟国個々の自由裁量権に安全弁が施されていた。連盟規約第十条の規定に基づく集団的保証への違反行為の場合には、連盟理事会の勧告は全連盟国を拘束すると考えられていたのだが、しかし、この場合にも、理事会の決定は全会一致でなければならず、しかも、連盟国が勧告を受諾した段階でいかなる行動をとるかについては、各連盟国の判断に委ねられると理解されていた。ひるがえって、国連憲章の場合はどうだろうか。憲章の場合も、たしかに紛争の平和的な解決のために連盟規約と同一の制度を導入し、侵略行為に対しては規約とまったく同じ保証とはいえないまでも、似通った保証を加盟諸国に与えている。ところが、憲章は既述の自由裁量権にかかわる安全弁を加盟諸国から奪っているのである。

国連憲章は、「平和に対する脅威、平和の破壊又は侵略行為」の存在を決定する権能を国連安全保障理事会（以後、安保理と略記）に与え（第三九条）、なおかつ、その場合、いかなる行動を採用するかの決定権を安保理に付与している（第四十～四九条）。以下、安保理の権能の強化を憲章規程にみてみよう。安保理の決定と勧告は、「この憲章に従って受諾し且つ履行すること」に同意した加盟諸国に対して拘束力を有する（第二五条）。この点をさらに明確にするかのように、憲章第二条第七項には、国連は加盟各国の国内管轄権にかかわる事項には介入できないが、「但し、この原則は、……強制措置の適用を妨げるものではない」と明記されている。さらに、「国際連合の迅速且つ有効な行動を確保するために」、加盟各国は「国際の平和及び安全の維持に関する主要な責任を安全保障理事会に負わせる」とし、「安全保障理事会がこの責任に基く義務を果すに当って加盟国に代って行動すること」に同意すると規定されている（第二四条第一項）。これと同じ理由を背景として、国連は全会一致の原則を放擲《ほうてき》し、安保理の意思決定は、安保理を構成する十一カ国のうち七カ国の賛成投票によってなされることになった（第二七条第三項）［一九七一年十二月の総会決議により、安保理は常任・非常任理事国合わせて十五カ国で構成されることになり、安保理の意思決定は九ヵ国以上の賛成票によるものと改正された］。

以上の憲章規程上の措置は、国連が主導する国際的な行動をいままで以上に迅速かつ有効にするためにとられた措置なのだが、果たして、いかなる目的を含意した有効な国際的行動なのだろうか。国連憲章が安保理の行動認可の目的に関して規定する条項の中に、連盟を基礎づけた思考からのもう一つの離脱の証しを見出すことができる。国連盟の場合は、非合法の戦争、すなわち、国際法に違反し、規約を侵犯する戦争を防止しようとしたが、国連憲章はあらゆる戦争行為の防止を企図したのである。連盟においては、加盟各国は、紛争の合法的で公正な解決を忌避する国家に対して、多少の時間的余裕を与えた後に、個別に戦争に訴えることが許されていた。また、連盟は、紛争の合法的で公正な解決手続きを無視し、あるいは、規約に違反して侵略行為に及ぶ国家に対して、集団的に制裁措置を講じ、集団的に戦争に訴えることを認めていた。連盟にとっては、つねに正義を掲げ、可能な限り平和を唱道する行動が重要なのである。しかも、その行動は、一見したところ直截的ではあるが、事実上、形式的かつ解決不能な問題、すなわち、規約違反の有無とか侵略行為の可否という問題により多く関心が向けられていた。国連憲章の場合は、紛争の合法的で公正な解決には、連盟規約ほど関心を寄せていない。換言するならば、戦争自体が大いなる脅威であり、したがって、どれほど不充分な解決策であれ、戦争よりはましという発想なのである。あらゆる手段を講じて紛争の平和的な解決策を追い求めるべきことが加盟諸国に要請されている（第三三条第一項）。安保理が目的とするところは、ひとえに「国際の平和及び安全を維持し又は回復する」ことである（第三九条）。つまり安保理は、紛争に対処する際、平和の維持をその目的とするのであって、解決策の策定を目的とするのではないのである。

このことはつぎのようにいい換えるべきかもしれない。安保理が行動を起こすのは、国際の平和と安全という観点から判断して、行動を起こす必要性を認識したときに限られると。加盟国の行動を忌避する自由を蚕食《さんしょく》することによって、さらには、国際的な活動を是認する状況に対する考え方が形式主義に流れ、いきおい複雑化の道をたどる要素を減じることによって、効果的な国際行動を実施する上で、国連は連盟と比べて、より大きな自由度を享受し、それに適合させる形で、国連の行動がその執行機関としての安保理の裁量権のもとに入ることになった。これにとどまらず、国連が形式主義的な考え方を捨て去るのと同時並行的に、安保理の裁量権が政治的意味合いを増すことになった。こうした変化は、一方では加盟各国の自由のさらなる制限、とりわけ加盟国の行動の自由の制限を意味した。連盟規約第十一条第一項は、平和に対する脅威の存否を討議するために、「何レカノ連盟国ノ請求ニ基キ……連盟理事会ノ会議ヲ召集スヘシ」と規定し、加盟国に理事会招集権を与えていた。さらに、第十五条の規定に基づき、規約に違反して戦争行為に出たのか否かについては、個々の加盟国が判断する自由が担保されていた。ひるがえって国連憲章のもとでは、加盟国は安保理の行動要請への不服従権の喪失だけではなく、安保理召集権も戦争行為判断権も喪失することになった。他方では――実際的には、このことの方がはるかに重要なのだが――上述の変化によって、安保理の権能と政治的裁量の余地が飛躍的に増大することになったのである。

安保理の権能は、平和への脅威が存在するかしないか、あるいは平和に対する侵犯行為があったかなかったかに関する決定権を占有し、武力をともなう暴力行為の存在あるいはその恐れを認めたときの介入権の占有で終わらない。また、こうした事態に対応する安保理の勧告が、加盟諸国に対して拘束力を有することでも終わらない。さらに、安保理の下部組織として軍事参謀委員会（Military Staff Committee）が設置され、この委員会が「国際の平和及び安全の維持のための……軍事的要求、……自由に任された兵力の使用及び指揮、軍備規制並びに可能な軍備縮小に関するすべての問題について……助言及び援助を与え……」、「自由に任された兵力の戦略的指導について責任を負う」（第四七条第一項および第三項）ことでも終わらない。平和と安全に対する脅威が不在だと安保理が判断した場合、国連として、いっさい行動を控えるべきとする決定権を占有するのが、やはり安保理なのである。国連憲章の役割と機能を規定した諸条項に否定しがたく通底するのであるが、安保理の権能は非の打ちどころのない完璧さととめどない広がりを兼ね備えているのである。

かくして、加盟国が当事者間での紛争の解決にいたらない場合には、その紛争案件は安保理に付託され、安保理が平和に対する脅威と認定すると、紛争解決の手段や条件について勧告することになる（第三三条第一項および第二項、第三七条第一項および第二項）。ところで、この際、憲章第一条第一項に規定される「正義及び国際法の原則に従って」、紛争を調整し解決する国連の全般的な目的はさておき、安保理が当該の紛争の重要性を認めない決定を下すのを阻むものは何もないのに対して、連盟理事会にはこうした決定を下す自由はなかった。さらに、国際法上から判断して、安保理は不当な解決案を勧告する可能性を妨げるものでもないし――この点でも連盟理事会にはその自由はなかった――政治的に賢明といえない解決案を勧告する可能性を妨げるものでもないのである。連盟で謳われた侵略行為に対する集団的保証という考え方が、国連憲章制定過程において再度検討に付されたのだが、その力点の置き方の変化がそこにはまぎれもなくみてとれる。連盟規約には、各連盟国の領土保全と政治的独立の尊重と保護を目的として、連盟国による集団的行動の必要性が高唱されていた。国連憲章の第二条第四項は、たしかに、連盟規約と同様、「武力による威嚇又は武力の行使を、いかなる国の領土保全又は政治的独立に対するものも、……慎まなければならない」と規定しているが、同時に、つねに「現状」維持の腐心につながる懸念から加盟諸国に領土の保全と政治的独立の保護保証を与えているわけではない。かくして、国連加盟国は、この点でも、さらにもう一つ安全弁を失うことになった。他方、平和が脅威にさらされているか、あるいは武力が行使されているかの決定権を唯一握る安保理は、さらにもう一つ裁量権を占有することになった。換言するならば、連盟国全体の庇護のもとでの連盟国個々に対する絶対的保証体制が、いまや安保理の庇護のもとでの加盟国全体に対する条件的保証体制にとって代わられたのである。

こうしたプロセスを経ることによって、また、こうしたプロセスそのものの中に、諸国家の世界的共同体という発想が、いまや権力優位の考え方、さらには選ばれた少数の国家で構成される国連内委員会の政治的裁量という考え方に置き換えられ、それに支配されることになった。この内部委員会の中枢は、いうまでもなく世界の大国諸国が占めることになる。この諸国には安保理での恒久的な理事国の地位が与えられる。連盟参加国個々の政治的独立に対する保護保証を忌避する連盟規約の姿勢とは対照的に、国連憲章は、理事国としての恒久的地位を与えた諸国を第二三条第一項で指名している、すなわち、アメリカ、ソ連、イギリス、フランス、中国［中華民国］の五カ国である。この米露英仏中五カ国の政治的重要性の承認は、常任理事国の地位を付与したことにとどまらない。連盟においても、連盟総会に多少の発言権があったとはいえ、事実上、連盟理事会内の恒久的理事の席が主要な連盟参加国に与えられていたが、国連憲章では、そのうえに、安保理の常任理事国五カ国は、自国の利害と立場を防御する一般法上および組織上の武器として、拒否権の行使を認められているのである。かくして、国連は総体としての安保理の裁量に左右されるだけではなく、常任理事国個々の裁量にも左右されることになった。

こうした特権的立場を要求したのは、どこかの常任理事国一カ国に限られていたのではなく、五カ国がそろって強く主張した結果であり、拒否権の供与は、五カ国が同時に国連に加盟する前提として支払わなければならなかった代償だった。当初、常任理事国が自国の利害を優先させて確保する目的で拒否権を行使することなど話題にも上らなかった。イギリス政府の公式記録は、この点に関連して、つぎのように指摘している。「大規模な戦争を起こさずに、いずれかの大国に対して武力行使をともなう行動に出ることなど考えられない。仮にこうした事態が生じた場合、国連の目的を根底から否定することに通じ、その結果、すべての加盟国には、状況に翻弄されながら、自国にとって最善だと思われる行動に出る以外の選択肢が残されていない状況に遭遇するだろう」。

拒否権が意味するのは、巨大で複雑な機構である国連が本来対処すべき不測の事態に効果的に対処できるようにすることであり、換言するならば、いずれの大国も関知しない紛争、すなわち中小国家相互間の紛争における武力の行使を回避することや、武力がすでに行使されていた場合には武力行使の停止を可能にすることだった。これとても、常任理事国五カ国の全会一致がなければ機能不全に陥るのだが。また拒否権は、第一に、「この憲章に従って負っている義務を誠実に履行」するために、第二に、「国際紛争を平和的手段によって国際の平和及び安全並びに正義を危うくしないように解決」するために、第三に、「いかなる国の領土保全又は政治的独立に対するものも、……武力による威嚇又は武力の行使を慎む」ために（憲章第二条第二項、第三項および第四項）、常任理事国五カ国が国連加盟国の責務としてのみ、つまり、上述の目的を自らに課す限りにおいてのみ、武力行使を自粛することを意味していた。しかし、国連憲章は大国の主権に関しては、公式に受け入れられていた範囲を大きく超える主権を大国に与えたわけではない。連盟の時代には、列強諸国には行動の自由が保証されていたために、全会一致の原則が効果的な共同行動を採択する際の阻害要因になっていた。そのうえ、全会一致の原則があろうがなかろうが、連盟という装置が列強諸国に限らず、中小の連盟国に対しても然るべき役割を果たせる条件はただ一つ、連盟に加盟した列強諸国が共同歩調に同意する場合に限られていたのだが、それは望むべくもなかった。このこと以上に重要な点は、連盟の場合も避けられなかった事態なのだが、国連にとって憲章の規定上、大国間の合意形成の余地が現実的にはほとんど存在しないことである。効率的な運営を目指して安保理という中枢機関に実効的な権能を集中させる手立てを講じながら、その中枢機関を間違いなく支配することになる世界の主要な大国群が相互に協力しあう意欲を共有しない限り、安保理は機能不全に陥らざるをえないと認識していた点で、国連の設立に中心的な役割を担った当事者たちは物事の現実を正しく理解していたといえよう。

ひるがえって、国連の加盟諸国は国連の設立後、ほぼ間を置かずに現れた事態、すなわち、常任理事国五カ国の意見が対立し、合意形成が困難な膠着状態に陥る様相を示しはじめると、必ずしも設立者たちと同じ現実的な対応でこの隘路《あいろ》を切り抜けようとはしなかった。

国連内部における大国間の膠着状態がみられるようになると、今後の方向性としては二つの道が表舞台に登場することになった。一つの方向は、大国が共同歩調をとるようになるまでは、あるいは、共同歩調をとるようにならない限り、連盟がかつてたどった道、すなわち紛争の平和的解決を旧来からの国家間の外交に委ね、連盟はその中で単なるボランタリーな付属物に過ぎなくなる道、さらに、その結果、国連が平和に対する脅威や平和に対する攻撃に対処する行動機関としての役割を事実上果たせなくなる道に回帰する方向である。もう一つの方向は、多くの国連関係者が設立当初から考えていたことなのだが、これよりは多少なりともましと思える国連のあり方を志向する方向である。こうした中から、きわめて重要な方向性が登場してきた。大国の中には、自国の行動を正当化する格好のイデオロギー上の傘として国連を利用したいという欲求を押さえられない列強がいないわけではなかった。こうした漠然とした期待や国連を利用したいという欲求が、とりあえず、勝利を制するのはおそらく避けえなかったに違いない。

こうした方向への最初の対応が、安保理の権能を国連総会に超法規的に委譲する、いわば、国連憲章に定められた安保理と総会の本来の機能分担を迂回させ、巧妙にすり抜けようとする試みだった。憲章は、安保理に国際の平和と安全に対する第一義的な責任を負わせる一方で、総会に対しても、「国際の平和及び安全の維持についての協力に関する一般原則を、軍備縮小及び軍備規制を律する原則も含めて、審議し、……加盟国もしくは安全保障理事会又はこの両者に対して勧告をすることができる」と規定している（第十一条）。しかしながら同時に、総会には安保理が「与えられた任務を……遂行している間は、……いかなる勧告もしてはならない」という制約が課されていた（第十二条第一項）。これに対して、連盟規約のもとでは、理事会と総会はともに連盟の守備範囲にある問題に関する限り、ときと場所を問わず審議の対象とすることが可能だった。総会の機能をめぐる大国諸国と中小国家群との間の主導権争い——憲章の起草中に相互に激しくぶつかり合った主導権争い——の結果、中小国家群への譲歩がなされたが、しかし、その譲歩はほぼ社会、経済、信託統治の分野に限られた。国連のこうした分野の機能は、総会の政治的権能が制限される一方で、連盟に比べてはるかに拡大され、関連する業務の遂行は総会に委譲されたのだが、その主たる理由は、大国諸国がこれらの分野を二次的なものとみなしたからである。安保理と総会との間のこうした機能分担が、朝鮮戦争の最中の一九五〇年十一月に、アメリカ政府の主導のもとでの総会の「平和のための結集」決議（国連総会決議第三七七号）の採択によって、変容をきたすことになった。総会によるこの決議採択は憲章規程に対する違反行為であり、少なく見積もっても「国連憲章の実質的な改変」[2]にほかならない。

この総会決議にさかのぼる一九五〇年六月時点で、安保理は北朝鮮による韓国への軍事行動を平和に対する侵略行為と認定するいわゆる「北朝鮮非難決議」（安保理決議第八二号［賛成九、反対〇、棄権一（ユーゴスラヴィア）、欠席一（ソ連）］および第八三号［賛成七、反対一（ユーゴスラヴィア）、欠席三（ソ連、エジプト、インド）］）を採択し、国連加盟国に韓国に対する軍事支援をはじめとする支援を勧告した。この種の勧告が可能だったのは、拒否権を有する常任理事国のソ連が中国共産党政府の国連加盟認定問題の扱いに抗議して、同年一月以降の安保理を欠席していたからである。総会の「平和のための結集」決議は、ソ連が自国の過ちに気づき、あるいは、アメリカが朝鮮半島において中国軍との戦争に突入することによって、その目的を果たし、そのうえで安保理の場に復帰した後になって採択された。この総会決議に基づいて、特別緊急総会が二四時間以内に召集されることになり、「国際の平和及び安全の維持のために、安保理が第一義的な責任を果たす」ことができない場合には――朝鮮戦争に関する限り、これは充分に予測可能な事態だったが――加盟国の自発的な行動を呼びかける勧告を出す権限を総会に与えることになった。こうした方策に基づく総会への権限委譲は、憲章規程上、総会の議決には、通常の議案の場合には出席し投票する加盟国の過半数の賛成票、重要度の高い議案の場合には出席し投票する加盟国の三分の二以上の賛成票が求められるのだが（第十八条第二項および第三項）、安保理での拒否権の行使作戦を免《まぬが》れる迂回的措置だとみなされた。

一九五〇年十一月の国連決議の結果、総会は憲章に謳われた平和と安全にかかわる領域への発言権を得ることになり、その発言権を総会は現在にいたるまで手放していない。しかしながら、総会の発言権の拡大は、安保理の権能の一部であれ、総会への移譲をともなうものではなかった。つまり総会は、連盟の時代と同じように加盟国にとるべき行動に関する勧告ができるとされていたに過ぎなかった。この点を明らかにする事例を二、三挙げてみよう。スエズ運河国有化問題［一九五六年七月、エジプトのナセル大統領がスエズ運河の国有化を宣言、それに反発した英仏両国とシナイ半島への進出を目論むイスラエルがエジプト領内に軍事侵攻した］の際、英仏両国［および、イスラエル］の軍事行動の拡大を未然に防ぐ上で効果を発揮したのは、総会の非難決議（総会決議第九九七〜一〇〇三号）そのものではなく、その決議が大国としてのアメリカの主導による非難決議だった事実、さらに敷衍するならば、その決議の実行が国連という枠組みの外からアメリカという大国によって積極的になされた事実にあった。つぎに、ハンガリーに対するソ連の軍事介入［一九五六年七月に端を発したハンガリーの学生、労働者、市民による全国的規模の民主化要求運動に対して、ソ連が軍隊を派遣して鎮圧した、いわゆる、ハンガリー動乱］を非難した国連総会決議（総会決議第一〇〇四号および第一〇〇五号）の場合には、加盟国側がソ連に対する報復的行動を引き出すことはいっさいなかった。一九五〇年の「平和のための結集」決議の中で、事あるたびに引き合いに出された部分が、緊急の討議を目的とした臨時総会を召集できるとした部分に限られたのも無理はない。その証拠に、総会が常設化を目指した「平和監視委員会」（Peace Observation Commission）［一九五〇年十一月開催の総会で「平和のための結集」決議の一環として設置が決定、加盟国十四カ国で構成される］が実際に活動らしき活動をした例は、一九五二年のバルカン紛争の際の一例に過ぎない事実にも表れているように、軍事力の供出を要請する決議に対して、大多数の加盟国はきわめて慎重、あるいは無視してかかる対応に終始してきた。驚くべきことはこれに尽きない。総会には加盟国に命令を下す権能がいっさい与えられておらず、また、行政上の執行権限を行使する機関として設置されたのでもなかった。あくまでも、立法機関として設置されたのであって、執行機関ではない。さらに、国連の加盟国が増大の一途をたどる状況を迎え、総会にとって共同行動を要請する決議の採択がいよいよ困難さを増すようになった。重要問題の決議採択に必要な投票数の三分の二ルールがある限り、また、新規加盟国が地域的ブロックを形成する傾向が強まるにつれ、総会の議場にはつねに、たとえば中南米諸国ブロックやアジア・アフリカ諸国ブロックが決議の採決を阻止しようとする動きが現出することになる。

他方、地域諸国ブロックが主要加盟諸国にとって喜ばしくない総会決議を数の力で採択しようとして、ブロック間に協力体制を形成することも同様に可能になる。たしかに、こうしたブロック間の協力によって採択された決議も、もとより、いかなる点においても拘束力を持つものではないが、にもかかわらず、主要加盟諸国にとっては忸《じく》怩《じ》たる思いを抱かざるをえない事態を甘受することになる。一九六〇年のゴアに対するインドの軍事行動［十六世紀以降、ポルトガルの植民地になっていたインド西海岸の港町一帯の奪還を目指した軍事侵攻］の承認、同年のローデシア［イギリス支配下の南北ローデシアとニヤサランドから成るアフリカ中央部の植民地］の現状調査要求などが総会決議の直近の動きだが、こうした動きとともに、中小国家群の大量加盟状況に遭遇した旧来からの加盟諸国は、総会の権能拡大に貢献してきたいままでのやり方がよかったのかどうか疑問視するようになった。

このような過程をたどってきたことと同時に、他方では、決定事項の執行機関として総会が適正な機能を果たせないこともあって、一九五〇年代末以降、総会が安保理からある意味において「簒奪《さんだつ》」してきた権能を、本来その権能を担うべき国連の執行機関に戻そうとする動きがみられるようになった。ところが、依然として大国諸国が相互に対立し、協調する姿勢を示さない場である安保理に戻す選択肢が排除され、国連事務局、すなわち国連組織の「内閣」には程遠く、いわば「公僕としての行政執行機関」に過ぎない部局に執行権限を預ける道を選ぶことになった。スエズ危機に即応するという名目で総会決議に基づき創設された国連緊急軍（United Nations Emergency Force, 略称UNEF。総会決議第九九八（ES1）号、第一〇〇〇（ES1）号および第一〇〇一（ES1）号）［第二次中東戦争の際、国連事務総長ダグ・ハマーショルド（Dag Hjalmar Agne Carl Hammarskjöld, 1905-1961）のイニシアティブのもとで、国連の平和維持活動の一環として創設された］が中東に派遣され、一二年間余にわたり駐留したこと、さらには、一九六〇年に勃発したコンゴ危機［ベルギーからの独立後、第一次コンゴ共和国の時代の一九六五年までのほぼ六年間にわたって吹き荒れた内戦状態］に際して実行した国連の措置は――このことについては、事態を悪化させただけだと主張する向きもあるが――総会でも安保理でもなく、事務総長と麾下《きか》の職員の存在を際立たせ、実際、彼らが中心的な役割を担ったのである。事務局の政治的・軍事的活動にソ連は激しく抵抗したが、拒否権を有する大国相互間のあからさまな非難の応酬がはばかられる危機的状況が世界各地で頻発したこと、また、国連を自国の行動の正当化のための道具として利用することに固執し続けるならば、国連そのものを根こそぎ崩壊に導きかねないという危機意識が勢いを増したこともあって、事務局の権能を押し広げる道が開かれたのである。

事務局の権能拡大のプロセスは、超法規的な権能の委譲プロセスという点では総会の場合と同様だったが、その実質的な内容に関する限り、総会を上回る権能を具有するようになった。国連憲章に規定された法に準拠してとはいわないまでも、通常の国際法に照らして、総会が主権国家の集合体とみなされうる実態がある以上、憲章規程上、安保理に割り当てられた権能の総会への部分的移譲には、多少なりとも正当化が許される余地が残されていた。しかし、憲章の規程により、純粋に管理・運営上の任務に限って職権を与えられ、しかも、組織体として国家主権にかかわる事項には関知しない行政職集団である事務局には、安保理が享受する権能を移譲される余地がいかなる意味でも存在しない。このこと以上に重要なことは、事務局が、世界の行政上のサービスを管理・運営する職能に比して、政治的な危機状況に対処する機関としては総会以上に適していないことである。一九六〇年代前半のコンゴ危機に際して、国連が見舞われたさまざまな難局の真の原因がこの事実にあることは明らかであり、事務局がこの権能に固執する限り、総会の権能拡大の場合以上の痛手を国連に与えることになろう。事務局長は職務執行の許諾を受けなければ、行動に着手できない。仮に何らかの形で許諾を受けることになったとしても、つぎに、必要とする職員と兵員をどこかから調達しなければならない。許諾を得ることの難しさとか、人員や兵員をそろえることの難しさだけが、事務局が権能を拡大させる過程で遭遇した問題ではなかった。明確さを欠いた許諾でよしとし、紛争当事国からの人員や兵員を意識的に排除し、なおかつ、事務局が背負うことになる責務の錯綜性を事前に予測する労苦を棚上げにすることを通じて、行政を担う組織体に固有の問題点がすべて顕在化するとともに、政治的な問題も行政的手法によって解決可能だと信じ込むことで派生する報いをすべて甘受することになった。政治的な問題を行政的手法で解決できないのは自明なのにもかかわらずである。

事務局の行動は、おそらく、たとえ現段階ではその萌芽状態に過ぎないとしても、国連には世界政府となる可能性があるという希望的観測に基づくものでもあったのだろう。しかし、国連は世界政府たりえない。国連は世界政府になるべく設立された組織でもなく、ましてや、そうなる蓋然性もない。国連がたどってきた道に最もふさわしい結論を導き出そうとすると、それは以下のようになる。すなわち国連は、その存在意義を全うできる唯一の役割に関する限り、すでに充分成熟の域に達しており、自らの限界を受け入れるその度合いに応じて、また行動することよりもむしろ言葉で伝えることを重視するその度合いに応じて、その役割が内包する大きな可能性を享受する。これ以上の存在になることを国連に期待する向きもあるだろうが、国連の唯一の現実的な役割は、大国相互間の緊張・対立状態が深刻であろうがなかろうが、加盟諸国が展開する外交に対する補完的役割、つまり、外交交渉が行き詰まり極端な方向に流れるときに道義的見地に立ってブレーキをかける役割であり、外交交渉のプロセスに対する実際的かつ手続き上の介護者としての役割なのである。この役割に徹するならば、たとえば、中華人民共和国の国連加盟問題［中華民国（台湾）は国連加盟と同時に常任理事国に選出されたが、一九四八年、中華人民共和国（中国）が成立すると、相互の国連代表権をめぐって両国は激しく対立、数度にわたる国連総会の場での中国加盟決議案否決を経て、一九七一年十一月の総会決議に基づき台湾を除名する形で中国の加盟と常任理事国の地位が承認された。本書が上梓された一九六三年時点では、いまだ決着をみていない］については、反対の立場よりも賛成の立場の方が理にかなっていることになる。この役割内において、事務総長が果たすべき機能は、加盟国間の外交交渉が円滑に進むよう介助する中心的な存在になることである。たしかに、難しいことではあるが、関係諸国間の外交交渉を避けて通ることで持ち上がるさまざまな問題に直面することに比べるならば、その難しさはそれほどでもない。さらに、国連の実効性の欠如に対する批判も起こるだろう。しかし、国連がこれに代わる別の道を進むことで招く怒りの声に比べるならば、その批判を甘受するのはそれほど難しくはない。国連がかつて歩んだ二つの道、すなわち、かたや朝鮮戦争やスエズ危機に影響されて意に反してたどった道、かたや中東危機やコンゴ紛争の影響下で自らの意思で選択した道、いずれの道をいくことになろうとも、この道はかつて連盟を破滅へと導いたと同じ問題を生起させ、最終的には、連盟がそうであったように、国連は不信にまみれ瓦解の道をたどることになろう。

注

（1） J. L. Brierly, 'The Covenant and the Charter', in *British Year Book of International Law*（1946）.

（2） H. G. Nicholas, *The United Nations*（1959）, 52.

第17章　第二次世界大戦以降の国家間関係

国家間の関係を注意深くフォローする専門家は、ほぼ例外なく、第二次大戦後のある時点において、大国間の関係が戦間期のそれとは質的な変化をみせ、なおかつ、ここ当分の間、大規模な戦争が起こりえない「デッドロック」状態にあると認識しはじめている。C・M・ウッドハウス氏（Christopher Montague Woodhouse, 5th Baron Terrington, 1917-2001）［イギリス保守党の政治家・著述家。ギリシア近現代史に関する一連の著作で有名］はその一人である。第二次大戦以降におけるイギリスの外交政策に関する著作の中で、一九五〇年代半ばにデッドロック状態が現出し、それは二大超大国米ソ間の覇権をめぐる闘争の中での核の均衡状態が達成された時期の産物であり、大規模戦争の可能性に関する限り、このことは「恒久的平和を意味するといってよい」と彼は結論づけている(1)。彼のこの結論はほぼ的を射ているが、他方、一般人の認識とはあまりにかけ離れているため、ウッドハウス氏がこうした結論にいたる際に犯した過ちを問い糾《ただ》すことは、専門家に課せられた仕事だといってよい。彼の過ちを詳《つまび》らかにすることは結局のところ、彼の結論の正当性を補強することになるのではあるが、しかし当面、大規模な戦争は起こりえないという楽観論に懐疑的な人々が多数存在する現状においては、ウッドハウス氏が導き出した結論を仔細に検討することに何らか反対の向きがあるとは思われない。

最初に指摘すべき点は、ウッドハウス氏がデッドロック状態を一九五〇年代半ばまでしかさかのぼっていないことである。この過ちの原因は、デッドロックが現実化した時点と、この事実を遅ればせながら認識しはじめるようになった時点とを彼が混同したことにある。熱核兵器の存在が——一九五五年度のイギリス国防白書が言明しているように——大規模戦争の危険を「大幅に減少させた」と、他国政府と同様、イギリス政府が認識したのは、たしかに一九五〇年代の半ばである。しかも、この帰納的結論の正しさは、ウッドハウス氏が述べているように、「世界各地で……この時期以降に生起した大国間の危機的状況によって、いっそう確定的事実として受け入れられた」[2]。しかしながら、デッドロック状態は、その存在が知られる以前にすでに存在していたのであって、氏が「不安定な平和」(uneasy peace) の時代、さらには、「戦争寸前の」(near war) 時代[3]と特徴づけた一九四〇年から五四年にかけての期間に、すでに存在していたのである。さらに付言するならば、このデッドロック状態はこの時期、大国間の全面戦争の危険がかつてないほど世界を覆っていた事実にもかかわらず存在していたのである。

この時期の危機に関する研究から得られた知見が、大国諸国がときとして戦争と隣り合わせの状態だった事実を知らしめる上で効果的だったことを否定はしないが、しかしこのことは、その時代に意識されていなかったこと、すなわち、当時にあっても、眼前の危機的状況が大国諸国にとって戦争を起こす状況とはとてもいえないという事実を、現在のわれわれが知らなくてもよいというわけにはならない。そのうえ、ウッドハウス氏はもう一つ過ちを犯している。それは、この時期のもろもろの危機の中で最大の危機である朝鮮戦争を「大国諸国相互が総力を挙げて公然と戦った最後の戦争」と特徴づけている点である。中国は当時——この点では現在にいたるも、いまだ——大国ではなく、そのうえソ連に関しては、赤軍が朝鮮戦争に公然と参戦した事実は皆無である。別言するならば、朝鮮戦争の重要性は別のところにある。それは、かたや朝鮮戦争の主要関係国であるソ連が代理参戦国を仕立てて戦ったのに対して、もう一方の旗頭であり直接交戦に従事したアメリカが敗色濃厚になった緒戦の時点で、敵側の黒幕的存在であるソ連への攻撃に打って出る誘惑に執拗に駆られたのだが、その誘惑をとにもかくにもはねのけたことである。また、一九五五年までの国際的危機が、朝鮮戦争ほどの規模に拡大することなく終息したのは、取りも直さず、危機に直面した一方あるいは双方が、当時にあっても攻撃への誘惑に抗したからであるか、あるいは双方の同盟国によって攻撃への誘惑を思いとどめさせられたからである。

上記した二つの過誤のうち、第一の点の喫緊の課題は、ウッドハウス氏のデッドロック状態の説明がいかに不充分なのかを剔出《てきしゅつ》することにある。氏がデッドロック状態を認識するようになるのは、各国政府自体の認識と変わらず、一九五五年になってからであり、その際、デッドロック状態の原因を核兵器の開発、とくに一九五四年以降の東西間における核兵器の均衡状態の進展に求めるのだが、これでは氏は真実の半分しかみていないことになる。核兵器開発と核の均衡状態の進展が、大国間における大規模戦争の危険を取り除く上で少なからず貢献した事実を疑う余地はないに等しい。核兵器が使用された場合に想定される混乱状態は筆舌に尽くしがたいものだから核兵器は廃絶されるべきという論調も、核兵器は必ずしも最終的手段として使用されるとは限らないのだからその抑止効果は幻想に等しいという主張も、さらには、核兵器出現以前の抑止効果論と同様、核兵器も攻撃的志向を刺激・誘発するものだから危険視すべき対象だとする意見も、いずれも見当違いの見方だといわざるをえない。核兵器は無責任な政策、軽率かつ性急な決定、二十世紀初頭以降一貫して要請された戦争の迅速性などに歯止めをかけるために生み出された科学技術的抑止力向上の論理必然的帰結なのである。つまり、核兵器は人類史上最初の真の抑止力、別言するならば、存在する限り、その起爆装置を作動させてはならないという意味での抑止力である。しかも、こうした状況が将来にわたっても続くことは間違いない。仮に核兵器が廃絶されたとしても、核兵器製造に関わる知識がその廃絶とともに消え去るわけもなく、皮肉なことに、かえって年を重ねるごとにその製造が容易になるという問題が残ることになる。

一九三九年までの科学技術の発展はいまだ現在のレベルからは程遠く、したがって、その抑止効果にも限界があった。他方、一九四六年以降に関する限り、意図して行う戦争であれ、誤算による戦争であれ、ともに、およそ起こりえないものとされてきた。その理由は、核兵器の使用によってもたらされる自国への壊滅的な結果を大国自らが充分認識していたからであり、また、他国が核兵器を使用した場合の報復的手段としての使用を例外としつつも、核保有諸国が核兵器を使用しないと決意したからである。熱核兵器の存在によって、いままでしばりが掛けられてこなかったのは、偶発的に起こる大規模戦争の可能性に関してである。核兵器の存在そのものが偶発戦争の危険を増幅させるという見方は、純粋に仮定的な立場からは正しいといえなくもないのだが、しかし事実として、近代の戦争は一つとして偶発的に起こったものはない。少なくとも十八世紀中葉以降においては、宣戦布告の決定は、すべての政治的決定が容易ではないとはいえ、その中でも群を抜いて困難な決定であり、偶発的勃発を回避すべく各国政府が最も神経を使ってきた政治的決断だった。あくまでも仮定上の言説としては、近代の科学技術の発展が政府の行政上の管理能力が及ぶ領域を狭め、かくして、戦争か平和かの決定に関する独占権を政府から奪うことによって各国政府が偶発的勃発の押さえ込みに成功したと誇らしげに主張していた時代以前に、つまり、偶発性の危険に満ちた時代へと逆戻りしたと主張することも可能ではある。しかし現実には、各国政府がこうした事態の可能性にあらかじめ気づいただけではなく、政府の行政管理能力がかつてないほどの奥行きと広がりをみせたことが明らかにしているように、偶発的勃発の危険はあくまでも仮定上の危険に過ぎない。核兵器の偶発的事故、たとえばレーダーの故障とか、精神に異常をきたした発射装置担当少尉とか、思慮分別を失くした核保有国の首相などに対する政府の予防措置はきわめて錯綜しており、核兵器の使用が限定的に想定される敵の先制的な核攻撃に対する報復的使用の場合ですら、その使用決定にいたるまでの手続きは気の遠くなるほど複雑で、到底迅速な対応は望むべくもない。*この問題に対する政府の対応の重要な点はこのことに尽きない。核兵器の出現によってもたらされた手詰まり状況を回避しようとした政府の焦燥感は、当初、戦術核の開発を誤った判断に基づいて奨励する理論家たちの主張に耳を傾けさせたのだが、しかし、それも、戦術核兵器によるさらなる偶発性の危険、すなわち、戦術核による戦争が自動的に本格的な核戦争へとエスカレートする危険を憂慮した政府が元の道へと後戻りするまでのことだった。

以上述べたこと——この点を遺漏なく指摘しておく必要性があることはいうまでもない——については、いちおうこれで終わりにするが、しかし一九五五年以前に、つまり核の均衡状態あるいは核の警戒態勢が達成される以前に、大国間にはすでにデッドロック状態が存在したという先に指摘した問題が依然として残されている。さらに、現在のデッドロック状況がビクともしない完全に近いものだとしたならば、この状況は熱核兵器の登場だけではなく、その他の理由によっても起きてきた現象である。仮に核兵器が開発されなかったとしても——この点では、その圧倒的かつ肯定的な効果に謝意を表すことも一概には否定できないのだが——一九四五年以降においては、往時の状況の中から生み出された要因のために、大規模な戦争が起こる危険はおそらく存在せず、今後も長期にわたってその危険はないだろう。

核兵器以外の要因の中でも見逃せない要因としては、権力の国家間の分配が一九〇二年以降のいかなる時期にもまして、一九四五年からは均衡を保ってきた事実がある。

一般の人々には、過去十六年間の世界は危険と跛行《はこう》で満ち溢れているように映り、この間、権力の均衡状態が保持されてきた事実を認めたがらない。しかし、認めようが認めまいが、これは厳然たる事実であって、その現れ方が誤解を招きやすいだけなのである。一九四五年以降、世界が不安定な様相を露わにしてきたとするならば、その

＊　筆者は自らの信じるところに従い、この点をあたかも真実であるかのように述べているが、何ら公式の情報に基づいた意見ではないことを明らかにしておきたい。筆者の信念は、核搭載爆撃機の墜落事故、レーダー警戒警報、政治的危機に直面した各国政府の対応など、新聞紙上に掲載された記事の行間を読む中で形作られたものである。

ように感じられる理由は取りも直さず、歴史上折りに触れて生起する新たなシステム内で、各国が勢力均衡状態の大いなる変動に直面して、その安定的な調整に勤しんだように、新たな与件としての国家間関係システムの主要参加諸国がその調整に意を注いできたからである。その調整過程では、ましてや史上空前の大規模な戦争を経験した後の不安定かつ流動的な状況下においては、摩擦と軋轢《あつれき》から逃れられないからでもあり、にもかかわらず、調整過程の帰結としてのシステムが、未来永劫とはいわないまでも少なくともかなり長期にわたって、世界をその枠組み内に取り込む蓋然性が高いからでもある。

ウッドハウス氏がこの事実を充分に認めないことが、デッドロック状態を論証する際に彼が持ち出す副次的な説明に明らかである。彼は以下のように述べる。大国諸国がたとえ計画的な戦争、あるいは誤算による戦争、さらには自らの過失による戦争を回避すべく決意したとしても、中小諸国間や新興諸国間の対立・抗争によって、いやおうなく戦争へ引きずり込まれると人々は懸念を表明する。こうした対立・抗争が世界の平和にとって最大の脅威だという見解に同意することはやぶさかではない(4)。しかし同時に、この脅威が現実化することはないといわなければならない。なぜならば、核兵器を白眉《はくび》とする近代兵器の緻密性・複雑性が、軍事関連の装備に関する限り、中小国家群の大国への依存度を飛躍的に高め、その結果、大国は「中小国家が自国を巻き込む恐れのある地域的戦争に打って出るのを未然に防ぐことができる」からである。一九五五年から一九五九年にかけて発生し、その局地化に成功した危機は、「一世代前であれば間違いなく地域的戦争へ、さらにおそらくは大国をも巻き込んだ全面的戦争へと拡大の一途をたどっただろう。しかし、昨今の危機はそのようなことにはならない(5)」。

ウッドハウス氏の主張は事実に反している。彼の主張は、一九五六年のイスラエルのエジプト攻撃というただ一つの具体例から導き出されたものだが、氏がこうした結論にいたったのは、イギリス政府のエジプトに対する介入が、実は中東における戦争状態の拡大の防止を第一義的に志向したものであり、その限りにおいて、この政策は成功したという見解を――この点を一度ならず匂わせているのだが――無条件に受け入れていることに原因がある。

仮にこの見解を受け入れるとしても、また、仮にイギリスの政策目的がイスラエルの攻撃を抑制することではなく、自国権益を保全することにあり、そのための介入だった――この点では不成功に終わったのだが――という事実を直視しない方が好ましいとしても、近年の地域紛争や局地的危機は、われわれに別のことを語っている。大国諸国は、かつて十九世紀の「東方問題」に対峙した際にもそうだったように、現在においても、地域紛争であれ局地的危機であれ、それらの発生を押さえ込むことには非力なのである。武器は必ずや供給されるだろうし、また、人は、必要に迫られれば、弓や槍を使ってでも戦う。したがって、ウッドハウス氏が帰納的に導き出すこの主張は誤解を招くといわざるをえない。この問題に関して肝腎なことは、大国諸国が地域紛争の発生それ自体を未然に防ぎえないとしても――仮に防ぎえたとして、その場合、防ぐ義務が大国にあるのかないのかは、まったく別の問題である――紛争の拡大の阻止はそれほど重大視しなくても可能だということであり、また、一九四五年以降の大国諸国がその都度見事に示しているように、過去においても、大国諸国間の力関係が均衡状態にあるときにはいつでも、紛争の拡大防止を実現してきたということである。つまり、十九世紀の大半を通して、列強諸国が局地的危機の封じ込めにほとんど困難を感じなかったのは、列強諸国間の力関係が均衡していたからであって、これとはまったく反対の理由で、一九〇二年以降一九三九年にいたる期間に関しては、列強諸国は局地的危機を自ら醸成しただけにとどまらず、いったん発生したときには、その拡大の防止に四苦八苦せざるをえなかったのである。一九四五年以降、大国諸国がこうした危機的状況の対処に困難を感じることがあったとするならば、それは取りも直さず、新たな均衡状態がいままさに完成をみようとしている途上で、その堅固さが試されているからであり、あるいは、その事実を部分的にしか理解していないからである。しかし、こうした過渡的な困難に継続的に見舞われたにもかかわらず、第二次大戦以後に発生した地域紛争をすべて検証して得られる際立った特徴は、大国諸国間の力の均衡状態とこれら諸国の均衡状態に対する理解の深化が、大国自らを自縄自縛状態にしてきた事実である。

　各国政府は一般国民よりもかなりの程度この事実を深く理解せざるをえなかった。ところで、政府そのものは、一般国民から構成されており、その結果、国家間システムの本質や歴史に対する理解度が一般国民程度しかない場合も少なくない。こうした理由や、また、政府が眼前のデッドロック状態の受容に難色を示す傾向が強かったという理由や、さらには、政府の中枢を占めた政治家の多くが人格形成期を過ごした一九三九年までの時代が極端に不安定かつ不均衡な時代だったという理由から、政治家は、たとえばエジプトのナセル大統領（Gamal Abdel Nasser, 1918-1970）［一九五二年のエジプト革命を主導し、王制を打倒］にヒトラーの亡霊をみ、一九五四年のインドシナ会談［フランスの統治下にあったインドシナ半島の領土保全と主権を認め、暫定的にヴェトナムを南北に分割した］にミュンヘン会談の幻影をみたのである。しかしながら、こうした診断を最初に下したのがイギリスのイーデン首相（Robert Anthony Eden, 1st Earl of Avon, 1897-1977）［イギリス保守党の政治家。スエズ危機に際して、イスラエルとの密約により、イスラエルのシナイ半島攻撃を使嗾《しそう》、米ソ両国と国連の反発を招いた］であり、そのイーデン首相と真っ向から対立したのがアメリカのダレス国務長官（John Foster Dulles, 1888-1959）［アイゼンハワー大統領のもとで六年間国務長官を務め、その反共主義で名を馳せた］だったこと、さらには、インドシナ半島をめぐる危機的状況の最中に、英米両国の国益に関する見解と同様、両人の果たすべき役割がいままでとは異なり逆転したことは注目に値する。スエズ危機に際しても、インドシナ危機に際しても、彼ら両名は互いに牽制しあったが、その相互牽制は、ソ連の英米両国に対する外交上の牽制策以上に効果的だった。こうした相互牽制という制約に直面しながらも、現実に生起する状況証拠の積み重ねと危険を身近に体験しているという認識が、自国の国是とも国益とも本来的に合致しないため、世界に向けて公然と表明するのをはばかられる結論をも受容せざるをえなかったのである。かくして得られた結論がいかなるものなのかは、第二次大戦後の国際的な危機を逐一見てみれば明らかである。朝鮮戦争、スエズ危機、インドシナ紛争にとどまらず、一九四六年以降に発生した危機はすべて、各国政府が例外なく極端な立場をとらないと決意したことを示している。紛争の存在それ自体ではなく、紛争を慎重かつ意識的に回避しようとする各国政府の姿勢が、ときの経過や状況の推移に関する経験知の増加と相まって、第二次大戦以降の他を圧する特徴であり、とくに、この傾向は近年ますます顕著になっている。したがって各国政府の姿勢が、一時的な退行現象がみられないことはないが、固定的・硬直的な姿勢からより健全でより寛容な姿勢へと変化してきたのである。

これは驚くに当たらない。この変化については、第二次大戦の結果にともなう何らかの偶発的僥倖《ぎょうこう》による変化と説明されるべきではもちろんないが、しかし、大国間のデッドロック状態が第二次大戦終結以降、存在し続けてきたのは間違いない。一八九〇年代から一九四〇年代までの時期は、列強諸国間の力が抜き差しならない不均衡状態であり、しかも急速に変容する不均衡状態をみせた時期である。しかし同時に、この時代は、一八九〇年以前の均衡状態がいったんは破壊の憂き目に遭ったものの、その残滓《ざんし》の中からまったく新たな均衡状態、別言するならば権力のおよその平準化状況が生み出されつつあった時代でもある。第二次大戦は、単に、この変化の時期を完了させたに過ぎない。第二次大戦の終結にともなう変化は、この新たな均衡状態が長期にわたる準備期間を経て形づくられたことを物語っている。一九四五年の講和条約の枢要な部分はいまだ正式には批准されていないが、にもかかわらず、十七世紀のウェストファリア条約や十九世紀のウィーン条約議定書と同様、歴史上重要なものとして後世に伝えられることになろう。時代背景を無視して強引につくりあげられた一九一八年のヴェルサイユ講和は、国家間関係の不安定な状況がその最高潮に達し、行く先不透明で流動的な状況が蔓延していた時期に成立し、自らの希望的観測に基づいて世界を設計しようとしたことが、不安定な状況をますます悪化させた。これとは異なり、一九四五年の講和は、権力の不均等な配分と近代国家の不均等な発展の上に形づくられた不均衡状態が、ときの経過とともにその終わりを告げようとしていた時期に成立したものである——ところで、この均衡状態は今後も長期にわたって存続し続けるに違いない。以上のことを、つぎのようにいうことも可能である。つまり、一九四五年の講和は、ときの経過にともないつくられるべくしてつくられた。そうであるからこそ、講和の最も核心的な部分はいまもって批准されるにいたっていない。もし一九四五年の講和によって、戦後に生み出された重要な現実、すなわち一九一八年当時には存在せず、仮に存在したとしても間違いなく拒絶反応を引き起こしただろう現実を説明できるというのが正しいとするならば、その現実の一部について必然的に説明せざるをえなくなるというのも等しく正しいというべきである。

戦後に生起した重要な現実のうち、ソ連の復興、アメリカの台頭、ついで、この両国間にすでに均衡状態が存在していた事実が最も際立ったものである。ソ連が一九四五年以降になって手中に収めた新たな領土は、すべて第二次大戦終結間際の二、三カ月間に獲得したものであり、この期間においてソ連が捜し求めた領土上の利得は、ソ連の力との均衡状態を維持する役割を果たしたアメリカの台頭という現実によって、限定的にならざるをえなかった。世界の全般的平和を実現しようとするとき、当時、考えられうる最善の平和構想だった一九四五年のポツダム宣言を仔細に検討すると浮上する重要な事実は、宣言の起案者自身意識していなかったのだが、第一に、ポーランド、フィンランド、ブルガリア、ハンガリー、さらにはルーマニアの戦後処理に対する発言力の維持・強化というソ連の決意に立ち向かえる国は一国たりとも存在しなかったことであり、第二に、このソ連の決意も、いまや自国の支配権に編入し終えた東欧諸国への関心と比較すると、西側諸国の影響力が支配的でソ連にとって外縁的な諸問題に対しては、それほどの関心を示さなかったことである。ソ連は――第二次大戦終結以前に締結された諸協定の結果だけではなく、第二次大戦の戦勝国として、おそらくは道義的な意味合いからも――大戦後の地政的な立ち位置から判断する限り、自国の意思に逆らう者がいたならば、さまざまな方面で報復的手段をとりえただろう。たとえば、オーストリアを西側陣営から引き離すことも、アフリカの旧イタリア植民地の分割にともなう分け前の要求も、イタリア・ギリシア間の領土係争問題解決への発言権の要求も、タンジール（Tangiers）［タンジェとも呼称。ジブラルタル海峡の西の入り口に位置するモロッコの北部の港湾都市］やトルコのボスフォラス海峡に関する多国間協定の見直しを主張することもできただろう。たしかに、ソ連は上記した問題を持ち出してはきたが、その意図は取引材料として持ち出したに過ぎず、当面の目的に対する何らかの合意を獲得する以上のことは執拗に要求しなかった。この当面の目的に関しても、しばしばいわれるよりはよほど制約されていた。つまり、「小さなポーランド、大きな東ドイツ」は、ソ連にとって悪い解決策ではないはずなのだが、それにもかかわらず、ポーランド・東ドイツ両国の国境線をオーデル＝ナイセ線（Oder-Neisse Line）［米英ソ間のヤルタ会談（一九四五年二月）を経て、最終的に米英ソ中間のポツダム会談（一九四五年八月）で合意に達したオーデル川とその支流ナイセ川沿いの東独・ポーランド間の国境線］にすべきと執拗に主張したのは、ひとえに、ソ連が東ドイツに対する支配の可能性とその程度を依然として暗中模索していたからである。(6)

第二次大戦終結にともなう戦後構想全体の中におけるソ連の国家目標の限界に対しては、自己目的完遂へのソ連の決意に対するのと同等の注意を払う時期がきているといえる。チェコスロヴァキアの東欧社会主義圏への吸収によって、自己の地位を不動のものにしたことを例外的事例とすれば、ソ連がヨーロッパへのさらなる領土拡大を画策しているという見解や、一九五〇年代前半までのアメリカによる核兵器の占有のみがソ連の手による西側諸国に対する壊滅的破壊行動を防止しえたという見解を、捨て去るべき時期であることは間違いない。ソ連が大戦直後に自前の征服計画をすべて実行に移した場合を想定してみよう。最終的にはそうした計画を白紙に戻さざるをえないとしても、また明確な計画があったから実行に移したということを示唆する根拠が何ら見当たらないとしても、こうした征服計画がもはや現実的・実際的ではないという認識がなければ、ソ連が征服計画に基づいて行動していたと信ずるに足る理由には事欠かない。しかしながら、征服行為が現実的・実際的ではないという認識を、ソ連は持たざるをえなかったのである。なぜならば、戦後世界におけるアメリカの地位が、「封じ込め政策」が編み出されるかなり前からソ連を封じ込めていたからである。仮に核兵器が開発されることなく、したがって、この世に存在しなかったとしても、アメリカの存在自体がソ連を封じ込めていたに違いない。

こうした現実、すなわち、アメリカが果てしなく続くと思われた孤立政策をついに放擲《ほうてき》し、世界の大国としての不可避的な立場を遅まきながら認識したこと、および、四半世紀にわたるロシア革命後の混乱と復興を経て、ソ連がもう一つの世界の大国として国際舞台に返り咲きを果たしたことの重要性はいうまでもない。しかし、このことが一つの国際的な枠組みから別の国際的な枠組みへと進化を遂げた期間の唯一の成果だったのでもなければ、第二次大戦前半世紀のいかなる時期にもまして、一九四六年以降、世界の権力の均衡状態を安定的に推移させてきた唯一の動因だったのでもないし、さらには、この均衡状態を今後も長期にわたって保持し続けさせる唯一の要因なのでもない。上記の現実に対しては、さまざまな意味合いで、いままでも充分過ぎるほどの注意が払われてきたという反論が寄せられるだろうが、いずれにしても、新たな均衡状態が突然出現したかのような印象を与えたことが、均衡状態の存在を正しく捕捉するうえで困難をともなった理由の一つである。もう一つの理由は、米ソ両国の大戦後における権力の広がりとその性格についての誤解に基づくものである。

この誤解は、真っ向から相対立しながらも、相互に和合可能な二つの過ちに起因する。われわれは一方で、米ソ両国のほかの諸国に対する絶対的な権力を誇張しながら、他方では、両国の他を圧する権力の優位性を過小評価してきた。かつて、単一国家の圧倒的優位性がもたらす危険に怯えてきたわれわれは、米ソ両国がともに超大国になった事実を、さらに、この両国が自国の陣営内に抱え込む同盟国の多少に関係なく、どちらも相手を打ち負かすことは望みえず、また、どちらも相手に対して包括的・絶対的な抑止力を行使しえないという事実を看過してきたのである。と同時に、他方では、国家間の勢力均衡状態は、可能な限り多数の国家間に分散される場合には安定性が増し、二カ国間に両極化される場合には損なわれると思い込んできたわれわれは、米ソ両国が現段階で所有する圧倒的な力をもってしても、現代世界のすべての国家に対して、その存立を脅かすほどの危険極まりない優位性を持つにはいたらないという事実をも見過ごしてきた。米ソ両大国に加えて、将来中国が、またおそらくはときの経過とともに、インドも大国の仲間入りを果たすだろうし、今日の米ソ両国の場合とは異なり、かつてドイツが外部からの抑止力をそれほど受けていなかった時代にロシアが遭遇したように、中国にしてもインドにしても、大国として晴れて国際政治の檜舞台に登場するその日までは、外部からの攻撃に対する脆弱性を持ち続けることになろう。

それだけではない。これら四カ国のほかに、ヨーロッパ大陸にはかつての列強諸国が厳然として存在する。旧列強諸国は、核兵器の所持・保有を通じて、大国としての地位の保持に躍起になっているという巷間に流布する見方とは正反対に、現実に大国として存在し続けているからこそ、核兵器を保有するのであって、その逆ではない。

旧列強諸国が大国としての存在を許されているのは、第二次大戦以前からの存在感と自国の発展をベースに、一九〇〇年以降飛躍的に増大した全世界的規模の権力をこれら諸国が一部継承したからであり、今日の政治的な安定状況にとって、この期間における権力の飛躍的な増大がそれと同時に進行した権力の分配に劣らず重要だからである。十七世紀におけるスペインの凋落の時代、十八世紀におけるオーストリアの零落の時代、十九世紀におけるロシアの低落の時代、いずれの時代においても、これら諸国の相対的な権力の低下は絶対的な権力の減少をともなっていた。権力の減退が絶対的だったため、ある意味では、世界全体の権力の総量には変化が見られず、ほぼ一定だった。つまり、ある国家の権力の獲得は、別の国家の権力の減少を意味したのである。他方、現代的な権力の指標に従うならば、今日の世界には、イギリスあるいはフランス以上に強力な国家が存在する事実は否定できないとしても、両国はともに、一九〇〇年当時より、さらには一九三九年当時よりも今日の方がはるかに強力な国家である。実際、英仏両国が一九四五年以前に存在したいかなる国家よりもケタ違いに強力な国家であることは疑いない。

こうした状況における権力そのものの相対化に関しては、熱核兵器を改良し、蓄積するプロセスと同様、絶対的権力の限界点、すなわち、そこを踏み越えると大国諸国間の権力のばらつきが周縁的な事柄に質的に変容し、さらなる優位な立場への争奪戦が無意味と化す限界点が存在する。この限界点は左右どちらの方向にも作用する。一方には、核兵器の所持・保有が重要だという現実があり、他方には、その破壊力を現段階のレベルをさらに上回って増大させることは、目標物に正確に被弾させる手段の改良と比較すると、意味のない行為だという現実がある。こうした「大国境界線」(Great Power barrier) をいったん踏み越えると――将来、ますます多くの国家が踏み越えることになるだろうが――その国家はその段階で大国としての地位を獲得する。大国諸国間の中で一部の大国がほかの大国よりも強国であることは避けられないとしても、ある大国が別の大国に敗北をなめさせうるのは、唯一、神経戦における外交上の敗北に限られる。そのうえ、すべての大国がこの事実を充分に承知している、あるいは少なくとも、遠からず承知せざるをえなくなる、そうした世界の一定の領土内に、各国は国家として存立しているのである。したがって、自国の新たな発見をひたすら隠し通そうとしたり、秘密事項をかたくなに守り通そうとするいままでの国家の慣習とは鋭く対立するのだが、各国政府が自国の防衛用兵器や攻撃用兵器の改良に邁進する姿勢を世界に向けて公然と示すことを重要視するのは、至極当然の成り行きであり、単に科学技術の普遍性の結果でも、いわゆるマスコミの偏在性の結果でも、さらには、アメリカの伝統とされる「開かれた合意形成による開かれた戦略」(open strategy, openly arrived at)〔第二八代アメリカ大統領ウィルソンによる「十四カ条の平和原則」(Wilson's Fourteen Points) は第一条で 'open covenants of peace, openly arrived at' との表現で秘密外交を禁じたのだが、それをもじった言い回し〕にもっぱら基因するのでもない。

さらにまた、相互不信が蔓延する状況の中にあっても、大国諸国が地域紛争の拡大の防止に対する共通の関心を徐々に示しはじめているだけではなく——ただし、その紛争が危険な局面に達するまでは、自国の利益追求のため紛争を最大限利用しようとする態度に変わりはないのだが——、近年、その他もろもろの懸念材料に対する認識を共有しはじめたことも理由がないわけではない。たとえば、中国の発展の潜在能力に対するソ連の懸念は、現段階ではそれほど明示的ではないが、アメリカの中国の潜在能力に対する懸念以上に根拠があるといえる。また、核兵器保有諸国は押し並べて、新たな核保有国の出現に対する懸念を共有するとともに、たとえば、ブラジル政府やナセル・エジプト大統領やスウェーデン国王が核を保有するようになった場合——核保有諸国が相互に認め合っている言辞としては奇妙に響くが——彼らは現核保有国が示す慎重さと責任の重大さと同様の思慮深さを発揮しないと信じて疑わない。さらに、核保有国間の相互不信が将来にわたっても続くことは充分に予測できる。そのうえ、軍縮問題や核実験問題などに関する合意形成も容易ではなかろう。この種の問題は、たとえ善意に満ち溢れた国家間同士でも、また、国際的な政治状況が最高度に安定していたとしても、合意に達するのが難しい問題である。皮肉にも、合意に向けて努力すればするほど、いままでもつねにそうだったように、相互不信の緩和に資するどころか、むしろその増大をもたらすだろう。しかし同時に、核保有国が数々の「瀬戸際」に直面しつつも、別の局面においては相互に協力関係の構築に着手しはじめることも充分に予測できる。とくに、自国の軍備制限よりも非核保有国の軍備制限を図る方がはるかに実際的だと認識するようになるだろう。ソ連政府公認の「共存」政策は、今後遠からず達成される状況をつぎのように要約したものである。一方では、実際の戦争はいうまでもなく、大国間の安定的な平和状態を脅かす可能性のある極端な政策の採用は不可としつつ、それ以外のところでは、全面的な主導権争いに打って出ること、他方では、共通の問題に直面している状況の中で、別言するならば、二つのイデオロギー陣営に一時的に分断されている国家間関係の「自由放任的」システムの中で、相対立する陣営とも着実な協力関係を築くという二面性に満ちた状況である。今世紀［二十世紀］残りの三十年ほどの状況は、地政的規模の点では拡大が充分予想されるが、十九世紀前半の状況とそれほど異なるものではなかろう。今後に残されている問題は、「共存」関係がはたしてソ仏間の暫定的協調なのか、米ソ間の暫定的協調なのかということに尽きる。

以上の予測に対しては、不信を表明する向きもある。一般人の場合は、この点については相変わらず神経質で、今日の国家間関係の二重性、すなわち米ソ間の二極化構造を誇張する傾向から逃れられない。他方、歴史家の不信は一般人とは異なる根拠に基づくものだが、その理由は歴史家が未来の「予言」を好まないというただそれだけにあるのではない。とりわけドイツの場合、第一次大戦が終結する一九一八年までは、ヨーロッパの国家間システムが旧来からの特徴、つまり、「妥協」と「封じ込め」と「均衡」によって希釈化された主導権争いを保持しつつ、新たな世界的規模の国家間システムへと必然的に発展するという確信を多少なりとも歴史家は抱いていた。しかし、一九四五年以降になると、彼らは、いままでの歴史家は過ちを犯していた、そのうえ、その間違った分析がドイツ政府の世界政策に影響を与え、したがって、第一次大戦勃発の責任の一端を担っていると主張する。(7) この後半の議論は、よきにつけあしきにつけ、当面の政策形成への直接的な関与に関する限り、歴史家の影響力はとるに足りないという実態を歴史家自らが誰よりもよく認識しているにもかかわらず打ち出された見解であり、一九一四年以前世代の歴史家の分析と予測がヴィルヘルム二世統治下のドイツ政府の政策目標や目論見に直接的な影響を与え、しかも、その際の指針の役目を果たしたとみなす。いうまでもなく、歴史家は自国の歴史を省察の対象とはしても、歴史家が自らの手で歴史をつくるのではない。また、前半の議論、すなわち、ヨーロッパ的国家関係システムが世界的規模に拡大・拡充すると予測した前世代の歴史家は間違っていたという主張は、ヨーロッパ的システムがたどった時代の流れと場所の移り変わりを単に跡づけたに過ぎず、歴史的事実の正確な再評価とはいいがたい。

一九四五年以降、旧外交も旧弊な国家間システムも、ともに国連という枠組みに依拠するやり方にとって代わられるという希望が満ち溢れていた。旧外交と旧弊な国家間システムは多大の損害をもたらしたという考え方が、とくにドイツでは支配的だったが、第二次大戦の敗戦国ドイツの歴史家が多大の損害を自国にもたらしたシステムを救いようのない失敗作と決めつけたがるのも、ある意味では自然な成り行きだった。彼らは、戦後の国家間システムの継続と拡大を一貫して懐疑の眼差しで観察したが、その際、戦勝国側がこのシステムの現実に対して必ずしも偏った否定的な見方をしていない状況は、彼らの視野には入らなかった。しかも、猜疑心を抱くドイツの歴史家は、つぎの問いには答えられない。すなわち、いずれ白日のもとにさらされる国連に仮託した希望や期待に根拠がないことが明らかになったとき、彼らが夢想した新たな国家間システムとは異なる別のシステム、換言するならば、既存のシステムの発展過程における新たな段階としての国家間システム以外のいかなるシステムが旧来のシステムにとって代わるのかという問いに対してである。この問いに対する答えは一つしかない。われわれの眼に明らかなことは、連盟の挫折、さらには周縁的な役割しか果たせない国連の限界という現実を眼前にして、ヨーロッパ的国家間システムが拡大し、このシステムが世界を包摂する日を待望した一九一八年以前のドイツの歴史家が間違っていたのではないということである。彼らの過ちは、ドイツ帝国が拡大したシステム内での必要不可欠な構成員だとした点であり、この変容過程が生起する時期を早め、なおかつ、その期間を短縮した点であり、そして、来たるべきシステムの変容過程が完了するまでは、世界が耐えなければならない数々の苦難と試練を過小評価した点の以上三点に過ぎない。

ひるがえって、第二次大戦後のドイツの歴史家にも正しい点はある。それは、国家間関係の発展過程における継続的側面だけに目を奪われるのではなく、そこにみられる「ほころび」にも充分注意を払うよう指摘したことである。しかし、その際、国家間システムの継続性における最大のほころびが、そのシステム自体の瓦解にあるとしてはならない。最大のほころびは、システムが機能し続ける状況の中で、つまり継続性というコンテクストの中で発生したのである。科学技術力の爆発的な増大と世界各地でますます進展を見せつつある経済的、技術的、社会的一体化現象から、実効性のある国連が、いわんや世界国家が、自動的に生まれると期待するのは間違いなのである。このような状況においても、大国諸国は相互に敵対的存在だろうし、相互の相克《そうこく》は折りに触れて熾烈を極めるだろう。また、それ以外ではありえない。しかしながら、国家間の相克という状況下で生起する巨大な変化の兆候を見過ごすことも、また同様に間違いである。なぜならば、この巨大な変化のうねりによって、大国諸国は自らの行動を変えざるをえなくなると同時に、戦争以外のおよそあらゆる相克は今後も存在し続けるだろうからである。こうした変化は、これまで検討してきた変化、すなわち、一時的にせよ相対的権力の安定的な分配、現在数カ国が手中に収め、今後いっそう恒久化するだろう絶対的権力の新たな段階、および、技術的抑止力のさらなる増大に限られるものではない。権力の分配、絶対量、判断基準に限らず、権力の行使を抑制する政治的コンテクストも政治目的も、一定の分野における発展が緩やかながらもいまやその最高点に到達した結果として、近年大幅な変化をみせている。

権力の新たな源泉と判断基準が世界の権力の絶対量を拡大させてきたとするならば、それは同時に、権力行使にともなう政治目的や、権力増大を目指す旧来の方法を時代遅れにしてきたのである。かつて、植民地膨張主義や帝国主義は資本主義の発展の新たなかつ最終的段階の直接的産物とされてきた。この解釈は、植民地主義も帝国主義も、金融資本主義の成立以前の十八世紀にすでに十九世紀に引けをとらないレベルで強力に推進されていた事実、さらに、十九世紀になっても資本主義がいまだ高度に発達していないため輸出向きの資本に事欠くような諸国、たとえばロシアやイタリアなどが高度に資本主義化した国家に劣らず植民地主義と帝国主義を追求した事実を見過ごしている。しかし、この理論の信奉者、主としてマルクス主義者が見過ごしたことの重大性は、実は、資本主義が封建主義と同様、価値中立的概念だということにある。つまり、資本主義自体が権力追求の動機づけの表徴ではなく、それ自体はごく基本的な欲求に過ぎない権力追求への志向を包合する政治目的を形づくる際に遭遇する状況と条件の一部なのである。十九世紀的時代状況においては、それにさかのぼる十八世紀の状況と同様、領土の拡大が、さらに十九世紀に顕著になる植民地の獲得が、権力への基本的な欲求として不可避とはいえないまでも、至極当然の国家目的と理解されていた。つまり、十九世紀の帝国主義は、資本主義の必然的な産物なのではなく、その時代の条件下における権力の自然な現れ方だったのである。現代に関しては過去の時代以上に、技術的な観点から判断する限り権力の追求が容易になっているとしても、時代が提起する条件が変容したため、以上のことが当てはまらない。たとえば、アメリカがソ連領土の一部を奪う、あるいはソ連がアメリカ領土の一部を奪うことは、技術的には、仮に核兵器が存在しなくても、かつてビスマルクがフランス領土のアルザス・ロレーヌ地域を奪取した以上に簡単である。しかし、米ソ両国のこうした行動は、現代では一国の権力を増大させる方策として馬鹿げているだけではなく、米ソ間の核の相互抑止力からもありえない。七億人の人口を有する中国は、いずれ、アメリカにさまざまの難問を突きつける存在になるだろうが、しかしそうなったとしても、七億人の中国が三億人のアメリカに対して、「戦争か、さもなければ占領か」の二者択一を迫る状況にはなりえない。

領土の獲得に関する限り、第一次および第二次大戦以前には考慮すべき対象とされていたのだが、しかし、仮に現代の高度に発展した大国諸国がその可能性を考えたとしても、高度の発展を遂げて現存する政治構造がそうした行動を許そうとはしない。かつて、王と貴族はほかの諸国を統治できるが民主的国家は他国民を支配できないといわれた時代があった。この点に関していえることは、十九世紀中葉以降の列強間の領土獲得競争は、自らが率先して獲得しなければほかの列強に先を越されるのではないかという疑心暗鬼が最大かつ最終的な動機であり、それ以外ではなかったということである。世界の大国に対して、例外なくしかも等しく領土獲得の欲求に抑制力がかかるようになると、領土獲得の欲求とともに、他国に出し抜かれる恐怖心も自ずと消え去る運命にある。しかし、抑制力という圧力、むしろ、抑制力以上の圧力を大国諸国がひしひしと感じるようになったのは、自国が兼ね備える政治構造だけにその原因があるのではない。獲得した領土からの第二次大戦後の撤退現象は、戦略的観点からも領土の獲得がさほど重要性を持たないという認識、さらに、国際世論上からも望ましくないという認識が強まるのと並行して、世界全体にわたって自主独立への強力かつ執拗な要求が叫ばれるようになったからでもある。こうしたとらえ方に影響を受けたのは、いわゆる「十九世紀の古い帝国主義諸国」だけではない。アメリカは十九世紀、「モンロー主義」を自国領土拡大のために利用した。二十世紀になると支配圏拡大政策は放棄したが、しかし、一九三五年までは依然として、都合三一度にわたる中米諸国への介入に際して、モンロー主義を介入正当化のために利用した。一九三五年以降には不介入原則の採用に転じ、一九五五年以降になると、人知れず秘密裡に行う介入すら難しくなった。また、ソ連政府にとって、西ドイツへの東ドイツとベルリンの返還の障害となっているそこからの撤退の口実ほど、探し求めていることはない。

現在の状況に内在する以上の諸点が、戦争に対する技術的な抑止力とはレベルを異にする政治的な抑止力を構成している。戦争はたしかに発生してきたが、しかし少なくとも、ここ数世紀の戦争は領土獲得欲からではなく、むしろ先を越されることに対する不安から発生したのであって、敵の殲滅《せんめつ》を希求することは論外としても、何らかの合理的目的と自国民の支持なくして開始された戦争は一つとしてない。おそらく、このことは、国民の支持に勝る合理的目的を追い求めたとしても徒労に終わるだけだろうし、戦争を支持しない国民に対しては、それでも何らかの支持するに足るものを提示しなければならないという隘路《あいろ》を示しているのだろう。そうだからこそ大国諸国間の主導権をめぐる争いが、道義化の様相を強めるとともに、威信の高揚をめぐって手練手管を操り、それ自体過去の遺物となりつつあるイデオロギー闘争の永続化に腐心する事態を招いているのである。

この最後の変化は、戦後の状況における現実の一側面なのだが、われわれはこのことをなかなか認めようとしない。現代においても、不和と紛争に対してはいかんともしがたい心理的な障壁に支配されているのである。ロバート・グレイヴス氏（Robert Graves, 1895–1985）［イギリスの詩人、小説家、翻訳家。小説 *I, Claudius*（一九三五年）や *King Jesus*（一九四六年）の著作で知られる］が「西ヨーロッパは感情的にも精神的にももう一つの戦争へと向かっているのだが、今日の若者の問題は、彼ら若者が戦争など欲していない――そんなものまっぴらだと思っている――ということにある」(8)と述べているが、おそらくこれは正鵠を射た発言だろう。感情に支配される衝動的な欲求とは異なり、イデオロギー上の対立は本来こうした崩しがたい障壁ではないのだが、イデオロギーを異にする諸国ともさまざまな領域において一定の理解を示してきた各国政府でさえ――その理解が強いられた理解、あるいは不完全な理解だとしても――イデオロギーの相違に対しては根拠のない曖昧模糊とした信念を相変わらず抱き続けているのである。

ソ連の平和共存方式には、デッドロック状態の存在とその背景となっている政治的・科学技術的抑止力への適応に関して、ほかの諸国のやり方とは著しい違いがみられる。それだけではなく、この平和共存政策は、かつて一九二〇年代の「一国社会主義」が、イデオロギー闘争は国際政治における米ソ間の主導権争いの重要性にはかなわないという判断に対応したソ連の大きな譲歩だったのと同じように、国際的なイデオロギー闘争が過去の遺物だという事実に対応したソ連の大きな譲歩でもある。この点に疑問を感ずる向きには、それをいち早く指摘した素朴な中国のマルクス主義者たちの著作の一読を勧めるとともに、イデオロギーの違いの押さえ込みを許す平和共存であってはならないとソ連が執拗に主張する真の目的が、実は前述の譲歩をあからさまにしたくない欲求にあることを銘記したい。ソ連の平和共存政策が、共存はイデオロギー闘争を継続する国家間で行われるべきだという主張に力点を置いている現状の中で、主要国家間の社会的・政治的差異と今世紀前半五十年間にこの社会的・政治的差異がもたらしたイデオロギー上の緊張状態が急速に緩和しつつある事実を看過しているように思われるとしたら、それはおそらく、ソ連政府当局が認めたがらないとしても、この事実を充分承知しているからだろう。少なくとも、ソ連は現在、中立的な人間など存在するはずがないと主張しながらも、他方で中立的な国家の存在を許容するイデオロギー上の新たな転換を図りはじめている。* 西側諸国では、同じことは考えられない。現在のイギリス外相ダグラス＝ヒューム（Sir Alec Douglas-Home, Baron Home of Hirsel, 1903–1995）の不変の常套句は、ソ連政府当局の不変の常套句が平和共存下において最終的に勝利を収めるのは共産主義だというのと表裏一体をなすかのように、共産主義との平和共存は不可、なぜならば、その受容は取り返しのつかない共産主義の浸透に大きく門戸を開くことだからというものである。就任直後のケネディー新政権は力を誇示する政策へと自らを駆り立て、共産主義の十字軍には別の十字軍をもって対抗すべきという支配的意見のもと、敵愾《てきがい》心むき出しの狂気染みた政治状況へと雪崩《なだれ》込んでいった。さもなければ、西側世界の生活様式が共産主義的生活様式に圧倒され駆逐されるのを甘受せざるをえず、こうした事態を回避し、自由と人間の尊厳を守る闘いに勝利するためにも、米ソ間の宇宙進出競争において、アメリカが一番にならなければならないとさえ主張するのである。† 以上の議論は恐怖心と劣等感の産物というだけではなく、論旨の展開に錯誤が散見され、明晰な思考の妨げになっている。

このことは、かつてイデオロギーをめぐる闘争がなかったことを意味しない。十六世紀と十七世紀におけるカト

＊　これは、一九六一年六月三〜四日に持たれたケネディー大統領（John Fitzgerald Kennedy, 1917–1963）とフルシチョフ首相（Nikita Sergeyevich Khrushchev, 1894–1971）の会談（いわゆる「ウィーン頂上会談」）の場でのフルシチョフ首相の基本的な姿勢である。

†　一九六一年五月二五日。

リック教徒とプロテスタント教徒との間のイデオロギー闘争や、十八世紀と十九世紀におけるフランス大革命と旧来のヨーロッパ秩序間のイデオロギー闘争は、相互に似通った生活様式を有する単一のヨーロッパ的伝統内部での闘争であり、相互に異質な生活様式を営むもの同士の闘争ではない。それにもかかわらず、そのイデオロギー闘争はほかに類をみない苛烈な闘争だったし、熾烈を極めたものと意識されていた。今後、ヨーロッパとは異質な非ヨーロッパ文明とのイデオロギー闘争が起こりうるとしても、ロシア革命によってソ連とほかのヨーロッパ諸国が真っ二つに引き裂かれ、その結果、相互間の接し方や双方の思考様式を真剣に熟考せざるをえなくなるほど苛烈なイデオロギー上の対立が起こることはおそらくないだろう。そして、このヨーロッパ的生活様式の分裂状況から生み出されたのは、おのおのの陣営内における内部抗争、すなわち自由主義的伝統か権威主義的伝統かをめぐる、さらには、ヨーロッパ的民主主義の二大解釈をめぐる、かたやソ連邦内での訌争《こうそう》、かたや西ヨーロッパ諸国内部での訌争であり、双方の優越性をめぐって激しく火花を散らす状況がいたるところで現れた。このイデオロギー闘争は、極端な不均衡を招いた権力の配分と同様、戦間期の不安定な政治状況の原因として重要なことは論をまたない。しかしながら、この闘争が伝統を共有する単一の文明圏内での内訌《ないこう》である限り、長期にわたる訌争にはなりえない。

その伝統内における社会的・政治的概容が、十八世紀以降、少なくとも先進諸国に関する限り、文化、政府の形態、経済、軍事組織、都市の態様を含め、ときと場所によっては一時的な退行現象をみせながらも、またその歩みが実に緩慢な場合も少なくなかったが、相互に歩み寄り近似する方向をますます強めてきた。二十世紀を迎えると、過去半世紀間に、最高度に深刻な退行現象を何度か経験した事実にもかかわらず、近接へのプロセスはその勢いを加速させている。政治の分野における革命的改変と科学技術の分野における革命的進歩が、国家から国家へととどまることなく伝播する中で、個別国家をいままで以上に接近させる役割を担うとともに、近代国家が目指す技術革新にともなう産業化、都市化、政治の大衆化、行政の近代化などの進展にみられた著しい較差を一定の範囲内に平準化する役割を担うことによって、このプロセスの生みの親ともいうべき大役を果たしたのである。この点の例証として、たとえば人文系の学問領域では、一世紀以上さかのぼるフォン・ランケとトーマス・マコーリー（Thomas Barbington Macaulay, 1st Baron Macaulay, 1800-1859）［進歩・退歩の二項対立的・党派的ウィッグ史観の礎といわれるイギリスの歴史家、政治家］の歴史研究の大きな差異は、一九三〇年代になっても依然として、マイネッケ［自由主義史観に立つドイツの歴史家］とトレヴェリアン（George Macaulay Trevelyan, 1876-1962）［ウィッグ史観を継承するイギリスの歴史家］の歴史研究へのアプローチの差となって現れていた。しかし、現在では方法論や関心領域の面においても、このような差異をドイツとイギリスの歴史家の間にみることはできない。ヨーロッパ諸国相互間の政治的・社会的外観や関心領域に関しても、かつてほどの隔たりはもはや存在しない。

イデオロギー上の隔たりを最も直接的に映し出す政治・社会分野における順応性・一体性の着実な進捗は、二つの方向からもたらされた。二十世紀初頭以降、社会のさらなる複雑化の影響を受けた西ヨーロッパ諸国では、各国がそれまでにおのおのつくりあげてきた貴族主義的思考形式と自由主義的思考形式が混合した十九世紀的生成物が激しい蚕蝕《さんしょく》作用にさらされたが、ソ連に関しては、革命以前のロシア独自の歴史的経験もあって、そうした西ヨーロッパ的生成物が形成される前に、政治的・社会的革命が立ち現れた。革命成立以降のソ連にみられたのは、世界の並みいる国家に伍して国家としての存立を図るという圧倒的な重圧のもとで、また、国内的には社会の工業化、官僚化、大衆化の進展につれて、その受容プロセスに共通する態度を兼ね備えざるをえない重圧のもとで、当初の過激な主張、信念、さらには手法が徐々に影を潜める姿だった。このような重圧のもとでも、長期にわたって革命的であり続けられる国家などおよそ考えられない。アメリカもフランスもともに、かつては世界に向けての革命的メッセージを携えた革命的国家だった。ちなみに、一九八四年までに［ジョージ・オーウェル（George Orwell, 1903-1950）の近未来小説『一九八四年』（*Nineteen Eighty-Four*, 1949）になぞらえた年号］、アメリカの二大政党やイギリスの（終身議員資格を有する）上院（House of Lords）、あるいは、『ニューヨーカー』（*The New Yorker*）［一九二五年創刊のアメリカの知識人向け雑誌］や「ジョッキークラブ」（The Jockey Club）［一七五〇年創立のイギリスの現存する名門乗馬クラブ。上流階級の社交クラブ的側面が強い」に相当するものがソ連にも存在するようになるというのは誇張に過ぎるだろう。*ソ連国内の政治的、憲法的、社会的、経済的進展が、これらの進展を象徴する生活様式の目覚しい変化や、現実政治に対応する外交手法の劇的な変化に比べて、その速度の点で見劣りするのは否定しがたい。しかしながら、東西両陣営の社会的変化は、かたや西側諸国においては技術官僚エリート層が先導役を務める階級のない「中産階層」社会に限りなく近づきつつあり、かたや共産主義的世界認識がかつて君臨した東側諸国においては、階級根絶の重要性にかつてほど拘泥《こうでい》しなくなるとともに、エリート層としての技術官僚層の必要性を強調することに端的に現れている。こうした点において最も相互に接近しつつある二カ国がソ連とアメリカだといっても、それほど的外れではないだろう。これほどの変化の足跡が、しかもこれほどの短期間の間に刻まれてきた事実を前にして、われわれはこうした動きが今後その速度と広がりを増す中で、米ソ両国以外の諸国にもさらなる変化を招来させるだろう状況の推移を過小評価せずに注視する必要がある。

イデオロギー闘争に動員可能な手段は、東西双方からの相互浸透プロセスにともなって必然的に減少した。国家間関係の分野においては、西側自由主義諸国に対する共産主義の黙示録的な魅力が、その頂点を迎えたスペイン市民戦争を経て、その戦いの中から生じた幻滅によってまず色あせた。ついで、その魅力を自らの手で犠牲にした独ソ不可侵条約［一九三八年八月二三日締結。秘密議定書で両国間の領土割譲が合意された］の締結――その動機がどれほど道理にかなっていたとしても――の見返りとして、イデオロギー闘争は早くも一九三〇年代から一九四〇年代にかけてその勢いが削がれはじめたのである。たしかに、ソ連の独ソ戦におけるヒトラー打倒に対する貢献の結果、イデオロギー闘争が再熱し、核兵器の存在に対する恐怖心と、ソ連が核兵器を保有しない状況下でのアメリカの独占的所有に対する懸念との狭間で、一般人の気持ちが揺れ動いた時期には、イデオロギー闘争が苛烈を極めたことは間違いない。しかし、この激しさも核保有国としてのソ連の登場、ハンガリー動乱［非スターリン化の波が東ヨーロッパ諸国にも押し寄せつつあった一九五六年十月、ハンガリーの市民、労働者、学生による反政府・自由化要求運動が二度にわたるソ連の軍事介入を招いた事件」に対するソ連の対処方――それがいかに道理にかなった対処方だったとしても――さらには、西側諸国の旧植民地地域に対する独立付与政策などの動きに逆らって持ちこたえられはしなかった。また、国内政策の面においても、イデオロギー闘争は、アメリカのニューディール政策［一九三〇年代の世界恐慌を克服するために、ローズベルト大統領の主導権下で実施された一連の経済政策。テネシー川流域開発公社（TVA）による大規模公共事業や民間資源保存局（CCC）による大量雇用創出などで知られる］を嚆矢《こうし》として、一九四五年以降、順次西側世界で規模を増幅・拡大させながら実現を図った社会的革命の進展にともない、その勢いを失っていった。「西側」のソ連への思想的転向事例は、戦後、一九一七年以降のいかなる時期よりも少なくなり、ましてやマルクス主義への転向事例は限られたものになっている。

国家間のもろもろの違いは、今後も存在し続けるだろうし、また、その違いは相互に最も緊密な関係を持つ国家間にも存在する。しかも、そうした違いを強調する声は依然として強い。しかし、その声音も多くの場合、イデオロギー闘争と誤解されている権力をめぐる主導権争いの否定しがたい継続という大音響によって一時的にかき消されてはいるが、いまや虚しくしかも的外れな音を立てはじめている。大戦後の新たな国際的均衡状況と、東西両陣営における大衆社会の出現、さらには、ド・トクヴィル的用語を使うならば、無謀な政府の行動への政治的防波堤の役目を果たす民主主義的社会の出現という潮流のもとで、イデオロギー闘争自体、それを燃え上がらせる有限の可燃物がたどるべき運命なのである。そのような日が到来したならば、先進諸国の国民は、イデオロギー上の闘い

＊　フルシチョフ氏は、一九六一年六月十五日、ソ連首相として初めて国民向けのテレビ・ラジオ放送を行ったが、あるアメリカ人リポーターはこれをローズベルト大統領（Franklin Delano Roosevelt, 1882-1945）の炉辺談話（fireside chats）［毎週国民向けに行ったラジオ演説］になぞらえた。さらに、翌年十二月十二日には、彼は自らの炭鉱育ちの出自をケンブリッジで育ったようなものだと述べている。

が不毛の問題だけに奉仕してきたこと、さらに、解決を求められる真の問題が実は世界の先進諸国と後発諸国とを隔てている問題にあることを、現在以上にはっきりと認識するようになるだろう。

先進国と後発国との間の不均衡状況は、先進諸国間の不均衡状況と同様、十九世紀末葉にかけて誰の目にも明らかになった。しかし前者の不均衡状況は、一九四五年までには新たな権力の安定的配分を実現した先進諸国間の不均衡状況とは異なり、ときの経過とともに、緩和されるどころか、ますます深刻度を増している。過去半世紀間における産業・科学技術の驚異的な進歩は、二十世紀以前には限られた進展しかみせなかった先進諸国を一様に捕捉し、相互に影響を与えあい、吸収しあい、その結果として各国はレベルアップを図ってきた。これに対して後発諸国の場合には、驚異的な進歩の上っ面に触れるぐらいしかできなかったのである。国家間の最大の問題は、いま現在はともかく、今後遠からず後発諸国と先進諸国との間の不均衡という現実であろう。産業・科学技術の進歩の結果、限られた分野といえ、ある種の一体性を実現してきた世界は、この点に関する限り鋭く二つに分断されている。

しばしば見過ごされているのだが、ソ連は、レーニン革命がロシアの大地を震撼させるかなり前から、産業革命に着手していた。他方、ヨーロッパ的発展段階基準をとりあえず受け入れるならば、インドの西欧化は、その努力にもかかわらず、一九一七年当時のロシアよりも一世紀遅れている。インドの社会的・政治的・知的実相、カースト制度、さらには家族制度、すなわちインドが現在にいたるまでに到達した経済的・科学技術的発展段階と密接な関係を有するインド社会の外観、適応力、信仰、慣習などの複合的生成物は、おおざっぱにいうならば、スチュアート王朝（The Stuart Dynasty）［一六〇三〜一七一四年にいたるスコットランドとの同君連合体制下のイギリス王朝］期のイギリスの様相を呈している。中国、アフリカ大陸、インドの広大な農村地帯、中南米大陸の多くの地域、その他全世界の大半の地域は、ヨーロッパ的発展基準に従う限り、さらに遅れた地域である。発展の後進性に侮蔑的な意味合いをここでは持たせていないのだが、しかし、以下の点は歴史的事実として認識する必要がある。現在の欧米諸国を近代初期の欧米諸国から分け隔てるものをタイムスパンという視点から俯瞰《ふかん》した場合、欧米諸国がこの変化過程で必要としたタイムスパンよりも、これら後進地域が同じ変化過程を歩む際に必要とするタイムスパンの方が多少短くなるとしても、後進地域が自らの努力をどれほど傾注しようとも、また、欧米先進諸国からの援助がどれほど注ぎ込まれようとも、何世代にもわたってその都度直面した障害を乗り越えてきた欧米諸国の長い「旅路」を圧縮して簡素化できると期待するには無理がある。後進地域に現在のような混乱状態を引き起こさせたのは、たしかにヨーロッパの技術や思想の流入、そしてヨーロッパ的モデルの導入である。ところが、導入された後進社会は、技術や思想を生み出したヨーロッパ社会とは経過してきた歴史を全面的に異にする社会であって、後進地域があの長い「旅路」を全うしたいと願ったとしても、果たして全うできるかどうかは疑わしい。後進地域の大部分は、かつて人類の初期段階における最初の進化過程を印《しる》した地域であり、最初期のもろもろの文明を開化させた地域でもある。このかつては恵まれた気候風土こそが、皮肉にもヨーロッパ型社会の経済的、行政的、知的基準が要請する方法論や、それを実現するための労力の傾注に対する執拗な反発を生み出させ、それが逆に手枷足枷となって呻《しん》吟《ぎん》しているのである。こうした現状下にあっていえることは、後進地域の発展がどの方向を志向するのであれ、今世紀はもとより来たる二一世紀においても、これらの地域が重度の不安定状況から逃れられる見込みはないことである。十六世紀以降、欧米諸国と欧米化を果たした諸国が通過せざるをえなかった政治的・社会的混乱状態に限らず、その五世紀間に幾重にも層をなして徐々に形成された結果として、現在のヨーロッパ的構造とその堅固さを獲得したのだが、その過程で頻発した国内の権力闘争も国家間の権力闘争も、形を変えながらも、激しく流動的な後進地域においても繰り返さざるをえない。近世初期といわず時代をさらにさかのぼってローマ帝国の崩壊を出発点として、この時点から歴史が繰り返されるとすることも不可能ではない。この場合には、インドは緩慢ながらも凋落の過程をたどるビザンツ帝国［ローマ帝国が三九五年に東西に分割統治された後の東ローマ帝国。一四五三年、オスマン・トルコ帝国第七代皇帝メフメト二世（II Mehmet, 1432-1481）の軍門に降り、一千年あまりの歴史を閉じた］の役割を担い、アフリカの大地では、かたや部族王国相互間の血生臭い覇権争いと、かたやヨーロッパ世界の暗黒時代と刻印されるローマ帝国の復興を目指す奮闘努力の間で、両者の優劣をめぐる熾烈な闘いが生起する姿である。

以上のような蓋然性を有する状況に直面する大国諸国にとって問われるべきことは、後進地域を味方に引き入れて勝利するのがはたして共産主義なのか、あるいは、より欧米化した民主主義なのかではない。中世ヨーロッパのムーア人［北西アフリカ地域のベルベル人を含むイスラム教徒の総称。八世紀から十五世紀まで断続的にイベリア半島を支配した］の勢力拡大や近世ヨーロッパのオスマン・トルコ帝国の強大化に直面した際の最大の問題は、おのおのの支配地域を越えてイスラム教がキリスト教を席巻するのではないかという懸念だったとわれわれが考えるのも無理はない。ヨーロッパ的文化や科学技術によるイスラム教圏のヨーロッパ化に対する反発こそが、いまやイスラム教諸国がヨーロッパから離れ、ヨーロッパの文物を忌み嫌う最大の推進力になっている。後進地域の征服と統治は、第一次大戦までは列強諸国にとって、当該地域の秩序維持の政策として採用しうるものだったのみならず、第二次大戦まではそこから得られる果実を当てにすることもできた。しかし、一九四五年以降になると、後進地域の独立への要求のペースが速まり、なおかつ、その要求が集団化するにつれて、列強諸国による支配と統治の非現実性が明らかになった。したがって、次世代に向けて問われるべきことは、むしろ、ヨーロッパの列強諸国のアジアとアフリカにおける地歩がすでに風前の灯になりつつあり、さらにアメリカのモンロー主義的孤立政策の適合性が内外からの挑戦を受けている現在、こうした「変化の風」が広大な領土を誇るソ連邦の圧倒的地域を占める後進的共和国群の地に吹き荒れることになりはしないかということだろう。

他方、世界の主要国が後進地域の政治的不安定状況から隔絶した安全な場所に身を潜め、自国に関わる事柄にのみ専念できるかどうかということは、かりそめにも問われるべき問題ではない。主要国にとって拱手傍観《きょうしゅぼうかん》の姿勢に徹することが最も賢明な方策に思える機会がいままでに何度か訪れたように、今後も少なからず訪れるだろう。しかしながら、技術革新の結果、現代の世界は一体化が加速されつつあり、そのうえ技術革新にともなって、地球上の実質的な距離が驚異的に短縮された現状のもとでは、たとえその間に先進諸国と後進地域間の不均衡状況がいっそう激化したとしても、ある地域をほかの地域から引き離し孤立化させるのは、ある国をほかの国の支配下に置くのと同様、もはや現実的ではない。このような状況下において理性的に対処するために大国諸国がなすべきことは、指摘するまでもなく明らかである。大国諸国が自らに課さざるをえなくなり、その過程で徐々に培《つちか》ってきた相互協力の態勢を、後進諸国が国内に抱えるさまざまな問題を軽減しつつ、同時に後進諸国間の骨肉相食む争いがもたらす悲惨な状況を可能な限りやわらげるために用いるべきであり、そのことによって生み出される剣呑《けんのん》さを免《まぬが》れた安定的な世界は大国諸国の利益にもかなうはずである。

これを実現するのは容易な業ではなかろう。なぜならば、ヨーロッパ列強諸国の国家間関係がデッドロック状態に近づきつつあった十九世紀最後の三十年間に、列強間の主導権争奪戦がヨーロッパという地政上の境域を飛び越えて、新たにその苛烈さを増幅させながら進行したからであり、今日再び、大国諸国がデッドロック状態に陥っているという認識が後進諸国に対する先進諸国の活動を活発化させ拡大させているからであり、しかも、その際にはイデオロギー臭をたっぷりと染み込ませた言葉遣いから逃れられないからである。こうした言葉遣いがもはや時代遅れの代物だと認識しはじめているにもかかわらず、後進諸国に対する活動に従事する先進諸国自身が相互に警戒しあい、相互に不信の目で眺める根拠をみつけ出すのに、おそらく何ら困難を感じないだろう。他方、後進諸国側にしても、仮に大国諸国が足並みをそろえて一糸乱れぬ行動をとろうとも、彼らが大国諸国を恐れそして信じない理由には事欠かないはずである。将来予想されるこのような困難な状況が克服される蓋然性はきわめて低い。なぜならば、国家間関係を実際に担う次世代の政治家が、たとえば十九世紀の政治家よりも賢明になっていると信じるに足る根拠が残念ながら見当たらないからである。

しかし同時に、次世代の政治家が十九世紀の政治家よりも賢明さの点で劣ると信じる根拠もまた見当たらない。このことに限らず、ときの経過とともに変化してきた世界の状況の推移を考え合わせてみると、先進諸国間の関係は今後も、少なくとも十九世紀と同レベルの安定性を確保する蓋然性が高いといえる。この通りに状況が推移するならば、われわれが歩むこの時代は、歴史上、幾度となく経験したことではあるが、現実には危機的状況がすでに過ぎ去っているにもかかわらず、大多数の人が自らの時代の危機に際して怨言・妄言の類いを弄した時代、そんな危機感過多の時代として歴史に記憶されるだろう。

注

（1）C. M. Woodhouse, *British Foreign Policy since the Second World War*（1961）, 90, 184, 237–40.

（2）*Ibid.* 61–62.

（3）*Ibid.* 90.

（4）*Ibid.* 170–71, 184.

（5）*Ibid.* 240–41.

（6）Herbert Feis, *Between War and Peace: The Potsdam Conference*（1961）.

（7）とくに、Ludwig Dehio,（Eng. trans.）, *Germany and World Politics in the Twentieth Century*（1959）及び Theodor Schieder,（Eng. trans.）, *The State and Society in Our Times*（1962）を参照。後者は 'The Type in the Science of History' の章でデェィオの見解を支持している。戦時期のフランスにおける同様の見解については、Simone Weil, *Selected Essays*, 1939–43（1962）, 136–40, 202–03 を参照。

（8）*Observer*, 4 October 1961 における引用。

訳者あとがき

本書は F. H. Hinsley, *Power and the Pursuit of Peace: Theory and Practice in the History of Relations between States* (Cambridge: Cambridge University Press, 1963) の全訳である。

近現代における平和構想の歴史を真正面から扱った本書はほかに類を求めるのが難しい。唯一の例外は S. J. Hemleben の *Plans for World Peace through Six Centuries* (Chicago: University of Chicago Press, 1943) なのだが、国家主権という概念が希薄な中世的平和つまりキリスト教世界の一体性を志向する遍在的平和と、十六世紀以降顕著になる主権国家間における平和（と戦争）との異同という視点が欠落している。この点は本書との決定的な違いである。なぜなら本書のタイトルの冒頭に「権力（power）」という言葉が使われていることからもわかるように、ヒンズリー氏は主権国家間の権力をめぐる争いの中での戦争と平和をこそ論述の中心に据えているからである。そのことはルソーとカントの平和論を詳述する第3章と第4章に明らかである。そして、彼はルソー的悲観主義にではなく、カント的理想主義と現実主義に主権国家間における平和の可能性を見出し、そこを立脚地点に据えつつ現代にいたる平和構想に内在する問題点を指摘する。彼にとって、ウィーン会議体制はいうまでもなく、国際連盟も国際連合もともにいまだカントのレベルに達していないのである。十九世紀以降の新たな現象——国家相互の空間的距離の短縮、軍備の近代化、行政・官僚制度の整備、マスメディアの発展にともなう世論の遍在化、先進諸国と後発諸国との不均衡状況など——が平和の実現を難しくさせてきたからでもある。

本書は米ソ冷戦が一見すると最高潮を迎えているような様相を呈した一九六〇年代前半で終わる。半世紀以上前の本書の現代的意義について確かなことはわからない。しかし、混迷の度を深める現代社会においてもなお平和を希求する者ならだれしも、本書のそこここにそのヒントがちりばめられているのを見出すだろう。

＊

本書との出会いは訳者が四十数年前、カナダ・マックマスター大学の政治学専攻修士課程に在学中の国際政治学のゼミナールでのことだった。一九六〇年代後半から七〇年代にかけての政治学、とりわけ国際関係論の分野では、初期のコンピュータを利用したアメリカを震源地とする数量的・統計的手法に特化したゲーム理論が一世を風靡していた。人間の行為が主体となるべき政治学のこうした風潮に対して割り切れない想いを抱いていた矢先にゲーム理論的手法とはまったく趣を異にする本書に出会い、根こそぎ魂を奪われ政治学から歴史学への大幅な軌道修正を決意した。その一年後の一九七三年にケンブリッジ大学の博士候補生として、本書の著者であるヒンズリー氏の指導にじかに接する幸運に恵まれた。爾来現在に至るまで、本書は訳者の歴史研究にとってバイブル的存在であるといってよい。ときに彼の漸進主義的歴史観——解釈のしようによっては、中道的立場に終始し、白黒をはっきりつけない立場——に若気の至らなさからいらだちを覚えたこともあったが、歴史家の仕事は対象の歴史的事象に真摯に向き合うことであって、かくあれかしと願うことではないとする彼の姿勢にその都度頭を打たれる思いで、訳者の浅慮に気づかされてきた。

本書が訳者の単独訳として出版されるのにはそれなりの経緯がある。一九七四年から七六年にかけて、ヒンズリー教授の指導のもとに訳者以外に二人の日本人若手研究者がケンブリッジ大学に在籍していた。一人は当時香港中文大学の原武道氏、もう一人は京都大学の中西輝政氏である。各人が所属大学に帰還してから数年後、この三人で本書を翻訳し出版しようという考えが自然発生的に生まれた。各自の訳出作業の分担を決めたのだが、ときの経過とともに本務校での研究教育や学会活動その他に忙殺され、次第に共同訳への思いが遠のいていった。恩師に当たるヒンズリー氏に対して慙愧の念と心残りを強く感じた。

この間、訳者は所属大学の『専修法学論集』にほぼ各章ごとの邦訳を都合二十回にわたり断続的に掲載、二〇一一年三月に全訳をいちおう完了した。最初の訳文の掲載が一九九七年七月であるから足かけ十四年、牛歩を地でいくようなものである。これほどの期間を要したのは、もちろん訳者の力不足によるところがほとんどすべてなのだが、著者ヒンズリー氏の英語文体の特異性にも一因があるだろう。彼は思考しながら書き進めるというスタイルをとるから、いきおい反復的というか多層的というか累乗的というか、ときとして蜿蜒《えんえん》たる文章になるのだと思う。ハイフンの多用がそのことを如実に示していて、心底訳者泣かせである。その晦渋《かいじゅう》さは同時代のイギリスの歴史家A・J・P・テイラーの簡潔で小気味のよい文体とは対照的である。ヒンズリー氏が逝去した一九九八年以前には入り組んだ思考パターンを解きほぐすべく、彼の意図するところを書状やファックスで問い合わせ確認することもできたが、その後その機会も失われ、著者の意図を訳者が忖度《そんたく》する頻度が多くなった。またこの点では、専修大学の同僚諸氏に一度ならずお世話になったことを謝して記しておきたい。正確無比に訳出しているかと問われれば、最善を尽くしたというほかないのだが、翻訳上の大小のミスなどに関しては、その責は一人訳者が負うべきものである。

原著の上梓から半世紀以上を経てようやく邦訳の出版に漕ぎつけられたのは、ひとえに勁草書房の上原正信氏のおかげである。本書の現代的意義はともかく、埋もれてしまったかもしれない訳者の前述した翻訳論稿を「発掘」し、出版へと誘《いざな》ってくれたからである。また校正段階では、訳者のまわりくどい表現やどちらかといえば専門家向けの言い回しに陥りがちな傾向に釘を刺し、読みやすさを重視するよう指摘してくれた。あわせて感謝したい。

佐藤　恭三

著者紹介

ハリー・ヒンズリー（Sir Francis Harry Hinsley, OBE）
1918年，イギリス生まれ。ケンブリッジ大学セントジョンズ・カレッジで歴史学を学び，第二次世界大戦時にはイギリス政府の諜報機関で情報解読の任務に就く。その後，大学に戻り，ケンブリッジ大学国際関係史教授を長く務めた。専門は歴史学，インテリジェンス研究。1998年に逝去。
主著：*Sovereignty*, 2nd ed.（Cambridge University Press, 1986），
Nationalism and the International System（Hodder and Stoughton, 1973），
British Intelligence in the Second World War, 5 vols.（共著，HMSO, 1979-1991）など。

訳者紹介

佐藤 恭三（さとう きょうぞう）
ケンブリッジ大学歴史学研究科博士課程修了，Ph. D.（歴史学）を取得。専修大学法学部助教授を経て，
現在：専修大学法学部教授。専門は国際関係史。
主著：*Japan and Britain at the Crossroads,1939-1941: A Study in the Dilemmas of Japanese Diplomacy*（Senshu University Press, 1986）など。

事項索引

ア 行

カ　行

サ　行

タ　行

ナ　行

ハ　行

マ　行

ヤ　行

ラ　行

ワ　行

人名索引

ア 行

アウグストゥス（Gaius Julius Caesar Octavianus, Augustus） 230, 231
アバディーン（4th Earl of Aberdeen） 348, 383
アリストファネス（Aristophanes） 2
アルベローニ枢機卿（Cardinal Alberoni） 40, 62
アレクサンドル一世（Aleksandr I） 152, 174, 291, 293, 294, 299–304, 307–309, 311, 312, 315–17, 320
アレクサンドロス大王（Alexandros Ⅲ） 141, 261
アンリ四世（Henri IV） 24, 29–33, 39, 50, 63, 64, 85, 151, 153, 198, 239
イヴァン雷帝（Ivan Groznyi） 424
インゲルハイム（Anselm Franz von Ingelheim） 37
ヴァッテル（Emmerich Vattel） 247, 248, 281, 283
ヴィクトリア女王（Queen Victoria） 271, 348
ウィスクマン（Elizabeth Wiskemann） 497
ウィリアム三世（オレンジ公）（William of Orange, William III） 239, 254
ウィルソン（Woodrow Wilson） 217, 219, 220, 472, 481, 538
ヴィルヘルム二世（Wilhelm II） 231, 401, 414, 459, 540
ヴィルヘルム四世（Wilhelm IV） 336, 337
ヴェークター（Sir Max Leonard Waechter） 208
ヴェジネ（Vésinet） 153
ウェブスター（Sir Charles Webster） 302, 324
ヴォルフ（Christian Wolff） 246–48
ウォルポール（Robert Walpole） 273
ウッドハウス（Christopher Woodhouse） 525–27, 530, 531
エウリピデス（Euripides） 2
エラスムス（Desiderius Erasmus） 20, 22, 23, 27
エリオット（George Eliot） 10
エルンスト（Ernst, Landgrave of Hesse-Rheinfels） 36
エンゲルス（Friedrich Engels） 183
エンジェル（Norman Angell） 210
オットー（Otto Friedrich Ludwig） 357
オートリーヴ（Alexandre Maurice Blanc de la Nautte, comte d'Hauterive） 279–81, 284–86, 319

カ 行

カウティリヤ（Kautilya） 260
カウリー（1st Earl Cowley） 338
カヴール（Benso di Cavour） 179, 357, 368, 374, 379, 382
カステラル（Emilio Castelar y Ripoll） 419
カスルリー（Robert Stewart, Viscount Castlereagh） 295, 300–19, 327, 329, 331, 339
カーゾン卿（Lord Curzon of Kedleston） 470
カニング（George Canning） 146, 311
カーネギー（Andrew Carnegie） 211
ガリバルディ（Giuseppe Garibaldi） 180, 374
ガルガス（Pierre-André Gargaz） 62
カール五世（Karl V） 230–32, 250, 251
カール六世（Karl VI） 254
カント（Immanuel Kant） 4, 5, 9, 88, 91, 93–107, 109–12, 114–21, 128, 137, 164, 165, 174, 198, 199, 264, 286, 290, 291, 320, 343, 555
カンパネッラ（Tommaso Campanella） 24, 25, 36
ギゾー（François Pierre Guillaume Guizot）

337
ギボン（Edward Gibbon） 243
ギャリソン（William Lloyd Garrison） 163
ギールケ（Otto Friedrich von Gierke） 22
クラウゼ（Karl Christian Friedrich Krause） 175
クラウゼヴィッツ（Karl von Clausewitz） 161
グラッドストーン（William Ewart Gladstone） 203, 356, 376, 377, 395, 397, 407, 408
クラレンドン（4th Earl of Clarendon） 356, 357, 381, 382
クリーマー（Sir Randal Cremer） 183, 195
クリュセ（Émeric Crucé） 15, 24–30, 33, 35, 36, 40, 42, 45–48, 52–54, 56, 58, 59, 235
クリュデナー夫人（Baroness von Krudener） 293
グレイ（Sir Edward Grey） 449
グレイヴス（Robert Graves） 544
グレンヴィル（George Grenville） 273
クローヴィス一世（Clovis I） 231
グロティウス（Hugo Grotius） 20, 27, 29, 30, 33, 36, 72, 235, 244–46
クロポトキン（Prince Pyotr Alexeyevich Kropotkin） 210
ケインズ（John Maynard Keynes） 7
ケータレット（John Cateret） 273
ケネディー（John Fitzgerald Kennedy） 545
ケプラー（Johannes Kepler） 106
ゲンツ（Friedrich von Gentz） 286, 290, 291, 294, 296–99
ゴダン（Andre Godin） 182
ゴードン卿（Lord George Gordon） 163
コブデン（Richard Cobbden） 143, 144, 146, 147, 150, 153, 155, 160–62, 166, 177, 182, 185, 189
ゴルチャコフ（Alexandre Gorchakov） 326, 376
コンシデーラン（Victor Considérant） 153, 158
コント（Isidore Auguste Comte） 156, 165

サ 行

サムナー（Charles Sumner） 143
サラン（Bernard de Sarrans） 158
サン＝シモン（Henri de Saint-Simon） 150–59, 165, 175, 180, 198
サンタリエ（Ferdinand Santallier） 179–81, 187, 188
サンタール（Sainthard） 62
サンドラ（Courtilz de Sandras） 237, 252
サン＝ピェール（Abbé de Saint-Pierre） 38–40, 45–64, 67–71, 78, 79, 81, 83–87, 96, 98, 99, 105, 119, 121, 126, 151, 152, 156, 157, 198, 199, 212, 225, 236, 237, 239, 293, 301, 302, 473, 474
シィーリー（J. R. Seeley） 182
ジェイ（William Jay） 142
ジェイコブス（A. J. Jacobs） 213
ジオベルティ（Vincenzo Gioberti） 159
シーザー（Gaius Iulius Caesar） 141, 159, 482
シャバリエ（Michael Chevalier） 155, 182
シャルル五世（ロレーヌ公）（Charles V, Duc de Lorraine） 39, 49, 183, 376, 390, 399, 453, 454, 456, 542
シャルルマーニュ（Charlemagne） 3, 159, 230–32, 482
シュヴァン（Auguste Schvan） 213
シュシュニック（Kurt von Schuschnigg） 499
シュッキング（Walther Schucking） 210
シュミット（Bernadotte E. Schmitt） 445, 446, 449–51, 453, 454
シュリ（Maximilien de Béthune, Ducde Sully） 2, 3, 15, 25, 29, 30, 32–36, 39, 40, 45–48, 50–54, 56, 59, 63, 85, 119, 152, 154, 199, 200, 235–37, 239, 293, 301, 473, 474
ジョアン六世（Dom Joao VI） 313
ジョージ一世（George I） 271
ジョージ三世（George III） 272
ジョンソン（Samuel Johnson） 444
ジラルダン（Émile de Girardin） 175
シリ（Vittorio Siri） 31
スタージ（Joseph Sturge） 148, 177

スタンホープ（Philip Stanhope）　204, 205
ズットナー（Bertha von Suttner）　191
ステッド（William Thomas Stead）　210, 211
スピノザ（Baruch Spinoza）　91, 105, 116
スマッツ（Jan Christian Smuts）　219
セシル卿（Lord Robert Cecil）　219, 470
セロン（Jean-Jacques Comte de Sellon）　148, 153
ソールズベリ（3rd Marquess of Salisbury）　397
ソレル（Albert Sorel）　6, 294
ソロー（Henry David Thoreau）　162

タ　行

ダーウィン（Charles Darwin）　7, 10
ダグラス＝ヒューム（Sir Alec Douglas-Home）　545
ダービー（14th Earl of Derby）　382
ダービィ（W. Evans Darby）　197, 198, 208
ダランベール（Jean le Rond d'Alembert）　121
ダレス（John Foster Dulles）　532
ダンテ（Dante Alighieri）　3, 15–19, 22, 23, 39, 51, 119, 174, 259
チェスターフィールド（4th Earl of Chesterfield）　271
チェンバレン（Neville Chamberlain）　500
チャートリスキ（Adam Jerzy Czartoryski）　154
チャニング（William Ellery Channing）　143
ディキンソン（G. Lowes Dickinson）　213
ディクタール（Gustav d'Eichthal）　152
ディケンズ（Charles Dickens）　163
ディズレーリ（Benjamin Disraeli）　384
ディドロ（Denis Diderot）　121
テイラー（A. J. P. Taylor）　489, 490, 492–505, 557
デェィオ（Ludwig Dehio）　461–63, 465, 466, 554
デマレ・ド・サン＝ソルラン（Desmarets de Saint Sorlin）　36
デュボワ（Pierre Dubois）　15, 17–19, 22, 28, 39, 51
テレジア（Maria Theresia）　269
テンプル（Sir William Temple）　239
トゥキディデス（Thucydides）　423
トクヴィル（Alexis de Tocqueville）　147, 434, 549
ドルーアン・ドゥ・リュイース（Édouard Drouyn de Lhuys）　338
トレヴァー＝ローパー（Hugh Trevor-Roper）　497
トレヴェリアン（George Macaulay Trevelyan）　547

ナ　行

ナセル（Gamal Abdel Nasser）　520, 532, 538
ナポレオン一世（Napoléon Bonaparte）　3, 120, 150–52, 158, 159, 174, 230, 232, 281, 288, 289, 291, 292, 294, 295, 297, 327, 351, 402, 455, 461, 466, 482
ナポレオン二世（Napoléon II）　152
ナポレオン三世（Napoléon III）　159, 232, 326, 328, 330, 331, 334, 338, 342, 343, 345, 349, 357, 368, 369, 371, 373–75, 378–83, 386, 387, 389, 418
ニコライ一世（Nicholai I）　330, 331, 333, 347
ニコライ二世（Nicholai II）　412
ニコル（Pierre Nicole）　62
ニューカスル（1st Duke of Newcastle）　254, 255, 270, 272, 273
ニュートン（Isaac Newton）　106
ノヴィショー（A. Nowichow）　209
ノーブル（John Noble）　204

ハ　行

ハウス（Edward Mandell House）　219
バーク（Edmund Burke）　176, 243
パシー（Frederic Passy）　179–81, 187, 188, 191, 193
バスティア（Frédéric Bastiat）　153
バスティード（Jules Bastide）　338
パーペン（Franz Joseph von Papen）　499
ハマーショルド（Dag Hjalmar Agne Carl

Hammarskjöld) 521
パーマストン（3rd Viscount Palmerston） 185, 193, 328, 329, 332-35, 339-44, 351-53, 361, 363, 371, 373, 382, 383, 384
バリット（Elihu Burritt） 146, 154, 177, 190
バルザック（Honoré de Balzac） 42
パルディユ（Pardieu） 182
パルテン（Johann Franz von Palthen） 62
ビスマルク（Otto von Bismarck） 179, 369, 370, 374-77, 379, 381, 385-90, 397, 400, 402, 407, 459, 461, 462, 498, 499, 542
ピット（小）（William Pitt, the Younger） 290
ピット（大）（William Pitt, the Elder） 255, 290, 384
ヒトラー（Adolf Hitler） 231, 424, 428, 433, 435, 437, 439, 459, 482, 491, 495-501, 503-506, 532, 548
ビュート（3rd Earl of Bute） 272
ヒューム（David Hume） 83, 241-43, 249
フィッシャー（Fritz Fischer） 464, 465
フィリップ（Louis Philippe） 326, 329, 330
フィールド（Dudley Field） 189-92, 204
フェヌロン（Francois de Salignae de La Mothe-Fenelon） 238, 239
フェリペ二世（Felipe II） 20, 230-32, 461
フォガレー（Henri Feugueray） 175
フォン・ボイスト（Friedrich Ferdinand, Graf von Beust） 376
フォン・ランケ（Leopold von Ranke） 5
フォン・リリエンフェルト（Jacob Heinrich von Lilienfeld） 62
フォン・ロエン（Johann Michael von Loën） 62
ブキャナン（Andrew Buchanan） 388
プーフェンドルフ（Samuel von Pufendorf） 246
ブライス（James Bryce） 214, 216
ブライト（John Bright） 162, 177, 185
プラット（Hodgson Pratt） 192, 193, 195-97, 222
プラトン（Plato） 80, 82
ブラン（Louis Blanc） 159
フリードリヒ二世（Friedrich II） 62, 256, 263, 265, 267, 268, 282, 283, 287
フルシチョフ（Nikita Sergeyevich Khrushchev） 545, 549
フルード（James Anthony Froude） 362, 365
フルーリー（Cardinal de Fleury） 62, 254
ブルンチュリー（Johann Kaspar Bluntschli） 191, 192, 200-203, 205, 206
ブレイルズフォード（Henry N. Brailsford） 215
プレイン（Hans Plehn） 463
ブロック（Alan Bullock） 497
ペイン（Thomas Paine） 138, 284
ヘーゲル（Friedrich Hegel） 161
ペケール（Constantin Pecqueur） 153, 155, 158, 175
ベックウィズ（E. C. Beckwith） 150
ベラーズ（John bellers） 40, 45, 207
ペン（William Pemm） 40, 45, 105, 139, 207, 212, 225
ベンサム（Jeremy Bentham） 4, 5, 119-29, 132-34, 137-41, 144, 154, 161, 164-66, 174, 184, 198, 199, 206, 212, 214, 219, 284
ベンティンク（Willem Bentinck） 255
ヘンリー八世（Henry VIII） 250
ポジェブラト（George of Poděbrady） 23
ホッブス（Thomas Hobbes） 72, 75, 105
ボテロ（Giovanni Botero） 21
ポトニー＝ピェール（Edmond Potonié-Pierre） 179, 180, 188
ホブソン（John A. Hobson） 212
ボーリングブルック（Henry Viscount Bolingbroke） 240

マ　行

マイネッケ（Friedrich Meinecke） 248, 265, 276, 547
マイルズ（J. B. Miles） 190, 191
マキアヴェリ（Niccolo Machiavelli） 20-22, 235, 236, 242, 250, 260, 267
マコーリー（Thomas Macaulay） 547
マッキィンダー（Halford John MacKinder） 457
マッツィーニ（Giuseppe Mazzini） 150, 153,

155, 159, 161, 165, 166, 374
マニン（Daniele Manin）　379
マブリ（Abbe de Mably）　246
マリウス（Antonius Marius or Marini）　23
マルクス（Karl Marx）　160–62, 165, 166, 214, 443, 542, 544, 549
マルコアルツゥ（Arturo de Marcoartu）　189, 194
マルシリウス（Marsilius of Padua）　18
マールバラ（1st Duke of Marlborough）　254
マンチーニ（Pasquale Stanislao Mancini）　189
ミノット（Minotto）　24
ミル（James Mill）　119, 128, 129, 132, 134, 137, 139–41, 144, 161, 174, 184, 186
ミル（John Stuart Mill）　163
ムージャン・デ・ロクフォー（C. de Mougins de Roquefort）　205
メッテルニヒ（Klemens von Metternich）　294, 295, 302, 308, 326, 328, 330–32, 334, 337
メフメット・アリ（Mehmet Ali Paşa）　333
メルボルン（2nd Viscount Melbourne）　329
モア（Thomas More）　20
モードウィ（Israel Mauduit）　271
モリナーリ（Gustave de Molinari）　198–202, 206
モレッリ（Giovanni Morelli）　182
モンテスキュー（Charles-Louis de Montesquieu）　72, 74, 82, 83, 241–43, 246, 281
モンロー（James Monroe）　392

ヤ　行

ユゴー（Victor Hugo）　153, 154

ラ　行

ライプニッツ（Gottfried Wilhelm Leibnitz）　3, 16, 31, 36–39, 236–38, 259
ラザフォード（Thomas Rutherford）　246
ラッセル（John Russell）　342, 371, 373, 382
ラッド（William Ladd）　140–43, 146, 154, 162, 198, 199, 202, 204, 212
ラ・ヌー（François de la Noue）　24
ラブレー（François Rabelais）　20
ラマルティーヌ（Alphonse Lamartine）　147, 337, 338
ラ・メトリー（Julien Offrovde la Mettrie）　121
ラルー（Pierre Leroux）　152
ランケ（Leopold von Ranke）　6, 547
ランシマン（Walter Runciman）　500
リヴァプール（2nd Earl of Liverpool）　305
リシュリュー（Duc de Richellieu）　24, 30, 36
リソーラ（F. P. de Lisola）　239
リチャード（Henry Richard）　191, 192
リトレ（Emile Littré）　155
ルイ十一世（Louis XI）　23
ルイ十四世（Louis XIV）　24, 37, 230–33, 237, 250–53, 265, 287, 423, 435, 459, 461, 466
ルイ十五世（Louis XV）　254
ルーセ（Jean Rousset）　240, 256
ルソー（Jean-Jacques Rousseau）　2–5, 8, 31, 63, 67–87, 89–91, 94, 96, 98–100, 102, 104, 105, 114, 119–21, 137, 152, 174, 198, 199, 212, 225, 241, 243, 247, 283, 284, 293, 301, 343, 555
ルナン（Ernest Renan）　182
ルモニエ（Charles Lemonnier）　180, 181, 183, 186–88, 194, 195
レヴィ（Leone Levi）　204
レーニン（Vladimir Ilyich Lenin）　5, 550
ロアン（Henri de Rohan）　236, 237
ローズベルト（Franklin D. Roosevelt）　549
ロック（John Locke）　81, 82
ロリマー（James Lorimer）　200–203, 206, 209, 212

権力と平和の模索
国際関係史の理論と現実

2015年1月20日　第1版第1刷発行

著　者　ハリー・ヒンズリー

訳　者　佐《さ》　藤《とう》　恭《きょう》　三《ぞう》

発行者　井　村　寿　人

発行所　株式会社　勁《けい》　草《そう》　書　房

112-0005　東京都文京区水道2-1-1　振替　00150-2-175253
（編集）電話 03-3815-5277／FAX 03-3814-6968
（営業）電話 03-3814-6861／FAX 03-3814-6854
大日本法令印刷・牧製本

ISBN978-4-326-30237-6　Printed in Japan

＊落丁本・乱丁本はお取替いたします。

http://www.keisoshobo.co.jp